Geheimnisse der Inquisition

M. V. v. Féréal

Geheimnisse der Inquisition

und anderer
geheimen Gesellschaften Spaniens

M. V. von Féréal: Geheimnisse der Inquisition
Übersetzung von L. von Alvensleben
Copyright © by Area Verlag GmbH, Erftstadt
Alle Rechte vorbehalten
Einbandgestaltung: Björn Massmann für agilmedien, Köln
Einbandabbildungen: AKG, Berlin
Satz & Layout: Bernhard Heun, Rüssingen
Druck und Bindung: Bercker, Kevelaer
Printed in Germany 2003
ISBN 3-89996-015-7

Inhalt

EINLEITUNG

$\mathcal{V}$OR ZWANZIG JAHRHUNDERTEN WAR DIE ERDE den Tyrannen preisgegeben, das heißt, den Königen und den Priestern, die, sich der verschiedenen Religionen, zu denen sie sich bekannten, bedienend, die Völker in Knechtschaft stürzten und ausbeuteten. Jesus Christus hatte damals die Welt noch nicht mit den göttlichen Lehren beschenkt, die ihre Wiedergeburt herbeiführen sollten. Er war noch nicht am Kreuz gestorben, um der Erde die Freiheit zu geben. Das Evangelium bestand noch nicht.

Seit jener Zeit ist allen das Christentum gelehrt worden.

Nicht damit zufrieden, den Nationen die Lehre ihres göttlichen Meisters hinterlassen zu haben, sind die Apostel und die Jünger Jesu Christi bei deren Verteidigung gestorben.

Während der ersten Jahrhunderte des Christentums verfolgten die Päpste und die christlichen Priester die Bahn, welche die Apostel ihnen bezeichnet hatten; gleich ihnen verkündeten sie den christlichen Glauben unter dem Beil des Henkers, und das Blut der Märtyrer hat seine Früchte getragen.

Die halbe Welt nahm das Christentum an; das heidnische Rom wurde christlich, aber auf diese Zeiten, die für das Menschengeschlecht so glorreich waren, folgten bald Jahrhunderte der Ungerechtigkeiten.

Solange die Verfolgung gegen sie dauerte, waren die Päpste und die christlichen Priester demütig und stark; als die Verfolgung aufhörte, wurden die bis dahin so armen Päpste bald reich und mächtig. Die, die bisher gezwungen gewesen waren, ohne Obdach zu leben, auf Felsen zu predigen und das göttliche Amt in den Höhlen der Berge zu feiern, empfingen ein weltliches Reich, prachtvolle Tempel und einen Hofstaat, der glänzender war als der Hof der Könige. Das Kreuz war für sie nicht mehr eine hinreichende Waffe, um den Irrtum zu bekämpfen und die Völker dem Glauben Jesu Christi zu unterwerfen. Sie hatten ebensolche Waffen wie die Könige der Erde; sie bekämpften mit dem Schwert die, die sie durch Sanftmut hätten besiegen sollen. Aus Märtyrern wurden sie zu Unterdrückern.

Binnen kurzer Zeit wurde das christliche Rom heidnischer, als es in den Tagen eines Nero und Caligula gewesen war: Es war nicht mehr die Hauptstadt der christlichen Welt, sondern ein Ort, an dem die Leviten des Herrn ihr heiliges Gewand besudelten. Der Palast der Päpste wurde vielfach entwürdigt.

So ließ sich mehrere Jahrhunderte lang der römische Klerus, den Himmel über den irdischen Genüssen vergessend, an der Stelle des lebendigen Gottes anbeten; und da das Evangelium seine Aufführung verdammte, verbot er den Völkern, das Evangelium zu lesen.[1]

Während dieser Zeit schritten die Völker schweigend der Zukunft entgegen; Spanien, durch die Mauren zivilisiert, pflegte mit glücklichem Erfolg die Künste und die Industrie; die Wissenschaften lebten in Italien wieder auf; Deutschland führte das Vorspiel der Reformation auf und England erbebte bereits vor Enthusiasmus bei den ersten Regungen der werdenden Freiheit.

Bei dem Geräusch, das die Völker machten, um ihre Ketten zu zerreißen, erwachte Rom endlich aus seiner Lethargie. Es sah die Macht seinen Händen entgleiten; aber statt sich niederzuwerfen auf die Knie und Gott um Verzeihung für eine Vergangenheit voller Ungerechtigkeiten zu bitten, schuf es die Inquisition![2]

Die Inquisition, die schon seit längerer Zeit durch die Strenge vorbereitet war, welche die Päpste seit dem 3. Jahrhundert der christlichen Zeitrechnung gegen die Völker ausgeübt hatten, die auch schon durch das Konzil von Verona im Jahre 1184 vorbereitet war, wurde strenggenommen erst zu Anfang des 13. Jahrhunderts begründet, und zwar, wie bereits oben bemerkt, 1208. In Frankreich wurde sie unter dem Papsttum Innozenz' III. eingeführt und dann regularisiert durch Dominik von Guzman, der dieser Institution die Regel des heiligen Augustin auferlegte. Einige Jahre später hatte die Inquisition die Alpen überschritten und herrschte in beinahe ganz Italien. Im Jahre 1232 endlich richtete Gregor IX. an den Erzbischof von Tarragona, in Katalonien, ein Breve, durch das er ihn aufforderte, die Inquisition in einer seiner Diözesen einzuführen. Dominikanermönche wurden mit dem Amt der Inquisitoren bekleidet; bald hatte ganz Spanien dieses verhaßte Joch zu tragen. Indes haben die Spanier ohne Unterlaß zwei Jahrhunderte lang gegen die Fortschritte dieser abscheulichen Einrichtung und deren Ausbreitung gerungen. Aber 1484 führte ein fanatischer Priester, Thomas von Torquemada, den habgierigen Ehrgeiz Ferdinands von Aragon unterstützend, die Inquisition in Kastilien und Aragon ein, bis wohin sie noch nicht gedrungen war, und ließ sich zum General-Groß-Inquisitor ernennen. Mit Torquemada begann die lange Reihe unerhörter Verfolgungen, die in

Spanien erst mit der Ankunft der Franzosen im Jahre 1808 aufgehört haben. Damals erst ging die Inquisition wahrhaft zugrunde, zugleich mit der moralischen Gewalt der spanischen Kirche, nachdem sie Spanien durch einen Todeskampf von länger als drei Jahrhunderten erschöpft hatte.

Das 16. Jahrhundert, das die Regierungen Karls V. und Philipps II. sah, erlebte zugleich das Ende der Regierung Torquemadas sowie die Zeiten der General-Inquisitoren Deza und Eisneros; dieses Jahrhundert war auch Zeuge der Kämpfe, die der wahre christliche Geist gegen den Obskurantismus und die Bedrückungen Roms führte.

Auf der einen Seite waren es Luther und Zwingli, die der Welt die Mißbräuche der römischen Kirche aufdeckten, die verworrene Theologie der Mönche beschämten und Deutschland und die Schweiz mit jenem umfassenden Kodex der Gleichheit und der Freiheit beschenkten, die an dem Fuß des Altares entspringen und sich bis zu den Stufen des Thrones heben. Auf der anderen Seite waren es der heilige Johann von Avila, Ludwig von Avila, der heilige Johann von Gott, die, minder kühn in ihren Doktrinen, aber auch von dem wahren Geist der Apostel beseelt, durch Sanftmut und Mildtätigkeit gegen die Intoleranz und die Laster Roms kämpften, und die dennoch, ungeachtet ihrer evangelischen Sanftmut und ihrer frommen Mäßigung, durch die Schläge der Inquisition getroffen wurden.

Der große König Karl V. endlich beschützte, um sich aus ihr eine Stütze zu bilden, die Inquisition, die er verabscheute, denn er, der gewandte Politiker, erkannte, daß die Reformation, welche die Macht der Päpste untergrub, nicht eher Halt machen würde, als bis sie auch die Macht der despotischen Könige untergraben hätte.

Wenn man die Geschichte der Inquisition liest, besonders aber die des 16. Jahrhunderts, gelangt man zu der Überzeugung, daß die große Kunst Roms darin besteht, beständig die Sache der Könige mit der seinigen zu vereinigen und durch Proselytismus zu herrschen, wenn es nicht durch die Gewalt herrschen kann.

Die Übel der Vergangenheit müssen Lehren für die Zukunft sein. Man lese die Vergangenheit der Inquisition, die M. V. von Féréal in *Geheimnisse der Inquisition* in Spanien mit so wahren und so dramatischen Farben darstellt, und man wird sehen, wie eine geheime Macht, die nicht mit Rücksicht auf die Menschheit, sondern nur mit Rücksicht auf *eine* Sache arbeitet, ganz unmerklich furchtbar und entsetzlich wird.

Dieses Werk, das ungeachtet seiner dramatischen Form wahrhaft historisch ist, wird vielleicht der Gegenstand vieler Angriffe sein, wird zu mehr als einer Verleumdung gegen das Werk selbst wie gegen den Verfasser Veranlassung geben.

Schließlich muß noch die Erklärung hinzugefügt werden, daß der Verfasser der *Geheimnisse der Inquisition* keinen anderen Zweck gehabt hat, als sein Vaterland vor den Mißbräuchen zu warnen, zu denen die Herrschsucht des Klerus' führen kann; Mißbräuche, die Frankreich vielleicht nicht in das Unglück aller Art stürzen würden, das so lange Zeit auf den Spaniern lastete, die aber dennoch wenigstens die geheimen Zwistigkeiten, die inneren Kämpfe hervorrufen könnten, welche die Früchte einer beschränkten, schlecht geleiteten Erziehung sind und gleich dem Rost an den gesellschaftlichen Banden fressen, welche die Geister allmählich erbittern, sie gegenseitig voneinander entfernen und jene furchtbaren Kämpfe zwischen dem Geistigen und dem Materiellen hervorrufen, bei denen die Kraft und das Gedeihen der Nationen zertrümmert werden.

Manuel de Cuenidas

I.

El Barrio de Triana

GEGEN DIE MITTE DES 16. JAHRHUNDERTS, während der Regierung Karls V., war die Bevölkerung Sevillas, der heiteren und törichten Hauptstadt Andalusiens, beinahe finster, schweigend und traurig geworden. Vergebens bot die alte Maurenstadt den glänzenden Strahlen der Sonne ihre geräumigen, mit Gesträuchen und Blumen bedeckten Terrassen, ihre eleganten Balkone, verziert durch das blumengeschmückte Flechtwerk der Schlingpflanzen.

Man hörte am Abend unter diesen Balkonen nicht mehr die Stimme verliebter Kavaliere, gepaart mit den grellen Tönen der Mandoline, und wenn während der köstlichen Stunden der Nacht schüchterne junge Mädchen es noch wagten, sich auf ihren Terrassen zu zeigen, um die frische würzige Luft einzufangen, die von den Ufern des Guadalquivir aufstieg, dann glitten sie schweigend und ernst dahin wie Schatten, und von ihren stummen Lippen ertönten nur noch unterdrückte Seufzer statt des munteren, heiteren Lachens und jener harmonischen Klänge, welche die spanische Sprache im Mund der Frauen zu einer wohlklingenden Musik macht.

Überall hatte seit längerer Zeit der Schrecken seine finstere Fahne aufgepflanzt; Mißtrauen und Furcht lähmten alle milderen Gefühle der Seele. Der Vater fürchtete den Sohn, der Bruder den Bruder, der Freund den Freund, denn in jener Zeit zitterte man beständig davor, in dem Menschen, den man am meisten liebte, einen Spion oder einen Denunzianten zu finden. Niemand war seines Lebens oder seines Vermögens sicher; man lebte von einem Tag zum anderen, wagte es nicht, sich irgendeinem Wesen anzuschließen, und drückte jede Regung der Großmut oder der Zärtlichkeit in das Innere des Herzens zurück. Selbst in der Hoffnung auf Gott fand man keinen Trost mehr, denn die Inquisition hatte die furchtbarste Höhe ihrer Macht erreicht, als ihr Oberhaupt, der Kardinal Alfonso Manriquez, Erzbischof von Sevilla war.

Diese kurze Übersicht ist zum Verständnis der folgenden Seiten erforderlich. Jetzt wollen wir uns zu dem 15. Februar des Jahres 1534 wenden.

Es mochte etwa sieben Uhr abends sein; die sonst so heiteren und belebten Straßen Sevillas waren finster und schweigend, obgleich man die Zeit des Karnevals hatte. Nur von Zeit zu Zeit gingen Mönche in finsteren Kutten aneinander vorüber, die Familiaren des heiligen Tribunals, achtsame Spione, grüßten sich mit den geheimen Erkennungszeichen[3], und die Einwohner des Barrio de Triana[4], jener abgelegenen Vorstadt, die durch den Guadalquivir von Sevilla getrennt wird und in der schon damals, wie noch jetzt, der sittenloseste und verworfenste Teil der Bevölkerung lebte, drängten sich zu dem Eingang der Schiffbrücke, die über den Guadalquivir führte und die Stadt mit dieser großen Vorstadt vereinigte.

Unter den Menschen, die zu dieser Stunde über die Brücke von Triana gingen, bemerkte man einen hochgewachsenen Mann in der Kleidung der Predigermönche. Seine hohe, breite Stirn war mehr ernst als streng, sein großes, schwarzes Auge von Sanftmut, obgleich die Flamme des Geistes darin blitzte, und auf seinen stummen Lippen war das Siegel der Beredsamkeit und der Dichtkunst zu erkennen. Es lag auf diesem strahlenden Gesicht die Tatkraft des heiligen Paulus und die Sanftmut des vielgeliebten Jüngers.

Dieser Mann schritt langsam dahin, mit wichtigen Gedanken beschäftigt, und in der Unbekümmertheit um die irdischen Dinge, in die er versunken zu sein schien, bemerkte er nicht, daß die Vorübergehenden in der halben Dunkelheit der Nacht sich einander drängten und stießen.

Als er das entgegengesetzte Ende der Brücke erreicht hatte, blieb er einen Augenblick stehen, unentschlossen, ob er von den beiden Straßen, die sich vor ihm zeigten, die zur Rechten oder die zur Linken einschlagen sollte. Zu dieser Unentschlossenheit gesellten sich noch Gedanken anderer Art, und nachdenkend blieb der Mönch regungslos an derselben Stelle stehen. So glich er mehr einem Menschen, der auf irgend etwas wartet, als einem Philosophen, der über etwas nachsinnt; und um diese Zeit besonders würden wenige Menschen, wenn sie den so regungslos dastehenden Mönch gesehen hätten, begriffen haben, daß er nur einem Ruhepunkt seiner Gedanken folgte.

In diesem Augenblick trat ein gut gekleideter Mann aus der Straße zur Rechten, die damals Zigeunerstraße hieß, heraus, blieb einige Augenblicke an der Ecke der Straße stehen, blickte umher, als suche er jemand, und als er den Mönch bemerkte, schritt er langsam auf denselben zu.

Zu dem Predigermönch gelangt, blieb er stehen und flüsterte mit leiser Stimme das einzige Wort: *„Hito!"*[5], eines der Erkennungszeichen der Diener der Inquisition.

Bei dem Ton dieser Stimme erhob der Mönch rasch den Kopf, betrachtete einige Augenblicke den Mann, der ihn angeredet hatte, und antwortete dann ernst ein anderes Wort: *„Coroza!"*[6]

„Gott[7] sendet mich", fügte der Unbekannte hinzu.

„Gott ist allmächtig über die Menschen", antwortete der Mönch.

„Euer Ehrwürden können mir folgen", sagte der Laie.

Der Geistliche tat dies und schritt neben seinem Führer mit einem ruhigen, so natürlichen Wesen einher, als wäre dieses Ereignis nicht für ihn unerwartet gewesen. Er ließ sich leiten wie ein gehorsames Kind und beobachtete gewissenhaft das gebieterische *Chiton* (Schweigen)[8], welches das Schrecken gebot, das von der Inquisition eingeflößt wurde, und das ein finsteres Sprichwort für die Spanier geblieben ist.

Der Unbekannte und der Mönch gingen die Zigeunerstraße hinab, eine lange, schwarze, gewundene Straße, in der man kein anderes Licht sah, als das, das aus den Tavernen zu beiden Seiten schimmerte, aus denen verworrener Lärm roher, mißtönender, weinheiserer Stimmen erklang.

Das gemeine Volk von Sevilla, das schmutzige Volk, die Diebe und ähnliches Gelichter, überließ sich in diesem Augenblick dem Trunk und schlürfte in langen Zügen *Manzanilla* und *Pajarette* aus den langen, engen, viereckigen Gläsern, wie sie zu diesem Gebrauch in den andalusischen Schankwirtschaften üblich waren.

Am Ende der Straße angelangt, blieb der Laie vor einer Taverne stehen, die besser beleuchtet war als die übrigen, deutete auf die Tür und forderte seinen Gefährten auf, einzutreten. Der Geistliche überschritt, ohne zu zögern, die Schwelle des abscheulichen Orts; denn es war damals nichts Seltenes, Mönche in den Tavernen zu sehen.

Der schmutzige Raum war ein niederer, langer, finsterer Saal mit schwarzen, räucherigen Wänden, in denen sich hier und dort breite Risse zeigten, die von hellerer Farbe waren und auf dem schwarzen Grunde eine Art von Mosaik oder Hieroglyphen bildeten.

Rohe, wackelnde Bänke zogen sich rings in dem Saal hin, und davor standen lange schwarze Tische, denen das beständige Reiben eine Art von Politur verliehen hatte.

An den Mauern, in der halben Höhe zwischen der Decke und dem Fußboden, waren eine Menge roher Bilder aufgeklebt, welche die zahlreichen Madonnen darstellten, die man in Spanien verehrt, oder die entsetzlichen Szenen der Autodafés. Unter jedem der Madonnenbilder brannten zwei kleine Kerzen von der Dicke einer Federspule oder ein Lämpchen mit stinkendem und qualmendem Öl. Diese immerwährenden Lichter waren des Abends die einzige Beleuchtung der Taverne.

An den Balken der Decke waren zahlreiche eiserne Haken befestigt, *garabatos* genannt, an denen in buntem Gemisch Schinken, geräucherter Speck, frisches Fleisch, Männerhüte und selbst Mäntel hingen.

Sah man alle diese Menschen von widerlichem Aussehen, Mönche, Wahrsagerinnen, Zigeuner, Familiare der Inquisition – denn alle diese Leute sah man in der Taverne – an den langen Tafeln sitzen, so hätte man glauben können, eine Versammlung von Dämonen zu erblicken, die unter dem Galgen ein Fest feierten.

Der Erdboden, der grau und feucht war, tönte nicht unter den Sandalen der Mönche oder den nackten Füßen der Zigeuner. Der rauhe Klang der Stimmen glich einer finsteren Psalmodie. Der schmutzige Ort flößte ebensoviel Entsetzen wie Ekel ein. – So waren damals die Tavernen des Barrio oder der Vorstadt Triana[9] beschaffen.

Der Predigermönch setzte sich am Ende des Saales an einen noch leeren Tisch und forderte dann seinen Gefährten auf, an seiner Seite Platz zu nehmen.

„Sogleich", sagte der Unbekannte. „Zuvor muß ich noch mit der Chapa[10] sprechen", und dabei deutete er auf ein junges Mädchen, das einige Schritte von ihnen entfernt in der Tür eines Raumes stand, der ihr als Küche diente.

Die Chapa, die Schwester des Gastwirtes, war eine junge, braune Andalusierin, eine halbe Gitana, oder Zigeunerin, mit feinem Fuß, der kaum bis zum Knöchel durch eine kurze seidene Saya bedeckt wurde. Lange schwarze Haare fielen in zwei Flechten zu beiden Seiten ihres Kopfes bis unter ihre schlanke Taille herab und eine breite Schleife von orangefarbenem Band war im Genick mit langen Nadeln befestigt, deren große Stahlköpfe gleich Sternen funkelten.

Der Unbekannte trat mit vertrautem Wesen zu ihr und fragte kurz und halblaut: „Ist Frazco (Franz) gekommen, Chapa?"

„Noch nicht", erwiderte die Andalusierin, „aber er kann nicht lange bleiben. Ich schickte meinen Bruder Coco (Joachim) zu ihm, um ihm sagen zu lassen, daß die Señora Dolores um Mitternacht ihr Haus verlassen wird.

Frazco wird hier zu ihm kommen und ebenso auch der heilige Mann, den Gott mit seinem Vertrauen beehrt."

Dabei warf die Chapa einen neugierigen Blick auf das schöne und imposante Gesicht des Geistlichen.

„Er ist es", sagte der Unbekannte. „Er ist der Vertraute des sehr berühmten und sehr ehrwürdigen Vaters Pedro Arbuez. Ich traf ihn am Eingang der Brücke von Triana, wie Se. Eminenz es mir gesagt hatte, und wir warten nur noch auf Frazco, um unseren Plan auszuführen, wenn nämlich die Señora Dolores Wort hält."

„Sie wird kommen, Señor", erwiderte die Chapa. „Ich selbst habe ihr einen Brief ihres Verlobten überbracht, den Se. Eminenz zum Zeitvertreib durch Perez von Saavedra[11] schreiben ließ."

„Und das junge Mädchen hat sogleich in das Rendezvous gewilligt?" fragte der Unbekannte, den wir zum besseren Verständnis unserer Geschichte künftig Henriquez nennen wollen.

„Anfangs weigerte sie sich", sagte die Chapa, „aber der Brief war so dringend! Es handelte sich um das Leben ihres Verlobten, und das junge Mädchen versprach alles, was ich verlangte. Sie wird sich diesen Abend an den bestimmten Ort begeben. Ihr könnt wohl denken", fügte die Schwester Cocos hinzu, „daß ich das Meinige zu ihrem Entschluß beigetragen habe."

„Gott sei gelobt!" rief Henriquez, „du bist eine wahre Zauberin, Chapa, und bei meiner Seele, Se. Eminenz hätte keine bessere Wahl treffen können, als dich zum Werkzeug seines heiligen und unwandelbaren Willens zu machen. Du begreifst wohl, Chapa, daß unsere heilige Inquisition keinen anderen Zweck hat, als dem Bösen die Seele dieses jungen Mädchens zu entreißen, indem er ihre Heirat mit Don Estevan von Vargas hindert, der, wie man sagt, der Sohn eines Marrano[12] und der Enkel eines Mauren ist."

„Ja, das ist wahr", sagte die Chapa, indem sie das Zeichen des Kreuzes machte. „Der gnädige Herr ist ein Heiliger und handelt nie anders, als zum Wohl des Himmels. Aber sagt mir nicht, daß ich eine Zauberin bin", fügte sie erschrocken hinzu. „Ein solches Wort darf nicht aus dem Mund eines Dieners des heiligen Tribunals kommen, denn zur Belohnung meines Eifers, der heiligen Inquisition zu dienen, könnte dieses Wort wohl machen, daß ich eine Rolle bei dem nächsten Autodafé spielte, mit dem die Siege des Königs Don Carlos, unseres vielgeliebten Gebieters, gefeiert werden sollen."

„Beruhige dich, Chapa; du bist eine viel zu gute Katholikin und eine zu treue Dienerin der Inquisition, als daß du sie zu fürchten brauchtest. Wir werden bald ein großes Autodafé haben, und ich verspreche dir dabei den besten Platz auf dem großen Balkon des Hauptmarktes, um alle diese Hunde von Ketzern braten zu sehen."

„Wirklich?" rief die junge Andalusierin, indem sie freudig in die Hände schlug. „Ach, Señor Henriquez, man sagt, es sollten mehr als fünfzehn Ketzer verbrannt werden und außerdem wäre noch eine große Menge, die Se. Eminenz begnadigen, wenn sie abschwören und als gute Christen sterben wollen. Die werden dann erwürgt, ehe man sie den Flammen überliefert.[13] Oh das wird schön sein! – Nicht wahr, Señor Henriquez, Ihr macht, daß ich das alles sehen kann?"

„Ich schwöre es dir", erwiderte der Familiar, „im Namen des Vaters, des Sohnes und des heiligen Geistes und mit der Erlaubnis des allerheiligsten Inquisitors von Sevilla. Das wird prachtvoll sein", fügte Henriquez hinzu, hocherfreut, die Gitana so von Eifer für das heilige Tribunal erfüllt zu sehen.

Hätte er aber aufmerksamer das Gesicht der Andalusierin betrachtet, so würde er gesehen haben, wie ihre roten Lippen unmerklich erblaßten, wie ihr Auge den Ausdruck des Schreckens verriet und wie unter ihrem Mieder aus schwarzem Samt das Herz in heftigen und ungleichen Schlägen klopfte.

Wenn die Schwester Cocos ihrer Vorfahren gedachte, konnte sie die Quelle reinen katholischen Blutes nicht so entfernt erblicken, daß sie der Inquisition gegenüber vollkommen ruhig sein durfte. Sie hatte sich daher aus Furcht zur gehorsamen Magd des heiligen Tribunals hergegeben und rief jetzt, nicht sonderlich beruhigt durch das frömmelnde Wesen des Soldaten Christi[14], mit gezwungenem, heiterem Wesen zu dem Soldaten: „Ach, das wird schön sein, sehr schön!"

In diesem Augenblick bemerkte sie, daß die großen schwarzen Augen des Predigermönchs fest auf sie gerichtet waren. Er hatte kein Wort von der Unterhaltung verloren, keine Regung ihres Gesichtes war ihm entgangen.

„Gib uns Wein, meine Tochter", sagte jetzt der Familiar.

Glücklich darüber, dem forschenden Blick des Geistlichen sowie dem Geplauder zu entrinnen, bei dem sie jeden Augenblick ihre Angst zu verraten fürchtete, holte die Chapa rasch und leicht einen Jarro[15] mit Wein, den sie vor Seine Reverenz hinstellte.

Indem Henriquez einen hölzernen Schemel heranzog, um sich dem Franziskaner gegenüberzusetzen, trat eine neue Person in die Taverne. Der Neuangekommene näherte sich dem Familiar, deutete mit dem Blick auf den Mönch und fragte: „Ist das unser Kommissär?"

„Er ist es, Señor Frazco", erwiderte Henriquez.

Der Geistliche stand auf und kreuzte beide Hände über der Brust. Frazco machte dieselbe Bewegung und seine Stirn berührte dabei leicht die des Geistlichen. Das war der Erkennungsgruß für die Familiaren des heiligen Tribunals.

Aber Frazco begnügte sich mit diesem Zeichen noch nicht. Er entblößte seine Brust und zeigte unter seinem Wams eine silberne Platte mit der umgekehrten Gestalt Christi. Auf der Brust des Christus glänzte eine Sonne, das Symbol des Lichts und zugleich das spöttische Symbol der Inquisition, dieser Botin des Irrtums und des Verderbens.

Auf dieses Zeichen antwortete der Franziskaner nicht. Frazco richtete auf Henriquez einen finsteren Blick des Mißtrauens. Dieser zuckte mit dem Wesen der Sorglosigkeit und Überzeugung die Achseln.

„Er gehört nicht zu den Unseren", flüsterte Frazco. Henriquez machte eine Bewegung des Zweifels.

„Ich sage dir, daß er nicht zu den Unseren gehört", wiederholte Frazco, „und wir sind verraten. Verraten, hörst du wohl?" fuhr er fort, indem er das Handgelenk des Henriquez heftig drückte, während zugleich sein finsteres Gesicht einen wilden Zorn aussprach.

Das alles wurde mit leiser Stimme gesprochen, aber nicht so leise, daß nicht die übrigen Gäste der Taverne eine heftige Aufregung bemerkt hätten, die einen Streit zu verkünden schien. Aller Blicke richteten sich jetzt auf den Geistlichen, der ruhig und gleichgültig stehenblieb und mehr der Zeuge als der Teilnehmer dieses sonderbaren Auftritts zu sein schien.

Bei dem Anblick des Franziskaners, dessen Gestalt und edles Gesicht Ehrfurcht einflößten, wagten es einige zu murren, und Drohungen gegen Henriquez und Frazco kamen über die Lippen der Banditen.

Obgleich die beiden Familiaren der Inquisition für den Fall einer Beleidigung der Rache gewiß waren, mochten sie doch nicht mit den Gästen des Barrio de Triana in Streit geraten. Sie kannten sie hinlänglich, um zu wissen, daß sich alle bei der Verteidigung eines Mönchs in Stücke hauen lassen würden; aber es gab etwas, das dem Volk noch mehr imponierte als Priester und Mönche! Das war die Inquisition.

Mit einer höllischen List wandte sich daher Frazco gegen die Trinker, deren Blicke und Bewegungen feindliche Absichten verrieten, und rief ihnen zu: „Brüder, solltet ihr so schlechte Katholiken sein, daß ihr einen Feind der Inquisition zu verteidigen wagtet?"

Bei dem gefürchteten Wort Inquisition senkten sich alle Köpfe und Todesblässe überzog die Gesichter. Es schien, als wäre der Blitz mitten zwischen die heftig aufgeregten Männer hineingefahren. Keiner wagte mehr ein Wort zu äußern.

Ohne auf den Zorn Frazcos noch auf die Erstarrung der Gäste der Taverne zu achten, schritt der Mönch jetzt langsam und feierlich auf die Tür zu.

„Wie!" rief Frazco, „wollt ihr ihn so entschlüpfen lassen? Wird keiner von euch forteilen, die Sbirren des heiligen Offiziums zu benachrichtigen?"

„Ich, ich!" rief die Chapa voll Entsetzen. Zu gleicher Zeit stürzte sie auf die Tür zu, um durch ihren Eifer der Gefahr zu entrinnen, die sie stets für sich selbst fürchtete. Aber als sie die Hand auf den Drücker der Tür legen wollte, richtete der Franziskaner auf sie einen langen, ernsten Blick, und wie bezaubert faltete die Chapa die Hände und sank vor dem Mann Gottes auf die Knie.

Beinahe in demselben Augenblick streckten auch alle Gäste die Hände gegen ihn aus, als wollten sie seinen Beistand gegen eine unsichtbare Macht anflehen, der sie nicht zu trotzen wagten.

Der Mönch wandte sich jetzt mit majestätischem Wesen gegen die stumme, ehrerbietige Versammlung, streckte die Hände segnend über sie aus und schritt dann zur Tür hinaus auf die Straße, wo er bald verschwand, ohne daß irgend jemand, selbst nicht Frazco, daran dachte, ihn zurückzuhalten.

„Wir sind verraten, Unbesonnener!" sagte Frazco, indem er sich zu Henriquez wandte, der ebenso erstarrt zu sein schien wie alle übrigen.

„Er weiß nichts", erwiderte Henriquez.

„Nun dann ans Werk!" rief Frazco, durch diese Versicherung beruhigt. „Wir bedürfen dazu keines Dritten."

Die beiden Soldaten Christi, wie man die Familiaren nannte, verließen miteinander die Taverne.

II.

Der Palast der Gardunnia

Aм äussersten Ende des Barrio de Triana stand ein altes Gebäude in maurischem Stil, dessen Ruinen den Nachtvögeln zur Zufluchtsstätte dienten.[16]

Obdachlose Bettler und sorglose Gitanos schliefen oft während der lauen Nächte, die in Andalusien jedes Obdach überflüssig machen, zwischen diesen Steinen und während des Winters suchten alte Weiber, in der Sonne kauernd, hinter den Trümmern einen Schutz gegen den scharfen Wind.

An den Trümmern der verfallenen Mauern und an einzelnem erhaltenen Zierrat der Architektur konnte man leicht erkennen, daß einst hier ein großes und prachtvolles Gebäude gestanden hatte, denn mitten unter den Ruinen stützte noch jetzt ein langer Säulengang ein mit Arabesken geziertes und wohlerhaltenes Gewölbe. Eine beinahe unverletzte Mauer, scheinbar aber nur von schwachem Bau, schloß den Säulengang, der wahrscheinlich zum Zierrat eines prachtvollen Saales gedient hatte. Eine Tür von großer Festigkeit versperrte den Eingang.

Hier und dort wuchsen zwischen den Trümmern Gesträuche und Blumen verschiedener Art verdeckten die Nacktheit der Ruinen und verbreiteten ihre Wohlgerüche.

Dieser sonderbare Ort diente als Versammlungssaal für die Mitglieder der Brüderschaft Gardunnia[17]; es war der Palast des Großmeisters des Ordens.

Zu der Zeit, von der wir sprechen, bestand in Spanien eine Verbrüderung von Dieben und Räubern, die durch einige Mitglieder der Polizei beschützt wurde. Dieses eigentümliche Institut, dessen Ursprung bis zum Anfang des 15. Jahrhunderts zurückgeht, hatte damals zum Oberhaupt in Sevilla einen eigentümlichen Mann, der zugleich ein ernstes und spöttisches Aussehen und eine widerlich pittoreske Sprachen hatte.

An ebendem Februarabend des Jahres 1534, an dem sich die im vorigen Kapitel geschilderten Ereignisse zutrugen, fand ein nicht minder merkwürdiger und viel originellerer Auftritt im Palast des Großmeisters der Gardunnia statt.

Es war ungefähr zehn Uhr abends. Die schwere Tür des Palastes der Gardunnia drehte sich in ihren Angeln und ließ etwa dreißig Individuen jedes Geschlechts und jedes Alters ein. Schweigend und in Ordnung überschritten alle die Schwelle, genau die Rechte des Ranges und des Standes beobachtend.

In der Mitte des Saales, der durch Harzfackeln, die an den Säulen befestigt waren, ziemlich hell beleuchtet wurde, stand der Großmeister.

Er war ein Mann von hohem Wuchs, kräftig und knochig; sein olivenfarbiges, von mehreren Narben durchfurchtes Gesicht zeigte ein sonderbares Gemisch der List, der Klugheit und der Kaltblütigkeit und zuweilen, wenn er lächelte, auch des Spottes und der Ironie. Seine männliche, ernste Stimme hatte jenen kräftigen Klang, und wenn er gebot, verlieh die Kraft seines Willens seinem Blick und seinen Bewegungen eine große Herrschaft. Er trug ein

Hemd aus grober Leinwand und eine braune Jacke, gleich einem Mantel über die Schulter geworfen. Wollene Beinkleider bedeckten seine Schenkel bis unter das Knie. Seine großen roten Füße, nackt und muskulös, waren haarig und verrieten zugleich seine gemeine Herkunft wie eine gewaltige physische Kraft.

Dieser Mann hieß Mandamiento[18].

Die verschiedenen Personen, die in den Saal eingetreten waren, bildeten einen Kreis um den Großmeister der Gardunnia, *i Floreo*[19]. Neben ihn stellten sich nach der Ordnung ihres Verdienstes, einer rechts und einer links, zwei *Guapos* in dem kräftigsten Mannesalter. Der erste hieß Manofina (feine Hand), wegen seiner unvergleichlichen Geschicklichkeit, im Vorübergehen einen Dolchstoß zu versetzen, ohne daß das Opfer desselben bemerken konnte, woher der Stoß kam, sowie durch sein wunderbares Talent als Fechter und Pistolenschütze.

Der andere hieß Cuerpo de Hierro (Eisenkörper). Er hatte dreimal die Tortur überstanden, ohne seine Verbrechen zu gestehen, ohne irgend jemand zu denunzieren und ohne daß sein Körper durch die Folgen litt.

Dann kamen zwei Greise, die *Fuelles* (Flüsterer) hießen, ein Name, den die Gesellschaft allen denen ihrer Mitglieder gab, die unter Begünstigung eines frommen Äußeren ihr als Spione dienten, um als Vermittler da überall einzudringen, wo es einen Raub auszuführen galt.

Dann folgten alte Weiber, sehr nützliche Personen, die *Coberteras* (Decken) hießen; ferner einige *Chivatos* (Rehe) in verschiedenen Kostümen, die Novizen des Ordens, und endlich mehrere junge Mädchen, *Serenas* (Sirenen) genannt. Diese waren die Bajaderen der Großwürdenträger des Orden. Außerdem war es ihr Amt, durch ihre Reize die Richter, die Prokuratoren und selbst die *Escribanos* zu bestechen, von denen oft das Leben der Brüder der Gardunnia abhing. Oft waren auch ihre Reize nicht ohnmächtig bei irgendeinem wollüstigen Kanonikus oder einem üppigen Prior, deren Einfluß damals im Geistlichen wie im Weltlichen unbegrenzt war.

In geringer Entfernung außerhalb des Kreises stand in bescheidener Haltung ein junger Mensch, welcher der Hauptgegenstand dieser Versammlung war. Man nannte ihn *Garabato*[20].

Der Señor Mandamiento ließ über die Versammlung einen gebieterischen Blick gleiten, machte dann fromm das Zeichen des Kreuzes, murmelte leise ein Gebet und wandte sich dabei zu einem rohen Bild der heiligen Jungfrau, das an die Wand geklebt war. Alle Anwesenden ahmten seinem Beispiel nach. Dann sprach er:

„Edle und tapfere Ritter des Dolches, treue Fuelles, nützliche Coberteras, verführerische Serenas, leichtfüßige Chivatos und ihr anderen Mitglieder dieser ehrenwerten Brüderschaft, seid mir gegrüßt! Gott, unser Heiland, und die heilige Mutter mögen euch ihren göttlichen Schutz gewähren und euch vor den Alguazils, der Peitsche, dem Block, dem Strafpferd, der Tortur, dem Strick, vor Geständnissen, die für euch oft so tödlich werden und für eure Brüder stets gefährlich sind, beschützen.

Ich habe euch hier heute versammelt, um euch über einen Fall zu Rate zu ziehen, der sich auf unsere Rechte bezieht und unsere Gesellschaft wohl in

Gefahr bringt. – Ihr wißt alle, meine Kinder, daß, seitdem ihr durch die Gnade Gottes unter meiner Leitung arbeitet, wir nichts weiter zu beklagen hatten, als etwa ein Dutzend *Volteos*[21], vierzig *Paseos asnales* (Eselsritte) und einige Anwerbungen unter der Königlichen Marine (Galeerenstrafen).

Sevilla lieferte ungefähr sechsmal soviel jährlich für die Erstickung durch den Rauch (Rauch, gesetzliche Strafe), ehe ihr mich zum Oberhaupt eurer Brüderschaft ernanntet. – Kaum fünfundsiebzig Diebe, von denen wenigstens die Hälfte uns fremd waren, sind dieses Jahr in den Rachen des Wolfes geraten, und von dreißig unserer Brüder, die er in diesem Augenblick in seinen Zähnen hält, werden kaum drei gehängt, fünf bis sechs auf die Galeere geschickt und etwa ein Dutzend auf den Esel gesetzt werden. Außerdem bekommen vielleicht zwei oder drei unserer Schwestern die Peitsche und ebenso viele werden in Honig gesetzt[22]. Aber wir konnten das alles nicht verhindern. Sobald wir mehr Geld haben werden, um zahlreichere Messen lesen zu lassen und die Alguazils besser zu bezahlen, werden unsere Geschäfte anders gehen. So, meine Kinder, ist jetzt der blühende Zustand der Gardunnia."

„Wenn ich euch an meine geringen Dienste erinnerte", nahm Mandamiento mit erheuchelter Bescheidenheit wieder das Wort, „so geschah es nicht, um mit dem schwachen Talent zu prunken, das Gott, unser Herr, mir verliehen hat, sondern nur um euch begreiflich zu machen, wie notwendig es ist, daß die vollständigste Einigkeit, die unbedingteste Übereinstimmung unter uns herrscht, um mit aller möglichen Aussicht auf einen glücklichen Erfolg unser nützliches Geschäft betreiben und die Achtung der Damen und Kavaliere verdienen zu können, die uns die Ehre erweisen, uns zu beschäftigen. – Ich gehe jetzt zu dem Gegenstand unserer Versammlung über."

Dabei ließ der Großmeister seine Blicke forschend umherschweifen, und als er den Garabato erblickt hatte, gab er ihm ein Zeichen, näher zu treten. Garabato beeilte sich, zu gehorchen. Der lebendige Kreis, der ihn von dem Großmeister trennte, öffnete sich, um ihn hindurchzulassen, und nach wenigen Schritten stand der junge Mensch vor dem Señor Mandamiento.

Der Großmeister der Gardunnia nahm den jungen Mann bei der Hand, zeigte ihn der Versammlung und fuhr in seiner Rede fort: „Brüder, die Señores Manofina und Cuerpo de Hierro haben diesen jungen Menschen unter der Vorhalle der Kathedrale überrascht, wie er zunächst ein Taschentuch aus der Tasche eines Kavaliers entführte und dann eine wohlgefüllte Börse, die der Sakristan eines Nonnenklosters bei sich trug. Die Wahrheit zu sagen, hat er das mit großer Geschicklichkeit vollbracht, aber es ist deshalb nicht minder wahr, daß er, unserer Brüderschaft nicht angehörend, die Statuten unseres Ordens verletzte, indem er entführte, ohne dazu befugt zu sein, und was noch mehr ist, indem er Kirchengut antastete.

Die Señores Manofina und Cuerpo de Hierro haben in Anbetracht der guten Anlagen und des frühzeitigen Talentes dieses jungen Menschen, ein Talent, das ihrer Meinung nach einst der Gardunnia zur Ehre gereichen wird, wenn Gott und unsere guten Lehren es unterstützen. – Manofina und Cuerpo de Hierro haben es für ratsamer gehalten, ihn uns zuzuführen, als ihn in den Rauch zu bringen[23], der vielleicht bald alle seine guten Anlagen er-

sticken würde. Indes hat dieser junge Mensch jedenfalls unsere Statuten verletzt und müßte deshalb *geflüstert* (angezeigt) werden. Was meint ihr nun
dazu?" fragte Mandamiento, indem er seine Blicke über die Versammlung
gleiten ließ.

„Der Meister hat recht", murmelten die Banditen. „Der junge Mensch hat
eine Flüsterung verdient."

Manofina und Cuerpo de Hierro ließen ein dumpfes Murren der Unzufriedenheit hören.

„Verdammte Kanaillen!" brummte Manofina, „es ist hier gerade wie beim
Rosario[24]. Die einfältige Menge antwortete immer mit Amen."

„Ein so schöner Griff!" fügte Cuerpo de Hierro hinzu.

„Eine Flüsterung, eine Flüsterung!" wiederholten einige Coberteras, indem sie mit dem Gelächter einer Hyäne zwei oder drei lange, bewegliche
Zähne zeigten, die gleich den Hauern eines Ebers über die Unterlippe vor-
standen.

Mandamiento blieb ruhig, aber nichts von dem, was um ihn her vorfiel,
entging seinem Blick. Er ließ die Aufregung sich legen und redete die Versammlung aufs neue an:

„Welches ist eure Meinung?" Das sprach er aber mit einem Ton, der eher
ein Gebot zu sein schien. Alle schwiegen, und die einfältigen Gesichter
drückten nichts mehr aus, als den instinktmäßigen und stummen Gehorsam
gemeiner Seelen gegenüber einem Menschen von höherem Talent.

Zwei Guapos allein richteten auf den Meister einen Seitenblick voll Unzufriedenheit und Haß. Mandamiento schien dies nicht zu bemerken, wandte
sich abermals zu der Versammlung und sagte: „Ihr Herren, meine Meinung
ist, daß in Erwägung des frühreifen Talents dieses jungen Menschen und der
Empfehlung unserer sehr ehrenwerten Brüder, der Herren Manofina und
Cuerpo de Hierro, dieser junge Mensch als *Postulant*[25] in unsere Brüderschaft
aufgenommen werde, indem ihm das Jahr des Noviziates als Chivato erlassen bleibt, und ihm zu seiner Ermutigung die Vorrechte gewährt werden,
auf die unsere Lehrlinge Anspruch haben, wenn sie sich während ihres ersten Prüfungsjahres gut aufführten. Indes muß er jedenfalls das Entrittsgeld
bezahlen und Gott sein Opfer darbringen. Mit einem Wort, ich nehme ihn
unter meinen Schutz. Und wenn nun irgendeiner von euch etwas dagegen
einzuwenden hat, so spreche er", fügte der Großmeister mit seiner kräftigen
Stimme hinzu.

Alle schwiegen. Einige Serenas richteten wohlgefällige Blicke auf den jungen Garabato, der ein recht hübscher Bursche war.

„Einfältiges Vieh!" murmelten die Guapos.

„Gut, ihr Herren", fuhr Mandamiento fort. „Euer Wille stimmt mit dem
meinigen überein und ich danke euch dafür."

Er nahm darauf Garabato wieder bei der Hand, stellte ihn einzeln allen
Anwesenden vor, und diese gaben ihm den Bruderkuß. Der Großmeister
selbst erzeigte ihm die gleiche Ehre, teilte ihm dann das Erkennungswort
mit und unterrichtete ihn in den verschiedenen Zeichen und Berührungen
des Ordens. Endlich übergab er ihm ein Pergament, auf dem die verschiedenen Ämter und Vorrechte der Brüder der Gardunnia aufgeführt waren.[26]

Nachdem die Zeremonie auf diese Weise beendigt war, mischte der Garabato sich unter seine neuen Genossen des Mordes und des Raubes. Dann zog der Meister aus seiner Tasche ein elendes bekritzeltes Papier und sagte:

„Hier, meine Kinder, ist der Tagesbefehl:

Drei *Taufen* (Dolchstöße), so leicht als möglich beizubringen, die erste einem schönen jungen Mann mit schwarzem Schnurrbart, der täglich um sieben Uhr abends über die Brücke von Triana geht. Dieser junge Kavalier ist von hohem Wuchs und schönem Äußeren. Er trägt einen scharlachroten Mantel. Die Taufe wird mit 50 Realen bezahlt und außerdem mit 500 Maravedis, wenn sie so beigebracht wird, daß sie in dem Gesicht des jungen Mannes ein Zeichen hinterläßt, an dem man ihn erkennen kann. Die bezahlende Person ist eine sehr schöne und noch ziemlich junge Dame. Also, Señor Garabato, verlasse ich mich auf Eure Galanterie für das schöne Geschlecht, denn Euch übertrage ich dieses Geschäft. – Hier sind 17 Realen, die Euch von dem Geld zukommen, ungerechtet noch die 500 Maravedis besonderer Vergütung, welche die Dame zahlt, wenn es Euch gelingt, dem Gesicht des Getauften eine unauslöschliche Narbe beizubringen, was sehr leicht ist, wenn Ihr die Wunde mit ein wenig Ruß in Weinessig aufgelöst, reiben könnt." – Dabei übergab Mandamiento an Garabato ein kleines Fläschchen, das mit einer schwarzen Flüssigkeit angefüllt war.

„Die zweite Taufe", fuhr der Großmeister fort, „wird nur mit 40 Realen bezahlt. Sie ist an dem Pater Prior des Klosters der barmherzigen Brüder zu vollziehen, der Sr. Ehrwürden dem Pater Provinzial ein Beichtkind abwendig gemacht hat. Der Pater Provinzial bezahlt, und er gibt vier Dublonen besondere Gratifikation, wenn es gelingt, dem Prior ein Auge auszustoßen, denn die erwähnte Beichttochter liebt nichts auf der Welt so sehr wie schöne Augen. Ich glaube den Gewinn der vier Dublonen zusichern zu können, wenn ich diese Taufe dem Señor Manofina und seiner vielgeliebten Culevrina übertrage, deren Geschicklichkeit es verstehen wird, den ehrwürdigen Pater Prior an einen passenden Ort zu locken. Hier sind 30 Realen", fügte er hinzu, „und vergeßt die heilige Jungfrau nicht.[27] Die vier Dublonen sind Sache der Serena."

„Ja, ja, ich übernehme das", rief diejenige der Serenas, die mit dem Namen der Culevrina bezeichnet worden war, „ich übernehme das, Señor Mandamiento!"

„Still, meine Waldrose", unterbrach sie der Großmeister, indem er sich den Schnurrbart strich. „Wir kennen deine Geschicklichkeit und Ergebenheit. Du hast ja eine wahre Perle, mein Sohn", fuhr er fort, sich gegen den Guapo wendend, „erhalte sie dir und prügle sie nicht zuviel."

„Ja, ein wahrer Schatz, um sie für die anderen zu erhalten", murmelte der Bandit mit einem Ausbruch roher Eifersucht.

„Ei, ei", sagte der Meister, „Ihr sollt mehr Ergebenheit für das gemeinsame Wohl zeigen, Señor Manofina."

Der Gardunnio schwieg, aber er warf auf die Serena Blicke des Mißtrauens und des Zorns. Die Culevrina näherte sich ihm, legte ihren Arm in den seinigen und sah ihm mit ihren großen feurigen Augen zärtlich in das

Gesicht. – *„Manofina mia"*, sagte sie, „willst du etwa ärgerlich werden? Weißt du denn nicht, daß ich niemand liebe wie dich?"

Das Gesicht des Guapo besänftigte sich; er erlitt jenen Zauber der Sinne, der auf kräftige, physische Naturen allmächtig wirkt.

„Ja", sagte er mit leiser Stimme, „du liebst mich, nicht wahr? Aber der Prior?"

„Nun, den Prior werde ich dir zuführen, das ist alles. Gegen ihn heißt versprechen nicht halten. Du weißt wohl, daß ich nur dich allein liebe."

Der Guapo betrachtete sie mit einem Gemisch vertrauensvoller Freude und grausamen Zweifels. Und, sonderbar genug, die Serena log nicht. Als eine seltene Ausnahme bediente dieses Mädchen, das ihrem Stand nach jeder möglichen Art der Ausschweifung gewidmet war, sich ihrer wunderbaren Schönheit wohl, um die Opfer in die Schlingen der Gardunnia zu locken; aber weder ihr Herz noch ihr Körper waren jemals Mitschuldige dieser Pflichten geworden. Sie blieb beständig und in jedem Punkt dem wilden Guapo treu, den sie zu ihrem Geliebten erwählt hatte.

Mandamiento fuhr fort: „Eine dritte Taufe wird mit sechs Dublonen bezahlt. Diese Summe zeigt euch hinlänglich, daß es ein Kanonikus ist, der sie verspricht. Diese Taufe muß morgen vor sechs Uhr abends an einem Kollegen des Auftragsgebers vollzogen werden, damit der Getaufte den Mitgliedern des Kapitels nicht die Besuche machen kann, die erforderlich wären, um ihre Stimmen zu der Wahl des Dekans zu erbitten. Seinem Nebenbuhler erwächst daraus eine größere Wahrscheinlichkeit des Erfolgs. Wenn diese Taufe sich nach Verlauf einiger Tage in eine Begrabung verwandelte, so würde der Kanonikus die Summe verdoppeln. – Wohl zu merken, es muß geschickt gehandelt werden und der Mann darf nicht sogleich *verdunkelt*[28] werden. So will es der Auftraggeber, und wer gut zahlt, hat Anspruch darauf, gut bedient zu werden. Außerdem mache ich noch darauf aufmerksam, daß, wenn dieser Kanonikus zum Dekan erwählt würde, die Gardunnia sicher auf seinen fortwährenden Schutz rechnen dürfte. Se. Exzellenz haben mir das ausdrücklich versprochen. Euch, Señor Cuerpo de Hierro, kommt diese Taufe zu. Bedient Euch dazu eines feinen Dolches, und was noch besser wäre, einer dreieckigen Klinge. Das ist das beste Mittel, um eine Wunde beizubringen, die zehn bis zwölf Tage bis zum Tode dauert und nicht blutet. Hier ist Euer Geld. – Geht und seid pünktlich."

„Sechs *Bäder*[29] sind zu geben", fuhr der Meister fort, und verteilte dieses leichte Geschäft unter sechs gewöhnliche Genossen.

„Ferner drei *Reisen*[30]. Eine davon auf der Straße nach Jaen morgen um neun Uhr. Zu dieser Stunde wird die *Galera*[31] vorüberkommen und 80000 Realen für den Nuntius Sr. Heiligkeit mit sich führen, den Ertrag von dem Verkauf der Bullen und des Ablasses in dem Königreich Sevilla. Die andere auf der Straße nach San Lucar um Mitternacht, ebenfalls bei der Vorüberfahrt der Galera. Sie führt 120000 Realen mit sich, die einem jüdischen Bankier gehören und für einen maurischen Bankier in Sevilla bestimmt sind. Wir müssen dieses Geld den Feinden Gottes rauben, da sie sich desselben nur zum Verderben unserer heiligen Religion bedienen könnten.

Die dritte Reise findet auf der Straße nach Granada statt, wo sich die Straße nach Xeres teilt. Drei Kavaliere werden dort passieren, die Taschen wohlgefüllt und mit einer ganz neuen Garderobe; ihr wißt aber wohl, daß mehrere unserer Brüder ziemlich schlecht gekleidet sind."

Diese drei Unternehmungen wurden drei zuverlässigen und meisterhaft gebildeten Brüdern anvertraut.

„Endlich", sagte Mandamiento, „und das ist eine sehr ernste Sache, eine *Verdunkelung*[32], an der Person des jungen Don Estevan von Vargas. Er verläßt jeden Abend um Mitternacht das Haus Sr. Exzellenz des Gouverneurs von Sevilla. Er ist, wie man sagt, der Verlobte von dessen Tochter, einem hübschen Mädchen von siebzehn Jahren, der diese Verdunkelung ohne Zweifel viel Tränen kosten wird, aber uns 50 Dublonon vorausgezahlt, eine gleiche Summe nach dem glücklichen Erfolg, und überdies gewinnen wir noch die Protektion des sehr heiligen Groß-Inquisitors von Sevilla, den die Sache ohne Zweifel interessiert, da er uns seinen Schutz anbieten läßt, eine Münze, mit der er nicht sehr freigiebig ist."

„Und wer verbürgt uns diese schönen Versprechungen?" sagte Manofina, den die feurigen Blicke und die Liebkosungen der Serena sehr zugunsten der beiden Liebenden gestimmt hatten.

„Die Person, die sie mir gab und unterzeichnete, ist mir genau bekannt", entgegnete der Großmeister; „sollte man diese schriftlich gegebenen Zusagen verletzen, so würde ich sie dem großen Rauchfang von Sevilla[33] übergeben. Du siehst, mein Sohn, daß ich meine Sicherheitsmaßregeln getroffen habe."

In diesem Augenblick kam ein Chivato, der in einiger Entfernung von den Ruinen auf Wache gestanden hatte, ganz erschreckt herbeigelaufen und rief: „Meister, Meister, ein Haken (Alguazil) kommt auf das Gebäude zu."

Die Gardunnios gerieten in Unruhe und legten die Hand an den Dolch; der Großmeister aber blieb vollkommen gefaßt, wandte sich zu seinen Gefährten und rief ihnen zu: „Auf die Knie, Kinder." Dann richtete er den Blick auf das Bild der heiligen Jungfrau und stimmte ein frommes Gebet an, dem im Chor die Stimmen der Anwesenden antworteten.

Einige Minuten darauf öffnete der Alguazil die Tür und steckte den Kopf durch den Spalt derselben in den Saal. Mandamiento sah sich langsam nach ihm um, ohne deshalb sein Gebet zu unterbrechen, aber mitten in einem Ave Maria rief er heiter: „Ach, du bist es, Coco, unser treuer Bruder!"

Ein allgemeines Zeichen des Kreuzes machte dem begonnenen Gebet plötzlich ein Ende, die sämtlichen Anwesenden sprangen auf, und der Großmeister zog den Alguazil rasch in eine Ecke des Saales und fragte: „Was führt dich zu uns, Bruder Coco? Bist du auf der Spur irgendeiner Gefahr für unsere Brüderschaft?"

„Nicht ebendas", erwiderte der Haken. „Du weißt wohl, daß ich gute Wache halte und daß meine doppelte Eigenschaft als Alguazil und als Familiar des heiligen Tribunals mich in den Stand setzt, euch vor vielen Gefahren zu bewahren."

„Das ist wahr; du bist ein guter Freund, ein treuer Bruder."

„Nun wohl", fuhr Coco fort, „du kannst mir deinerseits auch einen Dienst erweisen, Meister."

„Sprich, Bruder, um was handelt es sich?"

Zunächst", entgegnete der Alguazil, „handelt es sich darum, einem meiner Verwandten, der Sakristan der Karmeliterinnen ist, eine Börse zurückzugeben, die ihm diesen Morgen gestohlen wurde."

„Du sollst sie haben, Bruder; wir sind imstand, dich in dieser Beziehung zu befriedigen. – Was weiter?"

„Das andere ist eine Sache von größerer Wichtigkeit", sagte der Haken, indem er die Stimme dämpfte. „Es handelt sich um nichts Geringeres, als im Fall der Not zwei oder drei Familiaren der heiligen Inquisition zu verdunkeln."

„Bruder", sagte Mandamiento erschrocken, „du mißbrauchst deine Stellung, du forderst unmögliche Dinge."

„Unmöglich oder nicht, so müssen sie doch vollbracht werden", erwiderte Coco mit festem Ton.

„Aber, mein Bruder, weißt du denn nicht, daß der heilige Inquisitor von Sevilla unser bester Kunde ist?"[34]

„Gleichviel, Ihr müßt mir den Dienst leisten, oder von diesem Abend an gehöre ich nicht mehr zu den Eurigen", sagte sehr entschlossen der Alguazil.

„Nun, was soll denn geschehen?" fragte der Großmeister, der durch diese Drohung besiegt war.

„Du mußt mir sogleich zwei oder drei geprüfte Guapos und ein halbes Dutzend Chivatos übergeben, um sie an jeden Ort zu führen, der mir gut dünkt, um sie verdunkeln zu lassen, wen ich will, kurz, daß sie meinen Befehlen gehorchen, als ob es die Deinigen wären."

„Du verlangst zuviel, Coco."

„Der Apostel will es", erwiderte trocken der Alguazil. „Beeile dich daher Mandamiento, denn ich habe keine Zeit zu verlieren."

„Wenn der Apostel es will, so muß ich gehorchen", sagte seufzend der Großmeister. „Sein Wille ist wie der Gottes, denn er hat Manofina vom Tod errettet und Cuerpo de Hierro aus dem Rachen des Wolfes befreit. Er ist es, der uns bei unseren Krankheiten pflegt. Es sei also, wie du verlangst, Coco; nimm meine beiden besten Guapos, und sie sollen dir gehorchen wie mir selbst."

Zugleich gab der Meister Cuerpo de Hierro ein Zeichen, flüsterte ihm einige Worte mit leiser Stimme ins Ohr, rief dann auch Manofina herbei und forderte sie auf, den Alguazil zu begleiten.

„Ich vergaß dir zu sagen", fügte er gegen Manofina hinzu, „daß ich dich damit beauftrage, den jungen Estevan von Vargas zu verdunkeln. Diese Operation wird dich wieder in die Gunst des Inquisitors setzen, wenn die, mit der unser Bruder Coco dich beauftragen wird, mißglücken sollte. Lebt wohl, Señores, und guten Mut."

Jeder der beiden Guapos wählte drei muntere und kräftige Chivatos. Dann sagte der Meister, indem er mit der Hand eine Bewegung machte: „Gott und die heilige Jungfrau beschützen euch!"

Der Alguazil setzte sich an die Spitze der Leute, und unter Begünstigung der Nacht verließ der kleine Haufen den Versammlungsort der Gardunnia ohne alles Geräusch.

III.

Dolores

Während in dem Palast der Gardunnia dieser zugleich abscheuliche und lächerliche Auftritt stattfand, trug sich ein Ereignis anderer Art bei dem Gouverneur von Sevilla zu. Er bewohnte eines jener geräumigen und bequemen andalusischen Häuser, die nur durch große Glastüren nach der Straße und durch offene Fenster nach einem großen, mit Blumen bedeckten Hof hinausgehend, ihr Licht erhielten.

In dem oberen Stockwerk dieses Hauses, das gewöhnlich zum Winteraufenthalt diente, neben einem großen Saal, in dem die Familie sich versammelte, befand sich ein kleines Gemach, wie die Zelle einer Nonne eingerichtet. Ein weißes, hartes Bett, umgeben mit einem einfachen Mustiquarium von Batist, zwei Stühle aus schwarzem geschnittenen Holz, ein Betschemel derselben Arbeit, darüber ein großes elfenbeinenes Kruzifix und endlich in einer Vertiefung der Wand eine kleine heilige Jungfrau aus weißem Marmor, vor der beständig eine silberne Lampe, angefüllt mit dem reinsten Olivenöl, brannte. Dieses Zimmer war das der Tochter des Gouverneurs. Das junge Mädchen, kaum siebzehn Jahre alt, glich durchaus nicht den anderen Frauen Andalusiens. Von erhabener Schönheit, von festem, edlem Charakter, brachte Dolores ihre Jugend nicht in jener mystischen Untätigkeit zu, welche die Einbildungskraft und die Sinne der spanischen Weiber so unmäßig aufregt. Zum Lehrer hatte sie einen Bruder ihrer Mutter, einen gelehrten, ernsten Mann, der lange Zeit in Frankreich und in Deutschland gereist war und dadurch seinen glänzenden Verstand gebildet hatte. Er streute seinen Samen nicht in ein unfruchtbares Land. Dolores würde selbst in unseren Tagen ein ausgezeichnetes Weib gewesen sein.

Mit glühendem Herzen und glühender Seele, begabt mit dem schärfsten Urteil, einem richtigen Verstand, einem kräftigen Willen, besaß sie den reinen und aufgeklärten Glauben der Kirchenväter: Ihre Barmherzigkeit wies alle Irrtümer, alle Grausamkeiten des Fanatismus zurück. Sie war fromm wie einst Isabella die Katholische, jene große Königin, deren milde, zärtliche Frömmigkeit so lange und mit soviel Schrecken gegen die Einführung der Inquisition und stets gegen die Werke derselben kämpfte.[*] Die Tochter des Gouverneurs folgte dem Geist und der Moral des Evangeliums, und das war in jener Zeit sehr gefährlich, denn um in Sicherheit zu leben, mußte man nicht ein Schüler Christi sein, sondern eine Kreatur der Inquisition. Gleichwohl hatte Dolores, da sie den äußeren Gebräuchen der Religion treu blieb und die Tochter guter Katholiken war, bis jetzt die Blicke des furchtbaren Tribunals noch nicht auf sich gezogen.

Der Groß-Inquisitor von Sevilla, Pedro Arbuez, schien im Gegenteil seine allmächtige Freundschaft gleich einem Friedenszeichen über das Haus des Gouverneurs zu breiten. In seiner doppelten Eigenschaft als Priester und als Oberhaupt des Inquisitionstribunals wurde er zu jeder Stunde in dieser Familie aufgenommen; allein da er noch in dem Alter der stürmischen Leidenschaften stand, indem er kaum vierzig Jahre zählte, konnte er das heilige, reine, junge Mädchen nicht sehen, ohne daß der Dämon der Wollust ihn in den heftigsten Begierden für sie erfaßte. Nicht ohne entsetzliche Eifersucht blickte er auf den jungen Estevan von Vargas, welcher der einzige Gegenstand der Liebe für die Tochter des Gouverneurs geworden war. Er folgte allen Fortschritten dieser Leidenschaft mit glühender Besorgnis und kaum vermochte er es, den Haß, den er gegen den jungen Mann empfand, zu verbergen.

Vergebens hatte er unter der Hülle einer heiligen und väterlichen Freundschaft in der Seele des schönen Mädchens Gefühle zu erwecken gesucht, die den seinigen entsprachen; vergebens war er bemüht gewesen, auf sie den Zauber seines feurigen Blickes und seiner wahrhaft ausgezeichneten Schönheit auszuüben. Dolores vermochte es in seiner Gegenwart nie, sich eines Gefühles der Furcht zu erwehren, das sie für Ehrfurcht zu halten strebte; der Blick des Inquisitors erweckte in ihr eine schmerzliche Unruhe und machte sie erblassen und zittern.

An dem erwähnten Tag hatte Pedro Arbuez den Abend in dem Salon des Gouverneurs zugebracht. Gegen zehn Uhr zog das junge Mädchen sich unruhig und aufgeregt in ihr Zimmer zurück. Sie machte die Tür einfach zu, wie gewöhnlich, da sie in dem Haus des Vaters, wo sie von allen Dienern angebetet wurde, nichts zu fürchten hatte. Ihr Haar lösend, ließ sie es über ihre weißen Schultern herabrollen, kniete dann vor dem Betpult nieder und betete inbrünstig. So sprach sie einige Minuten lang die finstere Verzweiflung aus, von der ihre Seele sich bedrückt fühlte. Dann zog sie aus ihrem Busen ein kleines Briefchen und las es mit schmerzlicher Begier.

„Ja", sagte sie, „es ist wirklich seine Schrift. Armer Estevan! Ich hatte mich also nicht getäuscht! Die Inquisition haßt ihn, und er fürchtet, mich bloßzustellen, wenn er zu mir kommt. Die Reise, die er mir als unvermeidlich schilderte, war nur ein Vorwand, um sich für einige Tage von hier zu entfernen, und gleichwohl kann er nicht leben, ohne mich zu sehen, und er beschwört mich, diesen Abend zu der Giralda zu kommen, wo er mich erwarten will. Er würde sterben, wenn ich meine Einwilligung versagte."

„Ach ja, er würde ohne mich sterben, wie ich ohne ihn", fügte sie hinzu, indem sie eine Träne trocknete. „Unsere Liebe gehört nicht zu denen, die durch die Abwesenheit erlöschen."

„Oh, mein Gott", fuhr sie fort, „in was für unglücklichen Zeiten leben wir doch, daß man die natürlichsten Gefühle unterdrücken muß! Was ist aus euch geworden, ihr göttlichen Gesetze Christi? Du Jahrhundert der Apostel, in dem zwei christliche Gatten sich frei vor Gott lieben durften und eines wie das andere lebte oder starb, hast du denn dieses Jahrhundert des Eisens geboren, in dem man Gott nicht auf seine Weise lieben darf? In dem die Priester nicht mehr unsere Tröster sind, sondern unsere Henker? In dem der Baum des Lebens ein Baum des Todes geworden ist, der seine Trauerzweige über die ganze Welt ausbreitet?[36] Ach, Estevan, wohin soll ich mir dir fliehen, um eine befreundete Erde zu finden, wohin diese Pest noch nicht gedrungen ist!"

Und in einem Anfall der Verzweiflung rang das unglückliche Mädchen die Hände, trat auf das Betpult, umschlang das elfenbeinerne Kruzifix, preßte es wie im Wahnsinn an ihre Brust und murmelte mit gebrochener Stimme: „Du, der du soviel gelitten hast, oh mein Gott, lehre mich leiden!"

Wie durch eine plötzliche Rückwirkung erleichterte heftiges Schluchzen ihre gepreßte Brust, und sie bedeckte mit bitteren Tränen das Bild dessen, den sie zu ihrem Schutz angerufen hatte.

In diesem Augenblick wurde die Tür ihrer Zelle leise geöffnet. Erschrocken erhob sich Dolores und wich bis zu dem Fenster vor dem Groß-Inquisitor zurück, der langsam auf sie zuschritt. Sie hatte nicht einmal so viel Kraft, einen Schrei auszustoßen.

„Störe ich dich in deinem Gebet, mein Kind!" sagte Pedro Arbuez mit süßlichem Ton.

„Ehrwürdiger Herr", sagte sie mit erstickter Stimme, „weshalb tretet Ihr so bei Nacht in mein Zimmer? Muß das Wohngemach eines jungen Mädchens Euch nicht heilig sein?"

„Der Groß-Inquisitor hat die Macht, für alles Dispens zu erteilen", entgegnete der Dominikaner, „und du begehst keine Sünde, indem du mich bei dir empfängst."

„Ehrwürdiger Herr", erwiderte Dolores, errötend vor Stolz und Unwillen, „ich begreife diese elenden Ausflüchte nicht, die so die unwandelbaren Gesetze des Gewissens nach eigenem Gefallen deuten und dem einen erlaubt machen, was bei den anderen für ein Verbrechen gilt. Ihr seid ein Mann, und ein Mann darf nicht bei der Nacht in das Zimmer eines Weibes treten, er sei denn ihr Gatte."

„Dolores", sagte der Inquisitor mit strenger Stimme, „vergessen Sie, daß Christus zu seinen Aposteln gesagt hat, was ihr auf Erden löset, wird im Himmel gelöset sein – daß er uns die Allmacht über die Seelen und die Leiber verliehen hat?"

„Ach, gnädigster Herr, entstellt nicht so die Worte des Evangeliums. Der Text ist rein und so klar, daß es ohne schlechten Willen nicht möglich ist, ihn zu mißverstehen, weder für Euch, den Diener des lebendigen Gottes, noch für uns, Eure demütigen Schüler."

„Der Buchstabe tötet, der Geist macht lebendig", entgegnete der Inquisitor, „und du bist sehr unverständig, junges Mädchen, daß du so gegen mich zu sprechen wagst. Die heiligen Bücher sind ein geheiligter Kodex, deren Auslegung uns allein anvertraut ist; Euch gebührt blinder Gehorsam. Wehe denen, die sie ohne unseren Beistand auslegen, die ohne uns das Licht suchen! Wehe den Unsinnigen, die ohne den Beistand der Stellvertreter Jesu Christi in Irrtum und Ketzerei versinken."

„Es liegt keine Ketzerei darin, dem Evangelium zu folgen!" rief Dolores.

„Sprächst du so vor einem anderen als vor dem Groß-Inquisitor von Sevilla", sagte Pedro Arbuez mit einem furchtbaren Blick, „so würde der morgige Tag dich nicht mehr in dem Haus deines Vaters finden, und die Inquisition –"

„Ich habe nichts gegen die Inquisition verbrochen", unterbrach ihn die Braut Don Estevans mit einer Stimme, der sie Festigkeit zu verleihen suchte, obgleich ein unbesiegbarer Schrecken sie selbst gegen ihren Willen beherrschte.

Pedro Arbuez bemerkte dies und näherte sich dem jungen Mädchen, das keinen Schritt weiter rückwärts zu treten vermochte, da ihre Füße bereits die Mauer des Fensters berührten.

Die Versuchung

„Dolores", sagte er, „du weißt also nicht, daß ich dein Freund bin?"

„Ach, ehrwürdiger Herr", sagte sie, „dann zieht Euch zurück und miß-braucht nicht Eure Gewalt, um so in mein Zimmer einzudringen. Geht, geht, ich beschwöre Euch auf meinen Knien darum."

Pedro Arbuez war versunken in Betrachtung einer so wunderbaren Schönheit und schien die Bitte nicht zu hören. Dolores stand vor ihm, ihre langen Haare aufgelöst, gekleidet in ein schwarzes Gewand, dessen breiter Ausschnitt nach der Mode jener Zeit auf bewundernswerte Weise den wei-ßen reinen Marmor ihrer Schultern zeigte. Ihr Wuchs schien sich noch höher und stolzer zu heben, und der Glanz ihrer großen und schwarzen Augen, in die sich ihr ganzes Leben geflüchtet hatte, verlieh der reizenden Blässe ihres Gesichtes einen neuen Zauber.

„Ach Kind, Kind", rief der Priester, „ wie schön du bist und wie glücklich Estevan ist!"

„Gnädigster Herr", rief Dolores, entsetzt durch den lüsternen Ausdruck in dem Blick des Dominikaners, „träume ich? Seid Ihr nicht der Groß-Inquisi-tor von Sevilla, der Priester des Herrn, der Beschützer der Tugend anderer?"

„Nein", schrie der Mönch, fortgerissen durch die ungestüme Leiden-schaft, die ihn verzehrte, „hier ist nicht mehr der Groß-Inquisitor, hier ist nicht mehr der Priester, hier ist nur noch Pedro Arbuez, der dich liebt, Pedro Arbuez, der vor Verzweiflung und Liebe zu dir stirbt."

Ein greller Schrei entriß sich der Brust des jungen Mädchens, und ihr ganzer Körper wurde kalt wie Stein. Der Inquisitor lag zu ihren Füßen. Die gewaltsame Leidenschaft machte in diesem Augenblick sein sonst schönes und regelmäßiges Gesicht entsetzlich. Er strebte danach, die Tochter des Gouverneurs zu umarmen. Diese, von Schrecken ergriffen, preßte sich so fest an die Wand, daß sie den zitternden Händen des Dominikaners wie ein Schatten zu entschweben schien. Gleichwohl ergriff er bereits den Saum ihres Gewandes. Unfähig, irgendeine Bewegung zu machen, stand Dolores regungslos wie ein Stein an das enge Fenster gepreßt. Aber da sie in der Lage, in welcher der unwürdige Priester sie überraschte, das elfenbeinerne Kruzifix in ihrer Hand behalten hatte, streckte sie in ebendem Augenblick, wo der Inquisitor seine Arme um sie schlingen wollte, mit einer heftigen Be-wegung das heilige Bild gegen ihn aus und rief:

„Pedro Arbuez, tritt diese Schranke nieder, wenn du es wagst! Priester Christi, willst du deinem Herrn trotzen?"

Der schamlose Dominikaner senkte den Kopf und wich zurück. Er fürch-tete sich! – Der fanatische Priester vermochte es wohl, das Gesetz Gottes zu verletzen und zu entstellen, aber dessen Bild zu profanieren, hatte er nicht die Kraft.

Langsam erhob er sich, warf auf das junge Mädchen einen Blick voll Haß und verließ das Gemach, ohne sich umzusehen.

Dolores preßte das schützende Bild an ihren Busen und rief: „Du hast mich gerettet! Oh, ich danke dir!"

Die rauhe Stimme des Nachtwächters verkündete halb zwölf Uhr. Die Ge-liebte Estevans war zwar erschöpft, aber dennoch befestigte sie ihr langes Haar unter einem Schildpattkamm, hüllte sich in einen langen braunen

Mantel und stieg langsam die steinerne Treppe hinab, die zu der äußeren Tür des Hauses führte. Sie ging der Giralda zu.

Als sie über die Schwelle ihrer Wohnung schritt, trat ein finsterer Schatten aus einem Bogengang hervor, und unter dem Schein einer mattbrennenden Straßenlaterne zeigte sich deutlich die Gestalt eines in einen Mantel gehüllten Mannes. Dolores erbebte bei diesem Anblick, aber sie verfolgte unaufhaltsam ihren Weg.

„Gut", sagte der Inquisitor – denn er war es! „Sie geht! Henriquez wird das übrige tun!"

IV.

Die Giralda

𝒟ER KLEINE HAUFEN, DER UNTER DER FÜHRUNG COCOS den Palast der Gardunnia verlassen hatte, folgte schweigend dem Gebieter, den man ihm für den Augenblick gegeben hatte. Die Guapos, zu beiden Seiten Cocos voranschreitend, die Chivatos längs den Häusern der schwarzen gewundenen Straßen hingleitend, und alle stumm, als wären sie ohne Sprache geboren.

Die Culevrina folgte einige Schritte entfernt, beunruhigt durch den geheimnisvollen Auftrag, den Manofina erhalten hatte, besorgt um den rohen Menschen, den sie liebte, und vielleicht auch getrieben durch den Instinkt des Weibes, der es unwiderstehlich dahin zieht, wo es Schmerz zu lindern oder Gefahr abzuwenden gibt.

Coco und seine Begleiter gingen so bis zur Brücke von Triana, durchschritten noch einige enge und finstere Straßen und langten endlich bei der Kathedrale auf dem Platz der Esplanade an. Es war hier sehr finster, denn schon zeigte sich kein Licht mehr in den Häusern des Platzes.

Bei der Kathedrale angelangt, ließ Coco die beiden Guapos sich in einer Vertiefung verbergen, die hinter zwei gewaltigen Pfeilern lag. Dann flüsterte er einige Worte mit leiser Stimme den Chivatos zu, die sogleich ihren Posten auf den Vierecken der Esplanade einnahmen und sich hier flach auf den Bauch niederlegten, das Ohr am Boden, damit ihnen nicht das leiseste Geräusch entgehe.

Nachdem Coco seine Leute verteilt hatte, ging er selbst zu dem Portal der Kirche und suchte sich hier unter der hohen Steinmasse ein Versteck.

Die Serena, die bemerkt zu werden fürchtete, schlich jetzt an den Häusern rings um die Esplanade her, und zwar mit so leichtem Tritt, daß man hätte glauben können, sie trüge unsichtbare Flügel. Endlich glitt sie unter die Bäume und blieb unter einem gewaltigen Orangenbaum nahe dem Brunnen stehen.

Bei dem leisen Geräusch, das die Serena machte, ließ sich ein Kri Kri, ähnlich dem Zirpen der Grille, auf den Ecken des Platzes vernehmen;[37] als aber sogleich alles wieder in tiefe Stille versank, erkannte Coco, daß es ein falscher Lärm gewesen sei, und niemand rührte sich mehr.

In diesem Augenblick ging der *Sereno*[38] (Nachtwächter) über die Esplanade, blieb bei dem Brunnen stehen und rief mit seiner rauhen, monotonen Stimme die Mitternacht ab.

Die Serena erbebte. – Mitternacht! – Das war die Stunde der Verbrechen; die Stunde, zu der die Unglückliche Zeugin oder Teilnehmerin so vieler blutiger Taten gewesen war; die Stunde, zu der für sie die Schatten derer zurückkehrten, die sie sterben sah!

Sie fürchtete sich!

Der Sereno ging weiter, und die Serena sank nieder auf die Knie und betete. Bald aber ertönte ein leichter, schneller Schritt, kreischend auf dem Sand in der Richtung der Giralda. Einer der Chivatos stieß ein lauteres Kri Kri aus als das erste, und der Schrei wurde sogleich von den drei anderen wiederholt. Coco, Manofina und Cuerpo de Hierro legten die Hand an den Griff ihrer Dolche. Die Serena stand auf, streckte den Hals vor und suchte zu erkennen, von welcher Seite die Gefahr sich nahte. In diesem Augenblick schritt Dolores über die Esplanade. An dem Fuß der Giralda angelangt, sah sie nach allen Seiten umher, und da sie niemand bemerkte, rief sie mit leiser Stimme: „Estevan! Estevan!"

Niemand antwortete, doch in demselben Augenblick trat ein junges Mädchen aus dem Schatten hervor und warf sich, wie außer sich, zu den Füßen der Tochter des Gouverneurs nieder.

„Wer seid Ihr? Was wollt Ihr von mir?" fragte Dolores.

„Flieht, flieht!" rief die Chapa, denn sie war es; „flieht Señora, denn Ihr seid verraten! Ich habe Euch getäuscht!"

„Aber wo ist Estevan?" fragte das junge Mädchen, das die Stimme derjenigen erkannte, die ihr den Brief ihres Verlobten überbracht hatte.

„Ich weiß es nicht", erwiderte die Chapa wie vernichtet, „ich kenne ihn nicht."

„Ihr kennt ihn nicht! – Ihr habt mir aber doch gesagt, er würde diesen Abend hier auf mich warten!"

„Ich habe Euch getäuscht"; wiederholte die Gitana außer sich. „Man sagte mir: Geh! Und ich mußte gehen. – Denn ich, seht Ihr wohl, ich bin nur ein elendes Werkzeug. – Ich muß gehorchen, wenn ich nicht vernichtet werden will. Ach, als ich Euch aber sah, so edel und so schön, da schwur ich, Euch zu retten, sollte ich auch selbst darüber untergehen. – Flieht daher, Señora, flieht, ich beschwöre Euch – bald wäre es nicht mehr Zeit – sie kommen –"

Aber außer sich dachte Dolores nicht an ihre eigene Gefahr; sie war nur mit Estevan beschäftigt, den die Inquisition verfolgte und die Ungewißheit, in der sie sich befand, verursachte ihr unaussprechliche Angst.

Plötzlich ließ sich ein dumpfes Rollen, begleitet von leisem Hufschlag, in der Richtung nach dem Fluß vernehmen.

Das gedehnte Kri Kri der Chivatos verdoppelte die Aufmerksamkeit der Mitglieder der Gardunnia.

„Hört Ihr wohl? Hört Ihr? Sie kommen!" rief die Gitana voll Entsetzen, indem sie aufsprang und Dolores mit sich fortzuziehen strebte.

Die Tochter des Gouverneurs stieß sie mit einer heftigen Bewegung und mit dem Ausdruck der Verachtung zurück und rief: „Sei verflucht, daß du mich belogen hast!"

Bei diesen Worten flüchtete die Chapa sich wieder in die Giralda, und Dolores, die vor Verzweiflung und Schrecken halb außer sich war, lief der Esplanade zu. Kaum hatte sie einige Schritte zurückgelegt, als vier Sbirren von den vier Ecken des Platzes auf sie zustürzten, sie ergriffen und sie auf ihre kräftigen Arme hoben, ohne daß sie den geringsten Widerstand leisten konnte, noch die Kraft hatte, nach Hilfe zu rufen.

Nachdem die Sbirren sich ihrer Beute bemächtigt hatten, schritten sie auf den Guadalquivir zu, wo Henriquez und Frazco ihrer an der Seite des Inquisitionswagens warteten. Dieser, besonders zu dergleichen nächtlichen Unternehmungen eingerichtete Wagen, war eine Art von Kutsche, deren vier mit dickem Leder belegte Räder kein Geräusch hervorbrachten, indem sie über das Pflaster rollten. Die Maultiere, die ihn zogen, trugen lederne Stiefel.

Bei dem letzten Signal der Chivatos waren Coco und die beiden Guapos aus ihrem Versteck hervorgetreten, glitten an den Mauern der Kathedrale entlang und folgten der Spur der Entführer. Die Serena schlich ihnen leise nach. Die Chivatos, die gleich Eidechsen auf Händen und Füßen krochen, waren währenddessen vorausgeeilt und hatten sich dem Wagen zugewandt. Henriquez und Frazco warteten bei demselben, als sie aber die Sbirren kommen hörten, gingen sie ihnen entgegen. Die Chivatos benutzten als echte Spitzbuben diesen unüberlegten Schritt, um die Stränge der Maultiere abzuschneiden und sie fortzuführen, was dadurch erleichtert wurde, daß die Tiere deshalb mit Nachtstiefeln versehen worden zu sein schienen, um leichter gestohlen werden zu können.

Das war eine Beute wie jede andere, und als echte Kinder der Gardunnia hatten die Chivatos den Anfang damit gemacht, den Kutscher, der ihnen im Weg war, in den Fluß zu werfen.

Das alles war in kürzerer Zeit geschehen, als wir brauchen, um es zu beschreiben.

„Da ist sie", sagte Henriquez zu Frazco, als sie die Sbirren erreichten, welche die ohnmächtige Dolores auf ihren Armen trugen.

„Es ist gut", entgegnete Frazco mit mürrischem Ton. „Schweig und laß uns eilen."

„Oh, jetzt haben wir sie!" entgegnete Henriquez triumphierend.

„Noch nicht", rief Manofina, indem er dem Familiar einen kräftigen Dolchstoß in den linken Arm versetzte.

Henriquez, der so überfallen war, taumelte infolge des plötzlichen Schmerzes, den er empfand, aber er gewann seine Geistesgegenwart sogleich wieder und rief: „Zu Hilfe!"

Zwei der Sbirren überließen die Tochter des Gouverneurs ihren Kameraden und eilten zum Beistand des Familiars herbei. Frazco hatte darauf nicht gewartet, sondern war auf den ersten Schrei des Verwundeten auf Manofina zugesprungen; Henriquez seinerseits, der seine Feinde in der Dunkelheit nicht zu unterscheiden vermochte, hatte sich wütend gegen Cuerpo de Hierro gewandt und mit demselben einen erbitterten Kampf begonnen.

Währenddessen verfolgte Coco die beiden Sbirren, die bei dem Lärmen des Kampfes schnell dem Wagen zuflohen, aber nachdem sie Dolores hineingelegt hatten, machten sie sich so schnell als möglich davon, ohne den Ausgang des Kampfes abzuwarten.

Coco, der zwischen dem Verlangen schwankte, die Tochter des Gouverneurs zu bewachen und dem, seinen Brüdern zu Hilfe zu eilen, zögerte einige Augenblicke; bald indes gewann sein kriegerischer Instinkt den Sieg. Er wandte sich zu dem Ort des Kampfes und kam eben zur rechten Zeit, um Cuerpo de Hierro zu befreien, der ungeachtet seines Löwenmutes und seiner Riesenkraft kaum den drei Gegnern, den beiden Sbirren und Henriquez, standzuhalten vermochte. Der letztere verteidigte sich ungeachtet seiner Wunde wie ein Verzweifelter.

Die Ankunft des Alguazils änderte die Lage der Dinge. Die Diener der Inquisition suchten kämpfend die Brücke zu erreichen, wo der Wagen stand. Die Gardunnios ihrerseits verdoppelten ihre Anstrengungen, um sie dahin zu treiben, überzeugt, daß sie dort leichtes Spiel mit ihnen haben würden. In der Tat hatten auch die beiden Sbirren die Brücke von Triana kaum betreten, als sie auch schon von den beiden Gardunnios tödlich verwundet und in das Wasser geworfen worden waren. Henriquez, der durch den Blutverlust bereits erschöpft war, sank einige Schritte davon nieder. Cuerpo de Hierro kehrte zu ihm zurück, hielt ihn für tot, nahm ihn vom Boden auf und warf ihn über die Brüstung der Brücke in den Fluß.

Coco war zu dem Wagen zurückgekehrt, denn er glaubte, daß Manofina, der Frazco allein gegenüberstand, keine große Mühe haben würde, sich desselben zu entledigen. Er täuschte sich indes. Frazco, der erkannte, daß er mit dem Guapo ein böses Spiel hatte, warf ihm eine jener seidenen Schlingen über den Hals, die mit den neueren Lassos der Amerikaner die größte Ähnlichkeit haben.[39]

Dadurch war es um Manofina geschehen, dessen Mut und Gewandtheit ihm jetzt nichts nützten. Erstickt durch die mörderische Schnur, schwanden ihm Atem und Kräfte. Der Dolch entsank seiner Hand, seine Augen traten rot und geschwollen hervor, eine Wolke verhüllte ihm den Blick und schon erhob Frazco die Hand, um ihn mit einem Dolchstoß abzutun, als eine scharfe, feine Klinge ihm selbst in das Herz fuhr und ihn auf der Stelle tot zu Boden streckte.

Die Culevrina hatte ihn mit ihrer kleinen, andalusischen Klinge getroffen. Das junge Mädchen beeilte sich, die Schnur zu durchschneiden, die Manofinas Gurgel noch zusammenpreßte. Ungeachtet der grausamen Schmerzen war der Guapo auf den Beinen geblieben.

„Bravo, Culevrina", sagte er, indem er die Hand der Serena drückte, „du bist ein braves, mutiges Mädchen und der Meister wird dich belohnen."

„Nichts da! Von dir allein verlange ich meinen Lohn!"

„Von mir?" sagte der Guapo überrascht. „Sprich, was willst du? Bei der Jungfrau der Schmerzen schwöre ich, dir zu gewähren, was du verlangen wirst."

„Manofina", sagte sie, indem sie sich mit schmeichelndem Wesen und Ton an seinen Arm hing, „ich verlange von dir die Begnadigung des Don Estevan von Vargas."

„Culevrina", sagte der Guapo mit betrübtem Ton, „du verlangst da etwas Unmögliches. – Was kümmert dich der Tod dieses jungen Kavaliers?" fügte er mit mißtrauischem Wesen hinzu.

„Man muß die nicht verdunkeln, die sich lieben", erwiderte die Serena; „und die Tochter des Gouverneurs würde vor Schmerz sterben, wenn man ihr den Geliebten raubte, wie ich diesen Abend gestorben sein würde, wenn du getötet worden wärest, mein Manofina!"

„Ich kann dir das nicht versprechen", entgegnete der Guapo, zugleich gerührt und verlegen, denn er wollte das nicht verletzen, was er seine Pflicht nannte, und betrübte sich doch auch bei dem Gedanken, der zu mißfallen, die er liebte.

Die Serena senkte den Kopf und weinte.

„Weine nicht so, *alma mia*", sagte der Guapo, indem er sie voll Zärtlichkeit an die Brust drückte, „wir wollen sehen, was sich tun läßt."

Währenddessen hatten Coco und Cuerpo de Hierro die noch immer ohnmächtige Dolores aus dem Wagen gehoben.

„Was fangen wir mit der Señorita an?" fragte Manofina, indem er sich Coco näherte.

„Folgt mir und gebt acht!" entgegnete der Alguazil.

Dann schritt Coco mit Cuerpo de Hierro voran, auf das Haus des Apostels zu, das am anderen Ufer des Guadalquivir lag.

Manofina und die Serena folgten ihnen in einiger Entfernung entschlossen, sie gegen jeden neuen Angriff der Inquisition zu verteidigen.

V.

Eine Orgie von Mönchen

Der Palast des Gross-Inquisitors Pedro Arbuez war ein ungeheures und prachtvolles maurisches Gebäude, das ehedem von dem König von Sevilla bewohnt wurde. Nachdem man durch herrliche Gärten geschritten, bepflanzt mit den schönsten Blumen und den seltensten Bäumen, gelangte man zu einem einsam gelegenen Pavillon, der ehedem als Badesaal diente. Der wollüstige Arbuez hatte demselben eine ganz andere Bestimmung gegeben.

Dieser Pavillon, von dem Hauptgebäude weit entfernt und unter einer Masse von Gebüsch versteckt, war der gewöhnliche Ort der lustigen Zusammenkünfte des Groß-Inquisitors mit seinen Günstlingen. Bischöfe und Mönche gaben sich hier ihren rohen Begierden hin, indem sie allen Zwang abwarfen und einander in Erfindungen überboten, die jedem Laien Ehre gemacht haben würden. Sie legten hier die Verstellung und den Zwang ab, die sie sich in ihrem gewöhnlichen Leben auferlegen mußten.

Diese Menschen empfanden ein so wildes Verlangen heftiger Aufregungen, daß sie nur in dem Blut und in dem Scheiterhaufen Befriedigung ihres unersättlichen Gelüstes nach sinnlichen Genüssen fanden. Der böse Feind hatte sich in ihnen verkörpert, und sie schienen ganz vergessen zu haben, daß sie Diener Christi waren.

Es hatte Mitternacht geschlagen. In dem einsamen Pavillon stand ein üppig gedeckter Tisch in der Mitte eines großen eleganten Gemaches. Die

Decke dieses Saales war mit feinen Arabesken geschmückt, dem wertvollen Werk maurischer Künstler. Auf den Wänden stellten köstliche Fresken Früchte und Blumen aller Art dar und ahmten die Natur so nach, daß sie eifersüchtig hätte werden können. Dazwischen befanden sich Felder, die der künstlerische Geschmack der Inquisition mit wollüstigen Szenen der heidnischen Mythologie geschmückt hatte. Es hätte eines Heiligen bedurft, um bei dem Anblick so üppiger Gemälde nicht aufgeregt zu werden.

Ein reiches Mosaik bildete den Fußboden des Saales und auf dem in der Mitte stehenden Tisch zeigten sich die seltensten Früchte, die ausgesuchtesten Speisen in großen Gefäßen aus Kristall und chinesischem Porzellan. Der Sherry, der Tintarrota, der süße Malagawein, der Bananensaft, der erst kürzlich von Amerika eingeführt war – alle diese glühenden Weine, erzeugt unter einem feurigen Himmelsstrich, machten in Strömen die Runde zwischen den Gästen, deren Vorsitz Seine Eminenz der Herr Groß-Inquisitor von Sevilla führte.

Eine törichte Lustigkeit mit etwas mystischer Beimischung belebte alle die finsteren und glühenden Gesichter; besonders die Augen des Pedro Arbuez glänzten in einem ungewöhnlichen Feuer. Die Qualen der Begierde und der Ungewißheit mischten ihre Schärfe mit der leichten Trunkenheit des Groß-Inquisitors. Die Köpfe waren erhitzt, aber noch herrschte die Vernunft. Jeder blieb an seinem Platz und ein Anschein von Prüderie verschleierte das Gespräch.

Arbuez wurde dieses Zwanges zuerst überdrüssig.

„Wißt Ihr wohl, meine Väter", rief er mit etwas weintönender Stimme, „daß der Pförtner des Himmels (der Papst) beständig neue Schlüssel schmiedet, um die Zugänge des schönen Königreiches sicher zu bewahren und für uns die Freuden der Erde zu vermehren? Die Inquisition ist jetzt auch in Portugal[40] eingeführt, und bald wird es kein Winkelchen der Erde geben, in dem wir nicht herrschen."

„Desto besser", sagte der Erzbischof von Toledo. „Die Inquisition ist eine Mühle, auf der das schlechte Korn, das sie zermalmt, sich für uns in schöne spanische Dublonen verwandelt."

„Und die Dublonen in himmlische Freuden, in köstliche Feste", sagte ein Prior der Dominikaner mit aufgedunsenem Gesicht und flammenden Augen.

„So", entgegnete der Erzbischof, „daß es besser ist, Inquisitor zu sein als Papst, und daß der Pförtner des Paradieses, der sich für unseren Herrn ausgibt, im Grunde weiter nichts ist, als der Haushofmeister unserer kleinen Lustbarkeiten."

„Und dann", sagte ein junger Mönch, schön wie ein junges Mädchen und Günstling des Pedro Arbuez, „dann ist auch ein Papst so alt! Wozu nützen die Güter dieser Welt, wenn man ihrer nicht mehr genießen kann?"

„Es ist besser, Novize in einem Dominikanerkloster zu sein, nicht wahr Joseph?" sagte der Groß-Inquisitor, indem er mit seiner weißen Hand über den Kopf des jungen Novizen strich.

„Es ist besser, der demütige Sklave Eurer Eminenz zu sein", entgegnete der junge Geistliche mit erheuchelter Demut.

„Der Papst sät und wir ernten", rief lustig der Erzbischof von Toledo, „und während er mit seinen Kardinälen gähnt, pflücken wir auf den Feldern Cytherens all die schönen Liebesblüten, die sich auf unserem Weg finden."

„Ich brauche mich nicht einmal zu bücken, um sie zu pflücken", sagte der Bischof von Malaga. „Die Subpriorin des Klosters der unbeschuhten Karmeliterinnen übernimmt diese Mühe für mich; die Erstlinge der schönsten Blumen ihres Gartens werden mir dargebracht."

„Ich", meinte der Erzbischof von Toledo, „gebe mir gar keine Mühe. Gefällt mir ein Weib, so laß ich es kurzweg durch die Gesellschaft der Gardunnia für mich entführen."

„Das ist eine sehr nützliche Institution", sagte der Groß-Inquisitor, „und wir müssen sie mit allen unseren Kräften beschützen, ihr Herren. Wenn die Brüderschaft der Gardunnia in Spanien nicht mehr existierte, müßten wir unseren Vergnügungen und unserer Rache Lebewohl sagen. Wir wären dann gezwungen, für uns zu handeln, und unser Interesse litte dadurch sehr stark."

„Pah!" rief ein anderer Inquisitor, „nichts wiegt die Familiare des heiligen Tribunals auf, wenn es nächtliche Entführungen und heimliche Ermordungen gibt. Ein Familiar ist verschwiegen wie der Tod und er kann alles ungestraft tun, denn das Wort Inquisition ist der Bürge seiner Handlungen. Niemand wagt es, darüber zu murren."

„Die armen Leute!" sagte Pedro Arbuez, indem er sich zu dem Ohr des Novizen neigte, dessen auffallende Blässe gegen die Luftigkeit der anderen Gäste abstach, „die armen Leute! Die sind mehr durch ihre Eitelkeit berauscht als durch den Wein, den ich an sie verschwende."

„Deshalb sind auch Eure Eminenz ihr aller Meister. Ihr versteht es, Eure Besonnenheit bei diesen Orgien zu bewahren und mit kaltem Blut alles das zu tun, dessen sie sich in ihrer Trunkenheit rühmen."

Der Lärm der Stimmen übertönte dieses leise Gespräch.

„Henriquez kehrt nicht zurück", sagte der Inquisitor mit dem Ton der Besorgnis. „Hast du ihn denn nicht an der Brücke von Triana getroffen, Joseph?"

„Nein", erwiderte der junge Mönch, „ich hielt es für klug, ihn allein handeln zu lassen; aber Ihr dürft ruhig sein, gnädigster Herr, Henriquez ist getreu."

„Wovon sprecht ihr denn, ihr Herren?" fragte Pedro Arbuez, indem er sich an die Bischöfe von Malaga und von Toledo wandte.

Der letztere entgegnete: „Wir sprachen von den hübschen Mädchen in Eurer Stadt Sevilla, und ich behauptete gegen den Bischof von Malaga, die schönste sei Donna Dolores Argoso, die Tochter des Gouverneurs."

Arbuez machte eine Bewegung der Überraschung.

„Oh was das betrifft", sagte der Prior, „so ist das eine uneinnehmbare Zitadelle. Ich habe sie zweimal Beichte gehört und hielt sie im Verdacht, etwas von Ketzerei angesteckt zu sein."

„Eine schöne Ketzerin, sie brennen zu sehen", sagte der Bischof von Malaga.

„In dem Feuer der Liebe, wollt Ihr ohne Zweifel sagen", entgegnete der Erzbischof von Toledo. „Das wäre eine Eroberung, würdig Sr. Eminenz."

„Habt Ihr mir nichts Schwierigeres vorzuschlagen", fragte Pedro Arbuez mit einem hochmütigen Lächeln.

„Se. Eminenz weicht vor der Aufgabe zurück", sagte lachend der Prior der Dominikaner.

„Ich weiche nicht zurück", entgegnete der Groß-Inquisitor, indem er einen stolzen Blick über die Versammlung gleiten ließ. „Aber ich möchte in der Tat nicht so wenig tun, um euch gefällig zu sein, meine Väter!"

„Wir begnügen uns schon damit!" riefen im Chor alle Gäste.

In diesem Augenblick wurde ein schwerer seidener Vorhang im Hintergrund des Saales zurückgezogen und ein Familiar näherte sich dem Groß-Inquisitor. „Gnädigster Herr", sagte er, „Henriquez bittet, vor Eure Eminenz gelassen zu werden."

Ein Lächeln des Triumphes verklärte das Gesicht des Pedro Arbuez. „Meine Herren", sagte er, „der Teufel dient euch vortrefflich. Sie sollen die Tochter des Gouverneurs sehen." – Darauf wandte er sich zu dem Familiar und sagte: „Henriquez kann eintreten."

Der Familiar verschwand, und aller Augen richteten sich auf die Eingangstür.

„Ehrwürdiger Herr", fuhr Arbuez fort, indem er sich gegen den Erzbischof von Toledo wandte, „ich bitte Euch um hundert Tage des Ablasses für den guten Henriquez, der uns die Tochter des Gouverneurs zuführt. Er ist der beste Diener der heiligen Inquisition."

Als Arbuez diese Worte beendigte, wurde der seidene Vorhang aufs neue zurückgezogen, und der gute Henriquez trat ein, blutend, bleich, von Wasser triefend, aber allein und kaum fähig, sich auf den Füßen zu halten.

„Was heißt das?" fragte der Inquisitor überrascht.

„Eure Eminenz", entgegnete der Familiar mit matter Stimme, „alle unsere Sbirren sind getötet, die Tochter des Gouverneurs ist uns geraubt, und nur mit Mühe rettete ich mich schwimmend, um Euch Rechenschaft von meiner Sendung abzulegen."

Alle Welt umringte hierauf Henriquez, der mit matter Stimme die Ereignisse des Abends erzählte. Während dieser Erzählung funkelten die Augen des Groß-Inquisitors vor Zorn.

„Ihr seid also alle gleich feig gewesen?" sagte er endlich mit einem entsetzlichen Hohn.

„Wir haben alle getan, was wir vermochten, um den Willen Eurer Eminenz auszuführen", entgegnete schüchtern Henriquez.

„Und Frazco?" rief Pedro Arbuez.

„Tot, gnädigster Herr; tot wie alle anderen", entgegnete der Familiar, der von der Flucht der beiden ersten Sbirren nichts wußte.

„Du bist ein Elender!" schrie der Inquisitor mit wütender Stimme. „Fort! Und daß du dich nicht mehr vor mir blicken läßt."

Henriquez, der durch den Verlust des Blutes, durch sein improvisiertes Bad im Guadalquivir, durch die verschiedenen Aufregungen des Abends geschwächt war, vermochte diesem letzten Schlag nicht Widerstand zu leisten. Die Beine brachen ihm zusammen, und er sank bewußtlos nieder.

Pedro Arbuez klingelte; zwei Diener traten ein.

„Tragt diesen Menschen fort", gebot er mit gleichgültiger Stimme. Dann wandte er sich zu den Gästen und sagte: „Zurück an die Tafel, ihr Herren, und beschließen wir die Nacht, wie wir sie begonnen haben."

Die Mönche und die Bischöfe nahmen ihre Plätze wieder ein, und der Wein kreiste von neuem.

Pedro Arbuez fühlte sein Herz von Wut erfüllt, und er machte derselben durch tolle Lustigkeit, durch schneidende Worte Luft.

Joseph, sein Günstling, betrachtete ihn mit unwandelbarer Aufmerksamkeit. Der Novize war noch blässer als gewöhnlich, und sein schwarzes Auge funkelte in finsterem Spott.

„Joseph", sagte Arbuez, indem er sich zu dem Ohr seines Günstlings neigte, „das ist ein Abend, der dem Gouverneur von Sevilla teuer zu stehen kommen wird."

Ein Gedanke voll wilder Freude glitt über die Stirn des Novizen, aber dieser Ausdruck entging dem Inquisitor.

Die Orgie währte bis zum Morgen.[41]

VI.

Das Haus des Ketzers

Die Wohnung des Apostels war eine einsam gelegene Klause in der Mitte eines ländlichen Gartens, der von den Wellen des Guadalquivir bespült wurde. Der Apostel war einer jener Predigermönche, die frei den Regeln des Ordens folgten, dem sie sich zugesellt hatten, die aber keiner religiösen Körperschaft angehörten.

Dieser Geistliche war ebender, den wir bereits in der Taverne der Chapa sahen.

Er hatte die bescheidene Zurückgezogenheit gewählt, in der er sich von seinen apostolischen Arbeiten erholte und die durch ihre Entfernung von der Stadt und ihre Lage am Fluß schon oft zum Zufluchtsort für die Opfer der Inquisition diente.

Es war am Tag nach dem, an dem die bisher erzählten Ereignisse stattfanden.

Dolores befand sich allein in dem Zimmer, das ihr zum Asyl diente. Die Nacht begann zu dunkeln und hüllte in ihren Schleier die Gegenstände ringsumher, den Fluß in ein schwarzes, flimmerndes Band verwandelnd. Ungeachtet des scharfen Windes, der draußen wehte, öffnete Dolores ihr Fenster, strich sich mit der weißen Hand die langen Haare aus dem Gesicht und bot ihre brennende Stirn dem eisigen Hauch der Luft dar.

Eine finstere Verzweiflung hatte sich ihrer Seele bemächtigt; ihre Augen waren von Tränen geschwollen und bläuliche Adern durchfurchten ihr marmorweißes Gesicht.

Vergebens hatte sie bei dem tiefen Schmerz, der sie verzehrte, Trost im Gebet gesucht; der Engel, der den glühenden Ausdruck unserer Seele zu den Füßen Gottes trägt und uns dafür die trostreichen Tränen zurückbringt, regte vergebens seine Flügel über der Stirn der armen Dolores. Die tödliche Wunde ihrer Seele war dadurch nicht erleichtert worden. Das junge Mädchen mit dem kräftigen Herz, mit dem scharfen Verstand, mit den reinen moralischen Grundsätzen des Evangeliums, das bisher in dem Priester mehr als einen Menschen erblickte, vermochte nicht ohne den tiefsten Abscheu den Abgrund der Üppigkeit und Heuchelei zu erkennen, in die sich im Namen Christi die stürzten, die sich für dessen Diener ausgaben. Der Zweifel, diese beinahe unheilbare Wunde, streifte die Seele des Mädchens und erfüllte ihr Herz mit dem tödlichen Gift, dessen Berührung verbrennt und vernichtet.

„Wie", fragte sie mit unendlicher Bitterkeit, „das sind also die Diener des Herrn! Das sind die Vertreter des göttlichen Willens! Ach, wenn Jesus ehedem die Verkäufer aus dem Tempel jagte, würde er dann nicht jetzt auch die Inquisitoren vertreiben? Würde er die Flamme der Scheiterhaufen, die sie anzünden, nicht zu ihrer eigenen Vernichtung wenden?"

Ein glühender, heiliger Zorn grollte im Herz des jungen Mädchens, und indem sie ihrer Ohnmacht gegenüber der fürchterlichen Gewalt der Inquisition gedachte, fragte sie sich voll Entsetzen, ob Gott sich auch um seine Geschöpfe kümmere. Schon hatten Zweifel sich ihrer bemächtigt, und von diesen bis zum Unglauben ist nur noch ein Schritt.

„Jesus! Jesus!" rief die arme Verzweifelnde, „du, der du nur lieben und segnen konntest, weshalb duldest du die Verbrechen dieser Henker?"

„Um die Guten zu läutern", sagte neben ihr eine sanfte, ernste Stimme.

Indem Dolores nach der Richtung blickte, aus der diese Stimme ertönte, glaubte sie das Gesicht Christi selbst zu erblicken, eine so erhabene Milde ruhte auf dem Haupt, das wie von einem Heiligenschein umgeben zu sein schien. Es war das des Apostels.

Oh mein Vater", rief das junge Mädchen, indem es vor ihm auf die Knie sank, „mein Vater, stütze mich, denn ich wanke, und meine entsetzte Seele kann nur noch an das Böse glauben. Hat nicht der böse Feind sich dieser Welt bemächtigt, um den wahren Gott daraus zu vertreiben?"

„Kind", sagte der Apostel, indem er seine Hand auf die brennende Stirn des jungen Mädchens legte, „seit wann kann die Kraft durch die Schwache niedergedrückt werden? Ist nicht das Böse schwach und das Gute stark?"

„Nein!" entgegnete sie mit aufgeregter Stimme; „das Böse ist stark, denn es sind die Bösen, welche die Guten unterdrücken und sie leiden machen."

„Auch Christus hat gelitten und dennoch war er stark, denn er war Gott! Bist du denn eine Christin, daß du Christus verleugnest?"

„Oh mein Vater, verzeiht", rief das junge Mädchen. „Ich besitze nicht die Kraft der Märtyrer, und das Glück scheint mir ein Recht der Menschen zu sein."

„Das Glück! Hier ist es!" sagte der Apostel und legte die Hand auf sein Herz.

„Nein!" rief das junge Mädchen voll Verzweiflung, „denn selbst dieses Asyl ist für die Inquisitoren nicht unverletzlich."

„Können sie seine Schläge unterdrücken oder beschleunigen?" entgegnete der Apostel. „Können sie daraus ein geliebtes Bild oder den Glauben deiner

Väter vertreiben? Fühlst du nicht in dir diese übermenschliche Kraft der Seele, die dir sagt: Vorwärts! Fürchte nichts; liebe und glaube! Man kann den Körper zerbrechen, aber was in uns lebt, ist unvergänglich; es stirbt sowenig wie der göttliche Hauch!"

Oh Dank, Dank!" sagte Dolores, indem sie die Hände des Mannes Gottes küßte und sie mit ihren Tränen bedeckte, „Dank Euch, der Ihr tröstet und der Ihr Gott gleicht."

Der Apostel machte seine Hände aus ihrem Druck los; seine Demut konnte ein solches Zeichen der Unterwürfigkeit, beinahe der Anbetung, nicht annehmen, obgleich die anderen Mönche Spaniens es nicht als eine Huldigung, sondern als einen Zoll empfingen.

„Ach", fuhr Dolores, die seine Gedanken erriet, fort, „Ihr seid demütig und stark und Ihr glaubt; ich muß also auch glauben, ich, das schwache, verfolgte Weib."

„Ja, du mußt glauben, meine Tochter, und dulden, ohne zu murren, denn du bist eine auserwählte Seele. Waffne dich daher mit Kraft und Beständigkeit, mein Kind, und wenn Gott dir noch andere Prüfungen sendet, so sage gleich jenem großen Opfer, das für seine Lehre starb: Dein Wille geschehe und nicht der meinige."

„Ach, wer seid Ihr", fragte das junge Mädchen, „wer seid Ihr, mein Vater, daß Ihr meinem Herzen Hoffnung und Kraft zurückgebt? Sagt mir Euren Namen, damit ich ihn in meinen Gebeten wiederholen kann."

„Ich bin ein demütiger Diener Gottes", erwiderte der Apostel, „und heiße Johann. Wenn du dich schwach werden fühlst, Mädchen, rufe den Namen Christi an und nicht den meinigen, denn er allein verleiht Kraft und Trost. Doch es wird spät", fuhr er fort; „es ist die Stunde der Rückkehr zu deinem Vater. Komm, ich werde dein Führer sein, und wenn du je wieder leidest, wenn du der Hilfe bedarfst, so erinnere dich dieser bescheidenen Wohnung; sie ist stets denen geöffnet, die weinen."

Dolores erhob einen glühenden untergebungsvollen Blick gegen den Himmel und sagte: „Ich folge Euch, mein Vater."

Zum letzten Mal das gesegnete Dach betrachtend, das ihr Schutz gewährt hatte, hüllte sie sich in ihre Chapa und ging an der Seite des Mönchs. Lange sprachen sie kein Wort miteinander. Unbestimmte Besorgnisse bewegten die Seele des jungen Mädchens. Ihre bisher so reine und ruhige Stirn furchte sich unter der Macht des Sturmes, der ihr den Kranz ihres Glücks entrissen hatte.

Die Weiber, welche die kräftigste Seele und die festesten Grundsätze besitzen, haben im Herzen stets eine schwache Seite. Die Kraft zu leiden, die in ihnen liegt, macht zuweilen alle Gründe der Vernunft und der Philosophie ohnmächtig. Sie vermögen es nicht gleich dem Mann, den Ereignissen Trotz zu bieten. Ihre enthusiastische, aber lebhafte Natur, die sie in einzelnen Augenblicken so stark macht, versagt ihnen den energischen Mut, der mit Geduld leidet und der einen fortwährenden Druck zurückzuweisen vermag. Sie werden aufgeregt, exaltiert, und in der Bitterkeit ihrer Leiden kann nur eines sie beruhigen: die Tränen, nur eines sie trösten: die Liebe.

Durch die trostreichen Worte des Apostels zu milderen Gefühlen zurückgeführt, vergoß die Tochter des Gouverneurs reichliche Tränen, und ihre Liebe für Estevan erwachte durch die Größe ihres Schmerzes nur um so lebhafter. Seinetwegen besorgt, schritt sie schnell dahin, voll Ungeduld, zu ihrem Vater zu gelangen, der vielleicht ihren Verlobten gesehen hatte. Aber beständig durch die Furcht vor der Inquisition verfolgt, träumte sie davon, mit Estevan und ihrem Vater in ein fernes Land zu entfliehen, nach jenem Deutschland, wo Toleranz und Freiheit schon herrschten und wo sie ohne Furcht den Neigungen ihres Herzens und ihres Gewissens leben konnten. Dann warf sie einen schmerzlichen Blick ringsumher; sie bewunderte den so schönen, so reinen Himmel Spaniens, und unwillkürlich erbebte sie bei dem Gedanken, ihn zu fliehen. Sie erschrak bei dem Gedanken an einen finsteren Himmel, einen mit Schnee bedeckten Boden.

Der Apostel überließ sie ungestört ihren schmerzhaften Träumereien. So näherte man sich dem Haus des Gouverneurs. Das junge Mädchen stieß einen Freudenschrei aus, als sie die Straße erkannte, in der sein Palast stand. Sie verdoppelte ihre Schritte, und indem sie den Mönch mit sich fortzog, rief sie: „Oh mein Vater, ich werde ihn wiedersehen!"

Sie wagte es nicht, den Namen Estevan auszusprechen, sondern schritt stumm weiter.

Aber weshalb brannte die Laterne nicht, wie alle Abende vor dem Tor des Palastes? Die für gewöhnlich offene Tür desselben widerstand ihren Anstrengungen, sie zu öffnen.

Sie klopfte. – Niemand antwortete! Sie rief die treuesten Diener ihres Hauses beim Namen. – Niemand hörte sie.

Ein düsteres, furchterregendes Schweigen herrschte im Haus. Es schien, als sei es durch eine furchtbare Epidemie ausgestorben.

Dolores war außer sich; sie erbebte in wachsendem Entsetzen und schlug mit ihren Fäusten an die fühllose Tür, deren eiserne Nägel ihre zarte Haut verletzten.

„Mein Vater! Mein Vater!" rief sie mit verzweiflungsvoller Stimme; doch nichts antwortete ihrem Ruf!

Der Apostel hatte die Wahrheit erraten; er näherte sich dem jungen Mädchen, um ihr Trost zu gewähren, denn er fühlte, daß sie dessen bedürfen würde.

Dolores blickte verwirrt umher. Bei dem Lärm, den sie machte, hatten einige benachbarte Türen sich geöffnet.

„Mein Vater! Was ist aus meinem Vater geworden?" rief das unglückliche Kind, doch niemand antwortete ihr.

„Es ist die Tochter des Gouverneurs, der diesen Morgen auf Befehl des Groß-Inquisitors verhaftet wurde", flüsterten einige Stimmen und schnell schlossen sich die Türen wieder, denn man fürchtete die Berührung des jungen Mädchens, als sei es von der Pest ergriffen.

Dolores aber hatte das Wort Inquisitor verstanden, und es hatte ihr ein entsetzliches Licht gegeben. Ihr Vater befand sich in den Kerkern der Inquisition, und da das abscheuliche Tribunal den Unglücklichen, die es angeklagt, nichts läßt, war das Haus des Gouverneurs geschlossen, seine Güter eingezogen. Es blieb dem unglücklichen Mädchen nur noch das Almosen – das Almosen, das man vielleicht der Tochter eines Ketzers verweigern würde.

Dolores weinte nicht mehr; keine Klage kam aus ihrem Mund. Ihre Augen waren trocken und brennend geworden; ein bitteres Lächeln verzog ihre entfärbten Lippen. Sie näherte sich dem Mönch, ergriff mit krampfhafter Hand den Ärmel seines Gewandes, als wollte sie sich an ihn hängen, an ihre letzte Zuflucht, und sagte dann mit dumpfem Ton: „Mein Vater, hier ist mein Ölberg; bitte zu Gott, daß er sich meiner erbarme."

Der Apostel hatte einen minder ergebungsvollen Schmerz erwartet. Ungeachtet seiner Kenntnis des menschlichen Herzens erkannte er nicht, daß ein fürchterlicher und unerwarteter Schlag die Seele betäubt, so daß ihr nur noch die Kraft zu dulden bleibt. Getroffen in dem, was ihr das teuerste war, getroffen durch die Inquisition, diese Quälerin, unerbittlicher als die Hölle, niedergeschlagen durch den furchtbaren Gedanken, daß es für sie keine Hoffnung mehr gebe, besaß Dolores nicht die Kraft, sich zu beklagen. Sie konnte nur gleich Jesus sagen: „Mein Gott, wende diesen Kelch von meinen Lippen."

Der Apostel sprach nicht; in diesem entsetzlichen Augenblick würde jedes Wort ohnmächtig gewesen sein. Er nahm sanft ihren Arm, zog ihn unter den seinigen und führte sie mit sich fort wie ein schüchternes Kind, den Rückweg zu seiner Wohnung einschlagend. Das junge Mädchen wandte sich nicht einmal zurück, um einen letzten Blick auf ihren Palast zu werfen. Sie ließ den Kopf auf die Brust sinken und folgte ihrem mitleidigen Führer, ohne ein Wort zu sagen.

Kaum hatten sie einige Schritte in der Straße getan, als sie in der Dunkelheit gegen einen Mann stießen, der sich mit dem Degen in der Faust gegen einen anderen in wütendem Kampf verteidigte.

Die Tochter des Gouverneurs erkannte diesen Mann, und durch seinen Anblick ihrer Lethargie entrissen, rief sie mit einem klagenden Schrei: „Estevan!"

„Dolores!" tönte sein Ruf zu gleicher Zeit, so unwiderstehlich ist die Anziehungskraft, der unsichtbare magnetische Strom, der zwei Seelen miteinander verbindet.

Dolores zog Estevan mit sich fort.

Der Kampf endete einen Augenblick; ein junges Weib, das am Arm des anderen Kämpfenden hing, der die grobe Tracht der Kinder der Gardunnia trug, schien durch seine glühenden Bitten eine Gnade zu erflehen, die jener nicht gewähren wollte.

„Ich kann es nicht, sage ich dir!" rief plötzlich der Mann mit kräftiger, doch halb unterdrückter Stimme; „ich kann es nicht, Culevrina; ich habe versprochen, ihn zu töten, und er muß sterben."

Indem der Mensch diese Worte sprach, befand sich der Apostel, der hastig näher getreten war, dicht neben der eigentümlichen Gruppe. Das junge Weib erkannte ihn. Ohne den Arm des Mannes, den sie kräftig umfaßt hatte, loszulassen, sank sie zu den Füßen des Apostels nieder und sagte: „Oh mein Vater, verhindert Manofina, diesen jungen Mann zu töten! Haben wir nicht schon Mordtaten genug gehabt?"

„Der Apostel!" sagte der Bravo, der ihn jetzt auch erkannte, und er senkte demütig den Kopf vor dem Mann Gottes.

„Manofina", sagte der Mönch, der alle diese Leute bei ihrem Namen kannte. „Manofina, wer hat dir denn den Auftrag zu diesem Mord gegeben?"

„Die Gesellschaft der Gardunnia, mein Vater, der ich mit Leib und Seele angehöre. Es ist mein Amt, zu taufen und zu verdunkeln, wie es das eurige ist, Beichte zu hören und zu predigen. Laßt mich daher mein Geschäft verrichten und nicht das Geld entführen, das man mir dafür zahlt."

„Manofina", sagte der Mönch, „glaubst du an Jesus Christus?"

Der Bravo senkte bei diesem geheiligten Namen den Kopf.

„Ohne Zweifel, mein ehrwürdiger Vater", sagte er.

„Ich bin ein guter Katholik und deshalb will ich gewissenhaft meinen Auftrag erfüllen. Vor allen Dingen muß man Wort halten: Ich versprach zu töten, und ich muß töten."

„Wer mit dem Schwert trifft, wird durch das Schwert umkommen!" fuhr der Apostel fort. – „Manofina, wahrlich ich sage dir, das Geschäft, das du treibst, ist ein Geschäft des Blutes, und Jesus hegt Abscheu vor dem Blut, mein Sohn."

„Und wenn ich auf dieses Geschäft verzichtete, mein Vater, dann würde die Inquisition, der ich nicht mehr dienen wollte, mich wie einen Ketzer verbrennen lassen oder mich zwingen, aus Spanien fortzuziehen, wie sie alle die armen Mauren zwingt, die jetzt Sevilla zu Tausenden verlassen. Was sollte dann aus diesem Weib werden, das mein ist und für das ich sorgen muß?"

„Das käme darauf an!" rief die Serena, gerührt durch die sanften Worte des Apostels. „Es ist besser zu sterben, als so zu leben."

„Aber meine Brüderschaft", sagte der Bravo, „kann ich sie so verlassen, ich?"

„Nein", sagte der Mönch, der zu sehr Philosoph war, um zu glauben, daß dieser rohe Mensch seine Gewohnheiten eines ganzen Lebens so in einem einzigen Augenblick aufgeben würde. „Nein, du wirst die Brüderschaft der Gardunnia nicht verlassen; aber da eine gute Handlung mehrere Verbrechen sühnt, so wirst du künftig nur dazu wirken, die Opfer der Inquisition zu retten."

„Aber ich würde dann betrügen", sagte der Bravo, ergriffen von seiner sonderbaren Rechtschaffenheit, von seiner ritterlichen Treue gegen die Statuten seines Ordens.

„Die Absicht tut alles", entgegnete der Mönch. „Würdest du nicht die Absicht haben, Gutes zu tun? Tätest du nicht wirklich Gutes?"

Nur mit Widerstreben sprach der Apostel, der treue Verteidiger des Evangeliums, diese Spitzfindigkeiten aus; waren sie aber jemals erlaubt, so wäre dies in diesem Augenblick der Fall, wo der Mann Gottes alle seine Überredungskraft sammelte, um durch seinen Einfluß auf einen einzigen Menschen zahllose Übel abzuhalten.

Der Bravo hörte ihn voll Ehrerbietung an, doch noch hegte er einen Zweifel.

„Und Ihr, mein Vater", sagte er endlich, „würdet Ihr mich für alle meine Treulosigkeiten gegen meine Brüderschaft absolvieren? Um diesen Preis würde ich alles tun, was Ihr von mir verlangt, denn Ihr allein wäret verantwortlich für das Heil meiner Seele, und besser kann sie nicht aufgehoben sein als in Euren Händen."

„Ich würde dich segnen, sooft du ein Opfer rettetest, und ich spreche dich schon jetzt frei wegen aller Mordtaten, die du nicht vollbringst. Ziehe hin in Frieden, mein Sohn, und Gott geleite dich."

Der Bravo sank an der Seite der Serena dem Apostel zu Füßen, und ihre Köpfe neigten sich vereint unter seine beiden Hände, die sich segnend auf sie legten.

„Er hat uns verbunden", sagte leise die Serena, indem sie wieder aufstand.

Und die Zigeunerin, aufgewachsen wie der Vogel des Waldes, ohne anderen Führer als die Instinkte ihrer wilden Natur, erbebte in einer keuschen, religiösen Aufregung; sie hatte den Himmel in der Liebe erblickt, die Weihe des reinsten Gefühls der Seele empfangen.

Einige Schritte von ihnen entfernt mischten Estevan und die Tochter des Gouverneurs ihren Schmerz und ihre Tränen. Die Freude, sich wiedergefunden zu haben, hatte ihrer Verzweiflung wenigstens jene Milderung gebracht, daß sie nicht mehr ihr Inneres verzehrte, sondern sich nach außen Luft machte. Die Hoffnung, eine traurige, flüchtige und ferne Hoffnung, aber doch immer die Hoffnung, welche die Liebe nie verläßt, lächelte aus dem finsteren Himmel auf sie herab.

„Sieh", sagte die Serena, deren weiblicher Instinkt alles erraten hatte, „sieh Manofina, wie unglücklich wir sein würden, wenn die arme Señorita, statt ihren schönen Verlobten wiederzufinden, hier über seine Leiche gestrauchelt wäre."

„Culevrina", sagte der Guapo, „mir ist, als hätte die Stimme des Apostels mir ein zweites Leben verliehen und als wäre ich nicht mehr derselbe Mensch wie diesen Morgen. Jesus, wie viele Menschen muß ich retten, um all das Blut zu verwischen, das ich vergossen habe! Ich sehe wohl, daß ich die Gesellschaft der Gardunnia verlassen muß!"

„Der Apostel hat gesagt, daß eine gute Handlung mehrere Verbrechen sühnt", entgegnete die Serena. „Sei also ruhig und kümmere dich um das übrige nicht. Seine Ehrwürden haben die Sorge für deine Seele übernommen, und wenn wir die Gardunnia verlassen, wird der gute Gott, der die Tiere nährt, wohl auch zwei arme, christliche Geschöpfe nähren."

Der Guapo und seine Gefährtin entfernten sich.

Estevan und Dolores hatten alles vergessen, um miteinander zu weinen.

„Kommt, meine Kinder", sagte der Apostel. „Wir werden morgen einen Zufluchtsort für meine Tochter Dolores wählen."

„Mein Vater", sagte Estevan, „ich glaube, wir müssen daran denken, das unglückliche Spanien zu fliehen, das seine reinsten Kinder verschlingt."

„Fliehen, wenn mein Vater gefangen ist!" rief Dolores. „Estevan, habt Ihr daran denken können?"

„Aber Ihr stürzt Euch fruchtlos in das Verderben", sagte der junge Mann. „Ihr flieht allein, Dolores; Ihr erwartet mich außerhalb Spaniens, während ich meinen Einfluß und mein Vermögen daransetze, um Euren Vater zu retten."

„Die Lebenden retten!" sagte der Mönch mit leiser Stimme, „während die Inquisition nicht einmal die Asche der Toten verschont!"

„Schweigt, mein Vater!" sagte Estevan, der ihn gehört hatte; „rauben wir dem unglücklichen Kind nicht jede Hoffnung."

„Ich verlasse Spanien nur mit meinem Vater!" sagte die Tochter des Gouverneurs entschlossen.

„Armes Kind!" dachte der Apostel gerührt. „Auch du hast eine jener Seelen der Selbstverleugnung, die stets zu dem Kalvarischen Berg führen. Meine Tochter", sage er darauf, „morgen bringe ich dich nach dem Kloster der Karmeliterinnen."

„Estevan", flüsterte leise das junge Mädchen, „seht Euch vor! Die Inquisition hat ihre Augen auf Euch gerichtet."

Man war zu dem Haus des Apostels gelangt. Dolores trat hinein. Estevan aber blieb stehen, da er die Schwelle nicht zu betreten wagte.

„Kommt beide zu mir, meine Kinder", sagte der Franziskaner. „Wir wollen die Nacht in Gebeten miteinander zubringen. Kommt, denn morgen müßt ihr euch trennen."

Estevan folgte schweigend. Die Tür schloß sich hinter ihm.

VII.

Estevan von Vargas

𝓔TWA ELF JAHRE VOR DER ZEIT, zu der sich alle diese Dinge zutrugen, war die Ernennung des Kardinals Alfonso Manriquez, Erzbischofs von Sevilla, zu dem hohen Posten eines General-Inquisitors von Kastilien erfolgt. Schon seit langer Zeit, unter der Herrschaft seiner Vorgänger, hatte der Haß der Spanier gegen das heilige Offizium sich durch mehrere kühne Verschwörungen, fortwährende Aufstände und heftige und laut geäußerte Klagen Luft gemacht. Diese Klagen wurden bis vor das Tribunal des Päpste gebracht, deren feile Gerechtigkeit, unterstützt durch die egoistische Schwäche der Könige, bei dem Elend Spaniens taub blieb.

Die Inquisition bedeckte das Land ungestraft mit Scheiterhaufen, entvölkerte die Städte, raubte dem flachen Land die Arme, die es bestellten, und machte aus einem reichen, ritterlichen, die Künste, die Freiheit und den Ruhm liebenden Land eine gewaltige Katakombe, in welcher der Anblick der Toten die Lebenden erschreckte, eine schmachvolle Arena, in der man fiel, ohne zu kämpfen, und der die beschimpfenden Hände des Henkers die reinsten Stirnen besudelte, sobald der abscheuliche Despot, der eine Krone von Flammen und einen eisernen Szepter trug, dazu das Zeichen gab.

Aber während die feige Politik der Könige so das schöne Reich dezimieren ließ, erhoben sich edle Spanier, das Herz von Mut erfüllt und glühend in der Liebe zur Freiheit, laut und auf Gefahr ihres Lebens, gegen die Ungerechtigkeit des Inquisitionstribunals.[42]

Unter diesen heldenmütigen Verteidigern der Rechte der Menschheit befanden sich edle Kastilianer, gelehrte und heilige Bischöfe und selbst Mitglieder des Rates von Kastilien. Spanien befand sich damals in einem Zustand permanenter Aufstände; aber dieser edle Kreuzzug gegen die Inquisition wurde durch die Könige nicht unterstützt, konnte auch durch das unter dem Joch des Fanatismus gebeugte Volk nicht wesentlich verteidigt werden und blieb daher ohnmächtig, die gierige Hydra zu zerstören. Alles beschränkte sich auf ungenügende Maßregeln und auf unbedeutende Bestrafungen, die mit großer Mühe gegen einige allzu kecke Inquisitoren erlangt wurden. So hatte zwanzig Jahre zuvor Philipp I. den Groß-Inquisitor Deza und dessen Freund, den Inquisitor von Cordova, Bucero, ihren Funktionen entsetzt, da deren abscheuliche Grausamkeit beinahe alle Angeklagten für schuldig erklärte.[43]

Unter den vornehmen Spaniern, die der Inquisition feindlich gesinnt waren, hatte der junge Estevan von Vargas sich durch die scharfen Äußerungen seines Unwillens bemerkbar gemacht. Er stammte von einer jener berühmten maurischen Familien ab, die schon vor der Eroberung von Granada freiwillig den christlichen Glauben angenommen hatten.[44]

Jung, feurig, leidenschaftlich, besaß Estevan jene männliche und poetische Schönheit, die noch mehr die Kraft des Geistes, als die des Körpers verriet. Sein Gesicht war leicht gebräunt und ließ das Netz der feinen Adern durchschimmern. Sein schwarzes Auge, für gewöhnlich sanft und mild, funkelte bei der geringsten Erregung der Seele. Er hatte jenen hohen, schlanken und anmutigen Wuchs, der zu dem Erbteil der schönen, maurischen Stämme gehörte, und seine weiße Stirn bekränzte mit schwarzem üppigen Haar den schönen Kopf, der dazu bestimmt zu sein schien, eine goldene Krone oder einen Lorbeerkranz zu tragen.

Estevan war durchdrungen von dem Evangelium. Ohne irgendeiner besonderen Sekte anzugehören, regelte er sein Leben nach der reinen Moral Christi. Seine Philosophie bestand in der Barmherzigkeit, und diese übte er stets und unter allen Formen. Sein Kultus war Gott, der große und reine Gott, frei von allen menschlichen Leidenschaften, Gott als die Quelle des Lebens, den Menschen mit seinen Gütern überschüttend und dagegen nichts verlangend, als eine der seinen gleiche Liebe, nachsichtig gegen die Bösen, hilfreich gegen alle und seinen ganzen Ruhm in einem reinen, liebvollen und frommen Leben suchend.

Alles übrige war in den Augen Estevans nur mehr oder minder törichtes Spielwerk, schmachvolles oder strafbares Mittel.

Die Erhabenheit seiner Seele, die Innigkeit seiner Überzeugungen, die Beredsamkeit seiner Worte verliehen dem jungen Philosophen jene Macht, welche die Massen mit sich fortreißt. Sein Vater, Mitglied des Rates von Kastilien, hatte 1502 durch seinen mutigen Widerstand die Errichtung jener Junta begünstigt, die unter dem Namen der katholischen Kongregation[45] bekannt ist und dazu bestimmt war, die Exzesse des unwürdigen Lucero[46] gegen die Bewohner von Cordova zu verhindern oder zu verhüten. Unglücklicherweise war diese verspätete Maßregel nichts als ein trügerischer Waffenstillstand, der den Spaniern durch die Inquisition gewährt wurde, eine abscheuliche Hydra, deren Köpfe stets neu wuchsen, wenn sie abgeschlagen waren.

Als der junge Vargas zum Mann gereift war, mußte er gegen die gleichen Mißbräuche und vielleicht gegen noch größere kämpfen als sein Vater.

Welche Herrschaft gewann natürlich ein Mann wie Estevan über eine Seele wie die der Dolores.

Die reine, die vollkommene Liebe erwacht nicht in gemeinen Seelen; die Liebe eines kräftigen Wesens zu einem mittelmäßigen ist nicht mehr wahre Liebe, sondern wird Irrtum oder Schwäche. Aber die innige Verschmelzung zweier Seelen zu einem gemeinschaftlichen Leben, zu gemeinschaftlichen Leiden, entsteht nur da, wo die Seelen verschwistert und einander gleich sind.

Dolores, die jede Heuchelei, jede Lüge haßte, hegte zu Estevan den blinden Glauben, der aus inniger Bewunderung entspringt. Die Erhabenheit ihrer Seele, die grausamen Schläge, von denen sie noch so jung getroffen worden war, ihre religiösen Neigungen und die Reinheit ihrer Herzen hatten ihre Liebe gewissermaßen vergeistigt.

Durch den Willen ihrer Eltern miteinander verlobt, fühlten sie gleichwohl, daß ihre Verbindung nicht von der Zustimmung der Menschen abhing, sondern daß ihre Seelen schon in stillschweigendem Übereinkommen sich vereint hatten, so daß nur der Tod allein sie trennen konnte. Ihre Liebe war daher auch anscheinend sehr ruhig; sie erwarteten mit Freuden, aber ohne Unruhe oder Ungeduld die Zeit, die ihre Verbindung in den Augen der Welt vollkommen machen sollte. Sie fühlten, daß diese Liebe ihr Glück vermehren könnte, aber sie erwarteten dies Glück mit Ruhe, so sehr herrschte bei ihnen der Geist vor.

Während des Tages, den Dolores in der Wohnung des Apostels zubrachte, erzählte sie demselben unbefangen ihr ganzes Leben, ihre fromme Kindheit, ihre reine und aufgeklärte Jugend, ihre Liebe für den edlen Estevan. Und der Apostel, ein Mann mit warmem Herzen, erfüllt von Nachsicht und vielleicht erregt durch die geheimnisvolle Erinnerung an eine keusche Liebe, welche die Hand der Menschen oder die des Todes gebrochen hatte, der Apostel, gerührt durch die schlichte Schilderung, zögerte nicht, dem jungen Mann zu sagen: „Tretet mit Eurer Verlobten bei mir ein; die reine Liebe beleidigt Gott im Himmel nicht; sie ist eine Huldigung, die seiner Allmacht dargebracht wird."

Als alle drei in dem schlichten Zimmer vereinigt waren, dessen weiße Wände keinen anderen Schmuck hatten, als das Bild dessen, der auf dem Kalvarien-Berg starb, sagte der Geistliche: „Meine Kinder, segnet Gott, der euch prüft. Die Verfolgungen der Boshaften sind ebenso viele Kränze für jenes Leben; glücklich die, die betend und weinend über diese Erde wandeln."

„Mein Vater", entgegnete der junge Mann, „Eure Worte sind heilig und trostreich, und ich bete gleich Euch die Hand an, die schwer auf uns lastet; aber wir jungen Männer, deren Leben voll Feuer und Kraft ist, wir spanischen Ritter, deren Väter stets treu der christlichen Religion dienten oder sie mit Glauben und Überzeugung freiwillig annahmen, wir treue Beobachter der Gesetze Christi – dürfen wir, ohne feig zu sein, das Joch einer unwürdigen Macht ertragen, die im Namen Gottes allen menschlichen und göttlichen Gesetzen ungestraft trotzt? Ist nicht die Auflehnung dagegen eine Pflicht?"

Der Apostel antwortete einige Augenblicke nicht; er schien ernst nachzudenken. „Mein Sohn", sagte er endlich, „ich glaube, daß die Macht der Inquisition ein Mißbrauch ist, den man durch das Schwert des Wortes, durch die Logik, durch die Wahrheit bekämpfen muß, aber nicht durch den Aufruhr, den Sohn des Zornes und des Hasses und folglich blind, leidenschaftlich, ungezügelt, maßlos, stets zu weit gehend oder nicht weit genug; ein Glas Wasser in einen gewaltigen Brand geschüttet, so daß es, statt ihn zu löschen, die Wut der Flammen nur steigert."

„Ja", sagte Estevan voll Eifer; „aber in den beredten Mund steckt man einen Knebel; man erstickt die Wahrheit unter Schloß und Riegel, und die Logik – oh mein Vater, Ihr wißt wohl, wie geschickt sie dieselbe bekämpfen. Der finstere Geist der Inquisition erdrückt unter Spitzfindigkeiten aller Art oder unter dem eisernen Griff des Absolutismus. Sie töten alles mit den Worten: Im Namen Gottes! – und das unwissende Volk beugt den Kopf. Es fürchtet Gott zu lästern, indem es sich empört."

„Das Volk duldet", sagte der Apostel, „denn zu allen Zeiten hat seine Kraft in der Ergebung bestanden. Wenn es, des Joches müde, sich erhebt und es abschüttelt, wozu nützt ihm das? Den Herrn zu wechseln, das ist alles. Sein Blut und seine Anstrengungen dienen nur den Mächtigen, den Führern des Aufstandes; das Volk selbst duldet fort und bleibt Sklave."

„Mein Vater", sagte Estevan mit ernster Stimme, „wenn die Führer rein sind, wird das Volk glücklich; das Unglück liegt nicht in dem Gehorsam, sondern in dem Hass gegen den, der gebietet."

„Ohne Zweifel", entgegnete der Apostel, „denn der, der würdig ist, zu gebieten, macht sich freiwillig zum Bruder und zum gleichen derer, die ihm gehorchen. Er steht nur noch durch die Bildung über ihnen. – Er ist der Pilot, der das Steuerruder führt, um das Heil der ganzen Equipage zu sichern."

„Mein Vater", fragte das junge Mädchen, „was hat der, der durch das Recht oder die Wahl gebietet, gemein mit der barbarischen Gewalt, die im Namen Gottes Spanien entvölkert und mit einem weiten Leichentuch bedeckt?"

„Dolores", entgegnete Estevan lebhaft, „wenn der, der herrscht, ein guter Hirte wäre, so würde er seine Schafe nicht durch gierige Menschen scheren lassen, welche die Schere bis auf das Fleisch eindrängen, um die Wolle mit dem Blut zugleich zu bekommen. Die Nachsicht des Königs gegen die Inquisition ist nichts als die Berechnung einer geizigen Politik. Die Liebe zum Gold ist es, die das Reich mit Scheiterhaufen bedeckt."

Der Apostel erhob die Augen zum Himmel, und zwei heilige Tränen glitten über seine bleichen Wangen. „Mein Sohn", sagte er, „Gott wird die Könige über ihren wahren Vorteil aufklären und ihr Herz mit Mitleid erfüllen. Die Stimme der Prediger des Evangeliums wird endlich Gehör finden; mehrere von ihnen, beseelt von Heldenmut, von einem Mut, der ebenso groß ist wie der, der die Hand mit einem Schwert bewaffnet, erheben sich auf der Kanzel gegen die Irrtümer des Fanatismus und predigen die Lehre Christi auf Gefahr ihres Lebens in ihrer ersten Reinheit und Einfachheit. Laß uns unsere Hoffnung auf sie setzen, mein Sohn; die Gewalt der Überzeugung ist mächtiger, als die der Waffen, und der Tag des Triumphes für die wahren Christen ist vielleicht nicht mehr fern."

„Mein Vater", sagte Estevan, „Ihr empfehlt uns Geduld und gleichwohl habe ich in unseren Kirchen gehört, wie Ihr Eure beredte Stimme gegen die

Schreiber und Pharisäer unserer Tage erhebt. Denn ich täusche mich nicht", fuhr er fort, indem er mit Bewunderung das edle Gesicht des Apostels betrachtete, „ich täusche mich nicht, Ihr seid einer jener mutigen Athleten, die bis unter dem Beil des Henkers mit Wort und Tat gegen die Schüler des Dominik von Guzman, dieses fanatischen Mönchs, kämpfen, aus dem der römische Hof einen Heiligen gemacht hat."

„Ich bin der demütigste von allen Dienern Gottes", entgegnete der Mönch mit ungeheuchelter Demut. „Und was die Krone der Heiligen betrifft, so kann Gott allein, der auf dem Grund der Herzen liest, sie verleihen."

„Mein Vater", fragte Estevan, „solltet Ihr vielleicht ein Anhänger der Lehre jenes berühmten Reformators sein, den man Luther nennt und der durch seine Lehre so viele gelehrte Doktoren der Theologie, Prinzen und selbst Bischöfe bekehrt hat?"

„Ich bin Christ", entgegnete der Geistliche; „jede Kontroverse scheint mir eine Gotteslästerung gegen das so einfache, so demütige und so milde Gesetz zu sein, das wir durch Jesus empfingen. Durch das Dogmatisieren, mein Sohn, verirrt man sich in undurchdringlichen Fanatismus, und der Glaube, die Barmherzigkeit, welche die Grundlage unseres Kultus sind, werden dadurch lau oder sie entarten. Denn jede Uneinigkeit führt zur Bitterkeit oder zu Zweifeln. Die christliche Religion ist so einfach! Weshalb sollte man sie mit Schwierigkeiten aller Art belasten? Weshalb sollte man sie den menschlichen Leidenschaften dienstbar machen?"

„Mein Vater", sagte Estevan, „Eure Religion ist die meinige und die meiner Dolores; deshalb betrachtet man uns als Ketzer."

„Auch Christus selbst wurde als gottlos und als Gotteslästerer verurteilt. Worüber beklagt Ihr Euch, mein Sohn? Es ist schön, für seine Lehre zu leiden."

Dolores hörte mit Entzücken diese beiden Männer von so reinem Glauben reden, und die Furcht vor der Inquisition, von der sie so sehr gequält worden war, verschwand vor diesen erhabenen Gedanken, die ihren Mut befestigten.

Unter ähnlichen Gesprächen verging die grausame Nacht, die für die jungen Verlobten einen so beklagenswerten Wechsel ihres Geschickes herbeigeführt hatte. Der Apostel tröstete sie oder betete mit ihnen, und indem er ihnen Ergebung einflößte, verlieh er ihrer Hoffnung größere Kraft.

Das Bedürfnis des Schlafes hatte sich nicht fühlbar gemacht. Wenn die Seele lebhaft erregt ist, beherrscht sie den Körper, der dann als Sklave gehorcht, und die Herrschaft des Geistes über die physischen Bedürfnisse scheint dann die Kraft und die Klarheit des Geistes noch zu steigern.

Ein edles Fieber durchströmte die Adern des jungen Mädchens. Dolores würde in diesem Augenblick mit Freuden das Märtyrertum erduldet haben, wenn ihr Tod ihre Brüder zu erretten, Spanien die Ruhe und die Freiheit wiederzugeben vermocht hätte.

Als gegen Morgen schon ein bläulicher Schein sich mit den Strahlen der Lampe mischte, die in dem Zimmer brannte, wurde leise an die Tür geklopft. Estevan und Dolores erbebten unwillkürlich, der Apostel aber sagte: „Fürchtet nichts; es ist ohne Zweifel einer unserer Freunde."

Er öffnete und ein junger Mönch in einer schwarzen Kutte, umschlungen mit einer weißen Schnur, warf sich in die Arme des Apostels, gegen dessen Brust er seinen Kopf stützte.

„Es ist dein Sohn", sagte er, „der deiner bedarf."

„Sei mir willkommen", sagte der Apostel, indem er den jungen Mann auf die Stirn küßte, wie eine Mutter getan haben würde; „sprich, mein Sohn, was führt dich zu mir?"

Der junge Mönch setzte sich.

„Sprich, mein Sohn", wiederholte der Apostel, indem er auf die Verlobten deutete. „Dies sind zwei Freunde. Sprich, was willst du?"

„Mein Vater", sagte der junge Mönch, „ich wollte die Lehren, die du mir gegeben hast, zur Ausübung bringen. Ich dachte gleich dir, daß predigen nicht genug ist und daß man der Sorge für die Seele auch die für den Körper hinzufügen muß. Unterstützt durch die Gaben einiger frommen Seelen und die erhabene Selbstverleugnung einiger junger Männer, deren glühende, von Liebe erfüllte Seele die Leere irdischer Freuden erkannte, habe ich eine ziemlich zahlreiche Verbrüderung gebildet, die nur von dem Verlangen erfüllt ist, sich ihren Mitmenschen nützlich zu machen und deren Elend zu mildern. Durch unsere Bemühungen ist in Cadix[47] ein Hospitium errichtet worden, dazu bestimmt, die leidenden Mitglieder Christi aufzunehmen. Wir werden sie mit unseren Händen pflegen, und indem wir ihre Körper heilen, auch die Wunden der Seele zu verbinden trachten."

„Du hast da einen heiligen Gedanken gehabt", sagte der Apostel. „Das Leben ist erhaben bei einem so edlen Ziel."

„Mein teurer Meister", fuhr der junge Mönch fort, „nur eines setzt mich in Verlegenheit. Die Leiden der Menschheit sind so zahlreich und so mannigfaltig! Welche Art des Elends sollen wir zu erleichtern trachten?"

„Mein Sohn", entgegnete der Apostel, „unter den leidenden Mitgliedern der christlichen Religion gibt es viele, deren Leiden, weit entfernt, ein Gegenstand des Mitleids für ihre Nebenmenschen zu sein, im Gegenteil für sie ein Gegenstand des Hasses und der Verachtung werden. Die ganze menschliche Gesellschaft stößt sie zurück, und weit entfernt, ihre körperlichen Leiden zu mildern, fügt sie denselben noch tausendmal grausamere moralische Schmerzen hinzu. Dies sind die Beklagenswertesten; diese müssen geheilt und getröstet werden."[48]

„Oh mein Vater", rief der Schüler, „in Euch ruht Weisheit, und die Barmherzigkeit spricht durch Euren Mund. Ihr habt meine Ungewißheit verbannt. Ja, unter den Unglücklichen werden wir die aufsuchen, die am meisten leiden, denen niemand sich zu nahen wagt, und wir werden ihnen um soviel mehr Trost und Freude bringen, je verlassener und verzweiflungsvoller sie waren. Ich danke Euch, mein heiliger Meister, unsere armen Kranken werden Euch segnen, denn Ihr seid ihr Vater."[49]

Dann sprachen sie noch lange miteinander, obgleich sie die Nacht schlaflos zugebracht hatten. Der fromme Eifer, der sie beseelte, machte sie fühllos gegen die körperliche Ermüdung. Der junge Mönch unterwarf der Prüfung dessen, der sein Lehrer war, die Statuten des Ordens, den er gründen wollte.

Sie erwogen gemeinschaftlich dessen Weisheit, Ziel und Nützlichkeit, und die beiden jungen Verlobten zogen aus ihrer Unterhaltung den richtigen und wahren Schluß, daß jede Praxis der christlichen Religion in der einzigen Vorschrift besteht: „Liebet euch untereinander."

So wurde der berühmte Orden gegründet, der noch in unseren Tagen unter dem Namen der Hospitaliter des heiligen Johannes besteht; denn der junge Mönch war kein anderer als jener große Prediger, der seitdem unter dem Namen des heiligen Johann von Gott bekannt geworden ist.

Diesmal wenigstens übte Rom Gerechtigkeit, indem es ihm die Krone der Heiligen gewährte, die ihm schon seit so langer Zeit von Spanien verliehen worden war.

Die Morgenglocke verkündete das Angelus. Dolores und ihr Verlobter vereinigten sich mit den beiden Geistlichen zu dem Morgengebet. Der Tag brach an.

„Meine Kinder", sagte der Apostel, „ihr müßt euch Lebewohl sagen; noch heute morgen werde ich dieses junge Mädchen in das Kloster führen, damit sie dort in Frieden den Willen Gottes erwarte. Was Euch betrifft, junger Mann, so kennt Ihr meine Wohnung. Ich wiederhole Euch, was ich gestern Eurer Verlobten sagte: Sie ist stets denen geöffnet, die weinen."

Dolores richtete den Blick voll schmerzlicher Ergebung gegen Himmel. Estevan sprach nicht; die Blässe seines Gesichtes verriet aber den Kampf seiner Seele. Er drückte innig die Hand seiner Verlobten, reichte die andere dem Apostel, der beide mit zärtlichem Mitleid betrachtete, und entfloh, indem er nur das eine Wort rief: „Mut."

Eine einzige Träne rann über die blasse Wange der Tochter des Gouverneurs, und der Apostel verließ mit seinem geliebten Schüler das Gemach. Nach wenigen Minuten kehrte er zurück. Er hatte seine Sandalen befestigt, und seine rechte Hand stützte sich auf einen Buchenstab. Dolores war vor dem Bild des Heilands niedergekniet. Bei der Annäherung des Mönchs wandte sie den Kopf gegen ihn um, und als sie ihn zum Aufbruch bereit sah, erhob sie sich schnell, unterdrückte einen schmerzlichen Seufzer und sagte: „Mein Vater ich bin bereit, Euch zu folgen."

VIII.

Manofina

WÄHREND DIE TOCHTER DES GOUVERNEURS unter der Obhut ihres heiligen Führers bleibt, wollen wir zu Manofina zurückkehren, den wir unter dem Einfluß dieser neuen Bekehrung verließen. Er schlug mit seiner Gefährtin langsam den Weg nach dem Palast der Gardunnia ein. Schweigend gingen sie nebeneinander; nur drückte Manofina zuweilen zärtlich den Arm der Serena, die sich auf den seinigen stützte, und durch diesen stummen Druck suchte er sich in dem gefaßten Entschluß zu befestigen.

So gelangten sie zu den Ruinen, die den Eingang zu der eigentümlichen Wohnung Mandamientos bildeten.

Ein schwacher Schein beleuchtete das Innere des Saales, der jetzt beinahe ganz verödet war. Noch waren keine Mitglieder der Brüderschaft von ihren nächtlichen Unternehmungen zurückgekehrt. Der Meister allein saß wartend auf einem Stück einer umgestürzten Säule und zählte begierig eine Handvoll Dublonen. Hier und dort hatte eine alte Cobertera ihre Schürze auf den Boden gebreitet und lag auf dieser dünnen Matratze in festem und ruhigem Schlaf.

Als der Meister die Schritte des liebenden Paares hörte, erhob er rasch den Kopf und Manofina erkennend, rief er freudig aus: „Manofina! – Immer der erste bei der Beendigung eines Geschäftes! – Don Estevan von Vargas?"

„Befindet sich ebenso wohl wie Ihr und ich", entgegnete der Guapo mit finsterer Stimme.

„Bei dem heiligen Jakob", rief Mandamiento, „dann müßten die Zauberer die Klinge deines Dolches in seiner Scheide zerbrochen haben, mein Braver; oder Don Estevan besitzt einen Talisman, der ihn stichfest macht."

„Weder das eine noch das andere, Meister. Ich bin gekommen, um Euch zu sagen, daß ich es müde bin, zu verdunkeln, und daß ich nicht mehr zu der Brüderschaft gehöre. Hier ist das Geld, das ich erhalten hatte." Damit warf er eine Börse zu den Füßen des erzürnten Mandamiento.

„Tausend Dämonen!" schrie der Meister. „Du bist es, Manofina, der so spricht? Oder hat ein böser Geist deine Gestalt angenommen, um mich zu foppen und dir einen Possen zu spielen?"

„Ich bin es selbst, in Fleisch und Bein, Meister", entgegnete der Guapo; „ich, der ich komme, um Abschied von Euch zu nehmen und Euch für die ganz besondere Gunst zu danken, durch die Ihr mich beehrt habt."

Mandamiento runzelte die Stirn. Er wandte sich dann zu der Serena, die mit niedergeschlagenen Augen hinter dem Guapo stand.

„Und du, Culevrina", sagte er, „willst du auch auf die Annehmlichkeiten und die Vorteile des Geschäftes verzichten, um diesem Narren zu folgen, der dir kein anderes Brot wird geben können als die abscheuliche *Melopia*[50] der Mönche?"

„Ich verzichte darauf", erwiderte das junge Weib, indem es sich an seinen Geliebten schmiegte.

„Tollhäusler!" brummte der Meister. Dann stand er rasch von seinem Steinsitz auf und ging, unverständliche Wort murmelnd, mit großen Schritten in dem Saal umher.

Es war die Stunde, zu der gewöhnlich die Mitglieder der Brüderschaft zurückkehrten, um dem *Capataz* Bericht über ihre Aufträge zu erstatten. Allmählich füllte sich der Saal, aber der Meister, der in seine Gedanken versunken war, hatte noch niemand beachtet oder befragt.

Endlich war die Versammlung vollzählig. Es fehlten nur noch einige verspätete Chivatos, doch diese waren ohne Wichtigkeit. Alle Großwürdenträger des Ordens waren zugegen, und da sie bemerkten, daß Mandamiento, versunken in seine trüben Gedanken, gar nicht auf sie zu achten schien, als ob sie Wesen einer anderen Welt wären, nahm Cuerpo de Hierro es über sich, den Meister anzureden. Er zupfte ihn am Ärmel und sagte: „Meister, alle deine Kinder haben ihren Auftrag erfüllt."

„Nein; nicht alle!" rief der Meister, indem er seinen finsteren Blick auf Manofina warf, der seitwärts neben seiner Serena stand.

Aller Blicke richteten sich auf den abtrünnigen Guapo, doch Manofina senkte die Augen nicht, sondern sah seine bisherigen Genossen mit ruhigem Blick an.

„Was soll das heißen?" riefen die anderen. „Ist das möglich, Meister?"

„Ja!" entgegnete Mandamiento mit lächerlich feierlichem Ton; „ein Gardunnio hat seinen Auftrag unerfüllt gelassen. Die Gesellschaft verliert mit einem Schlag zwei ihrer sichersten Stützen, und dieser feige Abfall wird für uns die größten Unglücksfälle nach sich ziehen. – Ja", fuhr er fort, indem er auf Manofina und dessen Gefährtin deutete, „der Orden verliert in ihnen zwei seiner besten Kinder; aber er verliert auch noch mehr, – er verliert seinen Ruf der Rechtschaffenheit, der bisher fleckenlos war, erworben durch zahlreiche und gefahrvolle Dienste.[51] – Was werden die edlen Herren sagen? – Und die schönen Damen? – Was wird besonders die Geistlichkeit sagen, unsere beste Kundschaft? Was werden die Dominikaner sagen, die unsere Kasse mit Dublonen füllten?[52] Wir werden in dem ganzen Königreich Andalusien für elende Betrüger gelten, die Geld nehmen, um zu verdunkeln, den Auftrag aber nicht erfüllen. – Man wird uns mit den Alguazils vergleichen, die man bezahlt, um die Diebe zu greifen, die aber nur ehrliche Leute festnehmen, oder mit jenen Mönchen ohne Glauben, die sich zweimal eine Messe bezahlen lassen, die sie nicht zur Hälfte sagen."

„Begreift ihr wohl, Brüder", fuhr der Meister fort, indem er durch den Lärm, den seine Worte hervorriefen, aufgeregt wurde, „begreift ihr, in welchen Zorn der Groß-Inquisitor geraten wird, wenn er erfährt, daß die Verdunklung, die er befohlen hatte, nicht vollzogen wurde? – Und wird der Erzbischof nicht ebenfalls sagen, daß wir Elende und Spitzbuben sind? Und wir werden den Schutz des Don Pedro Peladeras, von Martinez, von Cabrera, el Colmilludo[53], des Protektors unseres Ordens und Laternenmeister des Königs unseres Herrn, Don Carlos, den Gott in seinen Schutz nehmen möge, verlieren. – Oh, Manofina, Manofina, geh in dich und mache einen Augenblick der Schwäche wieder gut!"

Die Versammlung hatte diese Rede mit stummem Staunen angehört; sobald aber Mandamiento zu sprechen aufhörte, näherten sich einige heuchlerische Fuelles Manofina und sagten: „Bruder, es ist unmöglich, daß du uns verläßt, nicht wahr?"

„Es ist geschehen!" entgegnete der Bravo kurz.

Auf der anderen Seite hatten sich die beiden ältesten und abschreckendsten Coberteras der Serena genähert und suchten sie durch honigsüße Worte und vergiftete Schmeicheleien von ihrem Entschluß zurückzubringen.

„Es ist nutzlos", entgegnete sie „was gesagt ist, werden wir nicht ändern."

„Manofina ist ein Betrüger!" rief ein Guapo, der erst kürzlich zu dieser Würde ernannt wurde.

„Manofina ist kein Betrüger!" sagte der Bravo. „Er hat das empfangene Geld zurückgegeben. Aber er erklärt hier laut, in aller Gegenwart, daß er seinen Auftrag nicht erfüllte, weil das Handwerk ihm zuwider ist und er deshalb auf seine Titel und Vorrechte verzichtet."

Manofina sprach mit ruhiger, fester Stimme. Er war nicht mehr der ungestüme Mensch vom vorigen Tag, begierig nach gefahrvollen und fürchterlichen Taten. Er war ein kräftiger, mutiger Mensch, bekehrt durch die Worte des Apostels. Er liebte noch immer die Gefahr, doch nicht die zwecklose Gefahr, aber sein ganzer kriegerischer Sinn wandte sich jetzt gegen die Unterdrücker der Schwachen, gegen die Sbirren der Inquisition.

„In den Rauch! In den Rauch!"[54] rief der neue Würdenträger.

„Bruder", entgegnete mit strengem Ton der Meister, „die Brüderschaft der Gardunnia hat dem großen Rauchfang Sevillas niemals ihre Kinder überliefert, selbst die strafbarsten nicht. Sind sie schwach, müßig oder ungeschickt, so degradiert man sie oder stößt sie aus. Sind sie Verräter, so verdunkelt sie dieselben, aber nie beauftragt sie *Matteo*[55] damit, sie zu rächen."

„Meister", sagte Manofina, „die Brüderschaft liefert ihre Kinder nicht aus, und ihre Kinder werden sie auch nie verraten. Die Brüderschaft hat von mir nichts zu fürchten."

„Mein Sohn", entgegnete der Meister gerührt, „weshalb willst du uns verlassen? Hast du dich über mich zu beklagen? Noch kannst du deinen Fehler wiedergutmachen."

„Nie!" sagte Manofina mit entschlossenem Ton.

„Weißt du wohl", rief Mandamiento zornig, „daß jedes ungetreue Mitglied ein Strafe verdient?"

„Jedes ungetreue Mitglied wird degradiert", entgegnete Manofina. „Degradiert mich also, und damit ist alles abgemacht."

„Du mußt wissen", entgegnete Mandamiento, „daß es gewisse Fälle gibt, in denen man es verdunkelt."

„Man verdunkelt nur den Verräter und ich bin keiner."

„Aber –"

„Aber man könnte fürchten, daß ich es würde, willst du sagen, und dann würde man mich verdunkeln. Ist das nicht wahr?" entgegnete der Bravo mit herausforderndem Ton. „Nun wohl, ich rate dem, dem der Auftrag erteilt wird, zuvor fromm sein Confiteor zu sagen, denn, bei dem Barte des Königs, er würde da kein leichtes Geschäft haben. Mein Dolch wird keinem mehr zu Befehl stehen, zu meiner Selbstverteidigung aber stets bereit sein."

Der herausfordernde Ton Manofinas verletzte die Eigenliebe einiger Brüder, welche die Hand an den Dolch legten. Die Serena, der diese Bewegung nicht entgangen war, faßte krampfhaft den Griff ihres kleinen, andalusischen Dolches.

Der am Tag zuvor ernannte Guapo näherte sich Manofina und sagte mit höhnischem Ton, jedoch mit leiser Stimme: „Ich hätte nicht geglaubt, daß Manofina sich fürchtete."

Der Neubekehrte lächelte geringschätzig.

„Was tut Ihr da?" rief der Meister. „Wißt Ihr nicht, daß während der feierlichen Sitzungen nicht leise gesprochen werden darf?"

„Ich sagte Manofina", erwiderte der neue Guapo, „es sei schade, daß er so feig geworden ist; denn ich behaupte, daß es die Furcht war, die ihn abhielt, seine Pflicht zu erfüllen."

Diese Worte waren kaum gesprochen, als der neue Guapo durch eine gewaltige Maulschelle Manofinas, wie ein Kreisel gedreht, zu den Füßen Mandamientos niederstürzte.

Zwanzig Dolche blitzten im Nu über dem Haupt Manofinas; dieser aber geriet dadurch nicht in Verwirrung, sondern rollte seinen Mantel um den linken Arm, schwang mit der rechten Hand den Dolch und erwartete festen Fußes die Angreifer.

Als die Serena dies sah, wickelte auch sie ihre Mantilla um den linken Arm, stellte sich Rücken an Rücken gegen den Bravo, und ihren Dolch schwingend, bot sie denen die Spitze, die ihren Geliebten von hinten angreifen würden.

Niemand wagte eine Bewegung zu machen.

„Nun!" sagte Manofina; „ist das alles?"

„So kommt doch heran, ihr Hühner", rief die Culevrina, deren Augen funkelten wie die einer Tigerin.

„Kommt doch heran, um zu sehen, ob wir es verlernt haben, zu taufen."

Mandamiento blieb scheinbar teilnahmslos.

Der Guapo, der von Manofinas Faust zu Boden geschmettert worden war, sprang wütend empor und stürzte sich wie ein Schakal auf Manofina. Aber zur großen Täuschung der Versammlung rollte er abermals auf den Boden. Manofina hatte ihm mit der linken Hand das Gesicht bedeckt und ihn zugleich durch einen Fußtritt niedergeworfen.

Die anderen Mitglieder der Gardunnia regten sich nicht.

„Señores, ihr seid ein Haufen Feiglinge", rief Manofina. „Ihr wollt mich dieses junge Fohlen, das mehr Feuer als Erfahrung hat, verdunkeln lassen."

„Manofina", sagte jetzt der Meister, „dies junge Fohlen, wie du ihn nennst, hat Anspruch auf Genugtuung, und du bist zu brav, um ihm diese zu verweigern."

„Ich bin bereit, ihm jede Art von Genugtuung zu gewähren", sagte Manofina. „Aber nach den Regeln und einer gegen einen!"

„Die Culevrina wird dir beistehen!" riefen die anderen spottend.

„Die Culevrina wird sich ruhig verhalten wie eine Tote", sagte der Bravo. „Macht es wie sie, und laßt den jungen Mann und mich unsere Rechnung in Ordnung bringen."

„Zur Ordnung, meine Kinder!" gebot Mandamiento.

„Und jeder Dolch kehre in die Scheide zurück! Und Ihr, Señor Garabatillo[56]", wandte er sich zu einem Gardunnio, der bei ihm Pagendienste versah, „haltet Wache und quakt[57] bei dem geringsten Zeichen von Rauch[58], das Ihr heranziehen seht." – Nach diesen Worten ging der Bote, und es bildete sich in dem Saal der Gardunnia ein großer Kreis von Männern und Weibern. Der Guapo und Manofina, beide mit ihren gewaltigen Albacete-Messern[59] bewaffnet, traten in die Mitte des lebendigen Kreises.

Ehe die beiden Gegner den Kampf begannen, maßen sie gewissenhaft ihre Waffen, um sich zu überzeugen, daß sie einander vollkommen gleich waren. Dies ist eine Tatsache, die siegreich die Bezeichnung von Verrätern Lügen straft, die den Spaniern durch die Ausländer zur Last gelegt wird. Denn selbst die Leute der niedrigsten Klassen, der Auswurf der Bevölkerung,

Schelme, Diebe, Züchtlinge, entsprungene Galeerensklaven und Leute der Art, zeigen bei einem solchen Kampf eine Ehrlichkeit, eine ritterliche Großmut, die man nicht bei so verworfenen Menschen zu finden glauben sollte. Es gibt kein Beispiel, daß ein *Baratero*[60] jemals seinen Gegner verwundet hat, sobald dieser erklärte, daß er nicht mehr kämpfen könnte oder wollte. Hat einer der beiden Kämpfenden keinen Mantel, so legt der andere den seinigen ab und bedient sich seines Armes, um die Stöße aufzufangen. Diese Großmut ist um so bemerkenswerter, als diese Menschen sich oft wegen ganz geringfügiger Umstände schlagen, häufig um einige Liards oder noch weniger.[61] Die Waffen der beiden Gardunnios wurden von vollkommen gleicher Länge und ihre spitzen Klingen ebenso vollkommen gleich breit gefunden. Dann wickelten beide den Mantel, sich seiner als Schild zu bedienen, um den linken Arm und traten einander stolz gegenüber. So erwarteten sie das Signal. Der neue Guapo, der so ungeduldig war wie ein junger Hahn, der seine Sporen wachsen fühlt, rief zuerst: – *„Ande usted!* Vorwärts!" Dann stürmten die beiden Männer aufeinander ein, sich drehend und windend wie Schlangen. Bald warfen sie sich zurück, um zu einem desto sicheren Satz vorwärts springen zu können, den Feind zu erreichen.

Bei diesen schnellen und unehrerbietigen Bewegungen, die keinen anderen Zweck haben, als seinen Gegner zu blenden, damit er seinen Streich nicht mit Sicherheit führen könne, hatte Manofina, der viel ruhiger und erfahrener war als sein Gegner, vor diesem einen großen Vorteil voraus. Der junge Guapo, den der Zorn betäubte, der wütend war, einen Schatten zu verfolgen, der ihm stets entging, stürzte verzweiflungsvoll auf den gewandten Manofina zu, vernachlässigte über dem Angriff die Verteidigung und bot zwanzigmal seine Brust unbeschützt dem mörderischen Messer.

Die Culevrina folgte mit funkelnden Blicken und hoch atmender Brust dem Kampf, der alle Seelen in Spannung erhielt. Einige der Anwesenden beteten still für den jungen Guapo, den sie schon tot zu Boden gestreckt erblickten.

Der Meister schwieg; sein Gesicht verriet nichts.

Der junge Gardunnio, der schon ermüdet war, erschöpfte seinen Atem, indem er die unbesonnene Art des Kampfes fortzusetzen bemüht war. Zwanzigmal schon hatte Manofinas Dolch seine Brust gestreift; aber Manofina wollte ihn nicht töten, und den Augenblick ersehend, wo der junge Mann mit horizontal erhobenem Arm, das Messer gegen seine Brust gerichtet, auf ihn eindrang, versetzte er ihm mit dem linken Arm einen unerwarteten und so heftigen Schlag, daß das *Albacete* desselben zu den Füßen des Meisters niederflog.

„Bravo! Bravo!" ertönte es von allen Seiten. „Bravo, Manofina. Du bist noch würdig, einer der Unsrigen zu sein."

„Ich danke, Brüder", entgegnete der Liebhaber der Serena; „ich danke euch! Euer Beifall genügt mir!"

„Du bist wahrhaft ein mutiger Mann, Manofina", sagte der Besiegte, indem er ihm die Hand reichte. „Ohne Groll!"

Manofina drückte herzlich die ihm gebotene Hand, trat dann zu Mandamiento, und sagte:

„Jetzt, Meister, beendige die Feierlichkeit und laß mich frei sein."

Mandamiento sah wohl, daß alles vergeblich war, den Guapo anderen Sinnes zu machen. Er zog daher seinen Dolch aus der Scheide, stemmte die Spitze gegen den Boden und bog die Klinge bis sie sprang. Die Stücke gab er dann Manofina, der ihm dafür seinen Dolch einhändigte.

Durch diesen Tausch war der Bravo degradiert und unwürdig, die Taten der Gardunnia zu teilen und zum Ruhm der Gesellschaft beizutragen.

Mandamiento nahm dann den Bravo bei der Hand, führte ihn zu einem Bild der heiligen Jungfrau, und vor demselben niederkniend, sprach Manofina die folgenden vorschriftsmäßigen Worte: „Bei den Schmerzen unserer lieben Frau und bei dem Blut ihres Sohnes, unseres Heilands, das für uns vergossen wurde, schwöre ich, die Brüderschaft der Gardunnia oder eines ihrer Mitglieder nie zu verraten; niemals Mitglied des großen Rauchfanges auf Kosten der Brüder Gardunnia zu werden und nie gegen einen derselben meinen Dolch zu ziehen, es sei denn zur Selbstverteidigung. – Gott stehe mir nach der Aufrichtigkeit meines Eides bei und bestrafe mich, wenn ich denselben jemals breche."

„Amen!" antworteten im Chor alle anwesenden Mitglieder, die hinter dem Guapo niedergekniet waren.

Als diese lächerliche Zeremonie beendigt war, nahm Manofina den Arm seiner Gefährtin, warf noch einen Blick des Abschieds auf seine bisherigen Genossen und verließ die Höhle der Gardunnia, um nie dahin zurückzukehren.

„Brüder", rief der Meister, sobald Manofina verschwunden war, „wir werden ein neuntägiges Fasten für unsere liebe Frau von den sieben Schmerzen halten, daß sie uns einen würdigen Nachfolger des armen, verirrten Sohnes zuführe, der uns soeben verlassen hat."

IX.

Der Günstling des Inquisitors

Es war am Tag nach der Orgie. Es konnte sechs Uhr morgens sein, und der Inquisitor hatte soeben sein Lager verlassen. Sein Gesicht trug noch die Spuren von der Ausschweifung der vergangenen Nacht und von dem unruhigen Schlaf, der die Kräfte aufreibt, statt sie zu ersetzten.

Pedro Arbuez war leichenblaß. Der nervösen Aufregung, welche die Unmäßigkeit hervorbringt, gesellte sich die Unruhe einer gestörten Leidenschaft, eines dumpfen Zornes gegen die Werkzeuge seiner Verbrechen. Besonders Henriquez erregte im höchsten Grad seinen Unwillen. Die wilde Leidenschaft, die der Inquisitor für Dolores empfand, steigerte sich durch alle die Hindernisse, die seine Pläne gestört hatten.

Die gallige Gesichtsfarbe des Pedro Arbuez zeigte in einzelnen Augenblicken dunkelblaue Flecken; sein großes, tiefblaues Auge wurde fahl wie das eines Tigers, und sein Adlerprofil verzerrte sich zu einem Ausdruck entsetzlicher Grausamkeit.

Er näherte sich einem *Brasero*[62], der in der Mitte des Zimmers brannte und breitete seine erstarrten Hände über dessen wohltuende Wärme. Ihn fror! Die Heftigkeit seiner Gefühle trieb alle Lebenswärme gegen das Gehirn.

„Dolores!" rief er; „Dolores!"

Seine entzündete Einbildungskraft zeigte ihm wie in einem Zauberspiegel die übermenschliche Schönheit der Tochter des Gouverneurs. Er sprang von seinem Sitz empor, und seine Zähne knirschten in einem Anfall unbezähmbaren Sinnesreizes.

„Ha, wie schön sie so war!" fuhr Pedro Arbuez fort, unerbittlich verfolgt von dem Bild des reizenden Mädchens. „Wie schön war sie in ihrem Schrecken! Ha, sie so bei mir gesehen zu haben, – sie hier in meiner Gewalt zu besitzen – ohne ihren Zorn, noch ihr Geschrei fürchten zu müssen! – So würde es, gleichwohl ohne Henriquez' Feigheit sein. Der niedrige Sklave, der nur zu schmeicheln weiß, aber nicht Dienste zu leisten! – Verfluchte Rasse, die den Staub unserer Sandalen küßt, die aber vor der Gefahr zurückbebt, wenn es gilt, uns zu befriedigen! Doch wie!" fuhr der wilde Inquisitor fort, indem er stolz den Kopf erhob; „bin ich denn hier nicht Gebieter und kann ich nicht durch die Gewalt das erlangen, woran die List scheiterte?"

„Holla!" rief er, indem er sich einem seidenen Türvorhang näherte, der sein Zimmer von einem Vorgemach trennte, in dem sich die diensthabenden Familiaren aufhielten, „man rufe meinen Schreiber!"

Dieser eilte herbei. Er war ein junger Edelmann aus einer armen Familie, der, um dem Elend und den Verfolgungen zu entgehen, in den Dienst seiner Eminenz trat. Stand nicht alles im Dienst der Inquisition?

„Don Philipp", fragte der Inquisitor, „ist diese Nacht der Gouverneur von Sevilla verhaftet worden? Wurde er nach den Gefängnissen des heiligen Offiziums gebracht?"

Don Philipp verneigte sich: „Gnädiger Herr, Ew. Exzellenz Befehle sind vollzogen worden."

Ein Blitz finsterer Freude schoß aus den Augen des Inquisitors, und er sagte zu seinem Schreiber: „Ich bitte Euch, sendet mir Joseph."

Der Schreiber entfernte sich und Pedro Arbuez ging mit großen Schritten in dem Gemach umher.

„Wenigstens werde ich mich an ihr rächen!" sagte er. „Und dann hoffe ich auch", fuhr er in seinem Selbstgespräch fort, „daß die verfluchten Gitanos, denen ich meinen Schutz gewähre, ihren Auftrag besser erfüllt haben als meine Familiaren. In der Regel verfehlen die Söhne der Gardunnia ihre Streiche nicht. Dieser Estevan, den ich hasse, lebt schon nicht mehr, und ich habe wenigstens Dolores diesen verabscheuten Nebenbuhler entrissen."

Indem er so sprach, zeigte sich das blasse Gesicht Josephs in der Tür. Bei seinem Anblick besänftigten sich die Züge des Inquisitors auf eigentümliche Weise.

„Tritt ein, Joseph!" sagte er. „Deine Anwesenheit ist mir stets lieb!"

Der Novize war in der Tat eines jener Wesen, die für die mächtigen Müßiggänger dieser Welt unentbehrlich sind und die man stets mit dem Namen der Günstlinge bezeichnet hat. Sie sind Werkzeuge des Guten oder des Bösen, je nach der Güte oder der Verderbtheit ihres Herzens; schwache Wesen, die durch ihre Schwäche und ihre Nachgiebigkeit herrschen, denen gleichwohl nichts zu widerstehen vermag. Sie üben einen geheimnisvollen Einfluß, sind verhängnisvoll wie das Geschick, dienstbare Geister des Gebieters, den sie zu seinen guten wie zu seinen bösen Handlungen antreiben, und scheinen durch einen bezauberten Talisman zu wirken. Denn an ebendem Tag, an dem dieser Talisman ihnen entschlüpft, werden sie selbst fallen, und ergriffen durch die unwiderstehliche Macht, die sie ebenso zertrümmert, wie sie sie erhoben hat, ohne Ursache und ohne Wirkung.

„Gnädigster Herr, habt Ihr diese Nacht schlecht geschlafen?" fragte der Günstling mit schmeichelnder Stimme.

„Ja, Joseph. Ich habe eine anstrengende und grausame Nacht gehabt."

„In dem Palast ist ein armer Mensch, der auch sehr schlecht schlief, da er in dem Dienst Eurer Eminenz am Körper und an der Seele verwundet worden ist."

Die Augen des Inquisitors funkelten zornig. Joseph ließ sich dadurch nicht irremachen, sondern fuhr fort: „Dieser Mensch, gnädigster Herr, hätte beinahe sein Leben im Dienst Eurer Eminenz eingebüßt, und als er blutend, beinahe sterbend, zu Euch kam, habt Ihr ihn fortgejagt wie ein unsauberes Tier. Seitdem verweigerten Eure Eminenz ihm sogar, seine Rechtfertigung anzuhören."

„Joseph", rief Pedro Arbuez, „weißt du wohl, daß, wenn ein anderer als du es wagte, sich für Henriquez zu verwenden –"

„Eure Eminenz ihn anhören würden, wie Ihr mich dessen würdiget", unterbrach ihn der Günstling mit ruhigem Ton. „Denn Eure Eminenz seid vor allem gerecht, und Ihr macht Euch in Eurer Seele bereits Eure Grausamkeit gegen den armen Henriquez zum Vorwurf."

„Ein Verräter!" murmelte der Inquisitor.

„Ein Diener, der bereit ist, für Euch zu sterben; ein treuer und mutiger Diener; ein Diener, dessen Ihr bedürft. Wen wollt Ihr jetzt zum Gouverneur von Sevilla machen?"

„Bei dem Pantoffel des Papstes, Ihr scherzt, Meister Joseph. – Ich weiß nicht, wer von uns beiden verrückter ist, Ihr junger Tollkopf, der Ihr solche Albernheiten gegen mich äußert, oder ich, der Groß-Inquisitor von Sevilla, daß ich sie anhöre!"

„Gnädigster Herr", sagte Joseph, „ich werde Euch sogleich beweisen, daß wir beide sehr verständig sind."

„Ich bin auf diesen Beweis sehr neugierig."

„Nichts ist leichter, Eure Eminenz. – Ihr habt der edlen Stadt Sevilla ihren sehr geehrten und sehr ehrenwerten Gouverneur genommen, den Grafen Manuel Argoso; nun ist die Stadt ohne Führer, und Eure Eminenz sind ohne Gehilfen. In diesen Zeiten der Ketzerei aber könnt Ihr eines Gehilfen, eines Verbündeten, nicht entbehren."

„Wohin zielst du?" fragte der Inquisitor, der anfing, mit Vergnügen zuzuhören."

„Ich ziele dahin, Euch zu beweisen, daß der beste Verbündete des Inquisitors der Gouverneur der Stadt ist und daß es daher dringend nötig ist, dieser Gouverneur sei ein Geschöpf Eurer Eminenz. Wo fändet Ihr aber einen Men-

schen, der Euch ergebener wäre als dieser arme Henriquez, der bei der bloßen Entführung eines jungen Mädchens zwei oder drei Taufen empfangen
hat, wie die verfluchten Zigeuner der Gardunnia sagen, und noch überdies
ein sehr vollständiges Bad nehmen mußte."

Pedro Arbuez lächelte; der Einfluß des Günstlings hatte das Fieber beschwichtigt, das sein Blut verbrannte.

„Henriquez Gouverneur von Sevilla!" rief er in einem plötzlichen Anfall
der Lustigkeit. „Aber weißt du denn nicht, Joseph, daß der Mensch gar
nichts ist?"

„Desto größer", sagte Joseph, ohne sich irremachen zu lassen, „muß seine
Dankbarkeit sein, wenn er durch Euch zu etwas wird."

Ein lautes Gelächter, aber kalt wie das Lachen eines Inquisitors, antwortete dieser Bemerkung. Joseph fuhr mit der schmeichelnden Hartnäckigkeit eines verzogenen Kindes fort: „Soll ich den armen Henriquez rufen, damit er
sich rechtfertige und die Rückkehr Eurer Gnade erflehe?"

„Er ist also von Reue über das Mißlingen seiner Unternehmung ergriffen?"

„Er ist darüber ganz zerknirscht."

„In der Tat", sagte Pedro Arbuez, „ein Mensch, der dreimal getauft und
ganz zerknirscht ist, verdient die Absolution. Geh denn und hole mir Henriquez her, mein kleiner Joseph."

Der Novize küßte die Hand des Inquisitors mit fieberhafter Hast, und wer
dabei sein auf die Hand des Pedro Arbuez niedergebeugtes Gesicht hätte sehen können, würde nach dem Ausdruck des Hasses und der Wildheit desselben geschlossen haben, daß der Novize gern die Hand seines Gebieters
mit den Zähnen zerfleischt hätte, statt sie mit heuchlerischen Küssen zu bedecken.

Joseph ging.

„Alles erwogen", sagte der Inquisitor zu sich selbst, „ist der Gedanke dieses Kindes vielleicht so schlecht nicht. Henriquez als Gouverneur von Sevilla, durch mich erhoben und durch mich allein gehalten, wird das gefügige
Werkzeug meines Willens sein; der Amtsdiener, dem ich gebiete: triff, und
der darauf auch wirklich trifft. Ja, Joseph hat recht. – In ihm ruht die Weisheit."

Indem er diese Worte beendete, trat der Günstling ein, gefolgt von Henriquez.

Der Familiar war noch sehr blaß; sein zerschlagener Kopf war verbunden;
den verwundeten Arm trug er in der Schlinge. Seine heuchlerische Haltung
gab seinem mageren und abgematteten Gesicht noch mehr den Ausdruck
des Leidens.

Bei seinem Anblick verfinsterte sich die Stirn des Inquisitors aufs neue.

Der in Ungnade Gefallene beugte ein Knie zur Erde und flehte durch eine
Bewegung um die Gnade, die Hand Seiner Eminenz küssen zu dürfen.

Pedro Arbuez sah seinen Günstling an.

„Nun, etwas Nachsicht!" antwortete der Blick Josephs.

„Ich verzeihe Euch, Henriquez", sagte der Groß-Inquisitor. „Danket Don
Joseph, der besser für Euch gesprochen hat, als ein Advokat es gekonnt

hätte. – Und nun erzählt mir die näheren Umstände der nächtlichen Unternehmung, die Euch diese Wunden eingetragen hat."

Henriquez ließ sich dies nicht zweimal heißen. Er erzählte Seiner Eminenz alles, was wir bereits von Dolores' Entführung wissen, und er unterließ nicht, dabei sich allein die Ehre der gegebenen und empfangenen Dolchstöße zuzuschreiben. In der Tat nahm er nur das Gut der Toten an sich: Das war eine Erbschaft und nicht ein Diebstahl.

Als er geendigt hatte, war der Inquisitor wieder ganz zu seinen Gunsten gestimmt und sagte mit einem Ton, bei dem Wohlwollen und Protektion durchklangen: „Henriquez, ich halte dich für treu, und obgleich dir diese Unternehmung mißglückte, hoffe ich, daß in der Folge dein Eifer und deine Anstrengungen für den Dienst Gottes dieses Mißlingen vergüten werden. Und um dir zu beweisen, daß ich keinen Groll gegen dich bewahre, sondern dich vielmehr als meinen treuesten Diener betrachte, will ich an den König schreiben und für dich die Würde des Gouverneurs von Sevilla erbitten."

„Ist der Graf Argoso tot?" fragte Henriquez, geteilt zwischen Überraschung und Freude.

„So gut wie tot", murmelte Joseph zwischen den Händen. „Er ist in den Kerkern der Inquisition."

„Eure Eminenz", sagte ein Diener, indem er den Türvorhang beiseite zog, „Meister Mandamiento wünscht Euch zu sprechen."

„Estevan ist tot", dachte der Inquisitor. „Laßt den Meister der Gardunnia eintreten", gebot er dann, indem er diese letzten Worte mit besonderer Ironie betonte.

Mandamiento wurde hereingeführt. Er blieb mit bedecktem Haupt dem Inquisitor gegenüber stehen. Der wilde Mensch hatte so überspannte, so fanatische Begriffe von den Vorrechten seines Amtes, daß er wie Macht zu Macht zu verhandeln glaubte.

Henriquez forderte Mandamiento durch ein Zeichen auf, den Kopf zu entblößen, aber der Meister antwortete durch einen geringschätzigen Blick. Der Groß-Inquisitor lächelte und sagte zu dem Gardunnio: „Die Sache ist geschehen, nicht wahr?"

„Nichts ist geschehen!" entgegnete Mandamiento finster.

„Wie! Estevan von Vargas –"

„Estevan von Vargas schweift frei umher, und nicht ein Haar auf seinem Kopf ist gekrümmt. Zum erstenmal seit ihrer Begründung hat die Gardunnia in ihrem Schoße einen Verräter gezählt, und zwar unter ihren bravsten Söhnen", fuhr Mandamiento mit komischem Schmerz fort.

Er betrübte sich über den Abfall Manofinas, wie ein guter Familienvater über einen schlechten Streich seines geliebten Sohnes.

„Beim Satan!" schrie der Inquisitor, indem er wütend mit dem Fuß stampfte, „es verrät mich bei dieser Gelegenheit alles! – Wie heißt der Verräter?" fragte er dann mit scharfer Stimme.

„Ich habe geschworen, daß niemand seinen Namen erfahren soll, gnädigster Herr, und dieser Name kümmert auch Eure Eminenz wenig. Ich bin nur gekommen, um die Summe zurückzuerstatten, die dem vorgestreckt worden war, der den Auftrag erhalten hatte."

Und mit der gewissenhaftesten Redlichkeit legte der Bandit auf den Tisch die Goldstücke, die ihm für die Ermordung des Don Estevan ausbezahlt worden waren.

„Gibt es denn unter den Gitanos niemand, der das übernehmen würde?" fragte der Inquisitor.

„Oh, es fehlt uns nicht an treuen und mutigen Söhnen", sagte der Meister stolz. „Und für die Zukunft kann ich einstehen. – Aber wir haben jetzt die Spur unseres Mannes verloren, und ich müßte daher eine Frist fordern."

„Darauf soll es nicht ankommen", entgegnete der Inquisitor, „wenn du mir nur versprechen kannst, daß Estevan dir nicht entgehen wird. Nimm also dein Gold wieder, Mandamiento; es ist nur ein Handgeld auf den Handel. Je schwieriger die Sache geworden ist, um so größer wird der Lohn sein."

„So sei es !" sagte der Bandit, indem er die Goldstücke zurücknahm. „Ich kann Eurer Eminenz versprechen, daß der junge Mann binnen acht Tagen eine Taufe von Meisterhand empfangen haben wird."

„Amen!" sagte Joseph und verließ mit gleichgültigem Wesen das Gemach.

„Kannst du mir nicht sagen, Mandamiento", fragte Arbuez, „wohin sich die Tochter des Gouverneurs von Sevilla geflüchtet hat?"

„Ihr hattet mir nicht den Auftrag erteilt, darüber zu wachen!" entgegnete der Gardunnio.

„Gerade die Antwort, die Kain dem Herrn gab!" wagte Henriquez zu bemerken.

Man duldete von Joseph, was man dem Familiar nicht gestattete. Arbuez runzelte daher die Stirn; er war mit zu ernsten Dingen beschäftigt, um den Scherz zu gestatten.

„Mandamiento", fuhr er fort, „das ist ein Fang, für den das Gold meiner Kasse dir reichlich fließen sollte. Trachte das junge Mädchen zu entdecken und es mir zuzuführen."

„Gesund und wohlbehalten?" fragte kalt der Bandit.

„Bei dem Christ!" rief der Inquisitor, der ebenso bei den heiligsten wie bei den verworfensten Dingen schwur; „bei dem Christ! Ohne daß ein Haar von ihrem Kopfe fällt; hörst du? Ohne daß ihr der geringste Schrecken bereitet wird. – Habt Ihr nicht Weiber, die daraus ein Geschäft machen? – Man entdecke das junge Mädchen! – In ein Mitglied ihres eigenen Geschlechts wird sie kein Mißtrauen setzen. – Man wende List an; indes du wirst selbst wissen, was dabei zu tun ist."

„Ach, die Serena!" dachte Mandamiento. „Die war so gewandt und verstand es so gut, zu schmeicheln! – Gnädigster Herr", fuhr er dann laut fort; „es soll versucht werden, aber ich verspreche nichts, denn die Sache ist schwieriger, als es scheint."

„Eure Eminenz", sagte Henriquez mit leiser Stimme, „ich werde sie entdecken. – Bin ich nicht bald Gouverneur von Sevilla?"

Arbuez verabschiedete den Meister der Gardunnia.

Dieser sonderbare Mensch ging mit stolz erhobenem Kopf und festem Schritt. Er hatte einen hohen Begriff von seiner Wichtigkeit, und diese Torheit, noch gesteigert durch seine aufgeregte Existenz, gab allen Bewegungen und dem ganzen Wesen Mandamientos etwas feierlich Wildes, was sich in Worten nicht ausdrücken läßt.

Als er hinaus war, zuckte Arbuez die Achseln.

„Mit einer solchen Art in Berührung zu sein", murmelte er. „Und das alles nur, weil die Miliz Christi nichts taugt. Hätten die Familiaren genug Eifer, würden wir dann wohl dieser Zigeuner bedürfen?"

„Gnädigster Herr", sage Henriquez, „wenn diese Zigeuner uns nicht dienten, würden sie uns bekriegen."

„Das ist vielleicht wahr", entgegnete Arbuez.

Der wieder zu Gnaden angenommene Familiar fuhr fort, mit dem Inquisitor zu plaudern; was sie sprachen, können wir indes nicht sagen; aber gewiß mußte die Hölle lachen bei diesem vertraulichen Geplauder, bei diesen zynischen oder gottlosen Vertraulichkeiten, die zwischen den beiden entsetzlichen Personen ausgetauscht wurden. Und wenn Gott sich nicht darüber empörte, in alle dergleichen Dinge gemischt zu werden, so geschah es nur, weil seine Güte unendlich ist und weil er die Bösen auf der Erde duldet; nicht um die Guten zu läutern, wie man gesagt hat, sondern weil er Vater ist und weil ein Vater stets nachsichtig sich zeigt, selbst gegen seine verderbten Kinder.

Kaum hatte der Señor Mandamiento auf der Straße einige Schritte gemacht, als er sich an dem Ärmel gezupft fühlte. Er wandte sich um und war nicht wenig erstaunt, den Günstling des Inquisitors zu erblicken.

„Sollten Seiner Ehrwürden etwas vergessen haben?" fragte der Zigeuner.

„Seiner Ehrwürden hat vergessen, dir zu sagen, daß ich nicht will, daß Don Estevan von Vargas sterbe", sagte Joseph.

„Ihr hättet ihn daran erinnern sollen", entgegnete Mandamiento in demselben Ton.

„Wenn du es nur weißt, ist das nicht hinreichend?" meinte der Novize.

„Der gnädige Herr hat mir Handgeld für die Verdunkelung Don Estevans gezahlt", fuhr der Bandit fort, „und ich weiß nichts, was mich abhalten könnte, seinen Willen zu erfüllen."

„Ausgenommen *mein* Wille!" sage Joseph mit dem Ton der Autorität. „*Ich* will nicht, daß Don Estevan sterbe, hörst du wohl, Mandamiento, und ich werde dem gnädigen Herrn das Handgeld zurückgeben. Sei darüber ganz ruhig und geh deiner Wege."

Der Meister kannte die Allmacht Josephs über den Inquisitor; der entschlossene Ton des Novizen brachte ihn zur Unsicherheit; sollte er dem Herrn mißfallen oder dem Günstling?

Mandamiento dachte einen Augenblick nach; dann wandte er sich zu dem jungen Mann, der sein durchdringendes Auge fragend auf ihn richtete.

„Ehrwürdiger", sagte er, „ich werde Euch gehorchen, was auch daraus entstehen möge." Ein Höfling hätte nicht gewandter sprechen können.

„Es ist gut!" erwiderte Joseph. „Was dir auch begegnen möge, berufe dich auf mich." Bei diesen Worten ließ er eine goldgefüllte Börse in die Hände des Zigeuners gleiten und verschwand um die Ecke der nächsten Straße.

„Das ist ein Geschenk", murmelte Mandamiento, indem er die reiche Gabe des jungen Mönchs betrachtete.

„Nichts ist besser erworben als das, was man uns schenkt. Ich darf es daher behalten."

Der Meister der Gardunnia entfernte sich, indem er halblaut eines jener Lieder trällerte, welche die Gitanos Spaniens noch jetzt singen.

X.

Der Profeß

IN EINIGER ENTFERNUNG VON SEVILLA, auf einem lachenden Hügel, dessen Fuß von dem Guadalquivir bespült wurde, erhob sich ein Dominikanerkloster, ein großes, prachtvolles Gebäude, aufgeführt in der Mitte einer Oase, umgeben mit allen Wundern einer reichen und mannigfaltigen Natur, im Innern verschönert durch alle Verschönerungen des guten Geschmacks und der Bequemlichkeit, ohne Zweifel, um den Kindern Dominik von Guzmans die Selbstverleugnung leichter zu machen.

Dieses Kloster, oder vielmehr dieser Palast, die ehemalige Wohnung eines maurischen Fürsten, diente als Asyl für einige dreißig Mönche, die dazu bestimmt waren, die Tribunale der Inquisition zu ergänzen. Mehrere von ihnen hatten mit Glanz das hohe Amt eines Provinzial-Inquisitors versehen; alle machten sich durch ihren unerbittlichen Eifer in der Ausrottung der Ketzerei bemerkbar, und der Groß-Inquisitor Arbuez schätzte ganz besonders dies heilige Asyl, in dem er zuweilen Erholung von seinen schweren Funktionen suchte. An diesem Tag rief ein wichtiges Geschäft ihn an diesen Ort der Frömmigkeit. Eine glänzende Zeremonie wurde vorbereitet und die Anwesenheit des Inquisitors sollte derselben mehr Feierlichkeit verleihen.

Es war zwei Monate nach dem Verschwinden der Tochter des Gouverneurs. Die Leidenschaft des Pedro Arbuez war zwar nicht erloschen, ließ aber dieser glühend despotischen Seele einige Augenblicke der Ruhe, und der Genuß der Herrschaft milderte für Augenblicke die Täuschungen seiner zügellosen Liebe. Dann war auch Dolores nicht der einzige Gegenstand des Interesses für das Leben des Groß-Inquisitors. Joseph, sein Günstling, sollte an diesem Tag in dem Kloster der Dominikaner Profeß tun, und die Freundschaft des Groß-Inquisitors für diesen jungen Mann von weiblicher Schönheit war lebhaft genug, um für einen Augenblick eine glühendere Leidenschaft in den Hintergrund zu drängen.

Mit dem Morgen dieses feierlichen Tages war das ganze Kloster auf den Beinen. Die Kapelle, ein großer runder Raum, der unter den christlichen Zierraten die maurische Physiognomie beibehalten hatte, war mit Blumen und Gewinden geschmückt. Unsere liebe Frau vom Rosenkranz, die Schutzpatronin der Dominikaner, hatte ihre Festkleider angelegt; Seide und Samt umhüllten das keusche Bild der demütigen Mutter des demütigsten aller Menschen, und die bescheidene Königin der Engel entfaltete Diamanten und Perlen gleich einer Königin der Erde.

Der weiße Marmor der Säulen verschwand unter einem Netz von Rosen; zahllose Kerzen brannten auf dem Altar, und nach dem berauschenden Duft der Wohlgerüche, nach dem Glanz der weltlichen Draperien, nach der my-thologischen und fabelhaften Eleganz der Säulengänge, nach der Masse der Blumen, die den Raum erfüllten, hätte man glauben sollen, den Tempel einer Venus plötzlich in eine christliche Kapelle verwandelt zu sehen. Nur hatte man an die Stelle der heidnischen Gottheit das Bild der himmlischen Jung-frau gestellt, und an einer Seitenwand des Schiffes erinnerte die Bildsäule des finsteren Patrons der Dominikaner durch seine strengen Züge an die ernsten Gedanken, die der lachende Anblick dieses Ortes sonst schwerlich hätte aufkommen lassen.

Rechts auf dem Chor war ein Sitz, bedeckt mit Samt und überragt von ei-nem glänzenden Baldachin, für den Groß-Inquisitor bereitet, und zu seiner Rechten sollte ein niedrigerer Sitz von dem Prior des Klosters eingenommen werden, dem für gewöhnlich der erste Platz gebührte. An diesem Tag mußte er sich wohl in das Gesetz der Hierarchie fügen.

Gegen neun Uhr ertönte ein feierliches Signal unter dem Gewölbe der Ka-pelle, die schon von zahlreichen Eingeladenen, zum größten Teil Damen und Herren des Hofes, angefüllt war.

Langsam zogen die Mönche, das Banner voran, in zwei Reihen einher, die *Gloria in excelsis* singend. Jeder trug eine brennende Kerze in der Hand. Die finsteren Gesichter verbargen unter einem asketischen Äußeren nur schlecht ganz irdische Leidenschaften; gleichwohl hatte dieser Zug von Männern in dem Gewand des Grabes – schwarz und weiß – etwas eigentümlich Finste-res, das mit Entsetzen erfüllte. Der Prior, bekleidet mit den bischöflichen Zierraten, schloß den Zug.

Als die Gesänge beendigt waren, blieben die Mönche in zwei Reihen ein-ander zugewandt stehen, der Prior ging in ihrer Mitte hindurch; zwei Mön-che, die das Amt der Diakonen versahen, folgten ihm; sie begleiteten den Novizen, der die reiche und kleidsame Tracht der spanischen Ritter trug. Alle vier knieten in der Mitte des Chores auf Samtkissen nieder, die für sie hingelegt worden waren. Ein vornehmer Spanier diente Don Joseph als Va-ter. Der Großmeister Arbuez hatte bereits den ihm bestimmten Platz einge-nommen.

Nach dem Evangelium fand die gewöhnliche Predigt statt. Eine Rede, schwülstig und mystisch und die Glückseligkeiten des klösterlichen Lebens behandelnd; Redensarten ohne Ordnung, dunkel und zweideutig, mit dem Stempel eines gewaltigen und unverständlichen Asketismus, die dem Her-zen und der Einbildungskraft nichts sagen, aber immer auf den einzigen Zweck Roms zielten: Verdunkeln, um zu herrschen. Das Auditorium war damit sehr zufrieden; indes hinderte die Beredsamkeit des Priors die schö-nen Damen, die bei der Zeremonie zugegen waren, nicht, sehr heilige Blicke auf den jungen Novizen zu richten und sein schönes Gesicht sowie seine an-mutige Gestalt zu bewundern.

Joseph war sehr blaß, aber sein schwarzes Auge hatte einen eigentüm-lichen Ausdruck, und finstere Blitze schossen über sein Gesicht.

Nach der Messe trat der Prior gegen den Novizen vor. „Was suchst du so geschmückt in dem Hause Gottes?" fragte er ihn.

„Ich suche das Heil meiner Seele", antwortete Joseph.

„Und du denkst es unter dem Pomp der Welt zu finden?"

„Nun wohl, so verzichte ich auf den Pomp der Welt."

„Das ist nicht genug – du mußt auch auf das Fleisch und deinen Willen verzichten."

„Ich werde das Gelübde der Keuschheit ablegen und demütig und unterwürfig gegen die sein, die mich auf den Weg des Heiles führen."

„So geh denn", sagte der Prior.

Zwei Mönche bemächtigten sich des Novizen und führten ihn hinter dem Altar an einen Ort, der zu seinem Empfang vorbereitet war. Der Ort war finster, nur durch eine Lampe beleuchtet, die von der Decke herabhing. In der Mitte, auf dem mit schwarzem Tuch bedeckten Boden stand ein Sarg, und um diesen brannten vier weiße Wachskerzen, als würde nur darauf gewartet, den Sarg in die Erde hinabzusenken. Auf dem Sargdeckel grinste ein Totenkopf über zwei in das Kreuz gelegten Knochen mit zwei Reihen blendendweißer Zähne den Eintretenden an. Über dem Sarg, am Boden befestigt, gleich zwei finsteren Standarten, erblickte man das silberne Kreuz und die *Manga*[63], die bei den Beerdigungen getragen wurde.

An dem oberen Ende des Gewölbes erblickte man neben einem Betpult, über dem ein bleiernes Kruzifix hing, einen mit schwarzem Tuch behangenen Tisch, auf dem die für den Novizen bestimmten neuen Gewänder lagen.

An dem entgegengesetzten Ende, dem Betpult gegenüber, vervielfältigte eine an der Wand befestigte polierte Metallplatte alle diese finsteren Gegenstände.

Dieser Ort wurde die Höhle des Heiles[64] genannt. Hier ließ man den Novizen allein. Er entkleidete sich seiner profanen Gewänder und legte die Tracht der Dominikaner an, eine weiße Kutte und ein schwarzes Skapulier, ein finsteres Gewand, welches das des Todes zu sein scheint. Dann legte er sein mit Federn geschmücktes Barett ab, um nie wieder einen anderen Kopfschmuck zu tragen als seine geschorenen Haare, und statt des goldenen Gürtels, der sein Schwert trug, legte er einen Strick, das Zeichen der Armut, über seine Hüften. Endlich vertauschte er seine reichen Halbstiefel mit den Sandalen, die er künftig immer tragen sollte.

Das alles währte etwa eine halbe Stunde. Die Hand des Novizen zitterte, als hätte er das Fieber; sein Herz klopfte in ungleichen und heftigen Schlägen; kalter Schweiß rieselte über sein bleiches Gesicht. Er kniete vor dem Kruzifix nieder, und mit klagender Stimme begann er zu beten. Herzzerreißendes Schluchzen entrang sich seiner Brust; er murmelte unverständliche Worte; ein Name, den nur er allein verstehen konnte, trat beständig wieder auf seine Lippen.

Während dieser Zeit erfüllte die Orgel mit ihrer gewaltigen Harmonie die Kapelle. Der Gesang der Mönche erhob sich kräftig zu dem Gewölbe, und die Nerven des jungen Novizen, die schon durch langes Fasten aufgeregt waren, spannten sich übermäßig an. Diese menschlichen Gesänge und diese Stimme der Orgel, die einer Riesenstimme aus einer anderen Welt gleichkamen, nahmen für ihn einen fremdartigen und phantastischen Charakter an. Statt religiöser und heiliger Gedanken wurde sein Hirn von höllischen Begriffen erfaßt. – Die heiligen Gesänge verwandelten sich für ihn in einen entsetzlichen Spott, und statt der Blumen des Weihrauches und des Lichtes, sah er nichts mehr als Blut und Blutgerüste. – Die Stimme der Mönche schien ihm das höllische Lachen ebenso vieler Dämonen zu sein, die kalt dem Todeskampf des Menschengeschlechts zusahen, und in Gedanken murmelte er die finsteren Worte des Evangeliums: „Sie alle werden gehen in die Gehenna, wo es nichts gibt als Tränen und Zähneklappern; geht, ihr Verfluchten, in das ewige Feuer!"

Der Novize hatte darauf ein Gefühl, als ob eine feurige Hand sich auf seine kalte und feuchte Hand legte; eine spöttische, scharfe, höllische Stimme flüsterte ihm ins Ohr: „Komm!"

Und wider seinen Willen, der Gewalt dieses unsichtbaren Führers weichend, ohne nur die Kraft zu haben, sich vom Boden zu erheben und zu gehen, fühlte Joseph sich plötzlich von Abgrund zu Abgrund rollen, umgeben von einer heißen, brausenden Atmosphäre, bis in eine unermeßliche Tiefe. Hier blieb er liegen; er war in den Eingeweiden der Erde. Eine dichte Nacht umhüllte ihn wie ein schwerer Mantel der Finsternis. Sein Atem wurde schnell, peinlich und abgestoßen; er glaubte lebend in ein versiegeltes Grab eingeschlossen zu sein. Aber in diesem Augenblick öffnete sich vor ihm eine Tür und zeigte ihm die sonderbarste Erscheinung. Es war ein ungeheurer, entsetzlicher, flammenerfüllter Ort, aus dem stinkende Dünste drangen. Entsetzliche Ungeheuer flatterten und krochen umher, breiteten große, schwarze Flügel aus und ließen finsteres und wildes Freudengeheul ertönen. Dann riefen sie im Chor: „Da sind sie! Da sind sie!" mit einer Grabesstimme, ermüdend wie der Ton einer Schnarre.

Joseph sah scharf hin. Zahllose Mengen von Mönchen drängten sich zu dem Eingang dieses gewaltigen Pandämoniums. Er sah sie alle, einen nach dem anderen, vorüberziehen, und wie sie den Ort erreichten, legten sie ihre Gestalt ab. Bei dem roten Licht des ewigen Feuers sah er sie schmachvolle oder lächerliche Gestalten annehmen und trotz dieser Verwandlung ihre Begierden, ihre Neigungen und ihren Verstand der Menschen beibehalten, gezwungen, den Instinkten des schmutzigen Tieres zu folgen, in das sie verwandelt waren; oder sie nahmen zugleich die Gestalt von zwei Tieren an, deren Instinkte einander gegenübergesetzt sind und welche die Bedürfnisse zweier einander widersprechenden Naturen empfanden, und trugen in diesem ewigen Widerspruch entsetzliche Leiden und Begierden, deren Befriedigung unmöglich war.

Die grausame, unerklärliche Marter, die eine krankhafte Einbildungskraft den Novizen erdulden ließ, brachte ihn zum Wahnsinn. Ein gellendes Gelächter entrang sich seiner Kehle – er hatte den Inquisitor Arbuez unter der Gestalt eines Tigers, mit dem Schnabel und den Pfoten einer Gans erkannt.

Diesen angreifenden Visionen folgte eine vollständige Erschlaffung, und als man zurückkehrte, Joseph wieder in die Kirche zu führen, konnte er sich kaum auf den Beinen erhalten. Sein Gang war langsam und schwankend, sein Gesicht überzog die Blässe des Todes, und sein Kopf sank auf die Brust herab, während sein Atem nur mühsam entrang.

Aber als er sich dem Altar näherte, bemerkte er Pedro Arbuez auf dem bischöflichen Sitz, und dieser Anblick schien ihn neu zu beleben; ein Blick des Hasses zuckte aus seinem finsteren Auge; das Blut trat in sein Herz zurück: Er war der Wirklichkeit des Lebens wiedergegeben.

Demütig kniete er jetzt auf den nackten Steinboden nieder, nicht mehr begleitet von seinem Adoptivvater, wie zum Anfang der Zeremonie, sondern allein; er hatte jetzt keinen anderen Vater mehr als Gott.

Er sprach sein Gelübde mit fester Stimme aus. Der Prior empfing es, und nach der letzten vorgeschriebenen Formel ertönte aufs neue die Orgel in ihren erhabenen Klängen, und die Mönche stimmten das *Te Deum* an.

Dies war die Danksagung gegen Gott, dem Bösen eine Seele entrissen zu haben.

Als der Gesang beendigt war, legte man den Profeßtuenden in einen Sarg und begann das Totenamt. Währenddessen sank Joseph, durch Aufregung und Anstrengung erschöpft, in einen tiefen Schlaf. Es schien, als sei das Grab für ihn der einzige Ort, wo er Frieden und Ruhe finden konnte. Das Leichentuch, das ihn bedeckte, hatte ihn von dem Leben getrennt und von allen Schmerzen, die es nach sich zieht.

Die Bewegung, welche die Mönche machten, um den Sarg in das Gewölbe zu tragen, waren nicht imstand, den jungen Mönch zu erwecken. Als er aus dem lethargischen Schlaf erwachte, befand er sich allein in den unterirdischen Gewölben der Abtei, umgeben von Gräbern und Totengebeinen.

Dies waren die Zeremonien, unter denen der Profeß eines Dominikaner-Mönchs vollzogen wurde. War er einmal aufgenommen, so wurde er bald auch eingeweiht in die egoistischen Genüsse des mönchischen Lebens, er hätte denn diese ganze Phantasmagorie für Ernst nehmen müssen.

Als Joseph erwachte, hob ein tiefer Seufzer seine Brust, und er warf einen finsteren Blick ringsumher.

„Der Tod!" murmelte er. „Ja der Tod, er ist süß; er vereinigt – aber ich – ich kann noch nicht sterben. – Oh nein", rief er voll Kraft, „ehe ich sterbe, muß ich mich rächen!"

„Fernand", sagte er dann mit dumpfer Stimme, als hätte er, indem er sich von diesem finsteren Ort entfernte, zu einem unsichtbaren Wesen gesprochen, „Fernand, du mußt noch warten – auf baldiges Wiedersehen!"

XI.

Die Leidenschaft eines Inquisitors

Seit zwei Monaten lebte Dolores, auf wunderbare Weise vor den Verfolgungen des Pedro Arbuez gerettet, friedlich unter dem Schutz des Apostels in einem Asyl, das er für sie gewählt hatte. Seit zwei Monaten schmachtete auch der unglückliche Manuel Argoso, der ehemalige Gouverneur von Sevilla, in den Kerkern der Inquisition, jenem weiten Grab, aus dem man nur mit Staunen lebende Wesen hervorgehen sieht.[65]

Ungeachtet aller seiner Nachforschungen und des Eifers, den Henriquez anwandte, der durch seinen Einfluß zum Gouverneur von Sevilla ernannt worden war, hatte der Inquisitor den Aufenthaltsort der Dolores Argoso nicht zu entdecken vermocht, die unter einem fremden Namen in der Abtei der Karmeliterinnen verborgen war.

Die unlautere Leidenschaft des Inquisitors war dadurch nur gewachsen, und bei der Unmöglichkeit, sie zu befriedigen, nagte ein tiefer Unwille, eine innere verzehrende Wut an dem Herzen dieses verworfenen Priesters, der täglich seine Rachgier an den Unglücklichen zu befriedigen strebte, über die er zu richten berufen war.

Getrieben durch die Andeutungen Josephs, gereizt durch die verderbten Instinkte seiner grausamen Natur, die der junge Mönch, der sich zu seinem bösen Geist gemacht zu haben schien, noch mehr anspornte, häufte Pedro Arbuez auf seinem Haupt alle Flüche von ganz Spanien. Aber weder der Anblick der Martern noch die finsteren Feierlichkeiten des Blutgerüstes konnten das Bedürfnis wilder Aufregungen und glühender fleischlicher Begierden beschwichtigen, das die Erinnerung an die schöne Andalusierin in der schamlosen Seele des Inquisitors erweckte.

Indem der Inquisitor seinen ganzen Unwillen, seinen ganzen Zorn auf dem Gouverneur lasten ließ, hatte er keinen anderen Zweck, als durch den Schrecken das unglückliche Kind zu zwingen, sich ihm hinzugeben. Er handelte wie ein Mensch, der das weibliche Herz kennt. Sie selbst verhaften, sie in die Kerker der Inquisition werfen, sie der Tortur, dem Tod überliefern, was hieß das alles? Das heldenmütige junge Mädchen konnte dulden und sterben, denn es liebte! – Aber ihren Vater treffen, ihn den Marterknechten der Inquisition überliefern, ihn der Schmach und dem Scheiterhaufen preisgeben, war das eine Marter, grausam genug für die Tochter des Gouverneurs? Den alten hochgeehrten Vater, den Vater, der die zärtlichste Liebe für sie hegte, der ihr Leben so glücklich und so süß gemacht hatte, daß sie den Verlust einer Mutter nicht fühlte, den Henkern des furchtbaren Tribunals überliefern, dies Unglück mußte die Klippe für den Mut des jungen Mädchens sein. Pedro Arbuez war daher auch nur darüber unwillig, daß er sie nicht wiederzufinden vermochte.

Vergebens war die Miliz Christi zu ihrer Aufsuchung aufgeboten worden; vergebens hatte die finstere Brüderschaft, deren Oberhaupt der wachsame und listige Mandmamiento war, die glänzendsten Versprechungen von Geld und Schutz empfangen; die Macht der Vorsehung schien sich über das junge Mädchen gebreitet zu haben, das der heiligste der Menschen unter seinen Schutz genommen hatte; oder nach den Bestimmungen der Vorsehung war der Augenblick der Verfolgung für sie noch nicht gekommen. Er sollte indes nicht zögern.

Pedro Arbuez fühlte sich sehr und so bitter getäuscht, daß selbst die Gewohnheiten seines ausschweifenden Lebens für ihn ihre Anziehungskraft verloren hatten. Die Orgien erschienen ihm nichtssagend; die Frauen, die das Laster oder die Furcht seinen schamlosen Begierden überlieferte, ließen ihn kalt oder gereizt aus der vorübergehenden Trunkenheit erwachen, deren leichte Erneuerung ihm unerträglich wurde.

Nur die Erinnerung an Dolores hatte für ihn noch berauschenden Reiz; er versenkte sich voll Wollust in eine gänzliche Einsamkeit, die nur durch dieses reizende Bild belebt wurde; nicht etwa, daß diese entartete Seele einer wahren Leidenschaft fähig gewesen wäre, aber infolge jenes geheimnisvollen Gesetzes, das verlangt, daß selbst das verderbteste Wesen zuweilen dem Einfluß eines schönen und reinen Geschöpfes erliegt und, ohne das göttliche Wesen begreifen zu können, das durch die Reue den Menschen läutert, sich freiwillig und mit Entzücken zum Sklaven dieses angebeteten Geschöpfes macht.

Bei Leidenschaften dieser Art bleibt indes leider der Geist so sehr den Sinnen unterworfen, daß, wenn diese befriedigt sind, der Funke der Liebe, der den Fels erweichte, erlischt, und da, wo man einige Augenblicke einen Menschen zu sehen glaubte, nichts übrig bleibt als ein rohes und wildes Tier.

In diesen unbegreiflichen Wahnsinn einer unbefriedigten Leidenschaft vertieft, die ihren letzten Gipfel erreicht hatte, suchte der Inquisitor von Sevilla unter den dichten Schatten seines Gartens gegen die Phantome, die ihn verfolgten, eine Zuflucht. Er strebte sich selbst zu entrinnen. Aber weit entfernt, sein aufgeregtes Blut zu beruhigen, steigerten die würzigen Düfte der Orangenbäume gleich einem Liebestrank seine Aufregung. Ströme von Wollust schienen durch diese berauschenden Gerüche ihn zu überfluten. Die Luft war schon so mild wie in nördliche Gegenden während des hohen Sommers, obgleich es erst Ende April war.

Millionen Sterne funkelten an dem Himmel, die ebenso viele bezaubernde Blicke zu sein schienen, aber dennoch war die Nacht nicht hell, und bleiche Schatten glitten flüchtig über die Gegenstände dahin. Man hätte glauben sollen, einen Tanz von Irrlichtern zu sehen, untastbare und leichte Schöpfungen einer anderen Welt, einen Augenblick zu dieser heraufgestiegen, um dem Erwachen der Natur und dem fröhlichen Erwachen des Frühlings vorzustehen.

Kein bestimmtes Geräusch störte das Schweigen dieser Phantasmagorie; aber das Rauschen der Blätter glich einer geheimnisvollen Harmonie flüchtiger Küsse. Vielleicht bringt auch bei dieser ungeheuren Befruchtung der ganzen Natur im Augenblick ihres Erwachens die unsichtbare und mächtige Hand, die sie bis in die Eingeweide aufregt, einen unbestimmten, ungreifbaren Lärm hervor, das sonderbare und harmonische Gemurmel, das oft dem wahrnehmbaren Ohr des materiellen Gehörs entgeht, sich aber in Stunden der Sammlung und der Sinne hörbar macht und erschöpft. Gebrochen durch den unablässigen Kampf der Natur, durch die zwecklose Aufregung, die zugleich den Geist und den Körper entnervt, sank Pedro Arbuez nieder auf eine der Marmorbänke, die in der wollüstigen Oase hier und dort verteilt standen. Er preßte den brennenden Kopf in seine Hände, und Tränen der Wut und des Unwillens entströmten seinen Augen, vor deren wildem Blick eine ganze Provinz erzitterte. Eine gewaltige Mattigkeit bemächtigte sich seiner; so blieb er einige Augenblicke, ohne daß die Seufzer seiner Brust den Schmerz verrieten, der ihn verzehrte. Besiegt wie ein schüchternes Kind, schlummerte der Tiger der Inquisition in jenem entsetzlichen Schlaf, der mit Schrecken erfüllt.

Plötzlich tönte ein leichter Schritt auf dem Sand, die Zweige der Orangenbäume wurden leise rauschend auseinandergebogen und schnelle Atemzüge störten die Stille, die an diesem Ort herrschte. In seinem trügerischen

Schlaf vernahm Pedro Arbuez dies Geräusch, aber er befand sich unter dem Einfluß einer Art von Lethargie, die durch die Heftigkeit seiner sinnlichen Empfindungen herbeigeführt war, und er öffnete nicht die Augen, da er nicht die Kraft noch das Verlangen empfand, zu wissen, wer so seine Ruhe störte. Er befand sich unter dem Zauber eines Traumes, und Dolores' Bild, das einzige, das sich während seines Schlafes den Augen seiner Seele zeigte, Dolores' Bild mischte sich in das wirkliche Geräusch, das er vernahm, und der Traum des Inquisitors gewann eine solche Klarheit, daß er das von ihm begehrte Weib in Wirklichkeit zu sehen glaubte.

Es ging in der Tat jemand in seiner Nähe, und der Inquisitor glaubte Dolores auf sich zukommen zu sehen. Als sie ihm nahe genug war, streckte er die Arme gegen sie aus und erfaßte mit leidenschaftlicher Umarmung seinen Günstling Joseph, der einen grellen Schrei ausstieß, als er sich so unerwartet in den Armen des Inquisitors erblickte.

Pedro Arbuez öffnete die Augen, und bei dem Anblick des finsteren Gesichtes, das sich ihm zeigte, stieß er Joseph durch eine so heftige Bewegung von sich, daß derselbe einige Schritte davon auf dem Rasen niederfiel. Er war finster, bleich und sein Herz klopfte kaum.

„Verflucht sei dieser Traum!" rief der Inquisitor mit finsterer Stimme. „Ich glaubte den üppigen Körper eines Weibes in die Arme zu schließen."

Joseph antwortete nicht; er hatte nicht die Kraft zum Sprechen. Eine entsetzliche Erinnerung war in ihm erwacht, als Pedro Arbuez ihn in seine Arme schloß, und er war durch den Schrecken erstarrt. Bald jedoch verschwand dieser Schrecken wieder. Der Inquisitor fuhr sich mit der Hand über die Stirn, wie ein Mensch, der seine Gedanken zu sammeln bemüht ist, sah dann auf seinen Günstling, der noch immer am Boden lag, brach in ein lautes Gelächter aus und sagte: „Armes Kind! Ich hielt dich für ein Weib!"

Kalter Schweiß bedeckte die Stirn des jungen Dominikaners.

„Nun steh auf", fuhr der Inquisitor fort, „und mache mit mir einen Gang durch dieses Gebüsch. Steh mir bei, die lästigen Geister zu verbannen, die heute abend die Luft erfüllen. Die Genien der Giralda[66] haben sich bei mir ein Rendezvous gegeben. Ich träume und lebe nicht mehr ein wirkliches Leben; auf, Joseph, steh mir bei, zu demselben zurückzukehren."

Während dieser heiteren Äußerung hatte Joseph Zeit gehabt, sich zu fassen; er stand auf, begrüßte Se. Eminenz und fragte nach dem Befinden derselben.

„Ich fühle mich wohl, sehr wohl, mein kleiner Joseph", sagte der Inquisitor mit heiterem Ton.

Die peinlichen Träume des Abends hatten keine Spur hinterlassen. Es war die Art so bei Pedro Arbuez, daß er schnell von einem Gefühl auf ein anderes übersprang, wie das gewöhnlich bei Menschen der Fall zu sein scheint, deren Gefühle viel Heftigkeit und wenig Tiefe haben.

Indes war Dolores' Bild noch nicht so ganz verwischt, daß es nicht bald wieder die Einbildungskraft des Inquisitors beschäftigt hätte, der während seines Spaziergangs durch den Garten das Gespräch auf den Gegenstand brachte, der seine Gedanken beständig erfüllte.

„Joseph", sagte er, „also du weißt nichts?"

„Nichts, gnädigster Herr; ich habe nichts entdecken können."

Diese Frage und diese Antwort waren sehr dunkel, aber die beiden Männer verstanden sich mit einem Wort; Joseph kannte die Seele des Inquisitors bis auf den Grund.

„Was soll ich tun?" murmelte Arbuez voll Wut. „Ich habe die Miliz Christi auf die Beine gebracht; ich habe mit wenigen Goldstücken die ganze elende Rasse der Gitanos aufgehetzt, die Spionage und Mord zu ihrem Geschäft macht! – Nichts! – Ich habe alle Klöster Sevillas durchsucht! – Nichts! Sollte Dolores das Königreich verlassen haben? Sollte die zärtliche fromme Tochter, um ihren eigenen Kopf zu retten, ihren Vater meiner Rache preisgeben?"

Pedro Arbuez sprach die Wahrheit, indem er versicherte, alle Klöster Sevillas durchsucht zu haben. Auch das der Karmeliterinnen war davon nicht ausgenommen worden; allein ein ganz einfacher Umstand rettete Dolores. Da sie nicht die Absicht ausgesprochen hatte, Nonne zu werden, und da der Apostel sie lebhaft empfohlen hatte, ließ man ihr beinahe unbeschränkte Freiheit. Sie wohnte den religiösen Übungen des Hauses nur insoweit bei, als es für eine gute Katholikin notwendig war. Dolores liebte die Blumen sehr, und in dem großen Garten der Abtei hatte sie sich ein einsames Plätzchen gewählt, auf dem sie mit eigenen Händen ihre Lieblingspflanzen pflegte. Bei dem Besuch des Inquisitors befand sie sich an diesem, von dem Gebäude sehr weit entlegenen Ort.

Pedro Arbuez fragte die Äbtissin, ob sie keine Novizin oder neue Nonne außer denen, die er bereits kannte, hätte; aber da Dolores keines von beiden war und die Äbtissin sie als eine Pensionärin betrachtete, deren Aufenthalt bei ihr nur von kurzer Dauer sein würde, sagte sie dem Inquisitor nichts von ihrer Anwesenheit. Diese wurde daher weder aus Vorsicht noch aus Klugheit verschwiegen, sondern nur aus Vergeßlichkeit. Deshalb hielt der Inquisitor sich zuletzt überzeugt, daß die Tochter des Gouverneurs Sevilla verlassen hätte.

„Gnädigster Herr", sagte Joseph, „wenn das junge Mädchen in der Tat durch die Flucht den Verfolgungen der Inquisition entrinnen wollte, könntet Ihr dann nicht an die Tribunale von Aragon und Kastilien, von Malaga und von Cuenca und überhaupt von ganz Spanien, und endlich auch an den König schreiben, damit überall die Sbirren des heiligen Tribunals auf die Spur der Flüchtigen geleitet werden?"

„Nein, nein!" entgegnete Arbuez lebhaft. „Nicht ihren Tod will ich, sondern sie, sie allein."

„Ist nicht der Gouverneur von Sevilla in den Kerkern der Inquisition?"

„Ohne Zweifel, und ebendeshalb kann ich die Flucht seiner Tochter nicht begreifen. Sie ist so stark und so mutig! Sie liebt ihren alten Vater so sehr!"

„Oh, sie komme, sie komme", fuhr er nach einer Pause mit einer Art von Wahnsinn fort, „und mit welchem Glück will ich zu ihr sagen: Dein Vater soll frei sein, aber sei du mein! – Und sie wird sich mir ergeben, um ihren Vater zu retten!"

„Und ihr Vater würde deshalb doch nicht gerettet sein!" murmelte der Günstling zwischen den Zähnen, indem er einen Hyänenblick auf den Inquisitor richtete.

„Was sagst du da, Joseph?" fragte Pedro Arbuez.

„Ich berechnete, welche neue Marter man erfinden könnte, um das junge Mädchen in Schrecken zu setzen, wenn man es wiederfände."

„Wer da?" rief plötzlich Arbuez, indem er einen Schritt zurückwich.

„Euer treuer Henriquez, der Euch sucht, gnädigster Herr", erwiderte der neue Gouverneur von Sevilla, Henriquez, der ehemalige Familiar des heiligen Offiziums.

„Weshalb überfallt Ihr mich so?" fragte Pedro Arbuez mit sehr übler Laune.

„Ich bringe Eurer Eminenz gute Nachrichten", erwiderte demütig der Gouverneur, „und ich glaubte –"

„Sprich, was gibt es?"

„Dolores Argoso –"

„Nun?"

„Ist in dem Kloster der Karmeliterinnen jenseits des Guadalquivir."

„Dolores! Und seit wann?"

„Seit zwei Monaten."

„Du lügst!" schrie der Inquisitor. „Ich selbst habe das Kloster besichtigt, und Dolores war nicht dort."

„Sie ist dort, gnädigster Herr, ich schwöre es Euch. Ich habe die Gewißheit und werde es Euch beweisen."

„Bravo, Henriquez!" rief der Inquisitor mit einem Ausbruch wilder Freude. „Bravo, Henriquez; und wie hast du das entdeckt?"

„Gnädigster Herr", erwiderte der Familiar, indem er sich auf komische Weise verbeugte, „Eure Eminenz möge mich von der Sünde absolvieren: Ich habe mich als Mönch verkleidet und der Äbtissin Beichte gehört."

„Bei Gott", sagte Pedro Arbuez, „das ist ein Gedanke, den ich nicht einmal gehabt habe, ich, der ich Priester bin."

„Erteilen Eure Eminenz mir die Absolution?" fuhr Henriquez mit einem boshaften Blick fort.

Der Inquisitor schlug in die Luft ein großes Kreuz, und der neue Gouverneur von Sevilla erhob stolz den Kopf und stand da wie ein Mann, der die Wichtigkeit des Dienstes begreift, den er leistet.

„Es ist gut", sagte der Inquisitor, indem er sich vergnügt die Hände rieb. „Jetzt zu uns beiden, stolze Lucretia! – Gehen wir hinein", fuhr er dann fort. „Henriquez wird mir über sein Gouvernement zu berichten haben. – Wie steht es mit der Ketzerei?" fuhr er während des Weges fort.

„Gnädigster Herr, sie nimmt auf entsetzliche Weise immer mehr zu; selbst die Klöster sind nicht frei von diesem Aussatz."[67]

„Der Teufel!" rief der Inquisitor, „da muß man die Sache in Ordnung bringen und katholischen Eifer anschüren, indem man alle die als Ketzer behandelt, welche die Ketzerei nicht angeben."

„Wer ist diese Woche verhaftet worden?"

„Nur fünfzehn oder zwanzig Personen."

„Von Ansehen?"

„Ja, zum größten Teil. Zwei oder drei Doktoren der Theologie, die sich hatten einfallen lassen, Fehler in dem lateinischen Text der Vulgata zu finden, und einige andere von gleicher Art, die eifrige Bewunderer des Martin Luther sind, obgleich sie sich für Katholiken ausgeben."

„Unter diesen", sagte Pedro Arbuez, „gibt es einige, die ich ganz besonders hasse. Es sind Ehrgeizige, die ihr ganzes Wissen, ihre ganze Beredsamkeit aufbieten, die Macht der Inquisition zu vernichten. Johann von Avila, Luis von Granada, Johann, den man Johann von Gott genannt hat, und einige andere Illuminaten, die sich zu Aposteln machen und im Fall der Not auch zu Märtyrern, um selbst in dem Herzen des Volkes die Wurzeln des Aufruhres und der Unabhängigkeit zu pflanzen. – Aber bei Christus, sie sollen wie Glas gegen die Inquisition zerbrechen!"

„Gnädigster Herr", sagte Joseph, „habt Ihr denn nicht die Macht, alle diese Menschen stumm zu machen?"

„Ja", rief Pedro Arbuez, „ich bin dieser endlosen Predigten überdrüssig, die nach nichts Geringerem streben, als dem Volk das Verlangen und den Mut der Freiheit einzuflößen. Diese Menschen stellen sich einfach und demütig, um mächtig zu werden, und das Volk glaubt an sie, weil sie sich zu dem Volk herablassen, um mit ihm zu sprechen. Aber bei dem wahren Gott, jedes ihrer Worte ist ein Axthieb in das Fleisch St. Peters, und wenn der Stellvertreter Jesu Christi die wahren Interessen der Kirche begreift, so läßt er mich mit voller Freiheit gegen sie einschreiten und sie verbrennen, als wären sie bloße Laien, denn sie sind in der Tat Ketzer und trennen sich, ihres geistlichen Amtes ungeachtet, durch Herz und Willen von der römischen Kirche."

„Gnädigster Herr", sagte Joseph kalt, „um den Baum auszurotten, muß man die Axt an die Wurzeln legen. Solange noch ein einziger Ketzer in Spanien bleibt, wird die Ketzerei immer neu erstehen, wie jene schlechten Pflanzen, von denen man nicht den geringsten Keim in der Erde lassen muß."

„Wir werden Ordnung in die Sache bringen", erwiderte der Inquisitor, „und bei der heiligen Jungfrau, wir wollen selbst die Erde, die sie trägt, vernichten, um auch sie zu zerstören."

„Man kann für Gott nicht zuviel tun", sagte Henriquez mit heuchlerischem Wesen. „Ich habe schon daran gedacht", sagte er mit Wichtigtuerei.

Indem sie so sprachen, waren sie zu der Tür vor dem Gemach des Inquisitors gelangt.

„Kommst du mit, Joseph?" fragte Pedro Arbuez.

„Eure Eminenz mögen mich entschuldigen; ich habe für morgen eine Predigt vorzubereiten."

„Und nach deiner Predigt wirst du uns in das Kloster der Karmeliterinnen begleiten."

„Ich stehe Eurer Eminenz ganz zu Befehl", erwiderte der Günstling, indem er Abschied von dem Inquisitor nahm.

Arbuez und der neue Gouverneur von Sevilla traten allein in das Zimmer.

Joseph ging; als er aber über die Schwelle des Inquisitionspalastes treten wollte, kam ihm ein Weib, vom Kopf bis zu den Füßen schwarzgekleidet, entgegen, und da sie an seinem weißen Gewand den Dominikaner erkannte, schloß sie, daß er zu dem heiligen Offizium gehöre, trat auf ihn zu und sagte mit flehend erhobenen Händen und mit dem Ausdruck unglaublichen Schmerzes: „Mein ehrwürdiger Vater, macht, daß ich mit dem gnädigen Herrn Arbuez spreche."

„Wer seid Ihr?" fragte Joseph überrascht. „Was habt Ihr bei dem Inquisitor zu tun?"

„Ich will ihn um das Leben meines Vaters bitten", erwiderte die Unbekannte, „um das Leben meines Vaters, der unschuldig ist und den man der Ketzerei angeklagt hat, meines Vaters, der Gouverneur von Sevilla war, und jetzt –"

„Dolores!" rief Joseph, indem er mit heftiger Neugier das edle Gesicht des jungen Mädchens betrachtete, das halb unter den schwarzen Spitzen ihrer Mantille verborgen war.

„Woher wißt Ihr meinen Namen?" fragte sie zitternd.

„Dolores Argoso", fuhr der Dominikaner mit sanfter Stimme und zärtlichem Ton fort, „Dolores Argoso, nahe dich nicht diesem Haus, denn hier wartet deiner die Schande oder der Tod."

„Woher wißt Ihr das?" fragte sie entsetzt.

Der Dominikaner zog Dolores mit sich fort, und sie ließ sich ohne Widerstand führen.

„Komm, armes Kind", fuhr der Mönch fort, indem er sich beeilte, Dolores von dem Palast des Inquisitors zu entfernen. „Komm, und wenn du rein bleiben willst, wenn du wünschst, daß dein Vater gerettet werde, dann verbirg dich – verbirg dich besonders vor den Blicken des Pedro Arbuez."

Ungeachtet der furchterregenden Tracht des Dominikaners lag doch in dem Ton seiner Stimme ein so unwiderstehlich teilnahmsvoller Klang, daß Dolores Vertrauen faßte und fragte: „Und was muß ich tun, um meinen Vater zu retten?"

„Dich verbergen und mich handeln lassen", erwiderte Joseph. „Vertraue mir deine Sache an, junges Mädchen."

„Euch?" fragte sie mit etwas verstörtem Blick, denn sie erinnerte sich daran, daß er der Inquisition angehörte.

„Ja, mir", erwiderte er voll Bitterkeit. „Mir, der ich unter diesem finsteren Gewand ein warmes, fühlendes Herz trage."

„Er ist so jung!" dachte Dolores, indem sie bei dem schwachen Schein der Nacht das edle Gesicht und die kleinen weißen Hände Josephs betrachtete. „Oh mein Gott", sagte sie dann, „weshalb seid Ihr Dominikaner?"

„Vielleicht um dich zu retten", sagte Joseph gerührt. „Glaube mir, junges Mädchen, und suche nicht die geheimnisvollen Tiefen meins Lebens zu ergründen. Das Kleid ist oft nur einen Maske, welche die Wunden des Herzens verbirgt."

„Auch Ihr!" rief Dolores, die sich durch eine unwiderstehliche Sympathie zu dem jungen Mönch hingezogen fühlte.

„Denke nicht an mich, sondern beschäftigen wir uns nur mit dir. Was soll jetzt aus dir werden?"

„Was Gott will!" sagte sie.

„Wo wirst du dich verbergen?"

„Ich kehre in das Kloster der Karmeliterinnen zurück."

„Hüte dich davor wohl!" rief Joseph. „Der Inquisitor hat deinen Zufluchtsort entdeckt, und gleich morgen will er sich selbst von der Wahrheit eines Berichtes überzeugen, den man ihm heute abend darüber gemacht hat."

„Wie hat er das erfahren können?" fragte Dolores. „Der Apostel hat meinen Namen niemand gesagt, nicht einmal der Äbtissin."

„Armes Kind, du fragst, woher die Inquisition, die nichts heilig hält, etwas weiß? Ihr ist nichts unbekannt, sage ich dir, denn es ist für sie nichts unverletzlich, nicht einmal das Grab!"[68]

„Oh mein Gott, mein Gott!" rief Dolores und barg das Gesicht in beide Hände, indem sie den Tränen, die sie zu ersticken drohten, freien Lauf ließ.

„Beruhige dich, meine Schwester", sagte Joseph, der sich dieses süßen Namens bediente, um dem jungen Mädchen mehr Vertrauen einzuflößen und auch weil er sich durch gemeinsame Leiden zu ihr hingezogen fühlte.

„Es ist wahr, mein Vater; es ist nicht einmal erlaubt, zu weinen."

„Nein", sagte Joseph; „der Ton eines Schluchzens reizt den Tiger, und sein Morddurst wird dadurch nur noch glühender."

„Leiser, leiser, mein Vater; man könnte uns hören."

„Ja, du hast recht; es lebt rings um uns her in jedem Stein ein anklagendes Echo. Still daher! Aber ehe du mich verläßt, armes Kind, sage mir, was aus dir werden wird?"

„Beruhigt Euch", sagte sie, „ich habe eine Zufluchtsstätte. Und Ihr – versprecht Ihr mir, meinen Vater zu retten?"

„Bei der Seele dessen, den ich am meisten geliebt habe, wenn dein Vater stirbt", sage Joseph, „so geschieht es nur, weil ich nichts für ihn vermochte und weil du selbst ihn nicht retten konntest, indem du dich ganz opfertest. Hörst du, Dolores?"

„Ich glaube Euch", sagte sie, indem sie ihm die Hände drückte, die sie mit ihren Tränen benetzte. „Ich glaube Euch. Aber wo kann ich Euch wiedersehen, mein Vater?"

„Höre", sagte Joseph, „an dem äußersten Ende der Zigeunerstraße, in der Vorstadt Triana, gibt es einen abscheulichen, schmutzigen Ort, den man die Taverne der Buena Ventura nennt. Es ist ein wahres Geiernest, in dem Raub, Mord und Diebrei sich jeden Abend zusammenfinden. Das Aussehen dieses Ortes ist finster und abschreckend. Du hörst dort nichts als rohes Gelächter und entsetzliche Flüche. Dieser Ort wird von allem besucht, was Spanien Unreines enthält, von Banditen, Freudenmädchen, Zigeunern und Mönchen. Du hörst dort aus dem Mund dieser Mönche Lästerungen und unkeusche Worte. Die Trunkenheit vermischt den Auswurf der menschlichen Gesellschaft und die, die sich das Recht anmaßen, sie zu leiten, miteinander. Hier wurden die schmachvollsten Verbrechen ausgearbeitet, die Justizmorde, die ungerechten Verfolgungen, die falschen Anklagen, der zweischneidige Dolch, der mit Sicherheit tötet, die nächtlichen Entführungen, Mordtaten und Notzucht. Denn in diesem unsauberen Haus der Unzucht findet man Werkzeuge zu allen möglichen Verbrechen."

„Was wollt Ihr mit alldem sagen, mein Vater?" fragte Dolores entsetzt.

„Daß du mich dort aufsuchen mußt", entgegnete der Mönch.

„Träume ich?" rief das arme Mädchen. „Was verlangt Ihr von mir, mein Vater?"

„Du kamst diesen Abend zu dem Inquisitor. Nun wohl, glaube mir, junges Mädchen, der Ort, dessen abscheuliches Bild ich dir entworfen habe, ist tausendmal weniger gefährlich für dich als der Palast des Pedro Arbuez."

Die Augen Josephs funkelten in finsterem Feuer; seine für gewöhnlich blassen Wangen waren brennend rot geworden; ein inneres Fieber schien ihn zu verzehren.

Dolores hielt ihn für wahnsinnig; aber plötzlich milderte er wieder seine Stimme, sah Dolores voll Zärtlichkeit an und sagte: „Geh, armes Kind und fürchte nicht, dorthin zu kommen, wohin Joseph es dir heißt. Ich möchte dich um den Preis meines Lebens retten! – Die Taverne der Buena Ventura", fuhr er fort, „gehört einem Alguazil namens Coco, einem braven, rechtschaffenen Burschen, der mir ganz ergeben ist, und seiner jungen Schwester, der Chapa, einem vortrefflichen Mädchen. Beide würden sich in den Guadalquivir stürzen, um irgend jemand einen Dienst zu leisten. Die braven Leute sind arm und gewinnen ihren Lebensunterhalt, wie es gehen will; aber du kannst dich ihnen anvertrauen. Bedarfst du meiner, so brauchst du nur zu Coco oder seiner Schwester zu sagen: ‚Ich wünschte den Pater Joseph zu sehen', und du wirst mich wiedersehen. Aber nimm dich in acht und gehe nur bei Nacht und verkleidet aus."

„Aber", entgegnete sie, „muß ich dort nichts fürchten –?"

„Nichts", sagte Joseph. „Man wird nimmermehr vermuten, daß du jenen Ort besuchst. Nur komm als Tochter des Volkes gekleidet hin."

Indem sie so sprachen, waren sie gegenüber der Brücke von Triana angelangt. Als sie dieselbe überschritten hatten, wandte Joseph sich zu Dolores und fragte: „Wohin geht dein Weg?"

„Dorthin", entgegnete sie, indem sie rechts nach dem Ufer des Guadalquivir zeigte.

„Und ich gehe dorthin", sagte Joseph, auf die Zigeunerstraße deutend. „Lebe wohl, Dolores; verlasse dich auf mich, aber bedenke, daß du mich nur gegen zwei Personen nennen darfst, den Alguazil Coco und seine Schwester. – Lebe wohl und sei klug."

„Und Ihr, mein Vater, erbarmet Euch meiner!" sagte sie indem sie sich entfernte.

Joseph ging die Zigeunerstraße entlang; Dolores folgte dem Lauf des Guadalquivir. Es war der Weg, der zu dem Apostel führte.

XII.

El Rastro

𝒰NTER DIESEN EINDRÜCKEN legte DOLORES schnell die Strecke zurück, die sie von dem Haus des Apostels trennte.

Ungeachtet des eigentümlichen Wohlwollens, das ihr soeben ein Mitglied der Inquisition bewiesen hatte, war sie noch nicht ganz beruhigt, sondern sehnte sich danach, unter den Schutz ihres heiligen Freundes zu gelangen.

Ihr Verlangen, den Apostel wiederzusehen, war um so heftiger, da sie ihn seit ihrem Aufenthalt bei den Karmeliterinnen nur einmal gesehen hatte, und zwar, ohne dabei etwas von Estevan zu erfahren.

Dieser unglückliche junge Mann, welcher der Inquisition wegen seiner freisinnigen Ansichten verdächtig war und den Pedro Arbuez überdies als einen vorgezogenen Nebenbuhler haßte, – dieser unglückliche junge Mann verdankte sein Leben nur der Dazwischenkunft Josephs, der, wie wir sahen, den Meister der Gardunnia bestach und so die grausamen Absichten des Groß-Inquisitors vereitelte.

Dolores kannte das Geschick ihres Geliebten nicht und zitterte daher für ihn.

„Ist er noch frei?" fragte sie sich voll Entsetzen; und diese fürchterliche Ungewißheit beschleunigte die Schläge ihres Herzens sowie ihre Schritte.

Als sie dem Haus des Apostels nahe war, wunderte sie sich, durch die schmalen Fenster nicht das matte Licht der Lampe schimmern zu sehen, die dem Mann Gottes zu seinen frommen Beschäftigungen leuchtete. Indes war die Gartentür nicht verschlossen, sondern wich augenblicklich ihrem Druck. Es war eine Art Gitter aus leichten Palmenzweigen, auf einem hölzernen Gestell geflochten.

Dolores klopfte an die Tür des Hauses, aber diese war verschlossen und niemand antwortete ihr.

„Oh mein Gott, er ist nicht zuhause!" rief das junge Mädchen, niedergeschmettert durch dies neue Unglück. Sie klopfte wiederholt und lauter, aber es war vergebens. Die Tür blieb unerschütterlich; niemand kam zu öffnen. Dann durcheilte sie den Garten, der ziemlich geräumig und mit Obstbäumen angefüllt war, an denen sich Weinreben emporrankten; das Gebiet der Kinder und der ermüdeten Wanderer, die ungestraft die schönen Bäume ihrer Früchte und die Reben ihrer goldenen Trauben beraubten. Der Priester hatte dies erlaubt, denn außerdem würde die Ehrerbietung, die er allgemein einflößte, sie geschützt haben, und die einfache Weidenhecke seines Gartens würde nie überstiegen worden sein. Sie durchsuchte alle Winkel, aber sie fand niemand. Offenbar war der Apostel abwesend, da aber seine Wohnung weit entfernt von jeder anderen lag, konnte niemand ihr sagen, was aus ihm geworden war! Und was sollte sie nun anfangen?

Sie konnte nicht zu dem Karmeliterinnen zurückkehren, ohne sich einer zu großen Gefahr auszusetzen.

Nach der Stadt zu gehen? – Welcher von ihren Bekannten hätte es gewagt, durch die Gewährung eines Asyls die Rache der Inquisition auf sich zu ziehen? Und schlossen sich nicht etwa alle Türen vor der Tochter eines der Ketzerei angeklagten Mannes? Wohl blieb ihr noch immer das Hilfsmittel der Taverne, aber die Schilderung, die Joseph ihr von derselben entworfen hatte, hielt sie ab, dort eine Zuflucht zu suchen.

Es blieb ihr daher nichts übrig, als die Nacht im Garten zuzubringen. Die Luft war zwar milde, aber die Nähe des Flusses machte sie feucht und frisch, und Dolores hatte keine andere Bekleidung als ein schwarzseidenes Kleid und eine Spitzenmantille.

Die Bäume waren mit Blättern und Blüten bedeckt; dichter Rasen wuchs zu ihren Füßen. Dolores setzte sich mit dem Rücken gegen einen großen Bananenbaum; sie ließ ihre langen Haare gleich einem Mantel über ihre Schultern fallen, wickelte ihre Mantille um den Kopf, erhob die Augen mit flehendem Blick zum Himmel, setzte sich in dem frischen, üppigen Gras auf den Boden und sah hoffend der Rückkehr des Apostels entgegen.

Aber die Stunden vergingen. Wacherhalten durch ihre Besorgnis, litt Dolores durch die Frische der Nacht. Zuweilen ertönten Schritte auf dem Weg; dann erhob sie den Kopf in der Hoffnung, es sei der Erwartete. Aber die Schritte gingen vorüber, und sie versank wieder in ihre Betrübnis. In ihrer Nähe rollte der Guadalquivir seine friedlichen Wogen mit gleichmäßigem, monotonem Geräusch dahin; die Grille erhob ihren gellenden Gesang in der Stille der Nacht, und ein Frühlingshauch, der in einzelnen Stößen wehte, bewegte die Gipfel der Bäume, von denen dann ein rosiger und wohlriechender Regen herabfiel.

Aber zum Unglück für das junge Mädchen war diese herrliche Nacht erfüllt von unbestimmten Schrecken und finsteren Ahnungen.

Gegen Morgen endlich schlief sie vor Ermattung ein, indem sie heftigen Frost empfand. Bald aber war es ihr, als breite eine wohltuende Wärme sich über ihre erstarrten Glieder. Sie befand sich in einem Feenpalast. Unter einer himmelblauen Wölbung von ungeheurem Umfang, brannte ein goldener Kronleuchter, angezündet durch Genien, die langsam zu der Kuppel hinaufstiegen. Dann zogen unsichtbare Wesen den Kronleuchter empor, und je höher er kam, desto mehr vergrößerte er sich, desto mehr wuchs die Wärme, bis endlich der ganze Palast mit Strömen von Licht erfüllt war.

Kaum aber hatte der goldene Kronleuchter die Kuppel berührt, als plötzlich alles das Aussehen veränderte. Die glänzenden Möbel, die herrlichen Blumen, die den Palast schmückten, verschwanden. Die glänzenden Flügel der Genien zerfielen in goldigen Staub, und sie selbst nahmen widerliche Mißgestalten an. Eine furchtbare Glut verbreitete sich, als stände der Palast in Flammen. Dolores empfand heftige Schmerzen und wollte voll Entsetzen entfliehen. Die Mißgestalten stellten sich um sie her, und eine derselben erhob über ihren Kopf einen gewaltigen Brennspiegel, durch den sie sich verbrannt fühlte wie auf einem Scheiterhaufen.

Durch die Marter ihres Traumes erweckt, öffnete sie die Augen, da bemerkte sie, daß die hoch am Himmel stehende Sonne ihre brennenden Strahlen auf ihr Gesicht herabsendete.

Sie hatte lange geschlafen, denn es mochte zehn Uhr morgens sein. Verwundert ließ sie ihre Blicke umherschweifen, als wollte sie ihre Gedanken sammeln; und als ihr dann die Ereignisse des vergangenen Tages wieder gegenwärtig wurden, fühlte sie sich entmutigt.

Dolores war kräftigen Geistes, aber noch zu jung, zuwenig an die Widerwärtigkeiten des Lebens gewöhnt; sie wußte zuwenig von den Dingen dieser Erde, um so plötzlich gegen das Unglück gewappnet zu sein, das unerwartet auf sie einstürmte. Es lag in ihrem Mut mehr Ergebung als Tatkraft; nur einer großen Gefahr gegenüber war sie wahrhaft stark! Für die gewöhnlichen Leiden des Daseins hatte sie zunächst nur Tränen; der Mut kam erst nach der Überlegung, denn sie hatte scharfen Verstand und kräftigte sich durch das Nachdenken. So sind alle Weiber, die man als höherer Art bezeichnet. Ihr Mut ist nichts als ein ewiger Kampf ihrer Vernunft mit ihrem Herzen, ausgenommen bei Dingen, bei denen das Herz selbst beteiligt ist; dann trotzt es allein dem stolzesten Mut des Mannes. Außerdem ist die Kraft der Weiber nichts als die Gabe, leiden zu können. Würden sie Weiber sein, wenn es anders wäre?

Dolores blieb einige Zeit niedergebeugt durch das neue Unglück. Sie wandte ihre Augen wieder gegen das Haus; aber noch immer waren dessen Fenster geschlossen, noch immer herrschte in demselben die Stille des Todes. Um indes nichts zu vernachlässigen, brachte Dolores ihren Anzug in Ordnung, erhob ihre prachtvollen Haare, die ihr Schutz gewährt hatten, ließ ihre Mantille über ihre Stirn herabfallen, und abermals klopfte sie dann an die Tür. Vergebens! Der Apostel war nicht zurückgekehrt, und Dolores erblickte sich allein, verlassen, ohne Obdach, ohne Brot!

Am Tag wagte sie sich nicht auf die Straßen Sevillas, aus Furcht, erkannt und verhaftet zu werden. Dennoch war sie bei sich entschlossen, in der Taverne Zuflucht zu suchen; das war ihr letztes Hilfsmittel. Sie vertraute daher der Vorsehung.

Aber um sich nicht der Gefahr auszusetzen, von den Sbirren der Inquisition überrascht zu werden, beschloß sie die Nacht abzuwarten, um sich in die Stadt zu wagen.

Der Garten des Apostels war an einigen Stellen mit hohem Zuckerrohr bepflanzt. Amerikanische Bäume, die so kräftig und so schön unter der heißen Sonne Andalusiens wuchsen, verschlangen ihr finsteres Laubwerk mit den Ranken des Weinstockes, die sich kaum mit sprossenden Blättern bedeckt hatten, und mit den blühenden Pfirsichbäumen, die ihre rosigen und duftenden Blüten der Sonne boten, und sie suchte Verborgenheit in einem Feld von Zuckerrohr, wo sie den ganzen langen Tag zuzubringen gedachte.

Sie wartete bis zum Abend, von Unruhe ergriffen und gepeinigt vom Hunger; denn sie hatte seit dem vorhergehenden Tag nichts gegessen. Sie kaute einige Stangen Zuckerrohr und schöpfte mit der Hand aus dem Guadalquivir Wasser, um ihren Durst zu stillen; aber das war nicht hinreichend, um ihre Kräfte zu ersetzen. Gleichwohl fühlte sie sich glücklich, daß die Vorsehung ihr wenigstens so viel gewährte.

Während dieses tödlich langen Tages gingen viele Menschen auf der Straße vorüber, und einige Kinder kamen in den Garten des Apostels, um Schmetterlinge zu jagen. Dies waren die einzigen Ereignisse, welche die Ruhe der armen Verlassenen störten. Sie hielt sich unter den Zweigen verborgen, und niemand ahnte, daß die glänzende Dolores Argoso, die Tochter eines der reichsten Herren in Spanien, hier als eine Bettlerin lag, gezwungen, auf nackter Erde zu schlafen, ohne Obdach und ohne Nahrung.

Endlich sank die Sonne an dem Horizont herab. Dies war die gewöhnliche Stunde, zu der in Spanien alle Welt die Siesta hielt. Dolores dachte daher, daß sie ohne Furcht ihr Versteck verlassen könnte.

Joseph hatte ihr geraten, nur verkleidet auszugehen; sie mußte daher vor allen Dingen daran denken, sich einen anderen Anzug zu verschaffen.

Dolores hatte kein Geld, aber ihr Seidenkleid war von dem schwersten Stoff und ihre Mantille von den feinsten Spitzen. Sie dachte daher daran, nach dem *Rastro*[69] zu gehen, um dort einen Tausch zu treffen, denn nur da konnte sie sich ohne Geld einen Anzug verschaffen.

Sie verließ den Garten, verschleierte sich das Gesicht und ging den Weg zurück, den sie am Abend zuvor gekommen war; denn der Rastro lag in dem Barrio de Triana.

An dem äußersten Ende der *calle de los Gitanos* lag damals ein unregelmäßiger Platz, auf den eine Menge finsterer und schmutziger Gäßchen ausliefen. An der einen Seite dieses Platzes hielten in einer Reihe hölzerner Buden viele Verkäufer Fleischabfälle feil. Auf der Vorderseite dieser Baracken sah man an einem eisernen Haken *(garabatos)* Gänse-, Kalbs-, Hammel- und selbst Schweinelebern hängen, Herzen und Eingeweide ebendieser Tiere, blutige Gehirne in den offenen Schädeln. Dann in ungeheuren Gefäßen, angefüllt mit schmutzigem Wasser, schwammen die Köpfe, die Füße und andere Teile in buntem Gemisch. All dies abscheuliche und ekelhafte Fleisch, das die Reichen verschmähten, war zur Nahrung des niederen Volkes von Sevilla bestimmt.

Man mache sich, wenn es möglich ist, einen Begriff von dem Geruch, den dieser unsaubere Ort ausatmete, zu dem noch der Gestank der Schlachthöfe hinzukam.

Diesen Buden gegenüber, auf der anderen Seite des Platzes, kauerten schlechtgekleidete Weiber am Boden, vor sich niedrige Tische, auf denen ein buntes Gemisch der verschiedenartigsten Waren ausgelegt war. Hier fand man alles, von dem Lappen, aus dem man Charpie zupft, bis zu dem Hofmantel der Herzogin; von dem hölzernen Eßlöffel des Zigeuners bis zu der silbernen Büste der heiligen Jungfrau, vor dem er kniend betet. Zuweilen trägt diese Büste einen alten Männerhut, der gleich ihr verkauft werden soll. Weiterhin hing ein Rosenkranz aus Korallenperlen an einem Rost, der noch mit Ruß und Fett bedeckt war; ein prachtvolles Service von Vermeil stand neben einem Nachtgeschirr; eine Mantille hängt zuweilen auf einem Besen; zuweilen sieht man einen Christus in der Umgebung von zwei Pistolen, die von den Armen seines Kreuzes herabhängen. Kurz, der Rastro ist ein unglaubliches Gemengsel, in dem sich alle Arten des Elendes zeigen, von denen des Grand von Spanien, der seine Einkünfte verschwendete, bis zu denen des letzten Unglücklichen, dessen Schweiß die Habgier der Mönche trank. Es war eine verworrene Anhäufung von ungleichen und widersprechenden Dingen, das wahrste und treueste Bild von dem Salon eines konstitutionellen Königs.

Man staune übrigens nicht über diese lächerliche Mischung des Wertlosesten mit dem Kostbarsten; denn die Trödlerinnen des Rastro verkauften nicht auf eigene Rechnung, sondern im Auftrag fremder Verkäufer, deren Kommissionärinnen sie waren. Die Kirche vertraute ihnen ihre Jungfrau zum Verkauf an, um dafür eine reichere zu kaufen, die große Dame ihre Edelsteine, um ihre Schulden zu bezahlen oder noch Schlimmeres zu tun, die Kurtisane ihre Schmucksachen, deren sie nach einer Stunde schon überdrüssig ist, und die *Manola*[70] ihre Sonntagskleider, die sie zuweilen verkaufen muß, um Brot zu haben.

Zu der Zeit, in der unsere Geschichte spielt, war dieser Handel noch bedeutender als in unseren Tagen, weil damals die Effekten der zahlreichen Verurteilten der Inquisition, die den Denunzianten derselben zufielen, auf den Markt gebracht wurden.

Als Dolores den Platz des Rastro erreichte, wurde sie durch den widerlichen Gestank, der hier herrschte, von Ekel ergriffen; bald aber bezwang sie sich selbst, schritt weiter und näherte sich zitternd einer noch ziemlich jungen Verkäuferin, deren Gesicht ihr mehr Vertrauen einflößte als die Gesichter der anderen.

Als diese Weiber aber sahen, daß sie die Absicht hatte, etwas zu kaufen, bildeten sie einen Kreis um sie, und es entstand ein betäubendes Gewirr von Stimmen. Jede pries ihre Ware mit der größten Zungengeläufigkeit.

„Señorita", sagte die eine, „kauft mir dies schöne Perlenhalsband ab. Es hat der Prinzessin Johanna, der Tochter der Königin Isabella, gehört. Es wurde bei ihrem Tod durch eine ihrer Hofdamen verkauft, der sie es geschenkt hatte."

„Seht diesen Rosenkranz aus Emaille, geschmückt mit einem Kreuz aus Rubinen", sagt eine andere; „die Pater sind aus Smaragden. Unser heiliger Vater selbst hat den Rosenkranz geweiht. Man gewinnt hundert Tage Ablaß, sooft man ihn abbetet."

„Kauft mir das ab!" rief eine dritte und hielt eine Flut flandrischer Spitzen in die Höhe, deren Netz mit gestickten Arabesken bedeckt war.

„Señora, dieser geweihte Ring bewahrt vor dem bösen Blick!" Der fragliche Ring war ganz einfach ein starker goldener Ring, dessen Schild eine geschlossene Hand darstellte, die den Daumen zwischen dem Mittel- und dem Zeigefinger hindurchstreckte. Dies war ein Überbleibsel maurischen Aberglaubens, den die Christen angenommen hatten und dem das Volk einen solchen Glauben beilegte, daß es, um die Bosheit der Zauberer zu hintertreiben, genügte, ihnen die geschlossene Hand mit der Spitze des Daumens zwischen den beiden Vorderfingern durchgesteckt hinzuhalten. Deshalb schrieb man dem Ring, dessen wir erwähnten, eine ganz besondere Kraft zu.

Dolores mußte ihres Schmerzes ungeachtet lächeln; denn sie teilte den Aberglauben ihrer Zeit nicht und glaubte nicht an den bösen Blick.

Zum Glück für sie war ihr Lächeln so unmerklich, daß niemand darauf achtete; sonst könnte sie dadurch in große Gefahr geraten sein.

„Ihr wollt nichts von alledem, nicht wahr Señorita?" fragte die erste Trödlerin, die sich Dolores genähert hatte. „Seht, kauft mir dies schöne Bild der heiligen Jungfrau ab. Es wird Euch Glück bringen. Ich bekam es von einem heiligen Mann, den wir den Apostel nennen. Er brauchte Geld, um einen Unglücklichen zu unterstützen, denn für sich selbst hat der heilige Mann nie etwas nötig. Ich streckte ihm daher das Geld gleich vor, ohne erst auf den Verkauf zu warten."

„Der Apostel!" rief Dolores. „Ihr kennt den Apostel, gute Frau?"

„Santa Maria!" sagte die Händlerin; „wer in ganz Sevilla kennt ihn nicht? Ist er es nicht, der uns tröstet und unseren kleinen Kindern Brot gibt?"

„Wißt Ihr, wo er jetzt ist?" fragte Dolores.

„Nein! Er ist wie der gute Gott unsichtbar, aber man findet ihn stets da, wo man seiner bedarf."

Getäuscht in der Hoffnung, die sie einen Augenblick gehegt hatte, zu erfahren, wo ihr Beschützer sei, dachte Dolores jetzt nur daran, ihren Tausch so schnell als möglich zu bewirken.

„Ich will Eure heilige Jungfrau nicht kaufen", sagte sie schüchtern. „Ich hätte kein Geld, es zu bezahlen; aber ich brauche den vollständigen Anzug einer Manola, und wenn Ihr mir einen gegen den meinigen geben wollt –"

„Gegen den Eurigen, Señorita!" fiel ihr die Trödlerin ins Wort und maß zugleich Dolores mit dem Kennerauge, das mit einem Blick den Wert eines Kleides zu schätzen versteht und ohne die geringste Berührung jeden Fehler bemerkt, von der leichten Zerknickung durch den Ellbogen bis zu dem weißlichen Streifen, den der Staub an dem Saum eines Kleides hervorbringt, wenn man es auch nur eine Stunde getragen hat. „Gegen Eure Mantille auch?" fuhr sie dann fort, mit gierigem Blick die schönen Spitzen betrachtend, die das Seidenhaar des jungen Mädchens bedeckten.

„Natürlich!" entgegnete Dolores. „Ihr gebt mir dafür eine seidene."

Die Augen der Verkäuferin funkelten vor Habgier. Sie befühlte das Atlaskleid des jungen Mädchens, und nachdem sie sich an dem Leibchen und den Ärmeln überzeugt hatte, daß es ganz neu sei, holte sie ein Kleid von veilchenblauer Serge und eine Mantille aus schwarzem Seidentuch herbei.

Das Kleid schien gerade für Dolores Wuchs zu passen, und diese sagte daher: „Das ist mir recht."

„Nun gut, Señorita", entgegnete die Trödlerin. „Wieviel gebt Ihr mir heraus?"

Dolores riß die Augen groß auf und sah die Frau verwundert an. Ihr Anzug war wenigstens zehnmal soviel wert wie der ihr gebotene.

„Ja; wieviel gebt Ihr mir heraus?" wiederholte das Weib.

„Ich kann Euch nichts herausgeben", entgegnete die arme Dolores. „Ich sagte Euch schon, daß ich kein Geld habe."

„Oh, dann ist das etwas anderes! Wenn Ihr kein Geld habt, armes Kind, so nehmt nur immerhin den Anzug; Ihr bleibt mir das übrige schuldig. Gott behüte mich davor, einem so schönen Mädchen Kummer zu bereiten."

„Aber wie mache ich es, um mich umzukleiden?" fragte Dolores.

„Kommt! Kommt!" antwortete die Trödlerin. „Mein Haus ist nicht weit von hier!"

In der Tat besaß die Frau ihrem Stand gerade gegenüber eine hölzerne Baracke, in der ihr Mann Fleischabfälle verkaufte. Hinter dem Verkaufsladen war ein viereckiger Raum, in dem eine einzige Matratze auf dem Fußboden

lag und in dessen Ecke eine Kiste stand. Dies war die Wohnung der Trödlerin und dahin führte sie Dolores.

Als sie dieser half, sich zu entkleiden, bemerkte sie an ihr ein Tuch von den
feinsten Spitzen.

„Señorita", sagte sie, „da Ihr mir kein Geld herausgeben könnt, will ich
mich mit diesem Tüchelchen begnügen."

„Nehmt es", entgegnete Dolores voll Ekel. „Es würde ohnehin nicht zu
meinem neuen Anzug passen. Aber gebt mir wenigstens einen Unterkragen
aus Batist, damit ich die grobe Wolle nicht auf der Haut fühle."

Das Weib brachte ihr ein Tuch, das zwar nicht neu, aber wenigstens rein
war. Dolores begnügte sich damit, in Ermangelung von etwas Besserem.

Als sie sich umgekleidet hatte, besah sie sich in einer kleinen polierten Metallplatte, die der Trödlerin als Spiegel diente, und war zufrieden mit ihrer
Umwandlung. Ihr grober, schwerer Anzug verbarg so ziemlich ihren schlanken Wuchs und ihre elegante Haltung. – Sie hüllte sich in ihre Mantille und
ging.

„Erhaltet mir Eure Kundschaft, Señora!" rief ihr die Trödlerin nach, aber
Dolores hörte sie nicht, denn schon schritt sie rasch auf die *calle de los Gitanos*
zu.

XIII.

Ein Wunder

MAN WIRD SICH ERINNERN, DASS HENRIQUEZ, durch die Gnade des Groß-
Inquisitors Arbuez Gouverneur der sehr edlen Stadt Sevilla, die ersten Tage
seines Amtes durch zahlreiche Verhaftungen bezeichnet hatte.

Einige ausgezeichnete Männer, gelehrte und fromme Doktoren der Theologie, geistreiche Frauen, liebenswürdig und von starkem Herzen, schmachteten unter dem bloßen Verdacht des Luthertums in den Kerkern des heiligen Offiziums.

Nicht für sich selbst, wohl aber für die, die er liebte, durch diese neue Zu-
nahme der Verfolgungen beunruhigt, hatte der Apostel Estevan aufgefordert, sich für einige Tage von Sevilla zu entfernen. Er selbst wünschte seine
Armen zu besuchen; sie brachen daher miteinander auf und wandten sich
der Richtung von San Lucar zu.

Das war der Grund, weshalb Dolores in dem Haus des Franziskaners niemanden gefunden hatte.

Es war die Gewohnheit dieses Mannes Gottes, von Zeit zu Zeit Ausflüge
in die zahlreichen Dörfer Andalusiens zu machen. Hier vereinigte seine
Toleranz alle Sekten, und er zeigte sich gleich freundlich gegen Christen,
Juden, Mauren und Gitanos. Er tröstete die einen, wandte die anderen vom
Bösen ab, ermutigte alle, und ließ alle gleichen Anteil nehmen an den Gaben
seiner unerschöpflichen Barmherzigkeit.[71]

In ganz Andalusien war der Name des Apostels ein magischer Talisman;
es genügte ihn auszusprechen, um sogleich das Lächeln auf alle Lippen tre-

ten, alle Augen sich mit dem Ausdruck der Dankbarkeit gen Himmel richten zu sehen. Als daher das Gerücht sich verbreitete, er habe seine Wanderung durch die Dörfer angetreten, sah man an allen Wegen Weiber stehen, die ihm ihre Kinder entgegenhielten, damit sie die ersten seinen, die seinen Segen empfingen; und wenn es ihnen dabei gelang, den Saum seines Gewandes zu berühren, so hielten sie sich gegen alle Übel geschützt.

Mochte immerhin der Apostel ihnen mit sanft gebietendem Ton sagen: „Nicht mir müßt ihr solche Huldigungen darbringen, denn ich bin nur ein wenig Staub gleich euch. Es ist Gott, dort oben in der Höhe, der durch meinen Mund zu euch spricht!" So fand das Volk, stets etwas heidnisch in seiner Anbetung, es doch viel einfacher, sich vor dem Mann, der es mit Wohltaten überhäufte und den es sah, niederzuwerfen als vor Gott, den es nicht sah.

„Mein Sohn", sagte der Apostel zu Estevan, der sich über die Sanftmut und Gefügigkeit der rohen Menschen wunderte, die zu Lämmern wurden, sobald der heilige Mann zu ihnen gesprochen hatte, „mein Sohn, Ihr seht, wie leicht es wäre, diese Menschen rechtschaffen und fromm zu machen, wenn man, statt sie durch Schrecken zu verdummen und durch Martern zu erbittern, dahin strebte, sie durch Sanftmut und Wohltaten an Gott und dessen Gnade und Güte glauben zu lehren. Statt dessen füllt man ihr Hirn mit Aberglauben; man martert sie so sehr und tut ihnen so wenig Gutes, daß sie nur noch an Dämonen und an die Hölle glauben, von der man ihnen schon auf Erden einen Vorgeschmack gibt. Des Glücks, des Trostes und der Hoffnung beraubt, werden sie fanatisch, schwach und grausam."

„Wie könnte es auch anders sein?" entgegnete Estevan; „diese Menschen besitzen nichts, die Mönche haben ihnen alles genommen[72], und jeden Tag raubt die Inquisition diesen Unglücklichen das einzige Gut, das ihnen noch blieb: die Gewissensfreiheit. Es wäre gleichwohl so leicht, dieses glühende und poetische Volk glücklich zu machen!"

„Es ist noch mehr als das", sagte der Apostel, „es ist intelligent und brav: Sein Geist ist ein sonderbares Gemisch der Heiterkeit, der Freiheit und des natürlichen Verstandes, der ihm jedes ernste Nachdenken leicht macht; dieses Volk ist fähig, das Leben in seinem ausgedehntesten erhabensten Zweck und die allgemeine Brüderschaft zu begreifen. Nun wohl! Aus diesen von Natur braven, rechtschaffenen und liebevollen Menschen hat man Feiglinge und Heuchler gemacht; ja, noch schlimmer als das: Verräter! Selbst ich verdanke meine Sicherheit nur dem Kleide, das ich trage. Als Laie möchte ich ihnen immerhin dasselbe Gute tun, ihnen dieselbe Moral gepredigt haben, und sie würden mich dennoch als einen Lutheraner oder einen Illuminaten betrachten, und ich hätte schon längst mit meinem Leben den Eifer für ihr Glück und für die Wahrheit bezahlt; aber ich war Priester und war Mönch, und kann ein Mönch sich täuschen?"

„Seht Euch vor, mein Vater!" erwiderte Estevan mit bitterem Lächeln, „Alfonso Manriquez und Herr Arbuez könnten Euer Gewand ebensowenig achten, als der Inquisitor Torquemada, entsetzlichen Angedenkens, die bischöfliche Würde der Bischöfe von Callohorra und Segovia achtete."[73]

„Torquemada war ein grausamer Geist", sagte der Apostel mit einem Seufzer. „Allein mit seinem rohen Fanatismus, seiner unerbittlichen Grausamkeit vereinigte sich wenigstens nicht die nichtswürdigste Ausschwei-fung.[74] Der Fanatismus hatte ihn wahnsinnig gemacht, denn könnte außer-dem die Grausamkeit eines Menschen so weit gehen? Und nachdem der Groß-Inquisitor das Urteil eines Ungläubigen ausgesprochen hatte, kniete der strenge Dominikaner Thomas von Torquemada demütig vor seinem Kruzifix nieder, züchtigte sich selbst und schlug seinen Körper blutig, um alle Ketzereien des Königreiches Kastilien zu büßen."[75]

„Ach, mein Vater, wenn die Menschheit so vorwärts schritte, wie sie sollte, wird man dann in einigen Jahrhunderten an diese Abscheulichkeiten glau-ben, die mit so vielem Wahnsinn gemischt waren?"

„Ohne Zweifel, mein Sohn; aber um sie zu beweinen; die Irrtümer der Ver-gangenheit werden eine Lehre für die Zukunft sein. Es wird eine Zeit kom-men, in der alle Menschen das Evangelium lesen, und dann werden alle das Recht haben, einander zu sagen: Wir sind Brüder, weshalb behandelt ihr uns als Fremdlinge?"

„Wenn alle Individuen einer Nation das Gesetzbuch kennen, nach dem sie beherrscht werden, ist es schwer, daß sie einander gegenseitig schaden. Noch mehr, wenn dieses Gesetzbuch das Evangelium ist, dieser Führer der Seelen, dann ist die Seele gut geleitet, und nur selten werden die Hand-lungen es nicht ebenfalls sein. Da, wo die Unwissenheit herrscht, herrschen auch Unordnung, Torheit, alle diese Geißeln, aus der Erde eine Hölle machen, die von Dämonen und Verdammten bevölkert wird."

Während sie auf ihrem Weg ähnliche Gespräche miteinander führten, ge-langten sie zu einem keinen Dorf, das auf dem Gipfel eines Berges erbaut war. Meistens niedrige Häuser, rot oder grün angestrichen, zogen sich in einer gewundenen Linie an dem Berg in zwei Reihen in die Höhe und bilde-ten so eine unregelmäßige Straße, die durch eine kleine Kirche beendigt wurde, deren spitzer Glockenturm sich höchstens 40 Fuß über die Dächer der Häuser erhob. Wenn die Glocke dieser Kirche läutete, hätte man die ihr zuziehende Bewohnerschaft des Dorfes für eine gewaltige Boa halten kön-nen, die ihren Kopf zögernd erhob, ihre spitze Zunge gegen die Himmel aus-streckend.

Als die beiden Reisenden das Dorf betraten, herrschte in demselben tiefe Ruhe. Es war beinahe Nacht, und die von dem Feld zurückgekehrten Be-wohner beschäftigten sich schweigend mit dem Abendessen. Einige halb-nackte Kinder spielten vor den angelehnten Türen; aus dem Inneren der Häuser drang ein appetitlicher Geruch des *Puchero*[76] hervor, und einige Hir-ten stiegen langsam von dem Berg herab, ihre Ziegen in den Stall zu bringen.

Der Apostel war erst zwei- oder dreimal in dieses Dorf gekommen, und die kleinen Kinder, die gewöhnlich ein kurzes Gedächtnis haben, erkannten ihn nicht. Estevan und er durchschritten daher einen großen Teil der Straße, ohne daß jemand sie bemerkte. Als sie aber an einem niedrigen Haus vor-übergingen, dessen verfallenes Aussehen das äußerste Elend verriet, blieben sie plötzlich stehen, überrascht durch ein eigentümliches Gemisch frischer, kräftiger und alter, zitternder Stimmen. Es waren gewiß viele Menschen in dem Haus, und es mußte in demselben ein ungewöhnliches Ereignis vor-gehen.

Die Reisenden lauschten einige Augenblicke. Plötzlich hörten sie eine dünne helle Stimme, die mit dem Ausdruck weiblichen Mitleids rief: „Der arme Pablo! Diesen Morgen war er noch so gesund!"

„Es gibt hier jemanden, der unserer bedarf!" sagte der Apostel und öffnete die wurmstichige Tür, die sogleich wich. Estevan trat mit ihm ein. In einer elenden Hütte, in die das Licht des Tages kaum hineinfiel und deren ungleicher Lehmboden mit Unrat aller Art bedeckt war, umgaben einige zwanzig Gitanos, Männer, Weiber, Kinder und junge Mädchen, einen Menschen, der in seinen Festtagskleidern in einer anmutigen Haltung auf einem Stuhl saß. Er war sehr blaß und schien zu schlafen.

Der ganze *Rancho*[77] der Gitanos, die *Abuela*[78], die Königin an der Spitze dieser eigentümlichen Korporation, umgaben den Sitzenden im Kreis. Dieser öffnete sich nicht bei dem Eintritt des Apostels und seines Gefährten, aber die Altmutter, die den Mönch hoch verehrte, ließ ihm einen kleinen hölzernen Schemel in der Gestalt eines Dreifußes bringen, den einzigen Stuhl, der sich in der Hütte befand. Estevan blieb neben ihm stehen.

„Was bedeutet das, mein Vater?" fragte er den Apostel.

„Der Mann ist tot, und sie begehen die Leichenzeremonie! Gebt acht!"

Ein Gitano trat gegen den Toten vor und legte ihm eine Mandoline in die Arme. Dann klagte er sich schamlos aller Verbrechen an, die er seit dem Tod des letzten Bruders, der in dem Rancho gestorben war, begangen hatte.

Nachdem der Gitano diese sonderbare Beichte abgelegt hatte, redete er den Toten an: „Spiele, und wenn ich Unrecht tat, mache deine Musik mich taub; tat ich aber recht, dann rühre dich nicht, und ich werde mich für freigesprochen halten."

Wie man sich denken kann, folgte der Tote der ersten Aufforderung nicht, und der Gitano trat zurück, so leicht von Gewissen wie ein Wucherer, der soeben die Absolution unter dem Versprechen empfangen hat, alles Gestohlene wiederzuerstatten.

„Welche Barbarei!" sagte Estevan leise zu dem Apostel.

„Wartet, mein Sohn", entgegnete dieser. „Das ist noch nicht alles."

In der Tat legten alle Mitglieder des Rancho der Reihe nach eine ähnliche Beichte ab, und alle wurden auf gleiche Weise wegen ihrer Verbrechen beruhigt. Der Verstorbene hatte sie freigesprochen, und sie hielten sich für so unschuldig wie die Tauben.

Die Stube wurde jetzt durch Harzfackeln beleuchtet. Der Apostel besaß für die Zeit, in der er lebte, ausgezeichnete Kenntnisse in der Medizin; besonders aber war ihm jene Gabe des zweiten Gesichtes eigen, die einigen Menschen von seltenem Geist verliehen wird.

Er betrachtete den Toten sehr aufmerksam und sagte dann leise zu Estevan: „Der Mensch hat sehr bewegliche Glieder, und seine Gesichtsfarbe verändert sich nicht, ausgenommen, daß er sehr blaß ist."

„Das ist wahr!" bemerkte Estevan, der den Toten nun auch genauer betrachtete.

Doch bald war es ihnen nicht mehr möglich, sich diesen physiologischen Studien zu überlassen. Ein junges Mädchen begann vor dem Toten einen sehr lebhaften und üppigen Fandango zu tanzen. Nach und nach tanzten darauf alle Mitglieder des Rancho ebenfalls, und endlich faßten sich alle in wilder Bewegung bei den Händen und tanzten eine Runde um den Toten. Anfangs bewegten sie sich langsam und abgemessen, als wollten sie sich erst mit dem Takt vertraut machen; bald wurde der Tanz aber rascher und endlich so wild, daß es schien, als würde eine Bande Dämonen durch eine unsichtbare, gewaltige Hand umhergewirbelt.

Plötzlich hielt der wütende Haufen unter lautem Geschrei an. Der Tote war von seinem Sitz herabgeworfen worden, und in der Mitte des Kreises auf ein junges Mädchen gefallen, das mit der Schärpe an einem von den Metallknöpfen des Verstorbenen hängengeblieben war. Die Gitana wich voll Entsetzen zurück, und der Tote schlug mit dem Gesicht gegen den Fußboden.

„Jesus!" rief die Abuela; „was für ein Unglück, arme Marica, daß Pablo auf dich gefallen ist."

„Ja", sagten die anderen, „es werden große Unglücksfälle sie treffen, vielleicht sogar der Tod, es sei denn, daß sie die Nacht bei Pablo wachen will."

„Ich allein die ganze Nacht bei einem Toten zubringen?!" rief die Gitana erschrocken. „Ich die Nacht bei Pablo zubringen, um zu sehen, wie alle Teufel der Hölle ihn umtanzen und ihn mit sich fortnehmen?"[79]

„Ich bliebe gern mit dir bei ihm, arme Mariquilla!" sagte ein großer junger Bursche, der auf die Gitana verliebte Augen machte; „aber das zählte dann nicht für dich!"

„Ach, ich fürchte mich zu sehr", sagte das arme Mädchen weinend. „Lieber will ich sterben, wenn Pablo es verlangt."

Während die Gitanos sich so miteinander stritten, war der Apostel zu dem Toten geeilt, und indem er sich bückte, um ihn aufzuheben, bemerkte er, daß Pablo sich im Fall eine Wunde geschlagen hatte, die blutete.

„Still, Kinder!" rief er mit kräftiger Stimme; „dieser Mensch ist nicht tot! Wartet!"

Das Geschrei endete wie durch Zaubergewalt, und alle Gitanos blieben regungslos auf ihrem Platz stehen. Ohne Furcht hatten sie jenen Toten umtanzt; vor einem in das Leben Zurückkehrenden fürchteten sie sich.

Unterstützt durch Estevan, hob der Apostel Pablo wieder auf seinen Sitz, und aus der Tasche ein Fläschchen ziehend, das er beständig bei sich trug, ließ er den Kranken das flüchtige Salz einatmen, während Estevan ihm kräftig die Hände rieb, um die Lebenswärme in dieselben zurückzurufen.

Nach Verlauf einiger Minuten öffnete der Gitano die Augen; sein Gesicht rötete sich plötzlich; die Rückwirkung drohte einen Schlagfluß herbeizuführen. Der Mönch drückte deshalb die Wunde Pablos, um sie zu stärkerer Blutung zu bringen und forderte Estevan auf, dem Kranken die unteren Gliedmaßen derb zu reiben.

Bald atmete der Gitano freier, öffnete langsam wieder die Augen und ließ mit dem Ausdruck einfältigen Staunens die Blicke umherschweifen. – Er war gerettet!

Er hatte an nichts weiter gelitten, als an einer Ohnmacht und Betäubung, infolge übermäßiger Trunkenheit.

Aber als die Gitanos den lebend erblickten, dessen Totenfeier sie soeben begangen hatten, warfen sich die Zigeuner auf die Knie und die jüngeren liefen auf die Straße, um es auszurufen, daß der Heilige ein Wunder verrichtet hätte. Der Auferstandene selbst, der noch sehr schwach war und sich kaum aufrecht erhalten konnte, küßte dem Apostel die Hände und sagte: „Ich war tot, und Ihr habt mich von dem Ort der Finsternis zurückgerufen."

„Ich habe es nicht getan", antwortete der Apostel, „sondern Gott allein."

„Mein Vater", fragte Estevan in lateinischer Sprache, um von den Anwesenden nicht verstanden zu werden, „weshalb laßt Ihr diese Leute glauben, der Mensch sei tot gewesen und von den Toten erweckt worden?"

„Mein Sohn", entgegnete der Heilige, „dieses Volk ist noch nicht reif für die Wahrheit. Versuchte man es, ihm auf eine natürliche Weise das Ereignis zu erklären, von dem es soeben Zeuge war, so würde es uns für Zauberer halten. Lassen wir ihn daher seinen unschuldigen Glauben; er ist sein einziger Trost. Glaubt mir, Estevan, ein Volk aufzuklären und es durch Kenntnisse besser zu machen, das ist das Werk mehr als eines Tages, besonders, wenn man es durch so lange Zeit irregeleitet hat. So bringt man leicht auf einem weißen Stoff Eindrücke hervor, während man auf einem bereits gefärbten Stoff zunächst die Farben auslöschen muß, um neue aufzudrucken."

„So soll also dies Volk in ewiger Unwissenheit bleiben?"

„Nein, mein Sohn; nein! Aber das Wasser träufele Tropfen für Tropfen nieder, so wird es sicher sein Bett bahnen."

Bei dem Gerücht von dem Wunder hatten indes die Einwohner ihre Häuser verlassen; selbst die kleinen Kinder wurden ihres Hungers ungeachtet von dem Herd entfernt, auf dem die *olla podrida* kochte, und waren herbeigeeilt, um den Heiligen zu sehen, der einen Toten erweckt hatte.

Nachdem der Apostel den Gitanos einige kleine Wohltaten erwiesen und sie ermahnt hatte, auf den Raub und den Mord zu verzichten, Ermahnungen, die sie stets mit Überzeugung anhörten, aber ebensosehr bald infolge ihrer wilden Natur und ihrer eingewurzelten Gewohnheiten vergaßen sowie wegen der Schwierigkeit, die es für sie hatte, auf eine andere Weise ihren Lebensunterhalt zu gewinnen, verließ er sie, um in dem Dorf den Kranken und den Leidenden Trost und Hilfe zu bringen und ihnen einige Geldstücke zu schenken; eine kostbare Wohltat für diese armen Knechte der Klöster, die wohl Brot und Suppe hatten, doch niemals Geld. Oft bewahrten daher auch diese armen Leute die Maravedis, die sie von dem Apostel empfingen, gleich Reliquien auf; sie durchbohrten sie und machten aus ihnen Knöpfe, mit denen sie ihre Samtjacken schmückten.[80]

Die Reisenden brauchten sich nicht die Mühe zu nehmen, in die Häuser einzutreten, denn alle Bewohner kamen ihnen in dichtgedrängter Menge entgegen; aber ehrerbietig wichen sie vor dem Heiligen zurück, der vor jedem stehen blieb, ihn nach seiner Familie fragte, tröstete, Rat erteilte und weise Lehren gab, auch Geld denen, die am abgerissensten waren, um sich neue Kleider zu kaufen. Aber er predigte ebenso allen den Gehorsam und die Ergebung, denn, sagte er, das Murren und der Unwille der Seele nützen nichts; sie machen die Übel nur schwerer.

Der ungestüme Estevan konnte sich ungeachtet seiner philosophischen Ansichten, die ihn zu einer tätigeren Reform trieben, nicht enthalten, die tiefe Weisheit des Apostels zu bewundern.

„So", dachte er bei sich selbst, „müßten alle Reformatoren sein, nüchtern, ausdauernd in der Handlung, geduldig, das Resultat zu erwarten, denn nur so bewirkt man die Wiedergeburt eines Volkes."

Es war rührend, den Apostel unter dieser unwissenden, unterdrückten Bevölkerung zu sehen, die ihn enthusiastisch umdrängte und begierig die Sonnenstrahlen auffing, die er in ihre umnachteten Seelen fallen ließ.

„Francisca", sagte ein junger Mann zu seiner Frau; „unser Kind wird schön und stark werden. Der Apostel hat es angesehen und sein kleines Händchen geküßt."

„Die Ernte wird gut!" sage ein anderer. „Der Apostel hat uns zu ebender Zeit besucht, zu der die Körner in den Ähren ansetzen."

„Das Feuer des Himmels wird mein Haus verschonen!" rief ein dritter. „Der Apostel ist im Vorübergehen an meiner Tür stehen geblieben."

„Gott wird euch segnen, weil ihr gut seid!" sagte der Heilige, „und ihr werdet glücklich sein, weil ihr niemandem Böses tut."

„Vater", rief weinend eine junge Frau, die auf ihren Armen zwei kleine Zwillingskinder trug, „man hat meinen Mann in den Kerker des heiligen Offiziums geworfen, weil er ein bekehrter Maure ist und weil er die Messe an dem Tag versäumte, an dem er mich pflegte, weil ich diese beiden Kinder gebar."

Der Apostel richtete einen trüben Blick gegen Himmel.

„Fasse Geduld, meine Tochter", sagte er zu der armen Frau. „Dein Mann wird dir zurückgegeben werden. Vertraue auf Gott, der dich trösten wird; und ich werde einstweilen für dich sorgen; verstehst du wohl?"

„Das ist wahrhaft ein Heiliger!" sagte leise eine alte Frau. „Er fürchtet sich nicht vor der Inquisition!"

„Weib", sagte der Apostel, der ihre Worte verstanden hatte, „die, die wahrhaft an Gott glauben, fürchten sich vor nichts!"

So ging dieser Tag zu Ende.

Estevan und sein Führer nahmen einige Lebensmittel an, mit denen man ihren Reisesack füllte, und ergriffen diese Gelegenheit, um das Hundertfache zu bezahlen. Dann entfernten sie sich unter zahlreichen Segenswünschen, um die Nacht in einer jener Laubhütten zuzubringen, welche die Hirten auf den Bergen errichten, um in ihnen den Winter mit ihren Herden zuzubringen.

XIV.

Wieder Joseph

KEHREN WIR ZU DOLORES ZURÜCK, die wir auf dem Weg nach der Taverne verlassen haben. Als sie an das äußerste Ende der Zigeunerstraße gelangt war, erkannte sie leicht das Schild der Buena Ventura, das mit großen Buchstaben an die Mauer geschrieben war. Ungeachtet der zunehmenden Dunkelheit, konnte Dolores sich darin nicht täuschen. Es waren erst wenige Menschen zugegen; einige Mönche leerten, miteinander plaudernd, ihren

Krug Parajetewein und an einem Ende des Tisches aßen ein Mann und ein Weib, die ziemlich schlecht gekleidet waren, ein Stück schwarzes Brot und einige rohe Zwiebeln. Vor ihnen standen zwei zinnerne Becher und eine Maß von dem geringsten Wein.

Die kleinen, an der Wand brennenden Kerzen verbreiteten ihr zweifelhaftes Licht in dem Saal. Die Stille, die herrschte beruhigte die Tochter des Gouverneurs ein wenig. Gleichwohl zögerte sie einige Minuten, denn sie sah die Chapa nicht und wußte nicht, an wen sie sich wenden sollte; aber bald darauf erschien die Chapa in dem Eingang zu ihrer Küche, und Dolores waffnete sich mit Mut, stieß die Tür auf und ging gerade auf die junge Wirtin zu.

Als sie ihr nahe war, zog sie die Ränder ihrer Mantille zurück, und die Chapa erkannte sie auf der Stelle. Aber auch Dolores hatte das junge Mädchen erkannt, das bei dem entsetzlichen Komplott, dessen Opfer sie geworden war, als Botin diente, und sie wich mit einer Regung des Abscheus zurück. Die Chapa sah sie darauf, ohne zu sprechen, mit flehendem Blick an, und mit einer ganz andalusischen Geistesgegenwart ergriff sie sie lebhaft bei der Hand und tat, als küßte sie sie auf beide Wangen.

„Ei, du bist es, meine arme Anna", sage sie mit heiterem Ton. „Wer hätte mir wohl gesagt, daß ich noch heute so glücklich sein sollte, die gute Base zu sehen! – Komm doch", fügte sie dann hinzu, indem sie Dolores in den engen und finstern Ort zog, wo sie den *Fuchero* bereitete, „komm und laß uns von meiner guten Tante und deinen Brüdern plaudern, meine liebe Anita. Wie freut es mich, dich zu sehen!"

Während diese Redestromes hatte Chapa Dolores den Blicken der Leute in der Taverne entzogen, und Dolores, die so aufgeregt war, daß sie sich kaum auf den Beinen erhalten konnte, setzte sich auf einen elenden Strohstuhl, der in einer Ecke stand.

„Beruhigt Euch, Señora", sagte jetzt die Schwester Cocos leise, indem sie beinahe niederkniete, „beruhigt Euch und fürchtet nichts. Ich würde mein Leben geben, um Euch zu retten."

„Aber", fügte sie hinzu, da sie sah, daß Dolores einiges Vertrauen zu gewinnen schien, „tut so, als plaudertet Ihr mit mir und als wäret Ihr meine Base; wir müssen die Spione täuschen."

Einer der Mönche rief jetzt nach einem Krug Wein, und die Chapa beeilte sich, ihn zu bedienen.

„Die arme kleine Base!" sagte sie zu der jungen Frau, die am Ende des Tisches ihr Abendessen verzehrte. „Wie hübsch ist es von ihr, daß sie mich besucht hat!"

Aber die Frau, zu der die Chapa so sprach, war die einzige, die Dolores kannte; es war nämlich die Culevrina, und in dem Augenblick, als die Tochter des Gouverneurs die Taverne betrat, hatte die Serena sie erkannt. Manofina – denn er war der Mann, der mit ihr aß, besaß weniger Gedächtnis. Nur den Frauen ist jener scharfe Blick, schnell wie der Gedanke, eigen. Die Serena lächelte, doch ohne etwas zu sagen. Einige Augenblicke darauf wollte Manofina sich entfernen, und die Culevrina näherte sich jetzt der Wirtin, die vor die Tür getreten war, um zu sehen, ob ihr Bruder noch nicht käme.

„Chapa", sage sie, „achte wohl auf deine Base, und wenn sie meiner oder Manofinas bedürfen sollte, so weißt du uns zu finden."

Die Chapa starrte die Serena mit weit aufgerissenen Augen an.

„Ich kenne deine *Base*", fügte leise die junge Zigeunerin hinzu, indem sie das Wort Base scharf betonte.

„Culevrina", entgegnete die Chapa, „so hüte dich wenigstens, zu plaudern."

„Ei", sagte die Zigeunerin, indem sie anmutig mit den Achseln zuckte, „hast du Furcht! Ein Schützling des Apostels! Ich liebe sie ebensosehr wie du. – Erinnere dich nur an das, was ich dir gesagt habe: Wenn sie unser bedarf, so komm uns zu holen; lebe wohl!"

Der Bravo und seine Gefährtin entfernten sich.

„Zeig uns doch deine Base, Chapa", sagte ein dicker Mönch, den der Weindunst luftig zu stimmen anfing. „Ist sie ebenso hübsch wie du, Kleine?"

„Ach, das arme Mädchen – laßt sie doch in Ruhe", entgegnete die Chapa. „Sie ist so schüchtern wie ein Schäfchen."

„Aber das hindert nicht, hübsch zu sein."

„Das werdet Ihr sehen, wenn sie ausgeschlafen hat", sagte die Chapa, indem sie die Küche ordnete. „Sie ist mehrere Stunden weit gegangen und sehr ermüdet."

Die Ankunft einer zahlreichen Menge von Arbeitern, die kamen, ihr Abendessen hier zu verzehren, machte dem Gespräch ein Ende.

Der Mönch fuhr fort zu trinken. Die Chapa bediente alle Welt mit einer Raschheit und einer Geschicklichkeit, die wahrhaft bemerkenswert war, und benutzte dann die allgemeine Beschäftigung, die stets auf den Beginn eines Mahles folgt, sowie den Lärm, den die Bewegung der Kinnbacken aller dieser Ausgehungerten machte, um sich leise mit der Tochter des Gouverneurs zu unterhalten.

„Chapa", sagte Dolores, die von ihrem früheren Mißtrauen etwas zurückgekommen war, „kennst du den Mönch Joseph?"

„Jesus, ob ich ihn kenne!" sagte sie. „Der ist ein Heiliger, Señora – obgleich er das Gewand der Inquisition trägt", fügte sie sehr leise hinzu. „Er kam gestern", fuhr die Tavernenwirtin fort, „und sagte mir, wenn Ihr mich nach ihm fragtet, so müßte ich ihn aufsuchen."

„Ach", sagte Dolores, indem sie freier aufatmete, „so hat er mich also nicht getäuscht!"

„Und habt Ihr mir auch verziehen?" fragte die Chapa beinahe weinend.

„Ja", erwiderte Dolores, „ich verzeihe dir, obgleich du mir sehr viel Böses zugefügt hast."

„Ach, ich wußte ja gar nicht, was ich tat; ich gehorchte, das war alles. Wenn Ihr wüßtet, was man alles tun muß, um sein Leben zu erhalten!"

„Armes Kind ! – Geh, du wirst gerufen. Beschäftige dich nicht mit mir, bediene deine Leute und sorge dafür, daß man nichts bemerkt."

Die Chapa kehrte in den Saal zurück und gab jedem, was er verlangte, dann ging sie wieder zu Dolores.

Die Tochter des Gouverneurs war außerordentlich blaß; sie hatte den ganzen Tag noch nichts genossen.

„Gib mir irgend etwas zu essen", sagte sie zu der Chapa; „ich sterbe vor Hunger."

„Jesus!" rief die Chapa, „weshalb sagtet Ihr das nicht früher, Señora? Alles, was ich hier habe, steht Euch zu Diensten."

Zugleich reichte sie ihr eine Tasse Schokolade, die sie stets bereithielt, für den Fall, daß ein vorübergehender Mönch sich rasch erquicken wollte.

Dolores hatte kaum dies leichte Mahl beendigt, als ein ungewöhnliches Geräusch in dem Saal entstand; sie streckte ein wenig den Kopf vor.

Alle Gäste waren gleichzeitig, getrieben durch eine unterwürfige Ehrfurcht, aufgestanden: Der Günstling des Inquisitors hatte soeben die Taverne betreten. Selbst die Söhne des heiligen Franziskus scheuten sich nicht, dem jungen Dominikaner diesen Beweis öffentlicher Unterwerfung und Achtung zu gewähren.

Joseph ging stolz mitten zwischen den demütig sich neigenden Menschen hindurch, und seine Unterlippe verzog sich geringschätzig. Sein Gesicht sprach die tiefste Verachtung aus.

Er ging gerade auf die Küche zu. Dolores erhob gegen ihn ihr schönes Gesicht, das den Ausdruck der Traurigkeit und der Angst trug.

„Schon hier?" fragte Joseph, indem er sie erkannte.

„Schon?" erwiderte sie sanft. „Das Wort, mein Vater, gleicht einem Vorwurf. Solltet Ihr auch schon den Schutz bereuen, den Ihr mir gewährt habt?"

„Nein, wahrlich nicht, armes Kind", sagte der junge Mönch. „Was ich dir versprochen habe, werde ich von Herzen gern halten. Aber wundere dich nicht über mein Staunen; hattest du mir nicht gestern gesagt, du hättest eine Zufluchtsstätte?"

„Ich glaubte das, mein Vater; aber ich bin verflucht wie Kain. Der, den ich aufsuchte, war fort, tot vielleicht. Ich habe die Nacht im Rohr zugebracht, und diesen Abend habe ich mir mit großer Mühe diese bescheidenen Kleider verschafft, um nicht erkannt zu werden."

„Und du hast recht daran getan, meine Tochter, denn mehr als je schwebst du in Gefahr. Aber ich werde über dich wachen, und niemand, hoffe ich", fügte er mit bitterem Lächeln hinzu, „wird den Dominikaner Joseph in den Verdacht ziehen, einem Weib, das die Inquisition verfolgt, ein Obdach gewährt zu haben."

„Mein Vater", sagte Dolores etwas beunruhigt, denn es begegneten ihr seit kurzer Zeit so außerordentliche Dinge, daß es ihr wohl gestattet war, zu zweifeln, „mein Vater, wohin wollt Ihr mich denn führen?"

„Du mißtraust mir, Dolores?" sagte Joseph, indem er seinen glühenden, offenen Blick auf sie richtete.

„Ach, verzeiht mir", bat sie, die Hände faltend, „aber jeder Schritt, den ich im Leben tue, führt mich an einen Abgrund, und dennoch –! Ach, ich glaube Euch, ja ich glaube Euch", sagte sie; „denn wenn Ihr mich verraten wolltet, so würdet Ihr mich nicht so ansehen."

„Armes unschuldiges Kind!" sagte er; „hast du keine andere Bürgschaft meiner Aufrichtigkeit als die Ehrlichkeit meines Blickes? Weißt du, ob ich nicht zu denen gehöre, die das Herz eines Tigers unter den Zügen eines Engels verbergen? Sagt dir nicht irgendeine geheime Ahnung, daß deine

Sache auch die meinige ist und daß ich dich verteidigen würde, als ob du meine eigene Schwester wärest, als ob wir unter demselben Herzen geruht hätten?"

„Macht mit mir, was Ihr wollt!" sagte die Tochter des Gouverneurs, indem sie vor diesem sonderbaren Mann beinahe niederkniete.

Zwei bittere Tränen, zwei von jenen Tränen, die, lange zurückgehalten, dennoch endlich fließen müssen, und selbst gegen den Willen dessen, der sie vergießt, und sogar aus dem kräftigsten Herzen, glitten langsam unter den langen Wimpern Josephs hervor, über seine bleichen und etwas abgemagerten Wangen.

„Ihr weint, mein Vater?" sagte das junge Mädchen gerührt. „Ach, auch Ihr hättet in diesem eisernen Zeitalter nicht geboren werden sollen."

„Gott" erwiderte Joseph, „wirft uns auf diese Erde, wann er will und zu dem, was er will – um zu verfolgen oder zu dulden, und aus dem, der leidet, macht er zuweilen das Werkzeug seiner ewigen Rache. Das ist es vielleicht, weshalb du und ich in diesem Jahrhundert leben, Dolores."

„Mein Gott", sagte sie, „Eure Traurigkeit erschreckt mich, und dennoch setze ich Vertrauen in Euch und würde überallhin gehen, wohin Ihr mich führen wollt. – Und dann", fügte sie mit einigem Zögern hinzu, „hätte ich Euch noch um etwas anderes zu bitten."

„Sprich!" sagte Joseph, der sie zu erraten schien.

„Ich bin die Verlobte des Don Estevan von Vargas."

„Ich weiß es", erwiderte Joseph, indem er einen schmerzlichen Seufzer unterdrückte. „Sei ruhig; Don Estevan ist in Sicherheit."

„Ihr habt auch ihn errettet?" rief sie voll Freuden.

„Nein, nicht ich rettete ihn, sondern die göttliche Gerechtigkeit. Gott ist der Herr, der gebietet; ich bin die Hand, die gehorcht."

„Oh mein Vater, seid gesegnet dafür, daß Ihr mir meinen Estevan erhalten habt."

Dies alles wurde mit leiser Stimme in der Küche der Taverne gesprochen. Die Chapa ging ab und zu und verteilte wechselweise an ihre Gäste Speisen oder Wein, Schnitten in Öl gebratenen Thunfisches, frische Sardinen und weißes Brot, weißer als in irgendeinem anderen Teil von Spanien, und die Ehrfurcht vor der heiligen Inquisition im allgemeinen und den Inquisitoren insbesondere, war so groß, daß niemand etwas Unpassendes an der langen Unterhaltung des jungen Mönchs mit der Base der Chapa fand.

Während dieser Zeit trat Coco ihn die Taverne. Joseph zog ihn beiseite. „Coco", sagte er ihm, „während deine Schwester hier beschäftigt ist, folge mir mit diesem jungen Mädchen bis zum Ausgang der Stadt."

„Es geschehe, wie Ihr gebietet, ehrwürdiger Herr", erwiderte Coco sich verbeugend. „Aber wollt Ihr denn beide durch den Saal gehen, der voller Leute ist?"

„Du und ich, wir durchschreiten ihn allein", erwiderte Joseph; „das junge Mädchen wird durch die kleine Hintertür gehen."

Es gab in der Tat in dieser Art von Küche eine Tür, die zu einem anderen Ausgang durch ein kleines niederes Gemach, ein Loch, in dem der Alguazil schlief, zu einem Sackgäßchen führte.

Der Dominikaner verließ die Taverne, begleitet von den ehrfurchtsvollen Grüßen der edlen Versammlung. Coco trat einige Minuten später in der Straße zu ihm. Sie gingen miteinander um das Haus und kehrten durch das Gäßchen zu demselben zurück. Dolores war bereit zum Aufbruch. Sie sagte der Chapa Lebewohl und folgte Joseph, der ihr zum Führer diente; denn selbst der Alguazil wußte nicht, wohin sie gehen würden.

„Du hast doch keine Furcht?" sagte Joseph, indem er die zitternde Hand der Dolores Argoso drückte.

„Seht!" sagte sie, indem sie mit edlem Vertrauen ihre Hand fest auf seinen Arm legte.

Alle drei verließen so die Taverne, ohne daß irgend jemand etwas davon bemerkte.

XV.

Die Äbtissin der Karmeliterinnen

WÄHREND SICH IN DER TAVERNE der Buena Ventura der Auftritt zutrug, der zwar an und für sich nicht sehr wichtig, zur Entwicklung unserer Geschichte aber unerläßlich ist, fand in der Abtei der Karmeliterinnen ein Auftritt anderer Art statt.

Die Äbtissin, die aus dem beinah fürstlichen Haus der Herzoge von Lerma[81] stammte und die aus dieser Rücksicht, ihrer großen Jugend ungeachtet, zu dem hohen Posten erwählt worden war, thronte in diesem Augenblick in der Mitte einiger ihrer Günstlinge. Thronte ist das richtige Wort, denn die demütige Tochter des heiligen Franziskus saß auf einem großen Armsessel, der mit rotem Samt überzogen war, auf einer Erhöhung von mehreren Stufen stand und von einem Baldachin überragt wurde, den goldene Fransen verzierten.

Neben ihr stand ihr Krummstab, das Zeichen ihrer Würde als Äbtissin. Von ihrem Gürtel hing auf ihr Gewand aus braunem Stoff ein großer Rosenkranz aus Filigranarbeit und Smaragden herab, an dem jedes Pater durch eine orientalische Perle von der Größe einer kleinen Nuß bezeichnet wurde. Auf ihrer Brust funkelte ein großes Kreuz aus ziseliertem Gold und jede Bewegung ihrer weißen, zarten Hand ließ mit blendendem Glanz den großen Ring der Äbtissinnenwürde funkeln, der jenen einzigen großen Diamant von dem reinsten Wasser umfaßte. Es war ein unschätzbares Juwel aus den Minen von Golkonda oder Visapur.

Die Äbtissin war ungefähr vierundzwanzig Jahre alt. Sie war eine Frau von kaum Mittelgröße, sah aber groß aus, so stolz trug sie die Schultern, so gerade und fest saß ihr schöner Kopf auf dem reizendsten Hals von der Welt. Ihre Haut, von rosiger Blässe und weißer als gewöhnlich bei den Andalusierinnen, war unter dem Schatten des Klosters noch weißer geworden. Ihre dunkelblauen Augen blitzten unter langen, schwarzen Augenwimpern hervor. Die Züge der Äbtissin trugen weiter keinen Charakter als den eines großen Stolzes auf ihren Rang und einer starken Hinneigung zur Sinnlichkeit, eine Neigung, die durch ihre roten, wollüstigen Lippen angedeutet wurde, die ein leichter Flaum beschattete, beinahe ebenso schwarz wie ihre Augenwimpern, obgleich außerordentlich fein. Die herrschende Leidenschaft der Äbtissin war indes der Stolz. Vor allem hielt sie auf die Würde ihres Ranges. Ihre Gunst gehörte besonders denen, die ihrer aristokratischen Eitelkeit am besten zu schmeicheln verstanden. Sie wollte Königin sein, selbst in einem Kloster.

Rings um sie her, auf sehr niedrigen Sesseln sitzend, plauderten ihre Günstlinge miteinander, indem sie sich mit Nadelarbeiten beschäftigten, zauberhaft schönen Stickereien, wie sie nur aus den Händen von Nonnen hervorgehen können. Einige hatten sich sogar aus größerer Demut auf die untersten Stufen des Thrones gesetzt, beinahe zu den Füßen der Äbtissin. Das war eine stumme, aber sehr geschickte Schmeichelei. Die heilige Herde kannte die Schwäche ihrer Hirtin.

Ein wichtiges Ereignis beschäftigte in diesem Augenblick die frommen Müßiggängerinnen: Dolores' Verschwinden.

„Clara", sagte die Äbtissin zu einer jungen Nonne, die in ihrer Nähe saß, „begreift Ihr, weshalb das junge Mädchen aus dem Kloster entflohen ist, wo ich sie wie meine eigene Schwester behandelte?"

„Nein, wahrlich nicht, meine Mutter", erwiderte die Karmeliterin, „man müßte sie denn hier eingesperrt haben, um sie einer weltlichen Liebe zu entziehen, zu der sie zurückgekehrt ist."

„Sie war von musterhafter Bescheidenheit", sagte die Äbtissin, „und ungeachtet ihres etwas stolzen und zurückhaltenden Wesens, hatte sie einen vortrefflichen Charakter. Ich glaubte wahrlich, ich würde sie für unsere demütige Herde gewinnen können, und diese Hoffnung war um so begründeter, da sie mir durch einen heiligen Mann, den reinsten Mönch in ganz Spanien, zugeführt wurde."

„Wie schade, daß sie sich in das Verderben der Welt stürzt", sagte eine Novizin, deren funkelnde Blicke weit entfernt waren, die vollkommene Ruhe der Sinne und der Seele auszusprechen. „Wo könnte sie so glücklich sein, wie hier in unserer Mitte?"

„Meine Tochter", sagte Franziska von Lerma, „segnet Gott, der Euch derselben Gefahr entriß, indem er Euch gestattete, hier Euer Leben friedlich zuzubringen."

Die junge Nonne unterdrückte einen Seufzer, indem sie sich bemühte, ihrem Gesicht den Ausdruck der Zufriedenheit zu geben. Sie hätte indes sehr gern den heiligen Genüssen des Klosters, die Unabhängigkeit und die heitere Freiheit des Weltlebens vorgezogen.

„Gesteht, meine Mutter", fuhr sie fort, indem sie auf ihren Knien einen breiten Streifen weißen Moirés ausbreitete, der mit goldenen Blumen von der zartesten Arbeit, die sie soeben beendigt hatte, besäet war, „gesteht, daß das ein schönes Vorderteil einer Altardecke ist und daß kein Kloster in ganz Sevilla sich eines ebenso schönen rühmen darf."

„Bewundernswert! In der Tat!" entgegnete die Äbtissin. „Die Stickerei wird am Tag Eures Professes, meine Tochter, auf eine würdige Art unsere Kapelle schmücken. – Aber was hat Ihr denn da, Katharina", wandte sie sich zu einer anderen, noch sehr jungen Nonne, die unter ihrem Schleier in einem grob gedruckten Buch blätterte, dessen Text mit noch gröberen Kupferstichen geschmückt war.

Die Nonne errötete und verbarg das Buch in der Tasche.

„Zeigt mir das!" sagte die Äbtissin sehr streng.

„Gebt das Buch, Schwester!" ermahnten die anderen Nonnen, deren Neugier lebhaft erregt war.

Katharina war von der Äbtissin wegen ihres sanften Charakters ein wenig verzogen, besonders aber wegen ihres großen Vermögens und der hohen Stellung ihrer Familie. Katharina reichte das Buch mit schmollender Miene, und ihre Gefährtinnen konnten auf dem Deckel, in großen Buchstaben gedruckt, lesen: *Die heilige Bibel.*

Es war eine protestantische Bibel, ins Spanische übersetzt und in Holland gedruckt.

„Das ist ein Gebetbuch", bemerkte Clara. „Da lohnte es auch wohl der Mühe, so geheimnisvoll zu tun!"

„Ja; aber es ist eine lutherische Bibel", sagte die Äbtissin, die weniger unwissend, aber ebenso neugierig war wie alle die übrigen. „Woher habt Ihr das Buch, Katharina?"

„Von einem Bruder meiner Mutter, Ehrwürdige! Er hat es aus Flandern mitgebracht, wo er ein Regiment kommandierte. Mein Oheim war ein starker Anhänger der reformierten Religion. Als meine Mutter darauf bestand, daß ich Nonne werden sollte, hat mein Onkel sich dagegen lange widersetzt, und endlich gab er mir dies Buch, indem er sagte: ‚Meine Nichte, du wirst nicht immer eingesperrt bleiben. Wenn die Reform des großen Luther nach Spanien gedrungen ist, werden die Nonnen frei werden und sich verheiraten dürfen, wie sie es in Deutschland getan haben.'"

„Ach Mutter, welche Gotteslästerung!" riefen die Nonnen, die mit unbeschreiblicher Begier zugehört hatten.

„Still, Katharina", sagte Franziska. „Es ist unklug, so zu sprechen, meine Tochter."

„Ist es sehr weit von hier nach Deutschland?" fragte die unwissende Clara.

„Oh gewiß", entgegnete Katharina, „und wir sind tot, wenn Luther kommt."

„Schweig! Schweig!" rief die ungestüme Franziska, deren Herz bei dem bloßen Gedanken an die Freiheit heftig klopfte, so glühend und lebenslustig war diese Frau, sowenig geschaffen für die Selbstverleugnung und die Untätigkeit des Klosterlebens, die eine Nahrung für ihre unglaubliche Tatkraft in der Ausübung des klösterlichen Despotismus gesucht hatten.

„Ach!" dachte sie, „die Freiheit auch für uns. – Aber wir werden tot sein, bevor sie zu uns gelangt!" flüsterte sie, die Worte Katharinas wiederholend.

„Unsere Mutter ist nachdenkend!" flüsterte Clara.

Ein lauter Klingelzug tönte in die Ohren der Nonnen.

„Clara", sagte die Äbtissin, plötzlich zu sich selbst zurückgerufen, „seht nach, wer es ist. Ich erwarte zu dieser Stunden keinen Besuch."

„Was kann es denn sein?" flüsterten die müßigen Geschöpfe, denen das geringste Ereignis eine große Beschäftigung gewährte; unter solchen nichtssagenden Kleinigkeiten fließt das Klosterleben dahin, in mystischem Geplauder und gehaltloser Aufregung; so sehr wird daselbst die Zeit und das Leben verschwendet.

Clara war aufgestanden; aber noch ehe sie mit ihren langsamen, abgemessenen Tritten die ganze Länge des Saales durchschritten hatte, schob eine Laienschwester den seidenen Türvorhang zur Seite und trat ein, mit beiden Händen ein silbernes Brett tragend, auf dem ein Brief lag.

Clara nahm das Brett aus den Händen der Laienschwester und trug es ungeachtet der Bemerkungen der anderen Nonnen, die alle zugleich die Arme ausstreckten, um den vielbedeutenden Präsentierteller zu erreichen; aber Clara, die größer war als die übrigen, erhob ihn über ihren Kopf, gelangte zu den Füßen des Thrones, erstieg mit leichtem Fuß die Stufen desselben bis zu der letzten, kniete hier vor der Äbtissin nieder und reichte ihr das Brett dar.[82]

Die Äbtissin nahm den Brief, erbrach das Siegel aus grünem Wachs, und kaum hatte sie die ersten Zeilen gelesen, als sie rasch von ihrem Sitz aufstand.

„Meine Schwestern", sagte sie, „gehen wir dem Herrn Groß-Inquisitor Arbuez entgegen, der uns die Ehre seines Besuches erzeigt."

Auf ein Zeichen der Äbtissin entfernte sich die Laienschwester. Dann ergriff Franziska von Lerma ihren Krummstab und schritt ihren Erwählten voran, Seine Eminenz an der äußeren Klosterpforte zu empfangen.

Man sieht, daß sie den übrigen Teil ihrer Herde keiner Benachrichtigung gewürdigt hatte. – Der König und seine Günstlinge sind unter einer despotischen Regierung der Staat!

An der Pforte des Klosters angelangt, ließ Franziska von Lerma beide Flügel derselben öffnen. Zu gleicher Zeit stieg Pedro Arbuez aus seiner Sänfte. Er war allein (da er sich nur durch seine Diener hatte begleiten lassen). Joseph hatte sich unter dem Vorwand des Unwohlseins von diesem Besuch freigemacht.

Der Leser weiß, wohin er gegangen war.

Der Inquisitor schritt gegen die Nonnen vor, und als er den Fuß auf die Schwelle gesetzt hatte, kniete die Äbtissin vor ihm nieder, um seinen Segen zu empfangen. Alle Nonnen ahmten ihr Beispiel nach. Dann schlug Franziska von Lerma wieder den Weg nach dem großen Saal ein. Hier ließ sie zwei große Armsessel mit goldenen Fransen einander gegenüberstellen, ließ Arbuez auf dem einen derselben Platz nehmen und setzte sich ihm gegenüber. Es war in der Abtei Gebrauch, daß die Äbtissin zu dem Groß-Inquisitor wie zu ihresgleichen sprach. Pedro Arbuez, der ebenfalls sehr streng auf die Beachtung der Etikette hielt, lächelte über diese Kleinigkeit. Er hätte sich von der Äbtissin der Karmeliterinnen noch ganz andere Anmaßungen gefallen lassen, und es gab sogar eine Zeit, zu der er sich gern auf die unterste Stufe des Thrones gesetzt hätte, den die schöne Franziska von Lerma mit solcher Würde einnahm.

Aber an diesem Tag war Pedro Arbuez finster und streng, und mit seinem hochmütigen Blick maß er die weibliche Versammlung mit dem Ausdruck der Unzufriedenheit. Die Äbtissin erkannte, daß etwas Ungewöhnliches bevorstand.

„Meine Schwester", sagte endlich der Groß-Inquisitor, „ich habe mit Euch allein zu reden, und ich bitte Euch daher, die hier anwesenden Schwestern sich entfernen zu lassen."

Die Äbtissin gab ein Zeichen, und die verschleierte Herde verschwand gleich einem Schwarm von Vögeln.

Pedro Arbuez überzeugte sich selbst, daß die Türen fest geschlossen waren und kehrte dann zurück, sich an die Seite der Äbtissin zu setzen.

„Ehrwürdige Frau", sagte er mit eiskaltem Ton, „das letzte Mal, als ich diese Gemeinde besichtigte, fragte ich Euch, ob Ihr keine Nonne oder Novizin hättet, die ich noch nicht kannte; und ich glaube, Ihr antwortetet mir darauf mit Nein!"

„Und das war die Wahrheit, gnädigster Herr, denn Ihr kanntet alle meine Nonnen und Novizinnen."

„Wohl; aber es war hier ein Mädchen, das Ihr vor mir verborgen hieltet."

„Ich habe es nicht vor Eurer Eminenz verborgen", entgegnete Franziska von Lerma. „Sie befand sich nicht hier, als Ihr uns die Ehre erzeigtet, uns zu besuchen; das ist alles. Da sie weder Nonne noch Novizin war, hielt ich es nicht für notwendig, Euer Eminenz von ihr zu sprechen."

„Und wenn es nun ebendieses Mädchen war, das ich suchte?"

„Das ahnte ich nicht im geringsten", sagte die Äbtissin mit einem leisen Anklang der Ironie.

„Genug des Spottes, Señora", entgegnete der Inquisitor rauh. – Seine Leidenschaften waren zu heftig, als daß er sie lange zu zügeln vermochte, um mit Gewandtheit an sein Ziel zu gelangen. „Dieses Mädchen ist hier und ich will es sehen."

„Das hättet Ihr mir früher sagen müssen, gnädigster Herr; dieses junge Mädchen hat sich entfernt, ohne daß ich zu sagen weiß, weshalb, denn ich habe gegen sie alle möglichen Rücksichten beobachtet."

„Sie ist fort!" rief der Inquisitor erstarrt. „Fort! – Ha, Ihr betrügt mich. – Dolores Argoso ist hier, und Ihr müßt sie mir auf der Stelle zeigen, versteht Ihr mich?"

„Dolores Argoso?" entgegnete Franziska. „Das ist nicht der Name des jungen Mädchens, das hier war, Eure Eminenz. Sie hieß ganz einfach Maria und war eine Waise, die mir durch einen frommen Predigermönch anvertraut wurde, Johann von Avila[80], mit dem Beinamen der Apostel Andalusiens."

„Johann von Avila!" sagte der Inquisitor mit bitterem Ton. „Jetzt wundere ich mich nicht mehr, wenn sich alles gegen mich wendet. Johann von Avila gehört zu den unbeschuhten Karmelitern, und alle diese Bettler des heiligen Franziskus sind unsere Feinde."

„Was hat Euch Johann von Avila getan?" fragte die Äbtissin, die in weiblicher Laune ein Vergnügen darin fand, den Zorn des Inquisitors zu reizen.

„Was er mir getan hat?" rief Arbuez heftig. „Ihr könnt noch fragen, was mir, dem Groß-Inquisitor der Provinz, alle diese Predigermönche tun, die zum Nachteil Roms sich so stellen, als folgten sie dem Evangelium besser als wir? Diese demütigen Stolzen, die dem Volk eine so umfassende Religion predigen, daß die heilige Inquisition ihm als Tyrannin erscheint und unser Eifer als Grausamkeit?"

„Und was kümmert das Euch, gnädigster Herr?" fragte die Äbtissin. „Sie haben das Wort und Ihr habt die Macht. Sie predigen in der Wüste, und Ihr könnt mir glauben, daß Ihr die Verbreitung ihrer Lehren nicht zu fürchten braucht."

„Laßt aber jetzt das junge Mädchen kommen", sagte der wilde Inquisitor. „Ich wiederhole Euch, daß sie hier ist, und daß ich sie sehen will."

„Gnädigster Herr", entgegnete die Äbtissin mit einigem Unwillen, „ich gab Euch die Versicherung, daß das junge Mädchen verschwunden ist. – Wollen Eure Eminenz mir die Ehre erzeigen, meinen Worten zu glauben?"

„Franziska!" rief der Inquisitor, indem er auf die Äbtissin einen zornigen Blick richtete.

„Pedro Arbuez", entgegnete sogleich Franziska von Lerma, deren Gesicht plötzlich ein Blitz des Zornes und der Eifersucht überflog, „hast du etwa geglaubt, ich sollte die Hüterin deiner Geliebten sein? – Das Mädchen ist fort, und was kümmert mich das? – Laß sie durch deine Sbirren und deine Familiaren suchen! – Fehlt es dir denn in Sevilla an Spionen, um ein Weib wiederzufinden, das vor dir flieht?"

„Dolores ist hier, und ich will sie sehen!" schrie der Inquisitor mit donnernder Stimme.

„Dolores Argoso ist nicht hier", antwortete die Äbtissin mit kalter, unterdrückter Wut. „Wenn sie aber hier wäre, so würde ich sie Euch nicht ausliefern! Hört Ihr, gnädigster Herr?"

„Bei Christus, das ist verwegen von Euch, Señora, so mit der Inquisition zu spielen. – Weißt du, was ich kann und wer ich bin, Franziska von Lerma? – Weißt du das?"

„Ich weiß, daß Ihr ein verabscheuungswürdiger Priester seid!" rief Franziska außer sich. „Ein schamloser Mönch, der nach nichts strebt, als danach, um jeden Preis seine rohen Leidenschaften zu befriedigen."

„Holla, Franziska von Lerma, heilige Äbtissin der Karmeliterinnen, was glaubt Ihr wohl, daß Spanien denken würde, wenn es Eure Ausschweifungen erführe?"

„Oh, es ist wahr", rief sie mit einer Bewegung des Entsetzens, „es ist wahr! Ich bin ein elendes Weib, welches das Laster unter einem heiligen Gewand verbirgt; – ich habe unter dem Schutz der Klostermauern furchtlos die verzehrenden Leidenschaften befriedigt, die Gott mir verlieh. – Aber wer machte, daß meine Seele entartet wurde? – Wer sagte mir, als ich zitternd und demütig mich zu deinen Füßen der Empörung meines Fleisches anklagte: ‚Gott erlaubt, daß man den Anforderungen der Sinne genügt, wenn dies mit mir geschieht?'[84] Wer hat mir das gesagt, Pedro Arbuez? Wer sprach seine strafbare und trügerische Moral aus, um meine Reue, meine Gewissensbisse zu beschwichtigen? Wer entzündete in meinem Busen jene glühenden Leidenschaften, die sich in der Zeit meiner Unschuld nur durch einzelne Blitze offenbarten, die schnell durch mein Gewissen unterdrückt wurden? Du warst es und immer du, dessen zügellose Begierden die meinigen nährten, du, den zu lieben ich so schwach war."

Während dieses heftigen Ausfalls der Äbtissin, bemerkte der Inquisitor auf einem Sessel die protestantische Bibel, die Katharina mitzunehmen vergessen hatte. Er las flüchtig den auf dem Deckel gedruckten Titel. Bei dieser Entdeckung zuckte ein finsterer Blick aus seinem Auge, und durch einen höllischen Nebengedanken getrieben, nahm er das Buch und verbarg es unter seiner Kutte. Dann erhob er die Augen wieder auf Franziska, die zu aufgeregt war, diesen Raub zu bemerken, und betrachtete mit einem eigentümlichen Ausdruck der Lüsternheit und der Bewunderung das glühende und leidenschaftliche Weib, das der Zorn nur noch schöner machte. Lebhaftes Rot färbte die zarten, weißen Wangen Franzisaks, und ihre Augen funkelten so lebhaft, daß man hätte glauben können, sie sprühten wirklich Funken.

Der Zorn des Inquisitors verschwand einen Augenblick vor diesem blendenden Bild. Nie war ihm Franziska von Lerma so schön erschienen. Der strenge Ausdruck in Dolores' Gesicht, deren Unschuld und Keuschheit die Begierden beschwichtigten, statt sie anzustacheln, konnte in diesem Augenblick mit der unvergleichlichen Schönheit der Äbtissin der Karmeliterinnen nicht ringen. Für einen fleischlich gesinnten Mann war der Vorteil ganz auf der Seite Franziskas; und überdies war Dolores abwesend. Die Männer, die durch die Sinne leben, haben keine Augen der Seele; die Gegenwart übt unbedingte Herrschaft über sie aus, und der gebietet ihnen, der die materiellen Fiebern ihres Wesens zu berühren weiß.

„Oh, wie schön du bist, Franziska!" rief Pedro Arbuez, der sie seit einigen Augenblicken mit stummer Bewunderung betrachtete.

Ihre überspannte Leidenschaftlichkeit sagte seiner wilden Natur zu, und die Beimischung der Reue, die dabei durchleuchtete, bildete für ihn den anziehendsten Reiz.

„Schöne Sünderin!" fuhr er fort, indem er die weiße Hand der Äbtissin ergriff, die der Zorn marmorkalt gemacht hatte.

„Pedro!" sagte die Nonne, indem sie infolge einer eigentümlichen Rückwirkung bleich und erschöpft vor ihm auf die Knie sank, – „Pedro, ich fürchte mich – ich fürchte mich – vor der Hölle!"

„Törin!" entgegnete er; „fürchtet man die Hölle, wenn man in dem Himmel ist?"

Eine Wolke verdunkelte die Blicke der Äbtissin, die außer sich war.

Pedro Arbuez hatte Dolores vergessen!

XVI.

Die Melopia

NACHDEM DER APOSTEL IN BEGLEITUNG ESTEVANS die ärmsten Dörfer in der Umgegend von Sevilla besucht hatte, beschloß er, darauf für jetzt seine Reise zu beschränken. Er war um Dolores besorgt, und das Pfingstfest war nahe, eine Zeit, die man gewöhnlich durch ein Autodafé feierte. Er fürchtete daher, daß der Augenblick gekommen sei, die Befreiung des unglücklichen Gouverneurs von Sevilla wenigstens zu versuchen, denn daß sie ihm gelingen werde, wagte Johann von Avila kaum zu hoffen. Blieben seine Bemühungen aber erfolglos, dann mußte er dessen unglückliche Tochter trösten. Estevan teilte alle Besorgnisse des Apostels, und die Gefahren, die ihrer in Sevilla warteten, kamen in sehr geringen Betracht bei diesen beiden mutigen Männern. Sie befürchteten den Verlust ihrer Freiheit nur, weil diese für das Heil der anderen nützlich war.

Sie näherten sich, beide zu Fuß gleich den Propheten Judäas, der maurischen Stadt und suchten ihre Unruhe, ihre Besorgnisse durch ernste Gespräche zu beschwichtigen. Der ungestüme Estevan beugte sich unter der milden Herrschaft Johann von Avilas. Der junge Mann lernte von ihm mit Geduld und Ergebung zu kämpfen. Es war ungefähr sechs Uhr abends, als sie Sevilla erreichten. Eine zahllose Menschenmenge wogte durch die Straßen. Es war die Stunde, zu der die Klöster die *Melopia* an die Bettler und die Vagabunden der Stadt austeilten. Nachdem die Mönche diesen Unglücklichen alles genommen hatten, war es wohl das wenigste, daß sie ihnen zu essen gaben.

Estevan und der Apostel befanden sich in diesem Augenblick einem Kloster der barmherzigen Brüder[85] gegenüber. Die Menge war auch hier sehr zahlreich, denn es fehlte in Sevilla nicht an Bettlern, und in dem Eifer, zuerst versehen zu werden, trachtete jeder, sich auf Kosten seines Nachbars einen Weg zu bahnen, so daß diese dichtgedrängte Masse den Weg vollkommen versperrte.

„Laßt uns einen Augenblick anhalten", sagte Johann von Avila. „Warten wir, bis diese armen Verhungerten gesättigt sind. Dann können wir unseren Weg verfolgen."

Sie gingen einige Schritte zurück und lehnten sich dann gegen eine Wand, so daß sie alles sehen konnten, ohne jemand im Weg zu sein.

Allmählich wurde der Haufen der Menschen immer dichter. Sie drängten sich hin und her und sprachen sehr laut und sehr lebhaft. Man hörte nichts als einen dumpfen Lärm mißtönender Stimmen, bei denen der vorherrschende Ton der des Zornes war. Man hätte glauben können, bissige Hunde zu hören, die ihre Fütterung erwarteten.

Plötzlich verwandelte sich das zänkische Getöse in freudige, lebhafte und anhaltende Ausrufungen. Die dichtgedrängte Menschenmenge schien nur noch ein einziger, ungeheurer Körper mit mehreren hundert Köpfen zu sein, die sämtlich demselben Ziel zugewandt waren.

Die Pforte des Klosters hatte sich geöffnet, und zwei junge kräftige Laienbrüder trugen auf einem großen Stock, der durch die beiden Henkel gesteckt war, einen gewaltigen kupfernen Kessel, in dem die vielgeliebte Melopia noch brodelte.

Da wurden begierig alle die Hände mit den hölzernen Näpfen erhoben, die zu der Aufnahme der Speise bestimmt waren. Rauhes Geschrei, wildes Geheul begrüßte die stärkende Nahrung, und es schien, als wollten alle die Verhungerten sich darüber herstürzen. Doch da erschien ein dritter Bruder, der einen gewaltigen Löffel schwang und dessen Kutte so mit Fett besudelt war, daß sich die ursprüngliche Farbe derselben nicht mehr unterscheiden ließ.

„*A las filas!*[86]" gebot er mit donnernder Stimme, und sogleich stellten alle sich murrend in Ordnung auf. Man hätte glauben können, das Knurren eines Hundes zu hören, dem ein Knochen fortgenommen wird.

„Es ist für alle genug da! – Stille!" ertönte aufs neue die Stimme des *Dispensero* (Austeiler).

Diese Versicherung machte wie durch Zaubergewalt alles verstummen, und die Verteilung begann. Da alle die Gaben von gleicher Größe waren, konnte niemand sich beklagen; es fand eine vollständige Unparteilichkeit bei der Verteilung der Melopia statt, ein Wort, das aus der Verstümmelung von *mezclopia*, Mischung, entstanden ist. In der Tat war die Melopia die schmutzigste Mischung des Abfalls von der Tafel der Mönche, beschmutzte und abgenagte Überbleibsel, die in Salzwasser gekocht und mit etwas Öl oder Speckscheiben angemacht wurden. Man mußte ein Hund oder ein Gitano sein, um davon zu genießen.

Aber der Hunger! Der Hunger! – Und alle diese Menschen waren hungrig. Es gewährte daher auch Vergnügen, sie ihre Portion mit ebensowenig Ekel verzehren zu sehen, wie wir vor einer vortrefflichen Suppe empfinden; für den, der den wahren Sachverhalt kannte, war es indessen auch ein mitleiderregender Anblick, dieses arme Volk Spaniens so zu der entwürdigendsten Stufe des Elends gebracht zu sehen.

„Welch ein sonderbares Ragout!" rief plötzlich Estevan, der vergebens zu erraten suchte, aus was dieses Gemisch von allen Farben bestand, die keine bestimmte Gestalt hatten und einen stinkenden Geruch von verbranntem Fett und ranzigem Öl aushauchte.

„Ja, sonderbar!" erwiderte Johann von Avila traurig. „Wenn Ihr wüßtet, woraus es besteht!"

„Woraus denn, mein Vater! Wißt Ihr es?"

„Wenn die Mönche gegessen haben", fuhr der Apostel fort, „werfen sie diesem armen Volk die Knochen, die sie nicht mehr mögen, vor wie den Hunden. Die Laienbrüder sammeln in diesem Kessel, den Ihr dort seht, alles, was die Leckerhaftigkeit der Mönche sie an den Rand ihrer Teller schieben läßt, abgenagte Knochen, Fischköpfe, Füße von Geflügel, Spargelstengel, von denen sie nur die Spitze abgebissen haben, mit einem Wort alles, was sie selbst nicht essen mögen. Unter diesen Überbleibseln findet sich immer noch irgend etwas, was sich abnagen läßt; dann schneidet man Brot in den Kessel, gießt Wasser und ein wenig Öl dazu, und dies alles eine Viertelstunde lang über dem Feuer gekocht, wird Melopia genannt; davon lebt wenigstens der vierte Teil der ganzen Bevölkerung Spaniens."

„Welche Unwürdigkeit!" rief Estevan.

„Das ist noch nicht alles!" fuhr Johann von Avila fort. „Die Mönche begnügen sich nicht damit, das Elend der Armen auszubeuten, denn die Armen haben ihnen nichts mehr zu geben, und diese schmutzige Nahrung, die sie ihnen so täglich zuwerfen, ist nichts als scheinbare Rückerstattung für alle die Güter, die sie ihnen geraubt haben. Die Reichen lassen sich mit größerem Vorteil ausbeuten, und für diese haben die Mönche die *innere* Melopia[87] erfunden."

„Was ist das?" fragte Estevan.

„Mein Sohn, wenn ein Reicher krank wird, läßt er seinen Arzt holen, aber noch häufiger zieht er seinen Beichtvater zu Rate.

,Ich leide', sagt der Kranke.

‚Tut ein Gelübde', erwidert der Beichtvater.

Dieses Gelübde besteht für gewöhnlich darin, für eine gewisse Zeit von Almosen zu leben. Nun wohl! In den Klöstern Spaniens gibt es eine Tafel, die mit gesunder und reichlicher Kost für die versorgt wird, die hier *umsonst* die Melopia essen, weil sie ein Gelübde darauf abgelegt haben. Gesunde und regelmäßige Kost bringt für gewöhnlich sehr heilsame Wirkungen hervor. Die Gesundheit des Reichen verbessert sich, und bei Beendigung seines Gelübdes läßt er dem Kloster eine reiche Gabe zurück, indem er Gott für seine Genesung dankt. So beutet man die Religion aus, mein Sohn. So verkaufen diese Pharisäer die Gnade Gottes, die man nur durch Gebet, durch Reinheit des Herzens oder durch Tränen der Reue gewinnt. So leiten sie den Geist eines edlen, enthusiastischen, das Wunderbare liebenden Volkes irre, indem sie überall Wunder zeigen, die nur durch Hilfe grober Täuschungen möglich sind; als ob nicht die ganze Schöpfung ein Wunder wäre! Als ob die unsichtbare Hand, die alles lenkt, menschlicher Mittel bedürfte, um ihren höchsten Willen zu erfüllen."

Währenddessen kam ein Bettler herbei, in der Hand seinen hölzernen Napf, um seinen Anteil an dem allgemeinen Abendessen zu empfangen.

„Es gibt nichts mehr!" rief ihm ein junger Bursche zu, der seine Portion mit einer Gefräßigkeit hinunterschlang, die eines Andalusiers unwürdig war.[88]

„Desto schlimmer für die Melopia!" entgegnete stolz der Vagabund, indem er einen Blick der höchsten Geringschätzung über die Versammlung gleiten ließ. Dann entfernte er sich singend, als hätte er die beste Mahlzeit gehalten.

„Der arme Mensch!" sagte Estevan. „Er wird nun heute abend nichts essen. – Man muß doch gestehen, daß das Volk sehr unglücklich ist."

„Nicht so unglücklich, wie Ihr glaubt", entgegnete der Apostel. „Der Andalusier ist wesentlich poetisch, aber träge und nachlässig wie alle Menschen, bei denen die Einbildungskraft vorherrscht. Für ihn sind die Bedürfnisse des Körpers nichtsbedeutend; die Materie wird durch den Geist beherrscht. In Ermangelung der Nahrung für seine geistigen Fähigkeiten stürzt er sich daher auch in eine gewaltige Trägheit oder überläßt sich einem unerhörten Vagabundieren, je nach der Alternative der Glut oder der Apathie, die einander bei reichen Organisationen gewöhnlich folgen. Dabei hat er einen übermäßigen Stolz, der aus dem Bewußtsein erwächst, das er von seinem eigenen Verdienst besitzt. Schlechte Behandlung bezwingt ihn nicht, sondern unterwirft nur die Materie in ihm. – Diese Menschen erwarten die Herrschaft des Geistes; die einzige, die ihre guten Neigungen und ihre natürlichen Tugenden entwickeln kann."

„Wie schade", sagte Estevan, „daß man diese kräftigen Geister so in Roheit und Dummheit versinken läßt!"

„Ohne Zweifel, mein Sohn", erwiderte der Apostel, „und das ist ein Verbrechen der göttlichen Majestätsbeleidigung. Es heißt die Größe Gottes in den Wesen verkennen, die nach seinem Bild geschaffen sind. Ein Volk verdummen heißt eine Nation untergraben und unbedacht die Mine anlegen, die eines Tages in Empörung und Bürgerkriegen auffliegen wird."

„Mein Vater", rief plötzlich Estevan, indem er das schöne, schmerzerfüllte Gesicht des Apostels betrachtete, „weshalb seid Ihr Mönch geworden?"

„Um zu kämpfen!" entgegnete Johann von Avila. „Um gründlich die geheimen Wunden kennenzulernen, an denen Spanien leidet, und meinen Stein zu dem neuen Gebäude beizutragen, das sich einst auf den Trümmern des Fanatismus und der Verfolgung erheben wird.[89] Aber diese Zeit ist noch nicht gekommen", fügte er voll Trauer und Schmerz hinzu, „und noch zu viele Wolken verhüllen die Sonne der Freiheit, als daß sie über Spanien leuchten könnte. – Doch gleichviel!" fuhr er nach einer kurzen Pause voll Enthusiasmus fort, „die Wiedergeburt eines Volkes ist das langsame Werk der Jahrhunderte, und der Mensch erntet nicht immer die Früchte des Baumes, den er gepflanzt hat. Wehe dem, der nur für sich sät und seinen Lohn schon im Diesseits erwartet!"

„Mein Vater", sagte der junge Mann, „Ihr gleicht nicht der Mehrzahl der Reformatoren, die gewöhnlich für sich und ihren Ruhm arbeiten, ohne ernstlich an das Glück derer zu denken, für deren Wiedergeburt sie wirken."

„Mein Sohn, nur der ist würdig, ein Reformator genannt zu werden, der von sich selbst absieht und den Menschen das Glück nur auf Kosten seines eigenen Glücks und, wenn es sein muß, auf Kosten seines Lebens bringt; ich kenne nur einen Reformator, der dieses Namens würdig ist; dieser nennt sich Christus. Alle, die wir daran arbeiten, seine heiligen Lehren zu verbreiten oder sie wiederherzustellen, wo sie verfälscht wurden, wir sind nur seine Bevollmächtigten."

Während dieses Gespräches hatte das Volk sein Abendessen beendigt. Allmählich war die Straße leer geworden, und Johann von Avila verfolgte mit Estevan seinen Weg. Als sie sich einer Gruppe von Bettlern näherten, die einige *Seguidillas* improvisierten[90], fühlte der Apostel sich am Ärmel gezupft und als er sich umsah, erkannte er die Serena.

„Euer Ehrwürden mögen mir verzeihen", sagte das junge Weib; „aber ich war bei Euch und fand niemand."

„Was gibt es denn?" fragte Estevan, dem es ahnte, daß es sich um Dolores handelte.

„Euer Ehrwürden müßt wissen", fuhr die Culevrina, noch immer zu dem Apostel sich wendend, fort, „daß die junge Dame, die Ihr unter Euren Schutz genommen habt, vor einigen Tagen nach der Taverne der Chapa gekommen ist."

„Wie!" rief der Apostel verwundert. „Dolores hätte das Kloster der Karmeliterinnen verlassen?"

„Ich weiß das nicht", entgegnete die Serena. „Soviel aber ist gewiß, daß ich sie mit meinen eigenen Augen in der Taverne gesehen habe."

„Bist du dessen auch ganz gewiß?" fragte Estevan voll Besorgnis.

„Wie meines Todes, Señor. Ich habe sie sehr gut wiedererkannt, obgleich sie als Manola gekleidet und außerordentlich blaß war."

„Oh mein Gott, welches neue Unglück hat sie denn getroffen? Laßt uns eilen, mein Vater!" rief Estevan.

„Unbesonnener!" sagte der Apostel. „Wißt Ihr denn nicht, daß die Taverne ein Sammelplatz für die Familiaren der Inquisition ist? Ich werde allein gehen, oder wir werden vielmehr zuerst dieses junge Weib hinschicken."

„Culevrina", sage er dann, sich zu der Serena wendend, „geh sogleich zu Coco und kehre dann zu mir zurück, um mir zu sagen, was aus der Señora Dolores geworden ist."

„Wo finde ich Eure Ehrwürden?"

„In meinem Haus", entgegnete Johann von Avila. „Geh, meine Tochter, und Gott geleite dich."

Die Serena flog wie ein Pfeil davon.

Estevan und der Apostel beeilten ihre Schritte, um desto eher nach dem Haus des letzteren zu gelangen.

XVII.

Die Cavalcade

NAHE DEM GROSSEN PLATZ SEVILLAS, in einer kleinen Straße, die an einer Seite der Kathedrale hinlief, bemerkte man ein kleines, niedriges Haus, dessen Mauern aus roten Ziegelsteinen sowie gewisse architektonische Verzierungen zeigten, daß es zu gleicher Zeit mit dem Alhambra[91] erbaut sein mußte.

Man trat in dieses Haus durch eine schmale und niedrige Spitztür ein, und von der Straßenseite empfing es durch keine sichtbare Öffnung Licht. Indes war einige Fuß hoch über der Tür eine viereckige Öffnung angebracht, groß genug, um den Kopf hindurchstecken zu können, von außen aber durch einen Block von Ziegelsteinen geschlossen, der genau in die Öffnung paßte und sich so dicht an die Mauer anschloß, daß er mit dieser eins zu sein schien, wenn er vorgeschoben war und daß dann niemand die Öffnung zu bemerken vermocht hätte, die sich schloß wie ein Grab.

Das Haus hatte nur ein Geschoß, eine Terrasse, auf der man nie einen Menschen sah und dahinter einen kleinen Garten, umgeben mit so hohen Mauern, daß aus den benachbarten Häusern kein Blick hineindringen konnte. Dieser Garten, oder vielmehr diese Art von Brunnen, war mit Laubwerk und Blumen angefüllt, die hier wuchsen, obgleich sie der Sonnenstrahlen, die von den hohen Mauern aufgefangen wurden, entbehrten. Die Luft ist so warm und fruchtbar der Boden Andalusiens.

Man sagte, dies Häuschen hätte zur Zeit der Mauren einem Santon gehört. Zu der Zeit, in der sich unsere Geschichte zutrug, wurde es von einer schon bejahrten Frau bewohnt, die sehr fromm war, die Kirche sehr eifrig besuchte, bei sich aber niemanden empfing, ausgenommen einen jungen Dominikaner-Mönch, der, wie man sagte, ihr Beichtvater war.

Man hatte sich anfangs über ein so auffallend einsames Leben gewundert; da diese Frau aber der Inquisition gegenüber in Ordnung war, schrieb man zuletzt ihre Menschenscheu einem Übermaß der Frömmigkeit zu, und niemand dachte daran, sie deshalb zu tadeln. Man wußte nicht, aus welchem Land sie gekommen sei und sie bewohnte das Haus des Santons schon seit mehreren Jahren. Indes schloß man aus ihrer Kleidung und ihrem Wesen, daß sie eine Spanierin von dem reinsten Blut sei.

Es war Mittag.

In einem kleinen Gemach nach dem Garten hinaus saßen zwei Frauen plaudernd miteinander und mit Nadelarbeiten beschäftigt.

Eine derselben, über fünfzig Jahre alt, hatte ein mildes, erstes Gesicht, das die Spuren tiefer Traurigkeit trug. Ein peinliches, schmerzliches Geheimnis schien auf ihrer sehr blassen Stirn zu lasten, die von weißen Haaren umgeben war. Ein langer und grausamer Kampf hatte das Gesicht, das einst schön gewesen sein mußte, gefurcht und ihre hohe Gestalt gebeugt. Diese Frau hieß Juana; sie war die Herrin des Hauses. Die andere, in der Blüte der ersten Jugend, war ebenfalls traurig und niedergeschlagen: Es war Dolores.

Dies war das Asyl, in das Joseph sie verborgen hatte. Juana war die Amme des jungen Dominikaners.

„Ich habe meinen Sohn gestern nicht gesehen", sagte plötzlich die alte Frau. „Sollte mein armer Joseph krank sein?"

„Er wird ohne Zweifel heute kommen", entgegnete die Tochter des Gouverneurs. „Hat er nicht versprochen, mir Nachricht von dem Apostel zu bringen?"

„Und er wird es tun, seid ganz ruhig", sagte Juana. „Mein Joseph hat das Herz eines Engels. Er tat nie etwas anderes als Gutes."

Indem Juana so sprach, trocknete sie zwei Tränen, die über ihre eingefallenen Wangen rannen.

„Kommt, meine Tochter", fuhr sie fort, indem sie ihre Arbeit zusammenfaltete und auf den Tisch legte. „Es ist Zeit zum Mittagessen. Hört daher auf zu sticken und kommt zur Mahlzeit."

„Ich habe keinen Hunger", sagte Dolores traurig.

„Aber man muß essen, um zu leben, – um die Kraft zum Leben zu behalten", entgegnete bitter die Alte. Zugleich setzte sie auf einen schmalen Tisch verschiedene einfache Speisen, aber in reicher Menge: in Wasser gekochten Reis, geröstetes Hammelfleisch und Früchte.

Dolores stand langsam auf und setzte sich an den Tisch, mehr aus Gehorsam als aus Bedürfnis.

Es war heiß. Alles war still in der Nähe des Hauses, und in der Einsamkeit desselben hätte man glauben können, weit von der Stadt entfernt zu sein. Plötzlich ertönte in der Ferne lautes Trompetengeschmetter. Dolores erbebte auf ihrem Sessel und schob die Speisen zurück, die vor sie hingestellt worden waren.

„Was ist Euch?" fragte Juana teilnahmsvoll. „Was ist Euch, mein Kind?"

„Hört!" rief Dolores erschreckt, indem sie ihre Augen mit dem Ausdruck der höchsten Angst auf Juanas Gesicht richtete. „Hört, meine Mutter; vernehmt Ihr nichts?"

Die Fanfare ertönte aufs neue, lauter und lebhafter als zuvor, denn sie war jetzt näher, und in die schmetternden Klänge mischte sich der Hufschlag von Pferden.

„Nun!" fragte Juana, die sich stellte, als begriffe sie nichts; „was kümmert Euch dieser Lärm, mein Kind?"

„Dieser Lärm, meine Mutter, verkündet den Triumphzug der Inquisition. Begreift Ihr denn nicht? Der König der Henker[92] zieht durch die Straßen und verkündet der Stadt, daß seine Hand nicht untätig geblieben ist, daß er seine

Schauritt des Groß-Inquisitors

Ernte an Opfern für das nächste Autodafé gehalten hat. – Hört Ihr nicht, meine Mutter?"

„Ihr täuscht Euch, glaube ich", sagte Juana zitternd.

„Oh nein, ich täusche mich nicht! – Hört nur!"

Die Reitergruppe war schon zu dem großen Platz gelangt, und der Klang der Fanfaren drang jetzt noch lauter und deutlicher zu ihren Ohren.

„Kommt! Kommt!" rief Dolores, indem sie die alte Frau mit sich fortzog und sie zwang, ihr nach dem oberen Stockwerk des Hauses zu folgen. „Ihr werdet sehen!"

Zu dem Zimmer gelangt, das nach der Straße hinausging und aus dem man einen Teil des Platzes übersehen konnte, zog Dolores hastig den Steinblock heraus, der die Öffnung verschloß.

„Was tut Ihr? Großer Gott!" rief die alte Frau erschrocken.

„Fürchtet nichts, meine Mutter! Niemand wird etwas bemerken. Alle sind viel zu sehr damit beschäftigt, den Zug des Groß-Inquisitors anzustaunen."

Juana, die jetzt ebenfalls von Neugier ergriffen wurde, blickte durch die Öffnung. Der Platz war mit Menschen bedeckt. Der Groß-Inquisitor Pedro Arbuez, gekleidet in ein violettes Gewand und auf einem schneeweißen Pferd von reinstem Blut sitzend, das unter seinem Reiter mit den Hufen stampfte, kam mit seinem Gefolge daher.

Das schöne, stolze und leidenschaftliche Gesicht des Inquisitors, sein hoher Wuchs, den zu beugen er verschmähte, imponierten dem Volk ebensosehr wie seine hohe Würde.

Pedro Arbuez war offen und eingestanden Despot durch seine Verwegenheit, denn es gab auf Erden keine tückischere Seele als die seinige, sobald der Vorteil seiner Leidenschaft es heischte. Aber im gewöhnlichen Leben verachtete er die Menschen zu sehr, betrachtete er sich zu sehr als ihr Gebieter, um sich bis zur Heuchelei zu erniedrigen.

Hinter Pedro Arbuez folgten die anderen Inquisitoren, ebenfalls zu Pferde, aber schwarz gekleidet.

Eine Abteilung Leibwächter (bewaffnete Familiaren) begleitete diese Reitergruppe.

Bei dem Vorüberkommen des heiligen Zuges verbeugte sich das Volk oder es kniete nieder. Die Gesichter wurden blaß, und Totenstille herrschte unter der Menge.

Auf der Mitte des Platzes angelangt, hielt der Inquisitor sein Pferd an. Dann sagte er mit lauter Stimme, der er den Klang frommer Überzeugung zu geben strebte: „Meine Brüder, in einem Monat, an dem gleichen Tag, wird die heilige Inquisition Gerechtigkeit an den Ketzern üben, welche die göttliche Religion unseres Heilands entehren. – Ein großes Autodafé wird begangen werden, um die Siege unseres großen Königs Karl V. in Flandern sowie seinen Eifer gegen die Ketzerei zu feiern. Betet, meine Brüder, daß Gott uns alle Ketzer offenbare, selbst die, die es nur in der Tiefe ihrer Herzen sind, und zeigt ihr selbst alle die an, die ihr kennt, wenn ihr den Ablaß verdienen wollt, der dafür von Seiner Heiligkeit, dem Papst, verheißen worden ist."

„Oh mein Gott", rief Dolores. „Was wird aus meinem Vater werden?"

Das Volk antwortete dem Ausruf des Inquisitors nur dadurch, daß es sich eifrig bekreuzigte.

Die Fanfaren ertönten aufs neue.

„Mein Vater!" schrie die Tochter des Gouverneurs, indem sie sich in der Mitte des Gemaches, wie außer sich, niederwarf.

„Beruhigt Euch!" bat Juana. „Joseph wird kommen. Fürchtet nichts."

Dolores kehrte zu der Öffnung zurück. Der Zug verließ den Platz und näherte sich dem Haus.

„Geht doch da fort!" rief Juana voll Angst. „Sie kommen hier vorbei und werden Euch sehen. Dolores! Dolores! Hört mich doch!"

Aber Dolores hörte sie nicht.

Die Augen unwiderstehlich auf den Inquisitor gerichtet, schien es, als wollte sie auf dessen Gesicht das Geschick ihres Vaters und ihr eigenes lesen.

Der Zug war beinahe an dem Haus, und noch immer hatte Dolores ihr Gesicht der Straße zugewandt. Das Zimmer war sehr finster, allein in dem Halbdunkel des Rahmens, der den Kopf des jungen Mädchens umschloß, traten dessen Züge undeutlich aus der Mauer hervor. Im Vorüberreiten erhob Pedro Arbuez zufällig den Kopf, aber in ebendiesem Augenblick umfaßte Juana Dolores, zog dieselbe von der Öffnung zurück und verschloß diese mit der Steinmasse.

Der Inquisitor machte auf seinem Pferd einen Satz. Er richtete seine Augen aufs neue nach dem Punkt, auf dem sich ihm die Erscheinung gezeigt hatte, die ihn blendete; aber statt derselben sah er nichts als eine glatte Mauer ohne Fenster.

Er glaubte das Spielwerk eines Traumes zu sein, und sich zu einem Familiar wendend, der einige Schritte hinter ihm ging, fragte er: „Weißt du, wem dieses Haus gehört?"

Die Familiaren wußten alles! Der Mann antwortete daher auf der Stelle: „Eminenz, es gehört einer armen Witwe, die von den Wohltaten Eures Almoseniers Don Joseph lebt."

„Ich bin wahnsinnig!" dachte der Inquisitor. „Aber überall erblicke ich dieses Weib."

Der Zug ging weiter. Juana setzte die ohnmächtige Dolores auf einen Stuhl. Schon ertönte der Lärm der Fanfaren nur noch aus weiter Ferne, und noch immer war Dolores ohne Besinnung, vor ihr kniend rieb Juana ihr lebhaft die Hände und benetzte ihr dann das Gesicht mit frischem Wasser.

Allein und es nicht wagend, irgend jemanden herbeizurufen, empfand Juana schon die lebhaftesten Besorgnisse, als die äußere Tür des Hauses mit einem Geräusch geöffnet wurde und rasche Tritte die Treppe heraufkamen.

„Gott sein gesegnet!" rief Juana. „Das kann nur Joseph sein."

Es war in der Tat Joseph. In dem Augenblick, als er in das Zimmer trat, öffnete Dolores die Augen und stieß einen langen Seufzer aus.

„Was gibt es denn Amme?" fragte Joseph.

„Mein Vater! Mein Vater!" rief Dolores, als sie den jungen Dominikanermönch erblickte. „Don Joseph, Ihr seht wohl, daß sie meinen Vater morden wollen!"

„Beruhigt Euch, Dolores", sagte Joseph sanft. „Wer sagt Euch, daß man Euren Vater töten will?"

„Habe ich nicht soeben den Todesruf gehört? Wird nicht ein baldiges Autodafé verkündet?"

„Was beweist das?" entgegnete der junge Dominikaner. „Wenn Euer Vater dazu bezeichnet wird, bin ich dann nicht da, um über ihn zu wachen?"

„Oh, Ihr täuscht mich, Don Joseph. Euer grausames Mitleid treibt Euch an, mir die Wahrheit zu verhehlen. Weiß ich denn nicht, daß dem Inquisitor nach dem Blut meines Vaters dürstet und daß er ihn töten wird?"

„Beruhigt Euch und hört mich an!" sagte Joseph, indem er sich dem jungen Mädchen näherte.

„Nein, ich will Euch nicht glauben!" rief sie mit steigender Aufregung. „Tragt nicht auch Ihr das Gewand der Inquisition? – Nun wohl! Laßt mich! Ich bedarf Eurer nicht, um meinen Vater zu retten. Ich werde mich dem Herrn Arbuez zu Füßen werfen, ich werde seine Knie umarmen; ich werde so sehr bitten und weinen, daß er sich erweichen läßt und mir meinen Vater zurückgibt, seine Seele müßte denn so hart sein wie ein Fels!"

„Arme Wahnsinnige!" sagte Joseph mit bitterem Ton und indem er die weinende Juana ansah. „Haben denn die Inquisitoren etwa eine Seele? Wissen sie, was es heißt, einen Vater, eine Mutter, eine Geliebte oder eine Schwester haben? Hat jemals irgendein Gefühl ihr Marmorherz gerührt? Kennen sie denn andere Regungen, als die der lüsternen Sinne, der Grausamkeit und der Unbarmherzigkeit, – die Genüsse zügelloser Ausschweifung, des Blutdurstes und des Schauspiels der Todesqualen?"

„Ich werde gehen! Ich werde gehen!" rief Dolores, durch dieses entsetzliche, aber wahrheitsgetreue Bild noch mehr aufgeregt.

Zugleich sprang sie auf und Juana zurückstoßend, die sie mit ihren Armen umschlingen wollte, um sie zu trösten und zu beruhigen, sagte sie: „Laßt mich! Ihr habt euch alle verbündet, um mich zu hintergehen. Ihr habt mich hier eingesperrt wie in ein Gefängnis, damit das Gerücht der Ereignisse nicht bis zu mir dringen könnte. Aber Gott hat eure Pläne vereitelt und ich habe erfahren, was ihr mir verbergen wolltet. Laßt mich daher; laßt mich frei; mit welchem Recht haltet ihr mich hier gefangen zurück?"

Sie rief dies mit großer Heftigkeit und richtete auf den Dominikaner einen stolzen und zornigen Blick.

Joseph schwieg; er war ergriffen und sehr blaß. Juana sah ihn mit einem Blick an, der zu sagen schien: „Das arme Mädchen wird wahnsinnig!"

„Sie ist glücklicher als ich!" murmelte Joseph leise.

Juana öffnete jetzt ihre Arme, mit denen sie Dolores zurückzuhalten bemüht gewesen war, und setzte sich an dem äußersten Ende des Gemaches nieder.

Als das junge Mädchen sich frei sah, blieb sie stehen und betrachtete Joseph, dessen schönes blasses Gesicht in Mitleid zitterte.

Juana weinte. Diese beiden leidenden Geschöpfe glichen weit eher Opfern als Henkern. Dolores' Auge verlor plötzlich den flammenden Ausdruck. Sie warf sich erschöpft auf einen Sessel. Ihr heftiger Zorn hatte sich gelegt.

Joseph näherte sich ihr nun.

„Verzeiht mir", sagte sie, indem sie ihm die Hand reichte, „ich war ungerecht gegen Euch. Der Schmerz raubt die Vernunft. Verzeiht mir, Don Joseph. Aber ich erkläre es Euch jetzt mit aller Ruhe, daß mein Entschluß unerschütterlich feststeht. – Ich will mich zu den Füßen des Groß-Inquisitors werfen; ich will, ich muß es, denn ich muß alles versuchen, um meinen Vater zu retten, und man soll nicht von mir sagen, daß ich feig gewesen sei."

„Ihr werdet das nicht tun, Dolores", sagte sehr entschieden der junge Dominikaner.

„Ach", bat Juana, „habt doch Mitleid mit Euch selbst!"

„Ich fürchte nichts", entgegnete das junge Mädchen voll Adel. „Scheue ich etwa den Tod?"

„Aber fürchtet Ihr denn nicht die Entehrung?" rief entschlossen Joseph. „Kennt Ihr denn den Groß-Inquisitor von Sevilla nicht?"

„Ach, das ist wahr!" sagte Dolores entmutigt. „Daran hatte ich nicht gedacht!"

„Nun wohl", fuhr Joseph fort, „so befolgt meinen Rat. – Befolgt ihn, Dolores oder – bei meiner Seele – Ihr seid verloren! – Laßt Eure Freunde handeln. Es ist genug an einem Opfer. Ihr würdet Euch fruchtlos in das Verderben stürzen, und Euer Opfer würde dem nichts nützen, den Ihr retten wollt."

„Ach, wenn ich wenigstens wüßte, wo Estevan ist!" sagte die Tochter des Gouverneurs mit einem unbeschreiblichen Ausdruck der Verzweiflung.

„Ich werde es erfahren, das verspreche ich Euch", versicherte Joseph. „Estevan ist, ebenso wie ich, nur mit Euch beschäftigt. Seid also ruhig und rechnet auf uns. – Ihr seid hier in Sicherheit", fuhr er fort; „geht daher nicht von hier weg. Dies ist der einzige Ort in ganz Sevilla, wo die Inquisition Euch nicht suchen wird."

Dieser Trostgründe Josephs ungeachtet blieb Dolores die Beute einer tiefen Niedergeschlagenheit.

„Ich kehre bald zurück", sagte ihr der junge Dominikaner, indem er sie verließ.

Juana begleitete ihn bis zu der Haustür.

„Meine gute Juana", sagte Joseph, „wache genau über das junge Mädchen und sorge dafür, daß sie nie ausgeht. – Es hat schon genug Opfer gegeben!" setzte er voll Bitterkeit hinzu.

„Oh mein edles Kind!" sagte die Amme, indem sie ihn heftig an ihre Brust preßte; „Gott segne Euren Mut!"

„Scheint es dir denn, als wäre ich schwach geworden?" fragte rasch der junge Mönch.

Juana antwortete nicht, aber sie wandte den Kopf ab, um ihre Tränen zu verbergen.

„Fürchte nichts!" rief Joseph, indem er ihr kräftig die Hand drückte. „Fürchte nichts, Juana! – Ich werde mein Ziel erreichen."

XVIII.

Der Unwille des Volkes

*D*IE NACHT WAR ANGEBROCHEN.

Als Joseph Dolores verließ, schlug er die Richtung nach dem Inquisitionspalast ein. Um diesen zu erreichen, mußte er durch die Straße gehen, in welcher der Gouverneur von Sevilla wohnte. Als er sich dieser Straße näherte, wurde er dadurch überrascht, daß zu einer solchen Stunde eine zahlreiche Menschenmenge die Zugänge zu dem Palast des Gouverneurs belagerte.

Ein unbestimmter Lärm, Verwünschungen und Drohungen, die mit rauher, dumpfer, furchtbarer Stimme ausgestoßen wurden, streifte gleich dem Hauch des Sturmes durch die aufgeregten Gruppen hin.

Der Lärm glich dem heftigen Rauschen des Windes in einem Eichenwald. Es ertönte kein gellendes, mißtönendes Geschrei, wie es in Frankreich bei Aufständen entsteht und sogleich den Zorn des Volkes ausströmt, der ebenso schnell verdampft wie Pulverrauch. Das spanische Volk, so unterdrückt, so geduldig und so ruhig, ließ unter dem stärkeren Druck das dumpfe Krachen eines Astes ertönen, den man zerbrechen will und der dem widersteht. Und nicht einmal für sich selbst verlangte das Volk in diesem Augenblick die Rechte der Menschlichkeit und der Gerechtigkeit. Es wußte zu dulden und zu sterben, ohne sich zu beklagen; aber es leistete Widerspruch gegen eine ungerechte Handlung der Inquisition. Es hegte im Herzen das Gefühl des Gerechten und des Ungerechten, und wenn es so lange das Joch des Despotismus ertrug, so geschah es, weil man ihm über der menschlichen Gewalt, durch die es verfolgt wurde, eine andere, höhere Macht zeigte: die Gottes; und in seinem unschuldvollen Glauben verehrte das Volk, das von Gott nichts weiter wußte, als was seine Verfolger selbst es gelehrt hatten, dieses höchste Wesen so, wie man es ihm gezeigt hatte, und unterwarf sich, ohne zu murren, denen, die es als die Diener dieses Gottes betrachtete.

Es war nicht der Verstand, der den Spaniern mangelte, sondern das Licht der Aufklärung, die man nicht zu dem Volk gelangen ließ. Deshalb hat Spanien so lange in den Banden der Unwissenheit und der Vorurteile gerungen. Indes lebte in der spanischen Nation beständig der Geist, welcher der Wahrheit zustrebt und der selbst durch die Torturen der Inquisition und den Despotismus der Könige nicht ganz unterdrückt werden konnte, so daß er zuweilen in einzelnen Funken aufsprühte, die Spanien von Zeit zu Zeit mit einem flüchtigen Schein der Zukunft beleuchteten, göttliche Ausflüsse, Fragmente des großen Ganzen, die sich auf der Erde unter der Gestalt und dem Namen von Menschen zeigen, gleich wachsamen Schildwachen, aufgestellt in dem Leben der Nationen durch den, der die Welt regiert, um ein großes Volk davor zu bewahren, unterzugehen und sich in den Übeln der Unwissenheit zu verirren.

Ein Trupp von Männern und Weibern, die außer sich waren, drang gegen den Palast des Gouverneurs von Sevilla vor, der durch eine einzige Straßenlaterne erleuchtet wurde. Die Straße war in Dunkelheit gehüllt. Die lebende Masse schritt langsam vorwärts und wurde da plötzlich durch eine andere, aus entgegengesetzter Richtung kommende Masse zurückgedrängt. Darauf strömten die beiden Menschenwogen vereint gegen den Palast des neuen Gouverneurs.

Das Volk von Sevilla, der ungerechten Verwaltung des Henriquez überdrüssig, hatte endlich das Verlangen empfunden, sich zu rächen. Es war in der Tat etwas Entsetzliches, diesen dumpfen, unterdrückten, aber ausdauernden und unerbittlichen Zorn des Volkes zu sehen.

Der Aufstand war so wenig lärmend gewesen, daß man nicht die Zeit gefunden hatte, ihm die bewaffnete Macht entgegenzustellen. Er drang gegen den Palast des Gouverneurs vor, gleich jenen Windhosen, die mit der Schnelligkeit des Gedankens auf die Erde herabstürzen. Indessen eilten doch einige Alguazils von verschiedenen Seiten herbei, und hier und da sahen finstere Gardunnios dem Aufstand zu, ohne daran teilzunehmen, bereit, dem Meistbietenden ihren Beistand zu leihen.

„Woher rührt dieser Auflauf?" fragte Joseph einen Familiar, der in aller Hast herbeikam, da seine Eminenz ihn abgeschickt hatte, Erkundigungen einzuziehen.

„Reverenz", rief eine mutige Manola, welche die Antwort des Familiars gehört hatte „diese *Jüdin* war eine so gute Katholikin wie Ihr und ich; aber sie hatte einen ungetreuen Diener, und als sie denselben mit Schimpf und Schande fortjagte, hat er sie als Judaistin[93] angeklagt."

„Wie heißt diese Dame?" fragte Joseph.

„Maria von Burgund, Reverenz. Sie ist über achtzig Jahre alt und eine Heilige, die ihr Gut den Armen verteilte. Wir nannten sie unsere Mutter; deshalb hat man auch einstimmig den Zug gegen den Palast des Gouverneurs beschlossen, als man erfuhr, daß sie in den Gefängnissen des heiligen Offiziums ist, denn der Gouverneur war es, der sie verhaften ließ."

Der Familiar wollte Befehle gegen die Manola erteilen lassen, doch Joseph gab ihm ein Zeichen, sich zurückzuziehen. Es war nicht der Augenblick dazu, Gewalttaten zu üben.

Der Familiar wandte sich nach einer anderen Seite und versuchte hier die dichtgedrängte Menge zu durchbrechen, die ihm einen beinahe unwiderstehlichen Willen entgegenstellte; aber er gab sich selbst das Versprechen, das Gesicht der unbesonnenen Frau, die sich so kühn ausgesprochen hatte, nicht zu vergessen.

„Ich rate Euch sehr stark", sagte Joseph mit leiser Stimme zu der mutigen Andalusierin, „Sevilla so bald als möglich zu verlassen; die Worte, die Ihr soeben spracht, könnten Euch teuer zu stehen kommen."

„Ich glaube es", sagte sie, indem sie den jungen Dominikaner ansah und bitter lächelte, „Ihr seid auch ein Inquisitor!"

„Ich bin nachsichtig und liebe das leidende Volk", entgegnete Joseph. „Geht, armes Weib! Von mir habt Ihr nichts zu fürchten."

Die Menge drängte sich wütender und dichter zu dem Palast des Gouverneurs. Einige, die mit eisernen Brechstangen bewaffnet waren, versuchten es, die sorgfältig verschlossene Tür zu erschüttern, während andere, ihre furchtbaren Abacette-Messer schwingend, sich auf einen tödlichen Widerstand vorbereiteten. Selbst die jungen Mädchen faßten mit der rechten Hand ihre scharfen Dolche und drangen wütend vorwärts, belebt von einem Gefühl des Unwillens, der sich unmöglich schildern läßt. Es war ein zugleich schöner und entsetzlicher Anblick, alle diese braunen Gesichter, deren funkelnde Augen Blitze sprühten, deren Lippen bei jedem Zorneswort weiße Zähne zeigten, scharf und glänzend wie die des Tigers. Der afrikanische Charakter war erwacht. Das glühende Blut der Barbaresken der Wüste, das durch acht Jahrhunderte in den Adern der Andalusier noch nicht gekühlt war, siedete gleich einer Lava. Der Haß, der glühende, bittere, verzehrende Haß, trieb sie unwiderstehlich zu dem Aufruhr. Sie hatten endlich gesagt: Es ist genug! Und sie stürmten in Verzweiflung gegen den ungerechten Gouverneur an, den die Laune des Groß-Inquisitors ihrer Stadt aufgezwungen hatte, gegen diesen Menschen, der aus den Reihen des Volkes hervorging und der das Volk bedrückte und zermalmte.

Henriquez, der sich in den entlegensten Teil seines Palastes zurückgezogen hatte und im Augenblick der Gefahr ebenso feig war, wie er sich in dem Glück grausam gezeigt hatte, wartete zitternd auf die Hilfe, die nicht kommen wollte. Bei jedem Stoß der Brecheisen, welche die Tür des Palastes erschütterten, durchrieselte die Kälte des Todes das Herz des Elenden. In seinem Gemach kniend vor dem Bild einer Mutter Gottes, der bewundernswerten Statuette, die das jungfräuliche Oratorium Dolores' geschmückt hatte, murmelte der Fanatiker der Inquisition, der elende Knecht des Pedro Arbuez, unverständliche Worte, gleich allen denen, die Gott nur mit den Lippen verehren. Er schlug sich die Brust, indem er sich kindischer Sünden anklagte, ohne in diesem äußersten und fürchterlichen Augenblicke daran zu denken, Gott um Verzeihung seiner Verbrechen anzuflehen.

Gleich den Heiden älterer Zeiten gelobte Henriquez in einem Anfall der Frömmigkeit, welche die Todesfurcht in ihm erweckte, der Mutter des Heilands hundert Opfer mehr jährlich zu dem Autodafé der Inquisition. Das war der einzige Ausdruck seiner Reue.

Die Tür des Palastes, eine schwere, mit eisernen Nägeln beschlagene Holzmasse, war nahe daran, den verdoppelten Streichen der tausend Arme zu weichen, und da man nicht die Zeit gehabt hatte, die Lärmglocke zu ziehen, um die Truppen zu benachrichtigen, standen fünf- bis sechshundert kühne und entschlossenen Männer des Volkes fünfzig Familiaren oder Sbirren entgegen, die nacheinander von verschiedenen Seiten herbeigeeilt waren.

Plötzlich ertönte ein lautes Krachen; die Tür war den Angriffen gewichen und stürzte mit furchtbarem Geräusch auf das Pflaster der Straße herab. In diesem Augenblick folgte wie durch Zauber ein dumpfes Schweigen dem Geschrei des Triumphes, den das Volk bei dem Anblick der stürzenden Tür ausgestoßen hatte. Die eben noch so erbitterten Menschen blieben regungslos vor der niedergeworfenen Schranke stehen; keiner wagte es, die Schwelle des Gouverneurspalastes zu überschreiten.

Woher dieses Wunder, das mit solcher Leichtigkeit bewirkt wurde? Daher, weil an dem äußersten Ende der Straße, in der die Zusammenrottung begann, plötzlich Johann von Avila erschienen war.

„Was tut ihr?" rief er mit seiner kräftigen, tiefen Stimme. „Wohin wollt ihr Unsinnigen? Haltet ein!"

Diese Worte waren von Mund zu Mund gelaufen, und bei dem Namen des Apostels legte sich die Wut des Volkes wie der Sturmwind vor der Stimme des Ewigen, und verwandelte sich in Anbetung. Das Volk erinnerte sich, daß Johann von Avila es zur Geduld ermahnt und ihm dafür den Himmel versprochen hatte.

Das edle, tapfere Volk Spaniens empörte sich nicht infolge seines unruhigen Geistes, aus dem Bedürfnis der Unruhe oder aus eitler Prahlerei; nein, es war ernst und ruhig; Großmut und Ausdauer beherrschten die mutigen Seelen. Das Volk hatte einen Augenblick den Zorn des Löwen empfunden, den man martert, und hatte sich wutschäumend gegen die Hand gewendet, die nicht aufhörte, es zu quälen; aber bei dem ersten sanften Wort war es zu dem Gehorsam zurückgekehrt, der kräftig in Erfüllung einer Pflicht sich zeigt. Das kam daher, weil Spanien jederzeit außerordentlich christlich gesinnt war, und wenn man ihm nicht durch Strenge und Verfolgungen den Fanatismus eingeimpft hätte, so würde es vielleicht die Nation der Erde sein, die am religiösesten den heiligen Geist des Evangeliums bewahrte.

Wenn man den Spanier nur einigermaßen studiert hat, so kann man das leicht begreifen; die Grundlage des spanischen Charakters ist Einfachheit, voll Größe. Was gibt es aber Einfacheres und zugleich Größeres als das Evangelium?

Johann von Avila schritt ohne Hindernis in der bisher so undurchdringlichen Masse vorwärts, alle wichen bei seiner Annäherung zur Seite.

„Meine Kinder", sagte er, „weshalb empört ihr euch? Welcher Vorteil soll euch dadurch werden?"

„Vater", sagte einer, „man hat Maria von Burgund verhaftet, die unsere kleinen Kinder ernährte."

„Gott wird sie euch zurückgeben", erwiderte der Heilige; „hofft ihr, sie durch eure Empörung zu retten?"

Ein Mensch, der mit einem gewaltigen eisernen Hebebaum bewaffnet war, trat in diesem Augenblick auf den Apostel zu. Dieser Mann schien einer von den Anführern zu sein. Johann von Avila erkannte Manofina.

„Was machst du hier?" fragte er ihn voll Sanftmut.

„Ich wollte ein Opfer rächen", erwiderte der Bravo, ohne in Verwirrung zu geraten. „Wir kamen, um den elenden Henriquez zu töten, den man uns zum Gouverneur gegeben hat."

„Man muß niemanden töten", sagte Johann von Avila.

„Was den betrifft, so wäre daran kein großes Übel", erwiderte der Bravo, „ein Schelm solcher Art – aber da Ew. Heiligkeit es nicht wollen –"

„Gott will es nicht, meine Kinder; entfernt euch und überlaßt Gott die Sorge, euch zu rächen."

Diese Menschen, eben noch so wild, waren sanft geworden wie die Lämmer. Während sie sich schweigend entfernten, ohne irgendeine weitere feindliche Äußerung, traten die Sbirren näher, um irgendeinen von ihnen zu verhaften.

„Was tut ihr?" rief der Heilige. „Wollt ihr etwa den Löwen bestrafen, weil er großmütig war? Ihr bedürft der Waffen nicht mehr, denn wie ihr seht, ist alle Welt ruhig."

Die Diener der Inquisition, die unwillkürlich dem Einfluß dieses außerordentlichen Menschen erlagen, zögerten einen Augenblick.

Joseph trat jetzt aus der Menge hervor und machte ein Zeichen gegen die Alguazils. Bei diesem stummen Befehl entfernten die Leute sich, gleich Schatten verschwindend.

Ungeachtet seiner großen Milde warf Johann von Avila einen Blick der Unzufriedenheit und des Mißtrauens auf den Günstling des Inquisitors. Um diese Zeit hatten die Dominikaner und Franziskaner sich noch nicht verbündet[94]. Aber Joseph näherte sich ihm und sagte mit dem Ton ruhigen Vertrauens:

„Mein Vater, die, die Ihr sucht, ist in Sicherheit."

Johann von Avila erbebte; er glaubte, Dolores sei durch die Inquisition verhaftet worden.

„Mein Vater", wiederholte Joseph, indem er ihn sanft anblickte, „seht Ihr nicht auf meinem Gesicht, daß ich Euch die Wahrheit sagte?"

„So gebt mir denn dies arme Kind zurück", entgegnete Johann von Avila. „Wir haben sie schmerzlich beweint, Estevan und ich."

Die Serena hatte ihnen nichts mitzuteilen vermocht, denn die Chapa weigerte sich, zu sagen, was aus Dolores geworden war.

„Morgen um Mitternacht", entgegnete Joseph, „werde ich Euch an der Esplanade in der Nähe des Brunnens erwarten. Trefft mich dort, und ich werde Euch zu Dolores führen."

„Still!" sagte der Apostel, indem er Estevan sich nähern sah, „morgen um Mitternacht bei dem Brunnen."

Joseph verschwand, allein nach einigen Schritten wandte er sich zurück, um Estevan zu betrachten, dessen edles Profil sich in dem Halbdunkel einer schönen Sommernacht deutlich gegen den Hintergrund abzeichnete. Bei diesem Anblick hob ein tiefer Seufzer die Brust des jungen Dominikaners, und zwei brennende Tränen glänzten in seinen Augen.

Johann von Avila sage Estevan nichts von diesem Zusammentreffen; er wollte allein zu dem Rendezvous gehen, indem er vielleicht irgendeine Schlinge fürchtete.

Henriquez konnte den Rest dieser Nacht noch ruhig verschlafen.

XIX.

Das Amulett des Groß-Inquisitors Torquemada

Als Joseph nach dem Palast der Inquisition zurückkehrte, begab er sich zu dem Groß-Inquisitor.

Pedro Arbuez befand sich allein in seinem Zimmer; aber vor demselben hatte man die Wachen verdoppelt, denn das Gerücht von dem Aufstand, der so schnell beschwichtigt war, daß der Ruf desselben kaum bis zu ihm gelangte, hatte ihn so erschreckt, daß er mit jedem Augenblick erwartete, die Tür seines Gemaches durch die Mörder gesprengt zu sehen.

Er besaß die Feigheit der Hyäne, die das helle Tageslicht flieht und sich nur von Leichen sättigt.

Vor einem kleinen, mit Perlmutter ausgelegten Tisch aus Ebenholz sitzend, einem kostbaren Werk von dem Anfang der Renaissance, betrachtete Pedro Arbuez, den Kopf in beide Hände gestützt, mit großer Aufmerksamkeit einen eigentümlichen Schmuckgegenstand, der in ziseliertes Gold gefaßt war, das Horn eines Einhorns, das Thomas Torquemada gehört hatte, dem Begründer der neueren Inquisition in Spanien, jenem wilden Mönch, dessen Grausamkeit so alle Grenzen überschritt, daß sogar der Papst Alexander Borgia dadurch erschreckt wurde. Diese Reliquie, die auf unbekannte Weise in die Hände Pedro Arbuez' gelangt war, besaß, wie man sagte, die Eigenschaft, alle Gifte erkennen zu lassen und unschädlich zu machen.[95] Pedro Arbuez hatte Torquemada in seinen Grausamkeiten nachgeahmt und glich ihm auch in seiner abergläubischen Vorsicht. Dieses Einhorn kam nie aus seinem Zimmer.

Bei der Annäherung Josephs erhob der Inquisitor den Kopf.

„Nun, Joseph", sagte er, „was gibt es Neues?"

„Alles ist ruhig, gnädigster Herr; die Sbirren haben Wunder getan, und die Anführer sind bald auseinandergejagt worden."

„Gott sei gelobt!" rief der Inquisitor. „Und dem armen Henriquez ist nichts geschehen?"

„Durchaus nichts, Ew. Eminenz. Man hat nur die Tür seines Palastes erbrochen; Henriquez ist in diesem Augenblick ebensosehr in Sicherheit wie Ew. Eminenz."

„Sie haben also nicht die Absicht gehabt, den Inquisitionspalast zu stürmen?"

„Keineswegs, gnädigster Herr; wer sollte es auch wagen, den Groß-Inquisitor von Sevilla anzugreifen?"

„Ich bin in keiner Gefahr, nicht wahr, Joseph? Sie würden sich so hoch hinauf nicht wagen. – Vielleicht", fuhr Arbuez fort, „tat ich Unrecht, Henriquez zu dem schwierigen Posten des Gouverneurs zu befördern? Diesem Menschen mangelt es an Kraft und Entschlossenheit."

„Nicht so sehr, wie Ew. Eminenz glauben."

„Aber er ist ein niedriger, unwissender, roher Mensch."

„Was tut das, gnädigster Herr? Er ist Euch ergeben und Ihr dürft mir glauben, daß das Gewand des Gouverneurs auf seine Schultern ebensogut paßt wie auf die irgendeines anderen."

„Das Volk beklagt den Verlust des Manuel Argoso", sagte Pedro Arbuez. „Dieser Mensch hatte eine strafbare Nachsicht gegen alle Ketzer und lauen Christen. Daher war er auch allgemein beliebt."

„Deshalb empört man sich gegen Henriquez, gnädigster Herr. Es gibt nur ein Mitte, dem abzuhelfen: die Strenge zu verdoppeln."

„Ja, diese Aufstände müssen ein Ende nehmen; die Inquisition Spaniens muß ihre Herrschaft über die ganze Welt ausdehnen und sich selbst über die Macht der Päpste erheben. Der Aussatz der Ketzerei muß für immer von der Oberfläche des Erdballs verschwinden."

„Und der ganze Erdball der Inquisition angehören", fügte Joseph halb ernst, halb spottend hinzu.

„Die Asche der Ketzer", fuhr der Inquisitor fort, „muß die Erde befruchten, daß sie für uns voller Genüsse wird. Die Güter dieser Erde wie die des

Himmels gehören von Rechtswegen den wahren Katholiken; sie allein sind würdig, dieselben zu genießen. Sie werden dahin nur durch Ausdauer und heilsame Strenge gelangen."

„Gnädigster Herr, je mehr Ketzer oder schlechte Katholiken die Inquisition vernichtet, desto stärker und mächtiger wird sie werden."

„Ohne Zweifel", sagte der Inquisitor mit wildem Lachen. „Deshalb bin ich auch darauf bedacht gewesen, Joseph. Wir werden bei dem nächsten Autodafé etwa hundertachtzehn Verurteilte haben."

„Fünfzig mehr als bei dem letzten, gnädigster Herr. – Was werdet Ihr mit dem ehemaligen Gouverneur von Sevilla anfangen?" fragte Joseph darauf nachlässig.

„Ich werde ihn behandeln, wie er verdient, als lutherischer Ketzer", rief der Inquisitor außer sich bei der Erinnerung an seine vergeblichen Angriffe auf Dolores.

Joseph schmeichelte, wie man sieht, geschickt den Leidenschaften Arbuez' und man sieht ebenso, daß die Inquisition keineswegs bloß durch Fanatismus geleitet wurde. Ihre unglaubliche Grausamkeit, unerbittlich wie das Schicksal, war in der Tat nicht das Resultat eines übertriebenen blinden Eifers für den Ruhm des Katholizismus; es gab bei derselben auch noch viele andere persönliche Hebel, und das Interesse der Religion diente vielmehr als Maske und Vorwand für den zügellosen Ehrgeiz und die Sucht nach Reichtum bei den Inquisitoren. Es ist nicht erlaubt, den blinden Glauben bei anderen anzunehmen als bei den Wahnsinnigen oder den Geistesschwachen. Die Inquisitoren waren gewiß weder verrückt noch einfältig. Sie wollten erobern, das war alles; sie wollten herrschen und in ihrer arglistigen Politik hatten sie erkannt, daß die einzige Krone, die nie zerbrechen wird, die Dornenkrone des Gottmenschen ist; deshalb schützten sie mit derselben ihr despotisches Königtum; deshalb hatten sie sich eine Ägide aus dem göttlichen Namen Christi gebildet, indem sie ihn solidarisch mit ihrer Ungerechtigkeit machten.

„Es ist Zeit", fuhr Pedro Arbuez nach einer Pause fort, „die Erbschaft in Empfang zu nehmen, die unser heiliger Begründer Thomas Torquemada uns hinterlassen hat."

In diesem Augenblick bemerkte der Inquisitor, daß Joseph gleich einem Kind mit dem Horn des Einhorns spielte, das auf dem Tisch stand.

„Hüte dich, das zu berühren, mein Sohn", sagte Pedro Arbuez, indem er es sanft seinen Händen entzog. „Es ist eine kostbare Reliquie, die wir nicht profanieren dürfen. Sie ist es, die beständig das Leben des seligen Torquemada beschützt hat und die gegenwärtig auch das meinige beschützt!"

„Wie ist dieses Spielwerk in Eure Hände geraten, gnädigster Herr?"

„Durch Erbschaft. Ich stamme durch meine Mutter, obgleich in mittelbarer Linie, von derselben Familie ab wie der erste Groß-Inquisitor Kastiliens."

Joseph schwieg und beeilte sich, das Einhorn wieder an den Platz zu stellen, von dem er es genommen hatte. Der junge Mönch war nicht frei von Aberglauben; er besaß noch zuviel von der glühenden Einbildungskraft der Mauren, um nicht an die schützenden Eigenschaften eines Amuletts zu glauben.

„Joseph", fuhr der Inquisitor fort, „da jetzt in Sevilla alles ruhig ist, bin ich der Meinung, daß wir ein leichtes Mahl einnehmen, um den vortrefflichen

Lacymä-Christi-Wein zu kosten, den mir der päpstliche Nuntius geschickt hat."

„Ich habe keinen Hunger", entgegnete nachlässig Joseph.

„Gleichviel, mein Kind; dieser kostbare Wein wird deinen Appetit reizen. Klingle also und befiehl, daß man uns bediene."

Joseph hatte nicht die Zeit, den Befehl des Inquisitors zu erfüllen. Ein Familiar trat unangemeldet in das Zimmer und übergab Seiner Eminenz einen Brief.

„Von wem?" fragte Pedro Arbuez.

„Von dem Gouverneur von Sevilla", erwiderte der Familiar.

Pedro Arbuez erbrach das Siegel und las hastig den Brief.

„Gnädigster Her", schrieb Henriquez, „die Äbtissin der Karmeliterinnen ist sehr krank und hat einen Franziskaner rufen lassen, um ihre Beichte zu vernehmen. Ich hielt es für meine Pflicht, Eure Eminenz davon zu benachrichtigen. Der Mönch soll sich noch diesen Abend in das Kloster begeben, denn es scheint, daß Eile not tut. Dies zwei Stunden geschrieben ist, konnte Eure Eminenz wegen des Aufstandes, der die Stadt beunruhigte und mein Leben bedrohte, nicht früher überschickt werden."

„Der arme Henriquez!" rief der Inquisitor, dessen Gesicht während des Lesens den heftigsten Zorn ausgedrückt hatte, „welcher Eifer für meinen Dienst!"

„Ihr seht wohl, gnädigster Herr", sagte Joseph, ohne zu wissen, um was es sich handelte.

„Bei Christus!" rief Arbuez, „dieses Weib ist kühn. Einen elenden Franziskaner berufen zu lassen, während ich ihr Beichtvater bin! Durfte sie zu einem anderen ihre Zuflucht nehmen als zu mir? Ja, ich begreife es", murmelte er mit leiser Stimme, „sie fürchtet den Tod – aber noch ist es Zeit. – Diese Törin könnte mich bloßstellen; ich muß sie augenblicklich sehen."

„Holla!" rief er seinen Familiaren zu; „meine Sänfte soll bereitgehalten werden. Ich muß sogleich fort."

Darauf wandte er sich zu Joseph, der vergebens zu erforschen bemüht war, was in der Seele des Pedro Arbuez vorging.

„Joseph", sagte er, „eine wichtige Angelegenheit ruft mich. Die Äbtissin der Karmeliterinnen stirbt; sie erbittet von mir den Beistand der Religion, und ich muß dich daher verlassen. Lebe wohl."

Pedro Arbuez eilte aus dem Zimmer, ging rasch die Marmortreppe seines Palastes hinab, bestieg seine Sänfte und entfernte sich.

Als er zu der Tür des Klosters gelangte, überschritt ein Franziskanermönch die Schwelle desselben und kam auf den Inquisitor zu.

Als sie einander nahe gegenüber waren, richtete Pedro Arbuez einen neugierigen Blick auf das Gesicht des Mönchs; ungeachtet der Dunkelheit erkannten sich die beiden Männer. Pedro Arbuez sah den Mönch starr an und fragte ihn dann in strengem Ton: „Was habt Ihr hier gemacht?"

„Eine Seele gerettet", erwiderte der Franziskaner.

Dieser Mönch war Johann von Avila. Der Inquisitor warf ihm einen Blick des Hasses zu und schritt dann rasch durch die Klosterpforte. Als er zu dem Krankenlager der Äbtissin trat, schien Franziska von Lerma, die durch die sanften Worte des Apostels beruhigt war, einige Augenblicke des Schlafes zu genießen. Sie war nicht ernsthaft krank, aber die leidenschaftliche und starke Frau, die sich plötzlich von einem Übel ergriffen fühlte, das ihre Kraft brach, hatte Furcht vor dem Tod und Entsetzen vor ihrem zügellosen Leben empfunden.

Sie konnte sich dem Mitschuldigen ihrer Fehltritte, dessen Heftigkeit sie fürchtete, nicht anvertrauen und ließ daher Johann von Avila rufen, dessen Heiligkeit ihr ein unbegrenztes Vertrauen einflößte. In einer aufrichtigen Beichte hatte das unglückliche Weib gegen diesen Apostel der Wahrheit die ganze Reue ausgesprochen, die ihre Seele verzehrte. Wie mußte dieser Mann Gottes durch die Geständnisse erschüttert werden, die den Lippen der hochmütigen Äbtissin der Karmeliterinnen entschlüpften. Die Krankheit hatte diesen unbezähmbaren Charakter gebeugt, und die Reue, die einzige Tugend, die denen bleibt, die viel gesündigt haben, die Reue führte sie der Buße entgegen. Ungeachtet der heuchlerischen Reden ,durch die Pedro Arbuez ihr Gewissen zu beschwichtigen gesucht hatte, fühlte Franziska sich nie beruhigt und sie mußte sich sagen, daß sie mit Bewußtsein gesündigt hatte.

„Weshalb habt Ihr einen anderen Beichtiger rufen lassen als mich?" fragte der Inquisitor, als er allein mit der Kranken war.

Bei dieser wohlbekannten Stimme wandte Franziska von Lerma sich schnell um, und indem sie den Inquisitor vom Kopf bis zu den Füßen mit ihrem Blick maß, machte sie, ohne zu antworten, eine Bewegung spöttischer Geringschätzung.

„Wußtet Ihr nicht, meine Schwester", fuhr Pedro Arbuez mit süßlicher Stimme fort, „daß ich die Macht besitze, Euch zu absolvieren?"

„Ehe Ihr andere absolviert", antwortete langsam Franziska von Lerma, „streut Asche auf Euer eigenes Haupt; beugt Euren Stolz in den Staub und betet mit beiden Knien auf nackter Erde liegend, daß Gott Euch Eure Verbrechen verzeihe. Mit welchem Recht sprecht Ihr davon, andere zu absolvieren? Ihr, der Ihr soviel gesündigt habt?"

„Arme verirrte Seele!" entgegnete der Inquisitor; „ gibt es eine Grenze für unsere Rechte und unsere geistliche Vollmacht? Sind wir nicht die Gesalbten des Herrn, und gibt es auf Erden irgend etwas, das diesen heiligen Charakter verwischen könnte?[96] Habe ich denn nicht mehr das Recht, die Seelen von den Banden der Sünde zu entledigen? Der Priester, wie unwürdig er auch sein möge", fuhr er mit erheuchelter Demut fort, „ist deshalb nicht minder der Stellvertreter Jesu Christi, und habt Ihr nicht dem Wohl der Kirche entgegengehandelt, indem Ihr zu Eurem Beichtiger einen Mönch unter den Franziskanern wähltet, die unsere Todfeinde sind?"

„Dieser Mönch ist ein Heiliger", entgegnete Franziska. „Er hat mich getröstet und mit Gott versöhnt. Laßt mich daher in Frieden sterben und kümmert Euch nicht mehr um meine Seele."

Dann wandte sie sich auf die andere Seite und zog die Decke über den Kopf, als wollte sie dieselbe gleich einem Leichentuch zwischen sich und dem Inquisitor breiten.

Pedro Arbuez sah wohl, daß diese Seele aufrichtig zurückgekehrt war und daß seine Herrschaft über dieselbe beendigt sei, aber als gewandter Inquisitor warf er über seinen Zorn den Mantel der Sanftmut und der Demut und entfernte sich, ohne seine Unzufriedenheit sich merken zu lassen; aber da er glaubte, daß die Krankheit Franziskas durchaus nicht tödlich sei, gab er sich selbst das Versprechen, daß sie Johann von Avila nicht wiedersehen sollte. Die Bekehrung Franziskas von Lerma war für sie eine unerbittliche Verurteilung geworden.

XX.

Das Zusammentreffen

DIE STUNDE, DIE JOSEPH DEM JOHANN VON AVILA zu ihrem Zusammentreffen bezeichnet hatte, nahte.

Estevan hatte die Abendmahlzeit mit dem Apostel eingenommen, und unwillkürlich konnte der letztere eine gewissen peinliche Unruhe nicht verbergen, seiner Physiognomie fremd, die für gewöhnlich ernst, obgleich nachdenkend war. Schon besorgt um das Los derjenigen, die er liebte, fürchtete Estevan, daß Johann von Avila ihm irgendein schmerzliches Geheimnis zu verbergen hätte. Er wagte indes nicht, ihn zu befragen, vielleicht infolge der menschlichen Schwäche, die uns zugleich wünschen läßt, ein Unglück zu kennen, und dennoch fürchten, es zu erfahren.

Johann von Avila bewahrte ein ihm nicht gewöhnliches Schweigen. Estevan folgte mit besorgtem Blick den geringsten Bewegungen seiner Züge.

„Mein Vater", wagte er endlich zu sagen, „habt Ihr denn nichts von dem unglücklichen Gouverneur von Sevilla erfahren? Hat man seinen Prozeß noch nicht begonnen, und können wir nichts tun, um ihn zu retten?"

„Nein", sagte Johann von Avila, „der Prozeß Manuel Argosos ist noch nicht begonnen, und Ihr wißt, daß ich Euch benachrichtigen werde, wenn es Zeit ist. Bis dahin haltet Euch still und zurückgezogen. Wißt Ihr nicht, welche Gefahr es Euch brächte, wolltet Ihr der Inquisition trotzen?"

„Ich werde es dennoch tun, wenn es sein muß", erwiderte Estevan mit ruhiger Stimme.

„Nun wohl, dann bewahrt Eure Kräfte für den Tag des Kampfes; Ihr werdet derselben bedürfen."

Johann von Avila, der jetzt sah, daß der Sand der Uhr, die auf dem Tisch stand, beinahe ganz abgelaufen war, verließ das Zimmer, ohne ein Wort zu sprechen, wie dies oft seine Gewohnheit war.

Obgleich an diesem Tag nichts Ungewöhnliches vorgefallen war, fühlte Estevan sich doch unruhig und besorgt, und als der Apostel sich einige Schritte entfernt hatte, verließ auch er das Haus, schloß die Tür hinter sich und folgte unter Begünstigung der Dunkelheit Johann von Avila in einer solchen Entfernung, daß er ihn nicht aus den Augen verlor, ohne selbst bemerkt zu werden.

Bei dem Springbrunnen, der Kathedrale gegenüber, blieb Johann von Avila stehen. Joseph wartete seiner dort. Auf dem Rand des Brunnens sitzend, das Gesicht in eine seiner weißen zarten Hände gestützt, zeigte der junge Dominikaner in seiner melancholischen Haltung eine unbeschreibliche Anmut.

Allein, mitten auf der geräumigen Esplanade, die von buschigen Orangenbäumen beschattet wurde, während das Wasser murmelnd in ein großes Marmorbecken fiel, hatte Joseph sich einen Augenblick einer geheimnisvollen und tiefen Träumerei hingegeben. Es war für ihn ohne Zweifel einer jener Augenblicke, in denen die Ereignisse des Lebens, die eitlen Träume, die schon der Vergangenheit angehören, sich gleich einer lebenden Wirklichkeit vor uns erheben, oder unbestimmt und verworren eine nach der anderen vor unseren Augen vorüberziehen, als eine Phantasmagorie, und lachend oder fürchterlich uns mit Widerwillen erfüllen, so daß wir den Kopf abwenden, weil wir die Leere der Seele erkennen. Wer ist denn der von uns, der selbst um den Preis derselben Prüfungen das Leben von vorne beginnen möchte?

Johann von Avila hatte wenig Geräusch gemacht, als er sich dem Brunnen näherte; gleichwohl hörte ihn Joseph, und, von dem Steinrand herabgleitend, ging er dem Apostel entgegen.

Einige Schritte von ihnen hatte Estevan, durch das dichte Orangengebüsch, das den Brunnen umgab, verdeckt, sich ihnen genähert, ohne gehört zu werden. Wie groß war seine Überraschung, als er Johann von Avila einen Dominikaner begrüßen sah. Er lauschte aufmerksam.

„Mein Vater", sagte Joseph, indem er sich vor dem Apostel Andalusiens verneigte, „gern hätte ich Euch diesen Schritt erspart, aber ich konnte nicht zu Euch kommen, wenn ich nicht verdächtigt werden wollte – der Inquisition", fügte er mit leiser Stimme zu, „und das hätte Euch geschadet, indem es mich verhinderte, Euch zu dienen."

Joseph sprach mit so vieler Offenheit, es lag so viel Enthusiasmus und Adel in seiner Stimme und auf seiner schönen, bleichen, jugendlichen, ungefurchten Stirn, die unter dem silbernen Schein der Nacht glänzte wie aus Marmor gemeißelt, daß Johann von Avila, der ebenfalls die Offenheit aller Männer von Genie besaß, beinahe alles Mißtrauen verlor, welches das Gewand des Dominikaners ihm einflößte.

Zwischen diesen beiden erwählten Seelen hatte der magnetische Funke gezündet.

„Nun! Dolores?" fragte lebhaft der Apostel.

Bei dem Namen Dolores rauschte das Laubwerk der Orangenbäume leise, als hätte der Abendhauch es bewegt.

„Werdet Ihr wagen, mir zu folgen?" fragte der junge Dominikaner mit sanfter Stimme.

„Weshalb sollte ich es nicht wagen?" antwortete Johann von Avila, dessen großes Herz der Furcht unzugänglich war. „Ich folge Euch", fügte er mit fester Stimme hinzu, „führt mich, mein Bruder."

„Nein, Euer Sohn, mein Vater", sagte Joseph, indem er sich mit einer Bewegung voll Hast und Anmut erhob und beide Hände gegen den Apostel faltete. „Euer Sohn, der Eurer Gebete bedarf."

Johann von Avila fühlte sich ergriffen. Joseph flößte ihm ein unerklärliches Gefühl ein; er übte auf ihn jenen unwiderstehlichen Zauber schöner, edler und erhabener Wesen aus.

„Folgt mir, mein Vater", sagte abermals der junge Dominikaner, indem er voranschritt. „Wir haben nicht weit zu gehen."

In der Tat waren sie nach wenigen Minuten bei der Tür des maurischen Hauses, in dem Juana wohnte. Joseph zog einen Schlüssel aus der Tasche, öffnete diese Tür und trat zuerst hinein. Aber als Johann von Avila ebenfalls über die Schwelle schreiten wollte, trat Estevan, der nicht bemerkt worden war, schnell zu ihm und sagte mit beinahe flehender Stimme: „Mein Vater, wenn hier Gefahren zu bestehen sind, so laßt mich sie teilen; ist es aber wahr, daß sie uns zurückgegeben wurde, so laßt mich sie wiedersehen."

„Ich hoffe es wenigstens", erwiderte Johann von Avila. „Ich hätte Euch eine Täuschung, die vielleicht stattfindet, zu ersparen gewünscht; aber da Ihr doch einmal alles wißt, so kommt."

Zugleich wandte er sich gegen Joseph, der im Inneren des Hauses wartete und den Kopf allmählich vorgestreckt hatte, um zu sehen, welches Hindernis Johann von Avila zurückhielt.

„Ich werde nicht ohne meinen Sohn Estevan eintreten", sagte der Apostel.

„Estevan!" flüsterte Joseph. „Ja, er trete ein, mein Vater, und er sehe sie wieder."

Als sie eingetreten waren, schloß Joseph sorgsam die Tür.

Dolores und Juana warteten in dem unteren Saal. Dolores, die durch Joseph schon benachrichtigt war, eilte ihrem Befreier entgegen, aber als sie Estevan bemerkte, den sie nicht erwartet hatte, überzog Leichenblässe ihr Gesicht, und sie sank auf den Diwan nieder, von dem sie aufgestanden war, von einer so großen Aufregung wurde sie ergriffen.

„Dolores", sagte Johann von Avila, indem er sich dem jungen Mädchen näherte, „man muß in der Freude ebenso stark sein wie im Schmerz. In dieser schlechten Zeit ist der, der sich durch entgegenströmende Winde beugen läßt, bald niedergeworfen und zerbrochen."

Bei der sanften Stimme des Apostels kam Dolores wieder zu sich, und Joseph ansehend, dankte sie ihm mit dem Blick.

Joseph wandte den Kopf ab, um eine Träne zu verbergen, die gegen seinen Willen in sein Auge trat.

Nach den ersten Äußerungen ihrer Freude schämte Dolores sich, daß nicht wie immer ihr unglücklicher Vater ihr nächster Gedanke gewesen war, und Joseph voll Besorgnis anblickend, sagte sie: „Wann beginnt der Prozeß meines Vaters?"

„Übermorgen", entgegnete Joseph, denn er wollte Dolores nicht täuschen.

„Seid Ihr dessen gewiß?" frage Johann von Avila. „Ich glaubte, es sollte erst in einigen Tagen geschehen."

„Übermorgen", wiederholte Joseph. „Ich habe es von dem Groß-Inquisitor selbst gehört, der vor mir nichts geheim hält."

„Was muß geschehen, um meinen Vater zu retten?" rief Dolores angstbeklommen. „Wir haben dazu noch nichts getan."

„Weil es nichts zu tun gab", entgegnete der Dominikaner.

„Und jetzt?" fragte das junge Mädchen.

„Jetzt wollen wir uns damit beschäftigen, ihm Zeugen ausfindig zu machen; dies ist das einzige Mittel, ihn zu retten."

Dolores antwortete nichts; aber sie überlegte einen Augenblick bei sich selbst und schien dann einen Entschluß zu fassen. „Mein Vater", sagte sie hierauf zu Johann von Avila, „Ihr werdet ihm als Zeuge dienen, nicht wahr?"

„Ohne Zweifel", erwiderte Johann von Avila. „Martert Euch deshalb nicht, sondern seid so ruhig wie Ihr könnt, denn jeder von uns bedarf seines ganzen Mutes. Laßt daher Eure Freunde mit voller Freiheit handeln, ohne sie durch Euren Kummer zu betrüben."

Während Dolores ihre ganze Aufmerksamkeit den Worten des Apostels widmete, trat Joseph in den Garten, als wollte er eine der Blumen betrachten, und gab dabei Estevan ein Zeichen, worauf dieser ihm ohne Aufsehen folgte. Als sie weit genug entfernt waren, um nicht gehört zu werden, sagte Joseph: „Don Estevan, wir werden den Gouverneur nimmermehr durch Zeugen retten; suchen wir daher nach einem wirksameren Mittel."

„Ich kenne kein anderes", erwiderte ernst der junge Mann, der zu klug war, um seine innersten Gedanken einem Menschen zu verraten, den er nicht kannte.

„Wenn indes dieses Mittel scheitert, was ist dann zu tun?" sagte lebhaft der Dominikaner.

„Ich hoffe auf die Gerechtigkeit Gottes", erwiderte Estevan.

Joseph lächelte bitter, nahm die Hand des jungen Vargas, die er heftig in der seinigen drückte, und sagte: „Don Estevan, Ihr mißtraut mir. Was tat ich, um diese Ungerechtigkeit zu verdienen? Ich fand eines Tages auf meinem Weg Eure junge Verlobte, die außer sich nach dem Palast des Inquisitors lief, von ihm die Begnadigung ihres Vaters zu erbitten; ich entriß sie einem sicheren Tod, ja, was noch mehr ist, wahrscheinlich der Schande. Ich brachte sie in meinem eigenen Haus unter, behütet und beschützt wie eine Schwester. Ich will jetzt ihren Vater retten. Was kann ich noch mehr tun, damit Ihr Vertrauen in mich setzt? – Weshalb mißtraut Ihr mir?"

„Ihr seid ein Dominikaner", erwiderte Estevan offen.

„Ich trage nur das Gewand", entgegnete Joseph.

„Ich gestehe", sage Estevan, „daß alles an Euch Vertrauen einflößt; Euer Gesicht atmet Aufrichtigkeit, Eure Worte tragen den Stempel der Wahrheit, aber ist es meine Schuld, wenn man gegenwärtig in Spanien selbst seinem treuesten Freund mißtrauen muß?"

„Johann von Avila hat mir vertraut", erwiderte einfach Joseph.

„Ich tue es auch", sagte Estevan und reichte ihm die Hand.

„Nun wohl, so beweist es mir, Don Estevan; antwortet mir aufrichtig: Wenn es uns nicht gelingt, den Gouverneur durch Zeugen zu retten, welches Mittel wollt Ihr dann anwenden?"

„Ich weiß es nicht", erwiderte Estevan zögernd.

Joseph erkannte, daß er seinen Gedanken zurückhielt, und sagte lebhaft: „Das Volk aufregen, den Gouverneur während des Autodafés entführen – den Groß-Inquisitor töten."

Estevan sah ihn mißtrauisch an, und Joseph erkannte, daß er die geheimen Gedanken des jungen Vargas richtig erraten hatte.

„Dieses Mittel wäre nur in einem verzweifelten Fall gut", sagte Estevan; aber sein Gesicht strafte die Klugheit seiner Worte Lügen. Joseph erkannte dies, aber er drang nicht weiter in ihn, sondern führte ihn zu seiner Verlobten zurück und sagte mit innigem Ton: „Don Estevan, was auch geschehen möge, rechnet auf mich, im Leben wie im Tod."

„Ich danke Euch, Don Joseph", entgegnete Estevan, „aber Freunde erkennt man nur durch die Prüfung."

„Die Prüfung wird kommen", sagte Joseph traurig. „Ach, Estevan, Ihr habt keinen treueren Verbündeten als mich, und ich werde vielleicht in diesem Kampf mein Leben lassen. – Dann werdet Ihr an mich glauben."

Estevan war jung; er wurde gerührt, erschüttert; er hätte vielleicht seine ganzen Gedanken ausgesprochen und sich dem sonderbaren Menschen vertraut, der ihn zugleich mit Staunen erfüllte und bezauberte; aber als sie in den Saal zurückkehrten, wurde heftig an die Tür geklopft.

„Wir sind verraten!" dachte Estevan. Johann von Avila sah Joseph an, als wollte er in seiner Seele lesen, doch weder der Dominikaner noch Dolores zeigten die geringste Überraschung.

Juana ging, um zu öffnen.

Es war Coco, der jeden Abend zu derselben Stunde kam, um die Befehle Josephs in Empfang zu nehmen und ihm Rechenschaft über die am Abend zuvor empfangenen abzulegen.

Beim Anblick dieses befreundeten Gesichtes verschwand jede Furcht.

„Was gibt es Neues, mein braver Coco?" fragte der junge Dominikaner.

„Reverenz", erwiderte der Alguazil zögernd, „der Gouverneur von Sevilla –"

„Wird binnen zwei Tagen vor dem Tribunal erscheinen; ich weiß das. – Weiter?"

„Ich werde an der Tür seines Kerkers auf Posten sein", sagte Coco.

„Ha!" rief Dolores, „Ihr könntet also –"

„Ich bin nicht allein", erwiderte Coco, der ihren Gedanken erriet.

„Nun wohl", dachte Dolores, „da niemand etwas für ihn tun kann, muß ich allein ihn retten."

Johann von Avila stand auf, um sich zu entfernen.

„Dolores", sagte Estevan mit leiser Stimme, „ich sterbe, oder ich rette Euren Vater."

„Seid dafür gesegnet, Estevan", erwiderte sie.

„Meine Tochter", sagte Johann von Avila, „seid klug, rechnet auf Eure Freunde und verlaßt dies Haus unter keinem Vorwand."

Dolores senkte den Kopf, ohne zu antworten, denn sie wollte weder lügen noch irgend etwas versprechen. Ihre Augen verließen die Estevans erst, als die Straßentür sich hinter ihm schloß.

Estevan, Joseph und der Apostel entfernten sich miteinander; Joseph begleitete sie bis zu der Brücke von Triana. Dort trennte er sich von ihnen. Coco war ihnen in geringer Entfernung gefolgt, Joseph wandte sich um und näherte sich dem Alguazil.

„Coco", sagte er, „überwache mit der größten Sorgfalt alle Schritte des Don Estevan von Vargas und benachrichtige mich sofort davon, welcher Art sie auch sein mögen."

„Reverenz", entgegnete Coco zögernd, „Ihr verlangt dies ohne Zweifel zu seinem Besten? Ein Freund des Apostels –"

„Sei ruhig, mein guter Coco; habe ich jemals irgend jemand etwas Böses getan? Sprich!"

„Oh, Ihr seid gut wie die Engel Gottes!" antwortete der Alguazil, „ich werde alles tun, was Eure Reverenz verlangen."

XXI.

El Puerto de Despenaperros

Die Sonne war eben aufgegangen; ihre ersten mattgelben Strahlen, gemischt mit Rosenrot, durchdrangen den lichten Nebel, der noch die Gipfel der Sierra Morena bedeckte. Man hätte glauben können, tausend glänzende Plättchen auf einem weißen Florschleier geworfen zu sehen. Zwei Reisende verfolgten langsam einen steilen Weg, der durch die Felsen der Berge gehauen war und zuweilen so schmal wurde, daß es schien, als könnte kaum eine Ziege darauf festen Fuß fassen, und der sich meistens an steilen Abgründen hinzog, bei denen es einem schwindelte. Hier und dort vermischten einige verkrüppelte Fichten ihr trauriges Grün mit dem Grau der Granitfelsen, oder in einem grellen Gegensatz zeigte sich ein mit seinen roten Blumen bedeckter wilder Rosenstrauch am Rand des Abgrunds, dessen Tiefe das Auge nicht zu messen wagte.

Die Reisenden waren in diesem Augenblick zu einem der höchsten Gipfel der Sierra Morena gelangt.

Sie wandten sich jetzt der östlichen Küste zu, und die Sonnen beschien hell ihre Gesichter. Der ältere von beiden war nicht über dreißig Jahre, aber seine Stirn zeigte sich so ernst, sie trug so sehr den Ausdruck milder Strenge, die auf dem Gesicht des Gottmenschen glänzte, daß man bei dem ersten Blick hätte glauben können, er wäre schon zu der vollen Reife des Alters gediehen. Betrachtete man ihn aufmerksamer, so sah man, daß wahrscheinlich arbeitsame Nachtwachen, die Verzichtleistung auf die irdischen Dinge und die Gewohnheit des Nachdenkens allein dem Gesicht dieses Mannes ein besonderes Siegel der Tiefe und der Weisheit aufgeprägt hatten.

Der andere Reisende, viel jünger, war höchstens zwanzig Jahre alt und bot gegen seinen Gefährten einen um so bemerkenswerteren Kontrast, als diese beiden Männer so verschieden an Physiognomie waren, Sitten und Charakter dennoch durch gleiche Redlichkeit einander angenähert wurden. Außerdem bekannten sie sich zu derselben Lehre, und wenn die Neigungen des einen sich oft nach einer Seite wandten, die den des anderen entgegengesetzt war, so handelten sie wenigstens stets zu demselben Zweck und für dieselbe Sache.

Sie hatten soeben den Puerto de Despenaperros, einen der höchsten Gipfel dieser hohen und unzugänglichen Sierra Morena, erstiegen. Beide waren erschöpft und setzten sich nieder. Nachdem sie sich einige Augenblicke ausgeruht hatten, fühlten sie ihren Atem freier werden, und mit der Kraft kehrte auch der Mut zurück; sie warfen zugleich jenen Blick tiefen Forschens umher, der dem Philosophen eigentümlich ist, der in der Mitte der Wunder der

Schöpfung beständig bei den Wirkungen nach der Ursache sucht und, indem er die Werke Gottes bewundert, sozusagen Gott selbst erblickt, so lebendig und klar werden dann die Auffassungen der Seele, die uns allein befähigen, mit dem Geist zu verkehren.

Hinter ihnen erhob die eigentliche Sierra Morena ihr stolzes Haupt, weiß unter dem Schnee aller Jahrhunderte.

Vor ihnen dehnten sich die öden Ebenen der Mancha aus; etwas links rückwärts zeigte das wollüstige Andalusien, als stolzer Kontrast, seine Olivenfelder, seine grünenden Weinberge und seine blühenden Zitronenbäume.

Weiterhin zur Rechten lagen die Sierra Elvira und die Alpuxarras, die Kette jener unbezwingbaren Berge fortsetzend, welche die beiden Kastilien gleich einer ungeheuren Granitwand umgeben.

Endlich in Gedanken den weiten Raum durchschreitend, der sie noch davon trennte, glaubten sie Kastilien zu sehen, dieses Sanktum Spaniens, das nie durch Fremde erobert wurde; das Kastilien mit dem sonderbaren und wechselvollen Anblick, durchschlängelt von dem gelbflutenden Tajo und dem silberhellen Manzanares.

Von diesem hohen Ort übersahen die Reisenden ganz Spanien. Indem sie das reiche und schöne Land betrachteten, mischte ein bitteres Gefühl sich mit ihrer Bewunderung. Dort unter ihren Füßen, auf jener fruchtbaren Ebene, geschmückt durch die Hand Gottes, raubte eine ungerechte und rohe Macht den Menschen den freien Gebrauch der Güter der Erde und ihrer selbst, dieses Glück, das ein Recht des Lebens ist.

„Dort ist das Ziel unserer Reise", sagte plötzlich der Geistliche, indem er die Hand gegen den Horizont ausstreckte, als deutete er auf einen Punkt, den jedoch nur der Gedanke allein zu erreichen vermochte.

„Mein Gott! Mein Gott!" rief schmerzlich der junge Laie, „werden wir zeitig genug hinkommen? Besonders aber – wird es uns gelingen, das Herz des Königs zu rühren?"

„Habt Vertrauen", entgegnete der Geistliche. „Weshalb wolltet Ihr Euch im voraus wegen einer unsicheren Sache quälen? Der Ungestüm schadet stets dem Erfolg der Unternehmungen; mit Ruhe allein gelangt man zu allem; das große Geheimnis des Lebens besteht darin, warten zu können und aus der ungewissen Zukunft nicht eine gewisse Qual für die Gegenwart zu schöpfen. Die Seele wird unter diesen beständigen Besorgnissen und vorzeitigen Ängstlichkeiten ermüdet und entkräftet. Der starke Mensch erwartet festen Fußes die Ereignisse, ohne sie zu fürchten; er gilt oft als gefühllos, während er nur mutig ist."

„Ach mein Vater", sagte der junge Mann voll Bitterkeit, „man sieht wohl, daß keine Sorge bis zu Euch gelangt und daß Ihr, auf die irdischen Freuden verzichtend, zugleich auch auf das Elend der Menschheit verzichtet habt, – daß Ihr in Euren Ordensregeln isoliert steht wie in einer Wüste, daß Ihr das gemeinsame Leben nicht mehr teilt, und daher auch dessen Schmerz nicht begreifen könnt."

„Kind!" entgegnete sanft der Franziskaner, „glaubt Ihr, meine Sendung sei die der Selbstsucht und der Härte? Haben wir nicht freiwillig uns dem Elend gewidmet, um desto besser das Elend der anderen Menschen verstehen zu können? Wehe dem, der die Sendung des Priesters anders versteht! Dem, der aus der evangelischen Gewalt eine weltliche macht, die er zum Nutzen seiner eigenen Leidenschaften ausbeutet, statt sie zum Wohlsein und zum Trost aller anzuwenden; das Apostolat hat keinen anderen Zweck. Der, der es zu anderem verwendet, kennt nicht die Pflichten seines Amtes. Wie muß in der Tat unser Leben sein? Stets bereit, unser Blut für unsere Brüder zu vergießen, ihnen beizustehen, sie bei ihren Widerwärtigkeiten zu trösten, ihnen das Leben süßer zu machen, indem man bei ihnen die Hoffnung auf ein besseres erweckt. Glaubt mir, mein Sohn, der, der auf die Süßigkeiten des eigenen Familienlebens verzichtet, um sich dem Glück der großen menschlichen Familie zu widmen, der ist kein selbstsüchtiger Mensch, kein Feigling! Nein, nein, denkt das nicht. Die Ergebung ist eine Tugend, die nur von Gott allein kommt, und er allein verleiht dazu die Kraft."

„Ach mein Vater", entgegnete der junge Mann, „verzeiht mir. Ich bin undankbar und ungerecht. Ich verdanke Euch alles und ich beleidige Euch! Der Schmerz verwirrt meinen Verstand. Ihr seid eine erhabene Ausnahme. Aber sagt mir", fuhr er mit bitterem Lächeln des Unglaubens fort, der zuweilen aus großem Unglück entsteht, „wo sind die Nachkommen der Apostel? Mag ich auch rings um mich her suchen, so erblicke ich doch in ganz Spanien, das von Mönchen wimmelt, nur knechtische Bettler oder feige Unterdrücker."

„Mein Sohn", sagte der Franziskaner mit strengem Ton, „Ihr seid zu jung und habt zuwenig Erfahrung, um auf solche Weise zu urteilen. Ich erkenne mit Euch die Mißbräuche, die in Spanien herrschen; ich weine täglich über die Übel, die daraus hervorgehen; ich kämpfe mit allen meinen Kräften dagegen, aber wenn ich in mich selbst einkehre, werfe ich mich nieder zu den Füßen des Ewigen, und unter Gebeten und Tränen sage ich oft mit Schmerz, doch auch mit Ergebung: Es liegt vielleicht so in den Absichten Gottes."

„Nein, nein, das kann nicht sein", rief ungestüm der junge Mann. „Gott ist groß und edel, er ist das Wesen der göttlichen Liebe und er kann nicht zugeben, daß man in seinem Namen die unterdrücke, denen er eine unsterbliche Seele verliehen hat!"

„Mein Sohn", sagte der Geistliche in einiger Verlegenheit, was er auf diese Äußerung antworten sollte, während er doch in seinem Glauben zu unerschütterlich fest war, um womöglich die Mysterien zu ergründen, die sein Verstand nicht begreifen konnte, „mein Sohn, eines ist gewiß: Gott hat den Menschen zum Glück geschaffen und das Glück liegt in der Vollkommenheit. Diesem Ziel streben wir unablässig zu. Vielleicht gelangt man dahin nur durch den Schmerz, vielleicht bedürfen die Generationen, die kommen werden, des Blutes und der Tränen ihrer Väter, wie wir des Blutes Jesu Christi bedurften; vielleicht auch hält Gott, der die Quelle der ewigen Gerechtigkeit ist, für die, die leiden, selbst in diesem Leben schon unbegreiflichen Ersatz bereit. In den Zeiten der Verfolgung klammert der Mensch, der beständig dem Märtyrertum gegenübersteht und nur von einem Tag zum anderen lebt, sich nicht sehr an die irdischen Dinge; er gewöhnt sich daran, mehr von dem Geist zu leben, und aus diesem großen Nachdenken der Völker entspringen zuweilen jene hohen Lehren, welche die Nationen zu ihrer Wiedergeburt führen. Hören wir daher auf zu murren; kämpfen wir mit Ausdauer; die freiwillige Unterwerfung unter die Urteilssprüche eines allmächtigen Wesens, das aber zugleich unendlich gut ist, trägt einen hochherzigen Trost in sich. Nicht einem blinden Geschick gehorcht man, sondern einem geistigen Wesen voll Liebe, das stets das Gute neben das Böse stellt und oft sogar das Gute in das Böse selbst legt, durch Berechnungen, die zuweilen für unseren beschränkten Verstand zu erhaben sind, die aber, dessen darf man gewiß sein, jederzeit zu einem Ziel führen, das im voraus durch den ewigen Willen bestimmt wurde."

Der junge Mann antwortete nichts. Er betrachtete schweigend den jungen, schönen und ernsten Mann, der, begabt mit den seltensten Eigenschaften des Geistes und des Glücks, auf die eitlen Ehren dieser Welt verzichtet hatte, um nur ein geistiges Leben zu führen und mit allen seinen Kräften, mit allen seinen Fähigkeiten an dem Gebäude des sozialen Glücks zu arbeiten; nicht jenes vergänglichen Glücks, das auf ein paradoxes Utopien gegründet ist, sondern des gewissen, ewigen, unfehlbaren Glücks, das trotz Widerwärtigkeiten, Leiden und Tod in dem Herzen des Menschen entspringt, der mit Eifer einen trostreichen Glauben umfaßt und der sozusagen schon im Diesseits ein Leben von jenseits des Grabes kennt.

Obgleich dieser junge Mann mit sehr reinen und sehr christlichen Gesinnungen genährt worden war, hatten dennoch die Glut seines jungen und spanischen Blutes und die ritterliche Existenz, welche die großen Herren um jene Zeit führten, ungeachtet seiner natürlichen Neigung für die philosophischen Betrachtungen, dem Ausdruck seiner Ansichten und seiner Meinungen eine lebhafte und kriegerische Wendung verliehen. Dazu geschaffen, um alle großen, religiösen und humanistischen Gedanken zu erfassen, mangelte es dem jungen Philosophen noch an der Geduld, die zu ertragen weiß und der die natürliche Ordnung der Dinge voraneilt. Als Edelmann war er in moralischer Beziehung ein kühner und unerschrockener Kämpfer, der stets, seiner Kraft gewiß, seine Feinde von vorn angreift und, statt einen nach dem anderen zu bekämpfen und sich den Sieg durch die Langsamkeit des Kampfes selbst zu sichern, stolz der Möglichkeit einer durch seinen Ungestüm herbeigeführten Niederlage entgegengeht.

„Dies erklärt vielleicht die in allen Jahrhunderten erfolgte Niederlage des philosophischen und liberalen Spaniens in seinen Kämpfen gegen ein ultramontanes Spanien. Nicht der Mut, nicht die Ausdauer haben den Verteidigern der Gewissensfreiheit gemangelt; es waren die Klugheit des Ulysses, das Mißtrauen gegen Menschen und Ereignisse, die List, die beinahe an die Verschlagenheit grenzt. Sie besaßen die Tapferkeit der echten Ritter, sie kämpften am hellen Tag und mit offener Brust gegen versteckte Feinde, verschanzt hinter der Unwissenheit und dem Fanatismus des Volkes wie der Bandit in den Gesträuchen am Weg; gegen Feinde, die sich während des Kampfes nicht verteidigten, die aber feig ihre Gegner von hinten angriffen, sobald diese des vergeblichen Kampfes müde waren. Diese Gewohnheit des Verrats liegt seit langer Zeit schon in den Sitten der römischen Kirche; sie kämpft nie in Legionen; sie bietet dem Feind nur Scharmützel, sie läßt ihn seine Kraft dabei erschöpfen, zahllose, unsichtbare Antagonisten zu verfolgen, die zu fliehen und sich unter seiner Verfolgung zu vervielfältigen scheinen, und wenn sie ihn für ermattet hält, erhebt sie sich in Masse gleich einem einzigen Menschen und stößt ihr furchtbares Triumphgeschrei aus, das dann bis zu den letzten Grenzen der Welt ertönt."

„Seit fünf Tagen haben wir Sevilla verlassen; wir können nicht mehr weit von Madrid entfernt sein", sagte jetzt der jüngere.

„Wenigstens noch acht Tagesreisen", erwiderte der Franziskaner.

„Und während dieser Zeit zerreißt der inquisitorische Geier seine Beute, und vielleicht ist es schon zu spät, wenn wir zurückkehren."

„Beruhigt Euch", erwiderte der Geistliche. Die Inquisition eilt nicht sosehr. Sie saugt ihren Opfern den letzten Tropfen Blut aus, bevor sie dieselben dem Henker überliefert. – Mut", fuhr er fort, indem er die Führer mit den Maultieren kommen sah, die sie hinter sich gelassen hatten, um den Berg zu ersteigen.

Die Reisenden standen auf, schritten den schmalen Fußpfad an der südlichen Seite des Berges hinab und gelangten zu ihren Führern, die mühsam auf dem Feldpfad fortschritten, der zu der Straße nach Kastilien führte, die kaum durch eine schmale Spur angedeutet wurde, da wo jetzt eine prachtvolle Landstraße sich hinzieht, die sich schlangenförmig bis zu dem Gipfel des Berges emporwindet und auf Umwegen und Schlangenlinien aus Kastilien nach Andalusien und aus Andalusien nach Kastilien führt.

Zu der Zeit, zu der diese Geschichte sich ereignete, war der Weg ungleich rauher; aber der Mut mangelte unseren Reisenden nicht.

Sie machten sich wieder auf den Weg, und bald auf ihren Maultieren sitzend, bald zu Fuß, stiegen sie den Berg hinab und erreichten an ebendiesem Abend La Carolina.

Unsere Leser haben ohne Zweifel in diesen beiden Reisenden Estevan von Vargas und Johann von Avila erkannt.

XXII.

Das Tribunal

Es war ein trüber, finsterer Tag, der Tag einer Inquisitorialsitzung. Der große Saal des Tribunals war soeben geöffnet worden. Dieser Saal bestand aus einem großen, schwarz ausgeschlagenen länglichen Viereck. Im Hintergrund erhob sich von der einen Seite bis zu der anderen ein halbrunder Tisch. Hinter diesem Tisch, der ganz mit einem langen schwarzwollenen Tuch bedeckt war, sah man einen Armsessel aus schwarzem Samt, darüber mit einem Baldachin von gleichem Stoff.

Dies war der Sitz des Präsidenten oder Groß-Inquisitors.

Über dem Baldachin hing an der Wand ein großes elfenbeinernes Kruzifix auf einem schwarzen Hintergrund. Zwei andere Sessel von gleicher Farbe standen zu beiden Seiten des Präsidentenstuhles; sie waren für die Inquisitionsräte bestimmt, die das Tribunal bildeten.

Auf dem Tisch stand rechts die Klingel. Auf der entgegengesetzten Seite lag ein großes Evangelienbuch aufgeschlagen und in der Mitte vor dem Präsidenten ein weißes Blatt Papier, auf dem er seine besonderen Bemerkungen niederschrieb.

Dem Kruzifix gegenüber, vor dem Tisch, stand eine Bank, oder vielmehr ein dreieckiger Balken, der auf vier auseinandergesperrten Füßen lag und dem Angeklagten zum Sitz diente.

Endlich rechts von dem Präsidenten, ebenfalls vor dem Tisch, standen die Sbirren und vier schwarz belarvte Menschen in langen schwarzen Gewändern, den Kopf bedeckt mit einer Kapuze von gleichem Stoff, an den Orten der Augen, der Nase und des Mundes mit Löchern versehen, vier Menschen von entsetzlichem Äußeren. Dann zur Linken endlich saßen an einem kleinen Tisch zwei Schreiber, die nach den Diktaten des Präsidenten oder nach dessen Befehlen, die Aussagen der Zeugen niederschrieben.

Pedro Arbuez in seinem Staatsgewand, geschmückt mit dem weißen Kreuz, das auf der Brust der Söhne des heiligen Dominik glänzte, saß auf dem Präsidentenstuhl und ließ finstere Blicke umherschweifen.

Seine beiden Beisitzer, gleichgültig gegen die Stürme, die in der Seele dieses wilden Menschen tobten, doch ergriffen von demselben Geist der Herrschsucht, erwarteten mit heuchlerischer Ruhe die Ankunft des Angeklagten. Keine innere Aufregung durchdrang ihre eherne Maske. Sie kannten nicht die Kämpfe und die Ungewißheiten des Richters, der zwischen der Verpflichtung, einen Schuldigen zu strafen, und der Frucht, einen Unschuldigen zu treffen, schwankt.

Ihre Urteilssprüche waren im voraus diktiert. Strafen, ohne Unterlaß strafen, das war ihr Wahlspruch; sie fürchteten nichts als die Freisprechung und sprachen nie aus eigenem Willen frei.

Im Hintergrund des Saales standen Mönche verschiedner Orden, die gewöhnlichen Zeugen dieser Feierlichkeiten, und einige der Inquisition ergebene Granden Spaniens, die Pedro Arbuez schriftlich eingeladen hatte, denn es war kein gemeiner Angeklagter, der auf der Bank sitzen sollte, sondern ein edler und mächtiger Herr, ein guter Katholik, angeklagt der Ketzerei, und seine Standesgenossen sollten ihn vielleicht verurteilen sehen, ohne es zu wagen, ein einziges Wort zu seiner Verteidigung zu sprechen.

Ein grauenhaftes Stillschweigen herrschte in dieser finsteren Versammlung; man hätte glauben sollen, sie sei zu einem Leichenbegräbnis gekommen, so sehr trugen alle diese Gesichter den gleichmäßigen Ausdruck der Trauer und des Todes. Bald jedoch entstand eine leise Bewegung in dieser stillen Versammlung. Die Blicke richteten sich langsam auf die Tür; der Angeklagte war, von zwei Sbirren geführt, in den Saal getreten. Es war ein großer bleicher Mann, ungefähr fünfzig Jahre alt. Seine Haare, glänzend schwarz, doch mehr als zur Hälfte ergraut, umgaben eine hohe Stirn, auf der mehr die Redlichkeit als der Geist thronte; sein offenes ehrliches Auge trug den treuen ritterlichen Ausdruck des echten Sohnes Kastiliens, und eine religiöse Ergebung milderte den Ausdruck der Bitterkeit und des Kummers, der das Gesicht dieses Mannes verschleierte. Er war matt und abgemagert durch einen Aufenthalt von mehr als zwei Monaten in den Kerkern der Inquisition.

Mit langsamen Schritten trat er in der Mitte seiner Hüter vorwärts, und als er dem Präsidenten gegenüber angelangt war, sah er sich nach einem Sitz um, darauf ruhen zu können. Als er nichts erblickte als den dreieckigen Balken, auf den das Tribunal seine Opfer sich niedersetzen ließ, umspielte ein bitteres, höhnisches Lächeln seine bleichen Lippen und er nahm, so gut er es vermochte, auf diesem eigentümlichen Sitz von inquisitorischer Erfindung Platz.[97] Dann erhob er den Kopf ohne Prahlerei, doch mit einer unglaublichen Würde, und richtete auf Pedro Arbuez einen hellen durchbohrenden Blick, vor dem jeder andere als ein Inquisitor die Augen hätte senken müssen.

Pedro Arbuez hielt diesen Blick ohne zu zucken aus und sagte dann: „Angeklagter, steht auf und schwört auf das Evangelium, die Wahrheit zu sagen."

Der Angeklagte erhob sich langsam, näherte sich dem Tisch, legte die Hände auf das heilige Buch und sagte mit fester klangvoller Stimme:

„Ich schwöre im Namen Jesu Christi und auf sein heiliges Evangelium, die ganze Wahrheit zu sagen."

„Wie ist Euer Name?" fuhr der Inquisitor fort.

„Paul Joachim Manuel Argoso, Graf von Cevallos, Grand von Spanien zweiter Klasse und durch den Willen unseres vielgeliebten Königs Don Carlos V. Gouverneur der Stadt Sevilla."

„Laßt Eure Titel", sagte der Inquisitor; „sie kommen Euch nicht mehr zu."[98]

Manuel Argoso antwortete nicht, aber seine Unterlippe zuckte geringschätzig; das reine kastilische Blut empörte sich in ihm.

„Euer Alter?" fragte der Präsident.

„Fünfzig Jahre", erwiderte der Gouverneur.

„Manuel Argoso", fuhr Pedro Arbuez mit langsamer, klangvoller, harter Stimme fort, „Manuel Argoso, Ihr seid angeklagt, bei Euch einen jungen Mann aufgenommen zu haben, der von einem ketzerischen Stamm sproßt; einen jungen Mann, der sich zu Gesinnungen bekennt, die den Lehren der heiligen römisch-katholischen Kirche widersprechen, und denselben nicht angeklagt zu haben."

„Ich weiß nicht, was Ihr sagen wollt", entgegnete ernst Manuel Argoso.

„Die Ketzerei nicht anzeigen, heißt sie ermutigen", fuhr der Inquisitor fort. „Es kann Euch nicht unbekannt gewesen sein, daß Estevan von Vargas, der Abkömmling einer maurischen Familie, von dem reinen Katholizismus weit entfernt ist, und gleichwohl habt Ihr ihn nicht nur in Euer Haus aufgenommen, sondern ihm auch Eure Tochter verlobt."

Bei diesen Worten hob ein schmerzlicher Seufzer die Brust des unglücklichen Gouverneurs; eine Träne rann über seine bleiche Wange, aber er faßte sich sogleich wieder und antwortete:

„Eure Eminenz, der junge Estevan von Vargas stammt von einem jener edlen Abenceragenritter, die freiwillig die Religion Jesu Christi annahmen und sich zu Untertanen des Königs Ferdinand von Aragon und der großen Isabella, unserer glorreichen Herrscherin, bekannten.[99] Diese Ritter empfingen von unseren Königen dieselben Vorrechte, deren die kastilischen Gro-

Das Inquisitionsgericht

ßen genießen. Weshalb sollten wir ihnen jetzt ein Recht verweigern, das sie seit dem letzten Jahrhundert gesetzmäßig erworben haben?"

„Wer ein Recht empfängt, übernimmt dagegen eine Pflicht", bemerkte der Inquisitor, „und sobald er diese Pflicht vernachlässigt, erlischt sein Recht. Don Estevan von Vargas verlor seinen Schutz, den er als guter Katholik genoß, dadurch, daß er sich zu Lehren bekennt, die den heiligen Kanon der Kirche widersprechen. Er ist von Ketzerei angesteckt, und wer sich mit ihm verbindet, wird dadurch ebenfalls der Ketzerei schuldig und verdient die für dieses Verbrechen bestimmten Strafen."

„Gnädigster Herr", entgegnete sehr ernst Argoso, „ich schwöre Euch auf meine Ehre, daß Don Estevan von Vargas in meiner Gegenwart nie ein einziges Wort ausgesprochen hat, das nicht eines frommen Christen und eines ehrenhaften Ritters würdig gewesen wäre. Wie kann ich also Mitschuldiger eines Verbrechens sein, das nicht besteht?"

„Er leugnet!" sagte der Inquisitor mit dem Schein der Teilnahme, indem er sich gegen seine Beisitzer wandte, als wollte er sie durch seinen Blick um Rat fragen.

Die Räte machten eine Bewegung des Abscheus, indem sie mit heuchlerischem Wesen die Augen gegen Himmel erhoben. Diese Bewegung war ihnen vertraut und ersetzte bei ihnen das richtige Urteil und die Logik der Worte, die keinem von ihnen zuteil geworden waren.

Die Schreiber schrieben die Fragen und die Antworten nieder.

Pedro Arbuez schien nachzudenken.

Es entstand ein langes Schweigen, währenddessen diese ungestüme und leidenschaftliche Seele sich sammelte, um den milden Ton, den frommen und gerührten Blick, die Worte voll evangelischer Sanftmut wiederzufinden, welche die einzige bei den Inquisitoren übliche Sprache sind, und von denen nie und unter keinem Vorwand abzuweichen, sogar zu den Statuten ihres Ordens gehört. Sei es, daß diese heuchlerische Sanftmut nur eine Verfeinerung der Grausamkeit war, denn vergeblich wollte man sich überreden, daß sie das Böse mit Überzeugungen taten und daß diese gesuchte Sanftmut, vereint mit soviel Barbarei, das Resultat ihres Eifers für die Religion und eines zarten Mitleids für das Opfer war, das sie so zu martern sich für verpflichtet glaubten.

Ihre Sittenlosigkeit gibt eine siegreiche Antwort auf alle Verteidigungsreden, die man über diesen Gegenstand versuchen könnte. Die vollkommene Reinheit des Herzen ist die einzige Bürgschaft für dessen Güte.

Endlich sah Pedro Arbuez den Gouverneur von Sevilla mit teilnahmsvollem Blick an und sagte:

„Mein Sohn, Ihr seht mich wahrhaft betrübt über die Hartnäckigkeit, zu welcher der Feind des Guten Euch treibt. Ich habe Euch in Gott geliebt und in meinem Eifer für die heilige Sache der Kirche und meiner aufrichtigen Freundschaft für Eure Person bete ich zu dem Herrn, daß er Euch den Geist der Reue und Buße sende, damit Ihr Eure Fehler erkennt, sie feierlich abschwört und auf den rechten Pfad zurückkehrt, der zu dem Himmel führt."

„Mein Vater", erwiderte Manuel Argoso mit ruhigem Ton, Gott ist mein Zeuge, daß ich nie einen einzigen Gedanken gehegt habe, der den Gesetzen seines heiligen Evangeliums widerspricht, und daß ich ihm stets voll Liebe und Vertrauen diente."

„Aber Ihr gesteht, daß Ihr im Verkehr mit einem Mauren gestanden habt?" fügte der Inquisitor tückisch hinzu.

„Don Estevan von Vargas ist kein Maure", erwiderte der Gouverneur, „er ist ein ebenso guter Katholik wie Ihr und ich, gnädigster Herr."

„Gott des Himmels!" rief der Inquisitor, „der böse Geist verblendet ihn, und er schmäht unsere heilige Religion."

„Eure Eminenz", bemerkte leise einer der Räte, „er gesteht seinen Verkehr mit Don Estevan von Vargas."

Pedro Arbuez machte mit dem Kopf eine Bewegung, die zu sagen schien: Gut; ich werde mich dessen bedienen.

„Mein Bruder", fuhr er dann, sich wieder zu dem Angeklagten wendend, fort, „solltet Ihr auch leugnen, daß Ihr Eure Tochter in Gesinnungen erzogen habt, die dem wahren Geist der katholischen Religion widersprechen, und daß sie sich mit jenen verderblichen Studien beschäftigte, die aus dem Norden zu uns kamen und die man Philosophie nennt?"

„Ich leugne es!" antwortete der Gouverneur.

„Könnt Ihr es beweisen?" fragte der Inquisitor.

Manuel Argoso wandte sich gegen die Versammlung in dem Hintergrund des Saales, und als er dort mehrere Herren bemerkte, die in den Zeiten seines Glücks regelmäßig sein Haus besuchten, rief er:

„Ihr Herren, wer von Euch will Zeugnis für die Wahrheit ablegen und bestätigen, daß weder ich, Manuel Argoso, noch meine Tochter, die edle Dolores, jemals sich zu anderen Grundsätzen bekannt haben als denen des Evangeliums? Ihr wißt das alle, meine Herren, denn meine Seele war Euch in meinem Haus geöffnet."

Der Gouverneur erwartete vergebens eine Antwort; jeder Mund blieb stumm, und die zu Boden gerichteten Blicke scheuten sich, die geringste Regung der Rührung oder des Mitleids erkennen zu lassen.

Manuel Argoso ließ die Arme mit einem Ausdruck der Entmutigung, der sich nicht beschreiben läßt, an seinem Leib herabfallen. Dann wandte er sich, wie von einer plötzlichen Eingebung ergriffen, rasch zu dem Inquisitor und fragte:

„Eure Eminenz, ich rufe Euch selbst zum Zeugen auf! Ihr kamt täglich in mein Haus, und in Eurer doppelten Eigenschaft als Freund und als Diener Gottes müßt Ihr besser als irgend jemand meine wahren Gesinnungen kennen und besonders die meiner Tochter."

„Ich war nicht ihr Beichtvater", erwiderte mit eisiger Kälte der Dominikaner.

„Ach gnädigster Herr", rief Manuel Argoso mit einem Ton, der einen Fels hätte rühren müssen, „gnädigster Herr, so ist also Dolores auch der Ketzerei angeklagt? Dolores ist gleich mir eine Gefangene?"

„Es ist in diesem Augenblick nicht die Rede von Eurer Tochter", erwiderte der Inquisitor, der absichtlich die Ungewißheit des unglücklichen Vaters verlängern wollte; „Ihr seid der Angeklagte, Manuel Argoso; bekennt Eure Verbrechen, wenn Ihr die Verzeihung des Himmels und die der heiligen Kirche verdienen wollt."

Der Gouverneur antwortete nicht; sein fieberhaft glühender Blick befragte das Auge des Pedro Arbuez. Er suchte in dessen Zügen das Los zu lesen, das er seiner Tochter bestimmte; doch es war vergeblich; das Gesicht des Inquisitors trug keinen anderen Ausdruck als den einer entsetzlichen Härte des Herzens, verknöchert in einem Heiligenschein heuchlerischer Sanftmut.

„Meine Tochter! Was habt Ihr mit meiner Tochter angefangen?" rief der Gouverneur, indem er flehend die Hände faltete. „Antwortet mir, gnädigster Herr; ich beschwöre Euch. Sagt mir, daß nichts ihr droht, und ich kann alles erdulden."

„Manuel Argoso", sagte der Inquisitor mit heuchlerischem Ton, „es ist jetzt nicht der Augenblick dazu, Euch mit irdischen Neigungen zu beschäftigen. Denkt an Gott und an Euer ewiges Heil und überlaßt es der Vorsehung, über die zu wachen, die Euch teuer sind."

Ungeachtet der scheinbaren Sanftmut dieser Worte verriet das Gesicht des Inquisitors einen unbeugsamen Willen. Dolores' Vater erkannte, daß er von dieser ehernen Seele nichts hoffen durfte. Er ließ den Kopf auf die Brust sinken, ergab sich mit einem Heldenmut, welcher der ersten Märtyrer würdig war, in sein Schicksal, dachte, der Wille Gottes geschehe und schwieg.

„Mein Bruder", sagte der Inquisitor mit seiner sanftesten Stimme, „gesteht wenigstens, daß Ihr durch den bösen Geist versucht worden seid. Unserer besten Absichten ungeachtet können wir schwachen Geschöpfe nicht immer seinen Schlingen entgehen. Nun wohl, mein Bruder, sagt uns, daß eine verhängnisvolle Macht Euch versuchte, daß Ihr mehr verblendet als strafbar wart, und indem wir für Euch die Strenge der irdischen Strafen mildern, werden wir trachten, zugleich Eure Seele vor dem ewigen Verderben zu retten."

Der Gouverneur antwortete nichts.

„Gesteht wenigstens, daß Ihr mit Vergnügen die antichristlichen Lehren anhörtet, durch die der Lutheranismus Europa verpestet."

„Ich weiß nicht, was Lutheranismus ist", erwiderte der Gouverneur. Ich habe mich niemals damit beschäftigt, indes muß Luther wirklich ein großer Mann sein, wenn er so die Welt in Aufregung versetzen kann."

Bei dieser kühnen Antwort erbebte die ganze Versammlung vor Schrekken, denn sie sah einen finsteren Blitz aus den großen Augen des Inquisitors zucken; es war sehr viel weniger als das nötig, um die Verurteilung eines Menschen durch die Inquisition herbeizuführen.

„Der Unglückselige! Er lästert Gott!" rief Pedro Arbuez, und bei sich selbst fügte er hinzu: „Er liefert sich uns aus!"

Die beiden anderen Inquisitoren wechselten einen Blick des Einverständnisses.

„Es ist also wahr", fuhr Pedro Arbuez fort, „daß man Euch mit Grund anklagt, insgeheim Euch zu den Grundsätzen des Feindes Gottes zu bekennen und ein Bewunderer Luthers zu sein?"

„Wie kann ich einen Menschen bewundern, den ich nicht kenne, und seinen Grundsätzen folgen?" erwiderte der Gouverneur. „Sind sie denn besser, als die Eurigen und die meinigen? Steht seine Religion höher als die, in der ich unterrichtet worden bin? Und überdies – wer klagt mich denn an? Nennt mir meinen Ankläger, damit ich ihn Lügen strafen kann."[100]

„Die christliche Barmherzigkeit gestattet dies nicht", erwiderte der Präsident. „Bekennt, mein Sohn, bekennt und bereut, das ist das einzige Mittel des Heils, das Euch für das andere Leben bleibt."

„Ich habe weiter nichts zu sagen", entgegnete der Gouverneur. „Zu Gott, der meine Unschuld kennt, flehe ich, sie zu enthüllen und meine Richter zu überzeugen. Wer auch der Feind sei, der mich anklagt", fuhr er dann fort, „ich schwöre hier im Angesicht Gottes, der mich sieht und hört, daß er ein Nichtswürdiger und ein Verleumder ist. Ich erkläre, daß meine Tochter Dolores ein Engel ist. Verflucht also der, der es wagt, die Reinheit ihres Lebens anzutasten! – Und jetzt", sagte er dann, „möge der Wille des Himmels sich an ihr erfüllen und an mir; ich vertraue auf den, der die Unschuldigen schützt."

Darauf bewahrte Manuel Argoso ein unverbrüchliches Schweigen, mochte man ihn auch noch so mit tückischen Fragen überhäufen. Es war nicht möglich, ihn zum Sprechen zu bringen.

„Der Unglückliche! Er will es!" sagte Pedro Arbuez mit dem Ton heuchlerischer Teilnahme. Dann wandte er sich zu den verlarvten Männern, die regungslos wie Geister an der rechten Seite des Tribunals standen, streckte die Hand aus und deutete auf den Angeklagten. Ein eisiges Frösteln durchlief die Versammlung; bald herrschte in derselben ein entsetzliches Schweigen. Kein Atemzug war mehr zu hören in dem weiten Raum des Saales. Man hätte glauben können, alle diese lebenden Geschöpfe wären plötzlich zu Marmor erstarrt.

Nur allein die vier Verlarvten glitten gleich Phantomen geräuschlos über den Boden dahin, und, zu dem Angeklagten gelangt, ergriffen sie ihn, hoben ihn auf ihre Arme, ohne daß er eine einzige Bewegung machte und verschwanden mit ihm durch eine Seitentür.

XXIII.

Die Marterkammer

In der Mitte eines grossen runden Gemaches, in einem tiefen Keller, beleuchtet durch zwei Fackeln, umgaben vier verlarvte Männer einen anderen Mann, der traurig und schwach war, so daß er sich kaum aufrecht zu halten vermochte, und dessen geschwächte Augen ihm das zweifelhafte Licht diese entsetzlichen Ortes peinlich machten.

Feuchte, dicke Luft erfüllte gleich einem ungesunden Nebel diesen unterirdischen Raum, der Grabesdünste aushauchte.

In dieser Art von Höhle hingen ringsherum an den ungleichen Mauern, an denen das Wasser durch die Ritzen des weichen Steins rieselte, Marterwerkzeuge, die höllische Erfindung der asketischen und wilden Einbildungskraft der Mönche, deren Anblick allein schon hinreichte, um erbeben zu machen.

Es waren spanische Stiefel, Nägel von gewaltiger Länge, Stricke von allen Dicken, und in einer Ecke neben einer Folterbank stand ein brennendes Kohlenbecken, das mit seinen roten und blauen Flammen aus der Finsternis dieses Winkels hervorleuchtete.

Das alles war gräßlich anzusehen.

Man stieg zu diesem höllischen Ort auf einer Menge kleiner gewundener Treppen hinab, deren feuchte Stufen mit Moos bedeckt waren und auf denen man mit jedem Schritt ausglitt; aber die Diener der Inquisition hatten einen festen Fuß. Sie kannten die geringsten Biegungen dieses fürchterlichen Labyrinths, in das sie Manuel Argoso hinabgeführt hatten, als sie den Sitzungssaal des Tribunals verließen, und wo wir sie jetzt mit dem unglücklichen Angeklagten wiederfinden, die Ankunft des Groß-Inquisitors erwartend.[101]

Der ehemalige Gouverneur von Sevilla hatte sich führen oder vielmehr tragen lassen, idem er die Augen schloß, um den Weg nicht zu sehen, den er zurücklegen mußte. Aber die Henker waren in der Mitte der Marterkammer stehengeblieben, und jetzt öffnete der Angeklagte die Augen und ließ die besorgten Blicke umherschweifen. Als er nichts weiter sah als das vermummte Gesicht der finsteren Männer, die in dieser irdischen Hölle das Amt der Dämonen versahen und die man Marterknechte nannte; als er die gräßlichen Marterwerkzeuge, die ihn umgaben, eines nach dem anderen betrachtet hatte, wurde seine durch die lange Einkerkerung und das Fasten geschwächte Einbildungskraft die Beute eines augenblicklichen Wahnsinns. In seinem frommen Christenglauben wähnte er, diese Welt verlassen zu haben und sich an dem furchtbaren Ort zu befinden, an dem nach dem Evangelium Heulen und Zähneklappern ist. Darf man sich danach wundern, daß in solchen Augenblicken und unter einer solchen Phantasmagorie die Inquisition die sonderbarsten Abschwörungen und Geständnisse erlangte, dem ganzen Charakter der Menschen widersprechend, aus denen sie ihre Opfer machte?

Pedro Arbuez erschien endlich, begleitet von einem zweiten Inquisitor und dem apostolischen Notar. Der Angeklagte stand in der Mitte der Marterkammer. Beim Anblick seines Richters kehrte er zu einem schmerzlichen Gefühl der Wirklichkeit zurück. Er erhob die Augen zum Himmel, als wollte er denselben anflehen und bemerkte, daß über seinem Kopf in der Decke eine starke Rolle angebracht war, durch die ein fester Hanfstrick lief, der zu seinen Füßen niederfiel. Unwillkürlich erbebte er. Die vier verlarvten Männer standen schweigend neben ihm.

Pedro Arbuez und der ihn begleitende Inquisitor setzten sich auf Stühle, um Zeugen des finsteren Auftrittes zu sein, und erfüllten so den 18. Artikel des Kodex der Inquisition, der vorschrieb, daß ein oder zwei Inquisitoren nebst dem apostolischen Notar stets bei der Tortur zugegen sein sollten, um die Aussagen der Angeklagten zu registrieren.

Manuel Argoso besaß zwar den Mut kräftiger Seelen, aber er konnte sich dennoch eines tiefen Schreckens nicht erwehren. Er dachte an seine Tochter, die vielleicht dieselben Martern zu erdulden haben sollte, und sein ganzer Mut verließ ihn. Hätte er Dolores den Schmerz ersparen können, indem er eingebildete Verbrechen gestand, so würde er nicht einen Augenblick gezögert haben; aber er wußte wohl, daß ein solches Geständnis sie verderben würde, statt sie zu retten. Er rief daher seine ganze Entschlossenheit wach und bereitete sich darauf vor, zu leiden.

Auf ein Zeichen des Groß-Inquisitors entkleideten die Marterknechte den Angeklagten bis auf das Hemd. Dann trat Pedro Arbuez auf ihn zu und sag-

Die Strickfolter

te mit evangelischer Sanftmut: „Mein Sohn, bekennt Eure Verbrechen und betrübt unsere Seele nicht dadurch, daß ihr in dem Irrtum und in der Ketzerei verharrt. Erspart uns den Schmerz, den gerechten und strengen Gesetzen der heiligen Inquisition zu gehorchen, indem wir Euch so behandeln, wie diese Gesetze es vorschreiben."

Manuel Argoso antwortete nicht, aber er richtete auf den Inquisitor einen festen, kalten, stechenden Blick, einen Blick, welcher der Tortur zu trotzen schien.

„Gesteht und bekennt", fuhr Pedro Arbuez mit unglaublicher Ausdauer fort, aber noch immer mit sanfter, milder Stimme. „Wir sind Eure Väter in Gott, und nur der Wunsch, Eure Seele zu retten, leitet uns. Auf, mein Sohn; ein aufrichtiges Geständnis kann allein Euch in jener Welt retten und Euch in dieser die gerechte Strafe Gottes ersparen. Bekennt daher Eure Sünde."

„Ich kann nicht ein Verbrechen gestehen, das ich nicht beging", erwiderte der Gouverneur.

„Mein Sohn", fuhr der Richter fort, „ich betrübe mich über Eure Unbußfertigkeit und flehe den Herrn an, Eure Seele zu rühren, die ohne seine Gnade unfehlbar verloren sein würde; denn der Dämon hält sie in seiner Gewalt, und er ist es, der Euch diese strafbare Hartnäckigkeit einflößt. Betet mit mir, wenn es Euch möglich ist, daß Gott sich Eurer erbarme und Euch durch seinen heiligen Geist erleuchte."

Zugleich kniete Pedro Arbuez neben dem Angeklagten nieder und murmelte mit leiser Stimme und frommem Wesen ein unverständliches Gebet. Dann machte er mehrmals hintereinander das Kreuz, schlug sich voll Demut auf die Brust und blieb einige Minuten knien, das Gesicht in beide Hände gedrückt.

In diesem Augenblick war der grausame Inquisitor von Sevilla nichts weiter als ein demütiger Dominikaner, der für die Sünden anderer betete und weinte.

Endlich stand er auf.

„Unglücklicher Sklave des Bösen", sagte er nun zu dem Angeklagten, „hat Gott meine demütigen Gebete der Erhörung gewürdigt und deine dem Licht unseres heiligen Glaubens verschlossenen Augen entsiegelt?"

„Mein Glaube ist stets derselbe", erwiderte Argoso. „Er hat sich nie einen Augenblick verleugnet, und wie ich ihn von meinem Vater empfing, der ein frommer Christ war, werde ich ihn auch mit mir in das Grab nehmen."

„Gott ist mein Zeuge, daß ich unschuldig daran bin!" sagte der Richter, indem er die Augen zum Himmel erhob. – „Man gebe ihm die Frage des Seiles!" wandte er sich zu den Marterknechten.

Bei diesen Worten schloß der Angeklagte die Augen. Ein dumpfes Brausen ertönte vor seinen Ohren; kalter Schweiß rieselte durch seine Glieder, und er bebte bis in das Innere seiner Knochen. Die Marterknechte zogen das Seil an sich, das von der Decke herabhing.

„Ihr setzt die Frage fort, bis wir es für zweckmäßig erachten, sie aufhören zu lassen", sagte der Inquisitor, „und wenn währenddessen dem Angeklagten ein Glied ausgerenkt oder gebrochen wird, oder selbst wenn ihn der Tod erfaßt, erkläre ich hier in Gegenwart aller, daß die Schuld nur ihm allein beigemessen werden darf. – Und jetzt möge sich der Wille Gottes erfüllen!" fügte er hinzu, indem er die Hand gegen die Marterknechte ausstreckte.

Sogleich bemächtigten sich die vier verlarvten Männer des unglücklichen Gouverneurs, banden ihm mit dem einen Ende des Seiles, das über seinem Kopf herabhing, die Hände auf den Rücken, ergriffen dann das andere Ende, zogen den Angeklagten mit Hilfe der Rolle bis zu der Decke hinauf und ließen ihn dann plötzlich bis auf einen halben Fuß vom Boden entfernt, herabstürzen.

Der Unglückliche war halb ohnmächtig von dieser entsetzlichen Erschütterung. Die Marterknechte warteten einige Minuten, bis er wieder zu sich gekommen war, und sobald er die Augen geöffnet hatte, erneuerten sie den Sturz, heftiger als das erste Mal. Diese Marter dauerte eine ganze Stunde![102]

Der unglückliche Gouverneur hatte nicht eine einzige Klage ausgestoßen, aber seine keuchende Brust ließ rauhe Töne vernehmen, die dem Röcheln der Todesqual glichen. Seine Augen, die gläsern wurden wie die Sterbender, schienen sich nur noch zu dem letzten Schlaf schließen zu sollen. Das Seil, das seine Handgelenke zusammenhielt, war so tief in das Fleisch eingedrungen, daß das Blut des Gemarterten an seinem Körper herabrieselte und sein Hemd, das einzige Kleidungsstück, das man ihm gelassen hatte, von oben bis unten mit blutigem Rot besudelt war. Als die Frage ihr Ende erreicht hatte und man den unglücklichen Gouverneur losband, stürzte er wie eine leblose Masse nieder auf den feuchten schmutzigen Boden. Seine ausgerenkten Glieder und seine zerrissenen Muskeln vermochten nicht mehr, ihn aufrecht zu halten.

Es war ein gräßliches, herzzerreißendes Schauspiel, diesen kräftigen, großen, starken Mann, der noch in der Vollkraft des Alters stand, durch eine grausame Marter vernichtet und gerichtet zu sehen, ehe er verurteilt war.

Was ließ sich von einer Gerechtigkeitspflege erwarten, die den Angeklagten solchen Prüfungen unterwarf!

Aber die Inquisitoren hatten keine Eingeweide; sie herrschten durch die Tortur und sie erquickten sich durch den Anblick der Todesqualen.

„Man führe diesen Menschen in sein Gefängnis zurück!" sagte Pedro Arbuez mit dem Ton der Betrübnis. „Für heute ist es genug." Dann, sich zu dem zweiten Inquisitor wendend, fügte er hinzu: „Mein Bruder, vergeßt diesen Unglücklichen nicht in Euren Gebeten."

Dies war die Art der Inquisitoren ihren Opfern gegenüber: Sie verschleierten die verabscheuungswürdige Härte ihres Herzens unter dem heuchlerischen Äußeren eines innigen Mitleids.

Zwei Sbirren hoben den unglücklichen Gouverneur auf.

Manuel Argoso gab kein Zeichen des Lebens mehr.

XXIV.

Die Kerker der Inquisition

Es war Mitternacht. Ganz Sevilla schlief, ausgenommen vielleicht die unglücklichen Gefangenen in den unterirdischen Kerkern der Inquisition. In der Nähe dieses finsteren Gebäudes, welches das Glaubensgefängnis genannt wurde, erhellte nichts die Dunkelheit der Nacht. Es herrschte das Schweigen des Todes, denn diese Gräber, die Lebende in sich schlossen, waren zu tief, als daß das Angstgeschrei der Opfer bis nach außen dringen konnte.

Zwei Menschen gingen mit flüchtigen Schritten auf das Gefängnis zu, ein Mönch und ein Weib. Die Nacht war so finster und ihre Kleider so dunkel, daß selbst ein Spion sie nicht von der schwarzen Mauer zu unterscheiden vermocht hätte, an der sie sich hintasteten, um in der Dunkelheit ihren Weg zu finden. Bald gelangten sie zu der Tür des Gefängnisses. Der Mönch klopfte scharf, doch leise mit einem Schlüssel an, den er in der Hand hielt, und beinahe augenblicklich drehte die Tür sich wie durch Zauberkraft in ihren Angeln.

Der Geistliche und das Weib traten in das Innere ein. Kein Licht erhellte ihren Weg, und sobald sie über die Schwelle geschritten waren, schloß die Tür sich leise wieder, ohne in den Angeln zu kreischen, denn sie war im voraus sorgfältig eingeölt worden.

„Ach, ich fürchte mich", flüsterte die Gefährtin des Mönchs.

„Beruhigt Euch, Dolores", entgegnete Joseph; „beruhigt Euch. Mit mir habt Ihr nichts zu fürchten."

Das junge Mädchen stützte sich auf den Arm des Dominikaners, um sich aufrecht zu erhalten, denn ihr Herz klopfte gewaltsam.

Der Schließer hatte währenddessen eine Blendlaterne angezündet.

„Reverenz", sagte er, sich zu dem Geistlichen wendend, „wohin soll ich Euch führen?"

„Nach dem Gefängnis des Gouverneurs von Sevilla; geh voran."

Der Schließer zögerte einen Augenblick. Er wußte, mit welcher Grausamkeit er von der Inquisition behandelt werden würde, wenn man entdeckte, daß er ein Weib in den Kerker eines Gefangenen eingelassen hatte.

„Nun, du zögerst?" sagte Joseph.

„Reverenz!"

Ohne zu sprechen, machte der Günstling des Groß-Inquisitors ein gebieterisches Zeichen, und der Schließer schritt voran, ohne weiter ein Wort zu wagen. Der Mönch und das junge Mädchen folgten ihm. Ehe sie zu der unterirdischen Region gelangten, in der das heilige Offizium seine Opfer bewahrte, stiegen sie eine Treppe von etwa fünfzig Stufen hinab. Ein unerträglicher, stinkender Qualm wurde von diesem ungesunden Ort ausgehaucht. Der Geistliche und seine Gefährtin fühlten sich erstickt und einer Ohnmacht nahe; ihre feinen Organe machten ihnen diesen Geruch unerträglich.[103] Indes stützte Joseph, der mutiger war, Dolores, die sich nur mit Mühe aufrecht erhielt und beinahe ohnmächtig wurde.

„Ach", rief das junge Mädchen voll Qual, indem es auf der letzten Stufe der Treppe stehenblieb, „hier also befindet sich mein Vater!"

„Mut!" sagte leise der Dominikaner, „Mut! Ihr bedürft dessen."

In diesem Augenblick wurde eine schwere Eisentür langsam geöffnet, und es kam dabei aus dem Inneren eine Wolke so dicker, stinkender Luft, daß sie dem Rauch glich.

„Hier ist es, Reverenz", sagte der Schließer, indem er dem jungen Mönch die Blendlaterne übergab, die er in den Händen hielt.

„Tretet ein, aber um des Himmels willen macht kein Geräusch und bleibt nicht lange."

„Entferne dich", sagte gebieterisch Joseph, indem er die Laterne aus den Händen des Schließers nahm, „von dir habe ich keine Bemerkungen anzuhören."

Der Schließer gehorchte und zog sich in eine dunkle Ecke des unterirdischen Ganges zurück. Joseph versuchte jetzt, bei dem unsicheren flackernden Licht der Laterne, Dolores durch die tiefe Finsternis zu geleiten. Sie traten über die Schwelle der schmalen Tür, und nachdem ihre Augen sich ein wenig an das zweifelhafte Licht gewöhnt hatten, erblickten sie im Hintergrund des Kerkers, der zehn Fuß lang und zwölf Fuß breit war, auf einem Tritt, der beinahe die Hälfte des Raumes einnahm, einen Menschen, der zu schlafen schien.

Dieser Mensch war der ehemalige Gouverneur von Sevilla. Er war allein. Die fünf anderen Gefangenen, die für gewöhnlich dieses Loch bewohnten, das kaum für drei groß genug gewesen wäre, waren einer nach dem anderen während oder nach der Tortur gestorben. Der unglückliche Argoso, kräftiger oder mutiger, hatte die fürchterlichen Stürze überstanden; einige Stunden, nachdem man ihn in seinen Kerker zurückgetragen hatte, war er zum Leben und zum Schmerz erwacht. In dem Augenblick, als seine Tochter in seinen Kerker trat, hatte ein leiser Schlaf ihn den Martern dieses schmutzigen Ortes entzogen. Einige irdene Gefäße, die für die natürlichen Bedürfnisse bestimmt waren und jede Woche nur einmal geleert wurden, hauchten einen unerträglichen Geruch aus. Dieses entsetzliche Loch empfing sein Licht nur durch eine Art von Luftloch, das hoch oben in der Mauer in gleicher Höhe mit der Straße angebracht war, und es herrschte hier eine solche Feuchtigkeit, daß die Matte, auf welcher der Gefangene schlief, ganz verfault war. Hatte der Kerker seine volle Zahl der Gefangenen, dann reichte die Bank für dieselben nicht hin, und die Schwächsten schliefen dann auf dem feuchten, kotigen Boden.

So waren die Orte beschaffen, an denen die Inquisition ihre Opfer einsperrte.[104]

Dolores näherte sich leise der Bank, auf der ihr Vater schlief, faltete die Hände mit dem Ausdruck herzzerreißenden Schmerzes und betrachtete ihn einige Augenblicke. Indes konnte sie sein Gesicht nicht sehen, da es der Mauer zugewandt auf einem seiner Arme lag. Er schien so ruhig zu sein, daß sie es nicht wagte, ihn zu wecken; aber Joseph, der jetzt ebenfalls näher trat, stieß an ein irdenes Gerät, und bei dem Geräusch, das dadurch entstand, erhob der Gouverneur den Kopf. Er war so bleich und so verändert, daß seine Tochter allein ihn erkennen konnte.

„Mein Vater!" rief Dolores mit einem Schmerzensseufzer, warf sich schluchzend an seine Brust und umschlang ihn mit beiden Armen voll inniger Zärtlichkeit.

Aber der unglückliche Vater antwortete nicht auf diese Umarmung; unwillkürlich entrang eine herzzerreißende Klage sich seinen Lippen. Seine Tochter hatte, indem sie ihn umarmte, die brennenden Schmerzen seiner gemarterten Glieder neu erweckt.

„Was ist dir? Ach was ist dir?" rief sie, indem sie es versuchte, ihn mit ihren schwachen Armen aufzuheben.

„Nichts, meine geliebte Dolores, nichts", sagte er, indem er zu lächeln versuchte. „Ich bin glücklich, dich wiederzusehen!"

Joseph erriet alles, er runzelte die Stirn und machte eine Bewegung heftigen Unwillens, indem er zugleich mit leiser Stimme murmelte: „Ha, wenn ich das gewußt hätte! Oh mein Gott!"

Manuel Argoso machte vergebliche Anstrengungen, sich aufzurichten; seine durch die Martern gelähmten Arme, seine ausgerenkten Glieder, seine zerrissenen Muskeln verweigerten dem Gebot seines Willens den Gehorsam.

Seine Tochter, das einzige Wesen, das er auf Erden liebte, seine Tochter, die er nie mehr wiederzusehen glaubte, stand vor ihm in seinem Gefängnis, in das sie wie durch ein Wunder hinabgestiegen war, und er konnte sie nicht voll Liebe an sein Herz drücken; er konnte nur unzusammenhängende Worte stammeln, unterbrochen durch Schluchzen und Tränen.

Dieser äußere Tod, der ihn lebend ergriffen hatte, war für ihn eine unaussprechliche Tortur. Seine Augen allein konnten sich an dem Anblick seiner Tochter sättigen, und er betrachtete sie mit einer leidenschaftlichen Liebe, mit einer heiligen Zärtlichkeit, aber ohne zu sprechen. Schwere Seufzer hoben seine Brust; sein großes, dunkles, im Fieber glänzendes Auge, das tief in die Höhlen zurückgesunken war, verschleierte sich durch Tränen, und seine zitternden Lippen machten krampfhafte Bewegungen.

„Oh, du bist also frei!" rief er endlich mit einem Ausdruck so wahrer Freude, daß das Herz Josephs davon ergriffen wurde und er mit einer unwillkürlichen Bewegung neben dem Gouverneur auf die Knie sank.

„Wer ist dieser Mönch?" fragte Manuel Argoso.

„Ein Engel, mein Vater", entgegnete Dolores, „ein Engel, der uns vereinigt hat."

„Zu spät!" murmelte dumpf der Gouverneur.

„Weshalb zu spät?" erwiderte das junge Mädchen. „Du leidest, aber wir werden dich retten."

Sie begriff nicht, daß die Inquisition aus diesem kräftigen Menschen eine Leiche gemacht hatte.

Joseph hielt sich nicht mehr. Bittere Tränen schwellten seine Brust; sein Unwille tötete ihn. „Unglückliches Kind!" rief er heftig, „Seht Ihr denn nicht, daß sie seine Glieder zerbrochen haben?"

„Schweigt! Schweigt!" sagte lebhaft der Vater.

Es war nicht mehr Zeit; Dolores hatte alles begriffen. Vernichtet, gebrochen warf sie sich auf die Knie vor dem Lager, auf dem ihr unglücklicher Vater ruhte. Sie erhob sanft seine gemarterten Glieder, bedeckte sie mit Küssen und Tränen, und es schien ihr, als könnte sie durch ihre Zärtlichkeit dem geliebten Vater das Leben zurückgeben, das man ihm entrissen hatte.

Als sie aber endlich sah, daß ihre Anstrengungen fruchtlos blieben und daß der unglückliche Gouverneur, der sich nicht zu regen vermochte, nur noch durch den Schmerz lebte, wandte sie sich voll Zorn zu dem Dominikaner und sagte: „Ihr wußtet das und Ihr habt mich nicht darüber benachrichtigt!"

„Hättet ich es gewußt", entgegnete Joseph, „so würde ich Euch nicht hierher geführt haben. Ich bin ebenso getäuscht worden wie Ihr, Dolores: Man hat die Tortur unmittelbar nach dem Verhör angewandt, was beinahe nie geschieht, und Ihr wußtet, daß ich gestern gezwungen war, mich von Sevilla zu entfernen."

„Oh mein Gott, sie haben ihn getötet!" murmelte das junge Mädchen schmerzlich, bedeckte dann die Hände ihres Vaters mit krampfhaften Küssen und sagte: „Seht, Don Joseph, er kann keine Bewegung machen, und so haben sie ihn in diesem ungesunden Kerker liegenlassen, ohne auch nur seine Wunden zu verbinden. Oh mein Vater, wie konntest du hier leben? Ach dieses Gefängnis ist ja ein Grab!"

„Beruhige dich, mein Kind", sagte sanft der Gouverneur, „meine Übel sind nicht unheilbar; ich werde genesen; beruhige dich."

„Ja, du wirst genesen", sagte entschlossen Dolores, „denn ich bleibe hier, um dich zu pflegen. Wer kann es wagen, mich hier fortzureißen?" rief das edle Mädchen, indem es einen erhabenen Blick umherwarf.

„Ich", entgegnete Joseph, „ich, der ich Euch beide retten will."

„Ihr habt mir das schon einmal gesagt", entgegnete sie, „ und seht gleichwohl, in welchen Zustand man ihn versetzt hat. Ihr täuscht mich alle; ich will nur auf mich selbst hören und hier bleiben."

„Dolores", sagte der junge Mönch, „glaubt mir und gebt dieser nutzlosen Aufregung nicht nach; bleibt frei, um Euren Vater zu retten. Man wird die Fortsetzung seines Prozesses so bald nicht aufnehmen. Wißt Ihr nicht, daß Estevan und Johann von Avlia sich mit den Mitteln beschäftigen, ihn der Inquisition zu entreißen?"

„Hat man mir denn schon Zeugen gesucht?" fragte Manuel Argoso mit matter Stimme.

Bei diesem Wort der Zeugen sammelte sich die Tochter des Gouverneurs und erinnerte sich an den Plan, mit dem sie sich bereits beschäftigt hatte.

„Don Joseph", sage sie, indem sie sich zu dem jungen Dominikaner wandte, „Ihr gebt mir die Versicherung, daß die Wunden meines Vaters geheilt werden können?"

Joseph, der einige Kenntnis der Chirurgie besaß, befühlte die Glieder des Gefangenen und entgegnete dann: „Ich schwöre es Euch, daß Euer Vater in einigen Tagen wird gehen können."

„Nun wohl", fuhr Dolores fort, indem sie ihren Gedanken verbarg, weil sie fürchtete, Joseph werde sie an der Ausführung desselben verhindern, „so werde ich die Rückkehr Johann von Avilas erwarten."

„Don Manuel", sagte der junge Mönch, indem er sich an den Gouverneur wandte, „beeilt Euch nicht, Eure Genesung blicken zu lassen; verzögert soviel als möglich ein zweites Verhör; gewährt Euren Freunden die Zeit, zu handeln. – Gott wird Mitleid mit uns haben", fuhr er mit finsterer Exaltation fort, „und der Tag der Rache ist nicht fern!"

„Ich kann jetzt alles erdulden", erwiderte der Gouverneur; „meine Tochter ist frei, und Ihr verratet uns nicht", fügte er hinzu, indem er mit einem unbeschreiblichen Blick auf Joseph sah.

Manuel Argoso fürchtete diesen jungen Mann, der das Gewand der Inquisition trug.

„Ich verdanke ihm die Freiheit", sagte rasch Dolores, welche die Besorgnis ihres Vaters erkannte. „Er ist es, der mich vor Schmach und Tod bewahrte. Baue auf ihn! – Und Ihr, Don Joseph", fügte sie dann hinzu, „verzeiht mir meine Ungerechtigkeit und meinen Widerstand. Ach mein Gott, ich leide ja so sehr!"

„Auch ich habe gelitten", erwiderte bitter der junge Dominikaner; „deshalb nahm ich teil an Euch und verzeihe Euch."

In diesem Augenblick ertönten Schritte auf der engen Treppe, die zu den Kerkern führte.

Joseph verbarg schnell die Blendlaterne unter seiner Kapuze, sah die Tochter des Gouverneurs an und sagte: „Kein Wort; wartet!"

Ein bitteres Gefühl des Zweifels durchzuckte das Herz Manuel Argosos. Ungeachtet des Vertrauens seiner Tochter fürchtete er einen Verrat; indes ließ er davon nichts merken, das Geräusch währte noch einige Minuten fort. Die, welche die Treppe herabkamen, gingen an der Tür des Kerkers vorüber, in dem der Gouverneur eingeschlossen war. Dann entfernten sie sich einige Schritte, die Tür eines benachbarten Kerkers öffnete sich, schloß sich wieder, Leute gingen die Treppe hinauf, und man hörte nichts als krampfhaftes Schluchzen, das selbst die dicken Mauern nicht ganz aufzufangen vermochten.

Die Sbirren des heiligen Offiziums hatten eine nächtliche Sendung vollbracht.

„Wieder ein Opfer!" sagte Joseph bitter.

„Ein Weib!" fügte Dolores bebend hinzu, „ich habe es an der Stimme erkannt."

„Geh! Geh!" rief der Gouverneur. „Die Luft dieses Kerkers ist ansteckend. Kehre zur Freiheit zurück, meine Dolores; wir sehen uns wieder. Geh!"

„Ja, wir sehen uns wieder, mein Vater, denn ich kehre zurück", sagte das junge Mädchen, indem es Joseph mit dem Blick befragte.

„Nicht hier", sagte lebhaft der Gouverneur, „nicht hier, ich verbiete es dir; tue alles, was du vermagst, zu meiner Befreiung, aber um des Himmels willen kehre nicht hierher zurück."

„Kommt, kommt", sagte Joseph, „er hat recht. In den Kerkern des heiligen Offiziums ist man nie sicher."

„Noch nicht! Ach, noch nicht!" sagte Dolores, indem sie sich an ihren Vater klammerte, den sie nicht zu verlassen vermochte.

„Es muß sein", fuhr der junge Mönch fort, indem er beinahe Gewalt anwandte, um sie mit fortzuziehen. „Lebt wohl, Don Manuel, und hofft. Ihr habt Freunde, und sie werden Euch retten."

In diesem Augenblick öffnete der Schließer die Tür des Kerkers und sagte zu Joseph:

„Reverenz, ich beschwöre Euch, führt das junge Mädchen fort; sie ist hier nicht mehr in Sicherheit, und ich wage mein Leben. Ich beschwöre Euch, führt sie fort."

„Gehen wir!" sagte Dolores entschlossen. „Ich will kein Menschenleben in Gefahr bringen!"

„Lebe wohl, mein Vater!" fügte sie dann hinzu. „Wir dürfen unser Unglück auf keine anderen wälzen. Lebe wohl und hege Vertrauen."

Und sie umarmte ihn zum letzten Mal.

Dolores und Joseph gingen; die Tür des Kerkers schloß sich hinter ihnen.

XXV.

Ein großes Fest in Sevilla

ES WAR EIN GROSSER FESTTAG FÜR SEVILLA.

Von den Balkonen hingen helle Seidengewebe oder schöne Teppiche von Granada herab. Man hatte das Volk freigiebig bewirtet; seit Sonnenaufgang floß der Wein von Pajareta in Strömen aus dem Brunnen der Esplanade.

Die Gitanos, die Bettler und die Mönche sammelten reichlich ein, denn in Spanien war an Festtagen das gute Volk, wie man im gewöhnlichen Leben zu sagen pflegte, eine melkende Kuh für die Mönche und die Gitanos. Beide wußten auf ihre Weise die Leichtgläubigkeit oder Gutmütigkeit desselben auszubeuten: die Mönche, indem sie Reliquien zu küssen gaben und die Gitanos, indem sie wahrsagten und den jungen Mädchen Talismane gaben, und all diese wichtigen Dinge blieben nie ohne Belohnung.

Zu diesem außergewöhnlichen Festtag hatte die schöne andalusische Stadt für einen Tag die Trauer abgelegt, in die sie für gewöhnlich gehüllt war. Ohne Zweifel bluteten viele Herzen, und tiefer Kummer oder bittere Gefühle lebten in der Seele der Andalusier; aber diese sorglosen Kinder des schönsten Landes der Erde waren, ihre Trauer vergessend, in törichter Luft zu ihrem teuren *Canna,* ihrem wollüstigen Fandango zurückgekehrt. Die Inquisition, die Toten, die Sbirren, der Schrecken, alles war vergessen. Die Sevillaner waren wieder Poeten, Musiker und Liebende geworden; sie sangen und tanzten und lebten nur für den Augenblick, und merkwürdig genug, dieses Fest, der Gegenstand einer so wilden Freude, war ein Fest zu Ehren der Inquisition.

Die edle Stadt Sevilla feierte die Ankunft des Herzogs von Medina-Cöli[105], des Groß-Fahnenträgers des Glaubens, der in ihre Mauern gekommen war, um seinen Platz bei dem königlichen Autodafé einzunehmen, das stattfinden sollte, um einen jener zahllosen kleinen Triumphe Karls V. zu feiern, Triumphe, denen oft Niederlagen folgten, seitdem der schmalkaldische Bund[106] Europa so lange in Erwartung erhielt, wer Sieger sein würde: Rom oder Luther?

Die Nacht war schön und sternenhell wie immer. Die frische würzige Luft, die Aufregung durch den Tanz und durch den Wein des Brunnens hatten die

Exaltation des Volkes von Sevilla gesteigert. Nie war die Jacara so munter getanzt, nie die *Cannia* mit wollüstigeren Klängen gesungen worden. Freilich ist es wahr, daß der Herzog von Medina-Cöli, der das Fest bezahlte, sich als großer und freigiebiger Herr gezeigt hatte. Reichlich lieferte er den Hidalgos, den Mauren und den Müßiggängern der Stadt das Getränk.

Aber während das Volk sich auf der Straße ergötzte, mußten die großen Herren und die Granden Spaniens auch ihren Teil an diesem Nationalfest haben.

Die edlen Hidalgos Sevillas, die wohlgesinnt waren, d. h. die Diener der Inquisition, ergötzten sich daher ihrerseits in den glänzenden Sälen des Grafen und Herzogs von Mondejar, Neffen und Schwiegersohnes des mächtigen und allervortrefflichsten Herzogs von Medina-Cöli.

Nach einem üppigen Bankett, das bei dem Grafen von Mondejar stattgefunden hatte, sprachen die in einem der prachtvollen Säle versammelten Gäste, auf seidenen Diwans ruhend, miteinander, indem sie köstliche Zigarren rauchten, ein Luxus, der damals nur erst den Königen und den allergrößten Herrschaften gestattet war.[107]

Zahlreiche Kronleuchter aus Bergkristall hingen von der Decke herab und verbreiteten in dem Saal eine blendende Helle, die sich in den seidenen Gewändern der edlen Herren wiederspiegelte.

Es war keine Dame zu dieser Gesellschaft zugelassen worden, die man mit dem Namen eines katholischen und inquisitorischen Klubs hätte bezeichnen können, dessen Präsident der Graf von Mondejar war, ausgenommen indes die seltenen Augenblicke, in denen sein *illustrissime* Schwiegervater diese heilige Versammlung mit seiner Gegenwart beehrte.

„Wißt Ihr wohl, Don Rodriguez, daß das wieder ein Triumph ist, den der Katholizismus über die Protestanten Deutschlands davongetragen hat und den wir der bewunderungswürdigen Politik unseres vielgeliebten Herrschers Don Carlos V. verdanken?"

Diese Worte, die mit der ganzen kastilischen Prahlerei von einem jungen Mann ausgesprochen wurden, der ein Günstling des Herzogs von Mondejar war und den man bereits als dessen Schwiegersohn bezeichnete, wurden an einen Greis gerichtet, dessen unsaubere Kleidung auf eine eigentümliche Weise mit der gesuchten Eleganz der vornehmen Herren abstach, welche die Gesellschaft bildeten.

Ungeachtet des ärmlichen und unsauberen Aussehens seiner Kleidung aber zeigte dieser Mann ein sehr gewandtes Benehmen, und diese äußere Unordnung schien weit mehr die Wirkung der Nachlässigkeit oder eines stolzen Zynismus zu sein als die der Armut. Sein derbes hochmütiges Gesicht verriet Genie, während die horizontalen Linien, die seine hohe Stirn durchfurchten, sowie ein beständiges Runzeln der Augenbrauen die Gewohnheit des Nachdenkens und der Herrschaft über ungestüme Leidenschaften bezeichneten. Dieses Gesicht mußte dieselben Umwandlungen erfahren haben wie das des Sokrates. Indem die Seele sich umgestaltet, hatte sie es derselben Metamorphose unterworfen, und wenn der glühende und ein wenig schiefe Blick dieses Menschen bewies, daß er die Beute eines beständigen Enthusiasmus sei, so verrieten die festen Umrisse seiner Stirn, daß seine klaren und sicheren Gedanken nichts von der Unwandelbarkeit hatten, welche die Wahnsinnigen charakterisiert, sondern daß im Gegenteil bei ihm die geistigen Fähigkeiten richtig und vollständig entwickelt waren. Der auf solche Weise angeredete ältere Mann wandte sich zu dem jüngeren und sah in an, ohne zu antworten.

„Wir werden jetzt einen ganzen Monat öffentlicher Feste und Lustbarkeiten haben", fuhr der junge Herr fort, „ungerechnet noch das königliche Autodafé, das gewiß eine große Wirkung hervorbringen wird, wenn das Programm sein Versprechen erfüllt."

„Oh beruhigt Euch, es wird daran nichts mangeln", erwiderte der Greis mit einem Ton, den der andere für eine Billigung seiner Worte nahm, der aber voll Bitterkeit und Hohn war.

„Nein, in der Tat, nichts", fuhr der junge Mann fort, der sich Don Carlos nannte, „denn man versichert, daß der Groß-Inquisitor zu dieser Feierlichkeit Don Manuel Argoso aufbewahrt hat, den ehemaligen Gouverneur von Sevilla."

„Einen echten Christen", sage ernst der Greis.

„Hm!" entgegnete Don Carlos, „er war der vertraute Freund des Don Estevan von Vargas, und dieser hat sich stets das Ansehen der Philosophie gegeben. Er riecht auf eine Stunde weit nach dem Scheiterhaufen, das müßt Ihr zugeben, Don Rodriguez von Valero."

„Don Estevan ist ein edles Herz", erwiderte Don Rodriguez, „aber er hat Feinde – er wollte nie in der Miliz Christi dienen. Und Ihr, Don Carlos", fuhr er mit spöttischem Ton fort, „Euch ist es endlich gelungen, den *Santo* zu erhalten?"

„Noch nicht", erwiderte traurig der zukünftige Schwiegersohn des Herzogs von Mondejar. „Aber ich hoffe, diesen abend Seiner Exzellenz, dem Herrn Groß-Fahnenträger davon ein Wort ins Ohr zu flüstern."

„Die Gelegenheit ist wahrlich schön; ich rate Euch, sie nicht entschlüpfen zu lassen."

„Wie Don Carlos! Ihr wolltet Familiar werden?" rief ein junger aragonischer Herr, der zum ersten Mal in diese ausgezeichnete Versammlung gezogen war.

„Ohne Zweifel, Don Ximenes. Dürfte ich sonst wagen, Anspruch auf die Hand der Donna Isabella, der Tochter des Herzogs von Mondejar, zu machen?"

„Eine traurige Rolle für einen kastilischen Ritter", sagte der Aragonier, indem er den Kopf schüttelte.

„Eine schöne Rolle im Gegenteil!" bemerkte Valero mit schneidender Stimme; „eine schöne Rolle, Don Ximenes! Familiar der Inquisition zu sein – das heißt auf dem Glücksrad reiten. Unter der Kleidung die Insignien dieses Ordens tragen, heißt den Geleitbrief zu dem höchsten Posten des Königreiches bei sich führen. Mit dem gelangt man zu allem! Sagt mir, welche Häuser in Spanien vereinigen mehr Ämter, Reichtümer und Ehren als die Häuser von Medina-Cöli und von Mondejar! Glaubt Ihr, daß, wenn Don Manuel Argoso und Don Estevan von Vargas dem heiligen Offizium angehört hätten, der eine heute auf dem Punkt wäre, lebendig verbrannt zu werden, und der andere in der Irre herumschweifte? – Wenn der Beichtvater der Gräfin Dolores sich Pedro Arbuez genannt hätte oder ganz einfach Don Joseph, würde dann diese reizende Ketzerin zu dieser Stunde arm sein wie eine Gitana, ohne auch nur einen Stein zu ihrem Kopfkissen zu haben?"

„Still!" ermahnte Don Ximenes; „Ihr stürzt Euch ins Verderben, Don Valero."

„Seid ganz ruhig; sie halten mich für einen Wahnsinnigen."

In der Tat schenkten die anderen Herren der Versammlung, die mit sehr wichtigen Unbedeutendheiten beschäftigt waren, den Äußerungen des Don Rodriquez von Valero keine Aufmerksamkeit, denn sie kümmerten sich nicht um ihn, weil sie seine tiefe Weisheit nicht begriffen.

„Glaubt mir, Herr", fuhr der Greis fort, „gegenwärtig gibt es in Spanien nur eine Art der Ehre: Dem Herrn anzugehören – und ihr wißt wohl, der Herr, das ist die Inquisition."

„Ehedem", fuhr er fort, indem er sich allmählich ereiferte, „ehedem mußte man, um den Namen eines tapferen Ritters zu verdienen, eine Lanze brechen und ein wildes Pferd zügeln können. Man galt als ein treuer, guter Diener des Königs, wenn man die Mauren auf dem Schlachtfeld bekämpft hatte. Damals gab es noch Ruhm! – Jetzt, ihr Herren, gibt es keine Mauren mehr zu bekämpfen, sondern nur noch zu denunzieren! Es gibt keine edle und schöne Königin mehr, es gibt jetzt nur noch Mönche, die den mit schmutziger Hand segnen, der einen treuen Diener des Königs in das Verderben gestürzt hat. – Ehedem bildeten nach der Schlacht die Geschwader einen Kreis und ein Waffenherold verkündete dreimal die Namen derer, die tapfer gekämpft hatten, und sechsmal die Namen derer, die mit den Waffen in der Hand gefallen waren. Jetzt wird er Name der Diener des heiligen Offiziums von keinem Menschen genannt; die Diener des heiligen Offiziums haben nicht einmal das Recht, ihre Nichtswürdigkeit öffentlich zu verkünden." „Don Rodriguez von Valero besitzt eine übermäßige Kühnheit und ein unverschämtes Glück", fügte Don Carlos hinzu, „man läßt ihn alles sagen, was er will."

„Das ist ärgerlich, nicht wahr, Don Carlos?" erwiderte der Greis mit noch größerer Bitterkeit; „denn wenn ich nicht Don Rodriguez von Valero hieße, und Ihr überbrächtet Pedro Arbuez nur den vierten Teil von dem, was Ihr gehört habt, so dürftet Ihr versichert sein, die Hand der Donna Isabella zu erlangen, und Ihr würdet ohne alles weitere in die Horde von Dämonen eingeschrieben, die man die Soldaten Christi[108] nennt. Unglücklicherweise lohne ich nicht einmal die Mühe einer Anklage, und Ihr würdet dabei Eure Zeit verlieren."

Nach diesen Worten verließ der Greis rasch die Gesellschaft. Don Carlos errötete bis zur Stirn und blieb mit niedergeschlagenen Augen stehen.

In diesem Augenblick trat der Groß-Inquisitor in den Saal, begleitet von dem Herzog von Medina-Cöli. Dieser war ein kleiner hektischer Greis von kränklich-gelbem Aussehen. Sein etwas falscher Blick verriet die asketischen Sitten; sein Schritt war ungleich, und seine Stimme rauh und zu stark für ein so gebrechliches Wesen. Das brachte eine ziemlich komische Wirkung hervor, denn wenn er sprach, glaubte man die Stimme eines Bauchredners zu hören, so sehr stand dieses übermäßig entwickelte Organ im Widerspruch zu dem Äußeren des Herzogs.

Der große Herr und der Priester grüßten die Versammlung. Dann wandte sich der Herzog an Don Carlos und sagte: „Junger Mann, mein Schwiegersohn hat mir von einem Wunsch gesagt, den Ihr gegen ihn ausgesprochen habt. Ich äußerte davon ein Wort gegen Seine Eminenz und ich hoffe, man wird Euch diese Gunst nicht verweigern."

„Señor Don Carlos", fügte Pedro Arbuez hinzu, „ich sehe mit Vergnügen Euren Eifer für den Dienst Gottes."

„Nicht so schüchtern", fügte der Herzog hinzu, „Seine Eminenz kennen Euer Verdienst und wissen, wie rein Euer Blut ist."[109]

Don Carlos antwortete nicht. Der junge Mann, der zwei Tage zuvor alles in der Welt dafür gegeben haben würde, um Familiar des heiligen Offiziums zu werden, ein Titel, den der Herzog von Mondejar von ihm verlangte, um ihm die Hand seiner Tochter zu gewähren, schämte sich in diesem Augenblick, ein solches Verlangen ausgesprochen zu haben. Der Herzog von Medina-Cöli mißverstand sein Zögern und wandte sich zu dem Groß-Inquisitor mit den Worten: „Gnädigster Herr, dieser junge Ritter wird ein eifriger Verteidiger unserer heiligen Religion sein."

Pedro Arbuez reichte seine Hand dem Don Carlos zum Kuß und sagte mit süßlichem Ton: „Morgen nach der großen Messe findet Euch in der Kathedrale ein, um den Santo aus meiner eigenen Hand zu empfangen."

Don Carlos verneigte sich, ohne zu antworten.

In diesem Augenblick hob ein Türhüter den rotsamtenen Türvorhang auf und meldete mit lauter Stimme: „Donna Dolores Argoso y Cevallos."

Der Inquisitor erbebte, und ein offenes Kabinett erblickend, das an den Saal stieß, zog er den Herzog von Medina-Cöli hinein.

In ebendiesem Augenblick trat Dolores in den Saal. Bei dem Anblick so vieler Menschen blieb das junge Mädchen verwirrt stehen und suchte mit dem Blick nach dem Herrn des Hauses. Der Herzog von Mondejar war bei der Nennung ihres Namens aufgestanden, als er aber den Inquisitor mit dem Herzog von Medina-Cöli verschwinden sah, fürchtete er so sehr, Pedro Arbuez zu beleidigen, daß er kaum die Kraft fühlte, einen Schritt gegen die Tochter seines ehemaligen Freundes zu tun. Er blieb wie angenagelt auf seinem Platz stehen und stammelte aus Gewohnheit einige Höflichkeitsäußerungen.

Dolores trat mit edlem, rührendem Wesen auf ihn zu. Ein Gemurmel der Bewunderung durchlief die Versammlung, ungeachtet des Schreckens, den man vor einer Ketzerin empfand; so groß war der Zauber, den diese Schönheit, vereint mit der Größe der Seele, einflößte.

„Herr Herzog", sagte Dolores, indem sie den Herzog von Mondejar bei ihrer Annäherung erbleichen und zittern sah, „ist denn das Erscheinen einer Flüchtigen bei Euch so verhängnisvoll, daß es in Traurigkeit die Freude verwandelt, die diese edle Versammlung belebte?"

Der Herzog deutete, ohne zu antworten, auf einen Sessel, eines jener geschnitzten, so reichen und so harten Taburetts, jener bereits veralteten Möbel, die dem Mittelalter angehören, allein in alten Familien noch als eine Tradition aufbewahrt werden. Nachdem die Tochter des Gouverneurs darauf Platz genommen hatte, vergingen einige Augenblicke, ohne daß sie sprach. Auch der Herzog bewahrte das Schweigen, ein gezwungenes und verlegenes Schweigen.

Die Zeugen dieses Auftrittes warteten in steigender Angst.

Als der Herzog von Mondejar Dolores in diesem Zustand erblickte, fühlte er sich von Mitleid für das junge schöne Geschöpf ergriffen, das unlängst noch so glänzend und jetzt so arm, so verlassen war und das in dem bescheidenen Anzug einer Tochter des Volkes vor ihm erschien, aber der Groß-Inquisitor und der Herzog von Medina-Cöli konnten aus dem Kabinett, in das sie sich zurückgezogen hatten, alles sehen und hören, was hier vorging. Das Vermögen, das Leben eines jeden Spaniers hing gänzlich von der Inquisition ab, und der Herzog von Mondejar empfand jenen tiefen Schrecken, der wie man gestehen muß, den von Natur so edlen, so ritterlichen, so treuen Nationalcharakter entartete.

Dolores prüfte während einiger Augenblicke das Gesicht des Herzogs; sie täuschte sich nicht über die eisige Kälte, über die ehernen Züge, die kein Gefühl der Seele durchblicken lassen wollten.

„Mein Vater ist verloren!" dachte sie.

Entschlossen jedoch, alles zu wagen, fand sie durch eine gewaltige Anstrengung ihre gewöhnliche Kraft wieder, und sich mit verführerischer Bescheidenheit und edlem Anstand von ihrem Sitz erhebend, sagte sie zu dem Herzog von Mondejar:

„Gnädigster Herr, ich sehe, wie peinlich Euch meine Gegenwart ist, und ich kann Euch deshalb nicht zürnen, denn ich weiß, wie gefährlich sie Euch sein kann. Das Unglück ist so ansteckend! – Aber man soll nicht von mir sagen dürfen, daß ich vor der Erfüllung einer Pflicht zurückgewichen bin. Mein Vater schmachtet in den Kerkern der Inquisition. Er ist ohne Zweifel verleumdet worden", fügte sie errötend hinzu, denn sie wollte den wahren Grund seines Falles nicht enthüllen, „und er wird wie ein Strafbarer verurteilt werden, wenn seine Freunde ihm nicht zu Hilfe kommen. Ihr habt ihn geliebt, gnädigster Herr", fuhr sie nach einer kurzen Pause fort, „und besser als irgendein anderer kennt Ihr die Reinheit seines Glaubens; seid Ihr sein Zeuge in dieser unglückseligen Sache. Das Zeugnis eines der reinsten Christen Spaniens vernichte die Verleumdung und den Betrug. Gebt einen Vater seiner Tochter zurück – ach, gnädigster Herr, gebt mir meinen Vater wieder, und ich werde Euch segnen!"

„Wenn ich es auch wollte, so würde ein Zeuge nicht genügen", erwiderte der Herzog von Mondejar, der sehr verlegen wegen des Eindrucks war, den diese Antwort auf die Gäste in dem Kabinett machen konnte.

Dolores wandte sich jetzt mit einer Bewegung voll Milde und Anmut gegen die Versammlung und rief mit flehender, tränenzitternder Stimme: „Ihr Herren, ihr habt alle meinen Vater wohl gekannt!"

Das Schweigen des Todes war die einzige Antwort auf diese Aufforderung. Dolores faltete die Hände krampfhaft zusammen und erhob einen verzweiflungsvollen Blick zum Himmel.

In diesem Augenblick trat Rodriguez von Valero wieder in den Saal; er hatte alles angehört was vorgegangen war. Mit stolzem, ernstem Wesen trat er auf das junge Mädchen zu, grüßte es mit großer Artigkeit und sagte: „Señora, ich werde der Zeuge Eures Vaters sein!"

„Auch ich danke Euch", entgegnete sie; indem sie die Hände faltete.

In diesem Augenblick ertönte ein schneidendes, eisiges, klangvolles Lachen, das dem Ton einer Totenglocke glich, aus dem Kabinett, in dem der Groß-Inquisitor sich geflüchtet hatte. Dann zog er den Türvorhang zurück und zeigte sich der Versammlung, die vor Entsetzen bleich und stumm war.

„Rodriguez von Valero", sagte Pedro Arbuez, indem er sein entsetzliches Gelächter fortsetzte, „Rodriguez von Valero, das Zeugnis eines Verrückten wird nicht angenommen."

Bei dem Anblick des Groß-Inquisitors stieß Dolores einen lauten Schrei aus und wurde ohnmächtig.

Der Herzog von Mondejar, der bleich und vernichtet war, wußte nicht mehr, was er tun sollte.

Pedro Arbuez sah ihn auf eine eigentümliche Weise an. Der Herzog schien sich zu beruhigen; er klingelte; zwei Diener eilten herbei.

„Man bringe dieses junge Mädchen in meiner Sänfte nach Hause", sagte der Herzog von Mondejar mit lauter Stimme.

Die Diener gehorchten; sie trugen auf ihren Armen die Tochter des Gouverneurs hinweg, die noch immer des Bewußtseins beraubt war. Der Herzog verließ den Saal durch eine andere Tür. Nach Verlauf einiger Minuten kehrte er mit freudestrahlendem Gesicht zurück. „Herzog von Mondejar", hatte der Groß-Inquisitor ihm mit leiser Stimme zugeflüstert, „wenn Gott den Herzog von Medina-Cöli zu sich beruft, werdet Ihr ihm in dem Amt als Groß-Fahnenträger folgen."

„Gnädigster Herr", sagte Valero zu Pedro Arbuez tretend, „Gott beschütze mich davor, in das Paradies zu kommen, wenn Eure Eminenz auch dort die Würde als Groß-Inquisitor bekleiden."

XXVI.

Die Gnadenkammer

DAS GEFÄNGNIS DES HEILIGEN OFFIZIUMS VON SEVILLA lag in der Straße, die jetzt Konstitutionsstraße heißt und damals Inquisitionsstraße genannt wurde.

In allen großen Städten Spaniens gab es eine Straße dieses Namens und ein Gebäude, das Inquisitionspalast hieß.

In Sevilla war der Palast der Inquisition ein viereckiges Bauwerk, an den Ecken mit vier Türmen aus roten Backsteinen aufgeführt und mit glänzenden Ziegeln gedeckt. An der äußeren Front sah man eine große Menge regelmäßiger Fenster. Diese Fenster hatten auf der Außenseite keine Laden, aber jedes derselben war durch eine Mauer verdeckt, ungefähr nach Art der Bretterverschlüsse, die man noch jetzt vor die Fenster der Gefängnisse und Irrenhäuser legt, so daß das Auge der Bewohner der benachbarten Häuser nicht in das Innere des Palastes dringen konnte und daß die, die den Palast bewohnten, ebensowenig nach außen irgend etwas anderes sehen konnten als ein kleines Stückchen von dem Himmel, der ein schwaches Licht in die Gemächer fallen ließ.

In dem Palast der Inquisition befanden sich der Saal des Tribunals, die Kanzleien, die Marterkammern, die Kammern der Barmherzigkeit, die Bußkammern und die Kerker. Diese letzteren waren verschiedenartige Gefängnisse, in denen man die Angeklagten je nach dem unterbrachte, was man von ihnen hoffte oder welches Los man ihnen bestimmte.

Ein sehr reicher Angeklagter kam zunächst in eine Kammer der Barmherzigkeit. Die Inquisition, eine schmeichelnde Viper, bekehrte ihn so weit, daß er, wenn er sich aller weltlichen Güter entäußerte und dem heiligen Offizium freiwillig sein ganzes Vermögen übergab, nach einigen Monaten der Einsperrung, arm wie Hiob, aber reich durch alle Gaben der Gnade, freigelassen wurde und geradewegs zum Himmel gehen konnte.

Zu anderen Zeiten vertraute man Bußkammern, die wir später beschreiben wollen, die Sorge einer widerspenstigen Bekehrung an. In den äußersten Fällen griff man zu den Kerkern, der Tortur, dem Tod.

Die Bußkammern lagen unter den Dächern in den Türmen; die Kammern der Barmherzigkeit nahmen mit dem Saal des Tribunals den ganzen ersten Stock ein, im Erdgeschoß befanden sich die Kanzleien und die Wohnungen für die niederen Beamten des Tribunals. Die Kerker und die Marterkammern lagen unter der Erde, wie der Leser bereits gesehen hat.

Es war ungefähr zwei Uhr morgens. Die Illumination, die zu dem Fest des vergangenen Tages stattgefunden hatte, erlosch allmählich. Auf die Tänze und die Gesänge der Freude war ein tiefes Schweigen gefolgt. Die Straßen zeigten sich vollkommen verödet, und die einzelnen Lichter, die man noch hier und dort in dem Inneren der Häuser brennen sah, bewiesen allein, daß die Stadt, die länger als gewöhnlich wach war, noch nicht ganz im Schlaf lag. Eine geschlossene Sänfte verließ den Palast des Herzogs von Mondejar, ging die nicht sehr fern liegende Inquisitionsstraße entlang und blieb hier vor dem Palast der Inquisition stehen. Ein Lakai, der die Sänfte begleitete, ließ den schweren Hammer der Tür ertönen. Der Türhüter öffnete. Der Lakai flüsterte ihm mit leiser Stimme einige Worte zu. Die beiden Männer näherten sich dann der Sänfte, nahmen aus derselben ein junges ohnmächtiges Mädchen und trugen es nach dem ersten Stock hinauf, in eine der Barmherzigkeitskammern. Hier legten sie es auf ein Bett, und der Lakai entfernte sich.

Der Türhüter schloß darauf sorgfältig die Tür des Zimmers und ging die Treppe hinab.

„Teresa" sagte er zu seiner Frau, „gehe hinauf und sieh, was aus der Señora wird, die mehr tot als lebendig zu sein scheint."

Teresa gehorchte und ging hinauf zu dem jungen Mädchen, das noch kein Zeichen des Lebens gab. Das Weib des Türhüters, ein einfältiges, beinahe stumpfsinniges Geschöpf, setzte sich schweigend neben die Ohnmächtige und wartete darauf, daß es Gott gefällig sei, sie in das Leben zurückzurufen. Indes schien die Betäubung, die beinahe drei Stunden gedauert hatte, ihrem Ende zu nahen. Die Gefangene machte eine Bewegung, dehnte die Arme wie jemand, der aus einem tiefen Schlaf erwacht, öffnete langsam die Augen, stützte sich auf den Ellenbogen und ließ den Blick verwundert im Zimmer umhergleiten, ohne indes erkennen zu können, was sie umgab.

Das Bett, auf dem sie lag, hatte einen großen weißen Vorhang. Ein elfenbeinernes Kruzifix hing an einem schwarzen Kreuz an der Wand. Einige einfache, doch bequeme Sessel, ein geschnitztes Betpult, ein Tisch mit gewundenen Füßen und eine Decke bildeten die ganze Möblierung. Einige Bücher standen auf einem Bücherbrett aus Ebenholz über dem Betpult, und in einer irdenen Vase auf der Mitte des Tisches dufteten einige frisch gepflückte Blumen. Außerdem befanden sich hier und dort einige jener Spielwerke für große Kinder, wie die Damen jener Zeit sie liebten und die sie oft den nützlichsten Dingen vorzogen. Alle diese näheren Umstände entgingen dem jungen Mädchen; nur das Ganze fiel ihr auf, weil es ihr so fremd war, denn noch hatten die Gedanken sich nicht wieder geklärt.

„Juana!" sagte sie mit sanfter, trauriger Stimme.

„Ich heiße nicht Juana", erwiderte die Alte, die an ihrem Bett saß; „ich nenne mich Teresa."

Das junge Mädchen sah jetzt das Weib an und stieß einen lauten Schreckensschrei aus.

„Wo bin ich denn?" rief sie plötzlich von Angst ergriffen.

„Im Gefängnis", erwiderte das einfältige Geschöpf.

„Im Gefängnis! Aber was tat ich denn, um im Gefängnis zu sein?"

„Ich weiß es nicht, das geht mich nichts an."

„Oh mein Gott", sagte das junge Mädchen, indem es mit der Hand über die Stirn fuhr, um seine Gedanken zu sammeln. „Was ist mir denn heute begegnet, und weshalb bin ich hier? Ach ja, jetzt erinnere ich mich. Ich bin abends aus dem Haus Juanas gegangen – man tanzte auf den Straßen – alle Welt war so froh, nur ich betrübt und in Verzweiflung! – Ich hatte meinen Vater sterbend gesehen und konnte nichts für ihn tun! Nichts!" wiederholte sie mit bitterer Verzweiflung! – „Ich wollte es aber dennoch versuchen und erschien vor seinen Freunden – vor denen, die er seine Freunde nannte! Ich überraschte sie mitten in der Trunkenheit eines Festes – ich erschien plötzlich unter ihnen in meiner Trauer und Betrübnis – ich betete und weinte – ich forderte mit lautem Geschrei, daß man mir meinen Vater zurückgäbe, doch sie hörten mich nicht und versteckten ihren Verräter; der Groß-Inquisitor belauschte meine Worte. Dann haben sie mich dem Henker überliefert, und in dem Haus des edlen Herzogs fand ich nicht einmal den Schutz der Gastfreundschaft. – Ja", fuhr sie fort, indem sie sich allmählich an alle näheren Umstände erinnerte, „der Herzog von Mondejar hat mit meinem Leben ein Lächeln des Pedro Arbuez bezahlt. Wie spät ist es?" fragte sie plötzlich die Frau des Schließers.

„Ich weiß es nicht, Señora; aber schon seit langer Zeit ist es Nacht. Ich schlief bei Eurer Ankunft, weil ich sehr müde war, denn es ist heute ein Festtag, und da haben wir viele Gefangene bekommen."

„Ein Fest in der Tat!" sagte das junge Mädchen bitter. „Ein denkwürdiges Fest, glorreich durch einen nichtswürdigen Verrat geschlossen. Dolores Argoso war ein würdiges Opfer für den Gott, der bei dieser Feierlichkeit den Vorsitz führte!"

Dolores täuschte sich nicht, denn sie war in der Tat auf die schmachvollste Weise der Gewalt des Inquisitors überliefert worden. Man erinnere sich des

Befehls, den der Herzog von Mondejar seinen Leuten gegeben hatte, sie nach Hause zu bringen. Dieser mit lauter Stimme erteilte Befehl war nur dazu bestimmt, die Versammlung zu täuschen.

Während der wenigen Augenblicke, während welcher der edle Herzog den Saal verlassen hatte, begriff er auf ein einfaches Zeichen vollkommen den Befehl des Groß-Inquisitors und gab seinen Dienern, Familiaren niederen Ranges, neue Instruktionen, worauf die Tochter des Gouverneurs unmittelbar nach dem Inquisitionspalast gebracht wurde. Statt sie als echter Ritter zu verteidigen, hatte der Herzog von Mondejar sie dem heiligen Offizium ausgeantwortet, und gleichwohl war er weder ein feiger Krieger noch ein böser Mensch noch treuloser Freund: Er hatte ganz einfach Furcht vor der Inquisition.

Wer kann aber die Gefühle beschreiben, welche die edle Braut Estevans über einen solchen nichtswürdigen Verrat empfand, dieses edlen und rechtschaffenen jungen Mädchens, das sich eher dem Märtyrertum überlieferte als einen Freund verraten haben würde? Wer könnte den bitteren, tiefen, herzzerreißenden Schmerz schildern? Ihre erste Bewegung war großmütiger Zorn und stolze Geringschätzung; aber allmählich wich die Aufregung eines gerechten Stolzes dem schmerzlichen Gefühl der Gegenwart und der physischen Schwäche, eine Fähigkeit, die bei den stolzen und leidenschaftlichen Weibern um so schmerzhafter ist, wenn sie sich bei ihnen mit physischer Schwäche vereinigt, die sie meistens zur Untätigkeit verdammt; die Reizbarkeit erlangt dann die Oberhand und gibt sie ganz dem Gefühl ihrer Leiden hin, und Dolores erkannte ihre neue Lage mit tödlichem Schrecken.

Die Schließerin schloß halb schlafend ihre einfältigen Augen, ohne sich um die Gefangene weiter zu bekümmern, als hätte sie gar nicht existiert. Dieses stumpfsinnige Wesen hatte nicht den geringsten Begriff von moralischen Schmerzen.

Einige Augenblicke blieb Dolores wie vernichtet unter der fürchterlichen Gewißheit, daß sie nicht frei war. Stumm, den Kopf auf die Brust herabgesunken, vertiefte sie sich in diesen verzweiflungsvollen Gedanken. Dann brach sie plötzlich in unsinnige Verzweiflung aus und ließ herzzerreißendes Geschrei und krampfhaftes Schluchzen ertönen.

Die Schließerin fuhr erschrocken aus dem Schlaf empor, dem sie in die Arme gesunken war, und sagte: „Señora, schreit nicht so laut, Ihr seid gar nicht so unglücklich, denn man hat Euch das hübscheste Zimmer des Inquisitionspalastes angewiesen."

Bei diesem fürchterlichen Namen fuhr die Tochter des Gouverneurs krampfhaft empor und ihr Schluchzen verstummte. Ihr Entsetzen war so groß geworden, daß sie selbst nicht mehr wagte, zu seufzen oder sich zu beklagen. Die Erinnerung an ihren Vater, den sie den Tag zuvor gesehen hatte, den man gebrochen und getötet hatte, ohne daß er starb, stieg in ihrem ganzen Entsetzen vor ihr empor.

Vielleicht bestimmte man für sie dieselbe Tortur, und der Tod war dann das Ziel der Leiden beider.

Unter diesen grausamen Gedanken war ihr nur der eine tröstlich, daß sie als Märtyrerin ihrer kindlichen Liebe sterben würde, und fromm sich in ihr

Schicksal ergebend, betete sie. Die fromme und großherzige Vergebung dieser wahrhaft christlichen Seele trug jetzt den Sieg über alle Todesschrecken davon. Ihrer irdischen Gedanken entledigt, schwang sie sich höher auf bis zu der erhabenen Hoffnung der Herrschaft des Gottmenschen, des ewigen Trösters derer, die da leiden. Gleich Christi hatte sie gesagt, indem sie ihren bitteren Kelch leerte: „Mein Vater, dein Wille geschehe", und der Tod erschreckte sie nicht mehr; sie ging, ihn als ein Pfand des ewigen Lebens zu empfangen.

Ihr schönes, eben noch so blasses Gesicht rötete sich und wurde plötzlich durch einen himmlischen Strahl erheitert. Eine göttliche Flamme schien aus ihren Augen zu leuchten, und ihre beiden weißen, durchsichtigen Hände auf der Brust gekreuzt, gaben ihr das Ansehen einer jener heldenmütigen Jungfrauen, die in Rom für den Glauben Christi starben.

„Señora" sagte plötzlich die Schließerin, „da Ihr nicht tot seid, bedürft Ihr meiner nicht, und ich will daher schlafen gehen."

Sie ging.

Dolores hatte sie nicht gehört. Ihr Geist schwebte in höheren Regionen, und ihre Lippen bewegten sich krampfhaft unter einem leisen Gebet zu dem, der auf die Erde kam, um zu retten, zu dulden und zu sterben.

XXVII.

El Santo

$\mathcal{D}$IE GLOCKEN DER ALTEN KATHEDRALE VON SEVILLA ließen laut ihr eintöniges Läuten erschallen, um der Bevölkerung zu verkünden, daß das Hochamt beginnen sollte. Diese Messe, die der Erzbischof von Sevilla lesen sollte, war eine der zahlreichen Episoden des großen Festes, das bei Gelegenheit des königlichen Autodafés gegeben werden sollte, von dem sich am Abend zuvor in der Gesellschaft des Grafen von Mondejar der junge Don Carlos von Herrera mit soviel Wohlwollen unterhalten hatte. Es war eine glänzende, religiöse Feierlichkeit, denn nach dem Evangelium sollte der Groß-Inquisitor Pedro Arbuez mit eigener Hand den *Santo* an eine große Menge von Personen überreichen, die ohne Unterschied des Ranges vor ihm knieten, um in die heilige Miliz Christi eingereiht zu werden.[110]

Wahrlich, eine erhabene Gleichheit! Gemeine Menschen und Edelleute wurden mit demselben Siegel bezeichnet, denselben Pflichten unterworfen, mit denselben Namen genannt: Soldaten Christi. Indem die Inquisition ihre mächtige Hand auf ihre Häupter legte, machte sie alle einander gleich. Sie bezeichnete mit ihrem Makel ohne Unterschied des Ranges und des Alters, wie der Schäfer in der Herde sein Vieh bezeichnete.

Die alte mächtige Basilika, deren hohes Schiff durch vier Säulenreihen getragen wurde, glich einem Granitwald und hatte sich mit ihrem prachtvollen Schmuck behangen. Tausende von Kerzen brannten von dem Altar bis unter die Decke und ergossen Ströme von Licht durch den heiligen Raum. Die Riesenschatten der Säulen bildeten schwarze Streifen auf den weißen Marmorfliesen des Fußbodens; durch zahllose farbige Fensterscheiben drang das äußere Licht so schwach und gedämpft herein, daß es gänzlich vor dem blendenden Schein, der unter der hohen Geistlichkeit herrschte, verschwand.

Auf dem Chor hinter dem Hochaltar saßen in weiten Sesseln aus geschnitztem Eichenholz die Kanoniker der Kathedrale, die beinahe sämtlich dem Orden des heiligen Dominik angehörten.

Von der Mitte des Hochaltares sendete eine große Monstranz aus massivem Gold ihre blitzenden Strahlen der Edelsteine umher und blendete die Augen, als wollte sie Gott vor profanen Augen schützen.

Gold, Diamanten und Kristall waren überall in solchen Maßen verteilt wie in einem Märchen von Tausend und einer Nacht. Die Armleuchter waren aus massivem Gold, das Tabernakel aus Gold, die Kelche aus Gold, die Meßkannen aus Gold; die Engel, die zu beiden Seiten des Hauptaltares sich das Gesicht durch ihre Flügel verschleierten, waren ebenfalls aus Gold.

Große Bildsäulen aus Silber, welche die verschiedenen Heiligen darstellten, die in Spanien verehrt wurden, schmückten ringsumher die Kirche und zahllose Kapellen waren zwischen den Vertiefungen der Säulen angebracht. Es waren hier mehr Reichtümer aufgehäuft als in dem alten Tabernakel der Juden, nur hatte die ganze jüdische Nation bloß eine einzige Bundeslade, während Spanien Hunderte von Kirchen oder Kapellen besaß, in denen sich unter verschiedenen Formen die Reichtümer der neuen Welt anhäuften.

Es war ein wahrhaft feenhafter Anblick und wohl geeignet, die Einbildungskraft des Volkes zu entflammen, des armen Volkes, das man mit Weihrauch, Licht und Musik sättigte, um es seine Sklaverei und sein Elend vergessen zu machen. Es eilte daher auch in Masse zu allen Eingängen der Kirche herbei, sooft ein religiöses Fest seiner poetischen Trägheit, seinem unerläßlichen Bedürfnisse nach Aufregung, seiner glühenden und kindischen Neugier, Nahrung bot.

Man sehe nur in den Basiliken die Manolas, die auf ihren Hacken kauerten, umhüllt mit ihren weiten schwarzen Mänteln! Man sehe, wie sie sich wiederholt die Brust schlagen, indem sie mit beinahe krampfhafter Bewegung die Perlen des glänzenden Rosenkranzes, der an ihrem Gürtel hing, durch die Finger gleiten ließen! Man sehe nur die kleinen andalusischen Füße, die unter der kurzen Basquine hervorkommen, die schwachen, braunen, aber so anmutigen Hände und die schwarzen Augen, glänzend wie Schmelz unter dem durchsichtigen Netz der Spitzen, die ihr Gesicht bedeckt.

Liegt nicht ein eigentümlicher und geheimnisvoller Kontrast zwischen dieser ungeheuren Kathedrale, funkelnd wie ein Ballsaal, und den demütigen knienden, in Trauer gekleideten Weibern? Diesen Weibern, die von Natur so heiter und so töricht sind, an diesem Ort aber jetzt büßenden Seelen gleichen, die beten, daß man sie bis zu jenen strahlenden Wundern gelangen lasse, die über ihren Köpfen funkeln?

Man sehe noch im Hintergrund der Kirche auf einer ungeheuren Tribüne diese Menschen, die mit demütigem andalusischen Wesen und mit leiser Stimme beten. Sie haben ihre Liebe zum Vergnügen und ihre Tanzlust vor der Pforte gelassen; sie neigen sich mit Gefühlen der Sammlung vor der Majestät des lebenden Gottes, den man mit weltlicher Macht bekleidet hat! Man gewöhnt sie daran nur die Materie anzubeten: Die Gottheit ist für sie nichts als ein Altar von Marmor und Gold.

Man bewundere endlich noch an dem großen Tor die dichtgedrängte Menge der Bettler und Gitanos, die sich drängen und stoßen, um einzudringen; diese musikalische und Wohlgerüche duftende Messe ist ihr glänzendstes Schauspiel. Ei, so öffnet doch beide Flügel der Tür! Laßt das in Lumpen gekleidete Volk herein; laßt es mit voller Brust den berauschenden Geruch des Weihrauchs einatmen! Laßt es seine Augen an all der Pracht sättigen! Das ist sein Brot, das Brot des Volkes, das heute abend nüchtern, in einem durchlöcherten Mantel auf einem kalten Stein schlafen wird; laßt alle diese Leute eintreten, die kein anderes Dach haben als das Gewölbe des Himmels! Auch sie müssen ihren Teil haben an den Genüssen und den Gütern dieser Welt, und der Tempel Gottes ist der Festsaal der Armen!

Doch still. Jeder hält sich jetzt ruhig an dem Platz, den er zu erlangen vermochte, denn die Stunde der Sammlung und des Gebetes war gekommen, der Priester stand am Fuß des Altares. Es war der erwähnte Erzbischof von Sevilla selbst; zwei Diakone in gestickten Chorröcken standen zu beiden Seiten neben ihm. Rechts von dem Altar, in der Apsis, hatte Arbuez, in sein violettes Festgewand gekleidet, seinen Sitz auf dem Thron aus Gold und Samt, der auf zwölf Stufen stand, die mit einem reichen Teppich belegt waren. Er befand sich so einige Fuß hoch über der Monstranz, und der Stellvertreter Gottes thronte auf diese Weise höher als sein Herr.[III]

Rechts neben dem Thorn um zwei Stufen niedriger, stand der Armsessel des Erzbischofs.

Auf der linken Seite hatte Joseph, der Almosenier und Günstling Seiner Eminenz, einen ähnlichen Sessel eingenommen.

Nicht weit von dem Hochaltar, in vorbehaltenen Stühlen, hatten die vornehmen Damen und Herren die für sie bestimmten Plätze eingenommen. Bald erhob sich ein Gemisch ernster, rauher, dem Ohre mißtönender Stimmen, in einem vollkommen kunstgerechten Gesang zu dem Gewölbe der Kathedrale. Dieser Gesang, dessen Monotonie der Stimme nie gestattet sich zu dem Feuer der Leidenschaft zu erhitzen, dieser Verein methodischer Noten, die mit voller Brust ohne Kunst und ohne Glut gesungen werden, hatte etwas Ergreifendes und Finsteres, das die Seele wie ein Leichentuch einhüllte. Es herrschte ein eigentümlicher Widerspruch zwischen der heiteren Ausschmückung des Altares und der kalten und finsteren Harmonie. Es fehlten hier die himmlische Melodie der Italiener, die köstlichen und kräftigen Stimmen, die dem theatralischen Pomp der Zeremonien des römischen Kultus einen so göttliche Zauber verleihen.

Indes, das spanische Volk, das für die gelehrte Musik nicht sehr empfänglich, oder besser zu sagen, nicht daran gewöhnt ist, ergötzte mit Entzücken seine Augen, wenn nicht die Ohren, und die vollständigste Sammlung herrschte in der knienden Menge. Bald folgte dieser eine große Bewegung in der Kirche. Alle Welt stand auf und machte das Zeichen des Kreuzes. Man war bei dem Evangelium der Messe angelangt. Der Erzbischof las es langsam und setzte sich dann neben den Groß-Inquisitor auf den für ihn bestimmten Sessel. Die Diakone traten an den Fuß des Thrones.

Jetzt entstand eine breite Straße in der Menge, und man sah auf dem freien Raum eine Gruppe von Leuten aller Art näher kommen, die sämtlich nach der gleichen Ehre strebte; diese Gruppe schritt auf den Thron des Inquisitors zu.

Unten, etwas außerhalb des Schiffes, hätte man jetzt unter dem Volk, das keinen passenden Platz gewonnen hatte, um die Zeremonie des Santo mit aller Bequemlichkeit sehen zu können, die sonderbarsten Äußerungen hören können.

„Heiligste Jungfrau!" sagte ein alter Gitano mit weißem Bart, „seht Ihr den ungläubigen Juanito, wie schnell er auf sein Glück zugeht? Die Gesellschaft der Gardunnia hat ihn nicht haben wollen, um aus ihm einen Gaucho zu machen, so einfältig und träge ist er, und nun gelang es ihm doch, in die Miliz Christi eingereiht zu werden."

„Wirklich *Tio*[112]?" rief eine junge Kastagnettentänzerin, so braun wie eine Olive im November. „Wirklich? Juanito soll den Santo mit all den federgeschmückten, vornehmen Herrn dort bekommen?"

„Weshalb nicht, *Conchica*[113]?" erwiderte der alte Gitano. „Ist er nicht der Sohn des guten Gottes, ebenso wie alle die schönen Herren, die Gott behüten möge?"

„Sieh! Sieh!" sagte ein anderer; „da ist ein Ramon Zocato[114]. Wie es scheint, hat er seine Zeit in Melilla[115] überstanden, weil er mit da ist."

„Wo denn?" fragte ein vierter.

„Dort unten, seht, der junge Mann mit der orangegelben Jacke neben Sr. Exzellenz dem Herrn Marquis von La Ronca, der eben auch vortritt, um den Santo zu empfangen."

„Wieviel sind ihrer denn?" fragte die Gitana.

„Zu viele, um sie zu zählen", erwiderte der Greis. „Santa Maria, was für Rekruten!"

„Die sind wie die Soldaten des Papstes", brummte ein altes Weib; „sie marschieren nie bei hellem Sonnenschein."

„Wer ist denn der Papst?" fragte die Zigeunerin.

„Es ist der Haushofmeister des Herrn Groß-Inquisitors", erwiderte das alte Weib, das von dem Stellvertreter Christi keinen höheren und keinen deutlicheren Begriff hatte.

„Schweigt, ihr Weiber!" rief ein alter Soldat der flandrischen Feldzüge. „Ihr habt eine zu lange Zunge, und wenn man das Feuer berührt, verbrennt man sich."

„Nehmt doch Euren Helm ein wenig ab, Señor Caballero, damit ich etwas sehen kann", sagte ein junger Bursche von etwa fünfzehn Jahren, der dem Soldaten nicht bis zu der Schulter reichte.

„Du wirst noch immer genug davon sehen, Taugenichts!" erwiderte dieser.

Währenddessen waren die Bewerber um den Santo bis zum Fuß des Thrones vorgeschritten, und auf der Tribüne des Herzogs von Mondejar fand ein sehr lebhafter Auftritt statt, wenn auch mit leiser Stimme, und obgleich die verschiedenen Teilnehmer desselben die Kunst besaßen, mitten unter einem heftigen Streit ein gleichgültiges Gesicht zu bewahren, so daß niemand den

Sinn der kurzen, schneidenden, schnellen Worte ahnen konnte, die sie mit leiser Stimme wechselten.

Es waren ihrer vier: der Herzog von Medina-Cöli, der Herzog von Mondejar, die junge Isabella, dessen Tochter, und Don Carlos von Herrera.

Man erinnert sich, daß dieser letztere durch Pedro Arbuez aufgefordert worden war, an eben diesem Tag vor ihm zu erscheinen, um den Santo zu empfangen und in seine Hände den Eid zu leisten. Man erinnert sich ebenfalls, daß Don Carlos, der für die Sache der Inquisition begeistert war wie jeder junge Mann, der alles gut findet, was seine Liebe begünstigen kann, dringend um die Ehre nachgesucht hatte, in die heilige Miliz aufgenommen zu werden, daß aber dann diese junge glühende Seele, zu dem Gefühl der wahren Ehre durch den edlen Unwillen des jungen Aragoniers Don Ximenes und die strengen Worte des Don Rodriguez de Valero zurückgeführt, mit einem Gefühl unbeschreiblicher Scham die freundlichen Äußerungen des Inquisitors und dessen Versprechungen der Protektion empfangen hatte. Hingerissen indes durch glühende Liebe und überzeugt, daß das einzige Mittel, die Geliebte zu erlangen, sein würde, den Wünschen des Herzogs von Mondejar zu entsprechen, war Don Carlos in die Messe gekommen, unfähig, dem Verlangen zu widerstehen, einige Stunden an der Seite Isabellas zuzubringen.

Er befand sich dabei in einem heftigen inneren Kampf der Leidenschaft, denn während die Liebe ihn fortriß, zog die in seiner Gegenwart getane Äußerung: „Eine schmachvolle Rolle für einen Kastilianer" ihn mit Gewalt zurück. Dieses Wort hatte in der jungen glühenden und zuweilen unüberlegten Seele einen Abgrund ernster und tiefer Betrachtungen erweckt.

Als Christ sagte man zu ihm: „Du wirst ein Streiter Christi sein, ein Glaubenskämpfer."

Als Ritter fügte seine Überlegung hinzu: „Dein ehrenhaftes Schlachtschwert wird der Knecht einer Stola und einer viereckigen Mütze werden. Du hast deine Freiheit verkauft, und dein Gewissen selbst gehört dir nicht mehr an." In seinem unaussprechlichen Verlangen, der Geliebten zu dienen, sagte er dann wieder bei sich selbst, wie um sich zu ermutigen: „Die größten Herren Spaniens sind Familiaren des heiligen Offiziums geworden." Aber sogleich fragte er sich auch wieder: „Taten sie daran gut oder übel?"

Don Carlos war weder genug Theologe noch hinlänglich tiefer Denker, um sich diese schwierige Frage zu beantworten. In seinem Zweifel benachrichtigte nur ein Instinkt, der Instinkt dessen, was recht und gut ist, ihn allein davon, daß Don Ximenes recht gehabt hätte, seinen ersten Entschluß zu tadeln; denn er konnte sich nicht verhehlen, daß er als Familiar des heiligen Offiziums blindlings gehorchen mußte, daß er das willenlose Werkzeug der entsetzlichen Institution wurde, die man Inquisition nannte, und er wußte sehr gut, daß sie nicht immer das Gerechte befahl.

Noch war der Kampf in seinem Inneren nicht beendigt, als der Zug der Bewerber um den Santo vor dem Thron des Inquisitors anlangte. Mit jenem durchbohrenden Blick, der zum Sprichwort geworden ist, zählte Pedro Arbuez mit dem Auge die vor ihm stehenden Männer, und da er Don Carlos nicht unter ihnen erblickte, wandte er langsam den Kopf gegen die Tribüne des Herzogs von Mondejar. In diesem Augenblick stieß der alte Herzog den jungen Mann mit dem Ellenbogen an und sagte lebhaft: „Nun, Don Carlos, zeigt Ihr so Euren Eifer für den Dienst Gottes? Wollt Ihr denn der letzte sein, der vor dem Herrn Inquisitor erscheint?"

„Señor", erwiderte der junge Mann mit zitternder Stimme, „ich weiß wahrlich nicht, ob ich würdig bin –"

„Ei, was für ein sonderbarer Zweifel! Seid Ihr nicht ein Edelmann von reinem Stamm? Hat jemals die geringste Beimischung von Maurenblut Euer adliges Wappenschild befleckt?"

„Junger Mann", fügte der Herzog von Medina-Cöli hinzu, indem er so leise sprach, wie sein schreiendes Organ es möglich machte, „junger Mann, entsprecht Ihr so meiner Güte?"

„Und ich?" fragte der beredte Blick Isabellas, „werdet Ihr für mich nichts tun?"

Don Carlos erbebte vor Scham, Unentschlossenheit und Zorn. Ungeachtet der Liebe, die sein Herz erfüllte, verwünschte er sich innerlich, daß er der Versuchung nachgegeben hatte, zu dieser Zeremonie zu kommen.

Der Herzog von Medina-Cöli und dessen Schwiegersohn, die durch diese Unentschlossenheit gereizt wurden, die ihnen in den Augen des Inquisitors schaden konnte, ballten die Fäuste und sagten leise: „Don Carlos, geht augenblicklich und nehmt den Platz ein, der für Euch bestimmt ist, oder wir verleugnen Euch für immer."

„Ach geht, ich bitte Euch", flüsterte leise die Tochter des Grafen von Mondejar mit einem flehenden Blick. Zugleich stieß der Herzog von Medina-Cöli den jungen Mann bei dem Arm vorwärts.

Außer sich, halb wahnsinnig, verließ Don Carlos wankend die Tribüne, schritt durch die Menge, die sich vor ihm öffnete, und gelangte zu dem Fuß des inquisitorischen Thrones. Pedro Arbuez hatte alles erraten; sein Blick funkelte in der Freude des Triumphes. Mit gesenkten Augen und geröteter Stirn hielt Don Carlos sich hinter den übrigen, der letzte in dieser Menge, die nach der inquisitorischen Nichtswürdigkeit begierig war.

Darauf traten die Bewerber, einer nach dem anderen, vor, erstiegen die Stufen des Thrones, knieten zu den Füßen des Inquisitors Arbuez nieder und empfingen einzeln aus dessen Händen eine jener Platten und ein Exemplar jener Schrift, die Joseph ihm überreichte, wie es erforderlich war.

Dieses Papier enthielt die nötigen Instruktionen für die Familiaren, damit sie bei jeder Gelegenheit nach den Vorschriften oder Absichten der Gewalt handeln konnten, der sie sich gewidmet hatten. Die Metallplatte war ein Erkennungszeichen, mittels dessen sie sich überall finden und zu einem gemeinsamen Zweck vereinigen konnten, wie groß auch ihre persönliche Feindschaft gegeneinander sein mochte.

Während dieser Verteilung, die etwa zwanzig Minuten dauerte, hatte der Inquisitor nicht aufgehört, seine Augen bald auf den jungen Don Carlos zu richten, der sich noch immer hinter den anderen hielt, bald auf die Tribüne des Herzogs von Mondejar, wo dieser in ziemlich verlegener Haltung stand, während der Herzog von Medina-Cöli seine flammenden Blicke auf seine Enkelin richtete, als wollte er sagen: „Das ist der Mann, den du gewählt hast!"

Don Carlos wagte nicht mehr, die Augen nach der Seite seiner Verlobten zu richten. Als aber niemand mehr vor ihm stand, und endlich die Reihe an ihn kam, den Santo zu empfangen, trat er taumelnd wie ein Betrunkener bis zu den Füßen des Groß-Inquisitors vor und empfing mit zitternder Hand die Insignien seines neuen Amtes.

„Don Carlos von Herrera", sagte der Inquisitor mit leiser Stimme, „solltet Ihr Euch irgendeinen Vorwurf zu machen haben?"

Don Carlos verneigte sich, ohne zu antworten; er hätte hundert Fuß tief unter der Erde zu sein gewünscht.

Langsam stieg er die Stufen des Thrones wieder hinab und mischte sich unter die Menge der neuen Familiare, die sich im Halbkreis um den inquisitorischen Thron aufgestellt hatten.

Das tiefste Schweigen herrschte in der Kirche.

Dieses eigentümliche Schauspiel war für das Volk Sevillas von ungemeinem Interesse und fruchtbar an verschiedenartigen Aufregungen. Alle Augen richteten sich unwiderstehlich nach dem Hauptaltar. Mit seiner Anmut und seiner gewöhnlichen Majestät erhob sich Arbuez von seinem vergoldeten Sessel, stieg stolz die Stufen des Thrones hinab, wie es sich für einen Kirchenfürsten geziemt, und gefolgt von Joseph, der stets an seiner Linken blieb, trat er vor Don Carlos hin, der den Kreis auf der rechten Seite schloß.

Don Carlos errötete und senkte die Augen; er konnte den feurigen Blick, den Arbuez durchbohrend auf ihn richtete, nicht ertragen.

Mit der vollen, kurzen, gebieterischen Stimme, die er bei gewissen Augenblicken so gut anzuwenden wußte, sagte nun der wilde Dominikaner: „Don Carlos von Herrera, schwört Ihr, Euch mit Leib und Seele dem Dienst unserer allerheiligsten, apostolischen, römisch-katholischen Kirche zu weihen?"

„Ich schwöre es!" erwiderte mit fester Stimme der junge edle Kastilianer, denn er sah in diesem Eid nichts, was sein Gewissen als ehrenhafter Ritter beunruhigen konnte.

„Schwört Ihr, nie Euer Ohr den verführerischen und verpesteten Lehren der Gottlosen im Norden zu leihen, die man Philosophen und Reformatoren nennt, und sie nie und auf keine Weise zu ermutigen?"

„Ich schwöre es!" sagte wieder Don Carlos.

„Schwört Ihr, niemals Schutz oder Zuflucht einem Ketzer zu leihen oder irgendeinem Menschen, der als solcher von dem heiligen Tribunal der Inquisition verfolgt wird?"

Don Carlos richtete, ohne zu antworten, seine großen Augen voll Schrekken auf das strenge Gesicht des Inquisitors; dieser Eid erschien ihm als unbarmherzig. Pedro Arbuez runzelte die Stirn, und der junge Mann, der durch diesen Ausdruck des Despotismus und der Herrschaft eingeschüchtert wurde, stammelte mit kaum verständlicher Stimme: „Ich schwöre es!"

Der Inquisitor schien zufrieden zu sein. Dann fügte er mit kurzem, scharfem Ton hinzu: „Schwört Ihr, mit Wort und Schwert jeden Marrano, Mauren, jeden Juden, judäischen oder lutherischen Christen zu verfolgen; sie dem heiligen Tribunal zum Ruhm Gottes anzuzeigen, und sie demselben auszuliefern, wären sie auch Eure Gäste, sei es, daß Eure Ohren sie Ketzereien aussprechen hörten, sei es, daß Eure Augen sie Handlungen begehen sahen, die andeuteten, daß sie nicht auf dem wahren Weg des Heils sind, sei es, daß Ihr sie nur in dem Verdacht haltet, nicht mit Herz und Seele unserer heiligen Religion anzuhängen, oder daß Ihr bemerktet, wie sie irgendeinen Gebrauch derselben vernachlässigten; sei es endlich, daß sie in ihrem Haus eine solche Nachlässigkeit von einem der ihrigen duldeten?"

„Gnädigster Herr!" sagte leise der junge Ritter in unaussprechlicher Angst, „was Ihr da von mir verlangt, ist Sache eines Spions und eines –"

Ein furchtbarer Blick des Groß-Inquisitors machte das Wort in der Kehle des jungen Mannes ersticken, seine Lippen blieben halb geöffnet und das Wort wurde nicht ausgesprochen. Man hätte glauben können, er sage etwas leise, aber sein Mund hatte nur ein krampfhaftes Zucken.

Der Inquisitor schien sich indessen damit zu begnügen und fuhr in demselben Ton fort:

„Schwört Ihr, stets bereit zu sein bei dem ersten Ruf der Diener Gottes, zum Dienst der heiligen Kirche herbeizueilen, wäret Ihr auch bei einem sterbenden Freund, ständet Ihr auch an dem Lager Eurer sterbenden Mutter?"

Die Augen des jungen Mannes waren starr und entsetzt, und seine Haare sträubten sich ihm auf dem Kopf vor Abscheu.

„Gnade, Gnade, gnädigster Herr!" murmelte er mit ersterbender Stimme.

Der Inquisitor und Joseph allein hörten diese Worte. Pedro Arbuez tat, als verstände er sie nicht, aber er fügte jedes einzelne Wort scharf betonend hinzu:

„Schwört Ihr, auf jedes Band der Freundschaft oder der Familie zu verzichten, wenn es sich um die Sache Gottes handelt – und ohne Rückhalt Eure Brüder, Eure Schwestern, Eure Mutter, Euer Weib, Euren Vater und selbst Eure Kinder anzuklagen, wenn Ihr bei ihnen Gesinnungen entdecken solltet, die unserem heiligen, katholischen Glauben zuwider sind?"

Bei diesen letzten Worten fühlte Don Carlos sich durch eine Regung des Unwillens sich selbst zurückgegeben; er erhob stolz den Kopf und sagte mit fester Stimme und ohne alle Heftigkeit:

„Gnädigster Herr, das schwöre ich nicht; ich will nicht zu gleicher Zeit ein Denunziant und ein Nichtswürdiger sein. Nehmt", fügte er mit bitterem Spott hinzu, indem er den Santo und das Christusbild, das er empfangen hatte, zurückgab, „ich bin einer solchen Ehre nicht würdig. Behaltet dies für einen ergebungsvolleren Diener, als ich sein würde."

Zugleich eilte er hinweg von dem Platz, den er eingenommen hatte, schritt durch den Kreis der Männer, die den Thron umgaben, ging mitten durch die kniende Menge hin und verließ die Kirche, ohne sich umzusehen, als hätte er gefürchtet, sie möchte über ihn zusammenstürzen.

Der Herzog von Mondejar und sein Schwiegervater erbebten vor Entsetzen und Zorn. Isabella weinte, ohne zu begreifen, was vorgegangen war, und die Menge erwartete mit offenem Mund die Erklärung dieses Rätsels. Joseph allein schien bei dem allgemeinen Entsetzen gleichgültig zu bleiben; indes ein unmerkliches höhnisches Lächeln verzog seine Oberlippe.

Pedro Arbuez erhob zum Himmel einen begeisterten Blick, richtete sich an die Versammlung und sagte:

„Meine Brüder, dieser junge Mann befand sich im Zustand der Todsünde und er ließ sich selbst Gerechtigkeit widerfahren, indem er sich für unwürdig erkannte, heute an dieser heiligen Zeremonie teilzunehmen. – Beten wir für ihn, meine Brüder", fügte er hinzu, indem er niederkniete.

Alle Welt folgte dem Beispiel des Inquisitors. So betete die ganze Versammlung zehn Minuten lang, während der Pedro Arbuez die Zeit fand, seine Wut zu zügeln und sein Gesicht in ruhige Falten zu legen.

Als er sich wieder erhob, zeigten seine Züge nicht die geringste Spur von Aufregung oder Zorn; er war würdevoll, ruhig, gelassen. Man hätte glauben können, einen gemeißelten Kopf zu sehen.

Der Groß-Inquisitor begann hierauf die übliche Eidesformel, und alle antworteten darauf mit Freude und ohne Rückhalt.

An diesem Tag bereicherte sich die Miliz Christi durch mehr als zweihundert Mitglieder.

Am Abend desselben Tages zählten die Kerker des heiligen Offiziums einen Gefangenen mehr.

XXVIII.

Offenheit und Heuchelei

Ungeachtet der Anstrengung dieser langen Zeremonie, die bis zwei Uhr nachmittags gedauert hatte, konnte Pedro Arbuez, der sich in seinen Inquisitionspalast zurückgezogen hatte, keinen einzigen Augenblick der Ruhe finden.

Die unauslöschliche Glut dieser despotischen und leidenschaftlichen Seele zwang seinen Körper zu beständiger Bewegung und Tätigkeit, eine entsetzliche Unersättlichkeit. Diese Seele glich dem Schlund, von dem der Ecclesiast sagt: Nie gesättigt!

So beschaffene Menschen werden unvermeidlich zu der Vorsehung oder zu der Geißel der Menschheit. Gleichwohl war eine innere Befriedigung auf dem Gesicht des Inquisitors zu lesen. Die Gewißheit, daß Dolores jetzt in seiner Gewalt sei, prägte seinen Zügen den Stempel einer höllischen Freude auf, und gleich dem Geist der Finsternis, wenn eine reine Seele in seine Gewalt fällt, genoß er seines Triumphes.

Joseph blätterte schweigend und traurig in einer lateinischen Bibel. Eine finstere Ahnung schien ihn zu bewegen. Er wußte noch nicht, daß die Tochter des Gouverneurs aus dem Haus Juanas verschwunden sei, aber die Freude des Inquisitors hatte für ihn etwas Finsteres, Verhängnisvolles, und Joseph wurde dadurch erschreckt wie durch ein Unglück. Zum ersten Mal fühlte sich der Inquisitor wie durch einen geheimen Instinkt zum Mißtrauen gegen seinen Günstling geneigt. Nicht etwa, daß er sich seiner nicht vollkommen sicher gehalten hätte; aber er fand eine unaussprechlichen Reiz darin, seiner Befriedigung, die noch niemand kannte, zu genießen und hatte so viel Mühe gehabt, zur Erfüllung seiner Wünsche zu gelangen, daß es ihm schien, als würde sein Glück vermindert, wenn er selbst mit einem verschwiegenen Vertrauten darüber spräche; deshalb schwieg er. Indes von Zeit zu Zeit umspielte ein unwillkürliches Lächeln seine Lippen, sein Auge funkelte in eigentümlichem Glanz, und Röte überflog seine gewöhnlich so bleiche Stirn. Dann und wann erhob Joseph langsam seine großen schwarzen Augen von dem Buch, um das Gesicht seines Meisters zu betrachten. Er sah, daß dieses Gesicht ungewöhnliche Aufregung verriet, aber er konnte die Ursache davon nicht entdecken.

Es war nach der Abendmahlzeit. Obgleich Mitternacht nahe war, konnte Pedro Arbuez sich nicht entschließen, das Glück, Dolores zu sehen, bis zu dem nächsten Tag zu verschieben. Er wartete darauf, daß Joseph sich entfernt haben sollte; Joseph aber beeilte sich dazu als wahrer Günstling um so weniger, da er erkannte, daß seine Gegenwart dem Inquisitor lästig fiel. Er setzte eine wahre Hartnäckigkeit darin, die Augen auf die Bibel geheftet zu halten, obgleich er kein Wort in derselben las.

Endlich verlor Pedro Arbuez die Geduld. Er näherte sich ihm lachend, riß ihm das Buch aus der Hand und sagte: „Laß doch das, mein kleiner Joseph; du kannst ein anderes Mal mehr lesen. Ich möchte schlafen und du gewiß auch, darauf wette ich, denn du bist so blaß wie ein junges Mädchen am Morgen nach einem Ball."

„Und gleichwohl kann ich Eurer Eminenz schwören, daß ich mich nicht im geringsten ermüdet fühle."

„Dein Eifer ist so groß, mein guter Joseph! Ich hoffe daher auch, wenn du das Alter hast und der Tod des Don Alfonso Manriquez mir gestattet, nach der Würde des General-Inquisitors zu streben, ich hoffe, sage ich, dich dann an meiner Stelle zum Groß-Inquisitor von Sevilla ernennen lassen zu können."

„Ich mag davon nichts hören, denn ich müßte dann Eure Eminenz verlassen", erwiderte Joseph mit einem allerliebsten Schmollen.

„Armes Kind! Du hast recht, du würdest dich noch besser dabei befinden, wenn du mich nicht verließest. Aber für den Augenblick gehe schlafen; wir müssen unsere Kräfte ergänzen, um unsere harten apostolischen Arbeiten fortsetzen zu können."

„Er hat ganz gewiß irgendeinen Plan im Sinn", dachte Joseph, indem er aufstand, um sich zu entfernen.

„Das königliche Autodafé ist nahe", fügte der Inquisitor hinzu; „die Gefängnisse sind mit Ketzern überfüllt, die verurteilt wurden oder verurteilt werden sollen, und wir müssen uns bei unserem großen König Karl V. auszeichnen, ein Monarch, der für die Religion des Königreiches so eifrig besorgt war!" Es war indes leicht zu sehen, daß Pedro Arbuez diese Worte nur mit den Lippen sprach und daß seine Seele sich mit ganz anderen Dingen beschäftigte. Joseph, der mit einem außerordentlichen Scharfsinn begabt war, begriff, daß Karl V. in diesem Augenblick das sei, was den Inquisitor am allerwenigsten beschäftige; er verhehlte indes klug seine Meinung und sagte, indem er sich die Augen rieb: „Ich glaube, gnädigster Herr, die Schlafsucht ergreift auch mich. Geben Eure Eminenz mir den Segen, und ich ziehe mich zurück."

Der Günstling senkte sein schönes, mit schwarzen Haaren bedecktes Haupt, auf dem nur die kleine Stelle der Tonsur sich frei zeigte. Pedro Arbuez streckte seine beiden Hände darüber aus und sprach die üblichen Worte.

Dann fügte er hinzu: „Auf morgen, mein Kind; suche mich vor der Stunde der Tortur auf."

Er eilte hierauf durch eine Tür, die zu seinem Schlafzimmer und von hier über eine geheime Treppe auf die Straße führte. Statt nach seinem Zimmer zu gehen, eilte Joseph die Treppe des Palastes hinab und versteckte sich auf dem Hof hinter einem großen Rosenlorbeerbaum. Es war die Stunde, zu der Pedro Arbuez sehr oft ausging, begleitet von vier Familiaren, ein Gebrauch, den Thomas Torquemada, der Begründer der Miliz Christi, eingeführt hatte, da sein Leben wegen seiner unerhörten Grausamkeiten häufig bedroht war, und er sich daher zu einer solchen Vorsichtsmaßnahme genötigt sah.

Für gewöhnlich begleitete Joseph den Inquisitor auf solchen geheimnisvollen Pilgerfahrten; er sagte daher auch, sich in den dichten Zweigen versteckend: „Ich muß sehen, wohin er ohne mich gehen will."

Bald darauf erschien Pedro Arbuez, in einen weiten Mantel gehüllt und den Kopf bedeckt mit einem breitkrempigen Hut: Vorsichtsmaßnahme, die er gewöhnlich anwandte, um nicht erkannt zu werden.

Pedro Arbuez ging voran, und in geringer Entfernung folgten ihm die vier Familiaren, bereit, bei der geringsten Gefahr ihr Leben für diese Zitadelle des Glaubens einzusetzen.

Kaum hatte die Tür des Palastes sich hinter ihnen geschlossen, als Joseph, der stets einen Schlüssel derselben bei sich trug, sie geräuschlos öffnete und wie eine Eidechse durch die halbgeöffnete Tür auf die Straße hinausschlüpfte. Er sah jetzt Pedro Arbuez sich nach der Inquisitionsstraße wenden und folgte langsam seinen Schritten, indem er sich von den Familiaren fernhielt und jedes Geräusch sorgfältig vermied. Nach zehn Minuten befanden sie sich an der Gefängnistür des heiligen Offiziums. Pedro Arbuez klopfte auf eine eigentümliche Weise an. Joseph hatte sich ihm jetzt auf eine geringe Entfernung genähert, denn es war hier sehr dunkel. Kaum war der Inquisitor über die Schwelle des Gefängnisses getreten, als der Günstling hinter ihm hineinschlüpfte, selbst auf die Gefahr hin, bemerkt zu werden. Doch Pedro Arbuez dachte an etwas ganz anderes. Er ging hastig auf die Treppe zu, die nach dem ersten Stockwerk führte; und da man gewohnt war, Joseph ihn überall begleiten zu sehen, ließ der Schließer ihn ohne das geringste Hindernis eintreten. Dann verschloß er sorgfältig wieder seine Tür, nahm die Laterne und das Schlüsselbund und schritt hastig die Treppe hinauf, um dem Inquisitor die Tür zu öffnen, die ihm derselbe bezeichnen würde, und ihm Licht zu geben.

Der junge Dominikaner setzte sich auf eine Bank im Gang. Die Familiaren waren außerhalb des Gefängnisses geblieben. Einige Augenblicke darauf kehrte der Schließer zurück, und ohne sich um den jungen Mönch zu bekümmern, trat er in seine Loge, wo er sich auf eine eichenen Bank ausstreckte, um zu schlafen, bis es der heiligen Inquisition gefällig sein würde, ihn wieder zu wecken.

Joseph ging nun die Treppe ebenfalls hinauf, und da er im ersten Stock eine Tür hatte öffnen und schließen hören, dachte er, daß er hier entdecken würde, was er zu wissen wünschte. In der Tat hatte er kaum einige Schritte tastend auf dem Gang zurückgelegt, als er einen Lichtstrahl bemerkte, der durch das Schlüsselloch einer der Zellen fiel. Zugleich hörte er zwei Stimmen, die er nicht verkennen konnte: Die eine war die des Inquisitors, die andere die von Dolores.

Joseph erbebte vor Schrecken bei dem Ton dieser wohlbekannten Stimme. Er begriff nicht, welches Verhängnis Dolores der Zufluchtsstätte entrissen hatte, die er für sie wählte.

„Ich täusche mich", dachte er bei sich selbst; aber dieselbe Stimme wurde noch hörbarer und machte ihn aufs neue erbeben. Ergriffen von tödlicher Angst, versuchte er durch das Schlüsselloch zu blicken, aus dem der Lichtstrahl fiel. Der Schlüssel, der inwendig steckengeblieben war, gestattete ihm nicht, die Gegenstände zu unterscheiden. Überdies schien das Licht der Tür gegenüber zu stehen und die Stimmen aus einem entfernteren Punkt zu ertönen. Er schloß, daß sie sich zu seiner Rechten befanden, an der Seite des Bettes.

Bei der Unmöglichkeit etwas zu sehen, lauschte er und erfuhr so, was in dem Zimmer vorging.

In dem Augenblick, als Pedro Arbuez eintrat, saß die Tochter des Gouverneurs auf dem Rand ihres Bettes, den Kopf auf das Kopfkissen gestützt. Seit ihrem Eintritt in das Gefängnis hatte sie ihre Kleider nicht abgelegt; aber nach einer Nacht und einem ganzen Tag, die sie unter Angst und Qual verlebt hatte, wurde ihre Erschöpfung unbesiegbar, und sie war in einen leichten Schlummer gesunken. So auf dem Bett ruhend, zeigte das junge Mädchen eine unaussprechlich rührende Anmut. Der Saum ihres Kleides war keusch über ihre kleinen Füße hinabgezogen, von denen man nichts sah als die äußersten Spitzen. Eine ihrer Hände und der Arm preßten sich gegen ihren Leib; der andere Arm war auf das Kissen ausgestreckt und stützte ihren schönen, bleichen, ermatteten Kopf. Ihre Stirn, so schön und so rein, daß sie einem blendenden Marmor glich, zeigte sich von durchsichtigen blauen Adern durchfurcht. Der Schatten ihrer langen Wimpern gab dem edlen Gesicht einen noch tieferen Ausdruck der Trauer und der Entmutigung. Es schien, als sei sie unter Gedanken an den Tod entschlummert, die Augen voll Widerwillen von dieser Welt abwendend, in der sie soviel zu leiden hatte.

Als der grausame Inquisitor sie so liegen sah, schöner noch in ihrer Trauer, als sie ihm je in den Tagen ihres Glücks erschienen war, blieb er zitternd und aufgeregt stehen, als fürchte er sich, eine Gotteslästerung zu begehen. Eine unerklärliche Rührung, vielleicht ein Gewissensbiß, machte, daß dieser unbezähmbare Mensch, der keinen anderen Herrn als seine Leidenschaft kannte, taumelte. Er blickte mit einer Art von Entsetzen umher, als wollte er sich überzeugen, daß in der Luft keine unsichtbaren Zeugen waren, die ihn anklagen konnten.

Das tiefste Schweigen herrschte in dem Zimmer; man hörte nichts als die ruhigen gleichmäßigen Atemzüge des schlafenden, jungen Mädchens.

Pedro Arbuez schüttelte gewaltsam den Schrecken ab, der ihn erfaßt hatte. „Ich bin wahnsinnig!" sagte er zu sich selbst und setzte sich dann auf einen Armsessel am Kopfende der Gefangenen. Dolores war noch nicht erwacht. Pedro Arbuez hatte Zeit, sie noch während einiger Minuten zu betrachten und seine Seele durch ihren Anblick zu sättigen. Aber indem er sie so mit lüsternen Augen ansah und schamlos in Gedanken die Reize dieses keuschen, jungen Mädchens enthüllte, veränderten seine Eindrücke ihre Natur. Auf den unbestimmten Schrecken, von dem er sich überrascht gefühlt hatte, folgte ein Anfall rasender Leidenschaft. Allein, ungeachtet seiner unglaublichen Keckheit und seiner Gewißheit der Ungestraftheit, wagte er es nicht, das Verbrechen in seinem ganzen Entsetzen zu begehen. War es die Wirkung einer geheimen Reue, war es die Furcht, eine neue Missetat der schon so ungeheuren Menge seiner Verbrechen hinzuzufügen, oder war es eine Verfeinerung der Ausschweifung, daß dieser Mensch mit den zügellosen Leidenschaften zuwenig Reize bei einem so leichten Sieg zu finden fürchtete? Die menschliche Seele ist ein unergründlicher Abgrund; wir enthalten uns deshalb auch der Lösung dieser Frage.

Indes ist so viel gewiß, daß der innere Kampf in diesem Augenblick die Tochter des Gouverneurs rettete.

Wir sagten, daß sie leicht entschlummert war. Der Inquisitor, der in eine tiefe Ekstase versank, betrachtete sie mit Begier, aber er wagte es nicht, sie zu wecken. In seiner Raserei neigte er sich nieder auf die Hand, die auf dem Kopfkissen ruhte, und preßte seine brennenden Lippen auf dieselbe.

Bei dieser Berührung erbebte Dolores am ganzen Körper, öffnete halb ihre schweren Augenlider und bei dem Anblick der finsteren Gestalt, die sich vor ihr erhob, stieß sie einen Angstschrei aus und bedeckte das Gesicht mit beiden Händen.

„Ihr fürchtet Euch vor mir?" sagte Pedro Arbuez sanft.

„Ach, gnädigster Herr, weshalb verfolgt Ihr mich so?" rief das Mädchen mit zitternder Stimme.

In eben diesem Augenblick hörte Joseph sie sprechen.

„Meine Tochter", erwiderte Pedro Arbuez, den der Schrecken, den er einflößte zu seiner Rolle als Inquisitor zurückführte, „der Hirte sucht stets das verirrte Lamm auf, bis er es gefunden hat."

Dolores, die sich aufrecht gesetzt hatte, sah den Inquisitor voll Mißtrauen an; ein bitteres Lächeln umspielte ihre Lippen, und sie sagte langsam: „Auch der Wolf sucht das Schaf, um es zu zerreißen."

„Dolores!" sagte Pedro Arbuez, den es verdroß, seine Heuchelei vor der Geradheit und Unschuld eines Kindes scheitern zu sehen, „Dolores, ich erkenne mit Schmerz, daß Eure Seele durch die verabscheuungswerten Lehren der Reform verblendet und verderbt ist. Wer an Gott glaubt, glaubt auch an dessen Diener, Ihr aber glaubt nicht mehr an mich."

„Seid gerecht und gut wie Gott", erwiderte das mutige junge Mädchen. „Ich werde dem Diener gehorchen, wenn er die Vorschriften des Herrn befolgt. Aber was verlangt Ihr von mir, gnädigster Herr? Die Hand anzubeten, die, um ihre Streiche zu führen, stets die Stelle sucht, an der sie einen unschuldigen Kopf findet? Ihr wollt, daß ich den segnen soll, der aus meinem Vater, meinem edlen Vater, eine lebendige Leiche gemacht hat?"

„Arme Unsinnige, seid Ihr schon so weit auf dem Weg der Verderbnis fortgeschritten, daß die Wahrheit Eure dichten Nebel nicht zu durchdringen vermag? Wißt Ihr, daß wir den vergänglichen Leib nur treffen, um die unsterbliche Seele zu retten?"

„Ach, gnädigster Herr, wenn das Eure Mittel sind, die Seele zu retten, so verzichtet schnell darauf, denn sie führen nur dahin, die Gerechtigkeit Gottes bezweifeln zu lassen!"

„Ja, das ist es! Das ist es!" fuhr der Inquisitor fort, „stets dieser Eigensinn, diese Unfolgsamkeit gegen die Gesetze der Kirche, geschöpft aus der Lehre des abtrünnigen Mönchs. Wißt Ihr denn nicht, junges Mädchen, daß Gott selbst gesagt hat: Jeder Baum, der nicht gute Früchte trägt, wird gefällt und in das Feuer geworfen werden? Und daß er ebenso sagte: Verstoße das räudige Schaf aus der Herde? Deshalb schneidet die heilige Inquisition, um den Geboten ihres Herrn zu gehorchen, alle die schlechten Glieder des Katholizismus ab, da dieselben die große christliche Familie anzustecken drohen."

„Gnädigster Herr, das hat Gott gesagt, aber auch: Reißt das Unkraut nicht aus, es sei denn zur Zeit der Ernte. – Weshalb wendet Ihr gegen mich Verfolgungen und Gewalttaten an? Weshalb habt Ihr mir meinen Vater geraubt? Was tat er Euch, daß Ihr ihn so martert?"

„Er hat Eure Seele durch seine strafbare Nachsicht verderbt. Die Inquisition hat Gerechtigkeit geübt, indem sie ihn bestrafte; denn durch die Väter kommt die Verderbtheit auf die Kinder."

Indem der Inquisitor so sprach, zeigte er eine biblische Majestät; die Heuchelei selbst war großartig bei ihm; sein strenges Wort, sein ernstes und gemessenes Benehmen, sein kräftiger tiefer Ton; die scheinbare Wichtigkeit seiner Argumente, übten eine bezaubernde Macht aus, aber ihrer Jugend und ihrer Unerfahrenheit ungeachtet, besaß Dolores einen zu richtigen Sinn, um sich durch ihn überzeugen zu lassen. Der verabscheuenswerte Gebrauch, den Pedro Arbuez von seinen hohen Geistesgaben machte, flößte ihr die größte Verachtung ein, und dieses Gefühl war in ihren Zügen zu lesen. Dann hegte sie auch Furcht davor, sich allein mit ihm in diesem Gefängnis zu befinden, in dem er als König gebot. Zu stolz und zu aufrichtig, um ihre Gefühle zu verhehlen, fürchtete sie gleichwohl, den Mann zu verletzen, von dem das Leben ihres Vaters abhing, und in dem strengen Gesicht, über das die Intoleranz ihre eherne Maske gebreitet hatte, suchte sie nach der Spur von irgendeinem Überbleibsel des Gefühls, ob dieser wilde Inquisitor, für den der Tod eines Menschen nur ein Spiel war, im Herzen nicht noch irgendeine Saite hätte, die man erklingen machen könnte. Aber die Züge des Inquisitors sprachen nichts aus als unerbittliche Härte. Nur die Leidenschaft, die ihn verzehrte, sprühte in hellen Funken aus seinen Augen. Die Gefangene senkte davor ihre Blicke und wagte nichts zu sagen.

„Dolores", nahm der Inquisitor mit ruhigem, sanftem Ton wieder das Wort, „Ihr wollt Euch also nicht bekehren?"

„Ich bin Christin mit Herz und Seele, gnädigster Herr; weshalb verfolgt Ihr mich also?"

„Ach mein Kind, wie sehr täuschst du dich über meine wahren Gesinnungen", sagte Pedro Arbuez, indem er sich dem jungen Mädchen näherte, das ihr Kleid, das von der Kutte des Inquisitors gestreift wurde, fest an sich zog. „Du haßt mich also sehr?" sagte er voll Unwillen.

„Gnade, gnädigster Herr! Gnade und Barmherzigkeit!" rief sie, indem sie entsetzt die Hände faltete. „Gebt mir meinen Vater zurück, gebt mich der

Freiheit wieder; ich fordere dies im Namen des Gottes, den ich anbete, im Namen des großen Märtyrers, der an dem Kreuz starb, um unsere Sünden zu sühnen."

„Ach, wenn du wolltest!" fuhr er fort, indem er sie mit leidenschaftlicher Bewunderung betrachtete.

Dolores erbebte und wurde sehr blaß. Sie erinnerte sich an den Auftritt, der einige Monate zuvor in ihrem Oratorium stattgefunden hatte, und jetzt war sie in der Gewalt des Inquisitors!

Joseph hörte von draußen dieses ganze Gespräch; auch er fürchtete für Dolores. Indem er sein Ohr an das Schlüsselloch preßte, um sich keine Silbe entgehen zu lassen, öffnete sich die Tür leise, und er bemerkte so, daß man vergessen hatte, sie zu schließen. Er trat ein wenig zurück, damit sie nicht noch weiter aufgehen sollte, und war innerlich froh über seine Entdeckung.

Der Inquisitor fuhr fort zu sprechen, indem er die äußerste Anstrengung machte, um ruhig zu bleiben, während er von der ganzen Glut der Leidenschaft verzehrt wurde.

„Wer hat Euch gesagt, mein Kind, daß ich nicht so gegen Euch handelte, um Euch zu dem wahren Glauben zurückzuführen, von dem Ihr Euch entfernt hattet, und Euch dann die Barmherzigkeit und die Nachsicht des guten Hirten zu zeigen? Begreift doch, wie teuer Ihr mir seid und daß ich Euch kein Leid zufügen will."

Eine beinahe unmerkliche Bewegung der Lippen war die einzige Antwort, welche die Tochter des Gouverneurs ihm gab.

„Ach Dolores", fuhr der Dominikaner fort, „Ihr könnt nicht begreifen, wie schwer und ermüdend die Aufgabe ist, die Gott uns verliehen hat, die Menschen zu leiten und sie auf die rechte Bahn zurückzuführen. Oft zieht unser Eifer uns den Haß und den Zorn der Ketzer zu, und unser Lohn auf dieser Erde ist, unablässig ein schweres Kreuz zu tragen. Aber", fuhr er mit eindringlichem und heuchlerischem Ton fort, „zuweilen bewahrt uns Gott in seiner Gnade einen unerwarteten Trost. Es gibt auserlesene Seelen, die Eurige zum Beispiel, denen wir nicht nur eine geistige Zuneigung gewähren dürfen, sondern auch jenen Teil irdischer Liebe, der die majestätische Eifersucht Gottes nicht verletzt, sondern ihn im Gegenteil in seinem Geschöpf glorifiziert. Diese auserwählten Seelen besonders müssen wir dem Irrtum entreißen, denn sie sind dazu geschaffen, den anderen als Beispiel zu dienen, und da die Mittel der Sanftmut, der Zärtlichkeit und der Überredung die sichersten sind, um zu diesem Ziel zu gelangen, heftet sich unsere Seele mit glühender Liebe ganz dieser glorreichen Eroberung an. Deshalb liebe ich Euch, Dolores, deshalb möchte ich auch in Euch die innige Zärtlichkeit entzünden, von der mein Herz erfüllt ist."

Pedro Arbuez sprach mit Salbung, mit einer hinreißenden Wärme, und das unschuldige junge Mädchen, das eine so tiefe Schwärze nicht begreifen konnte, zweifelte einen Augenblick, ob sie diesen Mann auch nicht zu schnell verurteilt hätte. „Wäre es möglich", dachte sie, „daß er wirklich nur das Heil der Religion im Auge hätte? In einem solchen Fall sich zu täuschen, ist ehrenwert." Sie hörte auf, den Inquisitor mit Mißtrauen zu betrachten, sah ihn mit ihren schönen, stolzen und offenen Augen an und sagte voll

Adel: „Gnädigster Herr, ich glaube Euch, ich will Euch glauben; welches Interesse hättet Ihr auch dabei, ein armes Mädchen, das Euch nichts zuleide tat, zu betrügen? Nun wohl, wenn Ihr glaubt, daß ich im Irrtum wandle, so unterrichtet mich, ich werde gelehrig sein und verlange nur nach der Wahrheit. Ich will voll Liebe die Lehren unseres göttlichen Heilands erfüllen. Wenn ich mich von diesem Weg entfernte, so führt ihr mich darauf zurück, und ich verspreche Euch, ihm zu folgen; aber setzt meinen Vater in Freiheit und gebt ihn meiner Zärtlichkeit zurück."

„Dolores" rief der Inquisitor triumphierend, „meine schöne Dolores, ich sehe dich voll Freuden so fügsam und reizend. Ja, ich werde dir deinen Vater zurückgeben, ich werde dir die Freiheit verleihen. Ha, welches Weib wird glücklicher und geliebter sein! Dir will ich meine ganze Neigung widmen."

Indem der schamlose Mönch so sprach, war er aufgestanden; sein großes finsteres Auge, das auf das junge Mädchen geheftet war, funkelte in einem grellen, tückischen Licht.

In einem geheimen Instinkt der beunruhigten Keuschheit, war Dolores von dem Bett herabgeglitten, und ihre Füße berührten den Boden. Der Inquisitor sprach nicht mehr, aber seine von Begierden geschwellte Brust hob sich unter lauten, raschen Atemzügen. Nur die edle Unbefangenheit des jungen Mädchens hielt noch den Strom seiner zügellosen Leidenschaft in Schranken. Es fand in ihm ein grausamer Kampf statt.

Einige Sekunden lang stand er wie erschrocken da; er wagte nicht, ein neues Verbrechen zu begehen. Seine aufgeregte Einbildungskraft sah alle die Opfer, die er hingeschlachtet hatte, sich umtanzen; sie grinsten ihn wie Gespenster an und schrieen heulend: Rache! Rache! Bald erfaßte die Leidenschaft ihn wie mit glühenden Zangen, und gleich einem Menschen, der von einem Taumel ergriffen, sich in einen offenen Abgrund stürzt, streckte der Inquisitor beide Arme aus, stürzte auf das junge Mädchen zu und rief: „Ich muß! Ich muß!"

Dolores stieß einen gellenden Schrei aus.

„Eure Eminenz", sagte Joseph, indem er die Tür des Gefängnisses öffnete.

Pedro Arbuez, der durch dieses plötzliche Erscheinen sich selbst zurückgegeben wurde, erhob stolz den Kopf und sagte mit finsterem, zornigem Ton: „Was macht Ihr hier?"

„Gnädigster Herr", entgegnete Joseph, „ich kam gleich Eurer Eminenz den Versuch zu machen, einige Ketzer zu bekehren."

„Bei Christus, seid Ihr Eures Lebens überdrüssig, daß Ihr mir so in den Weg tretet?"

„Gnädigster Herr, Ihr kennt den Eifer Eures treuesten Dieners", erwiderte der Günstling mit spöttischem, demütigem Ton; „aber der Diener hat nichts von einem gnädigen Herrn zu fürchten, und Joseph, der Inquisitor, scheut die Inquisition nicht."[116]

Dolores blickte voll Staunen auf den jungen Dominikaner, aber durch ein Zeichen gebot er ihr, ihn nicht zu erkennen.

„Geht!" sagte gebieterisch der Inquisitor.

„Ich gehe nicht ohne Eure Eminenz", erwiderte der Günstling. „Es gehen Gerüchte von einem Aufstand in der Stadt umher; man spricht von einer Verschwörung gegen Euer kostbares Leben."

„Wirklich?" fragte der Inquisitor etwas beunruhigt.

„Ganz gewiß, gnädigster Herr. Ich werde Euch daher begleiten, denn im Fall der Not kann diese gute Toleder Klinge Eure Eminenz verteidigen", fügte er hinzu, indem er einen spitzen Dolch zeigte, den er unter seiner Kutte trug. „Es ist eine vortreffliche Waffe, gnädigster Herr, und nie wird sie ihren Herrn verraten!"

Joseph strich mit dem Nagel des Daumens über die Klinge des scharfen, dreischneidigen Dolches, der funkelte wie ein heller Spiegel. „Kommt also, gnädigster Herr, und fürchtet nichts", sagte er dann.

Gegen seinen Willen folgte Pedro Arbuez dem Einfluß, den Joseph über ihn ausübte, den er gleichwohl in diesem Augenblick von ganzem Herzen verabscheute. Er näherte sich indes, ehe er ging, Dolores und sagte sanft: „Ich hoffe Euch morgen in unterwürfigeren Gefühlen zu finden, meine Tochter!"

„Ich hasse Euch!" rief sie, indem sie den Kopf voll Widerwillen von ihm abwandte. „Laßt mich mit meinem Vater sterben; das ist die einzige Gnade, die ich von Euch will."

Joseph zog den Inquisitor mit sich hinweg.

„Ha! Mich an ihr zu rächen!" rief Pedro Arbuez, indem er wütend die Zähne aufeinanderbiß. „Was soll ich tun, um diesen widerspenstigen Geist zu bezwingen?"

„Gnädigster Herr", erwiderte der Günstling, „sendet sie in die Bußkammer."

XXIX.

Tortur des Wassers

MAN WÜRDE SICH NUR SCHWER EINEN RICHTIGEN BEGRIFF von der Wut und der Täuschung des Inquisitors Arbuez machen, als er so seine geheimsten Machenschaften, seine am besten angelegten Pläne durch ein unglückliches Verhängnis gestört sah.

Ungeachtete seiner Schwäche für Joseph, den er mit jener Hartnäckigkeit liebte, die herzlose Menschen gegen irgendein Spielwerk ihrer Leidenschaften oder ihrer Launen empfinden, verzieh er ihm nicht, daß er ihn in Dolores' Gefängnis überrascht hatte. Zwar ahnte und begriff er die Teilnahme nicht, die sein Günstling für dieses junge Mädchen hegte, denn niemand ist minder hellsehend, als die Menschen, die daran gewöhnt sind, sich der List und der Betrügerei zu bedienen; der Inquisitor hegte daher auch nicht den geringsten Verdacht gegen Joseph. Er betrachtete ihn nur wie ein verzogenes Kind, das wechselweise unverschämt gegen seinen Herrn war oder sich durch reizende Schmeicheleien die Verzeihung für seine Keckheit erwarb, aber es kam ihm nicht in den Sinn, daß Joseph, dieser schöne junge Mann, Joseph, sein Geschöpf, ihn verraten könnte, und man muß gestehen, daß der junge Dominikaner ihm noch lieber war als Dolores. Diese reizte seine Begierden, Joseph aber war stets gegenwärtig, um seinen Launen zu dienen, seinen ungerechtesten Handlungen Beifall zu zollen, ihn zu dem Bösen anzuspornen, wenn seine stolze Seele zuweilen unter der Last so vieler Ungerechtigkeiten zu erliegen drohte und er sich vielleicht insgeheim fragte, ob der Gott, dessen Namen er so profanierte, ihn nicht einst durch ewige Rache strafen würde.

Deshalb warf dieser Mensch, der zuweilen verzweifelte, weil er sich den Himmel durch seine Verbrechen verschlossen hatte, sich voll Wut zügellosen Genüssen der Ausschweifung in die Arme.

Man wird sich erinnern, daß es ein Tag der Tortur war. Das Autodafé nahte. Eine große Anzahl Angeklagter sollte einen Auftritt jenes langen und fürchterlichen Dramas vollziehen, das drei Jahrhunderte währte.

Mit seiner gewohnten Keckheit trat Joseph bei dem Inquisitor ein, als dieser noch im Bett war, erschöpft durch eine schlaflose Nacht.

Beim Anblick seines Günstlings runzelte Pedro Arbuez die Stirn; der junge Dominikaner schien dies nicht zu beachten und trat bis zu der letzten Stufe der Estrade vor, die das üppige königliche Bett trug.

„Haben Eure Eminenz mir irgend etwas zu befehlen?" sagte er mit sanfter und unterwürfiger Stimme, deren bezaubernder Klang unwiderstehlich war.

„Eure Verwegenheit ist wahrlich groß", entgegnete Pedro Arbuez. „Nach dem Auftritt dieser Nacht wagt Ihr es noch, vor mir zu erscheinen?"

„Eure Eminenz haben mir befohlen, vor der Stunde der Tortur zu Euch zu kommen", erwiderte unterwürfig der Günstling.

„Ich hielt Joseph für treu, aber Joseph ist es nicht", entgegnete der Inquisitor, der selbst kein Wort von dem glaubte, was er sagte. Sein ganzer Zorn war bei dem Lächeln dieses jungen, schönen, exzentrischen Menschen verschwunden, der sich zu einer Notwendigkeit seiner Existenz gemacht hatte.

„Joseph hat sich dem Zorn Eurer Eminenz ausgesetzt, um über Eure Sicherheit zu wachen. Der demütige Dominikaner sammelt die Gerüchte, die im Umlauf sind, sieht den Sturm kommen und will ihn beschwören: Das ist alles, dessen er straffällig ist, gnädigster Herr."

„Sind wir denn so schwach, daß wir vor einigen Juden und Marranos, die sich empören, zittern müssen?" erwiderte Pedro Arbuez mit hochmütigem Ton.

„Gnädigster Herr", entgegnete der Günstling, „die Schlange, die sich kriechend über die Erde fortschleicht, sticht zuweilen den Löwen, welcher der König der Wälder ist. Jeder kleine Feind ist zu fürchten, und um ihn sicher zu zertreten, muß man ihn sich vor allen Dingen nahe kommen lassen. Die Klugheit ist die Mutter der Sicherheit. Wachen wir, gnädigster Herr; es ist nicht der Augenblick dazu, um uns durch irdische Genüsse einschläfern zu lassen. Der Feind ist nahe; bereiten wir uns darauf vor, ihn zu bekämpfen."

Gleich allen glühenden und leidenschaftlichen Seelen war Pedro Arbuez nicht frei von einer Neigung zum Aberglauben; eine Krankheit, die übrigens der Zeit, in der er lebte, sehr eigentümlich war. Der Ton inniger Überzeugung, mit dem Joseph sprach, brachte auf den Inquisitor die Wirkung hervor, die der Günstling davon erwartete. In den Händen dieses Kindes wurde der wilde Arbuez zu weichem Wachs.

„Dolores Argoso soll also das einzige Weib sein, das mir widerstanden hat?" sagte er bald voll Unwillen, durch diesen Gedanken verfolgt.

„Dolores Argoso ist kein Weib wie die anderen, gnädigster Herr; sie sieht es ein, daß sie die nicht retten würde, die sie liebt, wenn sie sich auch mit Körper und Seele aufopferte, und daß es daher besser ist, mit ihnen zu sterben, als sie zu überleben."

Dies wurde mit einem Ton der Bitterkeit gesagt, der einen lebhaften Eindruck auf den Inquisitor machte. Er erbebte unwillkürlich, als würde er durch eine furchtbare Erinnerung ergriffen. Joseph betrachtete ihn mit forschendem Blick, es schien, als gewahre er mit Entzücken die Martern dieser Seele, die er nach Willkür lenkte.

„Ich bin bereit, Joseph", sagte Pedro Arbuez plötzlich, wie durch einen raschen Entschluß wiederbelebt. – „Gehen wir; man darf die Marterknechte, unsere braven Gehilfen, nicht warten lassen. – Wie viele sind heute zur Tortur verzeichnet?"

Und als ob er seine Qualen und seine Wut durch die entsetzliche Wollust der Tortur ersticken wollte, zählte er mit lauter Stimme die Opfer, die er vor Augen zu haben gedachte. Gleich einem in den Zirkus eingelassenen Tiger genoß er im Voraus die Schmerzen der Beute, die er zerreißen wollte. Einige Minuten darauf stand er aufrecht da.

„Komm, mein Sohn", sagte er dann zu Joseph. „Unser Eifer für die Sache des Himmels möge uns für die irdischen Täuschungen trösten und uns den Schutz Gottes gewinnen."

Als sie zu dem Gefängnis gelangten, waren die Gänge überfüllt. Zwei Marterknechte, in ihre finsteren Gewänder gehüllt, peitschten vor sich her sechs Gefangene, unter denen sich drei Weiber befanden. Das eine derselben, jung, groß und schön, obgleich entstellt durch die Leiden des Kerkers, trug zwischen den zwei Reihen ihrer blendendweißen Zähne einen Knebel, der sie am Schreien hinderte.

Diese Unglücklichen waren nackt bis zu dem Gürtel, die Weiber ebenso wie die Männer; ihre Schultern und ihr Rücken, zerfleischt durch die Peitsche, waren mit roten und blauen Flecken bedeckt, aber ungeachtet dieser entsetzlichen Marter, stieß keine derselben die leiseste Klage aus.

Der Inquisitor ging gleichgültig an ihnen vorüber; nur Joseph erbebte innerlich in schmerzlichem Mitleid.

Das geknebelte Weib ging zuletzt; als es zu Pedro Arbuez gelangte, sah es denselben starr an, und in Ermangelung der Sprache hefteten ihre schwarzen, großen, durch die Blässe und die Magerkeit ihres Gesichtes noch vergrößerten Augen sich voll Haß, Verzweiflung und Rachgier auf die des Inquisitors, als wollte sie ihm sagen: „Erkennst du mich nicht?"

Pedro Arbuez hatte sie in der Tat, ungeachtet der entsetzlichen Veränderung ihrer Züge, erkannt.

„Franziska!" murmelte er mit leiser Stimme, indem er die Augen vor ihrem niederschmetternden Blick senkte. Die Äbtissin der Karmeliterinnen konnte nicht sprechen, aber sie erhob die Augen zum Himmel, als wollte sie ihren Henker vor das Tribunal des ewigen Richters fordern. Der Inquisitor ging vorüber und die Henker setzten ihre grausame Treiberei fort. Pedro Arbuez und sein Günstling sollten ein noch weit aufregenderes und an gewaltigen Gefühlen furchtbareres Schauspiel vor Augen bekommen als die elende Zeremonie der Peitsche.[117]

Als sie in die Marterkammer hinabgestiegen waren, führten die Sbirren eine junge, reizende Frau herbei, die entsetzlich blaß und so schwach und krank war, daß sie sich kaum aufrecht halten konnte. Ihr erloschenes Auge von engelgleicher Sanftmut schien um Gnade zu flehen. Als sie dem Inquisitor gegenüberstand, machte sie eine Anstrengung, um ihre beiden abgemagerten Hände zu falten, und flüsterte mit einer kaum hörbaren Stimme: „Mein Kind!"

„Meine Tochter", sagte der Inquisitor mit dem süßlichen Ton, den er so gut anzunehmen verstand, „Eure Schwester ist eine Lutheranerin, und man beschuldigt Euch, sie in ihrer Ketzerei bestärkt zu haben."

„Das ist falsch! Das ist falsch!" erwiderte die unglückliche Mutter mit der ganzen Kraft, die ihr erschöpfter Zustand ihr ließ.

„Habt Ihr nichts anzugeben, was dieses Leugnen unterstützen könnte?"

„Mein Kind! Man gebe mir mein Kind wieder!" wiederholte die Bedauernswerte mit herzzerreißendem Ton.

Das Kind, das sie mit solcher Todesqual zurückforderte, war kaum acht Tage alt, denn die arme Mutter, die eingekerkert wurde, während sie es unter ihrem Herzen trug, war der Tortur beinahe unmittelbar nach ihrer Entbindung überliefert worden, wie ihre zerrissenen Handgelenke dies zeigten. Aber unter dem Gewicht einer so schweren Anklage wie die, ihre Schwester ermutigt zu haben, die offen den lutherischen Glauben angenommen hatte und nach Deutschland gegangen war – konnte man da gegen sie zuviel Strenge anwenden? Weder ihre Tränen noch ihr Flehen, so rührend, daß sie einen Fels zu erweichen vermocht hätten, machten einen Eindruck auf den unerbittlichen Arbuez. Joseph allein verbarg unter seinem teilnahmslosen Äußeren eine furchtbare, tiefe, innere Aufregung. Sein Herz erbebte, zusammengepreßt durch ein unendliches Mitleid. Er bedurfte der ganzen Kraft, die er durch lange Jahre der Verstellung erlangt hatte, um nicht in Schluchzern und Verwünschungen auszubrechen.

Arbuez dagegen zeigte sich gleichgültig gegen den Schmerz und die Tränen, die seine ewige Nahrung zu sein schienen, da er überdies eifersüchtig war, seinen Eifer für den katholischen Glauben zu zeigen, indem er auf das Äußerste den Lutheranismus verfolgte, von dem er wußte, daß er das Schreckgespenst Karls V. sei. Arbuez gab den Marterknechten einen Wink, und sie ergriffen ihr Opfer. Sie bedurften keines weiteren Befehls, um zu wissen, was sie zu tun hatten, denn sie wurde der Tortur zum zweiten Mal unterworfen. Zwei kräftige Männer trugen eine Marterbank in die Mitte des Raumes. Dieses entsetzliche Gerät, das aus Holz in Gestalt einer Dachtraufe ist, breit genug, um den Körper eines Menschen aufzunehmen, hatte keinen anderen Boden, als einen Stab, über den der Körper so weggelegt wurde, daß der Kopf niedriger lag als die Füße.

Die Marterknechte erhoben das halbtote Weib und banden es mit Stricken fest. Das unglückliche Opfer ließ dies geschehen, ohne einen Schrei auszustoßen. Der Inquisitor näherte sich ihr, um sie aufs neue aufzufordern, das

Die Geißelung

Verbrechen zu bekennen, dessen sie angeklagt war; und die Unglückliche beteuerte aufs neue ihre Unschuld, so laut ihre erschöpften Kräfte dies gestatteten.

„Unbußfertig! Unbußfertig!" rief der Groß-Inquisitor mit dem Ton der Trauer, sogar der Verzweiflung.

Bei diesen Worten drehten zwei kräftige Männer an einer hölzernen Winde und zerrten dadurch die Stricke, mit denen das Opfer gebunden war, scharf an, so daß das Blut aus den Gliedern bis auf die Henker spritzte. Die Bejammernswerte stieß einen Angstschrei aus, schwach, aber herzzerreißend. Man mußte glauben, ihre ganze Kraft zu leiden sei in diesem einzigen Schrei zusammengepreßt. Die Marterknechte wischten kalt mit dem Ärmel ihrer schwarzen Kutten das Blut ab, mit dem sie befleckt waren. Pedro Arbuez trat wieder hinzu.

„Bekennt, meine Schwester!" sagte er mit schmeichelndem Ton.

Das arme Weib, das nicht mehr die Kraft hatte zu sprechen, machte mit dem Kopf eine verneinende Bewegung; in der Lage, in der sie sich befand, konnte sie kaum atmen.

„Unbußfertig!" wiederholte der Inquisitor.

Die Marterknechte breiteten hierauf über das Gesicht der Duldenden eine feine, mit Wasser getränkte Leinwand, von der sie einen Teil in den Mund stopften, während das übrige ihr die Nasenlöcher bedeckte. Darauf gossen sie ihr langsam Wasser in den Mund und in die Nase. Das Wasser drang Tropfen für Tropfen durch die angefeuchtete Leinwand, und in dem Grad, wie es in die Gurgel und in die Nasenlöcher träufelte, machte das Opfer, dessen Atmen immer schwieriger und schwieriger wurde, entsetzliche Anstrengungen, um die Feuchtigkeit hinunterzuschlucken und ein wenig Luft einzuatmen, aber bei jeder solchen Anstrengung, wobei ihr Körper eine krampfhafte Bewegung machte, zogen die Marterknechte die Stricke fester an, so daß sie bis auf die Knochen drangen. Es war etwas Entsetzliches.

Joseph, der in der Stellung tiefen Nachdenkens, das Gesicht auf die Hände niedergebeugt hatte, trocknete verstohlen bittere Tränen. Sein Herz war bis zum Zerspringen angeschwollen, und wenn er zuweilen den Kopf erhob, zeigten seine Wangen, bei dem ungewissen Schein der Fackeln, welche dieses Pandämonium beleuchteten, die leichenhafte Blässe eines Toten.

Beinahe eine Stunde lang träufelten die Marterknechte so Tropfen für Tropfen das Wasser in die Kehle der Duldenden und riefen sie zuweilen dadurch ins Leben zurück, daß sie die Stricke um ihre Glieder fester anzogen. Bei jeder neuen Drehung der Winde stieß das bejammernswerte Geschöpf einen schwächeren, einen klagenderen Schrei aus, und mit jedem solchen Schrei entfloh ein Teil ihrer Seele. Endlich wurde das Klagegeschrei so schwach, daß der Arzt der Inquisition, der für gewöhnlich diesen finsteren Trauerspielen beiwohnte, den Finger auf den Puls der Unglücklichen legend, sich zu dem Groß-Inquisitor wandte und sagte: „Eure Eminenz, das Weib kann mehr nicht ertragen, ohne zu sterben."[118]

„Man binde sie los", sagte Pedro Arbuez. „Die Frage ist bis auf neuen Befehl unterbrochen."[119]

Die Marterknechte nahmen sogleich die Leinwand von dem Gesicht der Gemarterten. Joseph trat, von unbeschreiblichem Entsetzen ergriffen, vor, und nachdem er das Gesicht des Opfers betrachtet hatte, sagte er: „Gnädigster Herr, die Frage ist zu Ende; die Frau ist tot."

„Glaubt Ihr?" sagte der Inquisitor.

Die Marterknechte hatten jetzt die Unglückliche aufgerichtet, und als sie so dasaß, wurde sie von einem krampfhaften Schlucken befallen, und Ströme von schwarzem Blut stürzten ihr aus dem Mund. Ohne die Kraft, noch einmal die Augen zu öffnen, murmelte sie beinahe unverständlich: „Mein Kind!" Ihr schöner bleicher Kopf sank auf den Arm eines der Henker, und ihre Seele entfloh.

„Gott sei ihr gnädig!" flüsterte Joseph dem Inquisitor ins Ohr, „wenn diese Frau nun unschuldig gewesen wäre?"

„Dann ist sie jetzt im Himmel", erwiderte jetzt der Groß-Inquisitor. „Weshalb also ihren Tod beklagen?"[120]

Zwei Sbirren trugen die Leiche hinweg, und ein neues Opfer erschien vor Sr. Eminenz. Es war eine alte würdige Frau, deren Haar unter der Ausübung der erhabensten Christentugend weiß geworden war. Es war die edle Maria von Burgund[121], mit dem Beinamen Mutter der Armen. Sie wurde an dem Tag des oben erwähnten Aufstandes auf die Anklage eines bestochenen Dieners verhaftet, der behauptete, sie sagen gehört zu haben: „Die Christen haben weder Treue noch Glauben." Maria von Burgund war neunzig Jahre alt, und obgleich der oberste Rat ausdrücklich verbot[122], zu bejahrte Personen der Tortur zu unterwerfen, hatte die mutige Greisin dennoch schon die Tortur des Seiles und die des Wassers überstanden. Es schien, als hielte eine göttliche Kraft diesen schwachen, gebrechlichen Körper aufrecht, dem nur wenige Tage zu leben blieben. Ihre großen Reichtümer hatten den Fiskus gereizt, und da man nicht wußte, wessen man sie anklagen sollte, war sie des heimlichen Judentums beschuldigt worden.

„Meine Schwester", sagte der Groß-Inquisitor mit seiner evangelischen Sanftmut, „wollt Ihr endlich Euer Verbrechen bekennen und Verzeihung dafür erlangen?"

„Ich bin unschuldig!" entgegnete stolz die Mutter der Armen. „Geschehe mit mir, was Gott will!"

„Oh du heilige Religion Jesu des Gekreuzigten!" rief der Dominikaner, „werden wir denn nie dahin gelangen, deinen Triumph auf Erden zu erringen?"

„Geht", sagte er zu den Marterknechten und deutete auf ein glühendes Kohlenbecken, das die finstere Ecke des Gewölbes erhellte.

„Pedro Arbuez", rief die alte Frau mit einem begeisterten Ton, „du bist verflucht von dem, der auf die Erde herabstieg, um zu segnen."

„Sie ist eine Jüdin! Sie ist eine Jüdin!" riefen die Sbirren und die Marterknechte, indem sie sich voll Schrecken bekreuzigten, und indem sie so sprachen, rissen sie der alten Frau die Kleider vom Leib. Als sie beinahe nackt war, wollten sie sie auf ihren Armen emporheben, aber sie stieß sie mit einer Bewegung voll Würde zurück und sagte: „Ich werde gehen; wohin muß ich?"

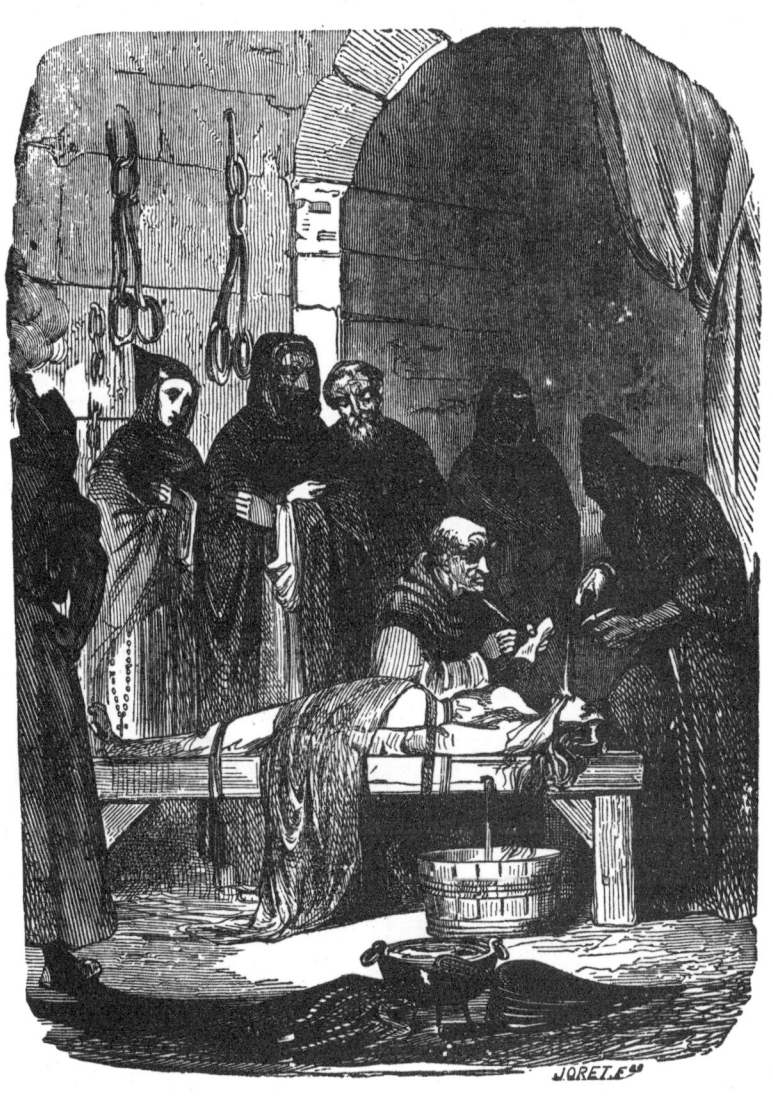

Die Wasserfolter

Die Marterknechte deuteten mit der Hand auf das Kohlenbecken, das an dem äußersten Ende der Marterkammer brannte. Maria von Burgund ging mit festem Schritt nach jener Gegend, betrachtete ohne zu erbleichen die glühenden Kohlen, die tausendzüngig in die Dunkelheit emporleckten, als wären sie begierig nach dem ihnen bestimmten Opfer. Die Marterknechte streckten hierauf die Angeklagte auf eine hölzerne Bank neben dem Kohlenbecken, banden sie mit Stricken fest, so daß sie nicht die leiseste Bewegung machen konnte. Maria von Burgund ließ dies ohne Widerstand geschehen. Darauf wurde die Bank herumgedreht, so daß das äußerste Ende, über das die bloßen Füße der Unglücklichen hervorragten, beinahe unmittelbar die Kohlen berührte. Bei den ersten Wirkungen des Feuers stieß Maria von Burgund einen tiefen Seufzer aus, die einzige Äußerung des Schmerzes, durch die sie ihrem entsetzlichen Leiden Luft machte.

„Wir haben etwas vergessen", sagte plötzlich einer der Henker, indem er sah, daß die Füße des Opfers außerordentlich rot wurden und dann bleich, wie verbrennendes Pergament.

„Das ist wahr, ich hatte nicht daran gedacht", entgegnete der andere, holte dann aus einer Ecke einen Topf mit Öl, tauchte in dasselbe einen Schwamm, den er am Ende eines Stockes befestigt hatte, und rieb damit die Füße der Dulderin ein. Die Wirkung des Feuers, die durch diese Fettigkeit sich steigerte, wurde nach einigen Minuten so groß, daß die Haut sprang, das Fleisch zerriß und zeigte die Sehnen, die Flechten und die Knochen. Die Inquisition besaß einen verabscheuungswürdigen Erfindungsgeist. Dennoch setzte Maria von Burgund dieser unglaublichen Marter eine wahrhaft heldenmütige Festigkeit entgegen, und als der Schmerz so unerträglich wurde, daß er ihr eine unwillkürliche Klage entriß, rief sie gleich dem sterbenden Heiland: „Mein Gott, verzeihe ihnen, denn sie wissen nicht, was sie tun." Ja wahrlich, die Inquisition hatte blinde, fanatisierte und eben dadurch zu entschuldigende Werkzeuge, die nicht wußten, was sie taten. Welche religiöse oder geheime Gesellschaft hätte nicht die ihrigen? Es sind daher nicht sie, die man anklagt, sondern die, bei denen der Geist waltet, die, die befehlen und eine heilige Religion im Dienst der schlechtesten Leidenschaften herabwürdigen. Die anderen sind nur teilnamslose Werkzeuge der Gesellschaft, unfähig, teil an den Erfolgen und an den Gütern zu nehmen, die daraus entspringen, schützende Schanzkörbe, hinter denen die Führer sich während der Schlacht verbergen.

Der fromme Ausruf Marias war der einer christlichen Märtyrerin und nicht der einer Jüdin. Gleichwohl wurde die Marter so lange fortgesetzt, wie ihre erschöpften Kräfte es gestatteten. Als man sie darauf in ihren Kerker zurücktrug, hatte die mutige und heilige Christin noch so viel Kraft, um Pedro Arbuez zu sagen: „Gott, unser Heiland verzeihe Euch, wie ich Euch verzeihe!"

Die Aussage eines einzigen Zeugen hatte zu der Verurteilung Maria von Burgunds geführt, und dieser Zeuge war noch überdies ein elender Knecht von schlechtem Ruf. Aber Maria von Burgund war zu reich, um vor dem heiligen Tribunal Gnade zu finden. Joseph war so erschüttert, daß er sich kaum aufrecht zu halten vermochte. Er neigte sich zum Ohr Pedro Arbuez'

Die Fußfolter

und flüsterte: „Gnädigster Herr, ich fühle mich sehr unwohl. Der Kohlengeruch verursacht mir Schwindel, und mein Herz zieht sich zusammen, als sollte ich sterben."

„Du mußt dich aber gleichwohl daran gewöhnen", entgegnete Pedro Arbuez; „noch eine einzige Tortur, und alles ist vorbei."

Indem er diese Worte sprach, traten die Sbirren in die Marterkammer. „Eure Eminenz", sagten sie zögernd.

„Nun, was gibt es ? Sprecht!"

„Gnädigster Herr, die Gefangene ist tot."

„Tot!" wiederholte Pedro Arbuez.

„Sie hat sich die Kehle mit einer Schere durchgestoßen."

„Weshalb ist sie ihr gelassen worden?" sagte streng der Inquisitor. Dann fügte der heuchlerische Mönch mit dem Ton des Bedauerns hinzu: „Unbußfertig! Unbußfertig gestorben!"

Die Gefangene, von der hier die Rede war, hieß Johanna Sanchez[123] und gehörte dem Orden an, der unter dem Namen der Beaten bekannt war. Sie war zum Luthertum übergetreten und gestorben, ohne darauf zu verzichten.

„Jedes Gebet für die Verstorbene wäre nutzlos", fuhr der Inquisitor fort, indem er aufstand; „ihre Seele gehört dem Bösen."

Damit war die Sitzung beendet. Pedro Arbuez und sein Günstling verließen den Palast der Inquisition.

„Ach", sagte Joseph, indem er mit aller Kraft die freie Luft einatmete und mit der Hand über die Stirn fuhr wie ein Mensch, der aus dem Schlaf erwacht.

„Du bist wahrlich zartsinniger als ein Weib", sagte Pedro Arbuez mit schmeichelndem Ton.

„Nein, gnädigster Herr, ich habe wohl den Mut eines Mannes, das dürft Ihr mir glauben", erwiderte der junge Mönch mit ernstem Ton.

„Das wollen wir sehen, wenn die Zeit der Prüfung gekommen ist", fuhr der Inquisitor fort.

„Ja, wir werden es sehen, wenn die Zeit gekommen ist. Seid dessen gewiß."

XXX.

Die Bußkammer

DER RATSCHLAG JOSEPHS WAR NICHT verloren gegangen. Eines Abends, acht Tage später, lag die Tochter des Gouverneurs in einem der Türme, welche die vier Ecken des Inquisitionspalastes bildeten, auf den Knien. Ein kleiner hölzerner Schemel stand neben ihr; sie stützte sich darauf mit dem Ellenbogen und in ihre bleiche Hand lehnte sie den matten Kopf. Die Zelle, in der sich Dolores befand, hatte nicht mehr als zehn Fuß im Durchmesser. Sie war vollkommen rund und die gewölbte Decke ebenso wie die Mauern weiß angestrichen. Eine kleine, in der Höhe der Mauer angebrachte Öffnung ließ allein ein zweifelhaftes Licht ein, welches das ganze Gemach erhellte. Dolores, die erschöpft war, kniete auf dem Boden nieder, um durch eine Veränderung ihrer physischen Lage die finstere Verzweiflung zu verbannen, in die sie die entsetzliche Monotonie dieses abscheulichen Aufenthalts versenkte. Gebrochen durch unablässige Prüfungen flehte das arme Mädchen, das so jung und dennoch so stark war, zu Gott, ihr Mut zu verleihen, um nicht zu erliegen. Die Liebe, diese heilige Nahrung der Seele, hielt sie noch aufrecht. Die Liebe, deren unaussprechliche Wonne sie nur von fern erblickt hatte, flößte ihr das Verlangen ein, zu leben, um die Freude voll zu genießen. Allein in dem Herzen dieses mutigen Mädchens trennte die Liebe für Estevan sich nicht von der Zärtlichkeit für ihren Vater. War nicht Estevan der Adoptivsohn Manuel Argosos? Und da die, die lieben, nie ganz verzweifeln, schien es ihr, als sei für sie noch nicht alles verloren, solange Estevan lebte. Die Nacht überraschte sie bei diesem Sinnen der Zärtlichkeit und des Schmerzes. Allmählich wurde es dunkler und dunkler, bis zuletzt Dolores nicht mehr die Umrisse ihrer Zelle unterscheiden konnte.

„Ach, welch ein Glück", rief sie , indem sie aufstand, „nicht mehr diese ewig weißen Wände zu sehen! Diese endlose runde Wand, die mich blind macht!"

Indem sie diese Worte sprach, drang ein heller Lichtschein in ihre Zelle, und aufs neue geblendet, schlossen sich unwillkürlich die Augen des jungen Mädchens.

„Fürchtet nichts; ich bin es", sagte eine befreundete Stimme.

Dolores öffnete die Augenlieder und erblickte Joseph.

„Ach ich danke Euch, mein guter Joseph, daß Ihr gekommen seid", sagte sie, indem sie sich weinend an den Busen des jungen Mönchs warf.

„Ich konnte nicht früher kommen", erwiderte der Dominikaner, „ich fürchtete den Argwohn des Inquisitors zu erwecken."

„Ach", rief Dolores mit einer Bewegung des Abscheus, „wie ist es Euch möglich, diesem Menschen zu dienen?"

„Es muß sein", entgegnete Joseph mit dem Ausdruck tiefer Überzeugung.

„Ja, ich begreife", erwiderte das junge Mädchen nach einigen Augenblicken der Überlegung, „eine verhängnisvolle Notwendigkeit muß Euch an das Geschick dieses Pedro Arbuez fesseln. Ihr, so gut, so edel, so großmütig, würdet sonst nicht eingewilligt haben, dem Anschein nach der Mitschuldige dieses Ungeheuers zu werden!"

„Ihr glaubt das, Dolores, nicht wahr?" sagte der Günstling mit bitterem Lächeln.

„Ach ja, so muß es sein", entgegnete sie, „Ihr müßt wichtige Beweggründe haben, und ein entsetzliches Unglück muß auf Eurem Leben lasten. Wenn ich an Euch denke, Don Joseph, an Euch, der Ihr mit so vielem Mut das schwere Kreuz tragt, das Euch auferlegt ist, finde ich mich daher auch sehr klein und elend, denn ich muß Euch gestehen, daß ich zuweilen meinen Leiden erliege und daß es mir scheint, als wollte meine Vernunft mich verlassen. Die Gefangenschaft tötet mich, oder sie ist vielleicht eine gerechte Strafe für meinen Stolz, der in mir den Wahn erweckt hatte, allem widerstehen zu können."

„Armes Kind!" sagte Joseph, indem er einen traurigen Blick umhergleiten ließ.

„Ja, das ist es, Don Joseph; dieser Ort tötet mich! Eben nur genug Luft zu haben, um nicht zu sterben! Nicht drei Schritte tun zu können, ohne gegen eine unübersteigbare Scheidewand zu stoßen; und dann rings um mich her ewig diese glatte weiße Mauer zu sehen! Schwindel zu haben, als ob man auf einer verzauberten Schaukel in der Luft hin- und hergeworfen würde. – Die Augen zu schließen, um nicht mehr zu sehen und in Gedanken noch immer zu wirbeln, zu wirbeln – den Fußboden unter unseren Füßen weichen zu fühlen wie in einem Traum, in den weiten Raum geschleudert zu werden und keinen Haltepunkt zu finden, an den man sich anklammern kann – schlafen zu wollen und unablässig vor den Ohren ein abscheuliches Summen und Klingen zu hören, durch das man wach gehalten wird; – nach der Nacht zu rufen, wie andere nach dem Licht rufen und endlich zu fürchten, daß die Sonne aufgeht, deren heller Schein jeden Morgen diese endlose Pein erneuert. Ach, Don Joseph, es ist, um wahnsinnig zu werden! – Und seht nur, seht", fuhr sie mit großer Hast fort, „sie fürchten, ich litte noch nicht genug, ich könnte einen Augenblick meinen brennenden Kopf ausruhen. – Sobald der Tag erscheint, nimmt man mir mein Bett und gibt es mir erst am Abend zurück."

Die Aufregung, die sich in Dolores' Gesicht aussprach, ihre große Heftigkeit erschreckte den jungen Mönch. Der Aufenthalt in dieser Zelle mußte in der Tat etwas Entsetzliches für sie haben, da er das für gewöhnlich so sanfte und so ergebungsvolle Mädchen so außer sich brachte. Joseph bereute es lebhaft, dem Inquisitor den Rat gegeben zu haben, sie an diesen traurigen Ort bringen zu lassen, obgleich seine Absicht dabei nur war, dadurch das Entkommen der Gefangenen zu erleichtern, da der Turm der Straße näher lag und überdies einen besonderen und wenig gebrauchten Ausgang hatte. Da er die Sache nicht zu ändern vermochte, versuchte er es, die arme Gefangene durch Worte zu ermutigen und ihre Hoffnung zu erwecken.

„Ich werde Euch so oft besuchen wie ich kann", sagte er, „und überdies hoffe ich, bald ein Ende herbeizuführen. Bis dahin sammelt Eure Kraft und wartet voll Mut der Dinge. Gott wird Euch nicht verlassen."

„Ach, es ist nicht der Mut, der mir mangelt", sagte sie, „aber mein Wille erliegt gegen den vernichtenden Einfluß dieser abscheulichen Zelle, die so verderblich auf meine geistigen Kräfte wirkt. Abends, wenn ich ruhend auf meinem Bett liege, nachdem ich den ganzen Tag über gegen die zahllosen Halluzinationen gekämpft hatte, und die Nacht meinen Nerven einige Ruhe gewährt, denke ich erst über meine Lage nach und sage mir gefaßt, daß das wahrscheinliche Ende von dem allen die Tortur und die Verurteilung zum Tod ist."

„Nein", sagte Joseph, „glaubt das nicht."

„Oh, ich habe mich an diesen Gedanken gewöhnt", entgegnete sie lebhaft, „und bin fest entschlossen, lieber alles voll Mut zu dulden, als mich feig zu zeigen und aus Furcht vor dem Tod meinen Glauben zu verleugnen, lieber zu sterben, als auf meinen edlen Estevan zu verzichten. Aber ehe ich zum Tod gehe, werde ich, das schwache Mädchen, gegen diesen Unterdrücker des unglücklichen Spaniens protestieren, und wenn ich vor dem ungerechten Inquisitor von Sevilla erscheine, der sich durch die Schmach der Weiber und das Verderben der Familien mästet, werde ich ihm seine ganze Nichtswürdigkeit ins Gesicht schleudern, und wir wollen dann sehen, ob das Blut eines unschuldigen Opfers unfruchtbar für die Freiheit Spaniens bleibt."

„Heiliges, mutiges Mädchen!" sagte Joseph, „man wird Euch nicht einmal diese letzte Hilfe lassen. Eure Sache gelangt nie zur Untersuchung, und Ihr werdet in den Kerkern der Inquisition sterben wie Franziska von Lerma, die in eben der Nacht hierher gebracht wurde, in der Ihr Euren Vater saht."

„Oh mein Gott, mein Gott!" rief das junge Mädchen mit einem Schrei des Abscheus, „ist es denn möglich, daß ich so lebendig begraben werde? Was sagt Ihr mir da, Joseph? Aber das ist unmöglich! Ihr seht wohl, daß jedes Gefühl der Gerechtigkeit sich dem widersetzt. Man verurteile mich, unschuldig oder nicht, so ist das doch wenigstens in den Augen der Welt eine Handlung der Gerechtigkeit, durch die das Gewissen meiner Richter freigesprochen werden kann. Aber daß man durch die abscheulichste Willkür meine Freiheit ewig mir raube – daß man mich langsam vor Verzweiflung sterben lasse – ach, Don Joseph, das ist nicht, das kann nicht sein, und Ihr verleumdet die Inquisition."

„Franziska von Lerma war die Geliebte des Pedro Arbuez", erwiderte kalt der junge Mönch, „und da sie sich bekehren wollte, hat er sie hier einkerkern lassen."

„Die Äbtissin der Karmeliterinnen! – Wessen klagt man sie an?"

„An Gründen zur Anklage fehlt es den sinnreichen Erfindern des heiligen Offiziums nie, allein da ein Prozeß den Inquisitor bloßstellen könnte, wird man Franziska keinen Prozeß machen, und sie wird sterben, ohne in Untersuchung gezogen zu sein. Glaubt mir Dolores, ich verleumde nicht."

„Ach, das ist entsetzlich, Don Joseph! Wie kann der König Karl V., den man so groß nennt, solche Mißbräuche dulden?"

„Die Inquisition ist stärker als der König", erwiderte der Dominikaner. „Die Macht eines einzigen, sei sie noch so groß, zerschellt an der vereinigten Macht vieler. Gleichwohl ist unser König gerecht, und wenn er alle Mißbräuche kennte, die begangen werden, würde er ohne Zweifel versuchen, sie zu unterdrücken. Er kennt sie aber nicht, und überdies sind die Inquisitoren, die das Recht haben, die Fürsten und die Könige anzuklagen und zu richten, nur dem Papst verantwortlich."

„Ach", sagte die Tochter des Gouverneurs mit unbeschreiblicher Niedergeschlagenheit, „ich sehe wohl, daß ich mich ergeben muß!"

„Das sagte ich nicht", erwiderte lebhaft Joseph. „Sollte ich es auch mit meinem Leben bezahlen, so würde ich Euch doch der Freiheit zurückgeben, Dolores; aber der Augenblick dazu ist noch nicht gekommen. Estevan und Johann von Avila sind in Madrid."

„Ich weiß es, Don Joseph, ich weiß alles, was sie für mich getan haben."

„Vielleicht werden sie vom König die Begnadigung Eures Vaters erlangen."

„Seine Begnadigung sagt Ihr? Ach, welche Gnade kann der König einem Mann gewähren, den die Inquisition verurteil hat? Sagtet Ihr mir nicht selbst, daß er nichts vermag?"

„Um sich dem König gefällig zu beweisen, läßt die Inquisition zuweilen von ihrer gewöhnlichen Strenge nach", erwiderte Joseph. „Es ist wohl das wenigste, daß man dem Herrscher Spaniens, dem großen Kaiser Karl V., das Recht der Bitte läßt."[124]

„Ach mein Gott", sagte die Tochter des Gouverneurs, „als ich noch Kind war und auf den Knien meines Vaters spielte, wenn ich da den Namen des Königs aussprechen hörte, diesen Namen, der für mich zu strahlen schien wie ein Heiligenschein, dann stellte ich mir einen schönen Mann vor, mächtig und großmütig, der durch ein Wort Hütten in Paläste, die Tränen des Volkes in Freudengeschrei verwandeln könnte und der überall auf seinem Weg Glück, Wohlstand und Hoffnung verbreitete. König! Kaiser! Diese beiden Zauberworte sind also nichts als trügerische Symbole, mit denen man einen Menschen bekleidet, der sterblich und vergänglich ist wie wir, ebenso schwach wie wir und hundertmal unglücklicher, denn er ist nicht nur seinen Leidenschaften unterworfen, sondern auch allen Dingen und allen Menschen, die durch irgendeinen Einfluß seine Macht lähmen, seine Autorität hindern können. Heißt das herrschen, oh mein Gott? Wozu dient es, daß man sagt: Sire, und die Knie beugt, wenn der, dem man diese Ehrfurcht bezeugt, nicht einmal das Recht hat, Gerechtigkeit zu üben?"

„Gerechtigkeit! Ein leeres, hohltönendes Wort!" murmelte Joseph. „Dies Wort ist nur eine Larve, Dolores, wie viele andere Wörter, die man häufig gebraucht. Ich kümmere mich darum nicht. Was sind für mich diese tausend so ernsten Nichtigkeiten, durch die sich das religiöse und politische Leben der Menschen nährt und die selbst bis zu dem häuslichen Herd vordringen? Was kümmern mich die Kämpfe des einen Dogmas gegen das andere? Die Reizbarkeit einer Sekte, der unsinnige Stolz einer anderen, die Grausamkeit derer, denen der Sieg bleibt? Mein Weg ist mir vorgezeichnet, und um an mein Ziel zu gelangen, brauche ich nur geradeaus zu gehen, ohne rechts oder links zu blicken, denn an diesem Mönchsgewand gleiten alle Dolche ab wie an einem Panzer."

Als Dolores den jungen Dominikaner so sprechen hörte, sah sie ihn fest an. Sie suchte das eigentümliche Gemisch der Bitterkeit und des Zartgefühls zu erforschen, das ihn zu einem außergewöhnlichen Wesen machte. Joseph zeigte in seinen Reden zugleich die Tatkraft des entschlossensten Mannes und das gefühlvolle Wesen des zärtlichsten Weibes. Seine Seele wie sein Körper zeigten das eigentümlichste Gemisch der entgegengesetztesten Eigenschaften. Indem man Joseph sah und ihm zuhörte, vergaß man, daß er ein Mönch war und zu den Beamten der Inquisition gehörte; man erblickte in ihm nur einen verführerischen, unwiderstehlichen Menschen; sei es, daß sein bleiches und schönes Gesicht den Eindruck eines tiefen Schmerzes trug, sei es, daß sein glänzendes und reines Auge, erhellt durch ein sanftes Licht, mit voller Kraft die leidenschaftliche Zärtlichkeit dieser geheimnisvollen Seele aussprach, die wechselvoll war wie die Fluten des Meeres. Er besaß eine Gabe, die wenigen Menschen eigentümlich ist: die der Bezauberung.

Vielleicht erwirbt auch der allein, der gegen alle Stürme kämpft, die Beweglichkeit der Physiognomie, die Hingebung des Wesens, die Leichtigkeit der Sprache, besonders aber den leidenschaftlichen Trübsinn, der unwiderstehlich jede Sympathie erweckt, so sehr neigt das menschliche Herz sich von Natur allem zu, was sonderbar ist. Vielleicht ist auch diese Anziehungskraft gewisser Wesen ein physiologisches Geheimnis, das jeder Analyse sich entzieht. Man definiert es allerdings durch das Wort Magnetismus. – Wir geben den Magnetismus zu, aber man erkläre ihn uns. Wer versteht und begreift ihn?

Uns scheint es, daß man, um die rationelle Ursache desselben aufzufinden, bis zu Gott zurückkehren müßte.

Zu der Zeit, zu der unsere Geschichte sich zuträgt, existierte das Wort Magnetismus noch nicht. Man fand es viel kürzer, Magie alles das zu nennen, was nicht unter die unmittelbare Auffassung der äußeren Sinne fiel. Die Geister jener Zeit waren ungleich spiritualistischer als die der unsrigen. Sie hatten nicht die Materie der Wunder, die der höhere Geist, der die Welt regiert, rings um uns her verschwendet. Sie hatten die Sachen ein wenig weit getrieben, das ist wahr, denn sie glaubten nicht nur an einen wohltätigen und ewigen Geist, sondern sie anerkannten auch noch den Einfluß des Geistes der Finsternis auf den Menschen, und wenn ein Wesen, das mit höherem Verstand oder mit einem großen Genie begabt war, unter diesen unwissenden und beschränkten Menschen auftauchte, die ihn nicht zu begreifen vermochten, nannte man ihn Zauberer, denn man glaubte, daß er durch den Dämon begeistert sei und bedient werde. Zuweilen unterstützte dieser Volksaberglaube vortrefflich den Ehrgeiz und die Politik der Inquisitoren, die alle die fürchteten, deren Wissenschaft oder Philantropie den öffentlichen Geist aufzuklären vermocht hätten. So wurde der heilige Johannes von Gott, der berühmte Gründer des Ordens der Hospitaliter, den wir in diesem Buch auftreten sahen, einige Jahre später durch das Tribunal der Inquisition der Nekromantie beschuldigt und dadurch gezwungen, zum Papst seine Zuflucht zu nehmen, um seine Freisprechung zu erlangen.[125] Aber zu allen Zeiten haben die starken Geister sich von diesem kindischen Aberglauben frei gemacht.

Die Sympathie, die Dolores zu Joseph hinzog, und für die sie nach keiner natürlichen Ursache suchte, hatte etwas Süßes und Trostreiches, frei von jeder Art Zwang. Etwas, das der Freundschaft eines Weibes für ein anderes glich. Joseph verlor in ihrer Nähe die Härte, den Ernst, die Strenge des Geistlichen. Dolores legte ein wenig die Zurückhaltung ab, die einem jungen Mädchen ein Mann einflößt, der mit dem Priestergewand bekleidet ist. Daraus entsprang für beide ein unaussprechlicher Zauber.

„Mein guter Joseph", sagte sie, als sie bemerkte, wie er traurig und nachdenkend wurde, „Ihr tut mir weh, indem Ihr von Euch sprecht. Der Gegenstand ist Euch selbst peinlich, und Ihr kommt nie darauf zurück, ohne daß er in Euch eine tiefe Traurigkeit erweckt."

„Ihr täuscht Euch, teure Dolores; es ist keine Traurigkeit. Worüber sollte ich mich auch jetzt betrüben? Ich sagte Euch schon, meine Lebensbahn ist vorgezeichnet, und ich folge einem unerbittlichen Geschick. Um was soll ich mich also beunruhigen?"

„Joseph, Ihr flößt mir Furcht ein; das sind nicht die Gefühle eines Christen."

„Sprechen wir nicht von mir", entgegnete der junge Dominikaner, „sondern denken wir an Euch, Dolores, an Euch allein. Der Wille Gottes ist, daß ich das Werkzeug zu Eurer Befreiung werden soll. Ist meine Sendung erfüllt, dann darf ich zu Gott zurückkehren, die Hände beladen mit Segenswünschen meiner Brüder, und habe ich gesündigt, so habe ich dann auch das Recht, ihm zuzurufen: Gnade, Gnade! Denn auch ich bin ein Märtyrer gewesen, und das Märtyrertum ist eine Taufe, die jede Sünde abwäscht."

Indem Joseph so sprach, schien er von einer finsteren Begeisterung ergriffen zu sein. Es war, abgesehen von der Tracht, der schöne Kopf der Medusa. Dolores, die am Boden saß, beide Hände auf ihre Knie gelegt, hörte ihm schweigend zu, und während ihre großen feuchten Augen mit aufmerksamen Blick allen Wechseln in der Physiognomie Josephs folgten, rannen die Tränen schweigend über ihre Wangen. Jetzt ergriff sie die Hand des jungen Mönchs, die weiß, weich und fein war wie ihre eigene, drückte sie innig mit den ihrigen und sagte: „Joseph, mein guter Joseph, was ist Euch?"

„Nichts", erwiderte er, durch diese Worte zu sich selbst zurückgerufen. „Ich denke an meine Sendung auf Erden: die zu befreien, die leiden. Das ist alles."

„Wird Estevan bald zurückkehren?" fragte das junge Mädchen, indem es den jungen Mönch von seinen traurigen Gedanken abzuwenden suchte, indem sie von sich selbst redete.

„Vielleicht in acht Tagen", erwiderte Joseph. „Ich erfahre seine Rückkehr sogleich und werde Euch ohne Zweifel gute Nachricht zu melden haben. Ich hoffe viel von dem Einfluß Johann von Avilas bei dem König."

Es ist vielleicht hier der Ort dazu, zu erklären, wie Joseph die Reise Estevans und des Apostels erfahren hatte. Man erinnert sich , daß bei ihrer letzten Zusammenkunft in dem kleinen maurischen Haus Joseph Coco empfohlen hatte, über die Schritte Estevans zu wachen und ihm von denselben Rechenschaft zu erstatten. Durch den Tavernenwirt der Buena Ventura war Joseph in Kenntnis gesetzt worden, ebenso wurde Coco auch durch Johann von Avila damit beauftragt, Dolores durch die Mitteilung ihrer Reise zu beruhigen. Unglücklicherweise hatte sie in ihrem Verlangen, ihren Vater zu retten, nicht die Geduld gehabt, zu warten, und diese Ungeduld lieferte sie dem heiligen Offiziums aus.

„Aber jetzt", fügte er dann hinzu, indem er sah, daß die Gefangene ein wenig beruhigt war, „müssen wir und trennen. Seid klug und bleibt stark."

„Ach noch nicht", rief sie, indem sie sich an die Kleider des jungen Dominikaners klammerte, „noch nicht, Don Joseph; Ihr seht wohl, daß ich in meine entsetzliche Angst zurückfalle und wieder unsinnig werde."

Die Worte ‚Wir müssen uns trennen', hatten plötzlich das bittere Gefühl ihrer Einsamkeit wieder wachgerufen. Ihre Nerven, die sich einen Augenblick durch die Trostesworte der Freundschaft beruhigt hatten, erlitten eine schmerzhafte Reaktion. Ihre Einbildungskraft zeigte ihr aufs neue die Phantome, von denen sie in ihrer grausamen Gefangenschaft bestürmt wurde, und sie flehte mit erstickter Stimme: „Joseph, Joseph, verlaßt mich nicht! Ihr seht wohl, daß ich hier sterben muß! Ach, nehmt mich mit Euch, nehmt mich mit Euch! Bringt mich in einen Kerker, wenn Ihr wollt, nur nicht hier – nur nicht hier!"

Sie schleppte sich, außer sich, auf den Knien zu Joseph. Die kräftige, moralische Organisation des jungen reinen Mädchens, das so fromm und so gottesfürchtig war, erlag den fürchterlichen Wirkungen des Zellensystems. Joseph hob sie sanft empor, träufelte ihr einige Tropfen Wasser, die in dem Trinkgefäß geblieben waren, auf die Stirn und strich ihr mit seiner frischen Hand liebkosend mehrmals von einer Schläfe zur anderen, ohne Zweifel durch eine Wirkung des Magnetismus. Diese Berührung schien die arme Gefangene zu beruhigen. „Geht jetzt", sagte sie gelassen, indem sie die Augen schloß, denn sie fürchtete die Blicke umherzuwerfen. „Geht, ich werde ruhig sein."

In diesem Augenblick wurde an die Tür der Zelle geklopft.

„Trete ein", sagte der junge Mönch, indem er neben der Gefangenen die Haltung eines Beichtvaters neben der Beichtenden einnahm. Es war der Schließer, der die Matratze brachte, auf der Dolores schlief.

„Die Gefangene ist unterwürfig", sagte der Dominikaner. „Ihr könnt ihr das Bett während des Tages lassen."

„Ich werde den Befehl Eurer Reverenz befolgen", erwiderte der Schließer.

„Lebt wohl, meine Schwester", fuhr Joseph fort, und sich zu dem jungen Mädchen beugend, fügte er leise hinzu: „Bald kehre ich zurück."

Er ging. Dolores blieb kniend in der Dunkelheit, den Kopf auf die Brust herabgesunken.

Jetzt möge uns der Leser nach Madrid in den Palast Karls V. folgen.

XXXI.

Madrid

An einem heiteren, frischen Maimorgen verfolgten zwei Reisende die Straße von La Mancha nach Madrid. Auf dem sich senkenden Weg erschien ihnen bereits die königliche Stadt gleich einem Mastenwald, ihre tausend spitzigen Kirchtürme überragt von den hohen Kuppeln von St. Isidor und St. Franziskus in die Lüfte tragend. Schon bemerkten sie östlich von Madrid die Einsiedelei des heiligen Arbeiters[126], eine kleine Kapelle, die von den Madrilenen wegen der zahlreichen Wunder, die daselbst geschahen, sehr hoch geehrt wurde. Ein poetisches Gebäude, das schon von weither auf dem dunklen Azur des Himmels seine anmutigen und luftigen Linien abzeichnete und mehr einer Laune der Einbildungskraft oder einer optischen Phantasie glich als einer ehemaligen Wohnung von Arbeitern, die durch die öffentliche Frömmigkeit in eine Kapelle verwandelt worden war.

Bald darauf überschritten sie die Brücke von Toledo, das bewundernswerte römische Bauwerk, das über den Manzanares führt, jenen traurigen Fluß, der sich durch eine noch traurigere Ebene schlängelt. Dann die etwas steile Straße absteigend, gelangten sie zu der Schule des Toreadores. Hier hielten sie einige Minuten an, um die Aussicht zu genießen; aber sie erblickten rings um die Hauptstadt Kastiliens her nichts als einen öden nackten Gürtel, einen rötlichen oder weißlichen Boden, bedeckt mit spitzen Steinen, die sich unter den brennenden Strahlen der Sonne in Staub aufzulösen schienen.

„Ach, welche Trauer und Nacktheit!" rief der ältere der beiden Reisenden, in dem der Leser Johann von Avila bereits erkannt haben wird. „Sollte man nicht sagen, das sei hier ein weiter Gottesacker, der seine zahllosen Gebeine aus dem Boden emporstreckt?"[127]

„Ja", erwiderte Estevan, „der Tod herrscht hier, wo das Leben pulsieren sollte.[128] Die Trägheit der Arme ist ebensogroß wie die des Geistes."

„Nein", fuhr der Apostel fort, „das Leben, das sich dem Rand des Grabes naht, um die Last zu heben, die es bedeckt; das Leben, das, seiner selbst unbewußt, stets danach strebt, sich nach außen zu zeigen, denn es verabscheut die Finsternis."

„Und die Finsternis hat es besiegt, mein Vater; Ihr seht es überall hinschwinden, verzweifelnd an sich selbst, wie andere an ihm verzweifeln. Ihr seht es wohl, überall dasselbe Schweigen, in Madrid wie in Sevilla, eine dumpfe Traurigkeit, ein schrecklicher Mangel an jedem Geräusch, an jedem Leben, nichts als das dumpfe Nagen der Würmer in einem Grab, der erstickten Seufzer, die peinlich aus dem tiefen Grund der Herzen hervordringen, und auf der Oberfläche – stumme Verzweiflung! Ist denn das das Leben einer großen Nation?"

„Estevan", sagte der Geistliche, „wenn Ihr mitten im Winter einen nackten, dürren Baum betrachtet, der tot zu sein scheint, sagt Ihr Euch dann nicht, daß unter der rauhen, geschwärzten Rinde, die kein Zeichen der Vegetation verrät, ein kräftiger Saft zirkuliert, der bei den ersten Strahlen der Sonne die entlaubten Zweige mit reichem Grün bekleiden wird? Ebenso ist es auch mit Spanien. Wartet, daß die Sonne der Wissenschaft und der Freiheit es erwärme und beleuchte, und Ihr werdet sehen, welcher Reichtum des Saftes und des Lebens unter dieser Hülle des Todes verborgen liegt, und wie werden dann diese glühenden Herzen, die jetzt so bedrückt sind, bei den ersten Strahlen einer neuen Ära, einer vollkommenen Wiedergeburt, vor Freude hüpfen."

„Möge Gott Euch erhören!" erwiderte Estevan.

Sie gelangten zu dem Tor von Toledo. Dieser Haupteingang von Madrid, der gegenwärtig ein schönes steinernes Bauwerk ist, bestand damals nur aus einem großen hölzernen Tor mit zwei Flügeln, geschlossen durch einen schweren Querbalken; es glich der Tür eines Fruchtbodens. Die Reisenden durchschritten das Tor und betraten die Straße von Toledo, eine der schönsten Straßen der Stadt in jener Zeit. Sie führte zu dem Platz der Cebada (Kornmarkt)[129], der auf eine würdige Weise die beiden Reihen langer Gebäude schloß, die beinahe ausschließlich aus *Mesones* (Herbergen für Maultiertreiber) bestanden. Zu diesem Platz gelangt, staunte Estevan über die große Menge von Menschen beiderlei Geschlechts und jedes Alters, die alle diese Zugänge erfüllten. Der Menge ungeachtet, hörte man nicht jenes laute, mißtönende Schreien, das gewöhnlich die Volksversammlungen zu begleiten pflegt. Vielmehr war ein dumpfes Gemurmel hörbar, eine Art von Ausdruck des Schreckens und des Mitleids, gemischt mit einem gewissen Gefühl der Frömmigkeit.

„Was bedeutet dieser Volksauflauf?" fragte Don Estevan überrascht.

„Es findet ohne Zweifel eine Hinrichtung statt", sagte Johann von Avila, „ein Unglücklicher, der die menschliche Gerechtigkeit anruft."

In der Tat bot sich ihnen in dem Augenblick, als sie auf den Platz traten, ein eigentümliches und zugleich furchtbares Schauspiel. Ein Mensch, der auf einem Esel ritt, dem die Ohren abgeschnitten waren, kam aus der entgegengesetzten Richtung daher. Dieser Mensch war bekleidet mit einer weißen Tunika und trug auf dem Kopf eine grüne Mütze mit einem weißen Kreuz. Er ritt in der Mitte einer doppelten Reihe von Soldaten und Mitgliedern der Brüderschaft des Friedens und der Barmherzigkeit. Vor ihm schritten langsam der Almosenier des Gefängnisses und einige Mönche vom Orden der Sterbenden, denen ein Sakristan ein Kreuz vortrug. Einige der Mönche, die sich wechselnd ablösten, blieben beständig an der Seite des Verurteilten und ermahnten ihn dazu, gut zu sterben. Die anderen wiederholten mit trüber, eintöniger Stimme die Sterbegebete, während zwei Brüder des Friedens und der Barmherzigkeit, jeder mit einem Glöckchen versehen, die Verse und die Responsen mit traurigem Geklingel begleiteten. Das Volk drängte in Masse nach dem Platz und streckte den Hals aus, um besser sehen zu können. Aus einer anstoßenden Straße kamen aus anderer Richtung eine große Menge Brüder des Friedens und der Barmherzigkeit, um sich denen anzuschließen, die den Verurteilten begleiteten. Diese hatten seit dem Morgen die Stadt durchzogen, begleitet von einem Ausrufer, der unter Glockenschall beständig mit kläglicher Stimme wiederholte: „Bringt Gaben, ihr Brüder, um Messen zu lesen für das Wohl der Seele dessen, der hingerichtet werden soll."

Diese fromme Pilgerfahrt der Brüder des Friedens und der Barmherzigkeit war frei von jeder Art der Heuchelei, die in lächerlichen Mummereien gewöhnlich diese Art von Einrichtungen begleitet. Es lag so viel wahre Frömmigkeit und ein so hoher philantropischer Gedanke in dieser Verbrüderung von Männern der höchsten Stände, die letzten Augenblicke derer zu erleichtern, die das Gesetz strafte, und gewissermaßen die menschliche und die göttliche Gerechtigkeit in Parallele zu stellen, daß man sich in Gegenwart dieser frommen Hidalgos, die sämtlich den besten oder reichsten Häusern Spaniens angehörte, so vereinigt, um das höchste Werk der christlichen Barmherzigkeit zu üben, die Tröstung derer, die von allen anderen verlassen sind, von Ehrfurcht ergriffen fühlte.

„Erhabene Frömmigkeit!" sagte Johann von Avila. „Das beweist uns, mein Sohn, daß der Keim des Lebens in dem Herzen Spaniens liegt und daß ein so edles Volk nicht untergehen kann."

„Gehören diese Männer einem geistlichen Orden an?" fragte Estevan.

„Nein, mein Sohn, es sind nur Christen, beseelt von dem reinen Geist des Evangeliums. Sie heben aus dem Kot der Straßen die Aussätzigen auf, die alle Welt verwirft; sie sprechen Worte des Friedens über den, der bereut, und durch sanfte Worte und aufrichtige Teilnahme rühren sie das Herz des verhärteten Sünders. Selten kehrt bei dem Anblick einer so wahren, so vollständigen, so rührenden Barmherzigkeit der Unglückliche, dessen Leben die menschliche Gerechtigkeit zur Sühne seiner Verbrechen fordert, nicht aufrichtig zu Gott zurück, um durch einen heiligen Tod alle Besudelungen seiner Seele auszulöschen. Er zweifelt nicht an ihm, weil man ihm begreiflich macht, daß über der menschlichen Gerechtigkeit ein Gesetz der Verzeihung und Liebe herrscht, das die Reuigen schützt und denen, die von den Menschen nichts mehr zu erwarten haben, eine Hoffnung auf den Himmel läßt. Diese Brüder des Friedens und der Barmherzigkeit sind wahrhaft die Apostel dessen, welcher der Ehebrecherin verzieh, und die wahren Missionare des christlichen Glaubens."

„Befolgen sie keine Regel?" fragte Estevan mit lebhafter Teilnahme.

„Nicht eben genau", sagte der Apostel, „aber gleichwohl ist die Brüderschaft des Friedens und der Barmherzigkeit ungleich strenger als viele geistliche Orden. Um in ihren Schoß aufgenommen zu werden, darf man zum Beispiel nie durch die Gerechtigkeit bestraft worden sein und muß einen fleckenlosen Ruf besitzen, denn diese ehrenwerte Korporation war in keiner Absicht des Fanatismus oder der Berechnung begründet worden, sondern lediglich nur durch den Geist der Mildtätigkeit, und die, die sie bildeten, hielten vor allen Dingen darauf, sie in ihrer ursprünglichen Reinheit zu bewahren, deshalb hielten es auch die größten Herren Spaniens für eine Ehre, dieser Körperschaft anzugehören. Indem man in die Gesellschaft trat, mußte man zunächst in die Kasse die Summe von 500 Frcs. zahlen und sich noch außerdem dazu verpflichten, an den bevorstehenden Ausgaben teilzunehmen, die sämtlich zugunsten der Verurteilten gemacht wurden."

„Ich bitte Euch, laßt mich ein wenig näher treten, Señores", unterbrach sie ein altes Weib, das sich auf eine Krücke stützte, indem sie sich, so gut es ging, zwischen Estevan und Johann von Avila drängte, um das Schauspiel mehr in der Nähe zu sehen und sich durch die kräftige Gestalt der beiden Männer gegen die drängende Volksmenge zu schützen. „Ihr seht ja wohl, daß der Verurteilte an dem Fuß des Galgens angelangt ist."

In der Tat füllten sich rings um den Platz her die Balkone jetzt schnell mit Zuschauern. Junge und hübsche Frauen, sorglose und heitere Kinder scheuten sich nicht, dem entsetzlichen Schauspiel, einen Menschen hängen zu sehen, beizuwohnen.

„Was macht denn die Brüderschaft mit all dem Geld, das in ihre Kasse fließt?" fragte Estevan, dem seine Unterredung mit dem Apostel wichtiger war als die Hinrichtung.

„Dieses Geld wird nicht schlecht angewandt. Zunächst lesen während des Morgens der Hinrichtung alle Priester in Madrid Messen für die Seele dessen, der sterben soll, und beten für ihn. Dann gibt die Brüderschaft dem Verurteilten während der drei Tage, die dem letzten seines Lebens vorangehen und die er in der öffentlichen Ausstellung in einer brennenden Kapelle zubringt, alles, was er verlangt, indem sie bemüht ist, so seine letzten Tage durch die Befriedigung seiner geringsten Launen zu versüßen. Noch nützlicher und löblicher aber ist es, daß, wenn der Verurteilte Kinder, eine Mutter oder eine Witwe hinterläßt, diese Unglücklichen darauf rechnen dürfen, daß ihre Zukunft gesichert wird und daß sie nie die Qualen eines entehrten Lebens zu erdulden haben, das durch das Elend noch unerträglicher wird."

„Ach ja, das ist in der Tat eine edle, eine heilige Einrichtung", rief der junge Mann, dessen Herz für jeden großen Gedanken mächtig schlug. „Ja, das heißt seine Religion ehren und ihr würdig dienen, wenn man sie zum Beweggrund der großmütigsten Handlungen macht."

„Und man beschränkt sich gegen die Verwandten des Verurteilten nicht auf die kleinliche Wohltat, sie durch Geldgeschenke zu demütigen", fuhr der Apostel fort. „Man sorgt neben ihrem leiblichen Leben auch für ihr geistiges. Die Kinder der Verurteilten werden mit Sorgfalt erzogen, und die Gesellschaft des Friedens und der Barmherzigkeit verläßt sie nicht eher, als bis sie imstand sind, für ihre Bedürfnisse selbst auf reichliche und ehrenhafte Weise zu sorgen."

Indem Johann von Avila diese Worte beendigte, entstand eine große Bewegung unter dem Volk. Alles erhob sich auf die Spitzen der Füße; der Verurteilte befand sich in den Händen des Henkers, der ihn die Leiter hinaufschleppte, die an dem Galgen lehnte. Die Blinden und die Bettler plärrten mit kreischender Stimme endlose Klagelieder, und in allen Tönen wurde das Paternoster und das Ave Maria wiederholt, wie dies in Spanien gebräuchlich war. Alle Seelen schwebten in Erwartung.

„*Maria santissima!*" rief ein junges Mädchen. „Da hat er den Strick schon um den Hals. Der Henker tritt ihm auf die Schultern."

„Mein Gott, mein Gott", sagte ein alter weißbärtiger Bettler, „da beginnt der Mönch das Credo."

Ein Frösteln durchlief die Versammlung, und in dieser zahllosen Volksmenge ertönte nur eine Stimme, sich der des betenden Mönchs anschließend, der mit finsterer, abgesetzter Stimme die symbolischen Worte des Glaubens hersagte: „*Credo en Dios padre todo poderoso, criador del cielo y de la tierra; y en Jesus-Christo su único hijo.*"

Bei den beiden letzten Worten stellte der Henker, der bisher auf den Schultern des Verurteilten gesessen hatte, mit einer raschen Bewegung beide Füße auf die zusammengebundenen Hände des Verbrechers und sprang mit ihm in den freien Raum hinab. In demselben Augenblick erschallten die Sterbeglocken von San Milan. Der Henker und der Gehenkte schwebten drei oder vier Minuten lang miteinander in der Luft. Da ertönte plötzlich von der Menge der Ausruf: „*Virgen santissima!* Der kann wohl sagen, daß der gute Gott ihn beschützt!"

Der Strick war gerissen, und Henker und Gehenkter stürzten miteinander zu Boden. In demselben Augenblick streckte der Älteste der Brüder des Friedens und der Barmherzigkeit gegen den Verurteilten einen langen Stab aus, den er in der Hand hielt.

„Gerettet! Gerettet!" schrie das Volk.

Die Brüder des Friedens und der Barmherzigkeit hoben sogleich den Unglücklichen vom Boden auf; er atmete noch.

Während dieser Zeit hatte ein junges Weib ihrem fünfjährigen Kind die Jacke zurückgestreift und peitschte es bis aufs Blut.

„Was hat denn der arme Kleine getan?" fragte Estevan.

„Nichts", sagte die Mutter, „es geschieht nur, daß er sich dieses Tages erinnere und nicht ein Räuber werde, wenn er groß ist. – Der Strick reißt nicht immer", fügte sie wie in einer Selbstbetrachtung hinzu.

„Was wird nun aus diesem so wunderbar geretteten Menschen?" fragte Estevan.

„Er gehört der Brüderschaft an", erwiderte Johann von Avila, „denn er entging den Händen des Henkers. Jedem aber, dem ein solches Glück widerfährt, wird das Leben geschenkt, nur dadurch allein, daß er von dem Stab des Ältesten der Brüderschaft des Friedens und der Barmherzigkeit berührt wird. Dies ist ein Vorrecht, das der Gesellschaft durch mehrere Gesetze und Ordonnanzen des Königs Ferdinand von Aragon, bestätigt durch Karl V., gesichert wurde. Glaubt Ihr, Estevan, daß ein König solche Verbrüderungen genügend ermutigen kann?"

„Und was wird nun aus dem Menschen?"

„Die Brüderschaft wird sich seiner annehmen, und wenn er nicht ehrlich und rechtschaffen wird, so ist es sicher nur seine Schuld. Wäre er gestorben, so würde sieben Stunden nach seinem Tod die Brüderschaft seine Leiche in Anspruch genommen und glänzend beerdigt haben."

Eine Art von Gitano, der sie hörte, lachte spöttisch und murmelte zwischen den Zähnen: „Diese Beerdigung würde ihm nicht viel genützt haben. Wie schade, wenn dem Matteo sein Streich nicht mißglückt wäre! Was für ein stolzer *Gancho*[130] weniger für uns!"

An diesen Worten erkannte Johann von Avila in dem Gitano ein Mitglied der Gardunnia.

„Welch ein Kontrast!" rief er aus. „Dort die Elite der Bevölkerung, die reinsten Herzen, der aufgeklärteste Glaube, und hier Männer, die in das Laster versunken, von Fanatismus beseelt und bereit sind, alles für Geld zu tun. Auf der einen Seite das Werk der wahren Religion Christi, auf der anderen die verhängnisvollen Resultate einer entstellten Religion, die nicht mehr ein Zügel und ein Tröster ist, sondern ein Mittel der Verderbnis, eine Stufe, um die Macht zu ersteigen, ein Werkzeug des Despotismus."

„Der Mensch, der auf so wunderbare Weise gerettet wurde, ist also ein Missetäter und wird es bleiben, weil er dieser schmutzigen Gesellschaft der Gardunnia angehört?" fragte Estevan.

„Vielleicht", erwiderte Johann von Avila. „Indes", fügte er seufzend hinzu, „ist die Zeit noch nicht gekommen, in der das Gute über das Böse herrscht, und auf dem mit Dornen und Steinen bestreuten Pfad, den die verfolgen, die dem Guten zustreben, lassen die sich entmutigen, die nicht genug Kraft besitzen, um zu dulden."

„Gleichviel", rief Estevan. „Ruhm denen, die vorwärts schreiten, und Ruhm auch denen, die dabei untergehen. Sie werden wenigstens denen, die ihnen folgen, den Weg gebahnt haben."

„So laßt uns denn vorwärts gehen!" sagte der Apostel. „Die Krone des Märtyrers ist wohl ebensoviel wert wie die des Triumphators."

Es entstand in ihrer Nähe ein leerer Raum. Johann von Avila deutete mit der Hand nach der entgegengesetzten Seite der Straße von Toledo.

„Dorthin", sagte er, „das ist der Weg, der zu dem Palast des Königs führt."

XXXII.

Die Rundfahrt des Königs

Estevan und Johann von Avila folgten der Toledostraße bis zu der Plaza mayor. Diese überschritten sie ihrer ganzen Länge nach, schlugen dann links den Weg durch die Goldschmiedestraße ein und gelangten zu der Kirche Santa Maria mayora, der ältesten Kirche von Madrid. Von dort gingen sie unter der Arkade des Palastes hindurch und blieben in der Mitte eines gewaltigen langen Vierecks stehen, von wo aus der Blick westlich von dem Palast bis nach dem Ventas de Alcorcon reichte. Sie befanden sich auf der Plaza de Palazio, dem Schloßplatz. Zu ihrer Linken dehnte sich das Lager der Mauren aus, ein tiefes grünes Tal, das der Manzanares von Madrid trennt und das sich von dem St. Vinzenztor bis nach dem Tor von Segovia erstreckt. Zu ihrer Rechten hatten sie El Pertil, einen ziemlich hohen Hügel, an dessen Fuß sich die großen Seitengebäude des Palastes lehnen, und endlich sich gerade gegenüber dem Palast selbst ein großes, prachtvolles Gebäude, das seine Flügel weit hinstreckt und von der Höhe des Gipfels die Hautstadt Spaniens beherrscht. Das gewaltige Granitquadrat, in seinen vier Stockwerken mit hohen und zahllosen Fenstern versehen, bot einen zugleich einfachen, edlen und imposanten Anblick. Lange, in Stein gehauene Balkone schmückten die ganze obere Fassade. Man trat durch drei große Bogentore hinein, verziert mit Säulen von korinthischer Ordnung und von der schönsten Wirkung. Das flache Dach bildete eine gesenkte Terrasse, umgeben mit einer steinernen Brüstung. Das Ganze hatte ein wahrhaft königliches Ansehen.

„Endlich sind wir am Ziel ‚', sagte Estevan, indem er stehen blieb, um das prachtvolle Gebäude zu bewundern. „Hier ist das Ende unserer Reise, der Ort, an dem wir unsere letzte Hoffnung finden sollen."

„Beruhigt Euch, beruhigt Euch, mein Sohn", sagte Johann von Avila, der stets die Neigung zur Überspanntheit zu unterdrücken strebte, die er bei dem jungen Mann bemerkte; denn er hielt sich überzeugt, daß eine solche fortwährende Aufregung die Kräfte unnütz aufreibt und dem Geist die ruhige Überlegung, die Kaltblütigkeit raubt, deren der Mensch bei allen großen Ereignissen des Lebens bedarf.

Estevan lächelte sanft, wie ein gehorsames Kind dem geliebten Wesen zulächelt, von dem es Vorwürfe empfängt; die unwandelbare Ruhe des Apostels übte auf ihn die größte Herrschaft aus. Sie schritten dann weiter bis zu dem Haupttor des königlichen Hauses. Es war von zahlreichen Schildwachen bewacht, und im Inneren herrschte eine große Bewegung; das Volk ging frei ab und zu, wie an dem Tag großer Feierlichkeiten.

„Treten wir ein", sagte Johann von Avila, „und sehen wir, was vorgeht."

Nachdem sie die erste Tür durchschritten hatten, sahen sie auf der großen Treppe zur rechten Hand eine zahlreiche Volksmenge, Männer, Weiber und Kinder, längs der Brüstung oder der Mauer aufgestellt und so zwei Reihen von Köpfen bildend, die den Ausdruck der Neugier oder der Erwartung zeigten.

„Der König wird zu der Rundfahrt ausfahren", sagte der Apostel, „aber noch nicht so bald, denn die Truppen sind noch nicht aufgestellt. Kommt; wir wollen den Hof besichtigen, der wohl einige Aufmerksamkeit verdient."

Indem er so sprach, defilierten zwei Regimenter wallonischer und spanischer Garde in Paradeuniform über den Schloßplatz und stellten sich, mit ihrer Musik an der Spitze, in zwei parallelen Linien zu beiden Seiten des Haupttores auf. Estevan und Avila hatten den Ehrenhof betreten. Dies war ein großes Viereck, belegt mit gewaltigen Granitplatten, in die gleich einem Netz Furchen eingeschnitten waren, damit die Hufe der Pferde auf der glatten, schlüpfrigen Fläche einen Halt finden konnten. Hohe Steinbogen, getragen durch zierliche Säulen, bildeten ringsherum einen breiten Peristyl; in der Mitte jeder der vier inneren Seiten erhoben sich auf großen Sockeln zwei kolossale Bildsäulen der berühmtesten römischen Kaiser. Das Innere dieses prachtvollen Palastes entsprach dem Äußeren. Es war eine glänzende Wohnung, würdig des großen Kaisers Karl V.

Während die Reisenden diese großartige Architektur bewunderten, steigerte sich der Lärm auf dem Platz und in dem Palast. Die Trommeln wirbelten und die Musik spielte den Königsmarsch. Schnelles Wagenrollen wurde hörbar; die Dienstwagen, bespannt mit sechs reichgeschmückten prachtvollen Maultieren[131], gelenkt von einem Kutscher und einem Vorreiter in der königlichen Livrée, fuhren majestätisch auf den Ehrenhof und in langsamem Schritt rings um denselben her, bis der erste am Fuß der großen Treppe stehen blieb. Die Menge war noch zahlreicher geworden. Estevan und Johann von Avila hatten viel Mühe, sich einen Weg bis zu den untersten Stufen der Treppe zu bahnen. All dies Volk streckte die Hände gegen die Treppe zu dem ersten Stockwerk aus, die aus dreiundzwanzig Stufen bestand. Einige hatten sich auf die breite Granitrampe derselben gehängt; andere saßen auf dem Rücken und selbst auf dem Kopf der beiden riesigen Löwen, die in ihrer stolzen und ruhigen Haltung zwei regungslosen Schildwachen glichen, die ewig die Aufsicht über die Wache der königlichen Majestät führten. Alle diese jungen oder alten, zum Teil bleichen und verwitterten Gesichter, die in Hoffnung und Glück strahlten, indem sie den erwarteten, der erscheinen sollte, bildeten ein schönes Schauspiel. Der König war das wahrhaftige Bild der Gottheit für dieses so enthusiastische und so gute, so sanfte und ungeachtet seines unbezähmbaren Stolzes so geduldige Volk; das Bild der Gerechtigkeit, der Kraft und der Allmacht; das Bild dessen, in dem zugleich die Macht und die Güte ruht, dessen, der kann und will, denn alles Gute geht von ihm aus, und sein Glück besteht darin, es zu verbreiten. Wahrlich, eine schöne Rolle hatte damals ein König, der Schützer und Richter war! Er schien das Volk, sozusagen, in seiner Hand zu haben, denn er warf es durch einen Hauch nieder, machte durch ein Wort, daß es den Kopf beugte, und durch ein Lächeln, daß es ihn freudig erhob, denn dieses Volk betete in ihm noch mehr die Majestät des Vaters als die des Königs an; sein Gehorsam hatte nichts Knechtisches, denn, wenn der Gehorsam sich durch die beiden Worte ausdrücken läßt: Ehrfurcht, Liebe, dann ehrt er den Menschen, statt ihn zu erniedrigen und ist nur noch eine Handlung der Unabhängigkeit und des freien Willens. Diese spanische Bevölkerung, die damals so unterdrückt wurde, wartete atemlos auf den, in dem alle Macht sich konzentrierte, um sich bei ihm zu beklagen und von ihm Gerechtigkeit zu erlangen.

Um jene Zeit war Spanien das patriarchalischste Land der Welt, und um bis zu dem König zu gelangen, brauchte das Volk sich nicht an dessen Minister zu wenden. Der König umgab sich nicht mit bewaffneten Regimentern und unübersteigbaren Schranken; er ließ das Volk frei sich seiner Person nahen wie ein Vater seine Kinder, und aus dieser freien und vertraulichen Mitteilung entsprang jene ungeheure und unvergängliche Liebe, die das Volk und den König mit einem moralischen, unzerreißbaren Band vereinigte; es ist daher auch nie auf irgendeinen König von Spanien ein Mordanschlag gemacht worden.

Ungeachtet des Ausdrucks der Hoffnung, der an diesem Tag auf allen Gesichtern zu lesen war, bemerkte man gleichwohl nicht ohne ein Gefühl des Mitleids die tiefe Traurigkeit, die sich auf diesen von Natur ernsten Physiognomien zeigte. Man sah, daß dies Volk, das in Beziehung auf die Bedürfnisse des materiellen Lebens so wenig Ansprüche machte, dieses Volk, das so wenig bedurft hätte, um glücklich zu sein, im Herzen eine ätzende Wunde trug; es zeigte sich auf der Stirn das Stigma entsetzlicher Kämpfe der Untätigkeit kräftiger Wesen, die dadurch wie von einem Blitzstrahl getötet werden, ohne daß es scheint, als wären sie getroffen.

Plötzlich aber erbeten alle Herzen unter einem gemeinschaftlichen Gefühl; eine große, kunstvoll geschnitzte Tür öffnete sich auf der ersten Stufe, und ein Türhüter klatschte dreimal in die Hände: das Signal, daß der König nahe. Umgeben von seinem Gefolge zeigte sich hierauf der große König Karl V., vor dem die Welt zitterte. Er trug die anmutige Kleidung jener Zeit, und obgleich er nicht von hohem Wuchs war, zeigte er in seiner Haltung viel Adel und sein Gesicht, jung und stolz, hatte den eigentümlichen Zauber, der durch einen feurigen Blick geübt wird, der die Flamme des Genies verrät. Der Schnitt seiner Züge war überdies fein und ausgezeichnet, und wenn die Güte nicht immer auf dieser etwas hochmütigen Physiognomie vorherrschte, so wurde sie wenigstens beinahe durch das Wesen der äußersten Höflichkeit ersetzt, das viele Leute täuscht, so daß sie ihm einen anderen Namen geben.

Johann von Avila richtete auf den König einen forschenden Blick. Zum ersten Mal sah er ihn so aus der Nähe.

„Der König sieht gut aus", flüsterte Estevan, der ihn ebenfalls aufmerksam betrachtete.

Johann von Avila antwortete nicht; er war erfahrener in der Deutung der Physiognomie als Estevan. Karl V. hatte gleich allen Menschen von ausgezeichnetem Genie gute Regungen, aber davon ist bis zur vollständigen Güte sehr weit. Der König schritt langsam vorwärts, um die Stufen herabzusteigen, und bei jedem Schritt blieb er stehen, um mit eigenen Händen die Bittschriften in Empfang zu nehmen, die ihm dargereicht wurden und die er dann seinem Kapitän der Leibgarden, der neben ihm ging, aushändigte. Denen, die keine Bittschriften zu überreichen hatten, bot der König seine Hand zum Kuß, und selbst in dieser unbedeutenden Handlung zeigte er ein edles und väterliches Wesen voll königlicher Majestät; er war Spanier selbst bis in die kleinsten Dinge. So stieg er die ganze Treppe herunter, blieb auf jeder

Stufe längere Zeit stehen und blickte mit demselben freundlichen Lächeln auf den armen zerlumpten Teufel und auf den reichen Bürger, sprach mit mehreren, als ob er sie persönlich kannte, und fällte zuweilen auf der Stelle seine Entscheidungen. Wie oft verschob nicht dieser stolze Eroberer seine Spaziergänge, um mit einem Bittsteller, der Gerechtigkeit von ihm forderte, in seine Gemächer zurückzukehren. Diese Herablassung gegen alle, die sich beklagten, dieser Eifer, die Mißbräuche zu unterdrücken und einer dringenden Bitte Befriedigung zu gewähren, war edel und groß. Wer durch eine Erpressung oder durch Unglück litt, brauchte sich nur zu beklagen und man ließ ihn nicht warten, es war nicht erforderlich, daß seine methodisch formulierte Klage von Stufe zu Stufe, von dem ersten Schreiber seines Ministeriums bis zu dem höchsten Beamten ging; er hatte nicht die unverschämten Launen dieser Schreiberhierarchie zu ertragen, nein, er ging geradewegs zu seinem König, ohne Hindernis, ohne aufgehalten zu werden, denn der König war König für alle Welt, und auf der Stelle wurde Genugtuung gewährt. Der sich Beklagende brauchte nicht die Marter einer langen unsicheren Erwartung zu ertragen, die noch überdies häufig durch eine grausame Verweigerung der Gerechtigkeit beendigt wird.

„Das ist das schönste Attribut des Königs", sagte Johann von Avila, „die Vorsehung in der Ausübung der Gerechtigkeit und der Milde zu vertreten."

„Möchte dies auch für uns der Fall sein!" entgegnete Estevan.

Karl V. stieg immer weiter herab. Die Musik der königlichen Leibwachen spielte den Königsmarsch mit verdoppelter Lebhaftigkeit, und die Maultiere der königlichen Kutsche stampften, ungeachtete ihres sanften Charakters, ungeduldig den Boden. Was von dem Volk auf der Treppe keinen Platz hatte finden können, drängte sich zu der Tür, um so seinen Anteil an dem Küssen der Hand zu erhalten. Der Tag war heiß und sonnenhell; es lag ein Lächeln der Freude in dem blendenden Licht, das die Sonne gleich einem Schleier über die Traurigkeit und die Blässe der Gesichter zu breiten schien. Das Gedränge war so groß, daß Johann von Avila fürchtete, nicht bis zu dem König gelangen zu können. Er zog Estevan mit sich fort und suchte sich einen Weg durch die Menge zu bahnen, um dem Monarchen nahe zu kommen. Aber bei jedem Halt, den der König machte, hoben zahllose Hände Bittschriften in die Luft und alle wurden mit gleicher Güte empfangen und dem Kapitän der Garden übergeben. Karl V. zeigte nicht die geringste Ungeduld; er schien durchaus nicht ermüdet zu werden durch die Bitten, die ihn so lange zurückhielten; nur verriet sein edles Gesicht zuweilen ernstes Nachdenken und die Glut jenes rastlosen Genies, dessen fieberhaftes und verzehrendes Feuer den Mönch von St. Just tötete, weil er aufgehört hatte, König zu sein.[132] Endlich erreichte er die letzte Stufe. Die Türhüter hatten die Menge ein wenig zurückgedrängt, und gleichwohl war sie noch immer zu dicht, als daß Johann von Avila sich dem König zu nähern vermocht hätte. Da er sah, daß es ihm unmöglich war, vorwärts zu kommen, erhob er beide Arme in die Luft und streckte sie flehend gegen Karl V. aus. Bei dem Anblick dieses Mönchs, dessen schönes Gesicht und dessen heilige Kleidung[133] Ehrfurcht einflößten, wich das Volk von selbst zurück; der Kapitän der Leibwache gab dem Mönch ein Zeichen, näher zu treten, und Johann von Avila wollte, die

Hände noch immer erhoben, auf die Knie niedersinken. Karl V. hielt ihn voll Güte davon ab.

„Was kann ich für Euch tun, mein Vater?" fragte er ihn.

„Gnade üben, Sire, Gnade gegen einen Eurer besten Diener; aber dies zu sagen, würde hier zu lange dauern", fügte der Apostel hinzu, indem er einen Blick auf die umgebende Menge richtete. „Ich wünsche mit Ew. Majestät ohne Zeugen zu sprechen."

„Kommt morgen" entgegnete Karl V., indem er Estevan, der ebenfalls herangetreten war, seine Hand zum Kuß reichte.

„Dieser junge Mann ist mein Begleiter", sagte Johann von Avila.

„So komme er morgen mit Euch, mein Vater. Wir werden Eurem Wunsch Gerechtigkeit widerfahren lassen."

„Gott wird Euch segnen, Sire!" erwiderte demütig Johann von Avila.

„Zur Audienz für morgen!" wiederholte der König voll Güte.

Ein Lakai öffnete hierauf die Tür der königlichen Karosse; Karl V. stieg mit leichtem, gefälligem Schritt hinein, und der Wagen fuhr im Galopp davon, gefolgt von den übrigen Wagen mit dem diensttuenden Hofstaat des Königs.

In diesem Augenblick präsentierten die Regimenter der Leibwache das Gewehr und das Volk entfernte sich langsam, glücklich, den gesehen zu haben, der in seinen Augen das Bild Gottes auf Erden darstellte.

XXXIII.

Karl V.

DIE KÖNIGLICHEN AUDIENZEN WAREN IN SPANIEN nicht so, wie man sich dies in einem Land denken sollte, in dem die Etikette am Hof mit so imposanter Strenge ausgeübt wurde. Diese Etikette war nichts als eine Form der kindlichen und beinahe fanatischen Ehrfurcht, welche die Spanier für ihren König hegten, war ganz einfach eine Tradition, die der ausdauernde Charakter dieses liebevollen, ernsten und nachdenkenden Volkes bewahrte, das von Natur jeder Neuerung in seinen Gewohnheiten Feind ist; es war eine Huldigung, die einem Vater von seinen Kindern dargebracht wurde: Aber es wurde dadurch das Volk nicht von dem Herrscher entfernt, sondern im Gegenteil angenähert durch das Gefühl der Sicherheit, das es dem König einflößte; ein Gefühl der Sicherheit, das so groß war, daß täglich und zu jeder Stunde der erstbeste den königlichen Palast betreten und Audienz erlangen konnte, selbst während der großen Tage des Handkusses.[134] Der König empfing gewöhnlich von zehn Uhr morgens bis zwei Uhr nachmittags. Estevan und Johann von Avila stellten sich pünktlich ein, und kaum hatte es an dem Tag nach ihrer Ankunft in Madrid zehn geschlagen, als sie miteinander die große Treppe des Palastes hinaufstiegen. Ihnen gerade gegenüber öffnete sich die Tür des ersten Vorzimmers. Sie traten ein, ohne daß die beiden Hellebardiere, die Schildwache standen, ihnen den geringsten Widerstand entgegensetzten. Es war noch niemand anwesend. Der Türhüter des Vorhangs übergab ihnen eine Karte mit Nummer eins, und die beiden Reisenden setzten sich auf eine der mit rotem Tuch bedeckten Bänke, die an den Wänden des Vorzimmers hinliefen. Dieses Vorgemach hatte drei Türen, die nur durch große Samtvorhänge geschlossen waren. Die dem Eingang gerade gegenüber führte zum Thronsaal, die rechts zu den Gemächern des Königs, die links zu denen der Prinzen. Der Apostel und sein junger Gefährte konnten einige schöne Gemälde aus der flämischen und italienischen Schule, mit denen die Eroberungen Karls V. den Palast bereichert hatten, bewundern. Bald nach dem Apostel und seinem jungen Gefährten kamen auch andere Personen und empfingen in der Reihe ihres Eintritts numerierte Karten von dem Türhüter.

Der Thronsaal blieb noch immer geschlossen und man vernahm aus demselben ein lebhaftes Gespräch, ohne die Worte verstehen zu können. Der Kaiser hatte eine Konferenz mit einem Gesandten von Tunis. Diese Audienz verlängerte sich etwa eine halbe Stunde, während der beständig die Stimme Karls V. vorherrschte, bald einschmeichelnd und überredend, bald kurz, scharf betont, gebieterisch. Es wäre unmöglich gewesen, aus diesen verschiedenen Biegungen der Stimme die wahren Gefühle des Königs zu erkennen. Sie trugen denselben Charakter wie seine Worte, zweideutig, arglistig, tief berechnet und so gewandt, daß sie ihm stets das Mittel ließen, seine Gegner zu widerlegen, welche Auffassung sie auch seinen Handlungen, seinen Worten oder seinen Schriften gegeben haben mochten. Der Geist Karls V. war ein so fein gesponnenes Netz, daß selbst die Gewandtesten sich drin fingen. Endlich entfernte sich der tunesische Gesandte, und der Türhüter schob den Vorhang beiseite und rief mit lauter Stimme: „Nummer eins." Estevan und Johann von Avila wurden in den Thronsaal eingeführt. Dieses Gemach zeigt eine unglaubliche Pracht. Rechts und links in gleichen Entfernungen führten vier große Öffnungen, die mit Vorhängen aus rotem Samt bedeckt waren, nach den Gemächern des Königs und denen der Prinzen. In den Zwischenräumen, zwischen den Türen, die mit geschnitztem Täfelwerk bedeckt waren, trug eine vergoldete Konsole ungeheure Kandelaber aus massivem Silber, einige Statuetten oder prachtvoll ziselierte Vasen. Der Fußboden, von bewundernswerter Zeichnung, bestand aus hartem und poliertem Holz, das ohne die Hilfe des Wachses glänzte.

Die ungeheuren Kronleuchter aus Bergkristall hingen an der leicht gewölbten Decke, die mit zahllosen Vergoldungen von ausgezeichneter Feinheit und bewundernswertem Geschmack bedeckt war. Über den Türen lief rings um den Saal ein breiter vergoldeter Sims herum, dessen Gebälk reiche Trophäen trug; und auf den oberen Wandfeldern, einem breiten Raum, der den Sims von der Decke trennte, zeigten Fresken von dem Pinsel der besten Maler eine Menge Personen, welche die verschiedenen Trachten aller Nationen der Welt trugen. Spanien hatte so seine Eroberungen, welche die vier Teile der Welt umfaßten, personifiziert. Am oberen Ende des Saales endlich erhob sich ein Thron aus Samt und Gold unter einem prachtvollen Baldachin, geschmückt mit Emblemen aller Art, unter denen das bemerkenswerteste ein Pelikan war, der sich die Brust mit dem Schnabel aufriß, um seine Jungen zu füttern; dazwischen glänzte das Wappen Spaniens. Zwei ruhende Löwen, die prachtvollen Löwen der spanischen Monarchie, lagen wachend als regungslose Satelliten an den Stufen des kaiserlichen Thrones. Breite und hohe Fenster ließen ein helles Licht auf all diese Pracht fallen.

Einige Granden Spaniens, nach der Mode der Zeit gekleidet, flüsterten hier und dort mit leiser Stimme. Der König, der in Gedanken vertieft zu sein schien, ging mit langsamen Schritten auf und nieder. Er erkannte Johann von Avila auf der Stelle, trat ihm sogleich entgegen, betrachtete ihn aber gleichwohl mit argwöhnischem Blick.

„Was willst du?" fragte er endlich in wohlwollendem Ton.

„Gerechtigkeit, Sire!" erwiderte Johann von Avila, indem er ein Knie beugte und die Hand des Kaisers küßte. „Gerechtigkeit gegen die Inquisition, die ihre Rechte mißbraucht und Ew. Majestät durch ihre unerhörten Grausamkeiten bloßstellt."

Bei dem Wort Inquisition konnte Karl V., dieser stolze Despot, sich einer leisen Aufregung nicht erwehren, und da er erkannte, daß die Unterhaltung ernster sein würde, als er anfangs geglaubt hatte, gab er den Edelleuten seins Gefolges mit der Hand ein Zeichen, sich zu entfernen. Als er darauf mit Johann von Avila und dem jungen Vargas allein war, nahm er den strengen despotischen Ton, der ihm gewöhnlich war, wieder an und sagte zu dem Franziskaner: „Wißt Ihr wohl, mein Vater, daß viel Mut dazu erforderlich ist, um es zu wagen, sich so offen über die Inquisition zu beklagen?"

„Nein, Sire", erwiderte der Apostel. „Es ist dazu nur eine große Gerechtigkeitsliebe nötig."

„Diese Liebe ist in unseren Zeiten selten und gefährlich", erwiderte der König.

„Deshalb, Sire, sucht man sie am Fuß des Thrones, da man sie sonst nirgends findet."

„Nun wohl, laßt hören, um was es sich handelt! Sprecht offen, ohne Furcht. Ich wünsche vor allem, Gerechtigkeit zu üben. – Was hat man dir getan?"

„Mir? Nichts, Sire", entgegnete Johann von Avila, „aber Ihr hattet einen treuen Diener, der sich Manuel Argoso nannte –"

„Gouverneur von Sevilla, glaube ich", unterbrach ihn lebhaft Karl V.

„Ebender, Sire. Ew. Majestät hatten demselben aus freiem Antrieb diesen Ehrenposten übertragen und nie war ein Mann dessen würdiger. Aber der Inquisitor Pedro Arbuez wollte eines seiner Geschöpfe belohnen. Er ließ daher Manuel Argoso in die Kerker der Inquisition werfen und erhob zu dessen Posten einen Menschen von der niedrigsten Herkunft, einen verächtlichen Menschen, der für alles käuflich ist."

„In der Tat – ich erinnere mich", sagte der König nach kurzem Nachdenken. „Ich selbst unterzeichnete die Ernennung dieses Menschen, der mir durch den Inquisitor von Sevilla empfohlen worden war. – Man gab mir die Versicherung, er hätte der Religion die wichtigsten Dienste geleistet. Aber", fuhr Karl V. fort, „wißt Ihr wohl, daß diese Sache außerordentlich ernst ist? Der ehemalige Gouverneur von Sevilla ist, wie es scheint, der Ketzerei schuldig. Zahlreiche Zeugen haben gegen ihn ausgesagt; er ist des Luthertums überwiesen, und ich kann den Gang eines Prozesses nicht hemmen, den das heilige Offizium begonnen hat. Bei dem wahren Gott", fuhr er fort, „ich

konnte meinen armen Benediktiner Viruez[135], dessen Predigten mir die ange-
nehmste Zerstreuung gewährten, nicht retten!"

„Zeugen! Sire", sagte Johann von Avila voll Bitterkeit, „kennen denn Eure
Majestät das verhängnisvolle Recht der Inquisition nicht, die Namen der
Zeugen zu verschweigen, die gegen einen Angeklagten ausgesagt haben? Ein
Recht, durch das täglich die abscheulichsten Mißbräuche herbeigeführt wer-
den. Ist ein Mensch der Feind eines anderen, so genügt dies, um das Leben
des letzteren zu gefährden und ihn vor das Inquisitionstribunal zu bringen."

„Hatte Manuel Argoso Feinde?" fragte der König.

„Keinen, Sire, Manuel Argoso war allgemein beliebt; ein einziger Mann in
Sevilla hatte vielleicht Gründe –"

„Wer war dieser Mann?"

„Dieser Mann, Sire, ist der Groß-Inquisitor von Sevilla."

„Mein Vater", sagte Karl V. streng, „um so leichtfertig einen Großwürdenträger der Inquisition anzuklagen, vergeßt Ihr, welche Ehrfurcht Wir den
Inquisitoren schuldig sind, so wie allem, was mit dem heiligen Offizium
zusammenhängt, dem Institut meiner edlen Ahnherrin, Isabella der Katholischen."

„Sire", entgegnete der Geistliche, „ich vergesse nicht die Ehrfurcht, die
man den Priestern des Herrn schuldig ist, denn ich bin selbst einer seiner
Diener. Ich billige und verehre alles, was dazu dient, bei uns die heilige Religion Jesu Christi zu verbreiten und zu befestigen, aber ich eifere gegen die
Heuchelei der unwürdigen Diener der Religion, die Gotteslästerer werden
und die heilige Lehre entweihen, indem sie dieselbe zu dem Werkzeug ihrer
niedrigen Leidenschaften machen und zu einem Mantel, um ihre Ungerechtigkeit, ihre Habgier und ihre Wollust zu bedecken."

Karl V. war ein Mann von Genie. Er liebte den Mut und die Kühnheit; alles, was den Stempel der Größe trug, erregte in ihm eine lebhafte Sympathie,
und obgleich sein Schrecken vor der Inquisition groß war, sah er mit aufrichtiger Bewunderung auf den redlichen und mutigen Mann, der es wagte, in
Gegenwart des Königs so das Anathema gegen ein Institut zu schleudern,
dessen Namen der König selbst nur zitternd aussprach.

„Mein Vater", sagte er endlich mit ruhiger Stimme, „welchen Beweis habt
Ihr für die Feindschaft des Pedro Arbuez gegen den Gouverneur von Sevilla
und die Ungerechtigkeit seiner Verfolgungen gegen denselben?"

„Sire", erwiderte Johann von Avila, indem er auf die Mitteilungen anspielte,
die Dolores ihm gemacht hatte, „es gibt Dinge, die dem Geheimnis des Beicht-
stuhls angehören und deren Mitteilung nicht erlaubt ist; ich kann daher diese
Dinge nicht sagen, denn sie wurden mir unter dem Siegel des Geheimnisses
anvertraut; wenn aber das Leben und die Ehre eines Menschen in Gefahr
schweben, dann muß man, ohne seine Pflicht dadurch zu verletzen, um ihn zu
retten, alles sagen, was möglich ist. Ich beteure und schwöre hier vor Ew. Majestät, daß der Inquisitor von Sevilla gegen Manuel Argoso nur aus persönlicher Rachgier gehandelt hat, daß er ihn fälschlich der Ketzerei anklagte und –"

„Wer wird beweisen, daß es fälschlich geschah?" fiel Karl V. ihm lebhaft
ins Wort. „Die Ketzerei! Das ist die wahre Wunde des Reiches. Die Lehren
Luthers haben überall Eingang gefunden, und dieser unsinnige Mönch, der

sich für gelehrter hält als die Kirchenväter, für heiliger als der Papst selbst, hat auf das ganze katholische Europa einen ungeheuren Brand der Uneinigkeit geschleudert. Seine Lehre ist verabscheuungswürdig und verderblich, und ich kann nicht genug den Eifer billigen, den die Inquisitoren meines Reiches gegen die Unsinnigen zeigen, die sich dadurch verführen lassen. – So sind die Menschen", fuhr Karl V. fort, „alles Neue reizt sie; ein klagvolles Wort bringt sie in Aufregung. Unabhängigkeit, religiöse Freiheit, das sind leere Worte, die den Haß gegen das kirchliche Joch erwecken; die Menschen lassen sich verführen wie die Kinder, um der Gewalt ihrer Lehrer und Aufseher zu entrinnen, und wollen nicht begreifen, daß das Glück in dem Gehorsam liegt, daß die Sicherheit, das Gedeihen der Staaten und der Familien keine bessere Bürgschaft haben können als die allgemeine Übereinstimmung der Regierenden und Regierten. Doch sie wollen sich der rechtmäßigen Obergewalt der Kirche entziehen; sie urteilen über die Dinge, die blind geglaubt werden müssen, und aus solchem Urteil entspringen Aufstände und Empörung. Sie haben die Autorität des Papstes geleugnet, und wer weiß, ob sie zuletzt nicht auch die des Königs leugnen werden? Folgt meinem Rat, mein Vater, und verteidigt nicht die Anhänger Luthers; sie sind eine verabscheuungswerte Rasse."

Johann von Avila hatte schweigend diesen langen Ausfall Karls V. angehört; er ließ ihn ohne Unterbrechung seinen Haß gegen die Protestanten aussprechen; als aber die Aufregung des Königs sich ein wenig gelegt hatte, da sie auf kein Hindernis stieß, nahm Johann von Avila Estevan bei der Hand, stellte ihn dem König vor und sagte: „Sire, hier ist meine Antwort an Ew. Majestät. Ich mißbillige gleich Euch, was dazu dient, die Religion Jesu Christi zu entstellen. Aber ebendeshalb kämpfe ich gegen die Inquisitoren, die ihr Haß zuziehen, indem sie behaupten, sie zu verteidigen. Dieser junge Mann heißt Estevan von Vargas. Sein Vater war Mitglied des Rates von Kastilien durch König Philipp I.; er war stets ein frommer Christ, ein eifriger Verteidiger der Monarchie. Estevan folgte dem Beispiel seines Vater. – Nun wohl. Da der Inquisitor Arbuez ihn nicht gerichtlich verfolgen konnte, strebte er ihm nach dem Leben."

„Was sagt Ihr, mein Vater?" rief Karl V. streng.

„Ich habe den überzeugenden Beweis dessen, was ich sage", erwiderte der Geistliche, „und kann ihn Ew. Majestät liefern."

„Schweigt, mein Vater", murmelte der König. „Ihr habt genug gesagt, um die Hälfte Spaniens nach dem *Quemadero* zu schicken."

„Ew. Majestät sind verschwiegen", erwiderte Johann von Avila mit feinem Lächeln.

„Bei dem wahren Gott, mein Vater, können Wir auf Eure Verschwiegenheit ebenso rechnen wie Ihr auf die Unsrige? Sagt Uns Euren Namen, wenn es Euch gefällig ist, denn noch wissen Wir nicht, mit wem Wir sprechen."

„Johann von Avila", entgegnete einfach der Apostel.

Bei diesem in ganz Spanien hochgeehrten Namen, der den Begriff aller Tugenden in sich schloß, wurde Karl V. unwillkürlich von jener Ehrfurcht ergriffen, die jede wahre Größe einflößt und betrachtete den Apostel mit dem lebhaften Gefühl der Bewunderung.

„Jetzt staune ich nicht mehr über Euren Mut, mein Vater", sagte er endlich, „und ich erkenne mit Schmerz die Mißbräuche der Inquisition, denn ich darf nun nicht länger daran zweifeln."

Der Kaiser hätte hinzufügen sollen: „In Eurer Gegenwart kann ich ohne Zwang reden."

Das tat er auch wirklich, versichert, daß er von einem solchen Zeugen nichts zu fürchten hätte. Die scheinbare Liebe Karls V. für die Inquisition war weit entfernt, aufrichtig zu sein. Sie richtete sich wie alle Gefühle dieses Herrschers nur nach den Anforderungen seiner Politik. Weit entfernt, aus Überzeugung fromm zu sein, und voll aufrichtiger Anhänglichkeit an die Doktrinen Roms würde Karl V. dieselben, ohne sich zu besinnen, zugunsten der Lehren Luthers geopfert haben, wenn nicht die Begriffe der Unabhängigkeit der Reformation seinen Despotismus erschreckt hätten.

In seiner Jugend war er Feind der Inquisition, in seinem reiferen Alter beschützte er dieselbe, und indem er sie verabscheute, pflegte er sie doch wie den mächtigsten Verbündeten seiner Erpressungen, seiner Herrschbegier, seiner Habsucht und seiner Eroberungssucht. Gleichwohl lehnte er sich in seinem Inneren öfters gegen dieselbe auf, denn er hatte sich mehr als einmal über sie zu beklagen. Karl V. war der König von Spanien, die Inquisition war der König Karls V. Dem Genie dieses großen Kaisers hat nur eines gemangelt: zu begreifen, daß der schönste Ruhm eines Königs darin besteht, die Fortschritte des Lichts zu begünstigen, statt danach zu streben, es unter den Scheffel zu stellen, daß es leichter ist, glorreicher und schöner, über freie Menschen zu herrschen als über ein Volk von Sklaven und daß dies außerdem noch in dem wahren Geist des Evangeliums liegt. Die Reformation strebte danach, die Massen zu unterrichten und überall die Schätze der Wissenschaft zu verbreiten, und Karl V. verstand wahrlich seine eigenen Interessen schlecht, indem er ihr feindlich gesinnt wurde; er würde eine sicherere Stütze in der aufgeklärten Philosophie und der Treue der Protestanten gefunden haben als in dem despotischen und ehrgeizigen Fanatismus der Mönche. Aber er erkannte dies nicht und ließ die Waagschale nach der Seite sinken, nach der, wie er glaubte, sein Vorteil sie zog.

„Mein Vater", sagte Karl V. zu Johann von Avila, „wir beklagen lebhaft die Mißbräuche der Inquisition und wünschten sie unterdrücken zu können; aber bedenkt, daß diese furchtbare Institution, die in einer nützlichen und frommen Absicht begründet wurde, jetzt mächtiger ist als Rom selbst, und daß sogar der heilige Vater nicht wagt, gegen dieselbe zu kämpfen."[136]

„Der Kaiser Karl V. hat es gewagt, gegen den Papst zu kämpfen", erwiderte Johann von Avila, indem er auf die Antwort anspielte, die Karl V. auf ein Breve des Papstes Klemens VII. erteilt hatte, das derselbe einige Jahre vorher gegen den Kaiser erließ, „und der Kaiser wird auch gegen die Inquisition kämpfen, denn es handelt sich um die Rechte der Gerechtigkeit und der Menschlichkeit."

Ein Lächeln der Befriedigung umspielte die Lippen des Monarchen. Er erinnerte sich nicht ohne ein lebhaftes Gefühl des Stolzes an das kräftige Manifest, das in Deutschland verkündet wurde, ein Meisterwerk der Entschiedenheit, der Bitterkeit und der Diplomatie, das ihm die Geister wiedergewann, die durch seine früheren Widersprüche gegen die Lehren Luthers erbittert waren. Johann von Avila hatte die empfänglichste Seite berührt, indem er den Kaiser an diese Handlung der höchsten Politik erinnerte, die einer Handlung der Unabhängigkeit glich und seine Interessen im Norden so gute Dienste leistete. Karl V. sah daher voll Wohlwollen auf den Geistlichen und sagte mit dem anmutigsten und königlichsten Ton von der Welt: „Laßt hören, mein Vater, wie können Wir Euch beweisen, daß Wir das aufrichtige Verlangen empfinden, Euch gefällig zu sein? Trachten Wir besonders, die Gerechtigkeit mit den Interessen des Königtums in Einklang zu bringen. Hindern Wir die Mißbräuche der Inquisition, aber schlagen Wir diese nicht; sie ist eine Schlange, die sich umwendet, um zu stechen, sobald man sie berührt, und alle ihre Bisse sind tödlich."

„Der Löwe fürchtet die Bisse der Schlange nicht, und Eure Majestät sind König, um zu befehlen", entgegnete der Apostel. „Nur durch die Festigkeit des Wollens werdet Ihr die Verwegenheit derer bezwingen, welche die Religion der Liebe entstellen und durch unerhörte Grausamkeiten Spanien entvölkert und arm gemacht haben. – Was hatten die maurischen Familien verbrochen, die durch den General-Inquisitor Adrian so wütend verfolgt wurden, daß sie zu Tausenden das Land verließen und unter einen fremden Himmel ihre Reichtümer und ihre Industrie mitnahmen, die Quellen von dem Wohlstand des Reiches?"

„Die Mauren hatten sich empört", sagte Karl V.

„Die Mauren ahmten das Kamel der Wüste nach, das seine Last abwirft, wenn sie zu schwer wird", erwiderte Johann von Avila.

„Adrian Florencio war von sanftem, friedlichem Charakter", erwiderte der König, „was er tat, geschah aus guter Absicht."

„Adrian Florencio[137] war schwach, Sire; er ließ das Böse geschehen, ohne es zu unterdrücken und täuschte Ew. Majestät über das wahre Benehmen der Inquisitoren."

„Mönch, du bist sehr kühn, daß du so zu sprechen wagst!" rief der König, dessen unbezähmbarer Stolz nicht duldete, für fähig gehalten zu werden, sich zu täuschen oder durch andere getäuscht zu werden.

„Ich sage Ew. Majestät die Wahrheit, Sire", erwiderte der Geistliche, „und die Wahrheit hat das Recht, gehört zu werden. Die Inquisitoren Spaniens sind keine Priester, sondern Henker, sie unterdrücken das Volk und der König ist der Verteidiger des Volkes."

Indem Johann von Avila so sprach, sah er den König fest an, ohne Keckheit, ohne Prahlerei; heilige Majestät strahlte auf seiner Stirn. Karl V. fühlte sich unterjocht durch diese Mischung der Einfachheit und des Adels des Genies und der Heiligkeit, die aus dem Apostel einen so seltenen Menschen machte.

„Fahrt fort", sagte einfach der Kaiser.

„Sire", nahm der Geistliche wieder das Wort, „ein Mann ist fälschlich angeklagt und ungerecht der Tortur unterworfen worden. Der Inquisitor von Sevilla hat dieses Verbrechen begangen und an ihm ist es daher, es gutzumachen. Ew. Majestät möge daher Pedro Arbuez befehlen, Don Manuel Argoso in Freiheit zu setzen."

„Das kann ich nicht", sagte der König gedankenvoll.

„Ach, Sire", rief Johann von Avila, „sollte denn Euer schönes Königreich Spanien Eure Thronbesteigung vergebens mit so vielen Freudenrufen begrüßt haben? Sollten Ew. Majestät vergebens den Cortes versprochen haben, daß die Verfolgungen, die Martern, ein Ende nehmen würden, und daß die Scheiterhaufen erlöschen sollten?[138] Nein, Sire, Ihr werdet Eure Versprechungen nicht verletzen wollen, und mit gutem Grund setze ich meine Hoffnungen auf Euch. Manuel Argoso ist unschuldig, und Ihr werdet ihn beschützen, Sire; Ihr werdet das Leben eines der treuesten Diener Eures Reiches retten. Ein Wort von Ew. Majestät genügt", fuhr der Geistliche voll Eifer fort, „sprecht dieses Wort und Euer Name wird in ganz Spanien gesegnet werden, denn die Gerechtigkeit der Könige ist die Schutzwache für das Glück der Völker."

„Ist dieser junge Mann ein Verwandter des Don Manuel Argoso?" fragte Karl V., indem er auf Estevan von Vargas deutete.

„Ich sollte sein Sohn werden", entgegnete Estevan bescheiden und fest.

„Manuel Argoso hat also eine Tochter?"

„Einen Engel", erwiderte Johann von Avila. „Das schönste und das keuscheste Mädchen ganz Spaniens. – Begreift Ihr jetzt, Sire, weshalb der Gouverneur von Sevilla der Ketzerei angeklagt ist?"

Karl V. biß sich auf die Lippen. Nicht zum ersten Mal erhob man eine solche Anklage gegen die Inquisitoren Spaniens. Rasch schritt der König auf einen Tisch zu, auf dem Schreibgerät lag.

„Diese Dinge müssen unter uns bleiben", sagte er zu dem jungen Vargas. „Willst du mir diesmal als Schreiber dienen?"

„Ich stehe Eurer Majestät zu Befehl", erwiderte Estevan, indem er sich dem Tisch näherte.

„Schreib!" gebot der König.

Estevan nahm eine Feder und ein Blatt Papier. Der König diktierte sehr schnell, ohne sich, wie es seine Gewohnheit war, um den Schreiber zu bekümmern:

Eminenz!

Don Manuel Argoso, Graf von Cevallos, in diesem Augenblick in den Gefängnissen des heiligen Offiziums von Sevilla, ist jeder Zeit Unser treuer Diener gewesen, und Wir haben ihn stets für einen guten und eifrigen Katholiken gehalten. Die Anklage der Ketzerei, die auf ihm lastet, scheint Uns übertrieben zu sein, und es ist wohl möglich, daß diese Anklage das Werk irgendeines Feindes des Grafen sei, der sein Verderben wünscht. Deshalb wagen Wir zu hoffen, daß Eure Eminenz suchen werde, die Wahrheit zu entdecken und unserem treuen Diener Gerechtigkeit widerfahren zu lassen. Wir rechnen selbst darauf, daß Eure Eminenz seinen Prozeß so schnell als möglich beendigen werden und auf die Art und Weise, die am besten mit der Gerechtigkeit und der christlichen Barmherzigkeit übereinstimmt.

Gegeben in unserem Palast zu Madrid, den 20. Mai 1534

Karl[139]

Als der Brief geschrieben war, versiegelte der König ihn selbst mit seinem königlichen Siegel und übergab ihn Johann von Avila, indem er sagte: „Wir sind entzückt, mein Vater, den Apostel Andalusiens bei uns gesehen zu haben. Und Ihr, junger Mann", fügte er hinzu, indem er sich an Estevan wandte, „wenn Ihr der Schwiegersohn Don Manuel Argosos seid, kehrt an Unseren Hof zurück und Wir werden Euch eine Stellung anweisen, wie sie des Namens würdig ist, den Ihr führt."

„Ich danke Ew. Majestät, Sire", erwiderte der junge Vargas, „mein Herz, mein Arm und mein Leben gehören Euch."

Der König dankte Estevan durch ein anmutiges Lächeln und trat in seine Gemächer.

An demselben Tag verließen Estevan und Johann von Avila Madrid.

XXXIV.

Rodriguez von Valero

$\mathcal{V}$IERZEHN TAGE WAREN SEIT DER AUDIENZ VERFLOSSEN, in der wir Johann von Avila Karl V. gegenüber erblickten. Nach Sevilla zurückgekehrt, war es Estevans erste Sorge, sich nach Dolores zu erkundigen. Joseph hatte ihm empfohlen, nie ohne ihn nach dem Haus Juanas zu gehen, und da er nicht in dem Inquisitionspalast sich zeigen durfte, wo der Günstling des Pedro Arbuez wohnte, begab sich Estevan mit Anbruch der Nacht nach der Taverne Buena Ventura, indem er dachte, daß der Alguazil oder dessen Schwester ihn von dem Schicksal der Geliebten und von dem, was bei der Inquisition vorging, in Kenntnis setzen könnte. Als der junge Vargas nach der Taverne kam, war dort kein Gast zugegen, denn die Stunde zum Abendessen hatte noch nicht geschlagen. Die Chapa war daher allein in ihrer Küche, um mit geübter Hand die verschiedenen Gerichte zu bereiten, die für ihre Gäste bestimmt waren. Von Zeit zu Zeit verließ sie den Herd, um auf die Straße zu sehen, ob niemand käme; dann kehrte sie zu ihrer *Chanfaïna* zurück und murmelte zwischen den Zähnen: „Es ist aber doch jetzt die Zeit, wo die Arbeiter ihr Tagwerk und die Mönche ihre Predigt beendigt haben. Nun ich muß nur machen, daß ich fertig werde, denn sie werden gleich hier einfallen wie ein Schwarm verhungerter Vögel."

Indem sie diese Worte beendigte, bemerkte sie einen jungen Kavalier, der, dicht in einen Mantel gehüllt, auf die Taverne zukam. Die Chapa trat zurück, um ihm den Weg frei zu lassen. Der Kavalier trat ein, und nachdem er sich umgesehen hatte, schien er sehr erfreut, allein zu sein. Er zog eine Bank hervor und setzte sich mit dem Rücken gegen die Tür an einen der langen Tische.

„Was wünschen Ew. Herrlichkeit?" fragte die Chapa mit der milden, wohlklingenden Stimme, welche die Weiber Andalusiens auszeichnet und deren Reiz durch das schöne Aussehen des Kavaliers, zu dem sie sprechen, wächst.

„Gebt mir eine Tasse Schokolade", erwiderte Estevan, indem er den breitkrempigen Hut abnahm, der seinen schönen Kopf bedeckte und ihn neben sich legte.

„Welch ein schöner Kavalier!" dachte die Andalusierin und bemühte sich, ihn auf das Beste zu bedienen.

Als sie die Tasse, das Glas Wasser und die *Acucarillos*[140], die notwendigen Teile jedes spanischen *Refresco*, vor ihn hingestellt hatte, blickte Estevan das Wirtsmädchen voll Vertrauen und Freundlichkeit an und sagte, indem er sie bei ihrem Namen nannte: „Setze dich zu mir, Chapa, ich bedarf deiner heute sehr."

„Meiner, Señor?" fragte sie verwundert. „Wie ist das möglich, und was kann ich für Ew. Gnaden tun?"

„Du kennst die Señora Dolores, die Tochter des Gouverneurs von Sevilla."

Die Schwester Cocos sah Estevan mit großen, verwunderten Augen an. „Ich weiß nicht, was Ihr sagen wollt, Señor", entgegnete sie dann. „Ich kenne die Person nicht, von der Ihr redet."

„Du kennst sie und auch den Apostel", sagte Estevan, der wohl sah, daß nur das Mißtrauen allein die Antwort der Gastwirtin verursachte. „Nun wohl, Chapa, fürchte nichts, denn mich schickt der Apostel, der zu wissen wünscht, ob die Señora Dolores noch immer in dem Haus ist, in dem Don Joseph sie verborgen hatte. – Aber sprich doch", fuhr Estevan fort, indem er die Blässe bemerkte, die plötzlich die braunen und frischen Wangen der jungen Andalusierin überzog. Die Schwester Cocos stand hastig auf, und statt zu antworten, lief sie nach ihrer Küche und rief: „Ach mein Gott, mein Kessel kocht über! Ich stehe Euch sogleich zu Befehl, Señor."

In diesem Augenblick öffnete sich die Tür der Taverne und Coco selbst, in seiner Kleidung als Alguazil, blieb überrascht stehen, nur eine einzigen Gast zu erblicken. Aber nachdem er Estevan, der sich gegen ihn umgewandt hatte, erkannte, verbreitete sich ein trauriger und bekümmerter Ausdruck über sein Gesicht.

„Ihr werdet mir antworten", sagte der junge Kavalier. „Eure Schwester habe ich vergebens befragt. Setzt Euch zu mir, Señor Coco, und sagt mir, was seit dem Tag, an dem ich Sevilla verließ, vorgegangen ist."

Die Chapa war neugierig in die Tür ihrer Küche getreten. Der Alguazil näherte sich Estevan und blieb mit ziemlich verlegenem Wesen neben ihm stehen.

„Aber sprecht doch, ich beschwöre Euch!" rief der junge Vargas. „Sollte meine Braut krank sein?"

„Señor", erwiderte der Alguazil verlegen, „ich wage in der Tat nicht –"

„Was gibt es denn, oh mein Gott?" fragte der junge Mann ungestüm.

Der Alguazil senkte den Kopf und antwortete nicht. Estevan sprang mit dem Ausdruck der Verzweiflung empor, eilte auf die Schwester Cocos zu, ergriff sie bei beiden Händen, drückte diese heftig und rief angstbeklommen: „Sprich du, Chapa; was ist aus der Tochter des Gouverneurs geworden? Ist sie tot oder lebt sie? Was es auch sei – sprich – ich will alles wissen."

Die Chapa, die vor Verlangen brannte, alles zu sagen, sah ihren Bruder an, als wollte sie ihn um Rat fragen.

„Du kannst sprechen", sagte Coco, der diesen Blick verstand, „ich hätte nicht die Kraft dazu; sprich, Schwester, er ist der Verlobte der jungen Señora."

„Señor", sagte nun die Chapa von Ernst ergriffen über den Schmerz, den sie erwecken mußte, „versprecht mir wenigstens, Euch nicht allzusehr zu betrüben."

„Aber was gibt es denn?" rief Estevan in unaussprechlicher Angst.

„Señor, Eure Verlobte –"

„Nun wohl?"

„Sie ist –"

„Was denn! Um des Himmels willen, kommt zu Ende!"

„In den Gefängnissen der Inquisition", sagte die Chapa, indem sie die Stimme dämpfte und am ganzen Leib zitterte.

„Ha!" rief Estevan, indem er sich mit der Faust vor die Stirn schlug, „das hätte ich erwarten sollen! Ein Dominikaner! –"

„Señor", rief lebhaft der Alguazil, „hütet Euch davor, Don Joseph anzuklagen; er ist daran unschuldig!"

Aber die Beteuerungen Cocos waren nicht genügend, um die Vorurteile Estevans zu besiegen. Er machte sich lebhafte Vorwürfe darüber, dem jungen Mönch vertraut zu haben, und da wir stets bereit sind, die Schuld des Unglücks, das uns trifft, auf andere zu wälzen, tadelte er bei sich selbst bitter das, was er das unbedachte Vertrauen Johann von Avilas nannte.

„Du hast also meine Braut gesehen", fragte er Coco, „da du oft in dem abscheulichen Gefängnis den Dienst hast?"

„Nein, Herr", erwiderte der Alguazil. „Aber Se. Ehrwürden, Don Joseph, hat sie mehrmals besucht und ich bin überzeugt", fügte er mit leiser Stimme hinzu, „daß er sich mit den Mitteln zu ihrer Befreiung beschäftigt."

Ein bitteres, spöttisches Lächeln verzog die Lippen Estevans; ein entsetzlicher Gedanke bemächtigte sich seiner Seele. Er kannte die Moralität der Mönche, und in diesem Augenblick wäre ihm vielleicht die Kunde von dem Tod seiner Dolores minder schmerzlich gewesen als die Furcht, die er empfand. Unter dem Gewicht so vieler auf ihn einstürmenden Gefühle erliegend, sank er nieder auf den Sitz, stützte beide Ellbogen auf den Tisch und ließ den Kopf in die Händen sinken.

Der Ton zweier laut sprechender Stimmen machte, daß er wieder aufblickte. Zwei Männer waren soeben in die Taverne der Buena Ventura eingetreten. Der eine trug das elegante Kostüm der Caballeros jener Zeit, der andere aber war mit großer Nachlässigkeit gekleidet. „Ihr hier, Estevan?" sagte dieser letztere, indem er dem jungen Vargas die Hand reichte.

„Ich selbst, Don Rodriguez."

„Seit einem Jahrhundert habe ich Euch nicht gesehen", sagte Rodriguez von Valero, den der Leser bereits kennt. „Ich bin entzückt, Euch zu treffen. Ich bitte Euch um die Erlaubnis, Euch einen meiner Freunde vorzustellen, Don Ximenes von Herrera, einen edlen Herrn Aragons, der erfreut sein wird, Eure Bekanntschaft zu machen."

Indem Don Rodriguez so sprach, stellte er Estevan ebenjenen aragonischen Edelmann vor, den wir bereits in der Abendgesellschaft des Grafen von Mondejar kennenlernten. Die beiden jungen Männer tauschten nun alle üblichen Höflichkeiten jener Zeit ritterlicher Sitten, die noch den Charakter von der ausgesuchten Höflichkeit der Mauren trug, miteinander aus, aber

Valero, der bald die außerordentliche Blässe Estevans und das finstere Feuer bemerkte, das aus dessen Augen blitzte, sagte mit väterlichem Ton zu ihm: „Was ist Euch, Don Estevan, Ihr scheint zu leiden?"

„Mir ist nichts, Don Rodriguez", erwiderte der jung Mann mit einem Ton, der seine Wort Lügen strafte.

„Ihr täuscht mich", entgegnete Valero. „Ihr wißt aber doch, daß Ihr in mich volles Vertrauen setzen könnt."

„Ich weiß es", sagte Estevan, „und ich weiß auch, daß Ihr der größte Feind der Inquisition seid; aber dieser junge Herr –" fügte er hinzu, indem er mit dem Blick auf Ximenes deutete.

„Dieser junge Herr ist ein edler Ritter und eine unabhängige Seele", erwiderte Valero. „Würde ich ihn Euch sonst als meinen Freund vorgestellt haben? Sprecht! Sagt uns, was Euch betrübt, wir sind beide bereit, mit Euch gemeinschaftliche Sache zu machen."

„Ach, Don Rodriguez", rief Don Estevan, glücklich, endlich ein Herz zu finden, in das er die ganze Bitterkeit des seinigen ausschütten konnte, „wir leben in einem abscheulichen Jahrhundert; die Gerechtigkeit ist von der Erde verbannt!"

„Das kommt daher, weil sie in die Hände der Mönche gefallen ist", erwiderte Valero mit beißendem Ton.

„Solltet ihr glauben, ihr Herren", fuhr Estevan fort, „daß Pedro Arbuez, nicht damit zufrieden, den Gouverneur von Sevilla in die Kerker der Inquisition geworfen zu haben, auch dessen Tochter verhaften ließ, das edelste Mädchen von ganz Spanien?"

„Seine Tochter!" rief Don Ximenes von Herrera, indem er auf Valero einen Blick des Einverständnisses richtete.

„Ei", sagte Valero lebhaft, „ich hatte Euch wohl gesagt, Don Ximenes, daß dieser Tag nicht ohne einige Anklagen oder noch Schlimmeres vorübergehen würde."

„Ihr wißt also, was vorgegangen ist, Don Rodriguez?" fragte Estevan voll Angst.

„Beruhigt Euch", erwiderte der alte Ritter. „Ich will Euch alles mitteilen, was wir darüber wissen."

Don Rodriguez von Valero erzählte Dolores' Verlobtem in Kürze alle die Ereignisse, die während der Abendgesellschaft des Grafen von Mondejar sich zugetragen hatten, ausgenommen jedoch den Verrat des letzteren, der allen Gästen ein Geheimnis geblieben war, nur nicht dem Groß-Inquisitor. Estevan hörte die Erzählung mit der innigsten Bewunderung für Dolores an und mit der höchsten Verachtung für deren Henker. Aber sein Schrecken wuchs dadurch nur noch mehr, denn er mißtraute Joseph und kannte Pedro Arbuez.

„Wißt ihr wohl, ihr Herren", sagte er endlich mit ausbrechender Heftigkeit, „daß man sich nicht über die dumpfe Gärung wundern darf, die unter dem scheinbaren Gehorsam und der Gleichgültigkeit der Spanier kocht?"

„Die Spanier", entgegnete Valero, „sind nur noch ein Körper, dem der Kopf mangelt. Sie dulden und winden sich in krampfhaften Zuckungen unter dem Griff des Despotismus, aber sie haben nicht den Verstand, der die

Mittel, die Fesseln zu brechen, ersinnt, zusammensetzt und anwendet. Es ist nicht alles zu sagen: ‚Ich leide!' indem man sich in seinen Ketten windet", fuhr der alte Ritter fort, „man drückt sie sich oft noch in das Fleisch hinein. Es bedarf der Ausdauer, welche die Ketten Glied für Glied durchfeilt, oder der Kühnheit und Verwegenheit, die mit einem Schlag den Szepter des Despotismus zertrümmert."

Indem der Greis, begeistert von der heiligen Liebe zur Freiheit, so sprach, nahm sein Gesicht einen erhabenen Ausdruck an und seine hohe Stirn schien von seinem weißen Haar umgeben zu sein wie von einer Glorie.

„Don Rodriguez", sagte Estevan, bis in das Innerste erschüttert durch diese edlen Gedanken, die auch die seinigen waren, „Don Rodriguez, es ist nicht der Kopf, der dem Körper mangelt, sondern es sind vielmehr die Streiter, deren der Führer bedarf. Unser Heer freier Männer ist noch zu schwach, um mit Erfolg gegen die zahllosen Truppen der Mönche und der Familiaren zu kämpfen."

„Jawohl", erwiderte spöttisch Valero, „man könnte beinahe ganz Spanien in eine ungeheure Kapuze stecken."

„Ach, Don Rodriguez", rief Estevan, „es ist jetzt nicht der Augenblick zum Scherzen. Meine Braut liegt in den Kerkern des heiligen Offiziums, und ihr Vater ist vielleicht schon verurteilt."

„Es wird Euch freilich schwer werden, sie zu retten, mein armer Estevan."

„Den Gouverneur werde ich retten, wenigsten hoffe ich es", erwiderte der junge Mann. „Aber Dolores, mein Gott, Dolores!"

„Und durch welches Mittel", fragte der Greis, „hofft Ihr den Lauen des Inquisitor-Geiers, den man Pedro Arbuez nennt, die Beute zu entreißen, die er gefaßt hat?"

„Oh", sagte der junge Mann voll Vertrauen, „es gibt in Spanien eine Macht, die größer ist als die der Inquisition."

„Wo wollt Ihr diese finden?"

„Auf dem Thron, Don Valero, der König –"

„Der König ist der erste Knecht der Inquisition", erwiderte trocken der alte Herr. „Glaubt mir, sucht Eure Stütze anderwärts."

„Gleichwohl", sagte Don Ximenes, „scheint es mir, als stände die Macht des Königs über der eines Mönchs, und nach allem –"

„Ihr müßt wissen, ihr Herren", unterbrach ihn Estevan, „daß ich eben heute von Madrid anlangte und daß Se. Majestät Kaiser Karl V. mir einen Brief an den Inquisitor von Sevilla zu geben geruhte."

„Und nach Eurer Abreise", sagte geringschätzig Rodriguez, „hat der große Kaiser Karl V. ohne Zweifel einen Kurier mit einem zweiten Brief abgeschickt, der vor dem Eurigen ankommen wird, Don Estevan."

„Ha, welch ein Verrat!" riefen zugleich die beiden jungen Kavaliere.

„Wäre das möglich?" fragte der stolze und redliche Estevan. „Ich weiß, daß der König ehrgeizig und habgierig ist, aber daß er in solchem Grad heimtückisch sei, kann ich nicht glauben."

„Woher wißt Ihr das, Don Rodriguez?" fügte der Aragonier hinzu.

„Weshalb haben meine weißen Haare mehr gesehen, als eure schönen schwarzen Locken, ihr Herren? Folgt meinem Rat und vertraut stets nur auf euch selbst oder auf ein zweites Ich selbst, wenn der Himmel euch dieser

großen Gnade würdigte. Vor allen Dingen aber vertraut nie der Freundschaft eines Mönchs oder dem königlichen Schutz. Er ist ein leichter Schleier,
der sich nach dem Wind des persönlichen Vorteils bewegt. Wer demselben
sich vertraut, scheitert meistens an einer Klippe!"

„Die Erfahrung ist etwas sehr Bitters", bemerkte Estevan mit bekümmer-
tem Ton.

„Deshalb ist das Alter traurig", erwiderte Valero. „Indes macht das Alter
nicht alle Greise egoistisch, hart und gleichgültig gegen die Leiden anderer;
sie dient zuweilen dazu, sie weiser zu machen – oder mutiger", fügte er hinzu, „denn der wahre Mut ist auch das Ergebnis der Weisheit."

Während dieses lebhaften Gesprächs hatten die drei Herren, ganz darin
vertieft, nicht bemerkt, daß ein junger Mönchskopf sich aus der Küchen-
tür hervorstreckte. Es war Joseph, der durch die Hintertür eingetreten war
und regungslos stehenblieb, als er die drei Herren in einem so eifrigen Gespräch erblickte, denn es war ihm von Wichtigkeit, alles zu erfahren, was
Estevan oder Dolores betraf. Don Rodriguez von Valeros Worte gewannen
für ihn einen Sinn, den Estevan nicht hineingelegt hatte. Joseph wußte aus
einem Wort Folgerungen zu ziehen und blieb erst an den äußersten Grenzen dieser Folgerungen in seinen Schlüssen stehen. Er wandte sich daher
an Coco, der in einer Ecke der Küche saß, und sagte leise: „Coco, siehst du
die beiden Herren, die mit Don Estevan von Vargas sprechen?"

„Ja, Reverenz."

„Betrachte sie dir genau, um sie wiederzuerkennen."

„Ich kenne sie", erwiderte der Alguazil.

„Du wirst sie beobachten und mir Bericht von allen ihren Handlugen erstatten."

„Auch dem Herrn Groß-Inquisitor?"

„Nein, nur mir, mir allein!" erwiderte Joseph streng.

„Gut! Ich habe verstanden!" erwiderte Coco, der von Bewunderung für
Joseph ergriffen war und blindlings dem Zauber gehorchte, den die bewun-
dernswerte Güte des jungen Mönchs auf alle ausübte, die ihm nahekamen.
Die drei Herren setzten ihre Unterhaltung fort.

„Ihr hofft also viel von diesem Brief Karls V.", fragte Ximenes von Herrera.

„Wenn ich Don Rodriguez glauben darf, so ist darauf eben nicht viel zu
bauen, aber ich werde es dennoch versuchen. Ich muß alle möglichen Mittel
aufbieten, und wenn dieses nicht gelingt –"

Die Ankunft eines Schwarmes von Gitanos und Mönchen aller Farben unterbrach in diesem Augenblick Estevan. Der junge Graf wünschte eben
nicht, sich in solcher Gesellschaft zu befinden, obgleich zu allen Zeiten in
Spanien wie in Frankreich die Edelleute gern die niedrigen Tavernen besuchten. Er zog daher Valero und dessen Freund mit sich auf die Straße.

„Lebt wohl", sagte er, „ich muß euch verlassen."

„Wo treffen wir uns wieder?" fragte Valero.

„Weiß ich es?" entgegnete Estevan.

„Hört", sagte Valero mit ernstem Ton, „ich zweifle, daß Euer Brief Karls V.
viel nützen wird; scheitert Ihr, so sucht mich am Guadalquivir _al muelle_[141]
auf. Ich mache jeden Abend vor meinem Abendessen dort einen Spazier-

gang. – Vielleicht machen wir ein Mittel ausfindig, den Gouverneur von Sevilla und dessen Tochter zu befreien."

„Was wollt Ihr sagen?" fragte Estevan.

„Ich werde Euch das erklären, wenn Ihr kein anderes Mittel des Heils mehr für die habt, die Ihr liebt. Lebt wohl, auf baldiges Wiedersehen."

Estevan entfernte sich voll Schmerz und Furcht. Valero und Don Ximenes kehrten in die Taverne zurück. Es war ein ganz besonderer Genuß für den sarkastischen Beobachter Rodriguez, die verschiedenen Physiognomien der Gäste der Taverne zu studieren, der Mönche sowohl wie der Männer aus dem Volk, die gegenseitig in ihren Gesichtern die verschiedenen Gefühle verrieten, die sie einander einflößten. Der Egoismus und die Habgier der Mönche, ihre ungeheure Verachtung gegen das menschliche Geschlecht waren deshalb auch in hohlen Zügen auf die vergilbten und leidenden Gesichter des Volkes oder auf die verschlagene Physiognomie der Schelme geschrieben, während auf den vollen Gesichtern der Mönche und in ihrer fabelhaften Körperfülle, selbst bis in ihrer demütigen Heuchelei sich die tiefe und blinde Ehrfurcht eines Volkes zeigte, das getäuscht war und ein verdienstliches Werk zu tun glaubte, indem es sich bis auf die Haut ausplünderte, um diese frommen Müßiggänger zu mästen.

„Setzen wir uns", sagte Valero zu seinem jungen Freund. „Hier sammle ich meine Ernte von Verachtung und Mut."

In dem Augenblick, als sie sich setzen wollten, ließ der helle Ton eines Glöckchens in einer benachbarten Kirche langsam das Angelus ertönen. Die Mönche, die in der Taverne zu Abend aßen, erhoben sich ernst und sprachen das Angelus mit einer rauhen Nasenstimme, die Augen heuchlerisch gesenkt, dennoch aber mit großem Wohlgefallen über die bloßen Füße oder die braunen Schultern einiger Gitanillas hinschweifend, die ebenfalls gekommen waren, ihr Abendessen hier zu verzehren. Währenddessen hatte Joseph sich dem Tisch genähert, an dem Valero und Don Ximenes saßen. Das Volk antwortete im Chor auf die Gebete der Mönche. Valero allein blieb mit geschlossenen Lippen sitzen und machte nicht einmal das Zeichen des Kreuzes. Kaum war das letzte Amen gesprochen, als ein Hieronimit, der neben ihm stand, ihn mit zornigem Ton anredete: „Bist du denn ein Ketzer, daß du nicht mit uns betest?"

„Euch geziemt es, öffentlich zu beten und in dem Tempel niederzuknien", erwiderte ernst Valero. „Ihr habt so viel Nichtswürdigkeiten zu büßen, daß es nicht zuviel wäre, wenn Ihr Euer ganzes Leben auf den Knien zubrächtet und Gott um Gnade anflehtet."

„Was sagt dieser Bettler?" rief ein anderer Mönch, indem er verächtlich die mehr als vernachlässigte Kleidung des alten Edelmannes mit den Blicken maß.

„Ich sage", entgegnete Valero, „daß du mehr Boden mit dem Gold der Gläubigen bezahlt, als Gefangenen freigekauft hast."

Der Beschuldigte sprang auf, seine Augen funkelten vor Zorn, und mit einer drohenden Bewegung schritt er auf den Mann zu, der ihm so zu trotzen wagte. Die Gitanos und die Leute aus dem Volk senkten die Köpfe auf ihre Teller herab, um die innere Zufriedenheit zu verbergen, die ihnen diese Zwistigkeit verursachte. Joseph betrachtete Valero mit forschendem Blick. Der alte Edelmann blieb fest auf seinem Platz sitzen, und mit dem ruhigsten und kältesten Wesen sah er den Mönch an, dessen Gesicht vor Wut purpurrot war.

„Was wollt Ihr von mir?" fragte er ihn.

„Ich will dich lehren, wie man die Diener des Herrn ehren muß!" erwiderte der Mönch mit zornerstickter Stimme.

„Die wahren Diener des Herrn sind sanft wie ihr Meister", entgegnete Valero, ohne sich irremachen zu lassen. „Sie sind gut und teilnahmsvoll gegen die Schwachen und dienen ihnen, statt sie zu unterdrücken."

„Wohl geantwortet", sagte mit leiser Stimme ein Guapo von der besten Art, der kein anderer war als Cuerop de Hierro.

Der Mönch erhob heftig eine Hand gegen den alten Herrn, um ihn zu schlagen. Joseph warf sich hastig dazwischen und sagte: „Laßt diesen Mann, ehrwürdiger Vater; Ihr seht wohl, daß es ein Wahnsinniger ist."

„Jawohl, es ist Valero", rief ein junger Karmeliter, der noch nicht gesprochen hatte. „Erkennt Ihr ihn denn nicht, mein Vater?"

„Verrückt oder nicht, so soll er doch beten und vor dem heiligen Bild niederknien", erwiderte rauh der Mönch.

„Ohne Zweifel", entgegnete Valero, „gleich Euch das Holz und den Stein anbeten und durch die Werke den König des Himmels beschimpfen; nicht wahr, so betet Ihr Gott an?"

„Er ist ein Ketzer!" schrie der Hieronimit, indem er den Zorn des barmherzigen Bruders zu entflammen suchte.

„Er ist ein Wahnsinniger, sage ich Euch", wiederholte Joseph kalt.

„Die Wahnsinnigen sagen zuweilen sehr verständige Dinge", erwiderte Valero, indem er Joseph ansah. Joseph zuckte leicht mit den Achseln und blickte Valero an, als wollte er sagen: „Es ist besser, für verrückt zu gelten, als verbrannt zu werden."

„Er ist ein Lutheraner!" fuhr der Karmeliter fort.

„Ehrwürdiger Herr", wagte Coco zu sagen, der einen heftigeren Streit fürchtete, „der alte Herr ist wahnsinnig, ich gebe Euch die Versicherung; unser heiligster Inquisitor hat ihn deshalb niemals verhaften lassen wollen."

„Der Verrückte spricht sehr gut", sagte leise eine alte Gitana zu Cuerpo de Hierro.

„Abuella!" entgegnete der Guapo. „Glücklich sind die Wahnsinnigen, die alles sagen dürfen."

Ein ausdrucksvolles Run Run[142] durchlief die Versammlung, ähnlich dem Geräusch, das die Wogen des Meeres hervorbringen, indem sie auf den Sand des Strandes rollen. Die Worte des Wahnsinnigen waren voll Wahrheit und fanden ein gewaltiges Echo in der Seele des unterdrückten Volkes, das durch den Fanatismus und das Elend herabgewürdigt war. Die Gitanos allein fuhren mit jener stolzen Gleichgültigkeit der Nomaden gegen alles, was die Fragen der Moral betrifft, ruhig fort, ihr Abendessen zu verzehren. Indessen ertönten für diese ungebildeten, erniedrigten, aber von wilder Poesie erfüllten Seelen die Worte dessen, den man einen Wahnsinnigen nannte, auf kräftige und wohlklingende Weise, denn sie erweckten unbewußt die lebhafteste

Sympathie dieser wilden Menschen; sie waren der Ausdruck eines hochmütigen Stolzes und einer gewaltigen Liebe für die Freiheit.

Wenn der Streit zwischen Valero und den Mönchen ernster geworden wäre, so würden die letzteren, ungeachtet der Ehrfurcht, die ihre Kleidung einflößte, nicht die meiste Unterstützung gefunden haben. Das spanische Volk hatte sich hinlänglich über sie zu beklagen, um mit Freuden Repressalien zu nehmen, wenn die Gelegenheit sich dazu bot. Dies war aber hier nicht der Fall, denn als kluge Männer – und man ist immer klug, wenn es einem an Mut mangelt – gelang es den Mönchen, ihre Genossen zu beschwichtigen, indem sie ihnen den Wahnsinn des Sprechenden vorstellten; das Volk aber wollte sich von diesem Wahnsinn nicht überzeugen. Es besitzt einen Instinkt, der selten täuscht, und sein Urteil ist zuweilen sicherer als das der Wissenschaft. Es gibt eine ganz eigentümliche Philosophie, an die man zuweilen zu denken gut tun würde. Durch dieses Ereignis gewann Valero unter den Gästen der Taverne viel Verehrung. Als er sich entfernte, folgten ihm alle mit einem verstohlenen Blick, denn man wagte es nicht, ihm in Gegenwart der Mönche offen die Teilnahme zu zeigen, die er eingeflößt hatte. Aber keine der verschiedenen Stimmungen entging dem scharfen Auge Valeros, der jene bewundernswerte Menschenkenntnis besaß.

Als er mit Don Ximenes von Herrera auf der Straße war, sagte er: „Don Ximenes, das Abenteuer dieses Tages kann uns nützlich werden; diese Menschen werden jetzt tun, was ich von ihnen verlange."

XXXV.

Die Zeugenaussage

𝒟ɪᴇ Sɪᴛᴢᴜɴɢᴇɴ ᴅᴇs Iɴǫᴜɪsɪᴛɪoɴsᴛʀɪʙᴜɴᴀʟs waren täglich geworden; das Autodafé nahte; jeden Tag vermehrten neue Verurteilungen die Zahl der Opfer, die dabei eine Rolle spielen sollten. Das unersättliche Ungeheuer ermüdete nicht; es mußte seine volle Ernte haben, ein königlicher Zehnten, dem Sieger Franz I. bestimmt, mochte es Schuldige oder Unschuldige treffen.

Jeden Morgen begaben sich Estevan und Johann von Avila nach dem Audienzsaal, indem sie hofften, den Gouverneur dort zu sehen. Allein das heilige Offizium hatte so viel zu tun, daß jeder seine Reihe abwarten mußte. Endlich am dritten Tag erschien Manuel Argoso. Die Sitzung war zahlreich und feierlich; Angeklagte von dem höchsten Stand sollten darin erscheinen. Estevan und Johann von Avila hatten sich zu guter Zeit in den Sitzungssaal begeben, und dank seiner Kleidung als Geistlicher, gelangte der Apostel ohne Schwierigkeit hinein. Ein unbestimmtes Gerücht hatte sich den Tag zuvor in der Stadt verbreitet, daß der Gouverneur an diesem Tag gerichtet werden sollte, und außerdem hatte Coco, durch Joseph abgesendet, Johann von Avila benachrichtigt. Estevan und er setzten sich daher auf die für die Zeugen bestimmte Bank.[143] Hier warteten sie. Allmählich füllte sich der Saal mit Menschen, die Sbirren und die Familiaren gingen ab und zu und vollzogen verschiedene Aufträge. Ihre Schritte dröhnten wie ein finsteres Echo im Hin tergrund dieses ungeheuren Saales. Die Marterknechte hielten sich ihrer Gewohnheit nach regungslos wie Geister zur Linken des Tribunals. Endlich schlug die Stunde. Die Inquisitoren traten durch die Tür hinter dem Tribunal ein und nahmen ernst auf ihren Sitzen Platz. Die *Escribanos* hatten die ihrigen bereits eingenommen. Der Saal war in diesem Augenblick von Mönchen und Familiaren höheren Standes erfüllt. Der Türvorhang zur Linken des Präsidenten wurde zurückgeschoben, und die Angeklagten erschienen, geführt durch die Sbirren und begleitet von den Marterknechten.

Das erste Opfer, das auf den dreieckigen Klotz zuschritt, der ihm als Sitz dienen sollte, war ein Weib; sie trug das Gewand der beschuhten Karmeliterinnen. Der zweite Angeklagte war ein Dominikanerpriester. Die Versammlung sah ihn voll Staunen unter den Angeklagten. Zwei andere Angeklagte folgten: zwei junge Männer in der Blüte des Lebens. Der eine trug auf seinem ernsten Gesicht den Stempel des Nachdenkens und tiefer Studien; der andere hatte ein freies, offenes Gesicht, auf dem sich jene schmerzliche Niedergeschlagenheit zeigte, die sich so leicht der von Natur heiteren Gemüter bemächtigt, wenn sie von einem großen Kummer getroffen werden. Diese beiden Angeklagten setzten sich neben die Karmeliterin auf das Dreieck. Der fünfte war Manuel Argoso. Wie Joseph es Dolores vorausgesagt hatte, ging der Gouverneur, von seinen Wunden genesen, beinahe ohne Schwierigkeit. Aber sein Gesicht trug so tiefe Spuren der überstandenen Leiden, daß Estevan ihn nicht erkannte.

„Da ist der Gouverneur", sagte Johann von Avila mit leiser Stimme.

„Oh mein Gott, ist es möglich!" rief Estevan. Er suchte in den abgemagerten Zügen, in der bleichen Gesichtsfarbe, in den beinahe erloschenen Augen, die kaum das Licht des Tages ertragen konnten, die edlen Züge des Grafen von Cevallos. Dieser aber hatte den stolzen und ritterlichen Ausdruck verloren, der ihn unter den größten Herren jener Zeit auszeichnete. Ein unglaublicher Ausdruck der Bitterkeit verzerrte seine bleichen Lippen. Er setzte sich. Die Sbirren und die Marterknechte nahmen ihre gewöhnlichen Plätze ein. Pedro Arbuez blickte hierauf die Angeklagten der Reihe nach an und sagte dann zu der Nonne: „Steht auf!"

Die Karmeliterin gehorchte, und auf einen Befehl des Inquisitors erhob sie den Schleier, der bisher ihr Gesicht bedeckt hatte. Johann von Avila erbebte; er erkannte Franziska von Lerma. Ungeachtet der Leiden des Kerkers zeigte das Gesicht der Äbtissin der Karmeliterinnen noch eine unvergleichliche Schönheit. Ihre kräftige, frische Jugend hatte der ungesunden Luft und der erbärmlichen Kost der Inquisition widerstanden, obgleich ihr beinahe jede Bewegung entzogen war; ihre bewegliche Physiognomie hatte nichts von ihrem hochmütigen Ausdruck verloren. Sie richtete ihr schwarzes durchbohrendes Auge auf das Gesicht des Inquisitors und versuchte dessen Gewissen zu verwirren. Aber der Schauspieler war vorbereitet auf seine Rolle; Pedro Arbuez blieb gleichgültig. Ohne die üblichen Fragen zu erwarten, sagte hierauf die Äbtissin der Karmeliterinnen mit stolz erhobener Stimme: „Wessen klagt man mich an?"

„Des Luthertums", erwiderte kalt der Inquisitor. „Ihr hättet meine Fragen abwarten sollen, meine Schwester", fügte er mit süßlichem Ton hinzu.

Franziska lächelte geringschätzig. „Des Luthertums!" wiederholte sie, „und wie wollt Ihr das beweisen?"

„Meine Schwester, Gott enthüllt jederzeit die verborgenen Verbrechen, damit sie erkannt und nach seiner Gerechtigkeit bestraft werden."

„Gott kann kein Verbrechen entdeckt haben, das ich nie beging", erwiderte die Karmeliterin mit herausforderndem Ton.

„Meine Schwester", fuhr Pedro Arbuez fort, „es wäre dem Geist unserer heiligen Religion angemessener, Eure Verbrechen zu gestehen und es zu bereuen."

„Diese Anklage ist abgeschmackt", erwiderte Franziska mit einem leichten Achselzucken. „Wer hat je daran gedacht, mich für eine Ketzerin zu halten? Wer klagt mich an?"

„Dieses bei Euch gefundene Buch", erwiderte Pedro Arbuez, indem er die lutherische Bibel zeigte, die er in dem Zimmer Franziskas an dem Tag ihrer vorletzten Zusammenkunft mit fortgenommen hatte.

Franziska erkannte sogleich den Einband dieses Buches, das sie mit so vielem Vergnügen in Gesellschaft ihrer Günstlinge durchblättert hatte; sie erriet auf der Stelle, durch welchen nichtswürdigen Verrat Pedro Arbuez sich dieses Buches bemächtigte, das Katharina vergessen hatte, und in der Verwirrung, in die dieser Anblick sie versetzte, bewahrte sie einen Augenblick das Schweigen, verlegen um eine Antwort auf einen so überführenden Beweis, daß derselbe alle möglichen Zeugenaussagen überbot. Von diesem Augenblick an verzweifelte sie an ihrer Rettung. Sie erkannte, daß Pedro Arbuez sich nicht eines so unwiderleglichen Beweises bedient haben würde, hätte er nicht die Absicht gehabt, sie sterben zu lassen. Da sie sich verloren sah, fügte sie sich mit großem Mut in ihr Schicksal. Dieses sinnliche Weib, welches das Leben so sehr geliebt und sowenig an die Ewigkeit gedacht hatte, entriß sich plötzlich und wie durch eine göttliche Begeisterung dieser Welt, in der sie ihr Leben nur durch Fehltritte bezeichnete. Ihre abergläubische und phantastische Religion läuterte sich sozusagen am Rand des Grabes; ein Strahl von oben sank auf sie nieder, und sie wollte ihr Leben durch eine Handlung der Resignation und des Mutes beschließen. Langsam erhob sie ihre Augen, die einige Minuten auf den Boden gesenkt geblieben waren, sah den Inquisitor mit einem zugleich stolzen und begeisterten Ausdruck an und sagte, jedes ihrer Worte scharf betonend: „Ich bin eine große Sünderin, und alle Strafen, mit denen die Inquisition die Rückfälligen, die Ungläubigen und die Ketzer belegt, würden noch nicht genügen, alle meine Verbrechen zu sühnen. – Ist das nicht wahr, gnädigster Herr?" fügte sie mit hellem, durchbohrendem Blick auf das bleiche Gesicht des Pedro Arbuez hinzu. „Bestraft mich daher", fuhr sie fort, „bestraft mich durch die entsetzlichsten Martern, aber bei dieser Handlung der Gerechtigkeit vergeßt nicht, alle Strafbaren zu treffen. Erinnert Euch, daß der, der zu dem Verbrechen Anlaß gibt, noch mehr sündigt als der, der es begeht. Ich haben nicht allein gesündigt, straft also auch meine Mitschuldigen, und die ewige Gerechtigkeit erfülle sich."

„Ihr seid allein angeklagt", erwiderte der Richter, ohne Franziska anzusehen.

„Gnädigster Herr", rief sie mit lauter Stimme, „ich weiß, daß ich allein die Strafe meiner Verbrechen tragen werde, denn wer wagt es, die anzuklagen, denen es gegeben ist, über die anderen zu richten? Ich werde daher in dieser Welt das büßende Opfer sein, aber dort oben –"

„Man führe dieses Weib ins Gefängnis zurück", unterbrach sie kalt der Inquisitor. „Sie hat nicht ihren vollen Verstand – wir werden sie ein anderes Mal hören."

„Herr!" rief Franziska, indem sie mit entschlossener Bewegung gen Himmel deutete, „es gibt dort oben ein höchstes Tribunal, das die ungetreuen Richter bestrafen wird. Pedro Arbuez, du bist ein nichtswürdiger Priester, und du wirst nie das Angesicht Gottes schauen! Laß mich jetzt sterben", fügte sie hinzu, „die himmlische Gerechtigkeit wird den schamlosen Mönch und den inquisitorischen Henker zu strafen wissen!"

Franziska konnte nichts weiter sagen. Auf ein Zeichen des Inquisitors knebelten sie die Marterknechte und banden ihr die Hände. Sie ließ sich fortführen, ohne den geringsten Widerstand zu leisten. Aber indem sie Johann von Avila bemerkte, richtete sie auf ihn ein trauriges Lächeln der Zuneigung und des Lebewohls. Dann durchschritt sie den Saal mit ebensoviel Würde, als befände sie sich unter den Nonnen ihrer Abtei. Dies Ereignis erweckte eine lebhafte Aufregung in der Seele derer unter den Anwesenden, die nicht dem heiligen Offizium verkauft waren.[144] Der Inquisitor war durchaus nicht beliebt, und ein solcher Auftritt war nicht geeignet, die Verehrung der Bewohner Sevillas für Se. Eminenz zu steigern.

„Ich habe unrecht getan, dieses Weib vorführen zu lassen", dachte der Inquisitor. „Joseph riet es mir; ein anderes Mal werde ich nur auf meinen eigenen Rat hören."

Pedro Arbuez rief hierauf den ersten der beiden jungen Angeklagten vor, die auf der Anklagebank saßen.

„Wie nennt Ihr Euch?" fragte er ihn.

„Antonio Herrezuelo."

„Euer Stand?"

„Advokat."

„Antonio Herrezuelo, man beschuldigt Euch, ein Anhänger der reformierten Religion geworden zu sein."

Antonio Herrezuelo antwortete nicht.

„Was habt Ihr zu Eurer Verteidigung zu sagen?" fuhr der Inquisitor fort.

Dasselbe Schweigen von Seite des Lizenziaten.

„Antonio Herrezuelo, ist es wahr, daß Ihr die Religion Luthers angenommen habt?"

„Ich bekenne mich zu der wahren Religion Christi", erwiderte der Angeklagte.

„Die Religion, die Ihr die Religion Christi nennt, ist die der Apostaten und nicht die der Kirche", erwiderte der Inquisitor.

„Wenn die Kirche die evangelischen Traditionen entstellt und unsauberen Händen die Obhut über die Herde Jesu anvertraut, dann müssen die Weisen und die Gelehrten sich selbst zu den Stellvertretern des Gesetzes machen und mit dem Evangelium in der Hand die verdammen, die aus dem Evangelium ein Gesetzbuch der Ausschweifung und der Räuberei gemacht haben."

Vielleicht nie war im Angesicht der Inquisition ein so kühnes Wort gesprochen worden. Man erkannte darin wohl den todesverachtenden Mut der Anhänger Luthers, die heldenmütige Verachtung des irdischen Lebens, die unglaubliche Festigkeit der ernsten, strengen Männer, die jede Weichheit, jede Hingebung an die Freuden des Lebens als eine Verletzung der Gesetze Christi betrachteten und es versuchten, die Menschen zu der mit Größe gepaarten Einfachheit der ersten Jahrhunderte des Christentums zurückzuführen. Der Inquisitor wollte weiter nichts hören. Er fürchtete den elektrischen Funken, der sich so leicht durch das Wort eines mutigen Mannes mitteilt, daß er zuweilen hinreicht, einen ungeheuren Brand zu entzünden.

„Es ist genug", sagte er. „Dieser Mann bekennt sein Verbrechen und beharrt dabei. Man führe ihn in das Gefängnis zurück."

„Sage, man führe ihn zum Märtyrertum!" rief der Gelehrte mit finsterem Enthusiasmus. „Ich danke dir, mein Gott! Ich werde für deine Sache sterben! Das vergossene Blut wird nicht unfruchtbar bleiben; die Wahrheit wird eines Tages über die Welt leuchten."

Ein Marterknecht näherte sich Herrezuelo, um ihn zu knebeln; doch der Angeklagte stieß ihn voll Würde zurück. „Es ist unnötig", sagte er, „ich habe nichts mehr zu sprechen; ich werde schweigen."

Darauf wandte er sich zu dem anderen jungen Mann, der sein Kerkergenosse war, und machte, ohne zu sprechen, eine freundschaftliche Bewegung, um ihn zu ermutigen. Man führte Antonio Herrezuelo fort. Das andere Opfer stand auf, noch ehe es ihm befohlen war.

„Euer Name?" sagte der Inquisitor.

„Wilhelm Franco, Hidalgo."[145]

„Wilhelm Franco, Ihr seid angeklagt, eine Gotteslästerung begangen zu haben, indem Ihr einen Priester des Herrn schlugt."

„Ich schlug einen Nichtswürdigen, der mich entehrt hatte", erwiderte Franco mit wildem und trübem Ton, „einen unwürdigen Geistlichen, der unter dem Schutz seines heiligen Gewandes in mein Haus Verzweiflung und Schmach brachte, meine Frau verführte, die ich liebte und von der ich Kinder hatte, ein Ungeheuer, das meine Ehe eingesegnet hatte und selbst die Bande derselben zerriß. Ich sollte ihn töten und habe ihn nur aus meinem Haus verjagt. Aber ich war in meinem Recht, und er ist der Gotteslästerer, ich war nur der Richter."

Der Inquisitor biß sich auf die Lippen; es schien, als ob an diesem Tag alle Angeklagten, die vor den Schranken erschienen, sich gegen die Inquisition verschworen hätten und mit jenem Mut begabt wären, der aus einer langen und grausamen Unterdrückung entspringt und eine stolze Verachtung des Lebens einflößt. Es war, als ob Spanien erwache; die Erschütterungen blieben indes ohnmächtig, es aus der tiefen Betäubung zu reißen, in die seine Henker es gestürzt hatten. Der Inquisitor war gewandt genug, um auch diesmal noch die Wirkung der mutvollen Empörer unschädlich zu machen.

„Wilhelm Franco", sagte er mit Sanftmut, „es ist für uns sehr schmerzlich, aus Eurem Mund solche Lästerungen zu vernehmen. Der Geist der Finsternis verblendet Euch, mein Sohn; wer flößte Euch diese unlauteren Gefühle ein? Eure Gattin ist eine Frau voll Tugend und wahrer Frömmigkeit; sie genießt oft die Sakramente, was ist also Außergewöhnliches daran, daß sie sich oft mit ihrem heiligen Beistand unterhielt? Ihr wart im Gegenteil gleichgültig und kalt für die religiösen Gebräuche; Ihr habe es vernachlässigt, Eure Seele durch das Gebet und die Übungen der Frömmigkeit zu kräftigen; der Dämon, der den Platz schlecht verteidigt sah, ergriff einen Augenblick, sich desselben zu bemächtigen; er flößte Euch eine wilde Eifersucht ein, ein verabscheuungswertes Gefühl, mein Sohn, und statt Eure keusche Gattin zu bewundern, die mit so festem Fuß auf dem Weg zum Himmel wandelte, wurdet Ihr von verbrecherischem Wahnsinn ergriffen und schlugt den Gesalbten des Herrn, indem Ihr zugleich Mörder und Gotteslästerer wurdet. Bereut, mein Sohn, folgt meinem Rat; man wird Euch in Euer Gefängnis zurückführen, und unser geliebter Bruder und Almosenier, Don Joseph, wird Euch fromm unterhalten und dahin trachten, Eure Seele dem Dämon und den Flammen der Hölle zu entreißen."

„Oh mein Gott", rief Franco, „ich fürchte die Hölle jener Welt nicht mehr; ich habe schon hier Hölle genug gehabt."[146]

Der Inquisitor machte ein großes Zeichen des Kreuzes, während die Marterknechte den Angeklagten fortführten. Darauf wandte Pedro Arbuez sich zu der Versammlung und sagte: „Meine Brüder, lasset uns beten für die Seele dieses armen Unsinnigen, der von dem bösen Geist besessen ist."

Und zuerst niederkniend, um das Beispiel zu geben, murmelte er mit leiser Stimme einige lateinische Gebete. Dann erhob er sich wieder und rief den vierten Angeklagten vor. Dieser war ein alter Dominikanerpriester.[147]

„Mein Bruder", sagte Pedro Arbuez, „es ist außerordentlich schmerzlich, einen Mann mit dem heiligen Gewand, das auch wir die Ehre haben zu tragen, auf der Bank der Angeklagten zu erblicken. Zu einer Zeit, in der die Ketzerei, die Tochter der Hölle, gleich einer Prostituierten an den Pfosten der römischen Kirche weilt, alle, die in dieselbe eintreten oder sie verlassen, mit Worten der Verführung oder der Zügellosigkeit zu sich rufend und so die schwachen Herzen gewinnend, müßten wir, die wachsamen Schildwachen Roms, wir, die ewigen Säulen des katholischen Glaubens, auch den Eifer und unsere Tätigkeit verdoppeln, um unsere bedrohte Religion zu bewahren, statt uns durch den Irrtum verführen zu lassen und ihn den anderen zu predigen."

„Gnädigster Herr", erwiderte der Dominikaner, der diese Rede mit augenscheinlicher Gleichgültigkeit angehört hatte, „ich begreife besser als irgend jemand, wie wichtig es zur Erhaltung einer Religion nötig ist, daß die, die sich zu ihr bekennen, dies mutig gestehen und sie bis zum Tod verteidigen. Ich gestehe also hier in Gegenwart Gottes, daß ich, zum ersten Mal vor diesem Tribunal erscheinend, feig und treulos gewesen bin, indem ich eine Lehre verleugnete, welche die meinige ist. Ja, ich habe die neue Religion angenommen und gepredigt, weil sie mir als die einzige erscheint, die mit der der Apostel und der ersten Christen übereinstimmt und durch Jesus Christus selbst gelehrt wurde. Ich erkläre außerdem, daß ich bei meiner Abschwörung keine Mitschuldigen hatte, daß ich nun mit Herz und Seele und durch die Überzeugung meines Verstandes, Lutheraner bin. Es werde daher meinetwegen niemand verfolgt. – Ich habe bekannt, laßt mich nun sterben, aber erspart mir die Tortur, denn ich fürchte sie tausendmal mehr als den Tod."

„Mein Bruder", entgegnete der Inquisitor, „Euer Geist ist heute verwirrt; vielleicht haben die Büßungen, die Ihr Euch auferlegtet –"

„Ich bin bei vollem Verstand", unterbrach ihn Boxas, der Priester.

„Ihr habt gleichwohl hier vor uns erklärt, daß aus Irrtum und ohne Absicht sicherlich sich einige Lästerungen in Eure Predigten eingeschlichen haben, und da Ihr stets ein treuer Anhänger der Lehren der katholischen Kirchen wart, wollen wir glauben, daß Ihr nur verirrt seid, mein Bruder. Wir werden Euch selbst in Eurem Gefängnis besuchen, und vielleicht erhört Gott unsere schwachen Gebete und sendet Euch seinen heiligen Geist. Geht, mein Bruder und geht in Euch; beichtet und betet! Wer da betet, gerät nicht in Versuchung."

Dominik von Boxas stand auf, ohne zu antworten. Er begriff vollkommen den trügerischen Sinn der Worte des Inquisitors.

„Was für ein heiliger Mann ist Pedro Arbuez!" sagten einige Personen, die nicht viel von dem wußten, was außerhalb des Saales vorging.

„Pedro Arbuez wird ihn vielleicht wegen seines Gewandes begnadigen", flüsterte Estevan dem Apostel zu.

„Dieser und die anderen werden ohne weitere Form verbrannt werden", erwiderte Johann von Avila. „Die Inquisition besitzt ein wunderbares Talent, die Prozesse abzukürzen, durch die sie bloßgestellt werden könnte."

Dies wurde mit sehr leiser Stimme gesagt, indes doch nicht leise genug, um den Ohren eines Familiars zu entgehen, der einige Schritte von ihnen entfernt stand! – Die Familiare hatten Luchsaugen und ein fabelhaftes Gehör.

Es blieb nur noch der Gouverneur übrig. Das Herz Estevans klopfte heftig, und unter den Anwesenden entstand ein noch tieferes Schweigen. Manuel Argoso hatte alles, was bisher vorgegangen war, mit vollständiger Gleichgültigkeit angehört. Bei denen, welche die Inquisition kannten, brachten diese Sitzungen nur ein Gefühl hervor, das bloß aus dem Abscheu, der Ungerechtigkeit und einem tiefen Mitleid für die unschuldig Verurteilten entspringt. Hier wurde die Seele nicht durch die finstere und dramatische Poesie einer richterlichen Verhandlung aufgeregt. Hier gab es keinen Verteidiger, um dem Schwert des Gesetzes einen unschuldigen oder strafbaren Kopf streitig zu machen; hier gab es nur Henker und Opfer; wozu hätte es genützt, sich zu verteidigen? Gegen die Inquisition zu kämpfen, heißt gegen das Schicksal kämpfen! Gleich dem Schicksal machte die Inquisition ihre Urteilssprüche im voraus unwiderruflich, und blind und unerbittlich wie das Schicksal, traf sie ihre Opfer ohne Unterlaß, ohne Mitleid. Ja, es war wirklich etwas Lächerliches, diese schwarzgekleideten Männer zu sehen, die ihre abgeschmackten und willkürlichen Handlugen mit einer feierlichen Phantasmagorie bekleideten; aber es war auch schön, das edle spanische Volk zu sehen, in Schlachtreihe aufgestellt gegen diese finstere Fahne, sich sozusagen von Generation zu Generation vorzudrängen und zu folgen, um festen Fußes diesen Koloß zu bekämpfen und mehrere Male in jedem Jahrhundert die ungeheure Leere auszufüllen, die in den Reihen durch den Tod der zahllosen Opfer entstand, die auf dem Schlachtfeld fielen, und so allmählich das Gebäude des Todes zu untergraben, das so lange in Spanien aufrecht gestanden hatte.

Für den philosophischen Geschichtsschreiber ist dies ein Gegenstand von der höchsten Wichtigkeit. Seit dem Ende der Regierung Philipps II. haben die Triumphe der Inquisition sich unter den ausdauernden Anstrengungen der heldenmütigen Spanier stets, wenn auch auf eine kaum merkliche Weise, verringert, und als sie endlich 1820 unter den letzten Streichen der Patrioten zusammenbrach, fiel sie wie ein altes Gebäude, das langsam untergraben wurde und dessen Fundamente allmählich durch Tausende von Armen erschüttert wurden, die jahrhundertelang damit beschäftigt waren, ein Sandkorn nach dem anderen zu entfernen.[148]

Dieser Tag war ein Tag des Kampfes, aber der Inquisitor, der tapfere Kämpfer des Obskurantismus, erkannte sich wegen der auf ihn geschehnen Angriffe noch nicht für geschlagen. Er besaß gelegentlich die boshafte Geduld des kriechenden Gewürms, das wartet, bis sein Feind sich umkehrt, um ihn dann von hinten zu stechen.[149]

Von den Angeklagten befreit, deren Mut ihn hätte bloßstellen können, richtete er sich in seiner ganzen Höhe empor und sagte mit scheinbarer Mäßigung, diesen Worten den Stolz paarend, der aus dem Bewußtsein seiner Kraft entsprang und ihn innerlich aufblähte: „Steht auf, mein Bruder."

Der Gouverneur stand mit vollkommen gleichgültigem Wesen auf, wie ein Mensch, dem jede Hoffnung geraubt ist und der sich durch keinen Reiz mehr an dieses Leben gefesselt fühlt.

„Mein Sohn", fuhr der Inquisitor fort, indem er einen Seitenblick auf die Bank der Zeugen richtete, wo Estevan und Johann von Avila saßen, „mein Sohn, Ihr seht, daß die katholische Religion, diese heilige Religion, die zugleich die Spaniens ist, schwer bedroht wird. Strafbarer noch sind daher die, die an diesen Tagen religiöser Streitigkeiten nicht die Macht, die sie besitzen, anwenden, um die Fortschritte der Ketzerei zu hemmen. Nicht etwa, daß die Kirche untergehen könnte, denn sie stützt sich auf ewige Grundlage, allein um unendliche Übel zu vermeiden und dem Verderben Tausende von Seelen zu entreißen, die sich täglich in den Abgrund der Hölle stürzen. Ihr, mein Sohn, der Ihr durch Eure hohe Stellung eine große Gewalt in Sevilla ausübtet, Ihr habt Euch nicht nur eine persönliche Nachsicht gegen die verpesteten Lehren Luthers vorzuwerfen, sondern auch noch eine verbrecherische Milde gegen die, die sich zu ihnen bekannten – für Ketzer, die dem heiligen Offizium anzuzeigen Eure Pflicht gewesen wäre."

„War ich der Spion oder der Gouverneur der Stadt?" erwiderte Manuel Argoso, indem er stolz den Kopf erhob.

„Stets dieselbe Verhärtung", murmelte Pedro Arbuez mit heuchlerischer Trauer. „Ihr gesteht also endlich", fuhr er mit scharfem Ton fort, „daß Ihr nicht nur Umgang mit Ketzern hattet, sondern daß Ihr auch selbst Ketzer seid?"

„Ich gestehe nichts von alledem", entgegnete Manuel „ich habe schon auf ähnliche Fragen geantwortet. Ich habe die Tortur ausgehalten, ohne zu bekennen, denn ich hätte dazu lügen müssen, und das werde ich nimmermehr, selbst nicht, um dem Scheiterhaufen zu entgehen."

„Gleichwohl, mein Sohn, klagen Zeugen Euch an, und niemand ergreift Eure Verteidigung, niemand kommt, um diese Aussagen zu widerlegen. Laßt hören, welches sind Eure Zeugen?"

„Hier sind sie", sagte Johann von Avila, und er und Estevan standen auf.

Pedro Arbuez betrachtete den Franziskaner und den jungen Kavalier mit geringschätzigem Mitleid.

„Wir sind hier, um die Unschuld des Don Manuel Argoso, des Grafen von Cevallos, zu beteuern", fuhr der ungestüme Estevan auf.

„Wie heißt Ihr?" fragte der Inquisitor.

„Estevan Graf von Vargas", erwiderte der junge Mann voll Stolz.

„Don Estevan", entgegnete Pedro Arbuez, „wir können Euch nicht als Zeugen annehmen. Euer Großvater hieß nicht Vargas, sondern Venegas, er war nicht Katholik, sondern Mohammedaner. Er wechselte den Namen, indem er die Religion wechselte. Wir können als Entlastungszeugen nur Männer von reinem katholischen und spanischen Blut annehmen."

„Gnädigster Herr", entgegnete Estevan voll Unwillen, „der König Don Philipp I. war minder schwierig als Se. Eminenz. Er meinte, daß der Abkömmling eines Geschlechts, das Granada Könige gegeben hatte, der Nachkomme eines tapferen und treuen Geschlechts, das sich freiwillig der Sache der Könige Spaniens widmete, wohl eine Belohnung verdiente. Er ernannte meinen Vater zum Mitglied des Rates von Kastilien. Hat der Sohn eines Rates des Hofes von Kastilien nicht das Recht, als Zeuge vor dem heiligen Offizium zu erscheinen?"

„So schreiben es unsere Statuten vor, mein Sohn; ich kann diese nicht verletzen. Setzt Euch daher; wir werden diesen heiligen Mann befragen."

Während dieses Gespräches zwischen dem Inquisitor und Estevan hatte Manuel Argoso, ergriffen von Bewunderung und Dankbarkeit für die treue Anhänglichkeit des jungen Mannes, nicht aufgehört, ihm durch seine Blicke den Kummer auszudrücken, den er darüber empfand, daß er sich seinetwegen so in Gefahr brachte. Er schien ihm zu sagen: „Wozu nützt das? Ihr werdet mich nicht retten." Als indes auch Johann von Avila aufstand, um auf die Fragen des Inquisitors zu antworten, zuckte ein flüchtiger Blitz der Hoffnung in den Augen des unglücklichen Gouverneurs auf.

„Euer Name, mein Vater?" sagte Pedro Arbuez.

„Johann von Avila", erwiderte der Apostel.

Dieser in ganz Andalusien verehrte Name brachte eine große Wirkung unter den Anwesenden hervor.

„Was habt Ihr zur Verteidigung des Angeklagten zu sagen?"

„Ich bin gekommen, um hier vor allen zu beteuern, daß Manuel Argoso sich stets als wahrer Christ und rechtschaffener Ritter betragen hat, daß er nie etwas tat, um die Verfolgung Roms zu verdienen. Ich erkläre ihn daher für unschuldig an allen den Vergehungen, deren man ihn anklagt."

„Mein Vater", entgegnete Pedro Arbuez mit so demütigem Ton als möglich, „Euer Zeugnis ist von großem Gewicht, und es ist mir daher peinlich, Euch zu sagen, daß wir uns ungeachtet unserer tiefen Ehrfurcht für Eure Person nicht mit Eurem Zeugnis allein begnügen können, die Statuten der heiligen Inquisition fordern die Aussagen von zwölf Zeugen[150], um den Angeklagten freizusprechen. Wo sind die anderen Zeugen, mein Vater?"

„Ich bin allein", erwiderte Johann von Avila, „aber da mein Zeugnis nicht genügt, wird Ew. Eminenz sich vielleicht nicht weigern, diesem hier zu glauben."

Mit diesen Worten überreichte Johann von Avila dem Groß-Inquisitor den mit dem königlichen Siegel verschlossenen Brief Karls V.[151] Dieses Ereignis erregte eine große Überraschung unter den Anwesenden. Ohne in Verwirrung zu geraten, wie jemand, der auf das, was ihm widerfährt, vorbereitet ist, entfaltete Pedro Arbuez langsam den königlichen Brief, las ihn von einem Ende zum anderen und wog jeden Ausdruck desselben ab. Dann richtete er die Augen auf einen zweiten Brief, der offen auf dem Tisch lag. Es war eine Schrift Karls V., die nichts enthielt, als die Worte:

Don Manuel Argoso, Graf von Cevallos, in diesem Augenblick in den Gefängnissen des heiligen Offiziums, ist, wie man sagt, unschuldig an den Verbrechen, deren man ihn anklagt. Don Manuel Argoso hat mir stets treu gedient, und ich wünsche, daß er gnädig durch das heilige Tribunal beurteilt werde, dessen Oberhaupt Ew. Eminenz sind. Da indes die Sache Gottes der meinigen vorgeht, und das heilige Tribunal in diesen harten Dingen allein kompetenter Richter ist, wünsche ich, daß der Triumph unserer heiligen Religion und der größere Ruhm Gottes aus dieser Sache hervorgehe. Dieser Brief allein soll bei dem heiligen Tribunal und bei Ew. Eminenz, der Gott seinen Schutz und viel glückliche Jahre verleihen möge, gültig sein.

Gegeben im Palast zu Madrid, den – Mai 15 –

Don Estevan von Vargas darf nicht verfolgt werden.

Der Inquisitor verglich einen Augenblick die beiden Unterschriften. Sie waren vollkommen gleich, auch das Format der Briefe war ganz dasselbe. Pedro Arbuez faltete beide zusammen, schob sie in den Ärmel seines Gewandes und Johann von Avila und den jungen Vargas anschauend, sagte er: „Wir werden drüber nachdenken, was zu tun ist. Don Estevan von Vargas und Ihr, mein Vater, könnt Euch entfernen. Die Sitzung ist aufgehoben", fügte der Inquisitor dann hinzu, indem er aufstand.

Die Wirkung dieser letzten Worte war schnell wie der Blitz; er machte alle Anwesenden vor Schrecken erstarren. Der unglückliche Argoso richtete einen verzweifelten Blick auf seine Verteidiger, als wollte er ihnen ein letztes Lebewohl sagen. Johann von Avila beeilte sich, Estevan fortzuziehen, der von Unwillen und Überraschung ergriffen war, denn er fürchtete, derselbe möchte, sich von seiner Betäubung erholend, sich selbst durch ein unbesonnenes Wort in das Verderben stürzen. Als Pedro Arbuez den schwarzseidenen Türvorhang hinter seinem Sessel erhoben hatte, blieb er einen Augenblick auf der Schwelle stehen. Dann streckte er mit einer Bewegung der

Drohung den Arm gegen Johann von Avila aus und murmelte zwischen den zornig zusammengepreßten Zähnen hindurch: „Jetzt haben wir beide es miteinander zu tun, wahnsinniger Mönch!"

XXXVI.

Verschwörung

ES WAR AM ABEND; DIE GEGENSTÄNDE HÜLLTEN SICH in jenes Halbdunkel, das in den südlichen Gegenden so schnell durch die Nacht verdrängt wird. Das Angelus hatte geläutet. Einige verspätete Spaziergänger verließen langsam den Kai, um sich nach Alameda zu begeben. Die Nacht brach mit ungeheurer Schnelligkeit herein; kaum hätten zwei Liebende sich gegenseitig erkennen können. Zwei Caballeros begegneten sich, und obgleich sie physisch ihre Züge unmöglich erkennen konnten, blieben sie beinahe zu gleicher Zeit stehen.

„Seid Ihr es, Don Valero?" fragte der, der von der Stadtseite herkam.

„Ich selbst, Don Estevan. Ihr habt nicht gezögert, zu dem Zusammentreffen zu kommen, das ich neulich in der Taverne bestimmte."

„Drei Tage nur", entgegnet der junge Graf mit finsterem Wesen.

„Nun wohl", fuhr Valero fort, indem er die Stimme dämpfte, um nicht gehört zu werden, denn die Familiaren der Inquisition glitten überall gleich unsichtbaren Gnomen umher, „nun wohl, mein junger Freund, ist Eure Unternehmung gelungen –?"

„Der Gouverneur wird binnen acht Tagen verbrannt, wenn es uns bis dahin nicht gelingt, ihn zu befreien."

„Ich sagte es Euch ja, daß der König der erste Knecht der Inquisition ist. Bei dem Inquisitor wäre der Schutz eines Gardunnio besser gewesen als der des Kaisers."

„Ach, Valero, Valero", sagte Estevan wütend, „wenn Ihr wüßtet, welch ein Abgrund der Nichtswürdigkeit die Seele dieses Pedro Arbuez ist."

„Ich kenne ihn besser als Ihr", erwiderte der alte Herr, „aber Ihr werdet ihn nicht besser machen, als er ist, und jetzt handelt es sich um die Mittel, den Gouverneur zu befreien."

„Ihr verspracht mir dazu Euren Beistand, Don Valero. Sprecht, was muß geschehen? Ich bin zu allem bereit."

„Zu allem? Ist das wirklich wahr, Don Estevan?"

„Zu allem, ich schwöre es Euch", erwiderte der junge Graf, durch den nichtswürdigen Betrug des Inquisitors auf das äußerste gebracht. „Hört, Don Rodriguez. Mein Vater war Mitglied des Rates von Kastilien und hat stets für die Freiheit und das Wohl Spaniens gekämpft. Die Belohnung für seinen Sohn war gänzliches Vergessen seiner Verdienste. Man hat sich nicht einmal daran erinnert, daß der Graf von Vargas einen Erben seines Namens hinterließ. Aber das ist nicht, was meinen Zorn erregt, denn ich achte wenig auf die eitlen Ehren der Erde und ich verachte die Gunst der Höfe. Daher rührt deshalb nicht mein Haß gegen die barbarische Macht der Inquisition, welche die Urteilssprüche der königlichen Macht diktiert und sozusagen den Sieger der Welt unter Vormundschaft hält, ich habe zu diesem Gefühl ganz andere Gründe. – Ich war der vertraute Freund des Gouverneurs von Sevilla, des edelsten Herzens von ganz Spanien; ich war der Verlobte seiner Tochter, die ich anbete. Sie haben den Vater verstümmelt und Dolores einge-kerkert. Vielleicht hat sogar Pedro Arbuez, oder einer seiner unwürdigen Mönche, sich gegen sie nichtswürdige Gewalttaten erlaubt. Ich bot mich zum Zeugen für den Gouverneur an, aber da man einen Unschuldigen ange-klagt hatte, mußte man notwendigerweise in ihm einen Strafbaren finden; man wies daher mein Zeugnis zurück, und die Beleidigung der Ungerech-tigkeit hinzufügend, machte man mir meinen edlen Ursprung wie einen Flecken zum Vorwurf. Ich unternahm die Reise nach Madrid, um die Ge-rechtigkeit Karls V. anzuflehen, und der Kaiser selbst diktierte mir einen Brief an den Inquisitor, den er ermahnte, den Grafen von Cevallos nicht zu verurteilen. Mit Verachtung dieses Briefes hat der Inquisitor uns fortge-schickt, ohne Gerechtigkeit zu üben."

„Ich sagte es Euch ja wohl, mein armer Estevan!"

„Ach, Don Rodriguez, alle diese Nichtswürdigkeiten erbittern die Seele und erfüllen sie mit Haß und Galle. Man kommt zuletzt dahin, die ganze Menschheit zu verachten, die solche Ungeheuer hervorbringt."

„Es gibt keine anderen Ungeheuer als die Inquisitoren", sagte Valero. „Sie sind es, die man treffen muß!"

„Wie ist das möglich?"

„Hört mich an, junger Mann. Ihr seid nicht der einzige in Spanien, dessen Herz durch die Ungerechtigkeit und die Verfolgung empört ist. Tausende von Opfern, ebenso grausam und ebenso ungerecht verfolgt wie Ihr, bewah-ren auf dem Grund ihrer Seele einen dumpfen Haß, der nur des Funkens be-darf, um auszubrechen. Die Inquisition hat Spanien mit Witwen, mit kinder-losen Vätern, mit vaterlosen Waisen angefüllt; sie säte Ungerechtigkeit und muß dafür Rache ernten! Das Volk, unzufrieden und unterdrückt, beginnt zu begreifen, daß es sich nur aufzulehnen braucht, um sein Joch zu zerbre-chen; die Aufklärung, aus der Ferne gedrungen, erleuchtet die Geister. Das Volk ist bereit; es fehlt ihm nur an Führern. Seien wir diese. Zwei andere Kavaliere, die Ihr kennt, werden mit uns diesen Ruhm teilen. Don Ximenes von Herrera und der junge Don Carlos."

„Der Schwiegersohn des Grafen von Mondejar?" fragte Estevan lebhaft.

„Er sollte es werden", erwiderte Valero, „aber die Dinge haben sich seit ei-nigen Tagen sehr geändert und die Gefühle des Don Carlos ebenfalls. Er ist jetzt mehr Feind der Inquisition, als er früher in die Tochter des Grafen von Mondejar verliebt war."

„Ich mißtraue dergleichen plötzlichen Bekehrungen", warf Estevan ein.

„Ihr habt unrecht; diese ist aufrichtig oder vielmehr, die natürliche Red-lichkeit des jungen Don Carlos hat sich gegen die Bedingungen empört, die man für seine Verbindung stellte, und er wollte lieber auf Donna Isabella verzichten, als nichtswürdig werden, um sie zu gewinnen."

„Das ist etwas anderes", entgegnete Vargas, „und ich achte ihn jetzt eben-sosehr, wie ich ihn früher verachtete."

„Nun wohl", fuhr Valero fort, „so laßt uns denn die Führer einer Verschwörung gegen den Inquisitor Arbuez, den Henker Sevillas, sein."

„Was wollt Ihr sagen?"

„Ich will sagen", fuhr Valero fort, „daß es Zeit ist, Spanien aus seiner Betäubung zu erwecken, es von einem Ungeheuer zu befeien, das seine reinsten Kinder verschlingt."

„Aber was wollt Ihr?"

„Begreift Ihr mich denn nicht? Das Autodafé ist nahe. Laßt uns bis dahin ein Heer freier Männer bilden, wie die Inquisition ihr Heer von Familiaren hat. Ihr, Don Ximenes, Don Carlos und ich, wir werden dessen Führer sein, wir haben schon mehrere Vertraute. Ich übernehme es, das Volk aufzuregen. Am Tag des Autodafés, wenn die Prozession auf dem Platz von Sevilla versammelt ist und während man den Richterspruch der Verurteilten vorliest, geben wir das erste Signal, indem wir uns auf die Inquisitoren stürzen; das Volk wird das übrige tun, und wir befreien die Opfer."

„Ich danke Euch, Don Valero", sagte Estevan, indem er lebhaft die Hand des Greises drückte. „Ich danke Euch! Ihr kommt einem Gedanken entgegen, den ich schon längere Zeit hegte."

„Ist der Inquisitor tot, so wird das übrige leicht."

„Tot! Ihr wollt den Inquisitor töten?"

„Der Tod des Boshaften ist eine Gerechtigkeit", entgegnete Valero.

„Don Rodriguez", sagte Estevan, „unter dieser Bedingung kann ich nicht der Eurige sein."

„Weshalb nicht?" fragte der Greis. „Will nicht Pedro Arbuez zahllose Opfer schlachten? Wenn man ihn tötet, um sie zu retten, ist denn das ein so großes Verbrechen?"

„Sein Verbrechen wird wenigstens durch richterliche Formen gedeckt", entgegnete Estevan, „das unsrige wäre ein Mord, und in diesen kann ich nicht willigen."

„Es gibt aber kein anderes Mittel", erwiderte finster Valero.

„Wenn wir die Übermacht haben", sagte Estevan, „können wir dann nicht die Gefangenen befreien und uns des Inquisitors bemächtigen, ohne sein Leben anzutasten?"

„Die Schlange, die man am Leben läßt, sticht früher oder später", sagte Valero.

„Das Blut besudelt den, der es vergießt", entgegnete Estevan, dessen ritterlicher Mut den Gedanken nicht fassen konnte, anders als auf einem Schlachtfeld oder in rechtmäßiger Selbstverteidigung Blut zu vergießen. „Ersinnt ein anderes Mittel, Don Rodriguez; das, das Ihr mir bietet, kann ich nicht annehmen."

Don Valero entgegnete: „Die Familiaren, die Sbirren sind sehr zahlreich. Wir dürfen uns nicht schmeicheln, stark genug zu sein, ihnen die Gefangenen und den Inquisitor selbst zu entreißen, ohne viele Leute zu verlieren, und dann würde unser Unternehmen zu nichts gedient haben. Gelingt es aber, Arbuez zu töten, dann hat man Spanien von einem Ungeheuer befreit, das ganz Andalusien dezimiert."

„Von einem Ungeheuer, an dessen Stelle bald ein anderes treten wird", er-

widerte Estevan. „Glaubt mir, Don Valero, es genügt nicht, einen Ast abzu-
hauen, um einen Baum zu entwurzeln. Wenn wir auch Pedro Arbuez töten,
haben wir deshalb die Inquisition vernichtet? Um diesen fürchterlichen Koloß zu stürzen, muß man langsam den Boden unterhöhlen, in den er eines
Tages hinabstürzen soll. Aber nicht uns ist dieser Ruhm vorbehalten. Es handelt sich hier nur darum, den Gouverneur von Sevilla zu befreien. Entführen
wir Manuel Argoso, ohne das Leben irgendeines Menschen zu gefährden.“

„Wir werden dazu nie zahlreich genug sein“, sagte Valero.

„Wir werden mehr sein, als Ihr denkt. Seid Ihr reich, Don Rodriguez?“

„Wie ein Edelmann, der stets mehr Stolz als Einkünfte gehabt hat“, erwiderte der alte Herr. „Meine Jugend war sehr verschwenderisch, und wenn es
nicht Nacht wäre, würdet Ihr diese Frage nicht an mich gerichtet haben“,
fügte er hinzu, indem er auf die mehr als nachlässige Einfachheit seiner Kleidung anspielte.

„Nun wohl“, sagte Vargas, „ich habe das Glück, es zu sein, und mit Geld
läßt sich alles machen. Laßt mich gewähren, Don Valero. Ich werde mehr
Arme schaffen, als dazu nötig sind.“

„Oh, ich begreife“, sagte Valero, „Ihr werdet Euch ohne Zweifel an die
verfluchte Gesellschaft der Gardunnia wenden. Aber mein Lieber, diese
Menschen sind der Inquisition verkauft.“

„Diese Menschen verkaufen sich dem, der sie bezahlt, und ich kann Euch
dafür haften, daß sie die Sache nicht zurückweisen werden. Laßt mich daher
handeln und diese heldenmütige Auflehnung gegen die Henker unseres Vaterlandes nicht mit Blut beflecken.“

Indem sie so plaudernd gingen, kamen sie zu einem Haus von ziemlich
schönem Aussehen. Rodriguez klopfte an die Tür.

„Was tut Ihr?“ fragte Estevan.

„Ich trete bei mir ein“, erwiderte Valero, „oder vielmehr bei meinem
Freund, Don Ximenes von Herrera, der mir in seinem Haus ein Asyl gibt,
denn ich selbst habe, wie man sagt, weder Dach noch Fach.“

Die Tür war geöffnet worden, Estevan und Valero gingen nach dem ersten
Stock hinauf. Don Ximenes war allein. Er schien durch den Anblick Estevans
überrascht zu werden.

„Don Ximenes“, sagte der alte Herr, „wir haben endlich einen würdigen
Teilnehmer an unserem heiligen Bündnis gegen die Unterdrücker. Don Estevan von Vargas gehört zu den Unseren.“

Ximenes reichte dem jungen Grafen die Hand und sagte: „So laßt uns
denn Freunde sein. Vereinigen wir unsere Herzen und unseren Willen zu
dieser heiligen Sache.“

„Habt Ihr Don Carlos benachrichtigt?“ fragte Rodriguez.

„Don Carlos ist nicht mehr frei“, erwiderte Don Ximenes traurig. „Er wurde
an dem Tag des Santo verhaftet und in die Kerker der Inquisition geworfen.“

„Wieder ein Opfer!“ rief Rodriguez unwillig. „Und wie habt Ihr das erfahren?“ fügte er hinzu.

„Durch die junge Isabella, die ihn anbetet, und die, ungeachtet ihrer fanatischen Frömmigkeit, mit Vergnügen alle Inquisitoren verbrennen würde,
um ihren Geliebten zu befreien.“

„Drei Führer genügen", sagte Estevan, „und mit dem Beistand, dessen ich soeben gegen Don Rodriguez erwähnte –"

„Welchen Beistand?" fragte Don Ximenes von Herrera.

Estevan erklärte hierauf Don Ximenes, was er von der Gardunnia hoffte, und durch welches Mittel er dieselbe zu gewinnen dachte. „Es widerstrebt mir", fügte er hinzu, „zu solchen Menschen meine Zuflucht zu nehmen. Wären aber diese Menschen nicht für uns, so würden sie gegen uns sein, und Gott weiß, was dann aus unserer Unternehmung werden wüßte."

„Ihr kennt sie also?" fragte Don Ximenes mit leisem Lächeln.

„Spottet nicht, Don Ximenes; unglückliche Umstände haben mich gezwungen, mich ihrer zu bedienen. Schon einmal befreiten sie Dolores aus den Händen der Inquisition; unglücklicherweise stürzte ihre kindliche Frömmigkeit sie aufs neue in das Verderben."

„Ja, ja, ich weiß", sagte der junge Aragonier. „Ich sah sie am Abend, an dem sie ohne Zweifel verhaftet worden ist."

„Nun wohl, ihr Herren, diese Menschen können mir dazu beistehen, sie zum zweiten Mal zu befreien. Ich übernehme es, sie aufzusuchen und für unsere Pläne zu gewinnen."

„Ich, die Massen aufzuregen", sagte Valero.[152]

„Ich, sie im Falle der Not zu leiten", fügte Don Ximenes hinzu.

„Ich", ergänzte Valero, „wollte den Tod des Inquisitors, denn es wäre gerecht gewesen, ihn zu bestrafen; aber Don Estevan sprach wie Ihr, Don Ximenes: Er wollte kein Blut vergießen."

„Es wird vielleicht noch allzuviel dessen geben", entgegneten die beiden jungen Männer zu gleicher Zeit, und Estevan fügte dann hinzu: „Es ist spät, und ich muß euch verlassen."

„Wo finden wir Euch wieder?" fragte Don Ximenes.

„An dem Barrio de Triana", erwiderte Estevan, „an dem Ort, wo die Gardunnios ihre geheimen Versammlungen halten: ein einsames, verfallenes Haus an dem äußersten Ende der Vorstadt. Trefft mich dort morgen vor Mitternacht; das ist die Stunde der nächtlichen Beratungen der Gardunnia."

„Seid Ihr dieser Leute sicher?" fragte Don Ximenes.

„Wie meiner selbst", erwiderte Estevan. „Ein Gardunnio verrät nie den, der ihm Geld gegeben hat."

Estevan ging. Wir werden bald sehen, welchen Erfolg seine Schritte bei der Gardunnia hatten.

XXXVII.

Zwei Einsiedler

IN EINIGER ENTFERNUNG VON SEVILLA, in der Gegend von dem Haus des Apostels, befand sich eine Art von Höhle, in den Stein gehauen, dessen waldbewachsener Gipfel sich über den Fels neigte. Der Eingang dieser Grotte, der die Höhe eines Menschen hatte, glich einem Blumenkranz, und die Äste, Zweige und Wurzeln der verschiedenen Gewächse, die sich um diese

Öffnung rankten, verdeckten dieselbe, so daß sie nur schwer zu erkennen war. Es hatte an der Uhr der Kathedrale zehn geschlagen, und die Nacht war dunkel hereingebrochen. Zu einer Ecke dieser Grotte saßen ein Mann und ein Weib auf einer groben geflochtenen Matte, die ihnen zugleich zum Sitz und zum Lager diente. Gegen den Eingang, in einer anderen Ecke, brannte ein helles Feuer von Olivenzweigen und beleuchtete die Bewohner dieser eigentümlichen Behausung, während es zugleich dazu diente, die Feuchtigkeit aus der Grotte zu verbannen, die ungeachtet der Hitze des Klimas und der Jahreszeit etwas kalt war. Das Weib, jung, schön und wohlgestaltet, saß anmutig auf der Matte. Der Mann, bekleidet mit einer einfachen Leinwandhose und das Hemd auf der Brust offen, lag neben ihr, und sein linker Arm stützte sich auf den Schoß seiner Gefährtin, während sein Kopf sich in die Hand lehnte.

Der Mann bewahrte tiefes Schweigen. Sein rauhes, aber entschlossenes Gesicht trug einen eigentümlichen Ausdruck der Niedergeschlagenheit und Traurigkeit. Er erhob nicht einmal die Augen zu seiner Gefährtin, die ihn mit einem innigen Ausdruck der leidenschaftlichen Liebe und des Trübsinns betrachtete. Die Gesichter und die Haltung dieser beiden Personen standen in vollkommenem Einklang mit der melancholischen Einsamkeit ihrer Wohnung. Manofina und seine Genossin, die gegenwärtigen Besitzer dieser Höhle, hatten sich beinahe zu Eremiten gemacht, indem sie aufhörten, Gardunnios zu sein. Der wilde Guapo erlitt in diesem Augenblick die grausame Rückwirkung seiner gänzlich veränderten Existenz. Die Trägheit der Seele und des Körpers lasteten mit vernichtender Gewalt auf dieser entschlossenen kräftigen Natur. Der physische Mensch herrschte bei einem so aufgewachsenen, wie er es war, zu sehr vor, um sich mit einem reinen Spiritualismus begnügen zu können. Er besaß genug Poesie und instinktmäßige Redlichkeit, um durch die erhabene Milde des Apostels bekehrt werden zu können; aber er bedurfte der Tätigkeit in der Ausübung seiner Kraft und nicht der ergebungsvollen Ruhe der Betrachtung. Manofina würde das Märtyrertum ertragen haben, denn auch in diesem liegt die Anwendung der moralischen Kraft, in Ermangelung des physischen Kampfes; aber so plötzlich auf sein abenteuerliches und an Ereignissen reiches Leben zu verzichten, den Dolch in seiner Scheide rosten zu lassen und ewig untätig zu leben, das ging über die Kraft des Guapo. Selbst die Liebe der Serena genügte nicht mehr für die Bedürfnisse dieser glühenden und ungestümen Seele. Manofina litt an dem Fieber der Untätigkeit. Einige Tage noch, und er wurde wahnsinnig oder stumpfsinnig. So viele Herrschaft hat die Materie über den Geist, wenn dieser nicht seit längerer Zeit daran gewöhnt wird, die Obergewalt zu gewinnen.

Die Serena, sanfter als er, hatte sich besser an diese negative Existenz gewöhnt. – Leere der Seele gab es für sie nicht, denn sie war Weib und liebte; deshalb litt sie auch durch seine Leiden, obgleich sie seine Gefühle nicht ganz teilte, und ihre sinnreiche Zärtlichkeit kannte keinen anderen Zweck als die Beschäftigung, ihn zu trösten. Manofina lag schon länger als eine Stunde auf ihren Schoß gestützt, ohne ein einziges Wort an sie gerichtet zu haben, und die Culevrina fuhr liebkosend mit ihrer kleinen Hand durch das rauhe braune Haar des Guapo. Manofina erbebte und richtete langsam seine großen Augen traurig und finster auf seine Gefährtin.

„Was willst du, *alma mia*?" fragte er.

„Ich möchte dich glücklich sehen", erwiderte traurig die Serena.

Der Guapo erbebte, als hätte man plötzlich die Hand auf eine offene Wunde gelegt, aber er antwortete nicht.

„Ach, siehst du, Manofina", fuhr das junge Weib mit dem Ausdruck inniger Leidenschaft fort, „ du magst mir immerhin sagen, daß ich mich täusche und dich glücklich stellen, wenn wir alten Kameraden begegnen; ich sehe dennoch klar bei dem allem, du langweilst dich, du leidest, und dieser Ort, der dir während der ersten Tage, die wir darin zubrachten, so freundlich erschien, ist für dich trauriger geworden als ein Gefängnis."

„Ach, Culevrina, tadle mich nicht", erwiderte der Guapo, der durch seine Liebe sanft wie ein Lamm gemacht wurde. „Ich tat alles, was du verlangtest; ich gehorchte dem Apostel, aber siehst du, selbst gegen meinen Willen ersticke ich, denn es kommt mir in manchen Augenblicken vor, als würde der Fels, der uns beschützt, auf uns herabstürzen. Siehst du, *alma mia*, es liegt in mir etwas, das ich noch nicht verstehe, weil ich so unwissend bin, und doch möchte ich es kennen. Denn dies Leben wird mir unerträglich, und ich möchte damit ein Ende machen. Ich hatte dem Meister der Gardunnia den Eid geleistet, ihm zeit meines Lebens gehorsam zu sein. Du weißt, daß ich meinem Versprechen lange Zeit treu blieb."

„Ach ja, du warst der bravste unserer Brüder", rief die Serena, mit einem Blitz in ihren Augen. Der Instinkt der Gitana erwachte in ihr. „Ja, die Gardunnia darf sich schmeicheln, deine Stelle nie zu ersetzen."

„Nun wohl,", fuhr der Guapo fort, „der Meister hatte mir befohlen, Don Estevan von Vargas zu verdunkeln –"

„Nun?" unterbrach ihn die Serena.

„Das ist kein Vorwurf, den ich dir mache", fuhr Manofina fort, „aber du batest mich, diesen jungen Kavalier nicht zu verdunkeln, und heftetest dich an meine Schritte wie eine Löwin, um meinen Arm zu fesseln und mein Herz zu erweichen. Dann kam der Apostel hinzu und – kurz, ich habe meinen Eid verletzt – ich ließ Don Estevan am Leben. – Dann", fuhr der Guapo mit finsterem Wesen fort – „da ein Verbrechen stets ein anderes nach sich zieht, verleugnete ich die Gardunnia, verließ ich meine Brüder – und jetzt – ach! – jetzt bringe ich, der ich stets der erste bei der Gefahr war, mein Leben hin, am Boden liegend wie ein Hund; ich, der ich von der Spitze meines Dolches lebte, lebe jetzt von der Melopia der Mönche, und in der Nacht – ja in der Nacht, siehst du, während du an meiner Seite schläfst, kann ich die Augen nicht schließen, wenn der Wind die Zweige der Bäume schüttelt, und es kommt mir vor, als hörte ich Todesklagen. – Fährt ein Blitz durch die Luft, so zeigt sich mir eine rote, blutige Gestalt, und ich glaube einen Geist zu sehen, der vor mir vorübergleitet, um mich herauszufordern oder zu erschrecken – kurz – ich, der ich so oft dem Tod trotzte – ich zittere jetzt bei dem Schrei einer Grille, die in ihrem Erdhügel kauert – ich bin feig geworden wie ein Huhn – ich fürchte mich –"

Indem der Guapo diese Worte sprach, war er leichenblaß geworden, und kalter Schweiß bedeckte seine braune Stirn; seine matten, glanzlosen Augen sprachen ein unbeschreibliches Leiden aus. Die Serena erhob den Kopf Manofinas mit ihren Armen, und ihn mit einer unbeschreiblichen Zärtlichkeit an ihre Brust drückend wie eine Mutter ihr krankes Kind, küßte sie leise seine Stirn, als ob die Berührung ihrer Lippen die Kraft gehabt hätte, ihn zu beruhigen. Es war in der Tat ein trostreicher Balsam für das Herz des Guapo. Er schloß die Augen, um die Phantome, die ihn umlagerten, nicht mehr zu sehen, und preßte den Kopf an den Busen der Serena, um die heftigen Schläge seiner Schläfe zu beschwichtigen.

„Teure Seele", sagte die Gitana, „weshalb leidest du so? Weshalb machst du dir die schönste Handlung deines Lebens wie ein Verbrechen zum Vorwurf?"

„Ich fürchte, daß Gott mich dafür bestrafen wird, den Eid verletzt zu haben, den ich der Brüderschaft leistete."

„Der Apostel hat dich absolviert; was fürchtest du also?"

„Es ist wahr, der Apostel ist ein Heiliger, und er kann uns nicht getäuscht haben", sagte der Guapo ein wenig beruhigt.

„War er es nicht, der Gott anflehte, dir das Leben zu erhalten, als du so krank warst, daß alle Welt dich floh, um nicht durch deine Krankheit angesteckt zu werden?"

„Ausgenommen du, meine Culevrina, du, die du den Apostel aufsuchtest, um mich zum Leben zu erwecken, du, die du dich nicht vor der Ansteckung fürchtetest."

„Mein Verdienst dabei war nicht groß", entgegnete sie achselzuckend. „Was hätte ich denn anfangen sollen, wenn du tot gewesen wärst? Das kürzeste wäre gewesen, auch krank zu werden und nach dir zu sterben."

„Ach, ich sehe wohl, daß du mich liebst", rief Manofina mit einer Mischung aus Stolz und Freude. „Ich sehe wohl, daß du mir stets die Wahrheit gesagt hast."

„Armer Unschuldiger", sagte sie, „ich liebe dich so sehr, weil Gott es will, und auch auf seinen Willen haben wir die Gardunnia verlassen."

„Glaubst du?" sagte mit kindlicher Unbefangenheit der Bravo.

„Der Apostel hat es mir gesagt, und ich glaube alles, was er spricht", erwiderte fromm das junge Weib.

„Du hast vielleicht recht, Culevrina", murmelte der Guapo nachdenkend. – „Ach", fuhr er plötzlich mit leiser Bitterkeit fort, „aber so zu leben, ohne irgend etwas zu tun, ohne Abenteuer, ohne sein Leben Tag und Nacht preiszugeben, ohne daß jemals irgendein Mensch sagt: ,Das war wohlgetan, Manofina!' – Siehst du *alma mia*, das ist, um wütend zu werden. Ja, wenn ich noch Opfer der Inquisition retten könnte, wie der Apostel sagt; – wenn ich mich gegen die Familiaren des heiligen Offiziums schlagen könnte, wie an jenem Abend, an dem wir die junge Señora befreiten – weißt du noch?"

„Das war wohlgetan", sagte die Serena. „Der Apostel hatte befohlen, sie zu befreien."

„Ach, und dennoch", fuhr Manofina fort, dessen Augen sich bei der Erinnerung an den nächtlichen Kampf belebten, „dennoch, Culevrina, wäre es ohne dich um mich geschehen gewesen. Manofina hätte dann nie wieder sein Albaacete-Messer gebrauchen können."

Indem der Guapo so sprach, streichelte er liebkosend den Elfenbeingriff seines spanischen Dolches, dessen breite damaszierte Klinge in dem Schein des Feuers funkelte.

„Beruhige dich, *corazon mio*", sagte die Serena. „Sei ruhig, der Krieg ist noch nicht zu Ende; wir werden noch mehr als einen Feind zu bekämpfen haben. Dein Dolch wird nicht in der Scheide rosten. Es gibt in Sevilla so viele arme Leute, die durch die Inquisition verfolgt werden! – Erinnerst du dich nicht, daß der Apostel uns empfohlen hat, sie zu retten, sooft wir das vermögen?"

„Aber wo sollen wir sie finden?" entgegnete Manofina. „Seitdem ich die Gardunnia verließ, ist mein Messer nur aus der Scheide gekommen, um das Rohr des Guadalquivir abzuschneiden, aus dem du die Matten flechtest, die uns zum Lager dienen."

„Beruhige dich", sagte zärtlich die Serena, „die Gelegenheit wird kommen, und bald." Indem sie ihm mit dem süßesten Wesen zulächelte, zeigte sie zwei Reihen weißer, glänzender Zähne, rein wie die eines Kindes.

In diesem Augenblick bewegte ein Windstoß, der von außen kam, die Flamme des Herdes; die hängenden Zweige, die vor dem Eingang der Höhle eine Art gestickter Draperie bildeten, wurden mit anhaltendem Geräusch auseinandergezogen.

„Wer da?" rief der Guapo, indem er hastig aufsprang und die Hand an den Dolch legte.

„Willst du mich etwa verdunkeln, Bruder?" fragte der Ankommende mit heller, klarer Stimme.

„*Virgen del carmen!*" rief die Serena, „wer sollte geglaubt haben, daß Coco uns zu dieser Stunde besuchen würde!"

„Bedarfst du unser?" fügte Manofina lebhaft hinzu.

„Gewiß, gewiß, Manofina!" rief der Alguazil. „Immer derselbe, mein Tapferer; du hast deinen Mut nicht verloren, obgleich du ein Einsiedler geworden bist."

„Ach mein Gott", seufzte der Guapo, „wie lange ist es her, seitdem man mir dies gesagt hat! – Du bist sehr glücklich, Coco", fuhr er fort. „Du kommst, du gehst, du arbeitest, kurz, du bist zu irgend etwas gut, während ich –"

Die Serena legte ihm sanft die Hand auf den Mund, um ihn abzuhalten, weiterzusprechen. Aber der Alguazil bedurfte nicht soviel, um den moralischen Zustand der Seele des Guapo zu erkennen. Die Feinheit ist in Andalusien angeboren. Coco hatte bis zur letzten Silbe gelesen, was in der Seele seines ehemaligen Kameraden vorging. „Gut", dachte er, „er langweilt sich, wir haben ihn."

„Was gibt's Neues in Sevilla?" fragte die Culevrina, um dem Gespräch eine andere Wendung zu geben.

„Oh, vielerlei", entgegnete der Alguazil mit geheimnisvollem Ton.

„Erzähle es uns", riefen zugleich die Serena und der Guapo mit dem Ausdruck lebhafter Neugier.

„Geduld!" sagte der Alguazil, „die Erzählung ist etwas lang."

„Nun wohl", entgegnete die Culevrina, „so setze dich neben uns, Coco, und sage uns, was vorgeht."

„Ja, setze dich", fügte Manofina hinzu, dessen Augen vor Ungeduld funkelten. „Laß hören, Bruder Coco, was gibt es?"

Coco setzte sich. Die Serena rollte um ihre kleinen Finger einige Berberitzenzweige, die sie auf ihrer Schürze entblätterte. Manofina richtete auf ihn seine beiden großen Augen, die funkelten wie die des Löwen der Wüste.

„Ich muß dir zunächst sagen, Manofina", begann der listige Coco, „daß die Gesellschaft der Gardunnia dich noch nicht ersetzt hat."

„Das glaube ich wohl", rief lebhaft die Serena. „Hoffte sie das etwa?" fuhr sie dann mit der unbeschreiblichen Eitelkeit des Weibes und der Liebenden fort.

„Laß ihn doch sprechen, Culevrina", bat der Guapo.

„Ich sagte also", nahm der Alguazil wieder das Wort, „daß deine Stelle in der Gardunnia noch unbesetzt ist."

„Weiter! Laß hören", sagte Manofina.

„Gleichwohl ist die Gesellschaft fortwährend tapfer, redlich und treu gegen die, die sie verwenden."

„Soll das etwa ein Vorwurf für mich sein?" murmelte dumpf der Guapo.

„Nein, Gott behüte mich! Ich wollte dadurch nur andeuten, daß die Geschäfte der Gardunnia von Tag zu Tag wichtiger werden, und daß –"

Nun, was kümmert das mich?" unterbrach ihn der Guapo barsch. „Du weißt, daß ich ihr nicht mehr angehöre."

„Das ist deine Schuld", sagte Coco.

„Der Apostel hat es mir verboten", erwiderte der Geliebte der Serena.

„Weshalb kommst du, ihn zu versuchen, Coco?" sagte die Culevrina ärgerlich. „So handelt kein guter Bruder."

„Ließet ihr mir die Zeit zu sprechen", brummte der junge Gastwirt, „so würdet ihr die eurige nicht zu unnützen Worten verschwenden."

„Nun gut, so sprecht. Wir wollen nichts mehr sagen, sondern nur auf dich hören."

„Ihr bringt mich aber aus dem Zusammenhang. Schweigt also ein für allemal. – Wo war ich denn? Ach jawohl! Die Gardunnia blüht mehr als je. Die Inquisitoren bezahlen sie, um die Ketzer zu verdunkeln, und die Ketzer wollen sie bezahlen, um die Inquisitoren zu verdunkeln – nein, festzunehmen."

„Wie das?" sagte Manofina, dessen Blicke sich bei jedem Wort des Alguazils durch ein eigentümliches Feuer belebten.

„Ach, meine Freunde, wenn ihr wüßtet, was vorgeht", fuhr Coco fort. „Der Gouverneur von Sevilla soll verbrannt werden, und seine Tochter ist für Lebenszeit im Kerker."

„Jesus mio!" rief die Serena. „Und was wurde aus Don Estevan?"

„Still!" sagte Coco, indem er den Finger auf die Lippen legte und den Kopf nach allen Seiten wandte, als fürchte er, gehört zu werden. „Von dem darf man nicht sprechen, denn er würde sonst vielleicht auch in den Kerker geworfen werden –"

„Sei ruhig", fiel ihm die Culevrina ins Wort. „Es gibt hier keine Familiaren. Wir haben keine anderen Nachbarn als die Geier und die Eidechsen, und die sind nicht zu fürchten."

„Ach meine Freunde", fuhr der Gastwirt fort, „wenn ihr wüßtet, was vorbereitet wird."

„Wirst du dich endlich erklären?" rief Manofina ungeduldig.

„Ich komme schon", entgegnete Coco. „Don Estevan von Vargas, der um jeden Preis seinen Schwiegervater und seine Braut retten will, hat beschlossen, den Gouverneur und Donna Dolores an dem Tag des Autodafés zu entführen und die Inquisitoren festzunehmen."

„Ich bin dabei!" rief Manofina.

„Warte, du sollst das nicht allein tun. Deshalb ist es notwendig, daß die Gesellschaft der Gardunnia, die stets bereit ist, sich zu schlagen und die Unschuldigen zu rächen, teil an der Verschwörung nimmt, um den Erfolg derselben zu sichern."

„Du weißt wohl, daß ich nicht mehr zu der Gesellschaft gehöre", warf Manofina finster ein.

„Eben deshalb kannst du uns dienen, Bruder", sagte Coco, der sah, daß er schon drei Viertel seines Zwecks erreicht hatte und daß Manofina ihm gehörte.

„Erkläre dich deutlicher, Bruder."

„Ich sagte dir schon, daß der Meister deine Stelle noch nicht besetzen konnte und daß er deinen Verlust schmerzlich beklagt. Wir bedürfen aber der Unterstützung des Meisters, um unsere Unternehmung durchzuführen. Du sollst ihn daher aufsuchen, Manofina. Du bist stets sein Günstling gewesen, und er wird sich nicht weigern, an der Sache teilzunehmen, wenn du ihm versprichst, dies ebenfalls zu tun, denn in der Hoffnung, dich für die Gesellschaft wiederzugewinnen, wird er alles unternehmen, was du verlangst."

„Wenn ich ihm diese Hoffnung lasse, betrüge ich ihn", erwiderte der Guapo, der einen heftigen Kampf zwischen seinen kriegerischen Instinkten, seiner zügellosen Liebe für die Gefahr und dem Versprechen bestand, das er dem Apostel gegeben hatte.

„Du hast nicht nötig, ihn zu betrügen", erwiderte der Alguazil. „Macht er sich vergebliche Hoffnung, so ist das um so schlimmer für ihn; du brauchst nicht zu halten, was du nicht versprochen hast. Außerdem", fügte er hinzu, „ist Don Estevan sehr reich, und ich glaube, daß die Belohnung, die ich in seinem Namen der Brüderschaft versprechen soll, wohl der Mühe wert ist, ihm zu dienen. Auf, mein Braver; folge mir, denn es ist Zeit. Komm und laß uns den Meister aufsuchen. Das Autodafé soll heute über acht Tage sein. Vorwärts, auf den Weg!"

Wer in diesem Augenblick das Gesicht des Guapo hätte studieren können, würde erschrocken sein, über das ungeheure Gewicht der Aufregungen, die sich in seiner Seele entrollte, während der Alguazil sprach. Alle Lebenskräfte dieses energischen Mannes, die seit so langer Zeit geschlummert hatten, erwachten mit einem Mal. Das Fieber des Enthusiasmus, die glühende Aufregung des lange unterdrückten Mutes verliehen dem männlichen Gesicht einen großartigen Ausdruck. Der Augenblick war da, das Gebot des Apostels, den er wie den Gesandten Gottes betrachtete, zu erfüllen. Endlich sollte er für die Gerechtigkeit kämpfen, zugunsten der Unterdrückten, gegen die Unterdrücker, und während er seinen heftigsten Neigungen Gehör gab, das Paradies Jesu Christi gewinnen. – Der Guapo war einen Augenblick wie vernichtet unter dem Gewicht so vieler verschiedenartiger Gefühle, niedergebeugt durch das ungeheure Glück, das sich ihm zeigte. Die Serena betrachtete ihn angstvoll und unruhig und erwartete mit großer Spannung die Entscheidung ihres Herrn und Meisters. Endlich stand Manofina auf, machte einen Satz wie ein wilder Stier, schnallte den roten Gürtel, der seinen Dolch trug, um den Leib und rief mit heftiger Stimme: „Vorwärts!"

„Wohin willst du?" fragte der Alguazil.

„Mit Euch", entgegnete stolz die Serena. „Kann es ein gutes Fest ohne mich geben?"

„Ohne Zweifel", sagte der Guapo, indem er sie zärtlich an sein Brust drückte. „Gehen wir, gehe keines ohne das andere."

Alle drei verließen die Höhle.

XXXVIII.

Der Lampenball[153]

Indem Manofina sich dem *palacio de la Gardunnia* näherte, sog er begierig die Luft ein. Seine Nasenlöcher dehnten sich aus, und er schnaufte wie ein arabisches Pferd, wenn es das Zelt seines Herrn erkennt. Die Serena selbst konnte sich nicht jenes leisen Bebens erwehren, das man bei dem Anblick von Orten empfindet, die man lange Zeit geliebt hat und nie wieder zu sehen glaubte.

Die Nacht war lau und dunkel; der Mond verschwand längst hinter Wolken. Es war eine köstliche Nacht für Liebende oder Verschwörer.

Als sie die erste Mauerumwallung durchschreiten wollten, die den Palast umgab, blieben sie einige Augenblicke stehen, überrascht und entzückt zugleich über das Schauspiel, das ich ihnen bot. Eine große Lichtmasse strahlte durch die halbgeöffnete Tür, und man hörte im Inneren den Klang einer Gitarre, begleitet von den grellen Tönen des *Pandero*[154].

„Wie lustig sie sind!" sagte die Serena mit einem Seufzer.

„Wer ist denn der Heilige dieses Tages?" fragte Manofina.

„Es ist vielleicht das Ende einer Fastenzeit", erwiderte Coco.

„Treten wir ein", sagte die Serena, deren kleine Füße sich ungeduldig bei den Tönen der bekannten Musik bewegten.

Die Serena war die beste Fandango-Tänzerin in Sevilla. Sie sang außerdem die *Canna* auf eine solche Weise, daß ein Einsiedler darüber hätte wahnsinnig werden können.

Sie beeilten ihre Schritte, und als sie an einem Gebüsch vorüberkamen, erblickten sie in der Dunkelheit drei Männer, deren Züge und Kleidung sie nicht zu erkennen vermochten. Die drei Männer standen hinter dem Gesträuch und sprachen leise miteinander.

Der Guapo war zu sehr in Gedanken vertieft, um auf sie zu achten; Coco tat, als ob er sie nicht sehe, und die Serena kümmerte sich in diesem Augenblick nur um den Tanz. Sie erblickte schon von Ferne die mit Bändern geschmückten Köpfe der Tänzer, die bei den Pas flatterten wie Banner im

Wind und allen Bewegungen folgten, die ihnen wechselweise die Leidenschaft oder die Laune einprägte.

Ach, es war in der Tat ein schönes Fest, der Lampenball, der lebhafteste und heiterste von allen, die man seit langer Zeit in Sevilla gesehen hatte.

Ihrer Ungeduld ungeachtet blieben indes der Guapo und die Serena stehen, als sie die Tür erreicht hatten. Ein Gefühl, das stärker war als ihr Verlangen, die Scham des Stolzes, wenn man so sagen darf, hielt sie auf der Schwelle dieser Wohnung zurück, die sie freiwillig verlassen hatten. Sie zögerten.

„Nun so geht doch", sagte der Alguazil.

„Tritt du ein", sagte Manofina zu seiner Gefährtin.

„Geh du voran, Coco", sagte die Serena, „du mußt uns einführen."

„Oh, ich werde damit nicht soviel Umstände machen", erwiderte der Gastwirt, indem er die Hand der Serena mit echt andalusischer Galanterie ergriff. „Komm daher mit mir, Culevrina, wenn du es allein nicht wagst. – Und du, Manofina, folge uns; du wirst sehen, ob wir gut empfangen werden."

Zugleich öffnete Coco die angelehnte Tür vollends und trat mit triumphierendem Wesen mitten in die Versammlung hinein. Dadurch ermutigt, folgte Manofina ihm in geringer Entfernung.

„Gott beschütze, Ew. Herrlichkeiten", sagte der Alguazil, indem er höflich den Hut abnahm.

Bei dieser unerwarteten Erscheinung ertönte ein Schrei der Überraschung in dem Saal. Die Versammlung, die einen Augenblick zuvor ihre ganze Aufmerksamkeit dem Tanz gewidmet hatte, drängte sich neugierig zusammen, gespannt, zu erfahren, welche Gründe den Guapo und seine Gefährtin in ihre Mitte zurückführten.

Kaum hatte sie den Fuß in den Palast gesetzt, als das durchbohrende Auge Mandamientos, der alles sah, sie erkannte. Er stand gleichwohl am äußersten Ende des Saales, ruhig, väterlich, mit gutmütigem Ernst die Vergnügungen seiner Kinder überwachend, denn so streng und despotisch der Meister war, wenn es galt, seinen Willen durchzusetzen, ebensogut verstand er es, durch eine berechnete Nachsicht und scheinbare Zugeständnisse die zufriedenzustellen und unterwürfig zu erhalten, die er beherrschte, ohne daß sie es wußten. Mandamiento würde ein sehr populärer König gewesen sein, wäre nicht in jener Zeit das Königtum eine geheiligte Sache gewesen, die sich nur durch Erbschaft übertragen ließ und die anzutasten sich niemand einfallen ließ.

Die Serena ging schüchtern und mit niedergesenktem Blick.

Blendendes Licht erfüllte den Saal. Jede Säule trug zwei große Harzfackeln, die ein rötliches, flackerndes Licht verbreiteten und dicke Rauchwolken zur Decke sendeten.

Auf dem Boden rings um die Säulen aber waren eine Menge Matten ausgebreitet. Jedes Frauenzimmer hatte die ihrige, die ihr zum Sitz diente, und so gekauert, bildeten sie einen Stützpunkt eines ebenfalls am Boden sitzenden Mannes, der sich auf ihre Knie stützte wie auf die Arme eines Sessels.

Die Versammlung war so in einer Doppelreihe von Männern und Weibern geordnet und bot einen eigentümlichen und malerischen Anblick. Die Sevillaner, braun, schlank und gewandt, gekleidet in ihre Festgewänder, boten in ihren originellen und wechselvollen Physiognomien ein Ganzes, das einen pikanten Eindruck machte.

In der Mitte zwischen den Sitzenden befanden sich die Tänzer.

Der üppige Fandango, das Gedicht der Liebe, langsam entrollt in einer ausdrucksvollen Pantomime, war damals schon, wie noch heute, der Lieblingstanz der Andalusier, ihre köstlichste Unterhaltung; was mußte er erst für die Gardunnios sein, Menschen ohne Zügel und Zurückhaltung, fieberhafte und leidenschaftliche Naturen, entstammt der Wüste, zu nahe noch ihrem Ursprung, um ihn vergessen zu haben. Tolle Trunkenheit führte den Vorsitz bei dem Fest.

Die anmutigen Chivatos in der Kleidung der *Majos*[155], die Hand stolz auf die Hüfte gestemmt, die Nase in die Luft gereckt, sich auf zwanzig Schritte durch das Geklingel ihrer silbernen Knöpfe anmeldend und beim Gehen die Füße so setzend, daß sich mit Vorteil ihre gewandten und kräftigen Beine zeigten. Die jungen Mädchen tanzten oder kokettierten und reizten die elegantesten Majos durch die Stimme, die Bewegung und den Blick.

Die Coberteras plauderten untereinander und sprachen schlecht von den jungen Mädchen, indem sie zugleich Seitenblicke auf die jungen Männer warfen. Wie wir indes sagten, machte die Erscheinung Manofinas und der Culevrina einen solchen Eindruck, daß der Tanz einen Augenblick langsamer wurde und alle Köpfe sich nach ihnen wandten.

Um den Tanz nicht zu stören, ging die Serena rings um den Kreis, um den Hintergrund des Saales zu erreichen. Aber der Meister ließ ihr dazu nicht die Zeit; er trat ihr mit so vieler Galanterie entgegen, wie man nur von einem Hidalgo hätte erwarten sollen, und indem er sie mit seinem anmutigsten Lächeln betrachtete, sagte er mit höflichem Ton: „Welcher Heilige des Paradieses hat dir den guten Gedanken eingegeben, uns zu besuchen, meine Tochter? Sei willkommen – und Manofina ebenfalls", fügte er hinzu, indem er dem Guapo seine breite, schwielige Hand reichte.

Manofina war etwas verwirrt und legte nicht ohne Zögern seine Hand in die des Meisters. Es schien ihm, als hieße das beinahe, sich gegen denselben verpflichten; und das wollte er nicht.

Diesem wohlwollenden Empfang des Meisters für die Ex-Gardunnios folgte ein allgemeines Hurra der Zustimmung. Alle Gardunnios, groß und klein, drängten sich zu ihren ehemaligen Kameraden, und es folgten zahllose Umarmungen und Beglückwünschungen.

Einige kürzlich erst geworbene Serenas betrachteten mit eifersüchtigen Blicken die schöne und anmutige Culevrina, die in ganz Sevilla nicht ihresgleichen hatte. Gleich darauf aber wandte eine derselben sich zu einer der ältesten Coberteras und sagte mit einem Lachen des Triumphes und der Befriedigung: „Seht doch die da; sie hat nicht einmal eine neue *Mona* auf dem Kopf. Ihr Wollrock ist verblichen, als trüge sie seit ihrer Geburt keine anderen, und ihre seidenen Schuhe fallen ihr von den Füßen, als wollten sie davonlaufen."

„Sie ist gelb geworden wie Safranreis, seit sie uns verlassen hat", erwiderte die Alte, „und der Augenblick ist schlecht gewählt, sich in solcher Kleidung in so guter Gesellschaft zu zeigen. So geht es, wenn man die Stolzen spielen will und die Brüderschaft verläßt. Sie war wahrhaftig viel reizender, als sie verliebte Blicke auf den Prior richtete, den Manofina so gut auf dem linken Auge getauft hat."

„Schweig doch, alte Elster", sagte Garabato, der in diesem Augenblick neben der Cobertera stand. „Culevrina ist noch immer das hübscheste Mädchen in ganz Sevilla. Sie ist schöner in Lumpen, als alle die anderen mit Perlen und Bändern geschmückt!"

Die Ansicht des Garabato wurde allgemein von den Männern geteilt, und die, die es nicht sagten, bewiesen es hinlänglich durch ihre Blicke.

Mandamiento seinerseits suchte seine Freude nicht zu verhehlen. Er führte die Serena zu einer leer gebliebenen Matte am oberen Ende des Saales, und nachdem er die Gefährtin des Guapo aufgefordert hatte, sich zu setzen, sagte er: „Unterhalte dich gut, meine Tochter; ich will ein wenig mit meinem Bruder Manofina plaudern."

Indem er so sprach, nahm Mandamiento die Hand des Guapo, gab Coco ein Zeichen, ihnen zu folgen, und führte sie in einige Entfernung von der Menge in eine einsame Ecke.

Als er hier mit ihnen allein war, sagte er : „Ich vermute, meine Kinder, daß Manofinas Anwesenheit hier nicht ohne Grund ist, und ich wünsche, diesen schnell zu erfahren. Vielleicht befindet sich unser teurer Manofina in einer gefährlichen Lage, die unseren Beistand fordert. Obgleich er nicht mehr zu unserer ehrenwerten Brüderschaft gehört, und keine Pflicht uns gegen ihn als Brüder verbindet, sind wir doch stets geneigt, als alte Freunde und gute Kameraden, ihm Beistand zu leisten, wenn es sein kann, ohne den Gesetzen der ehrenwerten Brüderschaft entgegenzuhandeln."

„Bruder Mandamiento", beeilte sich Coco zu antworten, „es handelt sich in diesem Augenblick nicht darum, Manofina zu Hilfe zu kommen, sondern vielmehr ihn zu bewegen, daß er einwilligt, uns seinen Beistand zu leihen."

Mandamiento machte eine Bewegung der Überraschung.

„Ich habe dir eine Unternehmung, und zwar eine höchst wichtige, vorzuschlagen", fuhr Coco fort. „Deshalb bin ich mit Manofina hergekommen. Höre mich jetzt an; die Sache lohnt wohl der Mühe."

„Sprich!" sagte der Meister, der immer mehr erstaunte.

„Es gibt in Sevilla", fuhr der Alguazil fort, „einen sehr reichen jungen Herrn, der deiner bedarf."

„Beim Barte des Königs", rief Mandamiento, „ich bin stets zum Dienst der jungen Herren bereit, die viel Geld besitzen!"

„Dieser junge Herr wird dir viel geben, doch dagegen mußt du auch viel tun."

„Seinen Nebenbuhler verdunkeln?" fragte der Meister.

„Wahrlich noch weit mehr", sagte der Alguazil, „eine Unternehmung, wie die Brüderschaft sie gewiß noch nie gemacht hat."

„Bei der heiligen Jungfrau del Pilar", rief der Meister, „um was handelt es sich denn? Erkläre dich."

Coco blickte mit geheimnisvollem Wesen umher. Niemand konnte sie hören; sie waren mehr als fünfzehn Schritte von dem Kreis entfernt, in dem man tanzte. Im Übermaß der Klugheit jedoch drängte der Alguazil Mandamiento und den Guapo bis zu der letzten Stufe, neigte sich dann zum Ohr des Meisters und sagte mit leiser Stimme: „Du sollst uns beistehen, den Gouverneur von Sevilla am Tag des Autodafés zu befreien."

„Wie das?"

„Durch die Entführung des Groß-Inquisitors, den du gefangen zurückhalten mußt. Zwei Tage genügen für Don Estevan, den ersten Hafen Spaniens zu erreichen, um sich nach einem anderen Land einzuschiffen."

„Bruder", entgegnete der Meister, „hast du wohl bedacht, was du verlangst? Weißt du, daß wir bei einer solchen Unternehmung unser Leben aufs Spiel setzen?"

„Gegen 200 000 Realen", erwiderte lebhaft der Gastwirt, „das ist die Summe, die Estevan von Vargas Euch zur Belohnung anbietet."

„200 000 Realen!" rief Mandamiento, geblendet durch die ungeheure Größe der Summe, „200 000 Realen für –"

„Für die Entführung des Groß-Inquisitors Arbuez, und dafür, ihn zwei Tage lang in den Kellern der Gardunnia gefangenzuhalten", entgegnete Coco hastig.

„Ja", erwiderte der Meister „und nachdem Arbuez wieder frei ist, wird er uns als Ketzer verbrennen lassen. Hältst du mich denn für einen Dummkopf, Coco? Verdunkeln, das mag sein; die Toten können keinen Schaden mehr tun, aber entführen? Nein, nein, ich entführe nur junge Mädchen."

„Se. Herrlichkeit will nicht, daß man ihn verdunkle."

„Se. Herrlichkeit ist unschuldig wie ein Lamm. Ohne die Gefälligkeit Manofinas und die Befehle – doch genug; ich weiß mich schon zurechtzufinden. Wenn Don Estevan noch lebt, so ist das nicht die Schuld des Inquisitors."

„Oh, ich halte nicht auf das Leben des Inquisitors", sagte Coco, „aber wenn du gegen Don Estevan davon sprichst, ihn zu verdunkeln, willigt er nimmermehr ein, und der Gouverneur von Sevilla wird dann verbrannt."

„Es ist gut! Es ist gut! Man wird verschwiegen sein!" sagte Mandamiento mit dem Lächeln eines Dämons.

„200 000 Realen!" dachte er bei sich selbst, „um dafür das Vergnügen zu haben, diesen verfluchten Inquisitor zu erdolchen, der uns grollt und mir nichts mehr zu tun gibt, seitdem ich Don Estevan verfehlte. 200 000 Realen! Das ist ein herrlicher Pfennig. – Überdies wird man die Stelle des Herrn Arbuez anders besetzen, und der neue Inquisitor, der sich nicht über mich zu beklagen hat, gibt uns sicher wieder Arbeit. Alles ist daher für die Brüderschaft bei dieser Angelegenheit Gewinn."

Dies waren die Betrachtungen, die der Meister der Gardunnia schnell anstellte, aber als gewandter Diplomat hütete er sich wohl, sie denen mitzuteilen, mit denen er unterhandelte. Sich an Coco wendend, der seine Antwort erwartete, sagte er: „Und Manofina billigt diese Unternehmung?"

„Ohne Zweifel", entgegnete lebhaft der Guapo.

„Du findest also, daß die Gardunnia eine gute Mutter ist, und du willst zu ihr zurückkehren?" fragte einschmeichelnd der Capataz.

„Meister, das habe ich nicht gesagt", erwiderte Manofina. „Diese Unternehmung gefällt mir, ich will Euch dabei helfen, wenn Ihr es für gut befindet, und die Serena auch", fügte er stolz hinzu. „Ihr wißt, Meister, daß sie Serena durch Mut und Verwegenheit soviel wert ist wie ein Guapo."

„Ich verstehe", sagte Mandamiento mit bedeutungsvollem Augenblinzeln, „ich verstehe; die Serena und du, ihr seid sehr zufrieden damit, an dieser Unternehmung wegen der versprochenen Belohnung teilzunehmen."

„Meister", sagte Manofina mit gereiztem Ton, „ich habe nie eine ehrlich verdiente Belohnung zurückgewiesen. Aber wenn Ihr es diesmal für passend erachtet, uns nichts zu geben, so kümmert mich das wenig. Ich teile aus freiem Willen die Gefahren der Unternehmung, ohne dafür Lohn zu fordern, wenn Ihr denkt, daß wir darauf keinen Anspruch haben, weil wir nicht mehr Mitglieder der Gesellschaft sind."

„Und weshalb solltest du nicht Mitglied sein?" fuhr Mandamiento fort, denn das war es, wohin er wollte.

„Führe mich nicht in Versuchung, Meister", sagte Manofina. „Was geschehen ist, ist geschehen; ich kehre nicht um. Nur sage mir, ob Ihr meinen Beistand und den der Culevrina annehmt, das ist alles, was ich verlange. Für diesen Fall werdet Ihr mir für einen Tag meine Autorität als Guapo wiedergeben und eine Abteilung unter meinen Befehl stellen; das übrige überlaßt mir."

„Nun wohl", sagte Coco, „es ist abgemacht, Meister? Kann ich Don Estevan und seine Freunde herbringen, damit Ihr Euch miteinander verständigt und das Geschäft verabredet?"

„Du kannst es", erwiderte Mandamiento, entzückt über die Entschlossenheit Manofinas und ohne auf dessen Zurückhaltung zu achten, denn er hoffte zuversichtlich, ihn wieder ganz an sich zu ziehen. Darauf wandte er sich an den Guapo und sagte: „Sieh, mein Sohn, ob die Brüderschaft und ich Freundschaft für dich bewahren. Wir haben noch keinen unserer tapfersten Postulanten würdig gefunden, dein Nachfolger zu sein, und deine Stelle in der Gardunnia ist noch immer unbesetzt. Nimm sie daher für den Tag der vorgeschlagenen Unternehmung wieder ein, und Gott möge dir dann einen guten Gedanken eingeben, mein Sohn. Möchtest du einen weisen Entschluß fassen!"

„Ich", sagte Coco, „eile, Don Estevan zu benachrichtigen. Alles muß noch diesen Abend abgemacht werden."

„Geh", sagte Mandamiento, „nichts ist für eine Unternehmung günstiger als diese Art von Tumult eines Festes. Und du, Manofina", fügte er hinzu, „willst du einen Fandango mit deiner schönen Culevrina tanzen?"

„Sicher!" sagte der Guapo.

Dann holte er die Serena, um sie in den Kreis der Tänzer zu führen. Ungeachtet ihrer ärmlichen Kleidung traten alle hinzu, die Serena tanzen zu sehen. Sie war so hübsch, so schön, sogar so herausfordernd und doch so melancholisch, daß es unmöglich war, sie zu sehen, ohne sie zu lieben. Und dann tanzte sie auch so ausgezeichnet!

Währenddessen hatte Coco den Palast verlassen und war nach jenem Gebüsch gegangen, in dem soeben die drei Männer miteinander flüsterten. Sie standen noch an derselben Stelle und schienen zu warten. Der Alguazil schritt auf sie zu, indem er etwas Geräusch machte.

Obgleich es dunkel war, erkannte ihn Estevan.

„Nun?" fragte er ihn.

„Alles ist bereit, Señor Caballero. Der Meister der Gardunnia wird alles tun, was ihr verlangt."

„Ich hatte es euch wohl gesagt", meinte Estevan, idem er sich zu seinen Gefährten, Don Rodriguez von Valero und Don Ximenes von Herrera wandte. „Jetzt sind wir des Erfolges gewiß."

„Don Estevan", flüsterte der alte Kavalier, „Ihr habt es für nützlich erachtet, Euch mit diesen Gitanos zu verbinden. Mag sein. Aber, mein junger Freund, Ihr begreift nicht die Hälfte Eurer Gewalt. Wenn ich in Eurem Alter stände, wenn ich so schön wäre wie Ihr und Don Estevan von Vargas hieße, dann wollte ich durch mein alleiniges Wort das Volk von Sevilla wie einen Mann zum Aufstand bringen, und ganz Spanien über den Haufen werfen."

„Don Rodriguez", entgegnete Estevan, „Ihr sprecht in diesem Augenblick wie ein junger Mann; laßt daher mich meinerseits wie einen Greis sprechen. – Ihr gesteht mir eine große Zaubermacht zu; ich will glauben, daß ich sie besitze und daß ich mit Hilfe derselben sowie der Erinnerung an meinen Vater, die noch lebendig in den Herzen der Spanier ist, Sevilla gegen die Inquisition in Aufstand bringen könnte. Angenommen, es sei so, was würde daraus für Spanien Gutes erwachsen? Was würde es nützen, den Tod von Tausenden herbeizuziehen, ohne deshalb das Los der Überlebenden zu verbessern? Wißt Ihr denn, Valero, daß Spanien, um für ewige Zeiten das Joch der Inquisition zu brechen, sich zu einem einzigen Gefühl und Willen vereinigen müßte? Plötzliche Aufstände erzeugen den Bürgerkrieg, machen das Land arm, vernichten es, ändern es aber nicht. Sie gleichen wiederholten Aderlässen an einem kräftigen Körper und verlängern sein Leben um einen Tag, um ihn zuletzt zugrunde zu richten. Nur die Wissenschaft, die Aufklärung allein kann die Wiedergeburt Spaniens herbeiführen und es frei machen, wir aber sind nicht dazu bestimmt, diesen schönen Tage zu erleben."

„Weshalb verschwören wir uns dann?" sagte Valero.

„Wegen eines besonderen Interesses", entgegnete Estevan. „Ich, um die zu befreien, die ich liebe, Ihr und Don Ximenes aus Freundschaft für mich; das ist, Ihr dürft es mir glauben, unser mächtigster Hebel."

„Estevan", sagte Don Ximenes, „Ihr verleumdet unsere Absichten, indem Ihr sie als einem Privatinteresse gewidmet schildert."

„Nein", entgegnete Estevan, „ich verleumde sie nicht. Wir haben eine große, glühende Seele; wir seufzen über die Leiden der Menschheit, und vor drei Monaten würde ich, gleich Euch, Don Rodriguez, gesagt haben, daß nur die Liebe zu unseren leidenden Brüdern, dem herabgewürdigten und verfolgten Volk, uns zu diesem Aufstand treibt; seit jener Zeit lernte ich die Gefühle der Menschen ergründen. Und ich sage mir, wenn uns ein Gott geschaffen hätte, um zu der Wiedergeburt Spaniens beizutragen, würde er uns andere Mittel des Handelns gewährt und uns vielleicht ein Jahrhundert später ins Leben gerufen haben, oder wir besäßen die Gabe der Apostel und wären demütige und mutige Athleten wie Johann von Avila, wie Johann von Gott und wie Euer gelehrter Schüler Egidius geworden; erhabene Seelen, die so sehr von der heiligen Liebe zu den Menschen ergriffen sind, daß sie ganz von sich selbst absehen und zugunsten der großen menschlichen Familie auf jedes persönliche Gefühl verzichten. Solchen Männern gebührt das Recht, Spanien bis in seine innersten Eingeweide aufzuregen und es durch den Geist zur Wiedergeburt zu führen! Was die Wiedergeburt durch das Schwert betrifft, so ist das eine Wunde auf eine Narbe, und weiter nichts, und wenn ich heute mich mit euch verschwöre, ihr Herren, so geschieht es nicht, weil ich davon etwas Gutes für meine leidenden Brüder in Spanien erwarte, sondern weil ich liebe und weil ich die Geliebte retten will. – Ich denke, das ist Egoismus", fügte er mit bitterem Lächeln hinzu.

„Don Estevan", sagte Don Ximenes, „Ihr seid besser als wir, und bei Gelegenheit werdet Ihr Euch treuer zeigen als wir."

„Welches auch der Beweggrund unseres Aufstandes sei, ist er doch heilig!" rief Valero. „Laßt uns daher nicht zögern, und seid unser Führer, Estevan. Ihr seid beredter als Cicero und besitzt eine offene Freimütigkeit, der man nicht widerstehen kann."

„Wohin sollen wir gehen?" fügte der alte Caballero hinzu, indem er sich an den Alguazil wandte.

„Folgt mir", sagte Coco, „und um keine Argwohn zu erwecken, betretet den Ball ohne alle Umstände, unterhaltet euch, plaudert mit den hübschen Mädchen. Euch, Señor Don Estevan, rate ich, mit der Serena zu tanzen."

„Wen soll ich zum Tanz führen?" fragte der alte Rodriguez.

„Ew. Herrlichkeit mögen darüber ganz ruhig sein", entgegnete lächelnd der Alguazil, „es fehlt in der Gardunnia nicht an Tänzerinnen, es gibt derer von jedem Alter und von jeder Farbe."

„Geht voraus", sagte Estevan.

Der Alguazil trat allein in den Saal der Gardunnia. Der Tanz war in diesem Augenblick rasch und belebt. Ein munterer Bolero, den Manofina und die Serena tanzten, fesselte alle. Vervielfältigtes Beifallgeschrei belohnte jede anmutige Stellung, jede leichte Pirouette der Tänzerin. Die leichte, schlanke Gestalt der Serena, ihre flammenden Augen, ihre kleine mit Kastagnetten bewaffneten Hände, ihre wiegenden Bewegungen – die kräftigen männlichen Formen des Guapo, den die Neckereien der Culevrina reizten – alles vereinigte sich, ein entzückendes Bild zu gewähren, und bei dem letzten Schritt des Bolero erhob sich ein einstimmiges und anhaltendes Hurra in dem Saal. In diesem Augenblick traten die drei Herren ein. Ihre Ankunft änderte nichts in der Lustigkeit der Gesellschaft. In Spanien mischen die höheren Stände sich gern unter das Volk, ohne daß die ersteren dadurch ihre Würde zu beeinträchtigen glauben und ohne daß die letzteren sich durch eine solche Herablassung besonders geehrt fühlen. Coco näherte sich dem Meister.

„Das ist der junge Herr, der bezahlt", sagte er, indem er auf Don Estevan von Vargas deutete.

„Ebender, den Manofina verdunkeln sollte?" bemerkte Mandamiento. „Es scheint, als wenn zwischen dem jungen Herrn und dem Inquisitor von Sevilla ein Krieg auf Leben und Tod bestände. Gut!" fuhr er fort, indem er sich die Hände rieb. „Wo es zerschlagenen Eier gibt, macht man Eierkuchen. Es ist gut, Coco; sie mögen bleiben, und nach dem Fest werden wir von Geschäften sprechen. Für den Augenblick wollen die Gardunnios essen."

In der Tat trugen eine Serena und zwei oder drei Chivatos, die für diesen Tag den Küchendienst versahen, eine Mahlzeit in den Kreis der Tänzer. Auf eine große Matte, die auf den Boden gelegt wurde, stellte man eine herrliche *Medianoche*. Sie bestand aus mehreren irdenen Flaschen, gefüllt mit *Gazpacho*[156], einem gewaltigen *Guisado*[157] und vier gebratene *Cabritos*. Löffel und Teller gab es nicht. Die Gardunnios kannten durchaus nicht den Gebrauch dieser Gegenstände des Luxus. Sie aßen vertraulich aus der Schüssel und bedienten sich ihrer zehn Finger, statt der Gabel. Der Meister ging hierauf zu den Verschworenen.

„Ihr Herren", sagte er mit großer Artigkeit, „wollen Ew. Herrlichkeiten geruhen, die Mahlzeit meiner Kinder zu teilen?"

„Sehr gern", erwiderten sie.

Sie setzten sich hierauf jeder auf eine Matte, an den Boden, gleich den übrigen, ohne zu fürchten, ihre seidenen Kleider zu verderben. Mit gewandter Absichtlichkeit hatte Estevan neben der Serena Platz genommen. Die Geliebte des Guapo, die schon sehr zugunsten dieses schönen jungen Herrn eingenommen war, dem sie das Leben gerettet hatte, betrachtete ihn mit milder Traurigkeit und Tränen traten ihr in die Augen, indem sie daran dachte, daß seine schöne Verlobte sich in den Kerkern der Inquisition befand und der unglückliche Estevan gezwungen war, zu lächeln. Während die Versammlung die Gerichte mit echtem Gardunnio-Appetit verschwinden ließ, sagte Estevan zur Culevrina, die er für sich gewinnen wollte: „Du wirst mit mir tanzen, nicht wahr?"

„Mein Señor", erwiderte sie mit teilnahmsvoller Traurigkeit. „Ich liebe den Tanz und ich würde mich sehr geehrt fühlen, einen Fandango mit Ew. Herrlichkeit zu tanzen; aber, Gott sei Dank, Ihr werdet heute abend diesen Frondienst nicht zu leisten haben. Der Ball ist für heute zu Ende, und nach dem Abendessen geht jeder an sein Geschäft; auch müßt Ihr gar keine Lust haben, zu tanzen!"

„Gut, Culevrina!" entgegnete Estevan.

„Beruhigt Euch", sagte sie mit leiser Stimme, „wir werden einen anderen Tanz heute über acht Tage aufführen, denn auch ich bin dabei. Aber eßt doch", fuhr sie fort, „und laßt uns nicht mehr davon sprechen. Seht die Serenas dort; sie werden eifersüchtig."

Das Abendessen verschwand mit wunderbarer Schnelligkeit. Don Rodriguez aß wie ein Gitano und neckte die jungen Mädchen. Don Ximenes lachte herzlich über eine sehr hübsche Serena. Niemand ahnte, daß diese scheinbare Heiterkeit eine Verschwörung verbarg. Sobald Mandamiento das Mahl beendet sah, gab er ein Zeichen. Sein eben noch heiteres Gesicht wurde streng und ernst. Die Gardunnios, Männer und Weiber, standen zu gleicher Zeit auf, und nach den zuvor schon von dem Meister empfangenen Befehlen begab sich jeder auf den ihm bezeichneten Posten.

XXXIX.

Eine Verschwörung

Es blieb in dem Palast der Gardunnia niemand zurück als der Meister, der Alguazil, Manofina, dessen Gefährtin und die drei Herren. Einige der Fackeln erloschen allmählich, der gewaltige Saal wurde finster, und die weit vorgerückte Nacht verlieh der geheimnisvollen Versammlung noch mehr Feierliches. Es war zwei Uhr morgens. Der Meister öffnete jetzt einen großen Eichenschrank, der in einer der Ecken des Saals stand, zog daraus ein vergilbtes und beschmutztes Pergamentregister hervor, einen bleiernen, mit Tinte gefüllten Becher und eine große, grobgeschnittene Adlerfeder. Darauf verschloß er den Schrank wieder, der ihm zugleich als Archiv und als Tafel diente, und nachdem er auf der Fläche die verschiedenen daraus hervorgenommenen Gegenstände ausbreitete, ging er zu der Tür, um sich zu überzeugen, daß sie fest verschlossen sei. Der Riegel des Schlosses hatte ohne Zweifel nicht gut eingegriffen, denn in dem Augenblick, als Mandamiento mit seiner kräftigen Hand die schwere Eichenmasse rüttelte, um sie fest zu schließen, öffnete sie sich wie von selbst, und eine neue Person betrat den Palast der Gardunnia. Es war Joseph. Durch Coco benachrichtigt, hatte er sich zu der Versammlung begeben. Bei dem Anblick des jungen Dominikaners stieß Estevan einen Schrei der Wut aus, und sich gegen den Alguazil wendend, sagte er mit dumpfer Stimme: „Du hast mich verraten, Elender!"

Der Alguazil geriet keineswegs in Verwirrung, sondern antwortete mit ruhigem Ton: „Nein, Herr, ich habe Euch nicht verraten."

Es lag ein solcher Ausdruck der Wahrheit in der Physiognomie Cocos, daß Estevan davon ergriffen wurde. Zugleich empfing Mandamiento, der den Beweggrund dieses nächtlichen Besuchs nicht kannte, den Dominikaner mit all der Ehrfurcht, die er dem Günstling des Groß-Inquisitors schuldig zu sein glaubte.

„Was wünschen Eure Reverenz?" fragte darauf der Meister etwas beunruhigt.

„Mit diesen drei Herren zu sprechen", erwiderte Joseph.

Mandamiento runzelte die Stirn.

„Was will der Mönch?" sagte Valero leise zu Estevan.

„Wir werden es erfahren", entgegnete der junge Graf. Dabei trat er auf den jungen Geistlichen zu, und Joseph reichte ihm freundschaftlich die Hand. Estevan nahm sie nicht, aber ihn fest ansehend, sagte er: „Es ist nicht genug, daß Ihr mich verraten habt; Ihr wollt mich auch noch in das Verderben stürzen, nicht wahr?"

„Ich habe Euch nicht verraten", erwiderte Joseph mit sanftem, trübem Ton. „Ich komme, Euch zu trösten und Euch beizustehen."

„Aber Dolores?" fuhr Estevan fort, dessen Eifersucht heftiger und grausamer in Gegenwart dessen erwachte, den er im Verdacht hatte. „Dolores! Was habt Ihr mit ihr gemacht?"

„Dolores wird Euch gesund und wohlbehalten zurückgegeben werden", entgegnete der Dominikaner.

„Ja, denn ich werde sie befreien, ich!" rief Estevan voll Ungestüm. „Eure Tücke täuscht mich nicht mehr, Don Joseph, und wenn ich in diesem Augenblick wollte", fuhr er voll Bitterkeit fort, „wenn ich wollte! – Seht Don Joseph, Ihr seid unbesonnen gewesen! – Wir sind hier unserer fünf gegen Euch, und diese Männer sind mir ergeben."

„Der Beweis, daß ich Euch nicht fürchte", erwiderte Joseph, „ist, daß ich gekommen bin, und zwar allein. Wenn ich Euch verraten hätte, weshalb suchte ich Euch dann auf? Wozu bedarf ich Euer? Folgt meinem Rat, Estevan, und verkennt Eure wahren Freunde nicht; ihr Beistand ist Euch notwendig, und sie bieten Euch denselben mit der ganzen Aufrichtigkeit ihrer Seele."

„Bei dem wahren Gott", rief plötzlich Rodriguez, „das ist der junge Geistliche, der mich neulich vor der Wut seiner Genossen gerettet hat. – Reverenz", fuhr er fort, indem er sich Joseph näherte, „gestattet mir, Euch für den Beistand zu danken, den Ihr mir vor zwei Tagen in der Taverne Buena Ventura leistetet. Ich habe meinen ganzen Verstand wiedergewonnen", fügte er lächelnd hinzu, „und ich wünschte Euch dies zu beweisen, meine Vater."

„Der Verstand besteht nicht darin, verständige Dinge zu sagen", erwiderte Joseph kalt, „sondern dies zu gehöriger Zeit und an gehörigem Ort zu tun. Wenn man auf Stein sät, so fressen die Vögel die Körner, und der Sämann erntet nichts. Eure Reden werden Euch dahin bringen, lebendig verbrannt zu werden."

„Man wird es nicht wagen", entgegnete Valero. „Die Inquisition hält mich für verrückt."

„Die Inquisition könnte zuletzt wohl die Bemerkung machen, daß Ihr ein gefährlicher Verrückter seid, und Euch ebenso behandeln, wie sie die Weisen behandelt."

„Nun wohl", rief Valero, „was kümmert mich das? Das Märtyrertum ist ein schöner Ruhm."

Zum zweiten Mal, seitdem Estevan Joseph kannte, wurde er durch den Reiz der Anziehungskraft besiegt, der aus allen Zügen des junge Geistlichen leuchtete. Er reichte ihm jetzt mit offenem, freundschaftlichem Wesen die Hand, und Joseph schlug herzlich ein, indem er mit sanfter, bezaubernder Stimme sagte: „Laßt uns Freunde sein – Freunde bis zum Tod – ich verdiene es. – Eines Tages wird Euch Joseph vielleicht sehr teuer sein."

Noch ein grausamer Zweifel bestürmte Estevan. „Don Joseph", sagte er endlich nach einigen Augenblicken des Zögerns, „noch eines: Wenn Ihr mich überzeugen wollt, so gebt mir Dolores und ihren guten Vater zurück; dann will ich Euch glauben."

„Glaubt Ihr", entgegnete Joseph, „daß das heilige Offizium seine Opfer so leicht losläßt?"

„Nein, aber Joseph, der Günstling des Inquisitors, macht bei dem heiligen Offizium alles, was er will."

„Joseph kann viel", erwiderte der Günstling, „aber er kann Euch nicht einen Menschen zurückgeben, dessen Glieder man zerbrochen und verbrannt hat."

„Was sagt Ihr?" rief Estevan erschrocken.

„Ich sage, daß Manuel Argoso gestern die Frage des Feuers und des Wassers erduldet hat; ich sage, daß es unmöglich ist, ihn zu retten, weil er nicht zu gehen vermag."

„Aber Dolores! Dolores!" rief der unglückliche junge Mann mit unaussprechlicher Angst.

„Über sie dürft Ihr ruhig sein. Dolores hat keine Tortur erlitten, und ich werde sie befreien. Wenn Ihr sie nach dem Autodafé nicht in dem Haus Juanas findet, so macht mit mir, was Ihr wollt, Don Estevan. Ich bin kein sehr gefährlicher Gegner", fügte er mit dem Ton tiefer Traurigkeit hinzu, die den Grundzug seines Charakters zu bilden schien.

„Ihr schwört, mir Dolores zurückzugeben?" fragte Estevan.

„Der Eid wurde durch die Betrüger erfunden", erwiderte Joseph. „Ich schwöre nicht, aber ich verspreche es Euch."

„Ihr Herren", rief der junge Vargas, „ans Werk, und verabreden wir die Mittel. Es handelt sich darum, Don Manuel Argoso zu befreien oder unterzugehen. Hier ist ein Gehilfe, den der Himmel uns sendet", fügte er hinzu, indem er auf Joseph deutete.

„Ein Mönch!" rief Valero schneidend. „Zu was kann er in einer Verschwörung dienen."

„Ich höre täglich Beichte", erwiderte Joseph.

„Gut, gut", sagte Valero, „ich vergaß, daß ihr im dunkeln kämpft."[158]

„Gott verwandelt das Böse in Gutes", entgegnete Joseph.

„Seid Ihr wahnsinnig?" sagte Don Ximenes leise zu Estevan. „Wollt Ihr uns diesem Inquisitor überliefern?"

„Gott verwandelt das Böse in Gutes", wiederholte Estevan. „Nun wohl, es hat Gott gefallen, diesen Inquisitor in ein gutes und teilnehmendes Geschöpf zu verwandeln, das uns mit all seiner Macht beistehen wird. – Fürchtet nichts, Don Ximenes. Laßt hören, Meister", fuhr er fort, indem er sich gegen Mandamiento wandte, der in einer Ecke den Erfolg dieser Beratungen erwartete, „seid Ihr bereit, alle Eure Kräfte zu meiner Verfügung zu stellen?"

„Je nachdem, Señor", erwiderte der Meister, „unsere Kräfte können mehr oder minder bedeutend sein, je nach den Anforderungen der Vollmachtgeber und dem der Brüderschaft gebotenen Lohn."

„Es ist nicht die Rede von einem Lohn; ich werde freigiebig bezahlen."

„Unser Bruder Coco sprach, glaube ich, von 200 000 Realen", entgegnete Mandamiento.

„Ist das nicht genug, Meister? Und könnt Ihr um diese Summe nicht drei- oder vierhundert Personen aufbringen?"

„Wo soll er die hernehmen?" bemerkte Don Ximenes leise.

„Er würde im Fall der Not über 20 000 zu gebieten haben", sagte Joseph.

„Nun wohl, Meister, kann es sein?" wiederholte Estevan.

Der Meister überlegte einige Augenblicke und antwortete dann: „Es kann sein, Don Caballero; aber Ihr müßt 20 000 Realen für die Reisekosten hinzufügen, denn ich werde gezwungen sein, aus den benachbarten Städten Brüder kommen zu lassen."[159]

„Die 20 000 Realen werde ich geben", rief Don Ximenes von Herrera.

„In diesem Fall", sagte Mandamiento, „wollen eure Herrlichkeiten mir das Versprechen schriftlich geben? Ich trage dann den Befehl in das Register der Brüderschaft ein."

„Daran soll es nicht fehlen", sagte Estevan.

Der Meister schlug hierauf in seinem Register ein Blatt auf, überreichte die Feder an Don Estevan und sagte: „Schreibt, Señor Caballero."

Estevan schrieb:

Ich, Estevan Graf von Vargas, verpflichte mich bei meiner Ehre und verspreche, an Mandamiento, Meister der Brüderschaft der Gardunnia, die Summe von 200000 Realen, am Tag nach dem königlichen Autodafé zu bezahlen, das am 4. Juni dieses gegenwärtigen Jahres stattfinden soll.

Gegeben in Sevilla, am 27. Mai des Jahres 1534

Estevan, Graf von Vargas

Darunter schrieb Don Ximenes:

Ich verpflichte mich und verspreche bei meiner Ehre, die obengenannte Summe, in Ermangelung des Don Estevan von Vargas, an den Señor Mandamiento an dem Tag nach dem obenbezeichneten zu zahlen.

Ximenes von Herrera

„Man weiß nicht, was geschehen kann", sagte er zu Estevan, „gestattet mir daher, Euer Bürge zu sein."

„Das genügt, ihr Herren. Jetzt werde ich euren Auftrag eintragen", fuhr der Meister fort. Und er schrieb in sein Register:

Auftrag, erteilt der Brüderschaft der Gardunnia, durch den Señor Estevan von Vargas, am 27. Mai 1534.

Zugunsten des genannten Herrn über vierhundert Personen der Gardunnia zu verfügen, sowohl Postulanten als Chivatos und Guapos, Coberteras und Serenas, die alle in ihrer Art der Brüderschaft nützlich sind und zu ihrem Gedeihen beitragen. Diese Leute am Tag des nächsten Autodafé so zu verteilen, um den Groß-Inquisitor zu verdunkeln –

„Streicht das aus", unterbrach ihn Estevan. „Ich habe das nicht gesagt. Ihr sollt ihn nur entführen. Keinen Mord, Señor Mandamiento."

„Nein, durchaus nicht", sagte auch Joseph. „Du entführst ihn, hörst du wohl? Und bringst ihn in die Gewölbe unter deinem Palast. Hüte dich wohl davor, ihn zu töten", fügte er lebhaft hinzu.

„Streicht das Wort ,verdunkeln'!" wiederholte Estevan.

Der Meister tat, als streiche er das Wort ,verdunkeln' mit der Spitze seiner Feder, aber er hatte, ohne daß es bemerkt wurde, an dem Ärmel die Tinte abgewischt. Dann sagte er weiter: „Sie so aufzustellen, daß sie den Groß-Inquisitor entführen und Se. Herrlichkeit, den ehemaligen Gouverneur, der ungerecht durch den Inquisitor verurteilt wurde, befeien können. Nach der Befreiung den Gouverneur zu der Gardunnia bringen, um ihn in die Hände des Don Estevan von Vargas überliefern zu können."

„Oder in die meinigen", fiel Joseph ein.

„Se. Herrlichkeit haben zu befehlen", entgegnete der Meister.

„Ja, ja", sagte Estevan. „Schreibt: oder in die Hände Sr. Herrlichkeit, des Don Joseph, Almosenier Sr. Eminenz des Groß-Inquisitors."

„Ist das alles?" fuhr Mandamiento fort.

„Ich glaube, es wird genügen", sagte Don Rodriguez, „wohlverstanden, Señor Mandamiento, daß Ihr nichts vernachlässigt, den Erfolg dieser Unternehmung herbeizuführen."

„Señor Caballero", erwiderte der Capataz mit hochmütigem Ton, „rechnet Ihr unsere Ehre, unseren Ruf für nichts? Beide wären durch ein Mißlingen der Art gefährdet."

„Fügt hinzu", sagte Joseph, „den Groß-Inquisitor in den Kellern der Gardunnia gefangenzuhalten, bis Don Joseph an Mandamiento die Erlaubnis erteilt, ihn in Freiheit zu setzen."

„Das ist überflüssig", erwiderte der Meister. „Wenn ich mit dem Inquisitor gemacht habe, was ich mit ihm machen soll, können Ew. Reverenz nach Belieben über ihn verfügen."

„Ich übernehme ihn", sagte Manofina, der aus Achtung vor der edlen Versammlung bisher, ebenso wie seine Gefährtin, stumm geblieben war.

„Ich werde dir darüber Instruktionen erteilen", sagte Mandamiento, indem er ihm einen bedeutungsvollen Blick zuwarf.

„Gut, gut Meister; Eure Instruktionen sollen befolgt werden."

„Jetzt, ihr Herren" sagte Valero, „betrifft das übrige uns."

„Bis dahin", bemerkte Joseph seinerseits, „unbedingtes Schweigen und Geheimnis."

„Am Tag des Autodafés", fügte Don Ximenes hinzu, „finden wir uns mit unseren Freunden an den Zugängen des Platzes."

„Meine Gardunnios haben mit euch nichts zu schaffen", sagte Mandamiento. „Folgt meinem Rat, ihr Herren, und mischt euch in nichts. Es handelt sich darum, den Gouverneur zu entführen, nicht wahr? Das übernehme ich. Meine Guapos und ich werden die Sache ausführen."

„Indessen", sagte Estevan, „wenn ein Kampf entstehen sollte, müssen wir euch im Fall der Not Beistand leisten können."

„Das ist überflüssig, ihr Herren. Bearbeitet nur das Volk, nicht daß es uns beistehe, sondern, daß es uns gewähren lasse; das genügt."

„Ein allgemeiner Aufstand hätte alle Opfer gerettet", bemerkte Valero.

„Ach, dieser Gardunnio hat vielleicht recht", sagte der junge Vargas seufzend, „wir sollten ihn wohl gewähren lassen."

„Ja, er hat recht", sagte Joseph. „Ein offener Aufstand würde in diesem Augenblick zu nichts führen, als die Grausamkeiten der Inquisition zu verdoppeln und die Zahl ihrer Opfer zu vermehren. Glaubt mir, daß für den Fall der Not Verteidigungsmaßregeln getroffen worden sind. Zahlreiche Truppen stehen bereit, und es ist die Zeit noch nicht dazu erschienen, das arme Volk anzuspornen, das endlich jederzeit das Opfer eines Aufstandes wird. Es handelt sich darum, den Gouverneur zu retten. Wenden wir List an, doch nicht Verwegenheit; der Augenblick dazu ist noch nicht gekommen. Vergeßt ihr, daß Kaiser Karl V. dem Autodafé beiwohnen wird und daß eine zahlreiche Miliz ihn begleitet?"

„Don Joseph hat recht", fügte Ximenes von Herrera hinzu. „Ein Aufstand an diesem Tag würde einer Verschwörung gegen den König gleichen, und nur die Inquisition allein wollen wir angreifen."

„Nun wohl, ihr Herren, was beschließen wir?" fragte Valero.

In diesem Augenblick wurde an die Tür des Saales geklopft. Alle erbebten. Mandamiento drückte, ohne in Verwirrung zu geraten, an einer beweglichen Säule, die sich um sich selbst drehte und einen schmalen Eingang in ein kleines, schwach beleuchtetes Gemach zeigte. „Tretet alle dort hinein", sagte der Meister. Sie gehorchten. Mandamiento brachte die Säule wieder an ihre Stelle und eilte auf die Tür zu. Er öffnete. Die Chapa stürzte weinend in den Saal.

„Was gibt es denn, Chapica?" sagte der Meister. „Brennt dein Haus?"

„Wo ist mein Bruder?" fragte die zitternd.

Mandamiento öffnete das Versteck und rief hinein: „Ihr habt nichts zu fürchten; es gibt keine Gefahr; ihr könnt wieder herauskommen."

Alle traten in den Saal.

„Ach, ihr Herren", rief die Chapa, „wenn ihr wüßtet, was für ein Unglück geschehen ist."

Und von Tränen erstickt, vermochte die Gitana kaum zu sprechen.

„Was gibt es denn?" riefen alle zugleich.

„Der Apostel! – der Vater Sevillas –"

„Nun sprich!"

„Verhaftet! Verhaftet durch die Inquisition!" fuhr sie weinend fort.

„Oh, rächender Gott!" rief Estevan.

„Sie haben ihn verhaftet, als er aus der Predigt kam", fuhr die Schwester Cocos fort, „unter dem Vorwand, er hätte Ketzereien gepredigt."

„Nun wohl, Don Estevan", sagte Valero bitter, „schont doch den sanften Pedro Arbuez! Schont den König, der solche Nichtswürdigkeiten gestattet!"

„Don Rodriguez, auch an uns wird die Reihe kommen", entgegnete Estevan. „Die Kraft des Menschen besteht darin, daß er zu warten versteht. Meister", sagte er zu Mandamiento, „Ihr werdet mit Euren Gardunnios allein handeln, den Inquisitor und Don Manuel entführen. Wir, ihr Herren", fügte er hinzu, „wir müssen daran denken, das Volk vorzubereiten; es wird leicht sein, es für eine solche Sache, die auch die seinige ist, zu gewinnen."

„Vergeßt nicht, Euch der Person des Pedro Arbuez zu bemächtigen", fügte Joseph hinzu.

„Eure Reverenz können ganz ruhig sein", erwiderte Mandamiento, „Se. Eminenz soll nicht entkommen."

Als alles so verabredet war, verließen die drei Herren und Joseph miteinander den Palast der Gardunnia.

XL.

Die Predigt an den Straßenecken

*E*S WAR AM 4. JUNI DES JAHRES 1534. Es hatte soeben fünf Uhr morgens geschlagen. Die Bevölkerung Sevillas war früher erwacht als gewöhnlich, denn ein großes Ereignis beschäftigte alle Seelen: Es war der Tag des Autodafés, ein Tag des Festes, ein feierlicher und heiliger Tag, an dem niemand arbeiten durfte, sondern jeder beten mußte. Um diese Stunde zog ein Haufen junger Edelleute, an ihrer Spitze Rodriguez von Valero, durch die Straßen von Sevilla. Die jungen Leute sprachen sehr geheimnisvoll miteinander, und hielten zuweilen die Leute des Volkes an, denen sie begegneten. Sie unterhielten sich einige Minuten mit ihnen, und dann entfernten sich die Manolas mit nachdenklichem und ernstem Wesen, als hätten sie irgendeine wichtige Mitteilung empfangen. Die Physiognomie dieser Caballeros war finster und gedankenvoll; sie gingen zwei zu zwei und traten zuweilen in einer Ecke zusammen, um sich irgendeinen Gedanken mitzuteilen; darauf setzten sie ihren Weg fort und ebenso auch ihre Volkspropaganda, den einzigen Zweck dieses Morgenspaziergangs. Irgend etwas geheimnisvoll Fürchterliches, wie die dumpfen Zuckungen der Natur, die dem Sturm vorangehen, bewegte das Volk von Sevilla. Der finstere Tag ging schwanger mit Tumult und Empörung. Im höchsten Grad aufgeregt durch die Mitteilungen Don Valeros, Estevans und ihrer Freunde, selbst bis in das heilige Tribunal verführt durch die einschmeichelnde Beredsamkeit Josephs, der seinerseits, wie Valero gesagt hatte, im dunkeln wirkte, erwartete das Volk von Sevilla, beinahe ganz aus Marranos, Mauren oder scheinbar bekehrten Juden bestehend, mit verbissenem Zorn den Tag des königlichen Autodafés. Überdrüssig der abscheulichen Verfolgungen, die auf ihm lasteten, müde der Langmut, die nur dazu gedient hatte, die Verwegenheit und Grausamkeit seiner Unterdrücker zu steigern, befand es sich in dem Zustand der Verzweiflung, in dem der leichteste Funke genügt, in Flammen zu setzen und es furchtbar und wütend gegen die es reizenden Gegenstände anzutreiben.

Dies war das Resultat, das der gewandte Valero erreicht hatte. In diesem Augenblick konnte sich für ihn die Prophezeiung verwirklichen, die er einige Tage zuvor ausgesprochen hatte, als er die Taverne verließ: „Dies Volk wird jetzt alles tun, was ich will."

Valero war bei seinen Unternehmungen durch die jungen Herren unterstützt worden, die ihn in diesem Augenblick begleiteten, glühende, ritterliche Seelen, von dem erhabenen Gedanken ergriffen, den man die Freiheit nennt. Betet der Mensch nicht nur allzuoft an der Stelle der oft unverstandenen Tochter des Himmels ein hohles, geschminktes Idol an, das unvollkommene Werk seiner Hände? Aber diese großen spanischen Herzen beteten nicht ein eitles Wort, ein trügerisches Bild an; es war die echte Freiheit, die Tochter des Himmels, der ihr Streben und ihre Wünsche galten; die beschützende und nachsichtige Freiheit, die erhabene Jungfrau, die Schwester der christlichen Barmherzigkeit, die gleich ihr die Armen, die Kleinen mit den Falten ihrer weißen Tunika bedeckt, sie nährt, sie tröstet, mit ihrem heiligen

Hauch auf die Flügel des Genius bläst, der niedergeschlagen und entmutigt ist, und ihm sagt: „Vorwärts! Vorwärts! Ich bin hier, um dir den Weg zu bahnen und dich zu stützen." Die himmlische Jungfrau, die Geliebte der großen Herzen aller Zeitalter, war es, welche die stolzen spanischen Ritter aneiferte, die so lange Zeit hindurch gegen den inquisitorischen Träger kämpften; erhabene Gestalten, Musterbilder des Adels, des Mutes, der Kraft, unsterblich gemach durch den Pinsel eines Murillo und Velasquez!

„Mut, Mut, meine Freunde", sagte Valero, „wir gelangen an das Ziel; dieser Tag wird nicht unfruchtbar für das Glück Spaniens sein, was auch Don Estevan sagen möge."

„Ach", entgegnete Estevan, „weshalb kann ich nicht ins Herz des Volkes die Überzeugung tragen, die mich beseelt, und es an einen einzigen Tag zu dem machen, was es, wie ich hoffe, in Jahrhunderten sein wird: frei und glücklich. – Nur eines betrübt mich. Dieses Volk, gut, unbefangen, leichtgläubig und dem man sagte, ‚Ihr werdet heute die beschützen, die euren ehemaligen Gouverneur befreien wollen', dieses Volk glaubt durch diese Tatsache allein schon einen großen Schritt zur Freiheit zu tun – und es dient doch nur einem persönlichen Interesse."

„Den Haß des Volkes gegen seine Unterdrücker verdoppeln", sagte Don Ximenes, „heißt schon, ihm einen Dienst erweisen; es bereitet dasselbe auf den großen und allgemeinen Aufstand vor, der früher oder später gegen eine ungerechte und unbarmherzige Gewalt ausbrechen muß. In dem großen Prozeß eines Volkes gegen seine Unterdrücker ist jede einzelne Sache mit der allgemeinen verschlungen."

Wie sie so miteinander sprachen, sahen sie sich plötzlich in einer Straße durch eine Haufen halbbetrunkener Bettelmönche aufgehalten. Die Mönche kamen aus einer Taverne, in der sie die Nacht zugebracht hatten. Mehrere von ihnen waren jung, und ihre strahlenden Gesichter trugen die Spuren der Unmäßigkeit und der Befreiung von allen irdischen Sorgen. Um was hätten sie auch sorgen sollen? Alle Welt arbeitete ja für sie. Diese Mönche hatten eine braune Gesichtsfarbe; ihr nerviger Hals und ihr etwas ungleicher Gang verrieten die Kraft und die Freiheit der Stämme der Wüste, aus der häufig die Andalusier und Valencianer stammten. Dieser Typus hat sich noch bis auf unsere Tage erhalten; man hänge einem spanischen Mönch einen Burnus über, und man hat einen Beduinen. Sie hatten schmutzige Kleider, schmutzige Hände, und alles, was von ihrer Person sichtbar war, verriet die gänzliche Vernachlässigung jeder äußeren Sorgfalt. Der Ausdruck ihrer Augen war zu gleicher Zeit keck und tückisch, setzte die Schamhaftigkeit in Schrecken und flößte Furcht ein. Ihr schwarzer oder grauer Bart glich einem wilden Gestrüpp; er war überdies bestreut mit Körnern von Nieswurz, einem feinen und rötlichen Pulver, dessen man sich in jener Zeit statt des Tabaks bediente, der erst später unter Katharina von Medici bekannt wurde. Dieses Nieswurzpulver ist unter dem Namen Spaniol oder spanischer Tabak bekannt. Die spanischen Mönche verbrauchten davon ungeheure Quantitäten. Indessen verstanden sie es, nach Bedürfnis auch das Äußere zu retten und einen dichten, weiten Mantel der Heuchelei über die Nichtswürdigkeit ihrer Seele zu breiten. Obgleich sie ein wenig angetrunken waren, fanden sie doch ihre ganze Besinnung wieder, als die frische Luft ihre Gesichter berührte, und sie nahmen nun ein für die Umstände passendes Wesen an, denn es gab viele Menschen auf der Straße.

„Meine Brüder", sagte der älteste der Mönche, „es ist heute der Tag des Autodafés, und wir können keine bessere Gelegenheit zur Verbreitung des heiligen katholischen Glaubens wählen. Bleiben wir hier stehen; ich will das Volk ermahnen."

Indem der Mönch so sprach, deutete er auf einen großen flachen Eckstein, der sich gegen ein Haus lehnte und über dem in einer Nische eine Bildsäule der heiligen Jungfrau stand, vor der ein Ewiges Licht brannte. Der Mönch stieg auf den Eckstein, machte das Zeichen des Kreuzes, betete einige Augenblicke vor dem Bild, wandte sich dann zu der Menge, die sich um ihn gesammelt hatte, segnete sie und wollte seine Predigt in freier Luft beginnen, als Valero ihn unterbrach.

„Mönch", rief er ihm zu, „Du solltest zu deiner Predigt warten, bis du geschlafen hast, statt hier nach einer Nacht der Ausschweifung das Wort Gottes zu entweihen. Weißt du nicht, daß alles unsauber wird, was über unsaubere Lippen kommt?"

Der Mönch betrachtete mit unbeschreiblichem Zorn den, der ihn so anzureden wagte.

„Achtet nicht auf ihn", sagte einer der anderen Mönche. „Es ist Valero, der Narr. Er hat das Recht, alle Welt zu beschimpfen. – Was machst du zu dieser Stunde hier?" fuhr er dann fort, sich an den alten Herrn wendend.

„Ich komme, um zu sehen, wie die Schriftgelehrten und die Pharisäer auf dem Stuhl Moses sitzen", erwiderte streng Valero.

„Elender Narr, wirst du schweigen?" riefen die Mönche.

Valero fuhr mit prophetischem Ton fort, indem er das Volk, das über so viel Kühnheit staunte, ansah: „Alle Dinge, die sie euch sagen zu beobachten, beobachtet und tut sie, aber nicht ihre Werke, denn sie sprechen und tun sie nicht."

„Wirst du schweigen?" wiederholte der Prediger.

„Laßt ihn sprechen!" rief das Volk, und ohne sich irremachen zu lassen, fuhr Valero fort: „Sie häufen unerträgliche Lasten aufeinander und legen sie auf die Schultern der Menschen, aber sie selbst wollen sie nicht mit dem Finger anrühren."

„Meine Brüder", fuhr der Prediger fort, „an diesem Tag der Verherrlichung unseres Heilands, an dem die triumphierende Kirche den Sieg über die Ketzer davonträgt, welche die Erben in Verzweiflung stürzen –"

„Ihr Schlangen, ihr Ottergezücht", unterbrach ihn Valero, „ihr laßt sterben die Gerechten und die Propheten, und das Blut der Gerechten und Propheten wird über euch kommen."

Diese mächtigen Worte, dem Evangelium entlehnt, fanden ein ungeheures Echo im Volk. Es gab wenige Menschen unter der Menge, in deren Herzen nicht eine Wunde blutete, die durch die Worte schmerzlich berührt wurde. Ein dumpfes Murren grollte um die Mönche her, und wenn man sie noch nicht verhöhnte, so kam dies daher, weil in diesem Augenblick eine gewaltige Trauer sich mit der Verachtung und dem Zorn des Volkes mischte. Es fühlte das Bedürfnis, sich zu rächen, aber großartig, wie es dies zuweilen tut, wenn das Maß überfüllt ist.

„Rodriguez von Valero hat bereut, und Gott hat ihm verziehen", entgegnete der alte Herr, „ihr aber habt das Bewußtsein des Bösen, und dennoch beharrt ihr im Bösen. Seht euch vor! Der Zorn Gottes läßt sich zuweilen erwarten, aber er kommt sicher, und alle werdet ihr dahin gehen, wo es nichts gibt, als Heulen und Zähneklappern!"

„Der Wein und die Weiber machen nie Ketzer", riefen die Mönche in schlechtem Lateinisch, „die Hölle ist aber für die Ketzer."[160]

„Geht", rief Valero, „ihr ungetreuen Verwalter des Gesetzes Christi, ihr, deren Herz erfüllt ist von Habsucht und Unmäßigkeit, geht und schert die Schafe, die der gute Hirt auf seinen Schultern trug, und bereichert euch mit dem Raubgut. Geht, ihr Vampire, im Dunkeln das Blut derer zu saugen, die im Schlaf liegen."

„Der Verrückte ist der Vernünftigste von uns allen", sagten einige Leute des Volkes.

„Die Mönche sind betrunken", fügten einige andere hinzu, „gehen wir fort."

Die Gruppe der Manolos und Manolas, die sich um den Redner gebildet hatte, lichtete sich plötzlich und verteilte sich in den Straßen.

Als die Mönche sich so ihres Auditoriums beraubt sahen, entfernten sie sich, zwischen den Zähnen brummend, und indem sie Blicke des Hasses auf den richteten, den sie den Narren nannten. Die Uhr der Kathedrale schlug acht. Eine große Unruhe entstand unter der Menge, welche die Straßen erfüllte, und das Volk drängte sich nach dem Inquisitionspalast. Man bemerkte viele Männer, die sich nicht aus den Augen verloren, obgleich sie das auf keine auffallende Weise taten; nur wechselten sie untereinander Blicke des Einverständnisses. Einige flüsterten sich im Vorbeigehen leise die Worte zu: „Gott und Freiheit." Alle diese Leute gehörten zu der Verschwörung. Sie mischten sich unter die anderen und bahnten sich mit den Ellenbogen einen Weg, und als man zu dem Palast der Inquisition kam, war es ihnen gelungen, sich an der Spitze der schaulustigen und neugierigen Menge zu befinden, die das finstere Trauerspiel sehen wollte, das so oft erneuert wurde und das man dem Volk als eine Lustbarkeit bot. Die Prozession verließ in diesem Augenblick den Inquisitionspalast. Die Kohlenbrenner eröffneten den Zug, diese Ehre damit bezahlend, daß sie alles Holz zu den Scheiterhaufen umsonst zu liefern hatten. Sie waren hundert an der Zahl, und jeder mit einer Pike und einer Muskete bewaffnet.[161] Dann folgte ein großes, weißes Kreuz, das Banner der Söhne des heiligen Dominik von Guzman, getragen von einem Geistlichen dieses Ordens; dann folgten die Dominikaner selbst, bekleidet mit ihren langen Tuniken und ihren groben Mänteln. Auf der Brust in der Mitte des schwarzen Skapuliers, das bis zu ihren Füßen herabfiel, glänzte ein großes, weißes Kreuz; ein langer Rosenkranz hing von ihrem Gürtel herab.[162] Diese heilige Miliz war zahllos, denn die Dominikaner wuchsen in Spanien aus der Erde. Auf sie folgte der Herzog von Medina-Cöli. Er trug nach dem Vorrecht seiner Familie die große Glaubensfahne.[163] Dies war ein Banner aus purpurrotem Damast, auf dessen einer Seite das spanische Wappen und auf der anderen ein nacktes Schwert mit einem Lorbeerkranz gestickt waren, letzteres von dem Spruch umgeben: *Gerechtigkeit und Barmherzigkeit.* Auf den edlen Herzog folgten die Granden Spaniens und die angestellten Familiaren der Inquisition. Diese letzteren waren sehr zahlreich.[164] Die ungerechteste Macht besitzt stets eine große Menge von Kreaturen, denn Schrecken und persönlicher Vorteil sind so große Hebel, und der Egoismus ist der Aussatz der Menschheit.

Die Menge sah schweigend den Zug vorübergehen. Die Mönche und die Familiaren gingen mit demütig gesenktem Kopf, mit den Lippen die erhabenen Gebete der christlichen Kirche murmelnd, die gemein und ausdruckslos wurden, indem sie über die unsauberen Lippen dieser Menschen mit erstorbenem Herzen kamen. Sie kannten die Formeln der Frömmigkeit genau, aber von der Anwendung der wahren Frömmigkeit nichts. Dies waren für sie verschlossene Briefe, um die sie sich nicht bekümmerten. Unwillkürlich blieb das Volk stumm und entsetzt bei dem Anblick dieses Prunkes des Todes. Bald erschienen die Verurteilten, fünfzig an der Zahl. Sie gingen in buntem Gemisch, Männer und Frauen, Greise und Kinder, ohne Unterschied des Ranges oder des Geschlechts. An der Spitze befanden sich die zu geringeren Bußen verurteilten Opfer; sie trugen ein San Benito aus Leinwand, mit einem großen Andreaskreuz, aus gelbem Tuch geschnitten, auf der Brust. Ihr Kopf war unbedeckt und ihre nackten Füße wurden verletzt durch die scharfen Spitzen der Steine ihres Weges. Die Haltung dieser Unglücklichen war traurig und niedergeschlagen. Sie fühlten, daß sie, wenn auch dem Tod entronnen, einer ewigen Schmach gewidmet waren. Da die Inquisition ihr materielles Leben nicht zu vernichten wagte, zerstörte sie ihr moralisches, und das nannte sie leichte *Bußen.*[165] Hinter den ersten Opfern folgten die zu den Galeeren, zur Auspeitschung, zur Einkerkerung Verurteilten.[166] Auf diese folgten die zum Feuer Verdammten, die durch ein spätes Geständnis die Begünstigung der Erwürgung erlangt hatten. Sie trugen den San Benito, auf dem Teufel und Flammen in verkehrter Richtung gemalt waren. Ihren Kopf bedeckte eine drei Fuß hohe *Coroza* (spitze Mütze).

Die, die lebendig verbrannt werden sollten, kamen zuletzt. Ihr San Benito war ebenfalls mit Teufeln und Flammen bedeckt, aber die letzteren stiegen aufwärts; sie trugen ebenfalls die Coroza. Jeder Verurteilte hatte in der Hand eine gelbe Wachskerze. Die dem Tod Geweihten wurden von zwei Familiaren und zwei Geistlichen begleitet. Alle waren mager, bleich, abgehärmt. Mehrere von ihnen konnten nur mit dem Beistand der Geistlichen und der Familiaren gehen, von denen sie mehr getragen als geführt wurden. Es war eine Prozession von Sterbenden, die dem Tod entgegenschritten. Unter ihnen kam der unglückliche Manuel Argoso zuletzt. Mit zerbrochenen Gliedern, geschwächt durch die moralischen Schmerzen, durch die Kerkerkost, durch die Tortur des Wassers besonders, infolge der mehrere Blutgefäße in seiner Brust gesprungen waren und wiederholtes Blutbrechen stattgefunden hatte, konnte Manuel Argoso nicht gehen; seine bis auf die Zehen verbrannten Füße waren außerstand, ihn zu tragen. Er wurde von zwei Familiaren unter den Armen gehalten, und zwei Dominikanermönche, die ihn ebenfalls bei seinem peinlichen Gang unterstützten, ermahnten ihn mit süßlicher Stimme, sich zu bekehren; aber der unglückliche Graf von Cevallos schien selbst das Gefühl seines Daseins verloren zu haben. Sein erdfahles Gesicht trug bereits die Farbe des Todes; seine matten, stieren, ausdruckslosen Augen hatten die schräge Richtung der Sterbenden angenommen, die in dem Augenblick, wo sie in dem Begriff stehen, von der Erde zu scheiden, ihre Blicke zu einem anderen Vaterland emporrichten.

Bei dem Anblick ihres ehemaligen Gouverneurs, dieses gerechten, sanften und mildtätigen Mannes, den sie geliebt hatten wie einen Vater, fühlten die Leute des Volkes sich ergriffen und bis zu Tränen gerührt; aber sie wagten es nicht, ihr Mitleid laut zu äußern. Mehrere senkten den Kopf in die Hände herab und schienen zu beten, um ihre unwillkürlichen Tränen zu verbergen. In dem Augenblick, als die zum Feuer Verurteilten das Gefängnis verließen, stellten die Gardunnios, die unter der Menge verteilt waren und an deren Spitze sich Mandamiento befand, sich zu beiden Seiten der Opfer auf und folgten dem Zug in frommer Haltung und unter inbrünstiger Abbetung ihrer Rosenkränze von erbaulicher Länge. Zwei kräftige Guapos hielten sich dicht neben dem Gouverneur. Mehrere Chivatos gingen vor und hinter ihnen, betend und unter allen äußeren Zeichen der tiefsten Frömmigkeit. Eine große Anzahl Gardunnios war unter das Volk gemischt. Dieses, das durch Estevan und dessen Freunde bearbeitet war, nahm unbewußt teil an der geheimnisvollen Verschwörung. Von selbst und ohne ein Wort zu sagen, wichen die Männer des Volkes zurück, sooft ein Gardunnio vor- oder rückwärts gehen wollte, um den ihm bestimmten Posten einzunehmen. Es schien eine stillschweigende Übereinkunft stattzufinden.

Indem die Prozession weiterging, schlüpften immer neue Gardunnios zu beiden Seiten durch und schlossen sich fromm dem Zug an. Endlich kamen die letzten Opfer, die, die der Tortur und den Flammen Trotz boten – die Toten.[167] Selbst diesen gewährte man nicht den Frieden des Grabes. Da man sie nicht lebend verbrennen konnte, verbrannte man ihre Gebeine und ihr Bild. Sie wurden in Kästen eingeschlossen, und Pappformen, die Bilder derer, die nicht mehr lebten, wurden zu dem Ort der Hinrichtung getragen, um hier dem Scheiterhaufen überliefert zu werden. Die Inquisition würde ihre Opfer im Paradies oder in der Hölle gesucht haben, um ihre heilige Rachgier zu befriedigen. Während der ganzen Dauer des Zuges der Märtyrer herrschte eine tiefe religiöse Stille unter der Menge. Sie folgte mit gespannten, gerührten Blicken dem langsamen und peinlichen Gang der Unglücklichen. Es war zugleich etwas Trauriges und etwas Fürchterliches, diese gottlosen oder fanatischen Mönche zu sehen, wie sie, ein Kruzifix in den Händen und Worte des Friedens auf den Lippen, die Opfer ihrer Grausamkeit im Namen dessen ermahnten, der am Kreuz noch seinen Henkern verzieh. Ach, wie wurden in jenen entsetzlichen Zeiten des Fanatismus und der religiösen Unterdrückung die prophetischen Worte des Gottmenschen erfüllt: „Ich bin nicht auf die Erde gekommen, um den Frieden zu tragen, sondern das Schwert." (Matthäus)

Der göttliche Reformator wußte wohl, was seine Schüler aller Zeitalter von den Schreibern und Pharisäern zu erdulden haben würden, dem unsauberen Geschlecht, das sich durch Beigesellung fortpflanzt und nicht durch Zeugung und das sich gleich den Würmern des Grabes von Leichen nährt.

Der Überfall

Bald verkündete lauter Hufschlag die Annäherung der Inquisitoren. Die Räte des höchsten Gerichts, die niederen Inquisitoren und die Mitglieder der Geistlichkeit bildeten einen ungeheuren berittenen Zug, der auf die Märtyrer folgte. Der Groß-Inquisitor schloß diesen Zug, umgeben von seiner Leibwache. Joseph befand sich einige Schritte vor ihm. Während dieser Reiterzug vorwärtsschritt, stellten einige Gardunnios sich, immer noch Gebete murmelnd, zu beiden Seiten desselben auf. In dem Augenblick, als der Groß-Inquisitor erschien, schritt Manofina, gefolgt von seiner treuen Culevrina, demütig neben demselben her, mit noch größerer Inbrunst betend als die übrigen. Einige Augenblicke darauf ließ ein verlängertes Gebell sich hören: das Signal, das Mandamiento benachrichtigte, daß die ganze Prozession den Inquisitionspalast verlassen hätte. Der Ordensmeister, der der Zielpunkt für alle Gardunnios war, machte hierauf ein großes Zeichen des Kreuzes und senkte seinen Rosenkranz. Kaum hatte er dies am Tag zuvor durch einen Tagesbefehl bekannt gemachte Zeichen gegeben, als die beiden Guapos, die neben dem Gouverneur gingen, heftig die Familiaren, die ihn trugen, zurückstießen, Manuel Argoso auf ihre Eisenarme nahmen, und sich mit der Schnelligkeit des Blitzes entfernten, während die Chivatos die Familiaren zurückhielten. Die Menge wich von selbst auseinander, um die Flucht zu begünstigen, und die Gardunnios verschwanden wie durch Zauberei in den gewundenen Straßen Sevillas. Die Geistlichen, die den Gouverneur begleiteten sowie die, die den Streich mit ansahen, erschraken heftig, fürchteten einen allgemeinen Aufstand, warfen das Kruzifix fort und wollten entfliehen,[168] aber die Menge hatte sich um sie her wieder dicht geschlossen, und sie konnten nicht durchdringen.

Die Gardunnios waren glücklich einer nach dem anderen davongeschlichen, der übrige Teil der Bande aber fuhr fort zu beten und der Prozession zu folgen. Der Groß-Inquisitor, der zu weit entfernt war, hatte nichts bemerkt. Ein neues Gebell ließ sich wenige Schritte von Manofina hören, und augenblicklich sprang der Guapo mit der Behendigkeit des Schakals auf die Kruppe des Pferdes, das den Groß-Inquisitor trug, und versetzte Pedro Arbuez mit seinem Dolch einen heftigen Stoß in den Rücken, sprang dann leichtfüßig wieder hinab und verschwand mit so großer Schnelligkeit, daß es unmöglich war, zu bemerken, wer den Stoß geführt hatte.[169] Die Menge war auch hier beiseite getreten, um die Flucht des Guapo zu begünstigen; aber in ebendem Augenblick, als Manofina von dem Pferd herabglitt, ergriff die Serena den Arm eines Sbirren und schrie laut: „Er ist es! Er ist der Mörder! Er wollte den Groß-Inquisitor ermorden!" – Und mit der ganzen Kraft ihrer kleinen Hände hielt sie den Sbirren fest, um Manofina Zeit zum Entkommen zu geben. Das ganze Ereignis hatte so schnell stattgefunden, daß kaum die, die unmittelbar vor dem Groß-Inquisitor ritten, etwas davon gewahrten. Joseph allein, der auf alles, was vorging, aufmerksam war, runzelte mit dem Ausdruck der Unzufriedenheit die Stirn in ebendem Augenblick, als Manofina den Groß-Inquisitor traf. Pedro Arbuez, von einem Stoß getroffen, der tödlich sein mußte, wankte nicht einmal im Sattel. Die Inquisitoren und die Geistlichkeit wandte sich erst auf das Geschrei der Serena um und umgaben dann Pedro Arbuez voll ängstlicher Sorge, er aber sah sie stolz und kalt mit triumphierendem Lächeln an und sagte denen, die ihn hastig befragten: „Es ist nichts; ein Gottloser wollte mich töten; aber Gott beschützt mich", fügte er mit heuchlerischem Wesen hinzu, „der Dolch hat nur mein Gewand verletzt", und er zeigte auf ein unbedeutendes Loch in seinem violetten Talar, das einzige Zeichen von dem Attentat Manofinas. Bei diesem Augenblick zuckte ein Blitz der Freude in dem Auge Josephs.

„Gott hat ein Wunder zugunsten Sr. Eminenz vollbracht!" riefen einige Mönche, und das Volk, das arme, unschuldige und leichtgläubige Volk wurde von Verehrung für ebenden erfüllt, den es kurz zuvor in dem Innersten seiner Seele verfluchte, denn es glaubte an eine göttliche Einmischung zugunsten seines Henkers. Freilich war es dem Volk unbekannt, daß Pedro Arbuez unter seine Kleidern ein Panzerhemd trug.[170] Inzwischen hatten die Sbirren den verhaftet, den die Culevrina ihnen als den Mörder bezeichnete, und die Geliebte Manofinas mischte sich unter die Menge der anderen Weiber, die betend dem Reiterzug folgten. Niemand dachte daran, sie anzuklagen, obgleich man wohl vermutete, daß sie dem mörderischen Angriff auf die geheiligte Person des Groß-Inquisitors von Sevilla nicht fremd sei. Dann war auch die Tat Manofinas mit einer solchen Schnelligkeit vollbracht worden, daß niemand dem Zeugnis seiner eigenen Augen glauben mochte und daß viele zu sich selbst sagten: „Der, den dieses Weib beschuldigt, ist doch vielleicht der Strafbare."

Das Ereignis ging mit solcher Schnelligkeit vorüber, daß die Ordnung der Prozession dadurch nicht gestört wurde; nur wurde ein Familiar an Se. Eminenz den Groß-Inquisitor abgesendet, um ihm die Entführung des Gouverneurs zu melden. Bei dieser Nachricht runzelte Pedro Arbuez die Stirn, aber das war auch alles.

„Es ist gut", sagte er kalt, „nichts darf diese erhabene Feierlichkeit hemmen oder stören. Vorwärts; wir dürfen Se. Majestät nicht warten lassen. Nach dem Autodafé sollen die Strafbaren aufgesucht und verfolgt werden."

Die Prozession setzte ihren keinen einzigen Augenblick unterbrochenen Marsch fort. Während dies alles geschah, hatte ein Dominikanermönch mit den anderen den Palast der Inquisition verlassen; aber statt der Prozession zu folgen, glitt er zwischen die Volksmenge hinein und erreichte die Straße, in der Juana wohnte. Vor der Tür des maurischen Hauses angelangt, öffnete er dieselbe mit dem Schlüssel, den er bei sich trug, trat ein und schloß die Tür hinter sich zu. Dieser Mönch war Dolores. Joseph hatte sein Versprechen gehalten.

XLI.

Das Autodafé

𝒲ÄHREND DIE PROZESSION AUS DEM PALAST des heiligen Offiziums zog, füllte sich die Plaza mayor, auf der das Autodafé stattfinden sollte, allmählich mit Menschen. Auf der längsten Seite des Platzes, vor dem Palast, oder vielmehr vor dem Haus, das dem Herzog von Medina-Cöli gehörte und von dem König und seinem Gefolge eingenommen war, hatte man ein Gerüst von 50 Fuß Länge bis zur Höhe des königlichen Balkons errichtet. Rechts von diesem Gerüst und in der ganzen Länge desselben erhob sich ein Amphitheater, das für die Räte des höchsten Gerichts und für die anderen Räte Spaniens bestimmt war. Über den Stufen sah man den für den Groß-Inquisitor bestimmten Sessel. Er stand viel höher als der Balkon des Königs, denn der Inquisitor vertrat die päpstliche Gewalt, die über jeder irdischen steht. Ein zweites Amphitheater, für die Verurteilten bestimmt, erhob sich links, dem ersten gegenüber. In der Mitte, dem Balkon des Königs gerade gegenüber, war ein drittes, sehr kleines Gerüst errichtet, auf dem sich zwei Käfige befanden, in welche die Verurteilten nach und nach eingesperrt wurden, während man ihnen ihr Urteil vorlas. Diesen Käfigen gegenüber erblickte man zwei Kanzeln und am Fuß des ersten Amphitheaters einen Altar. Neben dem Altar stand ein grünes Kreuz, umgeben von einem schwarzen Flor.[171] Balkone, die für die Gesandten und die Granden bestimmt waren, sowie Gerüste zur Aufnahme des Volkes umgaben den übrigen Platz. Zahlreiche Dominikaner, auf der Schaubühne kniend, beteten mit inbrünstiger Demut; andere lasen Messen, indem sie sich fortwährend ablösten, so daß das heilige Amt ohne Unterbrechung gefeiert wurde. Diese Mönche befanden sich hier seit dem vergangenen Abend, betend und fastend für das Seelenheil ihrer Opfer.[172] Welchen Namen soll man bei einem solchen Fanatismus denen geben, die aufrichtigen Glaubens waren, deren Anzahl aber gewiß außerordentlich gering ist? In der Mitte des Platzes, auf einem großen stehenden Blutgerüst, von Steinen aufgeführt, bemerkte man fünfzehn Scheiterhaufen von harzigem Holz, untermischt mit fetten Substanzen und mit Stroh, um desto schneller verzehrt zu werden. Jeder Verurteilte hatte seinen eigenen Scheiterhaufen: Das war das brennende Bett, auf dem seine fürchterliche Todesqual ein Ende finden sollte. An den vier Ecken dieses Blutgerüstes standen vier große Gipsfiguren, gleich regungslosen Schildwachen. Um jede dieser Bildsäulen waren leichtentzündliche Holzhaufen aufgeschichtet. Diese Vorbereitungen der Vernichtung waren entsetzlich anzusehen. Der dazu bestimmte Ort hieß *Quemadero*.

Kaiser Karl V. hatte bereits den königlichen Balkon eingenommen. Die Haltung des Königs war einfach und streng, aber elegant. Er unterschied sich in nichts von den Herren seines Hofes. Man erkannte ihn indes leicht an der falben Farbe seines Bartes, einer Eigentümlichkeit, die den katholischen König Spaniens auszeichnete, den Sohn des Hauses Österreich, und die er gemein hatte mit dem letzten Beherrscher Granadas, Boabdil, König des Alhambra, der so bittere Tränen vergoß, als er, seines Königtums beraubt und aus Granada verwiesen, noch einen letzten Blick des Abschieds auf seine teure Stadt richtete.[173] Auch Karl V. liebte Granada; man erblickt noch jetzt neben dem Alhambra den prachtvollen Palast, den der Sieger von Fez begann. Eine große Anzahl reichgeschmückter Damen nahem den königlichen Balkon ein. Die für das Volk bestimmten Gerüste füllten sich schnell. Nach der Entführung des Gouverneurs eilte die Menge, die keinen Zweck mehr hatte, bei der Prozession zu bleiben, sogleich nach dem Ort, wo sie hoffen durfte, ihren natürlichen Geschmack für Schauspiele und Hinrichtungen zu befriedigen, einen entarteten Geschmack, der allen Völkern gemeinschaftlich ist und den nur eine wahrhafte Zivilisation vertilgen könnte, indem sie bei den ursprünglich etwas wilden Naturen die moralischen Gefühle auf Kosten der physischen Instinkte entwickelte.

In dem Augenblick, als die Prozession auf die Plaza mayor gelangte, runzelte Karl V., ungeachtet seiner Ehrfurcht für das heilige Offizium, mit dem Ausdruck der Unzufriedenheit die Stirn. Seine unglaubliche Geistestätigkeit duldete keine Zögerung. Endlich atmete er hoch auf, denn die Zeremonie sollte beginnen. Die Kohlenbrenner stellten sich links von dem königlichen Balkon auf. Die Räte des Staates nahmen nach der hierarchischen Ordnung die für sie bestimmten Stufen ein. Während dieser Zeit schritten die Verurteilten rings um das Blutgerüst her, unter dem Balkon des Königs vorüber, und nahmen auf dem Amphitheater links ihre Plätze ein. Die Geistlichen und die Familiaren, die sie begleiteten, blieben bei ihnen und fuhren fort, sie zu unterstützen und zu ermahnen. Der Herzog von Medina-Cöli nahm zufolge seines Rechts seinen Platz auf dem königlichen Balkon ein. Sein Schwiegersohn, der Herzog von Mondejar, Mitglied des Rates von Kastilien, setzte sich zu den übrigen Räten. Seine Tochter Isabella befand sich unter den Damen, in der Nähe des Königs. Die Haltung dieses jungen Mädchens war traurig und gedrückt; schwerer Kummer verzehrte sie. Endlich erstieg auch der Groß-Inquisitor die Stufen, die zu seinem Thron führten, und setzte sich mit triumphierender Demut auf den großen, mit goldenen Fransen geschmückten Armsessel, der für ihn bestimmt war. Er überragte so die größten Würdenträger des Reiches und sogar den König selbst, der die Güte hatte, ihn zu dulden.

Bald darauf herrschte tiefe, dumpfe Stille unter der zahllosen Menge. Ein Dominikanerpriester begann das Meßopfer. Es war ein eigentümliches Schauspiel. Mönche aller Orden und eine zahllose Miliz, die beinahe den vierten Teil der Bevölkerung bildeten, beteten demütig kniend; die Menge, die in diesem Augenblick unter der Herrschaft eines unbeschreiblichen Gefühles stand, das aus abergläubischem Schrecken und fanatischer Devotion gemischt war, die Menge senkte den Kopf und schlug sich die Brust. Jeder einzelne suchte seinen Eifer und seine Frömmigkeit bemerkbar zu machen; es war so viel Gefahr dabei, dies nicht zu tun!

Die Messe währte so bis zu dem Evangelium fort. In diesem Augenblick erhoben sich alle. Ein Dominikanermönch bestieg eine der Kanzeln zu beiden Seiten der hölzernen Käfige in der Mitte des Schauplatzes. Auf die zweite stellte sich der Relator des heiligen Offiziums, oder der Vorleser der Urteilssprüche. Der Inquisitor stieg hierauf von seinem Armsessel herab, und als er an den Fuß des Amphitheaters gelangt war, setzte Joseph, sein Almosenier, ihm eine goldene Mitra auf den Kopf und bekleidete ihn mit einem Chormantel. Darauf schritt der Inquisitor bis zu dem Balkon des Königs vor. Einige Beamte des heiligen Offiziums folgten ihm, das Kreuz, das Evangeliumsbuch und ein anderes Buch tragend, das die Formel des Eides enthielt, den der König zu leisten hatte. Pedro Arbuez erstieg die Stufen des Amphitheaters bis zu der vierten, so daß er sich noch immer höher befand als der Monarch. Hier blieb er stehen und sagte, indem er sich an den katholischen Kaiser wandte, mit kräftiger, wohltönender Stimme: „Sire, schwören

Die Nagelfolter

Eure Majestät, den römisch-katholischen Glauben zu beschützen, die Ketzerei zu vertilgen und mit all Ihrer königlichen Macht die Unternehmungen der Inquisition zu fördern?"

Der stolze Kaiser stand auf, entblößte seine königliche Stirn, vor der alle anderen Stirnen sich entblößen mußten, und antwortete mit fester, deutlicher Stimme: „Ich schwöre es!"

Der Groß-Inquisitor wandte sich hierauf zu der Versammlung, rief sie als Ganzes auf und sagte so laut, daß er bis zu den äußersten Enden des Platzes gehört werden konnte: „Ihr alle, Kinder der Kirche Roms, die ihr hier gegenwärtig seid, schwört ihr, jeder nach seiner Fähigkeit und seiner Macht, den römisch-apostolisch-katholischen Glauben zu verteidigen und zu beschützen, die Ketzer zu verfolgen und anzuzeigen und allen Handlungen der Inquisition eure Hilfe angedeihen zu lassen?"

„Wir schwören es! Wir schwören es!" antworteten im Chor Tausende von Stimmen.

„Es ist gut!" sagte der Inquisitor, indem er mit der Hand ein Zeichen gab. „Still jetzt und hört."

Pedro Arbuez stieg langsam die Stufen des Amphitheaters wieder hinauf und nahm seinen Platz auf dem Armsessel ein. Der Dominikaner, der predigen sollte, machte das Zeichen des Kreuzes und begann also seine Rede: „Meine Brüder, *inquisitio superior regibus*. Die Inquisition steht über den Königen, denn die Macht des Himmels ist höher als die der Erde. Die Inquisition ist die Pforte des Paradieses. Das Lebenswasser entströmt ihr, und wir alle müssen damit unsere Herzen gleich ausgedörrtem Boden begießen, sonst wird der heilige Geist uns den Mund nicht öffnen wie Balaam und Kaiphas. In der Tat, meine Brüder, die Inquisition ist heilig und steht über den Königen, *superior regibus*, denn sie geht zurück bis zur Schöpfung der Welt und zum Ursprung des Turmes von Babel."[174]

Bei diesen Worten runzelte der Kaiser die Stirn und hatte große Mühe, den Unwillen zu verbergen, den diese lächerliche Rede in ihm erweckte. Er sagte indes nichts, da er sich das heilige Offizium nicht verfeinden wollte. Er zählte in diesem Augenblick genug Feinde unter den Reformierten und wollte sich nicht noch neue unter den Katholiken schaffen. Es war nicht mehr die Zeit, in der er der Überheblichkeit des Papstes durch noch größere Überheblichkeit antwortete. Er ließ daher den Prediger nach Gefallen die sonderbare Lobrede auf die Inquisition fortsetzen, die ungefähr 20 Minuten währte. Dann, nach Beendigung der Messe, begann man die Vorlesung der Urteilssprüche. Die beiden ersten Verurteilten, die in die Käfige zwischen die beiden Kanzeln gesperrt wurden, waren Franziska von Lerma, die ehemalige Äbtissin der Karmeliterinnen und der unglückliche Herrezuelo, den wir mit Franziska zugleich in derselben Sitzung kennenlernten. Herrezuelo, der bis zum Tod kräftig und mutig blieb, wies fortwährend die Ermahnungen des Beichtvaters zurück, den man ihm gegeben hatte, und als er sich in dem Käfig befand, in dem er seinen Urteilsspruch vernehmen sollte, und der Priester neue Ermahnungen an ihn richtete, wies er ihn sanft zurück, indem er voll Bitterkeit sagte: „Ich überlasse Euch den Körper, gönnt wenigstens meiner Seele Ruhe." Dann hörte er, ohne zu erblassen, seine Verurteilung an und kehrte mutig auf seinen Platz zurück.

Nicht so war es auch mit Franziska. Das arme Mädchen fühlte seinen Mut der Strafe gegenüber schwinden, und da sie so unwissend war, daß sie das Wahre und das Falsche einer Religion nicht voneinander zu unterscheiden vermochte, gewannen die ersten Eindrücke ihrer Jugend die Oberhand, oder vielleicht empfand diese weiche und sinnlich-physische Natur einen zu großen Schrecken vor der Marter, die man ihr bestimmte, und als sie sich in ihrem hölzernen Käfig befand, rief sie in dem Augenblick, als der Relator die Worte aussprach: „Lebendig verbrannt!" – „Nein, nein, nicht lebendig! Ich bereue! Ich will als gute Christin sterben."

„Gott sei gelobt!" rief der Inquisitor, die Hände faltend, „eine Seele ist gerettet!" Er fühlte sich nicht gerührt durch die Todesqual des unglücklichen Weibes, das er selbst in das Verderben gestürzt hatte.

Zwei neue Verurteilte folgten den beiden ersten. Einer derselben war ein schöner, edler, junger Mann aus Verona. Einer der ersten Familien Italiens entsprossen, hatte er dem Kaiser Karl V. ausgezeichnete Dienste geleistet; gelehrt und weise und überdies sehr reich, war er ein geborener Feind der Inquisition. Er hieß Don Carlos de Seso. Als er vor dem königlichen Balkon vorüberging, warf er dem Kaiser einen Blick zu, in dem Vorwurf und Mitleid sich mischten. Dieser Blick schien zu sagen: „Das ist der Mann, den man groß nennt." Als er in dem Käfig kniete, verlangte er Feder und Papier, um seine Beichte niederzuschreiben. Man beeilte sich, seinen Wunsch zu erfüllen. Ein Sergeant der Inquisition[175] brachte ihm, was er verlangte. Nachdem Don Carlos geschrieben hatte, las er es mit lauter Stimme vor, doch zur großen Täuschung der Inquisitoren war diese Beichte nach der berühmten Beichte zu Augsburg[176] abgefaßt.

„Genug! Genug!" rief der Inquisitor, um den mutigen Reformierten zum Schweigen zu zwingen; aber Don Carlos fuhr mit lauttönender Stimme fort: „Ich erkläre, daß ich in der Religion Luthers sterben will, die der wahre Glaube des Evangeliums ist, und nicht in der römischen Religion, einer entstellten Lehre, die der katholische Klerus nach seinen Lastern gemodelt hat."

„Man knebele diesen Menschen!" sagte Pedro Arbuez, „er schändet die Kirche Jesu Christi." Man gehorchte, und Don Carlos von Seso, der auf solche Weise gezwungen war, zu schweigen, hörte den Urteilsspruch an, ohne zu erblassen.

Während dieses Auftrittes bewahrte in dem anderen Käfig Franz Dominik von Boxas, der greise Dominikanerpriester, den wir in seinem Verhör so viel Mut beweisen sahen, ein hartnäckiges Schweigen, indem er sich weigerte, dem Priester, der ihn ermahnte, zu antworten. Als ihm sein Urteilsspruch vorgelesen wurde, hörte er ihn bis zu Ende an, ohne etwas zu sagen und ohne die geringste Todesfurcht zu äußern. Als er aber von dem Gerüst herabstieg, wandte er sich zu dem König und schrie ihm zu: „Ich sterbe in der Verteidigung des wahren evangelischen Glaubens, welcher der Luthers ist."

Während Don Carlos von Seso und Dominik von Boxas die Stufen des Gerüstes herabstiegen, um sich nach dem Quemadero zu begeben, näherten sich die Marterknechte, mit großen Nägeln und einem Hammer bewaffnet, einem gewaltigen hölzernen Kreuz, das auf dem Gerüst, gegen zwei rohe Bänke gelehnt, stand. In diesem Augenblick führte man zum Kreuz zehn zum Flammentod verurteilte Judenketzer. Jeder der Unglücklichen legte eine Hand auf das Kreuz, und diese Hand wurde unbarmherzig daran festgenagelt, zur Sühne, sagten die Inquisitoren, für die Kreuzigung Christi.[177] Wenn der Nagel in das Fleisch eindrang, stießen die Unglücklichen ein fürchterliches Geheul aus, aber die Marterknechte wurden dadurch nicht gerührt, sondern schlugen mit der größten Kaltblütigkeit den Nagel tiefer ein. In diesem Zustand hörten die armen Opfer ihren Urteilsspruch an; dann machte man sie los und führte sie zum Tod.

Darauf folgten ein Priester und sein Diener und dann zwei Nonnen, zu den Flammen und zur Erwürgung verurteilt.[178] Darauf kamen die zu den Galeeren, zu lebenslänglichem Kerker oder einfach zur Auspeitschung Verurteilten. Unter diesen bemerkte man Wilhelm Franco, den unglücklichen Gatten, der zu ewigem Gefängnis verdammt war, weil er in seinem Haus einen Priester nicht hatte dulden wollen, der seine Frau verführte. Während man den letzteren ihre Urteile vorlas, wurden die zum Feuer Verdammten auf ihre Plätze zurückgeführt. Bei der Menge verdoppelte sich die Aufmerksamkeit und die Sammlung. Karl V. blieb finster und gedankenvoll; ein großer Gedanke schien in diesem Augenblick diesen tiefen Geist zu beschäftigen, diesen kühnen Genius, der vielleicht nur das eine Unrecht beging, die Menschen und die Dinge zu sehr seinem persönlichen Interessen zu unterwerfen; das Übermaß seines Despotismus und seines Ehrgeizes machten ihn fortwährend zum Sklaven. Geboren mit einem umfassenden Geist und mit dem Gefühl des Rechts und der Gerechtigkeit, unterwarf Karl V. sich dennoch beinahe immer den Anforderungen Roms, weil er die Mitwirkung Roms zur Aufrechterhaltung seiner Macht für notwendig hielt. Ein gewaltiger Irrtum der Könige, die diese zu allen Zeiten in das Verderben gestürzt hat. Dem entsetzlichen Schauspiel eines großen Autodafés wohnte Karl V. zum ersten Mal bei, und es erwachte bei dem Schauspiel in ihm die Erkenntnis eines großen Teils der verabscheuenswerten Mißbräuche der Inquisition, über die man ihn bisher getäuscht hatte.[179] Vielleicht erwachte in ebendiesem Augenblick in seiner Seele der Plan, den er ein Jahr später ausführte, und zwar, dem heiligen Offizium die königliche Gerichtsbarkeit zu entziehen und den General-Inquisitor von Kastilien, Alfonso Manriquez, zu verbannen.[180] Einige behaupten, daß dieser große Monarch sich während der letzten Jahre seines Lebens zu den von ihm so heftig bekämpften Lehren der Reformation neigte und daß man nach seinem Tod in der Zelle des Mönchs von St. Just eine Menge Inschriften gefunden habe, die sämtlich eine starke Neigung zu der lutherischen Religion bewiesen.

Endlich hatte der Relator die Vorlesung der Urteile beendigt. Der Priester fuhr mit dem Lesen der Messe fort. Sobald diese zu Ende war, erhob sich Pedro Arbuez von seinem Sitz und sprach laut die Absolution[181] aller derer aus, die bereut hatten. Hierauf kehrten alle die, die zu leichteren Büßungen verdammt worden waren, begleitet von den Bogenschützen der heiligen Hermandad, in das Gefängnis des heiligen Offiziums zurück, denn an diesen sollte das Urteil erst am nächsten Tag, oder einige Tage später, vollstreckt werden. Inzwischen waren die unglücklichen, zu den Flammen verurteilten

Opfer an den Ort der Hinrichtung gelangt. Pedro Arbuez, stolz und hochmütig unter dem Anschein priesterlicher Demut, sah weit mehr als König
aus wie der König selbst. Er genoß in diesem Augenblick eines doppelten
Triumphes: der Eitelkeit und der Grausamkeit. Gleichwohl beschäftigte ihn
die Entführung des Gouverneurs von Sevilla auf die peinlichste Weise. Seine
Rache entging ihm in ebendem Augenblick, in dem sie befriedigt werden
sollte. Der wilde Dominikaner träumte schon von neuen Martern für das
mutige junge Mädchen, das ihm Widerstand geleistet hatte, und sein ganzer
Zorn wandte sich auf Dolores. Der Unsinnige wußte freilich nicht, daß in
ebendiesem Augenblick sein Opfer ihm entschlüpfte.

Joseph erforschte mit dem Blick die Physiognomie, in der zu lesen er sich
seit so langer Zeit gewöhnt hatte. Joseph, der finster und gleichgültig schien,
verbarg unter dem ruhigen Äußeren das heftige Klopfen seines Herzens; aber
wer ihn aufmerksamer beobachtet hätte, der würde in den großen, flammenden Augen das innere Feuer erkannt haben, das ihn verzehrte. Als tätiger
Teilnehmer eines langen und fürchterlichen Dramas ging er mit großen
Schritten der Entwicklung desselben zu, und bei der Annäherung des entscheidenden Augenblicks nahm sein so schönes, aber so eigentümliches Gesicht einen tragischen, verhängnisvollen und begeisterten Ausdruck an. Die
Augen des jungen Dominikaners folgten mit unglaublicher Aufmerksamkeit
allen Einzelheiten des Autodafés. In dem Augenblick, als die Opfer miteinander den Quermadero bestiegen, hob eine Art krampfhaftes Schluchzen die
Brust des Günstlings; seine bisher so funkelnden Augen verschleierten sich,
und Joseph kniete nieder, das Gesicht in die Hände pressend, um eine unwillkürliche Träne unter dem Schein der Frömmigkeit zu verbergen.

Der König verließ jetzt den königlichen Balkon. Als er sich in seine Gemächer zurückbegab, warf die Tochter des Herzogs von Mondejar sich ihm
zu Füßen, und weinend erhob sie die Hände flehend zu ihm.

„Was willst du, mein Kind?" fragte der König überrascht.

„Gnade, Sire, Gnade für meinen Verlobten, der in den Kerkern des heiligen Offiziums schmachtet."

„Meine Tochter", sagte der König, gerührt durch den so wahren Schmerz,
„meine Macht bei der heiligen Inquisition ist sehr gering. Ich glaube, daß
dein bester Vermittler in dieser Angelegenheit dein Großvater ist, der Herzog von Medina-Cöli, den du hier siehst."

„Sire", erwiderte der alte Herr, „der, der mein Schwiegersohn werden sollte, hat seinen Titel als Ritter, als Edelmann und als Christ entehrt; das heilige
Offizium schritt gegen ihn ein, und Don Carlos übte Gerechtigkeit an sich
selbst, indem er sich dem entehrenden Tod der Hinrichtung entzog: Er hat
sich den Schädel an den Mauern seines Kerkers zerschmettert."[182] Bei dieser
grausamen Antwort des Groß-Fahnenträgers konnte Karl V. einen Ausruf
des Abscheus und des Mitleids nicht unterdrücken. Das unglückliche junge
Mädchen stürzte ohnmächtig, mit dem Gesicht gegen den Boden, nieder.
Medina-Cöli gab ein Zeichen, und zwei Frauen trugen die unglückliche Isabella fort. Der König entfernte sich schweigend, mit tiefergriffenem Wesen.
Die Hinrichtungen sollten beginnen. Aller Augen wandten sich gegen den
Quemadero. Es war ein ergreifendes, herzzerreißendes Schauspiel, das sich

Der Ofen

hier bot. Jeder der Verurteilten kniete an dem Fuß des Scheiterhaufens, der ihn verzehren sollte. Die Mönche, ein Kruzifix in der Hand, beteten und ermahnten die Opfer mit unerhörter Ausdauer. Noch hatte niemand gebeichtet. Die zehn des Judentums beschuldigten Ketzer bestiegen den Scheiterhaufen zuerst. Vier derselben wurden in den Bildsäulen an den Ecken des Quemadero eingeschlossen[183], und die sechs übrigen ließen sich mit großem Mut binden. Die der jüdischen Nation eigentümliche Hartnäckigkeit, im Verein mit ihrer unverletzlichen Anhänglichkeit an den Glauben ihrer Väter, flößten ihnen in diesem äußersten Augenblick den Heldenmut der Märtyrer ein. Bald erhob sich ein dichter schwarzer Rauch rings um die zehn Opfer; die mit einer Fackel bewaffneten Henker hatten die Scheiterhaufen in Brand gesteckt. Bei dem Anblick der Flammen, die zu züngeln begannen, wandten sich die beiden jungen Nonnen, die verurteilt waren, als Lutheranerinnen zu sterben, voll Todesangst zu ihrem Beichtvater: „Mein Vater, mein Vater", schrien sie, „hört meine Beichte; ich will mich bekehren."

Der Geistliche kniete neben ihnen nieder, hörte ihre gezwungene Beichte an, die durch Furcht und Gewalt entrissen wurde, und sprach dann die Worte des Friedens über die Häupter der beiden Opfer, von denen die älteste kaum zwanzig Jahre zählte. Die Marterknechte führten sie darauf zu Franziska von Lerma, die ebenfalls erwürgt werden sollte. Die Äbtissin der Karmeliterinnen war bläulichweiß; ihre sonst so weiße, so reine Haut zeigte Blutflecken, und ihre großen blauen Augen, sonst so stolz und so schön, hatten jenen Glanz verloren, der sie funkeln machte wie zwei prachtvolle Saphire. Die beiden anderen jungen Opfer, die neben ihr sterben sollten, waren schon bleich und kalt, und ein krampfhaftes Zittern bewegte ihre Glieder. Der Todeskampf hatte begonnen; es blieb dem Henker nur noch wenig zu tun übrig. Zwei Marterknechte näherten sich ihnen, setzten sie auf den dreieckigen Schemel, banden sie fest, legten ihnen die Schnur um den weißen, schlanken Hals – dann drehte der Henker heftig an der Schraube, die hinter dem Pfeiler angebracht war. Die Erwürgten ließen den Kopf mit heftigen Zuckungen des ganzen Körpers nach vorne sinken, ihre Augen wurden gläsern, ihr Gesicht purpurrot, dann blau, dann leichenblaß. Man hörte ein leises Röcheln, und alles war vorbei. Sie hatten aufgehört zu leiden. Der Todeskampf Franziskas währte länger. In dem Augenblick, als der Henker ihr die Schnur um den Hals legte, fand die Äbtissin ihre Kraft plötzlich wieder; sie streckte die Hand gegen das Amphitheater aus, ihr erloschenes Auge belebte sich einen Augenblick, funkelte in wilder Energie, und die Blicke auf den Groß-Inquisitor gerichtet, schrie sie mit lauter Stimme: „Unwürdiger Priester! Sei ver–"

Die letzte Silbe dieses Wortes erstarb mit dem letzten Hauch Franziskas. Der Henker hatte die Schraube so heftig gedreht, daß das Opfer auf der Stelle das Leben endete. Nicht weit von dem Scheiterhaufen, der die Leichen der drei Nonnen verzehrte, wiesen Don Carlos von Seso und der mutige Herrezuelo mit unbesiegbarer Entschlossenheit ihre drängenden Beichtväter zurück. Don Carlos, bereits an den verhängnisvollen Pfahl gebunden, war der Knebel abgenommen worden. Der Priester kniete auf dem Scheiterhaufen selbst vor ihm nieder, hielt ihm das Kruzifix entgegen und wiederholte mehrmals: „Mein Sohn, beichtet, um Absolution zu erlangen."

„Laßt mich in Ruhe", erwiderte Don Carlos, und sich darauf zu den Marterknechten wendend, rief er ihnen mit lauter Stimme zu: „Legt das Feuer an! Legt das Feuer an!"[184]

Die Henker gehorchten, und Don Carlos verschwand in den Wirbeln des Rauches. Einige Schritte von ihm entfernt, erwürgte man Dominik von Boxas und zwei andere Priester, die in dem Augenblick, als die verbrannt werden sollten, den Mut verloren und gebeichtet hatten.

Als Don Carlos die Feigheit Dominiks sah, der gleich ihm das Luthertum angenommen hatte, machte er, von den Flammen bereits erreicht, eine Bewegung der Verachtung, als wollte er ihm sagen: „Du bist ein Feigling! Man muß den Mut seiner Überzeugung haben."

In diesem Augenblick sprang der Diener eines der Priester, der an den Pfahl gebunden und bereits von den Flammen erreicht war, welche die Stricke, die seine Hände fesselten, verbrannt hatten, von dem Scheiterhaufen herunter; als er aber seinen Herrn erblickte, den man erwürgt hatte, und Don Carlos, der sich mit Heldenmut verbrennen ließ, stieg er entschlossen wieder auf den Scheiterhaufen zurück und rief den Henkern laut zu: „Holz! Holz! Legt mehr Holz an! Ich will so sterben wie Don Carlos von Seso."

In diesem Augenblick bestieg Herrezuelo den Scheiterhaufen. Vergebens ermahnte ihn sein Beichtiger, sich zu bekehren. Herrezuelo, der mutig und spottsüchtig war, antwortete nur mit einem bitteren Hohn. Schon begannen die Flammen ihn zu erreichen; aber er schien fühllos gegen dieselben zu sein, und sein Gesicht verriet nichts von seinen grausamen Schmerzen. Einer der Bogenschützen, die den Scheiterhaufen umgaben, wurde erbittert über so vielen Mut und stieß dem Lizenziaten seine Lanze durch den Leib. Das Blut floß in Strömen aus der tiefen Wunde, und der edle Herrezuelo endete mit heldenmütiger Ruhe.[185] Einige, die begnadigt, aber dennoch dazu verurteilt waren, für immer den San Benito mit dem Andreaskreuz zu tragen, schlugen traurig den Weg nach ihren Wohnungen ein. Sie waren von jetzt an bürgerlich tot, lebende Leichen, dazu bestimmt, den Schrecken zu nähren, den das heilige Offizium einflößte, ein stummes Zeugnis seines verabscheuenswerten Despotismus. Hohe Feuerstrahlen erhoben sich jetzt in rötlichen Garben zum Himmel, umhüllt von dicken, stinkenden Rauchsäulen. Der fette Geruch der verbrennenden Körper mischte sich mit dem harzigen Geruch des Holzes, das die Scheiterhaufen nährte. Die Priester und die Mönche, die auf dem Platz umherknieten, beteten mit leiser Stimme und schlugen sich die Brust, und das Volk, ebenfalls kniend, senkte die Köpfe unter einem gewaltigen Eindruck des Schreckens und des Mitleids. Zuweilen stiegen lautes und anhaltendes Schmerzensgeschrei, Todesröcheln, Klagelaute aus der Mitte der finsteren Hekatomben empor; aus den brennenden Bildsäulen, in welche die unglücklichen Juden eingeschlossen waren, ertönte von Zeit zu Zeit dumpfes Geheul, ähnlich dem Geschrei der Todesqual, das aus den Eingeweiden der Hölle aufsteigen soll. Todesstille herrschte unter dem Volk. Dann und wann ließ die strenge Stimme des Priesters sich in einem Vers des *De profundis* oder des *Miserere* vernehmen, eine finstere Psalmodie, die sich gleich einer entsetzlichen Parodie in die menschlichen Klagen, in das Geröchel der Sterbenden und in das Geprassel der Flammen mischte.

Allmählich erloschen die Flammen; die Seufzer, die Klagen, die Schmerzensrufe wurden schwächer und seltener; das Volk verließ langsam den Platz, die Würdenträger des Staates entfernten sich. Alles war zu Ende. Die Nacht war angebrochen. Die Geistlichen und die Mönche blieben bis zuletzt. Da konnte von der Höhe seines mehr als königlichen Thrones herab Pedro Arbuez den Quemadero betrachten, der in diesem Augenblick einem gewaltigen Kohlenbecken glich, in dem hier und dort schwarze Flecken sich zeigten. Rauchwölkchen kreuzten sich in der Luft, und von den Scheiterhaufen her warfen einzelne, noch brennende Holzstücke matte Blitze in die tiefe Finsternis. Pedro Arbuez betrachtete mit höllischem Entzücken diese weite Arena der Vernichtung. Als König des Todes thronte er über dem Nichts. Dann murmelte er, die Augen zum Himmel erhebend, die fürchterlichen Worte des Psalmisten: „Gott erhebt sich, und seine Feinde werden zerstreut werden, und die, die ihn hassen, werden vor ihm entfliehen. – Du wirst sie jagen, wie der Rauch gejagt wird durch den Wind, wie das Wachs schmilzt in dem Feuer. – So werden die Boshaften vergehen vor Gott."

Und mit ruhiger Seele entfernten der Groß-Inquisitor und der Klerus sich von dem Schauplatz ihrer Verbrechen. So endete dieser denkwürdige Tag.

XLII.

Ein Märtyrer

Als die beiden Guapos den Gouverneur entführt hatten, vertieften sie sich schnell in die unentwirrbaren Windungen der Straßen Sevillas, der engsten und gewundensten der ganzen Welt. Das Volk unterstützte ihre Flucht, so daß sie die Tür Juanas bereits erreicht hatten, noch ehe die Sbirren der heiligen Hermandad sie einzuholen vermochten. Die Tür öffnete sich vor ihnen wie von selbst, und von den Guapos sowie von dem Gouverneur, war keine Spur mehr zu entdecken. Niemand war imstand gewesen, ihnen zu folgen noch zu sehen, wohin sie sich flüchteten, und dann hatte man auch am Tag eines Autodafés zuviel zu tun, um sich hartnäckig mit ihrer Verfolgung zu befassen.

Estevan, Dolores und Juana erwarteten miteinander den Ausgang des Ereignisses; es war Juana gewesen, die den Guapos die Tür öffnete, als sie dieselben mit ihrer kostbaren Last herankommen sah. Sie hatte durch die verborgene Öffnung ihres Hauses ihre Ankunft erspäht. Die Guapos legten mit der sorgfältigsten Vorsicht Dolores' Vater auf einen großen Diwan in dem Saal. Manuel Argoso gab kein Zeichen des Lebens mehr. Seine Arme und seine Beine hingen regungslos von seinem beinahe eiskalten Körper herab; seine Augen waren geschlossen, sein Gesicht farblos, und seine an mehreren Stellen zerbrochenen Glieder zeigten blutende Wunden und halbgeschlossene Narben. Seine Stirn, vor kurzem noch bedeckt mit einer reichen Menge schwarzen Haares, war beinahe ganz kahl, und die wenigen gebliebenen Haare hatten jene matte, krankhafte Farbe angenommen, die noch nicht die Weiße des Alters ist. Die Nägel dagegen waren bis zu übermäßiger Länge gewachsen, aber sie zeigten eine gelblichmatte Farbe, wie die eines Menschen, der aus dem Bad kommt.

Als Dolores ihren Vater in diesem Zustand erblickte, konnte sie einen Schmerzensschrei nicht unterdrücken. Sie war selbst so blaß und durch die Leiden des Körpers so geschwächt, daß sie diesem letzten Schlag nicht zu widerstehen vermochte; sie sank auf die Knie vor dem Diwan, auf dem ihr Vater ausgestreckt lag, und mit ihren trockenen, entfärbten Lippen küßte sie die schon leichenblasse Hand ihres Vaters, die teure, verehrte Hand, die sie so oft gesegnet hatte. Aber der unglückliche Gouverneur antwortete nicht auf diese kindliche Liebkosung. Die Hand, die Dolores drückte, ruhte regungslos und kalt in der des jungen Mädchens.

„Ach, Estevan! Estevan!" rief sie mit wachsendem Schrecken, „seht, er erwidert nicht einmal meine Liebkosungen! – Sein Herz klopft nicht mehr. – Estevan, sagt mir doch, daß mein Vater noch lebt!"

Estevan, der durch diesen neuen und unerwarteten Schmerz, durch die Verzweiflung seiner Geliebten tief betrübt war, schien zu erstarren bei dem Anblick des leichenblassen und entstellten Gesichtes des Gouverneurs. Zögernd und ängstlich trat er näher und legte die Hand auf das Herz Manuel Argosos. Es klopfte noch, aber so schwach und mit solchen Unterbrechungen, daß man wohl erkannte, es seien seine letzten Pulsschläge. Dolores folgte allen Bewegungen Estevans mit Blicken der Angst und getrübt durch Tränen. Er aber wagte nicht, zu sprechen; er schwieg schüchtern und angstvoll; er fürchtete die ungeheure Verzweiflung, den heiligen Schmerz einer Tochter, die nach so vielen Anstrengungen, nach so vielen Qualen ihren Vater nur wiederfand, um ihn als Leiche in die Arme zu schließen.

„Nun wohl?" fragte sie endlich zitternd. „Nun? Antwortet mir, Estevan – sprecht – was darf ich hoffen?"

„Das Herz schlägt noch", sagte der junge Mann, „man müßte ihm etwas Stärkendes einzuatmen geben."

„Nehmt, nehmt", sagte Juana, indem sie aus der Tasche ein Fläschchen aus Bergkristall zog; das mit einem zierlich gearbeiteten goldenen Schloß versehen und mit arabischen Wohlgerüchen angefüllt war, den belebenden und heilsamen Erzeugnissen der Alchemie jener Zeit, die besonders bei den Orientalen viel weiter vorgerückt war, als man dies jetzt allgemein glaubt. Dolores ergriff hastig das Fläschchen und ließ ihren Vater den Duft einatmen. Manuel Argoso machte eine leise Bewegung mit dem Kopf, und seine bisher geschlossenen Augen öffneten sich halb. Dolores stieß einen Freuderuf aus, erhob den Kopf ihres angebeteten Vaters mit ihren Armen und stützte ihn bequemer auf die Samtkissen.

„Ach, Estevan, er lebt!" sagte sie voll Hoffnung.

Manuel Argoso hatte in der Tat die Augen geöffnet, aber gleich den Blindgeborenen sahen diese Augen nichts; der Schatten des Todes verschleierte sie. Indes schien diese Wolke allmählich zu verschwinden. Manuel Argoso schien einen leisen Begriff von dem zu haben, was um ihn her vorging; das Gehör war das einzige seiner Organe, das keine Veränderung erlitten hatte; es war daher auch das, das zuerst bei dieser ersterbenden Natur wieder erwachte. Er wandte den Kopf nach der Seite, wo gesprochen wurde, und suchte ohne Zweifel, seine Gedanken zu sammeln und sich Rechenschaft von dem Ort zu geben, wo er sich befand. Die Lippen öffneten sich, und er murmelte leise: „Das Feuer –"

Er glaubte bei dem Autodafé zu sein. Alle schwiegen, und man lauschte ängstlich auf seine Worte.

„Meine Tochter – Estevan –" sagte der Gouverneur sehr leise, während seine Blicke, auf seine vor ihm knienden Kinder gerichtet, von einem zum anderen schweiften, ohne daß er sie erkannte.

„Mein Vater!" rief Dolores.

„Still!" ermahnte Estevan. „Schweigt. Laßt ihn ungestört, denn das Leben kehrt zurück."

„Nehmt", sagte Juana, „laßt ihn diese Herzstärkung genießen." Und sie reichte Dolores eine silberne Schale mit zehn Jahre altem Alicantewein, dem man eine leichte Beimischung von Aloe gegeben hatte. Dolores benetzte die Lippen ihres Vaters und träufelte ihm dann mit großer Mühe einige Tropfen in den Mund. Die wohltätige Mischung schien dem beinahe erstarrten Blut einige Wärme wiederzugeben. Das bisher so bleiche Gesicht des Gouverneurs färbte sich mit einem flüchtigen Rot; seine erloschenen, matten Augen hafteten auf dem Gesicht seiner Tochter mit einem unbeschreiblichen Ausdruck der Liebe, des Schmerzes und der Trauer. Er hatte seine Tochter erkannt. Er lächelte ihr mit der innigsten Zärtlichkeit matt zu; dann wandtet sein Blick sich langsam von Dolores auf Estevan und Juana.

„Wo bin ich ?" flüsterte er endlich.

„Bei Freunden, bei wahren Freunden", erwiderte Dolores. „Ihr seid gerettet, mein Vater, und bald werden wir Spanien verlassen."

„Ja, ja – verlaßt es so schnell als möglich", sagte Manuel mit immer matter werdender Stimme.

„Mit Euch, mein Vater", sagte Estevan, indem er neben seiner geliebten Dolores niederkniete.

Als Manuel Argoso beide so sah, schien er eine unendliche Freude zu empfinden. Ungeachtet der Schwäche seiner Glieder, die durch die Tortur gebrochen und schon durch den Tod gelähmt waren, erhob er mit großer Anstrengung seine beiden Arme, nahm die Hand seiner Tochter, legte sie in die Estevans und murmelte mit dem Ausdruck himmlischer Freude: „Ich segne euch; trennt euch nie und flieht – flieht –"

„Mit Euch! Mit Euch!" wiederholte Dolores weinend.

„Ja! – Nehmt meine Gebeine mit euch – sie würden meine Asche in den Wind streuen – lebt wohl – liebt euch immer –"

Diese, durch die letzten Seufzer des Todeskampfes unterbrochenen Worte hatten das wenige Leben erschöpft, das noch in diesem vernichteten Körper blieb. Manuel Argoso schloß die Augenlider, sein Kopf sank zurück, sein Körper streckte sich mit einem leisen Zucken, und die kalte Hand des Todes hemmte auf seinen Lippen einen begonnenen Namen – den seiner Tochter. Dolores stieß keinen Schrei aus, vergoß keine Träne; sie wandte ihre trockenen Augen auf Estevan, und während ihre blassen Lippen bebten, faltete sie flehend die Hände und sagte, indem sie auf den blickte, der soeben den letzten Seufzer ausgehaucht hatte: „Er wird uns folgen, nicht wahr?"

„Überallhin", entgegnete Estevan.

Dolores drückte einen frommen Kuß auf die bleiche Stirn ihres Vaters; dann breitete sie über sein Gesicht einen großen Batistschleier, den Juana ihr reichte.

In diesem Augenblick trat Joseph ein. An der Haltung der Personen, die in dem Zimmer zugegen waren, erkannte er auf der Stelle das Vorgegangene, und seine Hände ballten sich mit dem entschiedenen Ausdruck der Täuschung und des Zornes. Der Anblick Josephs bewirkte bei Dolores die innigste Rührung, so daß ihre bisher trockenen und brennenden Augen sich mit Tränen füllten. Weinend warf sie sich an den Busen dieses treuen Freundes, der sie gerettet hatte; dann zeigte sie ihm mit einer stummen und doch so beredten Bewegung des Schmerzes den Toten, der in ruhiger Haltung zu schlummern schien.

„Ich weiß es", entgegnete sie. „Ihr habt Euer Leben in Gefahr gebracht, um uns zu retten, denn wenn der Inquisitor entdeckt hätte –"

„Mein Leben!" fiel der junge Geistliche mit dem Ton der Geringschätzung und der Entmutigung ein, „was ist mein Leben wert, und wozu kann es dienen?"

Estevan zog den jungen Mönch in ein anderes Zimmer, um die heilige Stille des Todes nicht zu stören. Dolores blieb neben der Leiche ihres Vaters knien.

„Don Joseph", sagte Estevan, als sie allein waren, „der, der nicht mehr ist, hat uns befohlen, Spanien zu verlassen und seine sterblichen Reste mitzunehmen."

„Ich werde dafür sorgen", erwiderte der junge Dominikaner. „Ihr werdet in drei Tagen reisen. Bis dahin haltet euch verborgen; zeigt euch nicht in Sevilla, denn euer Leben ist gefährdet. Der Tiger, der Dolores aus Laune verschonte, könnte aus einer entgegengesetzten Laune euch der Freiheit berauben."

„Ja", sagte Estevan, „wie er es bei –"

Joseph sah Estevan mit einem bedeutungsvollen Blick an; er wollte Dolores die Verhaftung Johann von Avilas nicht mitteilen.

„Aber", sagte Estevan, „Ihr spracht von einer Laune des Pedro Arbuez; der Inquisitor ist, wie ich hoffe, in den Händen Mandamientos. Die Gardunnia verfehlt selten ihre Unternehmungen."

„Die Gardunnia hat unsere Befehle schlecht vollzogen", sagte Joseph. „Sie hat den Inquisitor nicht entführt, sondern wollte ihn töten, und da er ein Panzerhemd trägt, mißlang der Stoß Manofinas. Pedro Arbuez ist frei und wütend und wird es noch mehr werden, wenn er von Dolores' Flucht erfährt! Seid daher klug und habt Geduld! – Drei Tage vergehen schnell."

„Sie währen oft sehr lange", sagte Dolores, indem sie sich ihnen näherte, um zu erfahren, was sie beschlossen hatten. Die grausamen Anforderungen ihrer Lage wehrten es ihnen, ihrem heiligen Schmerz freien Lauf zu lassen. Das ist es, was ein großes Unglück Bitterstes hat: Es raubt selbst das Recht, sich frei zu betrüben.

„Es ist wahr", sagte Joseph, indem er die Worte des jungen Mädchens wiederholte, „drei Tage währen oft sehr lange, und gleichwohl muß man zu warten wissen. Ach, Dolores", fuhr er nach einer Pause fort, „bei allen Leiden, von denen Ihr getroffen werdet, bleibt Euch doch noch ein Trost, ein

Freund, für das ganze Leben gewählt und gesegnet durch Euren Vater. Glaubt mir, die Zukunft kann Euch noch lächeln, und es wird Eurem Frieden selbst die Rache nicht mangeln; diese Dienerin Gottes, die zuweilen eine menschliche Gestalt annimmt, um den Willen ihres himmlischen Meisters zu erfüllen, und die sich dann Gerechtigkeit nennt! – Gott, der ewige Richter, hat die Nichtswürdigkeiten des Pedro Arbuez nicht vergessen. Er wird ihn auf seinem goldenen Thron mitten in dem Pomp seiner Ausschweifungen und seiner zügellosen Eitelkeit treffen."

„Don Joseph, Ihr flößt mir Furcht ein", sagte Dolores zitternd, „Ihr seid finster und entsetzlich wie das Verhängnis."

„Ich bin stark wie die Gerechtigkeit", entgegnete Joseph. „Aber", fügte er mit bitterem Lächeln hinzu, „meine Seele ist traurig und verödet wie die Wüste. Ich werde erst am Tag der Züchtigung wieder heiter werden, wenn Gott seine mächtige Stimme erhebt, um dem Henker Andalusiens zuzurufen: ‚Genug! Genug! Verschwinde vom Schauplatz deiner Verbrechen; ich bin der Mordtaten und der Verfolgungen überdrüssig.'"

Indem Joseph so sprach, war er schön und fürchterlich wie der Engel der Apokalypse. Estevan und Dolores wären beinahe anbetend vor ihm niedergesunken. Aber mit einem jener plötzlichen Übergänge, die ihm eigentümlich waren, rief Joseph jetzt auf einmal Juana, die sich in dem anderen Zimmer befand, und sagte ihr: „Halte dich bereit, um in einigen Stunden zu folgen."

Darauf entfernte er sich, indem er versprach, sie abzuholen, wenn es Zeit sein würde. An demselben Abend, zwischen elf Uhr und Mitternacht, gelangten Estevan, Dolores und Juana zu der Tür Mandamientos. Zwei Guapos gingen ihnen voran, um für ihre Sicherheit zu sorgen; zwei andere folgten in einiger Entfernung. Diese letzteren trugen auf ihren Schultern einen großen hölzernen Kasten, der mit Stoffen sorgfältig bedeckt und mit Stricken zusammengebunden war. Sie trugen diese Last mit einer Art von Ehrfurcht und mit großer Sorgfalt. Zwei Chivatos begleiteten den Zug, um im Fall der Not ein Signal zu geben. Von Zeit zu Zeit wandte Dolores sich zurück, um sich zu überzeugen, daß der kostbare Kasten ihnen folgte und daß nichts den Gang der Gardunnios hinderte. An der Tür Mandamientos angelangt, klopften die beiden ersten Guapos auf eine verabredete Weise an. Der Meister öffnete, und die sieben Personen sowie der geheimnisvolle Kasten wurden in den Palast der Gardunnios eingelassen.

XLIII.

Ein letzter Tag der Verstellung

An demselben Abend war Joseph allein in seinem Gemach. Er saß vor einem Tisch mit gewundenen Füßen, der mit asketischen Büchern bedeckt war, und beschäftigte sich damit, eine gewaltige Menge von Wechselbriefen[186], die er bei einem jüdischen Bankier geholt hatte, auf einem besonderen Blatt Papier zu notieren, die einzelnen Summen auszuwerfen und dann das Ganze zusammenzuziehen. Dies war das Vermögen des jungen Mönchs.

„Gut", sagte er voll Befriedigung, nachdem er seine Rechnungen beendigt hatte, „das kann jetzt leicht fortgeschafft werden, wohin man will, und die armen Kinder haben zu leben."

Dann legte er die Wechselbriefe sorgfältig in eine kleine Brieftasche aus rotem Atlas, fügte einen Brief, den er soeben geschrieben hatte, hinzu, einen goldenen Ring, den er vom Finger zog, und Haare, die in ein ganz kleines Medaillon eingeschlossen waren. Das alles umgab er mit einem grünseidenen Stück Zeug, das er mit einem Siegel von derselben Farbe siegelte. Als dies geschehen war, steckte er die Brieftasche in eine Tasche auf der inneren Seite des Futters seiner Tunika. Darauf nahm er ein anderes Blatt Papier und schrieb auf dasselbe in lateinischer Sprache: „Ihr werdet morgen gerichtet werden, aber Eure Verhaftung ist dem hohen Rat nicht mitgeteilt worden. Macht diesen Mangel geltend, und das heilige Offizium wird gezwungen sein, Euch freizusprechen."

„Dies", sagte er dann, indem er zu sich selbst sprach, „muß ich morgen vor dem Verhör Johann von Avila zukommen lassen", und dabei schob er das Papier in den Ärmel seines Gewandes. „Ach", fuhr er darauf fort, „noch einige Stunden muß ich diese schwere Kette der Verstellung und der Lüge tragen! Noch einige Stunden der Arbeit, und meine Rache ist vollendet! Habe ich nicht bisher meine Aufgabe mit Mut erfüllt? Habe ich nicht als ein gefälliger Diener den Leidenschaften und den Lastern dieses Ungeheuers geschmeichelt, das Andalusien verheert? Habe ich seinem Namen nicht einen blutigen Heiligenschein verliehen, eine finstere Fahne aufgesteckt, die zu Haß und Empörung ruft? Habe ich nicht langsam mit meinen schwachen Händen den Abgrund gegraben, in den er hinabstürzen muß? Oh Inquisition, ist es mir nicht gelungen, dich in der Person des verbrecherischsten deiner Mitglieder so nichtswürdig und so gehaßt zu machen, daß ganz Spanien, sich wie ein einziger Mann bei dem Signal erhebend, das ich ihm geben werde, für immer diesen unersättlichen Koloß niederwirft? Gleichviel! Ich werde wenigstens den ersten Stein von diesem Todesgebäude niederreißen. Spanien mag mir dann folgen, wenn es den Mut dazu hat. Ach, mein Gott", fuhr er dann, indem er den Kopf in beide Hände sinken ließ, mit dem Ausdruck einer unbeschreiblichen Niedergeschlagenheit, fort, „mein Gott, welche Anstrengung! – Wann wird denn die Ruhe kommen? – Welch ein fürchterlicher Tag war dies! – Oh, diese Flammen, dieses Todesgeschrei! – Es verfolgt mich überall – überall sehe ich die bleichen Gesichter der erstarrten Gespenster – überall sehe ich ihn wieder, ihn, den ich liebte – ihn, der mir seit vielen Jahren unablässig zuruft: Komm! Komm! – Ach, die Toten teilen vielleicht die ewige Barmherzigkeit Gottes und kennen nichts als das Verzeihen. – Bin ich denn verbrecherisch, indem ich mich räche? Nein, nein", fuhr er fort, indem er mit fieberhafter Aufregung emporsprang. „Ich gehorchte der Stimme Gottes. – Ich bin nur das Werkzeug der göttlichen Gerechtigkeit! – Warte, warte, du, der du mich riefst; der Tag ist nahe – du wirst nicht lange zu warten brauchen."

Aber das strenge Gesicht, das in jedem seiner Züge den Stempel des Leidens oder eines tiefen Gedankens trug, erheiterte sich plötzlich; die stolzen Züge, welche die lebendige Verkörperung des ewigen Zornes gegen die Bösen auszusprechen schienen, wurden wie durch Zauberei sanft und lächelnd; die hohe Stirn, mit den soeben noch zusammengezogenen Augenbrauen, entfaltete sich wie eine weiße Leinwand unter dem Wind, und der spöttische, stolze Mund des jungen Mönchs verzog sich zur Lüge. Man hatte an die Tür geklopft. Er öffnete.

Er war Pedro Arbuez, der seinen Günstling bis in dessen Zimmer aufsuchte. Als der Inquisitor von dem Autodafé zurückgekehrt war, hatte er von Dolores' Flucht erfahren, und diese unerbittliche Seele, die von den Martern und Torturen noch nicht gesättigt war, träumte schon von neuen Opfern. Pedro Arbuez war bleich und erschöpft, aber die Unersättlichkeit seiner vernichtenden Instinkte hielt seine unerschöpfliche Tatkraft aufrecht. Er setzte sich, und indem er seinen Günstling, der vor ihm stehen blieb, ansah, sagte er: „Joseph, mich verrät heute alles!"

„Ausgenommen ich, Eminenz", erwiderte der junge Mönch.

„Du – ja, ich weiß es, du bist der einzige Treue, der einzige, der die Begierden des wilden Herzens begreift, das in meiner Brust klopft; der einzige, der meinen Neigungen nie widerstrebte; der einzige, der mir uneigennützig diente. Glaubst du, daß ich nicht die egoistische Ergebenheit der anderen erkenne? Der Schutz, den ich ihnen gewähre, das Gold, das ich an ihnen verschwende, die Vergnügungen, mit denen ich sie berausche, sind mir kein sicherer Bürge ihrer Anhänglichkeit und ihrer Treue. – Henriquez, den ich zum Gouverneur von Sevilla machte, die anderen, die ich zu Räten, Äbten oder Bischöfen erhob! – Wahrlich, alle diese Menschen hätten die größte Ursache, mir treu zu sein – und dennoch – dennoch", fügte er voll Wut hinzu, „ist Manuel Argoso mir heute entführt worden, und Dolores aus den Gefängnissen des heiligen Offiziums verschwunden."

„Was kümmert das Eure Eminenz?" sagte Joseph, indem er die Achseln zuckte.

„Was es mich kümmert, sagst du? Beim Satan, ich werde alle Gefangenenwärter des Inquisitionspalastes auf die Galeeren schicken, ich lasse die einfältigen Mönche, die stutzerischen Bischöfe verbrennen – und den gemeinen Tölpel, den ich in das Gewand eines Edelmannes kleidete, indem ich ihn zum Gouverneur von Sevilla machte!"

„Ihr werdet wohl daran tun", sagte Joseph.

„Bin ich nicht überall von Verrätern umgeben?" fuhr Pedro Arbuez fort, indem er sich durch die Erinnerung an das Attentat auf seine eigene Person noch mehr aufregte. „Es hat sich heute unter der Menge ein Mensch gefunden, der es wagte, die Hand an den Groß-Inquisitor von Sevilla zu legen, und dieser Mensch ist ein Familiar der Inquisition."

„Ich weiß es", sagte kalt der Günstling.

„Ohne dich, mein guter Joseph, ohne deine heilige und heilsame Klugheit wäre es heute um mich geschehen gewesen, denn ich verdanke mein Leben nur dem Panzerhemd, das ich unter meinem Gewand trage, seit jenem Abend, an dem du mir in das Gefängnis folgtest und seit dem ich beständig eine Gefahr für mich fürchte."

„Hatte ich unrecht, gnädigster Herr?"

„Nein, bei dem Christ! Und ich wagte es in meiner Ungerechtigkeit, zornig auf dich zu werden! Auf dich, den Schutzengel meines Lebens!"

„Das Leben Eurer Eminenz ist mir kostbarer als mein eigenes", entgegnete Joseph, „und es lag mir daran, es zu erhalten. Oh, es ist mir sehr kostbar", fuhr er mit einem eigentümlichen Lächeln fort. „Aber weshalb beunruhigen Eure Eminenz sich über das Verschwinden der Tochter des Gouverneurs? Was ist für Pedro Arbuez ein Weib mehr oder weniger? Was kümmert es einen Millionär, wenn eine Dublone in seiner Geldkiste mangelt? Glaubt mir, gnädigster Herr, darin liegt nicht Euer wahrer Ruhm. Diese sinnlichen Beschäftigungen dienen im Gegenteil nur dazu, die Seele zu erweichen, entschiedene Gedanken zu zerstreuen, die Kraft des Willens zu erlöschen. Durch die Furcht herrscht Ihr; nun wohl, so vermehrt noch Eure Allmacht. Gibt es nicht in Sevilla genug Köpfe, die Ihr treffen könnt? Der Mönch, der vor acht Tagen verhaftet wurde –"

„Johann von Avila!" rief Pedro Arbuez. „Ha, ich werde ihn in den Kerkern der Inquisition verfaulen lassen!"[187]

„Das wäre sehr ungeschickt, gnädigster Herr", sagte Joseph und fuhr dann nach einer kurzen Pause fort: „Dieser Mönch hat Doktrinen, die dem katholischen Glauben entgegen sind. Es muß ein Exempel statuiert werden, um den Triumph der Religion zu sichern, die Euren Ruhm und Eure Macht bildet. Der Papst und der König, sie werden es Euch zu danken wissen, denn beide verabscheuen die Ketzerei Luthers. Laßt Johann von Avila vor den Schranken erscheinen, aber auf eine feierliche Weise; die Sitzung sei öffentlich: Laßt frei alle Welt eintreten, und im Angesicht von ganz Sevilla beweist, indem Ihr den verurteilt, den Andalusien den Apostel nennt, daß derselbe nur ein elender Apostat, ein gefährlicher Ketzer ist."

In dem Maß, wie Joseph sprach, zeigte das Gesicht des Inquisitors auf entschiedene Weise die verschiedenen Gedanken, die ihn bewegten. Zu der höchsten Leidenschaft seines Lebens, der Herrschsucht, zurückgeführt, hörte Pedro Arbuez mit unbeschreiblichem Wohlgefallen den Versucher mit dem Gesicht eines Erzengels an, der durch Schmeichelei und Gewandtheit die Seele seines ganzen Willens geworden war.

„Ja, du hast recht", sagte Pedro Arbuez, „du hast recht, Joseph; ich vergesse zu oft den wahren Zweck meiner Sendung im Diesseits. Ich lasse mich zu leicht durch die unbezähmbare Gewalt der Sinne, durch den Strom meiner wilden Leidenschaften, fortreißen. Der Mensch beherrscht zu oft den Inquisitor, und schon zwanzigmal haben die Unbesonnenheiten, zu denen mich mein feuriges Temperament fortriß, mich beinahe ins Verderben gestürzt. Du bist sehr glücklich, Joseph, denn deine Sinne sind ruhig wie die einer Jungfrau, oder du beherrschst sie vielmehr durch die Kraft deines Willens. Du bist der einzige unter uns, den man nie die geringste Schwäche zum Vorwurf machen konnte."

„Gnädigster Herr, um über die anderen zu herrschen, muß man damit anfangen, sich selbst zu beherrschen. Der am schwierigsten zu besiegende Feind ist das menschliche Ich. Ihr werdet nur dann wahrhaft mächtig sein, wenn Ihr beizeiten eine Leidenschaft oder eine Laune zu unterdrücken versteht und sie ohne Barmherzigkeit den Anforderungen Eurer Stellung unterwerft, nicht aber Euch durch sie beherrschen läßt."

„Bist du es, Joseph, der so spricht, du, der so oft meinen Neigungen und meinen Launen, wie du sie nennst, gedient hat?"

„Sooft dies Eurer Eminenz nicht schaden konnte, doch nur in diesem Fall; jetzt Eure törichte Liebe für dieses junge Mädchen ermutigen, das, alles erwogen, nicht schöner ist als eine andere, wäre ein unwürdiger Verrat gegen Euch. Das Volk ist unzufrieden; das heutige Ereignis beweist es hinlänglich. Reizt es nicht noch mehr, indem Ihr offen zwei Flüchtlinge verfolgt; sie haben Anhänger unter dem Volk. Für den Augenblick laßt sie in Frieden. Haltet Ihr darauf, nun, dann könnt Ihr sie später wiederfinden. Fehlt es Euch denn an *Cruciatos*[188] in Spanien, um sie zu verfolgen und aufzufinden? Glaubt mir, gnädigster Herr, sucht vielmehr die Aufmerksamkeit der unruhigen Massen auf einen anderen Punkt zu lenken; schmeichelt dem Papst und dem König, indem Ihr den strengsten Eifer gegen die Reformierten zeigt. Kurz, Eminenz, seid ein allmächtiger geistiger Herrscher und nicht der elende Sklave eines Weibes."

„Joseph", sagte Pedro Arbuez, „wäre ich König, so machte ich dich zu meinem Premierminister."

„Der Minister würde dann der erste Sklave Eurer Majestät sein", entgegnete der Günstling.

„Nun gut, es sei", fuhr der Inquisitor voll Enthusiasmus fort, „es sei; ich will die Empörungen des unbezähmbaren Fleisches unterdrücken, die mich in einzelnen Augenblicken schwach und unentschlossen machen wie ein Kind. Ich will stark sein, um zu herrschen, und um ungehindert zu herrschen, will ich es lernen, meine eigenen Neigungen zu unterdrücken! Ein Weib! Was ist ein Weib? Was kommt darauf an, ob sie Dolores oder Paula heiße, ob sie die Tochter eines Grand von Spanien oder die des letzten Gitanos in ganz Andalusien sei? Sie ist, alles genau erwogen, doch nur ein elendes Spielwerk, unwürdig, einen großen Platz in dem Leben eines Mannes einzunehmen."

„Ohne Zweifel", erwiderte Joseph, der bei dem Namen Paula erbebte. „Ohne Zweifel ist ein Weib nicht würdig, daß Eure Eminenz sich mit ihr mehr als einige Minuten beschäftige. Sie als etwas anderes zu betrachten als ein Spielwerk oder eine Sklavin wäre eine unverzeihliche Torheit. So werden also Eure Eminenz morgen, nicht später als morgen, diesen gefährlichen Mönch vorfordern?"

„Ja, morgen", entgegnete lebhaft der Inquisitor. „Habe ich nicht die Interessen Roms zu verteidigen? Und welche größeren Feinde hat Rom als diese unsinnigen Priester, die das Apostolat auf die einfache Befolgung des Evangeliums beschränken, als ob nicht der Kodex des Katholizismus eine Reihenfolge von Fiktionen und Allegorien wäre, die jeder Papst, jedes Konzilium, jeder Würdenträger der Kirche das Recht hat, nach seinem Willen und nach den zeitlichen und geistigen Bedürfnissen des Landes, in dem er lebt, des Volkes, das er beherrscht, und seiner eigenen Neigungen, auszulegen? – Hinweg mit diesen unsinnigen Neuerern, die dem Volk die Freiheit predigen! Hat nicht Christus selbst gesagt: ‚Gebt dem Kaiser, was des Kaisers ist?' Die Reformierten aber sagen: ‚Nehmt dem Papst die Macht, die er von Gott hat.' – Nein, nein, es soll ihnen nicht gelingen, den Stuhl des heiligen Petrus zu stürzen; die Kirche wird gegen sie mit wachsender Strenge einschreiten, denn das Unkraut darf nicht den guten Samen ersticken. Zehn Mönche wie dieser Johann von Avila würden bald Spanien in Aufstand gebracht und die Inquisition verjagt haben."

„Eure Eminenz sind ermüdet", bemerkte Joseph, „Ihr bedürft der Ruhe nach einem Tag, wie dieser war."

„Und auch du, mein armer Joseph", sagte Pedro Arbuez, indem er mit der Hand über die brennende Stirn seines Günstlings strich. „Aber du siehst wohl, ich lasse mich stets durch den Strom meiner ungestümen Leidenschaften fortreißen. – Nun, lebe wohl denn, auf morgen. Ich will noch eine Stunde beten, damit der heilige Geist mich in dieser schwierigen Lage aufkläre."

Der Inquisitor stand auf. Der Günstling begleitete ihn bis zur äußeren Tür seiner Wohnung und sagte dann, indem er ihn verließ: „Eminenz, ich bitte um die Erlaubnis, mich auf drei Tage in mein Kloster zurückziehen zu dürfen."

„Gut, mein lieber Joseph. Ich begreife. – Du bedarfst der Sammlung. – Aber nur drei Tage, hörst du wohl? Du weißt, daß ich deiner nicht entbehren kann. Ich muß am Sonntag in der Kathedrale Messe lesen und predigen; sei zur Stunden der Predigt zurück."

„Ich verspreche es Euch, ich werde nicht dabei fehlen", sagte Joseph.

Joseph kehrte in sein Zimmer zurück, ließ den schweren rotsamtenen Vorhang vor die Tür fallen, warf sich in einen großen Armsessel am Fuß seines Bettes und rief mit dem Ton unaussprechlicher Befriedigung: „Es ist also zu Ende. Dies war mein letzter Tag der Verstellung."

XLIV.

Ein Priester nach dem Evangelium

KEHREN WIR ZUM DRITTEN MAL zu dem furchtbaren Tribunal zurück, vor dem wir schon so viele edle Opfer erscheinen sahen. Wir wohnten früher hier einer sehr interessanten und sehr feierlichen Sitzung bei. Große Namen wurden in derselben der römischen Hydra als Ätzung vorgeworfen, und ihr Wappenschild zerbrach bei der bloßen Beschuldigung: Ketzer. Dieses Wort, durch ein Tribunal ausgesprochen, gegen das es keine Berufung gab, genügte, um für immer aus der Reihe der menschlichen Gesellschaft ganze Familien auszustreichen, deren Ursprung sich in die Nacht der Zeit verlor. Heute dagegen ist es keine Familie, ist es kein großer Herr Spaniens, der sich auf die Anklagebank setzen soll, um aus dem Mund des Inquisitors den Urteilsspruch zu vernehmen, der ihn dazu verdammt, zu sterben oder für seine übrige Lebenszeit entehrt zu sein. Es ist nicht die Macht, der Reichtum oder die Schönheit, die heute die Inquisition anklagt, sondern die Barmherzigkeit selbst, die menschgewordene Barmherzigkeit, bekleidet mit der einfachen Kutte eines unbeschuhten Karmeliters, um das verfolgte Spanien zu trösten, der fleischgewordene christliche Geist, damit unter dieser gewöhnlichen Gestalt das Volk ihn nicht verkennen, seine Existenz nicht leugnen könne; kurz, es ist ein armer Mönch, der sein ganzes Leben damit zubrachte, zu beten und zu segnen, und dieser Mönch ist Johann von Avlia. Die Inquisition fürchtete seine Tugenden mehr als die Laster der anderen, und sie sagte: „Diesen müssen wir zerschmettern, denn er ist die lebendige Verurteilung unserer Verbrechen."

Doch gehen wir um einige Stunden zurück. Man wird sich erinnern, daß in der vorhergehenden Nacht Joseph von Pedro Arbuez Abschied nahm, indem er vorschützte, sich in sein Kloster zurückziehen zu wollen. Statt dessen aber ging er schon sehr früh aus und begab sich nach der Taverne der Buena Ventura. Hier schloß er sich mit Coco in dem ärmlichen Raum ein, in dem der Alguazil schlief, und der Mönch und der Mann des Volkes sprachen lange mit leiser Stimme miteinander. Joseph vertraute Coco mit der unbedingtesten Hingebung wichtige Geheimnisse an, wie jemand, der dessen, an den er sich wandte, vollkommen gewiß ist, und Coco empfing sie mit der stolzen Freude eines ergebungsvollen Niederen, der sich glücklich darüber fühlt, daß man ihm vertraut und ihn auf die Probe stellt. Dieses Gespräch währte ungefähr eine Stunde. Darauf ging der Alguazil geradewegs nach dem Inquisitionspalast, zeigte dem Schließer einen Befehl Josephs mit dem beigedrückten Inquisitionssiegel, um ihn in das Gefängnis Johann von Avilas einzulassen, damit er denselben *prüfe*, wie dies häufig bei den Gefangenen des heiligen Offiziums geschah, um dieselben durch listige Vorspiegelungen auszuholen.[189] Man ließ ihn zu dem Gefangenen; er übergab dem Mönch die Zeilen Josephs, und nachdem er etwa eine halbe Stunde in dem Kerker zugebracht hatte, begab er sich zu dem Präsidenten des höchsten Rates. Johann von Avila hatte in seinem Kerker mit einem Bleistift, den Coco ihm gab, einige Zeilen an den Präsidenten geschrieben. Coco übergab sie in dessen eigene Hände und kehrte dann zu seinen Geschäften zurück. Joseph war währenddessen nach der Gardunnia gegangen.

Nehmen wir jetzt den Faden unserer Erzählung wieder da auf, wo wir ihn ließen. Wir befinden uns in dem Audienzsaal des Inquisitionspalastes. Rings um uns her zeigt sich derselbe finstere Prunk, den man bei diesen Gelegenheiten entfaltete. Nur war seit dem Morgen in der Stadt das Gerücht umgelaufen, daß die Sitzung öffentlich sein würde und daß alle Welt freien Zutritt hätte. Groß war die Aufregung unter dem Volk, und mehr als einer verließ seine Geschäfte, um sich schon lange vor der Stunde der Sitzung nach dem Inquisitionspalast zu begeben. Eine solche Gunst war so selten zu erlangen! Die Sitzungen dieses Tribunals, dessen Organisation der keines anderen glich und das beinahe ohne alle Regeln und ohne alle Ordnung nur nach der willkürlichen Entscheidung oder nach der Laune jedes Inquisitors handelte, diese Sitzungen, sagen wir, deren Begünstigung den Freunden der Inquisition vorbehalten war, bildeten beinahe ausschließlich ein Schauspiel für die Mönche und die großen Herren, die Familiaren waren. Auch diesmal wieder hatte Pedro Arbuez dem hinterlistigen Einfluß seines Günstlings nachgegeben, indem er die Sitzung öffentlich machte, in welcher der Freund des Volkes erscheinen sollte, der von den Sevillanern verehrte Heilige, der Tröster der betrübten Seelen, der Vater der Armen und Unterdrückten. Eine ungeheure Menschenmenge belagerte den Palast schon lange vor der Eröffnung der Sitzung, und nicht bloß das Volk war zu dieser Feierlichkeit herbeigeeilt, sondern ganze Familien der reichen Hidalgos, überrascht durch einen solchen Prozeß und neugierig, zu erfahren , welches Verbrechen man einem Mann zum Vorwurf machte, der als das Muster aller Tugenden bekannt war.

In dem Augenblick, als die Türen geöffnete wurden, drängte die begierige Masse sich in den Sitzungssaal, der in einem Nu überfüllt war. Viele mußten draußen bleiben; eine noch größere Menge stand auf der Straße und in der Nähe des Palastes, mit ängstlicher Besorgnis das Ende der Sitzung erwartend, um aus dem Mund der ersten, die herauskommen würden, desto schneller den Spruch der Inquisition zu vernehmen. Ganz Sevilla war in Aufregung, wie bei einem großen und verhängnisvollen Ereignis. Pedro Arbuez hatte sich diesmal wieder durch die Einflüsterungen Josephs über den wahren Geist des Volkes getäuscht, wie es die Mächtigen der Erde beinahe immer tun, wenn sie ihren Günstlingen das Ohr leihen.

Als Pedro Arbuez sich auf den Präsidentensessel niederließ, zeigte er ein freudestrahlendes Gesicht, das seine inneren Gefühle verriet. Er tröstete sich gewissermaßen darüber, Manuel Argoso und Dolores verloren zu haben, indem er darauf hoffte, Johann von Avila zu verurteilen. Dieser Ausdruck entging den Anwesenden nicht, und der öffentliche Haß gegen den Inquisitor steigerte sich an diesem Tag noch durch die zärtliche Verehrung, die der Apostel einflößte. Bald darauf erschien der Angeklagte. Seine Haltung war weder stolz noch hochmütig, aber sie zeigte eine unendliche Majestät, und eine evangelische Ruhe thronte auf dem Gesicht, das durch acht Tage der Leiden und der Einkerkerung kaum verändert war. Auf seiner Stirn zeigte sich der milde, aber entschlossene Ernst des wahren Dieners des Evangeliums, und indem man ihn in der Mitte des Saales mit der Freiheit und der Einfachheit der Unschuld und der Kraft vorschreiten sah, seine Ketten tragend, wie ein anderer den Szepter getragen haben würde; indem man ihn seine ernsten, milden und väterlichen Blicke ebenso im Kreis umhersenden sah, wie er zu tun pflegte, wenn er die Armen besuchte, indem man sah, wie er endlich vor dem Groß-Inquisitor stehenblieb, der, seiner gewöhnlichen Keckheit ungeachtet, diesen anklagenden Blick nicht auszuhalten vermochte, hätte man darüber zweifeln können, wer der Richter sei, Pedro Arbuez oder Johann von Avila, hätte dieser nicht mit der rührendsten Demut seinen Platz auf der Anklagebank eingenommen. Hier erwartete er die an ihn gerichteten Fragen. Aber Pedro Arbuez verachtete die gewöhnlichen Formen, und ohne ihn nach seinem Alter und seinem Namen zu fragen, ohne mit Ordnung und Regelmäßigkeit zu verfahren, wie er hätte tun sollen, sagte er mit kurzem Ton: „Steht auf."

Dann bemerkte er plötzlich, daß dieses barsche Wesen seiner Rolle als Inquisitor widersprach, und mit dem Ausdruck erzwungener Sanftmut fügte er hinzu:

„Steht auf, mein Bruder, und antwortet uns."

Johann von Avila richtete sich in der ganzen Höhe seines großen, edlen Wuchses empor. Alle Herzen standen still, und ungeachtet der Anwesenheit der Inquisitoren bewiesen leise gewechselte Worte und ein allgemeines Gemurmel die Sympathie des Volkes.

„Mein Bruder", nahm Pedro Arbuez wieder das Wort, „unser Eifer für den Dienst Gottes kann uns nicht vergessen lassen, daß Ihr einer seiner Diener seid und daß Ihr das heilige Gewand der Leviten tragt; aber ebendeshalb ist auch unsere Verantwortlichkeit um so größer, und wir dürfen in Euch nicht das Geringste dulden, was dahin führt, die anderen von der strengen Beobachtung der heiligen Kanons zu entfernen, die das Gesetz der Kirche sind."

„Das Gesetz der christlichen Kirche ist das Evangelium", erwiderte Johann von Avila einfach.

„Die Konzilien haben diesem Gesetz manches hinzugefügt", erwiderte der Inquisitor. „Die Kirche Jesu Christi hat wohl das Recht, das Werk ihres göttlichen Stifters fortzuführen."

Johann von Avila schwieg. Der Inquisitor hatte auf eine Antwort gehofft, denn er rechnete darauf, ihn tückisch, durch seine eigenen Worte zu fangen; aber seine Erwartung wurde getäuscht. Er fuhr fort: „Mein Bruder, weshalb habt Ihr, mit einer heiligen Sendung betraut, dazu beauftragt, durch die Predigt die Seelen zu leiten und zu lenken, im Gegenteil gesucht, sie irrezuführen, indem Ihr die Lehren der Neuerer verbreitet? Wißt Ihr, daß dies ein Verbrechen des verletzten Katholizismus ist?"

„Klagt man mich dessen an?" fragte Johann von Avila.

„Darin liegt Euer Verbrechen, mein Bruder, oder vielmehr Euer Irrtum", fügte Pedro Arbuez mit erheuchelter Mäßigung hinzu.

Der Inquisitor machte eine neue Pause; doch auch diesmal antwortete Johann von Avila nicht. „Ihr habt auf der Kanzel gesagt", fuhr der Inquisitor fort, „Gott sei gleich gut gegen alle, und er verbreite seine Wohltaten über die Gerechten und über die Sünder."

„Ich habe das nicht gesagt", erwiderte der Apostel, „Jesus Christus selbst tat es, und er bewies es nicht bloß durch seine Worte, sondern noch mehr durch seine Handlungen."

„Jesus Christus hat das Anathema ausgesprochen über die Gottlosen und über die Ketzer", entgegnete Pedro Arbuez.

„Jesus Christus hat das Anathema über niemand ausgesprochen, gnädigster Herr; er hat nur die Heuchler angeklagt und getadelt; die, die ihre Laster mit dem Mantel der Frömmigkeit und der Tugend bedeckten; die, die unter einem strengen Äußeren grobe Lüste verbargen; die waren es, Eure Eminenz, die Jesus Christus mit Schmach belegte. Die anderen, die Verirrten oder die Reuigen, nahm er auf seine Schultern, er erwärmte sie an seinem Busen mit der belebenden Glut seiner heiligen Liebe, seiner göttlichen Barmherzigkeit."

Die Anwesenden hörten mit tiefer Sammlung diese Worte an; der Apostel beherrschte die Versammlung mit der ganzen Höhe seiner erhabenen Moral. Pedro Arbuez verlor seine Keckheit und begann zu bereuen, daß er dieser Sitzung eine solche Öffentlichkeit verliehen hatte. Indessen kam die Arglist des Inquisitors demselben zu Hilfe, und er fuhr fort mit sicherem, langsamem und feierlichem Ton zu sprechen, indem er mit aller Macht seines stolzen, unbezwinglichen Willens die Sanftmut und die Demut erheuchelte.

„Mein Bruder", sagte er zu Johann von Avila, „nicht nur in Euren Predigten habt Ihr Euch als eifriger Anhänger der Reform gezeigt oder vielmehr eine strafbare Gleichgültigkeit gegen den römisch-katholischen Kultus an den Tag gelegt, sondern Ihr bewieset auch noch die strafbarste Toleranz gegen die unglücklichen Ketzer, die sich freiwillig von der heiligen Kirche abwenden."

„Ich verstehe Euch nicht, gnädigster Herr", sagte der Apostel.

„Ihr macht, wie man sagte, Eure gewöhnliche und liebste Gesellschaft aus Bettlern, Juden und Mauren, und es genügt, einer dieser verfluchten und verworfenen Kasten anzugehören –"

„Gnädigster Herr", unterbrach ihn der Apostel mit einer erhabenen Einfachheit, „diese Kasten sind unglücklich und verfolgt; die anderen bedürfen meiner nicht."

Ein lautes Gemurmel leidenschaftlicher Bewunderung folgte diesen so einfachen Worten, welche die ganze Seele, das ganze Leben Johann von Avilas schilderten. Der Inquisitor erkannte, daß es schwer sein würde, den Apostel in Gegenwart dieser ganzen Bevölkerung Sevillas zu verurteilen. Er hatte geglaubt, er würde nur ein Wort zu sagen brauchen, um ihn zu zerschmettern, und durch die bloße Macht der Wahrheit wies der heilige Prediger siegreich die abgeschmackten Anklagen zurück, und der Triumph wurde ihm zuteil, der nie etwas anderes gesucht hatte, als das Glück der Dunkelheit, denn die Predigt, diese göttliche Mission, die durch die Apostel ihren Nachfolgern übertragen wurde, diese Tochter des Evangeliums, aus der die römische Kirche eine schamlose Komödiantin gemacht hat, die in der Kirche Christi gestikuliert und paradiert, war für Johann von Avila nichts als ein Mittel des Trostes und der Belehrung, nicht aber eine Springfeder weltlichen Ehrgeizes. Der demütige Karmeliter erwartete von seiner gewaltigen oder leidenschaftlichen Beredsamkeit nicht die Ehren des Episkopats; er predigte nicht wie ein Advokat oder ein Schauspieler, sondern wie der heilige Paulus und der heilige Jakobus, diese beiden Säulen des christlichen Glaubens, diese Väter der Herde, die als die ersten nach ihrem göttlichen Meister gepredigt haben, indem sie der Welt den Samen der Barmherzigkeit und der Freiheit ausstreuten, jene göttlichen Schätze, welche die einzige Quelle der menschlichen Tugend sind.

Der Inquisitor war zu scharfsichtig, um nicht zu erkennen, welche Gefühle die Versammlung beseelten. Auf der anderen Seite kannte er die Treue des spanischen Volkes, die unverletzliche Anhänglichkeit, mit der es an dem katholischen Glauben hing, ungeachtet der abscheulichen Unterdrückung, die man es erdulden ließ. Pedro Arbuez wußte wohl, daß alle die Aufstände, die das Land beunruhigten, nicht gegen die Religion gerichtet waren – dazu waren die Spanier zu fromm –, sondern nur gegen die Unterdrücker, gegen die, die im Namen ebendieser Religion täglich die abscheulichsten Mißbräuche begingen. Er suchte daher das Volk bei seiner schwachen Seite zu fassen, indem er zu beweisen trachtete, daß Johann von Avila ein schlechter Katholik sei. Sich wieder zu dem Angeklagten wendend, sagte er daher: „Mein Bruder, es ist für uns sehr schmerzlich, einen Diener des Evangeliums tadeln zu müssen, der bisher nur Beispiele der Tugend gegeben hat; aber wir sind alle schwach und sterblich; der böse Geist wacht beständig und bemächtigt sich bald dessen, der schlechte Wache hält oder sich einige Augenblicke vernachlässigt. Wir wollen die Geheimnisse einer so großen Umwandlung, wie sie mit Euch vorgegangen ist, nicht erforschen; aber gewiß ist es, und sechs Zeugen haben dies bestätigt", sagte Pedro Arbuez, indem er mit der Hand auf das auf dem Tisch offenliegende Anklagebuch deutete, „gewiß ist es, sage ich, daß Euer Geist, so hell und so tief, sich durch die verpesteten Lehren verführen ließ, die aus Deutschland kamen. Ihr habt mehrmals auf der Kanzel ausgesprochen, daß die äußeren Gebräuche von geringer Wichtigkeit sind, die Reinheit des Herzens aber alles ist. Leugnet Ihr das, mein Bruder? Ist das nicht eine von den Lehren der Reformierten?"

„Ich leugne es, in Beziehung auf die Ausdrücke", erwiderte Johann von Avila. „Es ist sicher, daß man bei meiner Anklage meine Absichten und meine Worte verdreht hat. Ich sagte, gnädigster Herr, und ich wiederhole dies hier in Eurer Gegenwart, weil ich es mit dem wahren Geist des Christentums übereinstimmend halte, ich sagte, daß die äußeren Gebräuche nichts sind ohne die Werke, nichts, wenn sie nicht von der Rechtschaffenheit des Herzens und von der Reinheit der Absichten begleitet werden. Glaubt Ihr, Eminenz", fügte er hinzu, indem er seinen ruhigen, gewaltigen Blick auf das Gesicht des Inquisitors richtete, „glaubt Ihr, daß der Gott angenehm sei, der sich vor den Altären niederwirft und den Staub der Kirchen küßt, die Seele besudelt mit Mordtaten, Rachgier oder Unzucht? Der, der zu Gott unter Seufzern und Klagen ruft: ‚Mein Gott, verzeihe mir' und dabei in seinem Herzen auf den Untergang seines Feindes sinnt, der zu Jesus spricht: ‚Fleckenloses Lamm, erbarme dich meiner', und der, wenn er von dem Gebet kommt, sich vielleicht in allen Lastern besudelt? – Der, der –"

„Mein Bruder", unterbrach ihn der Inquisitor mit einiger Unruhe, denn die beiden Männer schienen ihre Rollen gewechselt zu haben, „mein Bruder, wißt Ihr, ob der, der betet und weint, indem er sich die Brust schlägt, Gott nicht eben durch seine Reue angenehmer ist als der Stolze, der sagt: ‚Ich bedarf des Gebetes nicht, ich bin rein.'"

„Gnädigster Herr", erwiderte der Karmeliter mit ruhiger, ernster, imposanter Stimme, welcher der Klang der Wahrheit, der Kraft und der Freiheit sowie der innigsten Überzeugung eine unwiderstehliche Gewalt verlieh, „gnädigster Herr, ich beschwöre Euch, laßt uns nicht in diese theologischen Streitigkeiten eingehen, bei denen der Glaube nichts gewinnen kann. Das Volk, das uns hört, ist gerecht, fromm und gläubig; es kümmert sich nicht darum, unter welcher mehr oder minder abstrakten Form die wahre Beobachtung der Gesetze des Evangeliums zu finden ist, und ich habe mich auch nicht darum gekümmert, es darin zu unterrichten. Ich sagte einfach: Seid liebevoll, keusch und barmherzig, denn Jesus Christus, unser Vorbild, ist barmherzig, keusch und liebevoll gewesen. Ich sagte: Liebt euch und steht euch bei untereinander, denn ihr seid alle Brüder und Kinder eines Vaters, der Gott ist; und ich sagte dies nicht nur zu den Christen der römisch-katholischen Kirche, sondern auch zu denen, die sich zu der reformierten Kirche neigten; ich sagte es auch zu den bekehrten Mauren und Juden, die in ihrem Glauben noch schwankend waren, und zu denen, die vom Glauben ihrer Väter nur aus Furcht abfielen. Allen habe ich die gleiche Moral und das gleiche Gesetz gepredigt, und oft, ach, gnädigster Herr, sehr oft, sah ich, wie sie auf die Knie niedersanken und weinend riefen, daß sie einer so milden Religion angehören wollten, und das taten selbst die, die später aus der Mitte der Flammen der Scheiterhaufen unsere heilige Religion lästerten und verfluchten."

„Er lästert, oh mein Gott!" rief Pedro Arbuez, „ein Priester Jesu Christi wagt es, die heilige Inquisition anzuklagen."

Auf diesen heuchlerischen Ausfall antwortete Johann von Avila nicht, aber der Blick, den er auf den Inquisitor richtete, war so deutlich, so kalt, so schneidend, daß der übermütige Arbuez den Glanz desselben nicht zu ertragen vermochte. Der, vor dem ganz Sevilla zitterte, senkte die Augen vor einem geringen Priester der christlichen Kirche, zitterte vor einem Angeklagten. Der Blick Johann von Avilas war eine beredte, doch stumme Anklage, aus welcher der Inquisitor alle seine Nichtswürdigkeiten hätte lesen können, die offenbarsten wie die geheimsten, seine ungerechten Verurteilungen, seine keck am hellen Tageslicht begangenen Verbrechen, seine geheimen Ausschweifungen, noch viel verabscheuenswertere Verbrechen, die oft die einzige Ursache der ersteren waren. Von dem Lager eines Inquisitors bis zu dem Scheiterhaufen war der Übergang ganz natürlich. Was soll auch ein schamloser Priester mit den Opfern seiner Nichtswürdigkeit beginnen, den lebenden Zeugen, die stets zu seiner Anklage bereit sind? Wenn er Inquisitor ist, läßt er sie verbrennen; in Zeiten der bürgerlichen und religiösen Freiheit erdolcht er sie. Mingrat und Lacolonge, die im 16. Jahrhundert geboren wurden, würden der Inquisition Ehre gemacht haben. Nichts ist verbrecherischer keck als ein schlechter Priester; Pedro Arbuez, der einen Augenblick verwirrt war, gewann seine kalte Zuversicht bald wieder. Die Zuhörer waren erstarrt, denn sie begriffen die Gefahr des Mutes, und dennoch fühlten sie sich elektrisiert durch die Worte des Apostels, ergriffen von Ehrfurcht, Enthusiasmus und Dankbarkeit, denn in der ganzen Versammlung war kaum einer, der nicht Johann von Avila zu segnen gehabt hätte. Die Anwesenden erwarteten daher mit der höchsten Besorgnis den Ausgang dieser Sitzung. Man wagte weder zu sprechen noch seine Gedanken mitzuteilen, aber mehr als einer in der aufmerksamen Menge empfand den Eindruck desselben Gefühls: Ein allgemeines Verlangen, ihren heiligen Prediger zu retten, beseelte alle Herzen. Pedro Arbuez erkannte, daß gegen einen Redner wie Johann von Avila der Triumph unmöglich war. Ohne die Diskussion weiterzuführen, gab er dem Schreiber, der die Antworten des Apostels niedergeschrieben hatte, ein Zeichen. Der Schreiber übergab ihm das Protokoll; Pedro Arbuez überlas es, als wollte er sich dazu reizen, eine solche Verwegenheit zu bestrafen, und bei jedem einzelnen Satz zogen seine Augenbrauen sich mehr und mehr zusammen. Ein schwarzer Sturm des Hasses häufte sich auf dieser hohen, finsteren Stirn, einem entsetzlichen Blatt, auf dem der Beobachter so viele unheimliche Dinge lesen konnte.

Nachdem er zu Ende war, nahm er das Register, in das die Zeugenaussagen eingetragen waren, und als er es überlesen hatte, sagte er: „Richtig, so ist es. Die Aussagen der Zeugen stehen in vollkommener Übereinstimmung mit den Antworten des Angeklagten. Die Zeugen, die ihre Aussagen unterzeichneten, sind untereinander vollkommen übereinstimmend; alle bestätigten, daß der Priester Johann, mit dem Beinamen von Avila, ein Predigermönch vom Orden der unbeschuhten Karmeliter, nicht nur häufigen Umgang mit lutherischen, jüdischen oder maurischen Ketzern gehalten hat, sondern daß er auch in seinen Predigten Äußerungen tat, die dem katholischen Glauben widersprechen. Da diese Zeugen auf das Evangelium beschworen haben, daß sie die Wahrheit sagten, müssen wir uns auf ihre Aussagen verlassen. In Übereinstimmung mit den Gesetzen der heiligen Inquisition sind wir daher gezwungen, den Priester Johann mit den Strafen zu belegen, die unsere heiligen, inquisitorialischen Gesetze vorschreiben, es sei denn, daß der Angeklagte noch während dieser Sitzung durch die Erklärung von zwölf Entlastungszeugen beweisen kann, daß er fälschlich angeklagt wurde."

Indem der Inquisitor diese Worte sprach, richtete er die Augen auf die Bank, auf der Johann von Avila saß. Der Apostel hatte nicht die leiseste Bewegung gemacht, sondern alles mit angehört, als handle es sich um einen anderen; allein unter der Versammlung hatte sich plötzlich ein lebhaftes Gemurmel erhoben, und die Bank der Zeugen, die bisher leer war, füllte sich rasch mit den angesehensten der bei dieser Sitzung anwesenden Hidalgos, die sich sämtlich den Ruhm streitig machten, ihr Leben für ihren geliebten Apostel preiszugeben. Es fanden sich in dem Saal so viele Zeugen für die Unschuld Johann von Avilas als Anwesende zugegen waren. Als dieser aber sah, wie sie sich so dem Tod aussetzten oder wenigstens sehr strengen Strafen, blickte er sie mit seinen milden, väterlichen Augen an und gab ihnen mit der Hand ein Zeichen, sich zurückzuziehen. Bei dem Beweis dieser so allgemeinen Liebe war seine Rührung so groß, daß er nicht die Kraft hatte, zu sprechen. Zwei köstliche Tränen, zwei Tränen unaussprechlicher und himmlischer Zufriedenheit, entrannen seinen ruhigen Augen, die sich stets nur unter den Leiden anderer getrübt hatten.

„Er ist unschuldig! Er ist unschuldig!" riefen zu gleicher Zeit alle diese enthusiastischen Stimmen.

„Er hat uns genährt, als wir hungerten."

„Er hat uns getröstet, als wir weinten."

„Er hat unsere Zwistigkeiten beigelegt und den Frieden in unsere Familien zurückgeführt."

„Er hat die jungen Leute, die sich liebten, gesegnet und die entzweiten Gatten ausgesöhnt."

„Er ist der Ruhm und das Glück Andalusiens."

Es war ein allgemeines Konzert der Segenssprüche, ein Beifallsjubel, stärker als die Furcht, welche die Inquisition einflößte, etwas Plötzliches und Unwiderstehliches. Alle diese Menschen schienen einer Stimme von oben zu gehorchen, die sie unwiderstehlich vorwärtstrieb, eine so edle Sache mit Verachtung der eigenen Gefahr zu verteidigen. Bei einer so allgemeinen Äußerung der Teilnahme fühlte der grausame Arbuez sich von einem schwindelnden Gedanken des Hasses erfaßt; er glaubte mit Keckheit und Festigkeit dem Volk imponieren zu können, daß sich zur Verteidigung einer so heiligen Sache herbeidrängte; er wußte nicht, daß das Volk, dieser furchtbare Feind, ebenso ergebungsvoll für die Gegenstände seines Kultus ist als grausam und unerbittlich gegen die, die dieselben verletzen, und daß sein Zorn dem der Wogen gleicht, welche die in den Abgrund stürzen, die ihnen zu widerste-

Johann von Avila der Ketzerei durch die Inquisition beschuldigt

hen wagen. Zum offenen Kampf entschlossen, verachtete Pedro Arbuez diese allgemeine und heilige Gefühlsäußerung. Das war der Augenblick, oder er erschien nie, die Wahrheit der Worte zu prüfen: Volkesstimme, Gottesstimme! Aber Pedro Arbuez kümmerte sich darum nicht! Die Personen, die auf der Zeugenbank Platz hatten finden können, standen auf und forderten mit lauter Stimme, daß man ihre Aussagen hören sollte. Der Inquisitor achtete nicht darauf; aber er wagte es gleichwohl nicht, öffentlich das Urteil zu fällen, nachdem er die Anhörung der Zeugen verweigert hatte; er benutzte seine gewöhnliche Ausflucht, wandte sich zu den Sbirren, die zu seiner Rechten standen, und sagte: „Die Sitzung ist aufgehoben; man führe den Angeklagten ins Gefängnis zurück."

Das Volk hatte begriffen, was das sagen wollte;[190] ein lauter, allgemeiner Schrei erhob sich in der Versammlung, und zahlreiche Stimmen riefen zu gleicher Zeit: „Die Zeugen! Man vernehme die Zeugen!"

„Man räume den Saal!" gebot Pedro Arbuez, indem er aufstand, um sich zu entfernen.

Johann von Avila erhob sich von der Bank der Angeklagten, um den Sbirren zu folgen, und sich zu dem Volk wendend, sagte er voll Sanftmut: „Beruhigt euch, meine Freunde! Beruhigt euch! Man wird mir Gerechtigkeit widerfahren lassen; ihr dürft dessen versichert sein."

Indem der Apostel so sprach, richtete er seine Blicke nach dem Hintergrund des Saals, als erwarte er jemand, doch es zeigte sich niemand. Darauf wandte er seine Augen zum Himmel und murmelte voll Ergebung: „Der Wille Gottes geschehe!"

Das Volk murrte inzwischen fortwährend, und einige – eine unerhörte Kühnheit in jener Zeit und an solchem Ort – wagten es sogar, die Barriere zu übersteigen, die sie von dem Angeklagten trennte. Hier warfen sie sich auf die Knie nieder vor dem, den sie ihren Vater nannten, und küßten seine Hand, seine Kleider, nicht mit der Demut des Fanatismus, sondern mit einer rein kindlichen Verehrung, mit jener innigen Ehrfurcht, welche die Tugend gewinnt, ohne sie zu fordern, und die man dem allmächtigen Laster aus Furcht gewährt. Der Auftritt drohte stürmisch zu werden, doch die Inquisition war klug und vorsichtig. Binnen wenigen Augenblicken war eine dreifache Reihe von bewaffneten Sbirren und Bogenschützen der heiligen Hermandad, gleich einer langgestreckten Schlange, rings um das im Saal zusammengedrängte Volk aufgestellt, so daß die mutigen Menschen sich plötzlich umzingelt sahen und daß nicht einer von allen lebend den Saal verlassen haben würde, wäre dies der Wille des Inquisitors gewesen. Ein großes Gemetzel würde dadurch unvermeidlich geworden sein, denn das glühende und mutige Volk hätte sich nicht ohne Widerstand niederwürgen lassen. Johann von Avila, der alles mit einem Blick übersah, erbebte in heiligem Unwillen, und in diesem Augenblick beklagte er die Liebe, die er einflößte. Die Gefahr dieses braven, treuen Volkes ergriff ihn mehr als die eigene. Pedro Arbuez, der hinter seinem Armsessel stand, ließ in dem Saal ringsumher den zufriedenen Blick des Jägers schweifen, der den Löwen in den ausgestellten Netzen gefangen sieht. Das Volk allein hatte noch nichts bemerkt. Es war ein Glück für die Inquisition, daß seine Gedanken es so sehr abgezogen hatten, und vielleicht war das Glück für den Inquisitor noch größer. Dieser verfügte allerdings über eine bewaffnete Macht; aber was vermag diese gegen ein mutiges, zu dem Äußersten gebrachtes Volk, in Verzweiflung gesetzt durch die Unterdrückung und das Elend langer Jahre! Pedro Arbuez allein, verblendet, wie alle Despoten es sind, begriff die Gefahr nicht, in der er schwebte. In diesem Augenblick aber wurden die beiden Flügel der Haupttür geöffnet, und die Wachen sowie das Volk, wichen mit allen Zeichen der tiefsten Ehrfurcht zur Seite. Der Inquisitor erblaßte; die, die auf so feierliche Weise in den Sitzungssaal eintraten, waren der Präsident des obersten Gerichtshofes in eigener Person, umgeben von seine Räten. Als der Präsident dem Inquisitor gegenüberstand, hemmte er seine Schritte; er befand sich an der Seite Johann von Avilas.

Pedro Arbuez senkte die Augen vor dem Vorsteher des höchsten Rates, denn dieser hatte ihn mit einem Blick des Zorns und des Vorwurfs angesehen, der nichts Gutes verriet. Der Präsident wandte sich hierauf zu dem Apostel, den zwei Sbirren bereits bei seinen Ketten ergriffen hatten, um ihn in das Gefängnis zurückzuführen.

„Man befreie diesen Mann!" sagte er mit strengem Ton.

Die Fesseln Johann von Avilas fielen wie mit Zaubergewalt.

„Gnädigster Herr!" wagte Pedro Arbuez zu sagen.

„Mit welchem Recht habt Ihr diesen Mann angeklagt?" fuhr der Präsident fort. „Ihr habt es nicht der Mühe wert geachtet, den Befehl zu seiner Verhaftung dem Rat anzuzeigen. Wißt Ihr, daß ich könnte –"

„Es ist wahr", stammelte Pedro Arbuez, „diese Förmlichkeit ist vernachlässigt worden, aber später –"

„Geht", gebot der Präsident mit strenger Stimme, „und ein andermal erinnert Euch daran, daß eine Vernachlässigung der Art ein Verbrechen ist. Der König und der hohe Rat wollen wohl, daß man die Ketzer verfolge, aber es muß unter gesetzlichen Formen geschehen, damit wir durch uns selbst über die Strafbarkeit der Angeklagten urteilen können. Ihr seid frei, ehrwürdiger Vater", fügte der Präsident des höchsten Rates hinzu, indem er sich mit der größten Freundlichkeit zu dem Apostel wandte.

„Ich danke Euch, gnädigster Herr", sagte Johann von Avila, „ich erwartete nicht weniger von Eurer Eminenz."

Pedro Arbuez entfernte sich, das Herz von Wut erfüllt; sein Reich ging zu Ende.

„Viva! Viva!" schrie das Volk. „Gott und die heilige Jungfrau segnen den hohen Rat!" Und dieses gute, offenherzige Volk stieß Geschrei enthusiastischer Bewunderung aus und vergoß Tränen der Freude über diese Handlung hoher und unendlich gewandter Politik[191] wie für eine Handlung heldenmütiger Ergebung oder königlicher Freigiebigkeit. So beutete man das arme, vertrauensvolle und redliche Volk damals aus, denn jetzt würde der sehr töricht sein, der es für blind hielte. Das Volk ist hellsehend, sehr hellsehend, und wird es mit jedem Tag mehr, nur zeigt es sich zuweilen zu einfältig. Man traue ihm aber nicht, denn nichts ist gefährlicher als eine zu Ende gehende Geduld, die lange Zeit gedauert hat! Die Freisprechung des Apostels Andalusiens war für ganz Sevilla eine allgemeine Freude. Man glaubte, daß Karl V. endlich alle seine Versprechungen halten wollte, und der höchste Rat von Kastilien gewann eine ungeheure Popularität. Leider aber zeigte dieser große Staatskörper, der beinahe ganz aus Bischöfen und Prälaten zusammengesetzt war, für gewöhnlich einen ebenso großen Eifer wie die Inquisition selbst bei der Ausrottung der Ketzerei. Aber der höchste Rat war ebenso wie jede andere Macht sehr eifersüchtig auf seine Autorität. Seine Rechte verletzen oder dieselben nicht anerkennen war eine Beleidigung, die er selten verzieh. Dieser aber hatte Pedro Arbuez sich schuldig gemacht, indem er es vernachlässigte, die Verhaftung Johann von Avilas[192] anzuzeigen. Dieser Formfehler, der die Eigenliebe des höchsten Rates verletzte, war ohne allen Zweifel Ursache zu der Rettung des berühmten Predigers. Woher kommt es, daß so oft die wichtigsten Resultate aus den erbärmlichsten Ursachen entspringen? – Dies muß wohl so in den Absichten Gottes liegen! Als Johann von Avila den Sitzungssaal verließ, hob das Volk ihn auf seine Arme, und die Menge, die vor Freude und Hoffnung wie berauscht und wahnsinnig war, brachte ihn so im Triumph bis zu seiner bescheidenen Wohnung, indem dabei unablässig das Geschrei ertönte: „Es lebe unser geliebter Apostel! Es lebe der König! Es lebe der Herr Präsident des höchsten Rates!"

XLV.

Trauung und Begräbnis

IN DEN KELLERN DER GARDUNNIA, gewaltigen unterirdischen Räumen, die während der Kriege der Mauren gegen die Katholiken ausgehöhlt worden waren, um zu geheimen Verbindungswegen für die Truppen zu dienen, hatte Mandamiento Estevan, Dolores und Juana verbergen lassen. Die Kiste, in der die Leiche Manuel Argosos fortgeschafft worden war, hatte man gegen einen großen Sarg aus Zedernholz ausgetauscht, den die Gardunnios herbeischafften. Der größte Teil von dem Gold, das Estevan von seinem Vermögen zu retten vermochte, das er dem Fiskus überlassen mußte,[193] war zur Bezahlung der Dienste der Gardunnia verwandt worden. Es gab nichts Treueres als die Gardunnios gegen die, von denen sie besoldet wurden. Der Sarg, der die sterblichen Reste dessen umschloß, der Gouverneur von Sevilla gewesen war, stand in dem Gewölbe auf zwei hölzernen Gestellen. Nach dem Gebrauch jener Zeiten war das Gesicht des Toten unbedeckt geblieben; aber den Körper hatte man in ein Leichengewand von feiner und sehr weißer holländischer Leinwand gekleidet. Manuel Argoso hatte die Hände auf der Brust gekreuzt, und seine Augen waren fest geschlossen. Der Tod verlieh diesem noch kurz zuvor so leidenden und entstellten Gesicht eine unbeschreibliche milde Heiterkeit. Die Frömmigkeit Josephs verließ seine Freunde in dieser peinlichen Lage nicht. Juana, die alte Amme des jungen Mönchs, Juana, so stark und so treu, betete während der traurigen Totenfeier an Dolores' Seite; das junge, verzweifelnde Mädchen vergoß an ihrem Busen seine Tränen. Johann von Avila seinerseits, der Tröster aller Unglücklichen, war kaum aus dem Gefängnis der Inquisition befreit worden, als er, benachrichtigt durch die Chapa, nach der Gardunnia eilte. Seine unerwartete Gegenwart war für Estevan und dessen Braut ein milder Trost.

Es mochte um die Stunde der Mitternacht sein. Johann von Avila und Joseph, die neben dem Sarg knieten, sprachen leise die Totengebete. Dolores schluchzte einige Schritte von ihnen entfernt, aber weder Estevan noch Juana wagten den Versuch, sie zu trösten; sie begnügten sich, mit ihr zu weinen. Es war ein feierlicher Augenblick – das letzte Lebewohl des Todes an das Leben; der entscheidende Augenblick, in dem das materielle Wesen dessen, den Dolores so sehr geliebt hatte, zu dem Nichts zurückkehren sollte. An einem Ende der Höhle war ein Altar, ein einfacher hölzerner Tisch, aufgestellt worden, bedeckt mit einem weißen Tuch, auf dem ein großes Kruzifix stand. Zwei Armleuchter aus massivem Silber, das Eigentum Mandamientos, trugen jeder drei brennende Kerzen aus gelbem Wachs, und in einem Gefäß aus ziseliertem Silber lag ein Buchsbaumzweig in Weihwasser. Dies war der einzige Luxus bei der Trauerfeierlichkeit. Die Strahlen des polierten Metalls funkelten in einem eigentümlichen Glanz an diesem finsteren, traurigen und nackten Ort, und das weiße, sanfte, auf die Brust herabgesunkene Gesicht Christi schien mit den Trauernden, die vor ihm knieten, zu weinen. Die tiefe, kräftige Stimme Johann von Avilas trug den Ton unbeschreiblicher Salbung, und die milde, helle Stimme Josephs mischte sich mit einem unendlichen Zauber in diese Klänge. Von Zeit zu Zeit stimmte heftiges Schluchzen, das sich ihrer Anstrengungen ungeachtet aus Dolores' Brust entrang, in die herzergreifende Harmonie der beiden Geistlichen ein. Diese Trauerfeierlichkeit, so des Pomps und des Lärmens entbehrend, das der weltliche Stolz ihr gewöhnlich zu verleihen pflegt, hatte etwas Ergreifendes, herbeigeführt durch die gebieterische Notwendigkeit, sie so während der Nacht, an einem unbekannten Ort und geschützt gegen die Augen der Menge zu vollziehen. Das arme junge Mädchen, gezwungen, sich zu Missetätern zu flüchten, um ihre letzten Pflichten gegen ihren Vater erfüllen zu können, die beiden Mönche, von denen der eine der Inquisition entronnen war, während der andere dem heiligen Offizium angehörte, die greise Juana, eine eigentümliche Erscheinung, die nur dazu geschaffen zu sein schien, um den Leiden anderer beizuwohnen, so gleichgültig war sie gegen ihr eigenes Geschick – alles das hatte etwas Überspanntes, Mysteriöses, das einer Legende glich.

Ach! Wie furchtbar waren im 15. und 16. Jahrhundert die unglaublichen und fürchterlichen Dramen, so daß man jetzt ohne das Zeugnis spanischer Autoren, die während jener unglücklichen Zeit lebten und zu aufrichtig waren, um zu lügen, ohne die Autorität von Annalen, deren Zuverlässigkeit man nicht bestreiten kann, sich weigern würde, an diese Geschichten zu glauben, die beinahe unwahrscheinlich sind, so viele Greuel enthalten sie. Es ist ein gräßliches Ereignis, das wir hier erzählen, und gleichwohl war diese grausame Tragödie noch nicht zu Ende. Von allen, bei diesem Auftritt gegenwärtigen Personen, war Estevan vielleicht die traurigste. Mit dem Schmerz, den ihm der Tod seines Schwiegervaters verursachte, vereinigte sich die bittere Überzeugung seiner Ohnmacht, erfolgreich für sein Vaterland zu kämpfen. Er erkannte mit unbeschreiblicher Verzweiflung, daß der Ruhm des Befreiers ihm nicht bestimmt war, und bei diesem so bitteren Gefühl wirkte wahrlich weniger die Täuschung der Eigenliebe und des menschlichen Stolzes als die des Mitleids für sein Land, der Teilnahme für die Opfer des unersättlichen Ehrgeizes Roms, des Klerus und der Regierenden. Estevan hatte in seiner Jugendglut zuweilen die Befreiung Spaniens geträumt, in diesem Augenblick aber hoffte er sie nur von einer sehr fernen Zukunft. Das war es, was über seine jugendliche Stirn einen finsteren Schleier unbezwinglicher Traurigkeit brachte, eine Wolke, die selbst seine Liebe für Dolores nicht zu zerstreuen vermochte. Das Leben des Weibes läßt sich wohl durch das einzige Wort ausdrücken: Liebe; aber der Mann bedarf noch anderer Dinge. Der kräftige, mutige Mann beschränkt nicht seine ganze Existenz auf eine Individualität; er umfaßt einen höheren Zweck, und selbst noch vor dem Namen des geliebten Weibes gibt es einen anderen, der alle Saiten seiner Seele ertönen macht; dieser Name ist das Vaterland! Das Vaterland! Dieses so süße Wort schlug jetzt mit Tönen finsterer Trauer an das Ohr des jungen Grafen von Vargas. In dem *De profundis* der beiden Mönche, dessen herzzerreißender Ausdruck die Seele mit Qualen erfüllt und durch alle Adern ein kaltes Frösteln rieseln läßt, ertönte ihm das letzte Lebewohl, das Spanien ihm zuzurufen schien, ehe es in dem Abgrund, in den es geworfen worden war, seinen Tod fand.

Von Zeit zu Zeit unterbrach Johann von Avila seine Gebete, um auf die Leiche das läuternde, heilige Wasser zu sprengen; dann kehrte er zurück, an der Seite Josephs zu knien und das Totenamt fortzusetzen. Solange dies Traueramt währte, wandte Estevan, der den Kopf in beide Hände gesenkt hielt, sich nicht ein einziges Mal um; als aber Johann von Avila das letzte Wort der Gebete für den Toten gesprochen hatte, fand Estevan sich dem Gefühl dessen, was um ihn her vorging, zurückgegeben, richtete sich empor und näherte sich Dolores. Er erkannte, daß seine Vaterlandsliebe die Liebe nicht verdrängen konnte, die er für seine Verlobte empfand, und daß es für ihn eine heilige Pflicht sei, über sie zu wachen und sie so glücklich zu machen, wie es in seinen Kräften stand. In diesem Augenblick traten zwei Männer der Gardunnia ein, um den Sarg hinwegzutragen. Dolores erkannte, daß der entscheidende Augenblick gekommen sei, und da sie ungeachtet ihres sanften Charakters jenen festen Willen besaß, der bei wichtigen Umständen des Lebens selbst den Schmerz zu beherrschen weiß, trat sie mit festem Schritt auf das Lager zu, auf dem ihr Vater ruhte.

Estevan wollte sie zurückhalten.

„Laßt mich ihm ein letztes Lebewohl sagen", sprach sie, indem sie ihn sanft, aber mit Festigkeit, zurückwies. Sie trat nun zu dem Sarg, kniete auf dem nackten Boden nieder, beugte sich zu dem vielgeliebten Toten herab, drückte ihre Lippen auf die bleiche Stirn, küßte sie dreimal, stand mutvoll wieder auf und ging dann an das äußerste Ende der Höhle, sich dort niederzulassen. Die Kraft, die sie einen Augenblick aufrecht erhalten hatte, verlies sie jetzt; sie barg den Kopf in die Hände, um nichts von dem zu sehen, was um sie her vorging. Estevan und Juana verloren sie nicht aus dem Auge.

Die Gardunnios hoben mit jeder möglichen Vorsicht den Sarg auf und trugen ihn nach einem größeren, noch tiefer liegenden Keller. Hier warteten ihrer sieben oder acht Genossen des Ordens, Männer und Weiber. Als sie den Sarg auf den Boden gesetzt hatten, bemächtigten sich zwei der ältesten Coberteras der Leiche. Diese beiden abscheulichen Geschöpfe, kaum bedeckt mit elenden, schwarzen Wollumpen, hatten die Ärmel bis zu den Ellenbogen zurückgestreift und ließen ihre abgemagerten Hände und Arme, ledergelb und mit großen, dicken, blauen Adern bezeichnet, blicken. Ihre wenigen, grauen, starren Haare hingen unordentlich in den Nacken unter einer Monnia aus verblichenem, schwarzem Band herab, die durch Alter, Schmutz und Staub grau geworden war. Ihr langer, magerer Hals war schamlos entblößt, ihre nackten, unsauberen Füße sanken in den feuchten, kotigen Boden der Höhle ein. Jedes dieser beiden alten Weiber war mit einem scharfgeschliffenen Messer bewaffnet. Ein alter, wackelnder Tisch, ungefähr sechs Fuß lang, stand in der Mitte des Raumes. Die Coberteras legten auf die Platte desselben die Leiche des Gouverneurs und begannen ihr Geschäft. Ähnlich Raubvögeln, die an die Zerfleischung der Leichen gewöhnt sind, öffneten die beiden alten Weiber den Körper der ganzen Länge nach, wie ein Anatomiker getan haben würde, und mit unglaublicher Geschicklichkeit nahmen sie die Eingeweide und das Herz heraus. Zwei Guapos nahmen die Eingeweide, legten sie in den Sarg, mischten sie mit aromatischen Kräutern und bedeckten sie dann mit einem großen Stück Atlas. Darauf knieten alle anwesenden Gardunnios rings um den Sarg her nieder und murmelten einige Gebete. Endlich senkte man den Sarg in eine große, zu diesem Zweck gegrabene Grube hinab, und die Gardunnios bedeckten ihn mit Erde. Währenddessen hatte eine der Coberteras das Herz in ein silbernes Gefäß gelegt, nachdem es sorgfältig mit kostbaren aromatischen Kräutern einbalsamiert worden war, die nur die Gitanos, der aus Ägypten gekommene Stamm, kannten; ihre Gefährtin hatte zugleich den ganzen Körper mit wohlriechenden Essenzen abgewaschen. Nachdem die beiden Weiber ihn dann mit feinem Leinen abgetrocknet hatten, legten sie ihn auf ein großes silbergraues Tuch, durchwebt mit den Fäden des seltenen Asbest. Aber was wäre für die Gardunnios selten oder kostbar gewesen?

Als die Coberteras so die Leiche zubereitet und das Herz eingeschlossen hatten, knieten sie nieder und beteten aufs neue, indem sie zugleich den Körper mit wohlriechendem Wasser besprengten. Dazu murmelten sie unverständliche Laute, eigentümliche Gebete, jedem denkbaren Ritus entlehnt und zu ihrem Gebrauch mit einem unwissenden Aberglauben zugerichtet, in den sich etwas sorgloser Skeptizismus mischte. Es war ein fürchterlicher Anblick, diese beiden alten, abschreckend häßlichen Weiber zu sehen, Hände und Arme noch blutend, kniend neben diesen menschlichen Überresten, mit den Lippen betend zu einem unbekannten Gott oder Dämon, von dem sie nicht einmal das Bewußtsein hatten, oder vielmehr aus Gewohnheit unzusammenhängende, mitunter lächerliche Worte sprechend, zwei noch lebende Leichen einen entseelten Körper in seine letzte Hülle legend. Die Gardunnios warteten ruhig auf die Beendigung des Werkes der beiden Alten. Nach einigen Minuten standen diese auf, und eine derselben übergab das Gefäß mit dem Herz einem jungen Guapo, indem sie sagte: „Bewahre mir das wohl."

Dann hüllten die beiden Sybillen, mit Schere und Nadel bewaffnet, den Körper sorgfältig in die Asbestleinwand ein und nähten diese mit Fäden zusammen, die sie dem Gewebe selbst entrissen hatten. Nachdem sie sich dann von der Festigkeit ihrer Naht überzeugt hatten, wandten sie sich zu den Gardunnios und sagten: „Es ist geschehen."

Nun kam die Reihe an die Guapos. In der Mitte der Höhle war eine große Grube in Gestalt eines Kreuzes gegraben, bedeckt mit einem eisernen Gitter. Der Teil der Grube, der den Stamm des Kreuzes darstellte, war mit Kohlen angefüllt; die Arme des Kreuzes sollten als Luftleiter dienen, so daß sie die Strömung von einer Seite zur anderen führten und dadurch die Verbrennung beständig erhielten. In der Tat brannte die in Masse angehäufte Kohle bereits in heller Glut, doch ohne aufsteigende Flamme. Der Kohlendunst wurde durch unterirdische Röhren abgeleitet, um jede nachteilige Folge zu entfernen. Die beiden Gardunnios, die den Körper aufgehoben hatten, legten ihn nun auf den bereits rotglühenden Rost, den man von den glühenden Kohlen kaum noch unterscheiden konnte. Kaum lag der Körper über dem Feuer, als eine bläuliche Flamme ihn rings umhüllte, als wäre sie gierig, ihn zu verschlingen. In dem Maß, wie das Feuer den Leichnam verzehrte, wurde die Asbestleinwand blendendweiß und glänzte wie geschmolzenes Silber in dem Tiegel. Bald darauf mischte sich ein starker, unangenehmer Geruch in den des Kohlengases. Nur Gardunnios allein waren imstand, an einem solchen Ort auszuharren. Sie schienen durch den Geruch keineswegs belästigt zu werden, und mit einer durchaus spanischen Gleichgültigkeit warteten sie, bis der Körper so weit verbrannt war, daß nur noch ein wenig Asche von demselben übrigblieb. Darauf nahmen sie von dem Rost das Asbesttuch herunter, das weich und biegsam geworden war wie feiner Musselin und einem großen, beinahe leerem Sack glich. Sobald das Tuch sich abgekühlt hatte, öffneten sie es, nahmen sorgfältig die Asche bis zu dem letzten Körnchen derselben heraus und verschlossen sie in einem Säckchen von Marokkanerleder, ungefähr eine Handbreit groß. Als diese Arbeit beendigt war, nahm der Gardunnio, der von Mandamiento mit der Aufsicht über die ganze Zeremonie beauftragt worden war, das Säckchen in beide Hände und sagte: „Dies ist meine Sache. Das Silbergefäß wird dem Garabato anvertraut", fügte er hinzu, indem er auf den jungen Postulanten deutete, den Günstling Mandamientos, den wir zu Anfang unserer Erzählung auftreten sahen. Die Cobertera, die das Herz einbalsamiert hatte, übergab es in dem Kästchen, in das sie es gelegt hatte, dem damit Beauftragten. Dann warfen zwei andere Gardunnios eine große Menge Erde auf die in der Grube glühenden Kohlen, und alles war zu Ende. Die Zeremonie war vollbracht.

Während diese eigentümliche Begräbnisfeierlichkeit vorging, fand ein Auftritt ganz anderer Art in der ersten Höhle statt.

Nachdem die Gardunnios den Sarg fortgetragen hatten, näherte sich Johann von Avila der Tochter des Gouverneurs, die sich, wie wir erwähnten, am äußersten Ende des unterirdischen Raumes niedergesetzt hatte und den Kopf in die Hände legte, um ungestört zu weinen. Als der Apostel neben ihr stand, rief er sie leise bei ihrem Namen. Bei dem Ton dieser befreundeten Stimme erhob Dolores ihr in Tränen gebadetes Gesicht.

„Meine Tochter", fuhr Johann von Avila fort, „Euer Schmerz ist heilig und ich teile ihn; gleichwohl aber bitte ich Euch im Namen ebendessen, den Ihr beweint, Euch stark und mutig zu zeigen; es sind noch nicht alle Pflichten erfüllt."

„Was bleibt mir noch zu tun?" fragte sie mit jenem Staunen, in das großer Schmerz uns oft versenkt.

Der Apostel nahm sie sanft bei der Hand, half ihr sich erheben und führte sie zu Estevan, der sich ihr aus Ehrfurcht vor ihrem Schmerz nicht zu nähern gewagt hatte und in einiger Entfernung vor ihr stand, die Arme über der Brust gekreuzt. Als er den Apostel mit seiner Verlobten auf sich zukommen sah, ging er ihnen entgegen; Johann von Avila legte darauf Dolores' Hand in die des jungen Mannes, und sagte voll Milde: „Es ist der Wille Eures Vaters."

„Es ist auch der meinige", antwortete Dolores mit edlem Freimut.

Das keusche Mädchen besaß zuviel wahre Tugend, um zu der konventionellen Schamhaftigkeit ihre Zuflucht zu nehmen, die auf die Lippen der Weiber so viele Worte legt, die durch ihre Handlungen Lügen gestraft werden. Estevan ergriff voll Innigkeit die Hände des Mädchens, das er so herzlich liebte. Joseph betrachtete sie schweigend, und eine Art inneren moralischen Fiebers glänzte in seinen Blicken, die noch lebhafter funkelten als gewöhnlich.

„Mein Bruder", sagte Johann von Avila, indem er sich an den jungen Dominikaner wandte, „Ihr sollt unsere beiden Freunde einsegnen."

Joseph erhob hastig den Kopf, als hätten diese Worte ihn in einem Traum gestört.

„Ich?" sagte er voll Bitterkeit. „Ich die Verbindung dieser beiden Kinder segnen? Nein, mein Vater, nein, das kann nicht sein. – Das ist ein Recht, das Euch zukommt", fügte er mit ruhigem und ehrerbietigem Ton hinzu, indem er die Augen unter dem Blick Johann von Avilas senkte.

„Nun, so geschehe es denn, wie Ihr es wünscht", sagte der Apostel. „Kommt, meine Kinder; ich werde euch miteinander vereinigen."

Er zog die beiden Verlobten mit sich fort. Joseph und Juana näherten sich einander und wechselten mit leiser Stimme einige Worte, während der Juana eine Träne trocknete, die aus ihren sonst tränenlosen Augen über ihre bleiche, runzelige Wange glitt. Als sie zu dem Tisch kamen, auf dem das Kruzifix stand, knieten Estevan und Dolores nieder. Beide trugen am Finger einen Verlobungsring; sie tauschten die Ringe miteinander, und Johann von Avila segnete die-selben, nach den üblichen einfachen Fragen der evangelischen Trauungsformel sprach der Franziskaner die Worte des Sakraments aus. Währenddessen beteten die beiden Verlobten, nebeneinander kniend und in eine fromme, trübe Sammlung versunken, und ungeachtet ihrer Trauer vergoldete ein Blitz des Glücks die beiden Existenzen, die von nun an zu einer verschmelzen sollten. Dolores war bleich und aufgeregt. So viele fürchterliche Ereignisse waren diesem Augenblick vorangegangen, daß sie zweifelte, ob dies nicht auch eine der grausamen Täuschungen sei, aus denen seit einigen Monaten ihr Leben zusammengesetzt war. Als sie indessen ihre Hand in die Estevans legte und sie sanft von dem gedrückt fühlte, welcher der Führer und die Stütze ihrer Schwäche sein sollte, hob ein tiefer Seufzer ihre Brust. Sie richtete auf

Estevan einen himmlischen Blick, eine erhabene Bitte der Liebe, beredter als das Wort selbst.

Als Estevan und Dolores sich von den Knien erhoben, waren sie für immer miteinander vereinigt. Joseph trat hierauf zu dem jungen Paar und sagte mit einem nicht wiederzugebenden Ausdruck und einer vor Rührung bebenden Stimme: „Jetzt, meine Freunde, reist; seid glücklich und trennt euch nie."

In diesem Augenblick trat ein Gardunnio in das Gewölbe. Er war von dem Meister abgesandt, und Mandamiento ließ fragen, ob er sich Ihren Herrlich-keiten zeigen dürfte.

„Der Meister mag kommen", sagte Johann von Avila.

Mandamiento erschien hierauf mit seiner gewöhnlichen Zuversicht.

„Alles ist zur Abreise der Herrschaften bereit", sagte er. „Zwei vortreffli-che Maultiere warten ihrer. Meine Gardunnios werden euch zu Fuß folgen, um als *Espolistas*[194] zu dienen. Hier ist zu gleicher Zeit das Erkennungswort, damit an den Orten, wo die Herrschaften vielleicht mit Brüdern der Gardun-nia zusammentreffen, diese ihnen nicht schädlich werden, sondern ihnen vielmehr Beistand und Schutz gewähren."

Mit diesen Worten überreichte Mandamiento an Estevan ein Stück Perga-ment, auf das ein kaum lesbares Wort geschrieben war. Dieses Pergament bildete den Firman, der die Flucht der Verbannten auf den von den Gardun-nios unsicher gemachten Straßen Spaniens[195] sichern sollte.

„Hier", fügte der Meister hinzu, „sind die beiden Brüder, die euch beglei-ten werden – die tapfersten und redlichsten Männer."

Dabei deutete er auf den Guapo und den Postulanten, welche die sterb-lichen Reste des Gouverneurs trugen und die in diesem Augenblick in das Gewölbe traten.

„Wo werdet Ihr zu uns treffen, mein Vater?" fragte Estevan den Apostel.

„In Cadix", erwiderte Johann von Avila. „Ich werde dort mit euch zu-gleich sein, aber ich gehe auf einem anderen Weg hin, denn es ist nicht gut, daß wir miteinander reisen."

„Und Ihr, Don Joseph?" fragte Dolores voll Kummer, denn sie empfand für den jungen Mönch eine geschwisterliche Liebe.

„Ich! Wo es Gott gefällt!" erwiderte Joseph mit dem herzzerreißenden Ausdruck der Entmutigung und des Selbstvergessens. Denn in dem Augen-blick, in dem Joseph sich von diesen beiden Menschen trennen sollte, zu de-ren Gunsten er sich für einige Zeit wieder an das Leben gefesselt hatte, ver-ließen ihn seine Kräfte, wie es bei allen zärtlichen Seelen der Fall ist, wenn ein neuer Schmerz des Herzens sie ergreift. Indes seit langer Zeit daran ge-wöhnt, seine Gefühle zu beherrschen, wandte er sich zu Juana und sagte mit sanfter, doch dringender Stimme: „Meine gute Amme, du wirst auch reisen, nicht wahr?"

„Ich?" sagte Juana mit einem erhabenen Ausdruck des Mutes, „ich mich entfernen, wenn Ihr bleibt?"

„Ich komme in einigen Tagen zu Euch", entgegnete lebhaft Joseph mit einer Hast, die nur schlecht seine Aufregung verbarg. „Siehst du, meine gute Juana, wir müssen Spanien ebenfalls verlassen, denn hier ist niemand mehr sicher."

„Ich werde es nur mit Euch zusammen verlassen, mein Joseph", erwiderte entschlossen die Amme.

„Ja, aber du wirst zuerst mit unseren Freunden aufbrechen; du wirst dabei minder bemerkt werden, und in einigen Tagen, wenn ich meine übrigen Gelder eingezogen habe, hole ich euch alle ein. – Juana, du wirst diesen Abend aufbrechen."

„Ich werde nicht reisen", sagte sie kurz.

„Ich will es, Juana", entgegnete Joseph streng. Aber er war so blaß, und sein für gewöhnlich so funkelndes Auge war plötzlich so matt geworden, daß man wohl sah, wie er innerlich einen heftigen Kampf zu bestehen hatte.

Bei den Worten ‚Ich will es!' senkte Juana traurig den Kopf und antwortete kaum hörbar: „Ich werde gehorchen."

„Oh, desto besser !" rief Dolores. „Joseph wird uns also auch folgen."

Die Kräfte des jungen Mönchs waren erschöpft: Seine Hände zitterten krampfhaft, und die ganze Kraft seines Willens konnte dies nicht verbergen; er taumelte und seine Augen schlossen sich unwillkürlich. Dennoch triumphierte der moralische Mut über die physische Natur. Mit einer übermenschlichen Anstrengung reichte er die Hand den Neuvermählten und fand die Kraft, die ihrige heftig zu drücken. Dann warf er sich an den Busen Juanas, umschlang sie mit einer Zärtlichkeit voll verzweifelter Leidenschaft und vergoß zwei bisher mühsam zurückgehaltene Tränen.

„Auf baldiges Wiedersehen, meine Juana", sagte er. „Wir werden wiedervereinigt; sei deshalb ganz ruhig."

„Ich bezweifle das nicht, mein Sohn", erwiderte die alte Amme. „Ganz gewiß werden wir wiedervereinigt.

Alles war bereit.

„Meine Herrschaften", sagte Mandamiento, „beeilt euch. Ihr werdet kaum noch die Zeit haben, vor Tagesanbruch die zwei Meilen zurückzulegen, die ihr bis zum ersten Sitz der Brüderschaft zu machen habt. Dort bleibt ihr den Tag über, denn ihr wißt wohl, daß ihr nur des Nachts reisen könnt."

Auf Befehl des Günstlings des Inquisitors war ein drittes Maultier für Juana bereitgehalten worden. Die kleine Karawane setzte sich in Bewegung. Joseph und Johann von Avila blieben allein zurück.

„Mein Vater", sagte Joseph, „segnet mich, ehe wir uns trennen."

„Mein Sohn", entgegnete Johann von Avila, den das Wesen des jungen Dominikaners mehr und mehr in Erstaunen setzte, „Gräfin Dolores von Vargas war diesen Abend nicht die traurigste unter uns."

„Oh nein", erwiderte Joseph mit entschiedenem Ton. „Jetzt, wo Dolores Eurer nicht mehr bedarf, mein Vater, betet Ihr für Joseph."

„Sei gesegnet und getröstet, du, der du leidest!" sagte der Apostel mit dem Ton inniger Teilnahme.

Aber als ob Joseph gefürchtet hätte, sich zu einer zu großen Vertrautheit hinreißen zu lassen, entfernte er sich rasch und schritt dem Haus Juanas zu.

XLVI.

Die Gerechtigkeit Gottes

Es WAR AM DRITTEN TAG nach der wunderbaren Befreiung Johann von Avilas; wunderbar, weil ein solcher Triumph zu den seltensten Erscheinungen gehörte. In dem kleinen Haus Juanas, mitten in dem Saal des Erdgeschosses, in dem die Amme Josephs für gewöhnlich ihre langen, einsamen Tage zu verbringen pflegte, befand sich der junge Mönch allein. Auf einem großen Diwan sitzend, lehnte Joseph sich bleich und erschöpft gegen die Kissen. Seine weiße, durchsichtige Hand stützte seinen matten Kopf. Zwei bläuliche Ringe umgaben seine getrübten Augen; eine finstere Exaltation, ein einziger tiefer Gedanke gaben seinen großen schwarzen Augen eine entsetzliche Starrheit, während alle seine Glieder die äußerste physische Erschöpfung verrieten. Seit der Abreise Estevans mit Dolores und Juana war Joseph in dieser verödeten Wohnung allein geblieben; seit zwei Tagen hatte er nichts genossen, dies war indes nicht die Wirkung einer übertriebenen Askese oder eines einfältigen Fanatismus; während der zwei Tage und zwei Nächte hatten die Lippen des jungen Mönchs nicht ein einziges Wort gesprochen. Schon seit längerer Zeit betete Joseph nicht mehr. Es war in seinem Kopf ein gewaltiges Chaos von Gedanken entstanden, beherrscht durch einen einzigen, der beständig unter allen möglichen Formen, doch ohne Ordnung und Zusammenhang, zurückkehrte. Ein tausendköpfiges Ungeheuer, eine gierige Hydra, streckte ihre tausend Flammenzungen gegen ihn aus, um ihn zu entkräften und ihn zu verschlingen. Während dieser zwei tödlich langen Tage sah der Dominikaner vor sich unglaubliche und fürchterliche Dinge vorübergleiten, Szenen unmöglicher Phantasmagorien, Engel und Teufel, Gelächter und Tränen; eine weiße Taube, Wahrheit genannt, schlug voll Entsetzen mit ihren blutigen Flügeln und schwebte zu dem Himmel empor, nachdem sie auf die Erde einen Blick unendlicher Traurigkeit gerichtet hatte.

Dann wieder unterhielt Joseph sich mit einem unsichtbaren, lieblichen Wesen, das sanft seinen Namen rief und zuweilen mit milder, liebkosender Hand seine erschöpften Arme erhob, indem es zu ihm sagte: „Komm!"

Joseph machte eine Anstrengung, um sich zu erheben und dem teuren, ihn rufenden Wesen zu folgen; dann aber legte eine Eisenhand sich auf seinen schwachen Arm, zwang ihn, sich wieder zu setzen und schrie ihm mit rauher, verhängnisvoller Stimme zu: „Noch nicht!"

Darauf drückte der junge Mönch seinen Kopf in die Samtkissen, um diese grausame Vision nicht zu erblicken. Und endlich sprang er wütend und verzweiflungsvoll auf. Eine finstere Freude blitzte aus seinem wilden Blick; seine weißen Zähne schlugen krampfhaft aufeinander, und mit seiner zarten, doch kräftigen Hand faßte er wütend den Elfenbeingriff eines Dolches, dessen schmale, spitze Klinge die Festigkeit des Diamanten besaß.

„Warten! Warten!" murmelte er in einzelnen Zwischenräumen. „Seit sieben Jahren schon warte ich!"

Endlich kehrte er zum letzten Mal zurück, die Sanduhr umzudrehen, die ihm dazu gedient hatte, die Stunden dieses tödlich langen Tages zu zählen.

Die neunte Morgenstunde hatte begonnen. In diesem Augenblick haftete der Blick Josephs auf einer Stickerei, die Juana angefangen hatte, eine wundervolle Arbeit, durch welche die arme, alte, traurige Frau ihre Zeit verkürzte. Die Stickerei lag auf einem Tisch ausgebreitet, die in die Nadel gezogene Wolle schien die schwache Hand zu erwarten, die alle die glänzenden Blumen, die Rosen des Alhambra, die Palmen Afrikas, hervorgerufen hatte, deren Laubwerk unter dem Hauch des Windes zu erzittern schien. Bei diesem Anblick hob die Brust des jungen Mönchs, brennend und dürr wie die Verzweiflung selbst, sich unter dem Einfluß einer bitteren Traurigkeit; eine innige Rührung befeuchtete seine brennenden Augen, und er preßte einen zärtlichen Kuß auf die fühllose Stickerei.

„Arme Juana!" rief er, „wie ich auch dein Leben vernichtet habe! – Ach, dich zu sehen, dich nur noch eine Stunde zu sehen und meinen Kopf an deine Brust lehnen zu können, die mich genährt hat! – Nicht allein zu sein – allein auf der Welt!" fügte er mit herzzerreißender Stimme hinzu, indem er seine Blicke wie irre in dem öden Zimmer umhergleiten ließ. „Dennoch", fuhr er darauf fort, „habe ich wohlgetan, sie der Gefahr zu entziehen; jetzt ist sie frei, meine traurige Existenz wird nicht mehr auf der ihrigen lasten; ich habe ihr Freunde gegeben, die für sie Kinder sein werden. Die arme Juana! – Ach, wie sie weinen wird, wenn sie erfährt, daß sie mich nicht mehr wiedersehen soll!"

Joseph betrachtete die Sanduhr; sie enthielt nur noch eine sehr geringe Menge Sand.

„Ach, die Zeit", rief er, „die Zeit trägt alles mit sich fort – den Schmerz und die Freude, die Schönheit und die Jugend, die Größe und den Ruhm – nur eines widersteht ihr, ohne sich je abzunützen – der Haß – der Haß, den man mit sich in das Grab hinabnimmt und der selbst dann nicht erlischt, wenn er das Leben verzehrt hat. Auf!" fuhr er mit einem tiefen Seufzer fort, als hätte er eine gewaltige Anstrengung gemacht, die letzten Bande zu zerreißen, die ihn noch an dieses Leben fesselten. „Alles ist zu Ende auf dieser Welt! Eine andere Welt ruft mich – die letzte Stunde schlägt – vorwärts!"

Indem der junge Mönch so sprach, brachte er seine Kleidung in Ordnung, bedeckte seine Schultern mit dem Mantel, näherte sich einem Schrank, der mehrere Fläschchen enthielt, wählte eines derselben und trank es mit einem Zug aus. Es war ein kostbares Elixier, von Juana bereitet. Kaum hatte Joseph es getrunken, als seine bleiche Stirn eine leichte Röte überflog und seine matten Augen wieder den Glanz des Lebens annahmen. Seine Hand hörte auf zu zittern, er ging mit festem, sicherem Schritt; er war bereit zum Kampf. Das letzte Sandkorn glitt schnell wie der Gedanke an dem weißen polierten Glas der Sanduhr herab; in demselben Augenblick schlug die Uhr der Kathedrale dreimal an; sie verkündete das Ende der Messe.

„Das ist die Stunde!" rief Joseph, eilte zur Tür und schritt hinaus, ohne sich umzusehen.

Der Augenblick, den er zu dem Zusammentreffen mit Pedro Arbuez verabredet hatte, war gekommen. Joseph ging sehr rasch, und mit der rechten Hand, die er unter seiner Kutte verborgen hielt, faßte er den Griff seines Dolches. Das Wetter war wunderschön; die Sonne stand hellstrahlend an dem dunkelblauen, wolkenlosen Himmel; die Hitze begann drückend zu werden, und in den lichtbestrahlten Straßen wogte das Volk, in Festgewänder gekleidet, zahlreich hin und her. Man kam aus dem Hochamt,und jeder begab sich nach der eigenen Wohnung oder nach dem Gasthaus, um zu Mittag zu essen. Die braunen andalusischen Gesichter, verbrannt durch die Sonne, dieses Geschlecht, arabisch noch durch das Blut und die Farbe, diese lebhaften Manolas mit den biegsamen Hüften, diese eleganten Majos, das ganze, von Natur so heitere, so mitteilende, so geschwätzige Volk trug auf der Stirn den Stempel der Knechtschaft und der Furcht. Die großen schwarzen Augen, deren Blicke Flammen sprühten, blieben meistens verschleiert unter den dichten Wimpern, und alle die Lippen, behend in dem instinktmäßigen Verlangen der Poesie, schienen sich zu zwingen, um stumm zu bleiben. Diese Volksdichter, deren einfacher Rhythmus noch so viel orientalische Färbung bewahrte, ließen in ihrem Busen Begeisterung und Freude ersterben. Das Volk wagte nicht mehr, zu singen, denn es konnte keinen Schritt auf der Straße tun, ohne an einen Mönch zu stoßen, und jeder Mönch war ein Spion. Joseph schritt durch die Menge hin, ohne sie zu sehen, verdoppelte seine Schritte, um schneller an das Ziel zu gelangen und sah starr vor sich hin, als verfolgte er einen Schatten. Als einige Manolas ihn mit so eiligen Schritten vorübergehen sahen, blieben sie verwundert stehen. „Wo geht denn der Günstling des Herrn Inquisitor so rasch hin?" fragte leise eine derselben eine andere. „Er ist blaß wie ein Toter, und man sollte meinen, er brauche nicht erst zu sterben."

„Schweigt", sagte eine alte Frau, „das kümmert uns nicht: *En cosas de inquisition chiton.*"

Die jungen Mädchen senkten den Kopf und drängten sich wie schüchterne Rehe aneinander. Als Joseph zu der Kathedrale gelangte, war beinahe niemand mehr auf der Esplanade. Aber man hörte in der Ferne in den anstoßenden Straßen noch das monotone Summen, das die Entfernung einer großen Menge Menschen hervorzubringen pflegt. Der junge Dominikaner trat in die Basilika ein. Ein starker Weihrauchgeruch erfüllte noch das Schiff der Kirche. Mildes Licht drang durch die farbigen Scheiben der Spitzbogenfenster, und eine große silberne Lampe, die von der Decke herabhing, verbreitete mit einer flackernden Flamme ein helles Licht, das in einzelnen Augenblicken gegen die Kuppel aufstieg und einen glänzenden Schein verbreitete, gefärbt durch den Widerschein der Fensterscheiben.

Hier und dort kauerten auf den nackten Quadersteinen einige Weiber und beteten, indem sie sich die Brust schlugen. Wenn man sie so sah, eingehüllt in ihre schwarzen Mantillen und kniend auf den Gräbern, welche die Kirche erfüllten, hätte man glauben sollen, büßende Seelen zu erblicken, die den Himmel zu gewinnen strebten. Oder man nahm sie auch wohl in ihrer vollständigen Regungslosigkeit für die Bildsäulen derer, die der Stein bedeckte, auf dem sie knieten. Weiterhin, in der Apsis am Fuß des Hochaltares, herrschte die vollkommenste Einsamkeit; indes erblickte man unter dem einen Lichtstrahl, der von oben herabfallend diesen finsteren und geheimnisvollen Ort beleuchtete, die undeutlichen Umrisse eines Dominikaner-Mönches, der auf den Stufen kniete. Die Altarkerzen brannten noch, und der wohlriechende Duft des Wachses mischte seinen milden Wohlgeruch mit

Pedro Arbuez' Tod

dem Weihrauch, der in weißlichen Wölkchen aufstieg. Ein großes silbernes Christusbild breitete seine beiden Arme mit göttlicher Ergebung an dem Kreuz aus. In einem prachtvollen Rahmen über der Tafel des Altares sah man die Jungfrau mit dem Jesuskind, zweien Geistlichen des Dominikanerordens Blumen und Rosenkränze zuwerfend. Aus der Ferne hätte man glauben können, der Kniende sei ein Teil dieses Bildes, und er erwarte die Gaben der himmlischen Beschützerin seines Ordens. Sein kahlgeschorener Kopf senkte sich auf seine beiden gefalteten Hände, und die tiefste Demut lag in seiner ganzen Haltung. Von Zeit zu Zeit schlug er sich mit glühender Inbrunst die Brust, als ob das Gebet die teuerste Beschäftigung dieses Menschen gewesen sei und als ob er mit Entzücken diese Büßung vollbrächte. Dem Schein nach zu urteilen, mußte er ein großer Heiliger oder ein großer Sünder sein. Allein war er nun das eine oder das andere, so erfüllte doch Gott sicher so inbrünstige Gebete. Dieser Mönch war Pedro Arbuez. Der Groß-Inquisitor von Sevilla hatte die Gewohnheit, nach seiner Messe so allein vor dem Altar lange Gebete zu halten.

Joseph blieb einen Augenblick unter den Pfeilern der Kirche stehen, um den zu betrachten, den er aufsuchte. Unwillkürlich fühlte der junger Mönch sich ergeben; er erzitterte in der Mitte dieses Schweigens, das nur durch leise gemurmelte Gebete unterbrochen wurde, die dem kaum merkbaren Summen eines Insekts glichen, das eine Blume umfliegt. Sie war ganz ruhig und so feierlich, diese geräumige gothische Kirche, in der alle Stimmen verstummt waren, die der Glocken wie die der Priester! – Es blieb nur noch ein Duft des Gebetes und der Sammlung zurück, ein ferner Widerklang, ein unbemerkbares Echo, die Klagen der Gelübde und der Seufzer, die das Gewölbe bis dahin vielleicht zurückgehalten hatte.

„Ja, er ist es!" rief endlich der junge Mönch mit einem satanischen Ton des Wahnsinns, „Heuchler und Betrüger selbst gegen Gott! – Ja, so ist er, so ist er! Er betet, indem er von neuen Verbrechen träumt. – Ja, bete nur, unsinniger Mönch! – Halte dein letztes Gebet. – Vielleicht bereut er", fuhr Joseph bei sich selbst fort. „Ich will ihm noch diesen Augenblick der heiligen Reue lassen."

Und Joseph blieb stehen, als warte er darauf, daß Pedro Arbuez sein Totengebet beendigt habe. Der Inquisitor bekreuzigte sich mehrmals, und eine leichte Bewegung, die er machte, als wollte er aufstehen, deutete an, daß sein Gebet geschlossen sei.

„Ich bin wahnsinnig", rief Joseph jetzt, „wahnsinnig, zu glauben, daß Pedro Arbuez bereuen könne."

Und seine ganze Geistsgegenwart in dem entscheidenden Augenblick zusammendrängend, schritt er langsam auf den Altar zu, als wollte auch er vor demselben seine Andacht verrichten. Bei dem Geräusch, das er machte, indem er das Gitter der Apsis öffnete, wandte der Inquisitor sich um. Ein Blitz der Zufriedenheit zuckte in seinem Blick. Als er Joseph gewahrte; aber das Gesicht des Günstlings trug einen so verhängnisvollen und finsteren Ausdruck, daß Pedro Arbuez unwillkürlich zusammenzuckte, und ungeachtet der Heiligkeit des Ortes konnte er sich nicht erwehren, Joseph zuzurufen: „Was hast du?"

Joseph antwortete nicht; aber ein entsetzliches Lächeln verzerrte seine bleichen Lippen und er sah Pedro Arbuez an, als wollte er ihn mit seinen Blicken verschlingen. Der Groß-Inquisitor wich zurück, indem er glaubte, sein Günstling verliere den Verstand; aber noch ehe er Zeit gewonnen hatte, dem Streich auszuweichen, warf sich Joseph wie ein Tiger auf ihn und stieß ihm die ganze Klinge seines Dolches in die Gurgel, da, wo sein Panzerhemd ihn nicht schützte. Der Inquisitor breitete die Arme auseinander und stürzte nieder, aber er wurde durch die Stufen des Altares gehalten, so daß er halb drauf lag. Sein Blut floß in Strömen aus der Wunde.

„Du! – Du Joseph!" murmelte er, indem er in Todeszuckungen rang. Aber Joseph neigte sich über sein Gesicht, das schon erblaßte und die bläuliche Färbung des Todes annahm, und seinen flammenden Blick fest auf die beinahe erloschenen Augen des Pedro Arbuez richtend, rief er ihm mit dumpfer Stimme zu: „Erinnere dich an Paula!"

Bei diesem Namen öffnete Pedro Arbuez noch einmal die schon geschlossenen Augen und richtete sie mit dem Ausdruck des Schreckens auf das bleiche Gesicht des jungen Mönches. Eine entsetzliche Erinnerung erfaßte ihn, und mit erlöschender Stimme hauchte er: „Gott ist gerecht!" – Er war tot. – Josephs Dolch hatte ihm die Pulsader durchstoßen.[196]

Bei dem Anblick dieses Verbrechens, dieser in einer Kirche begangenen Gotteslästerung, stießen die noch anwesenden Frauen entsetzliches Geschrei aus ,und im Nu hatte die Kirche sich mit Menschen gefüllt. Einige der Frauen waren aus der Kirche gestürzt und liefen durch die ganze Stadt unter dem Geschrei: „Mord! Mord! – Man hat soeben den Herrn Inquisitor ermordet!"

Bei diesem Geschrei kamen die ganze Miliz Christi, alle Sbirren, die ganze heilige Hermandad auf die Füße. Binnen wenigen Minuten war die Kirche umzingelt, und als der Alguazil-Major eindrang, um sich von der vollbrachten Tat zu überzeugen, fand er die Leiche des Groß-Inquisitors am Fuß des Altares liegen und daneben Joseph, der mit über die Brust gekreuzten Händen den Toten schweigend und mit wildem Ausdruck betrachtete. Der Blick des jungen Mönches hatte etwas von dem der Wahnsinnigen, und seine Zähne schlugen heftig aufeinander. Die Ehrfurcht, welche die Inquisition einflößte, verhinderte, einen Verdacht auf den jungen Dominikaner zu werfen; indes wandte der Alguazil-Major sich zu ihm und sagte mit dem Ausdruck der tiefsten Ehrerbietung: „Mein ehrwürdiger Vater, wißt Ihr, wer der Urheber dieses Verbrechens ist?"

„Ich bin es", erwiderte Joseph ruhig.

Auf ein so entschiedenes Geständnis konnte man nur durch die Verhaftung des Verbrechers antworten, und dies bewirkte der Alguazil-Major auch auf der Stelle. Joseph ließ sich ohne Widerstand binden; es schien, als ob dieser für jeden anderen fürchterliche Augenblick ihm eine unbeschreibliche Freude verursachte. Beim ersten Gerücht des Mordes hatte eine große Volksmenge sich um die Kirche gesammelt. Als Joseph herauskam, richteten sich aller Blicke mit glühender Neugier auf ihn. Er war so jung, so schön, so traurig, daß sein Anblick ein mit Rührung und Teilnahme gemischtes Mitleid einflößte. Überdies war der Haß gegen den Inquisitor so mächtig, daß das öffentliche Mitleid sich allgemein auf den Mörder richtete und nicht auf das Opfer.

„Was hatte ihm denn der Inquisitor getan ?" fragte man sich mit leiser Stimme.

„Er war aber doch sein Günstling", äußerten andere.

„So erwürgen sich die Wölfe untereinander", sagte ein Greis mit weißem Haar, in dem man Rodriguez von Valero erkannte.

„Schweigt, Don Rodriguez", sagte sein Freund Ximenes von Herrera, der ihn beständig begleitete, „Eure Unbesonnenheit wird Euch noch in das Verderben stürzen!"

„Was kümmert das mich?" entgegnete streng der Greis. „Lohnen denn meine weißen Haare der Mühe, daß ich mich feig zeige, um sie zu erhalten? – Aber", fügte er hinzu, indem er Joseph betrachtete, den er erkannte, als er ihm näher kam, „wie mir scheint, ist dieser Mönch, der den Pedro Arbuez tötete, derselbe, den wir an dem Abend bei dem Ball der Gardunnia sahen?"

„Er ist es selbst", erwiderte Don Ximenes, „ich erkenne ihn vollkommen. Dieser junge Mönch war sicher ein eigentümliches Wesen."

„Oder ein Unglücklicher", unterbrach ihn Valero. „Er glich nicht den anderen Mönchen Spaniens. Man konnte von ihm sagen, was die Heiden selbst von Christus sagten: Man hat ihn nie lachen sehen, oft aber weinen."[197]

„Er war barmherzig und sanft", sagten einige Frauen, die ihn mit großer Teilnahme betrachteten. „Wie schade! Man wird ihn ganz gewiß töten!"

„Er hat gehandelt wie Judith", sagte Valero. „Er ist ein Märtyrer und nicht ein Mörder."

Während Valero sich so aussprach, ging ein schwarzgekleideter Mann neben ihm her, den Blick zu Boden gesenkt und von Zeit zu Zeit die Augen trocknend, als empfände er großen Schmerz über das soeben stattgefundene Ereignis. Auf der Brust dieses Menschen erblickte man unter dem halbgeöffneten Wams die Ecke einer silbernen Patte. Dieser Mensch hatte nicht ein einziges Wort von Valero verloren.

Was Joseph betraf, so schien er ganz fühllos gegen alles zu sein, was rings um ihn her vorging. Seine Exaltation und die fieberhafte Aufregung seines Gesichtes waren einer Totenblässe gewichen. Nachdem er das Verlangen seiner Seele befriedigt hatte, war diese in sich selbst zusammengebrochen; es hatte sich seiner jene vollkommene Erschlaffung bemächtigt, die stets auf die Überreizung der Fähigkeiten folgt. Man kam langsam dem Carcel de la Corona[198] näher. Dies war der Ort, an dem Joseph in seiner Eigenschaft als Priester eingesperrt werden mußte. Die Menge drängte sich den Alguazils und den Familiaren nach, um das eigentümlichen Schauspiel zu genießen, das ein Dominikaner gewährte, der einen Inquisitor ermordet hatte.

Hinter dem bewaffneten Haufen, der den Gefangenen begleitete, folgte ein zahlreicher Zug von Familiaren und Mönchen, auf einer Tragbahre die Leiche des Pedro Arbuez tragend, sorgfältig bedeckt mit einem großen schwarzen Tuch mit silbernen Fransen. Alle diese heuchlerischen Stützen der Inquisition stellten sich, als empfänden sie einen lebhaften Schmerz und vergossen falsche Tränen über den Tod des ungerechten Menschen, den sie während seines Lebens verabscheut hatten. Einige gingen so weit, ehrerbietig mit ihren

Tüchern das Blut aufzufangen, das noch aus der geöffneten Wunde des Inquisitors tropfte. Die Dominikaner-Mönche priesen seine Heiligkeit und
schilderten ihn wie einen solchen in den Augen der verwunderten Menge,
die kalt und stumm bei diesen Äußerungen des Lobes blieb, das sowenig mit
den Handlugen des Toten im Einklang stand. Es war ein gottloser und gott-
eslästerlicher Pomp, dieser Leichenzug, der so schamlos auf ein verfluchtes
Haupt die Krone der Heiligen und der Märtyrer setzte und die laute und heilige Stimme des öffentlichen Gewissens zu ersticken strebte, das unerbittlich
Lob oder Tadel über einem offenen Grab ausspricht und stets mit einer Gerechtigkeit, gegen die nicht aufzukommen ist. Unglücklicherweise herrscht
aber bei dergleichen Fällen nicht die öffentliche Meinung, sondern die römische Kirche mit ihren ewigen Mummereien, ihren arglistigen Lobsprüchen,
ihren unantastbaren Beweisen, ihren endlosen Mysterien und ihren heuchlerischen Taschenspielereien zur Erstickung der Stimme der Völker oder in der
Meinung, die Verständigen zu verlocken oder zu überrumpeln. Durch geschickt berechnete Phantasmagorien täuscht sie oft die redlichsten Gewissen;
nur die allein werden durch sie nicht hintergangen, bei denen Einfalt des
Herzens sich mit Kraft des Urteils und des Willens vereinigt.

In dem Augenblick, als Pedro Arbuez unter dem Dolch Josephs fiel, begann die innere Freude des Volkes über den Sturz eines Despoten, der sich
mit dem Blut und den Tränen Andalusiens mästete; in dem Augenblick, als
man zu dem Gefängnis kam, fragten sich eine Menge Menschen, verführt,
überredet, bezaubert durch heuchlerische Äußerungen, ob sie nicht sehr
strafbar gewesen wären, sich über diesen Todesfall zu freuen, und ob nicht
in der Tat in den Augen Gottes der Groß-Inquisitor Sevillas ein heiliger Priester gewesen sei, der als Opfer seines Eifers für die katholische Religion fiel.

Man hatte anfangs Joseph, seines Verbrechens ungeachtet, beklagt und geliebt; jetzt betrachteten die Nachsichtigsten ihn nur noch als einen Wahnsinnigen. So groß ist die Unbeständigkeit der menschlichen Urteile! Wann werdet ihr aufhören, die Schiedsrichter der menschlichen Geschicke zu sein?
Oder vielmehr, wann wird man den Menschen durch eine verständige Erziehung jene Rechtschaffenheit zurückgeben, welche die Grundlage des Glücks
der Nationen ist, statt die edelsten Neigungen der Seele zu verfälschen, indem man sie mit unverständlichen Mysterien sättigt, mit endlosen Parado-
xen, mit unglaublichen Erfindungen, mit falschen oder unvollständigen
Lehren? Wann wird man sie ohne Beschränkung auf die breite und leichte
Straße der Wahrheit führen? Kirche von Rom, der, der sich weigert, sich dir
anzuschließen, ist in deinen Augen nur ein Kind der Finsternis! Aber du bist
es, welche die Finsternis verbreitet! Du, die du dir nur in der Nacht und in
der Dunkelheit der Unwissenheit gefällst, du, die du jedem deiner Anhänger unter Androhung der Strafe der Verwerfung eine Binde um das Auge legen willst! Und du nennst dich die Gattin Christi, die für das Licht und für
die Wahrheit starb! So ist die römische Kirche, so war sie seit dem 16. Jahrhundert, nur war sie damals die stärkere, und ihre Feinde erlagen. Einige
Pessimisten behaupten, wir gingen mit raschen Rückschritten der Unwissenheit und der Sklaverei wieder entgegen; beeilen wir uns, laut gegen solche Vorurteile zu protestieren; sie entehren das Land, das sie zugibt. Der

Geist ist vorwärtsgeschritten, der Geist weicht nie zurück, sondern geht immer voran, und in jedem Jahrhundert muß er seinen Weg durch neue Fortschritte bezeichnen.

Indes mögen immerhin die Feinde des Lichtes handeln und schreien; je weiter sie ihr Netz über die Welt ausbreiten, um desto eifriger zerreißt die Wahrheit die Maschen, eine nach der anderen, und der Gang der Weisen wird nicht um eine Sekunde gehemmt werden. Wir leben nicht mehr in den Zeiten, in denen man aus einem Ungeheuer einen Heiligen machte.

An demselben Abend, an dem Joseph in das Krongefängnis gebracht wurde, kam Rodriguez von Valero mit Don Ximenes von Herrera, angezeigt durch einen Familiar, in die Kerker des heiligen Offiziums. Die Inquisition, die so lagen die beißenden Ausfälle Valeros duldete, gelangte endlich zu der Überzeugung, daß er zu viel gesunden Verstand für einen Wahnsinnigen hatte.

XLVII.

Das Urteil der Menschen

Obgleich es in Spanien nicht Gebrauch war, einen Menschen beinahe unmittelbar nach seiner Verhaftung zu verhören, weil die Gerechtigkeit Beweise für oder gegen ihn sammeln mußte, stach dennoch das Verbrechen Josephs so gegen die Verbrechen ab, die gewöhnlich in Spanien begangen wurden. Die Zeugen hatten bei einer Angelegenheit, bei welcher der Strafbare selbst sich anklagte, so wenig zu sagen, und der Unwille der Geistlichkeit war überdies so groß, und das heilige Offizium forderte eine so schnelle und so auffallende Rache, daß das *Tribunal del Bureo*, das weltliche Gericht, das mit dem Prozeß gegen den Mörder des Pedro Arbuez betraut war, es für zweckmäßig erachtete, Joseph schon nach acht Tagen vor die Schranken zu fordern. Der Augenblick war endlich gekommen. Der junge Mönch sah ihm mit einer Befriedigung voll bitterer Wonne entgegen. Er begriff wohl, daß nach dem Urteil der Tod seiner wartete, aber dieses verhängnisvolle Ziel aller schien für ihn ein teures und gesegnetes zu sein, eine seit langer Zeit schon erwartete Wohltat.

An dem Morgen des Tages, an dem er gerichtet werden sollte, war der junge Dominikaner schon sehr früh aufgestanden und hatte eine besondere Sorgfalt darauf verwandt, sich auf das sauberste in das einfache Gewand des Ordens, dem er angehörte, zu kleiden. Sein edler Kopf war beinahe ganz kahl geschoren, allein der kleine Kranz von Haaren, der, von der Stirn ausgehend, über die Ohren bis in das Genick lief, zeigte außerordentlich feines Haar von glänzender Schwärze. Zum ersten Mal seit vielen Jahren wusch Joseph sein Gesicht, dessen Haut so zart und durchsichtig war, mit wohlriechenden Essenzen; seine ohnehin so schönen Hände gewannen durch ein parfümiertes Wasser eine Weiße und eine Zartheit, die der zierlichsten Frau würdig gewesen wären. Das glatte Gesicht Josephs, an den Schläfen von blauen Adern durchzogen, nahm eine glänzende Blässe an, die durch seine schwarz und weiß gemischte Kleidung noch mehr hervorstach. Seine Augen, von einem breiten braunen Kreis umgeben, belebten sich unter neuem Glanz, und seine Lippen verzogen sich in den Winkeln leise, wie durch einen inneren Gedanken der Freude bewegt.

Als die Alguazils kamen, um den Gefangenen nach dem Tribunal abzuholen, staunten sie über den strahlenden Ausdruck seines Gesichtes, und der Aberglaube jener Zeiten war so groß, daß einige von ihnen sich sehr geneigt fühlten, ihn für einen Zauberer zu halten. Bei ihrem Anblick aber kehrte Joseph sozusagen in das Geheimnis seiner Seele zurück; er beschleierte seine strahlende Stirn unter dem Ausdruck des Hochmuts und der Strenge, und als die Alguazils, immer noch beherrscht durch die unwandelbare Ehrfurcht, die das Gewand eines Mönches ihnen einflößte, ihn aufforderten, ihnen zu folgen, antwortete Joseph nicht; allein er schritt in ihrer Mitte so ruhig dahin, als führte man ihn zu einem Fest.

Die Neugierigen drängten sich eifrig herbei, um diesen Beamten der Inquisition vorübergehen zu sehen, der durch sein so großes Verbrechen sich außerhalb des Gesetzes gestellt hatte, das vorschrieb, daß die Beamten der Inquisition, die Inquisitoren und selbst die Familiaren nur durch die Inquisitoren selbst, gerichtet würden. Dieser Mönch aber sollte seinen Urteilsspruch durch einen weltlichen Gerichtshof, gleich einem gewöhnlichen Sterblichen, empfangen. Ohne die stolze Geringschätzung verhärteter Verbrecher oder die heuchlerische Demut derer zu zeigen, welche die öffentliche Meinung zu ihren Gunsten einnehmen wollen, schritt er ruhig und gleichgültig einher, die Augen öfters zum Himmel erhebend. Seine Seele schien schon von dem Körper getrennt zu sein, sowenig zeigte er sich ergriffen durch die irdischen Dinge und beschäftigt mit denselben.

Als das Volk ihn so, sich selbst vergessend, erblickte, hielt es ihn ebenfalls für einen Zauberer, und den maurischen Aberglauben mit dem christlichen vermengend, glaubte es in ihm einen jener maurischen Santons zu erblicken, die unter der vorhergehenden Regierung durch die Inquisition so furchtbar gemartert wurden und der die Gestalt eines Mönches angenommen hatte, um die Inquisition selbst zu züchtigen.

Aber Joseph kümmerte sich nicht um das, was man von ihm dachte oder sagte. Das Leben und alles, woraus es besteht, war jetzt für ihn nur noch ein abgenutztes Gewand, das man mit Widerwillen trägt und mit Freuden abwirft. Gleichgültig schritt er vorwärts und bekümmerte sich so wenig um seine Richter, als würde von ihm gar nicht die Rede gewesen. Dabei beschäftigte ihn jedoch ein letzter Gedanke, denn während er ging, schien er seine Erinnerungen zu fragen, und wenn ein neuer Gedanke sein Gehirn durchzuckte, leuchtete seine hohe Stirn wie unter einem hellen Blitz auf, und der Geist des befriedigten Hasses, oder vielmehr der der vollstreckten Gerechtigkeit, drückte diesem bleichen Gesicht einen geheimnisvollen und furchtbaren Stempel auf. Als Joseph seinen Richtern gegenüberstand, schien er aus einem tiefen Schlaf zu erwachen, und zum ersten Mal, seitdem er das Gefängnis verlassen hatte, beobachtete er, was um ihn her vorging.

Das Tribunal bestand aus drei Richtern; einer derselben saß als Präsident zwischen seinen beiden Beisitzern. Ein Schreiber, zur Rechten der Richter an einem besonderen Tisch sitzend, war beauftragt, die Antworten des Ange-klagten und die Aussagen der Zeugen niederzuschreiben. Etwas weiter ent-fernt standen die Advokaten, und neben den Verteidigern des Angeklagten der Prokurator, der die zu seinen Gunsten sprechenden Aussagen aufzeich-nen sollte.

Joseph saß in der Mitte, dem Präsidenten gegenüber; aber neben ihm er-blickte man keinen Zeugen, nicht einen einzigen. Der Saal war vollkommen leer. Man hatte gemeint, daß in einer solchen Angelegenheit der Prozeß bei verschlossenen Türen geführt werden müßte, aus Ehrfurcht für die geistli-che Würde, mit welcher der Angeklagte bekleidet war, oder vielmehr aus Furcht irgendeiner öffentlichen Enthüllung, die Joseph machen könnte. Die Zeugen vorzuladen hatte man für unnötig gehalten, da der Angeklagte alles gestanden hatte. Er befand sich daher allein seinen Richtern gegenüber.

Der Präsident richtete auf ihn einen strengen Blick und sagte in noch strengerem Ton: „Steht auf!"

Der Dominikaner erhob sich.

„Wie heißt Ihr?" fuhr der Präsident fort.

„Man nennt mich Joseph", erwiderte einfach der junge Mönch. „Mein Stand ist, wie Ihr wißt, der eines Priesters vom Orden des heiligen Dominik."

„Joseph ist kein Familienname", fügte der Richter hinzu. „Wie ist der Name Eurer Familie, Don Joseph?"

„Ich habe keine Familie mehr", erwiderte der Dominikaner, „und was ihren Namen betrifft, so werde ich ihn nicht nennen."

„Wo seid Ihr geboren?" fuhr der Präsident fort.

„In Granada", entgegnete Joseph. Und bei dem Wort Granada wurden die wilden Augen des jungen Mönches feucht, als ergriffe plötzlich eine rühren-de Erinnerung seine Seele.

Der Richter achtete nicht darauf.

„Tretet näher!" sagte er zu Joseph.

Der Geistliche schritt bis zu dem Tisch vor, wo gerade vor dem Präsident ein Evangelienbuch aufgeschlagen lag.

Der Richter befahl dem Angeklagten, die Hand darauf zu legen.

Joseph gehorchte.

Der Präsident sah ihn fest an und sagte dann mit feierlichem Ton: „Schwört Ihr bei Gott und den heiligen Evangelien, die ganze Wahrheit über alles das zu sagen, was man Euch fragen wird?"

„Ich schwöre es", entgegnete Joseph.

„Schwört Ihr, sie selbst gegen Euch zu sagen?"[199]

„Ich schwöre es", antwortete abermals der junge Dominikaner mit festem, zuversichtlichem Ton.

„Es ist gut", sagte der Richter und fuhr dann fort: „Seid Ihr es, der den Herrn Pedro Arbuez, Groß-Inquisitor von Sevilla, ermordete?"

„Ich bin es", erwiderte Joseph.

„Welcher Beweggrund trieb Euch, ein so großes Verbrechen zu begehen?"

„Ich werde Euch das sogleich sagen", entgegnete der junge Mönch mit bit-terem, spöttischem Ton

„Der Advokat kann seine Verteidigung halten", fuhr der Präsident fort.

Joseph lächelte spöttisch und kehrte zu der Anklagebank zurück. Er verachtete diesen elenden Schein der Verteidigung, diese Worte, die durchaus vergebens gesprochen werden sollten, nur um dem Gesetz zu gehorchen. Er ließ daher den Verteidiger sich in eitlen Gründen erschöpfen und alle Hilfsquellen seiner Beredsamkeit aufbieten, um die Herzen der Richter zu rühren, deren Überzeugung er nicht zu erschüttern vermochte, Worte auf Worte, Phrase auf Phrase zu häufen und seinen Atem zu verschwenden, um eine unwiderrufliche Sache der Gewißheit umzuwandeln.

Als der Verteidiger zu Ende war, wandte Joseph sich zu ihm mit einem leisen Lächeln voll Bitterkeit und sagte: „Ihr wollt einen Leichnam beleben."

In der Tat hätte die ausgezeichnetste Beredsamkeit einen Menschen nicht zu retten vermocht, der sich selbst nicht retten wollte.

„Verbrecher", sagte hierauf der Präsident, „habt Ihr zu Eurer Verteidigung irgend etwas hinzuzufügen?"

„Zu meiner Verteidigung? – Nein!" erwiderte der Dominikaner, „denn ich erkläre hier im Angesicht Gottes, daß der Tod mir lieber ist als das Leben; aber da man höher als das Leben die Ehre schätzen muß, will ich die meinige retten, und nur deshalb spreche ich."

„So sprecht denn", entgegnete der Richter, „das Tribunal hört Euch."

„Es ist sieben Jahre her", nahm Joseph das Wort, „seitdem Pedro Arbuez zu der Würde des Groß-Inquisitors von Sevilla erhoben wurde. Er war jung, schön, einschmeichelnd. Ungeachtet des Abscheus, den die Inquisition stets in Spanien einflößte, hoffte man einen Augenblick, daß Pedro Arbuez minder grausam sein würde als seine Vorgänger; diese Hoffnung war von kurzer Dauer. Die Verfolgungen wurden eifriger als jemals fortgesetzt. Wie in den letzten Jahren der Regierung Torquemadas, erröteten Männer, welche die schönsten Namen in Spanien trugen, nicht davor, Spione und Denunzianten zu werden, um ihr Vermögen und ihr Leben in Sicherheit zu bringen. Die reinsten, ehrenwertesten Bürger sahen sich täglich der Gnade einer falschen Zeugenaussage preisgegeben. Der Haß, die Familienfeindschaften entwickelten sich in blutigen Dramen vor den Tribunalen der Inquisition, begünstigt durch die Nebel des Fanatismus. Raub, Diebstahl und Mord fielen über uns her gleich Raubvögeln; ein gewaltiges Leichentuch breitete sich über Andalusien!"

„Angeklagter", sagte der Präsident, „Ihr überschreitet die Grenzen."

„Ich verteidige mich", erwiderte stolz der Mönch. „Hört. – In dieser Zeit lebte in Sevilla eine katholische Familie von dem besten Adel Spaniens, deren Mutter, aus dem Stamm der Abenceragen entsprossen und seit mehreren Jahren verstorben, ungeheure Reichtümer hinterlassen hatte. Diese Familie bestand aus zwei Brüdern. – Aus drei Brüdern", nahm Joseph mit einem unterdrückten Seufzer, nach einer kurzen Unterbrechung, wieder das Wort. „Aus drei Brüdern, edlen und schönen jungen Männern, von denen zwei in die heiligen Orden eingetreten waren. Der dritte war tapfer wie der Eid und noch schöner als seine Brüder. – Er hieß Fernand", fuhr Joseph fort, der diesen Namen mit einem unaussprechlichen Glück zu nennen schien. „Außer den Brüdern lebte auch noch der Vater, ein Patriarch, ein Greis voll Glauben und Tugend, eine junge Schwester, ein sanftes, offenherziges Kind, dessen

Leben so rein war wie das der Engel, und endlich eine Waise, eine entfernte Verwandte, ein junges Mädchen, glühend und stolz, das Fernand liebte und von ihm geliebt wurde. In einem Schloß, das diese Familie in geringer Entfernung von Andujar besaß, hatte sie eine katholische Kapelle errichten lassen, in der Hieronimitenmönche ministrierten. Die Mutter, die ihren Gatten und ihre Kinder anbetete, hatte diese Kapelle erbauen lassen, damit sie zu ihrem gemeinschaftlichen Grab dienen sollte; sie wollte selbst nach ihrem Tod sich nicht von denen trennen, die sie im Leben so sehr geliebt hatte. Noch jung war sie zuerst geschieden, um die übrigen an dem traurigen Sammelplatz zu erwarten. Ich sagte, daß diese Frau große Reichtümer hinterließ; die Inquisition hielt es für zweckmäßig, sich dieselben anzueignen. Man klagte die Tote an, in der Ketzerei gestorben zu sein, unter Gesinnungen, die dem wahren, katholischen Glauben widersprochen hätten, obgleich sie sterbend unzweideutige Beweise ihrer Anhänglichkeit für die Religion gegeben hatte, die stets die ihrige gewesen war. – Man mußte jedoch irgendeine Anklage gegen sie vorbringen. – Man stellte falsche Zeugen, die erklärten, sie habe in der Ketzerei gelebt und sei in derselben gestorben, und ungeachtet der Widersprüche ihrer Kinder, ihrer beiden Söhne, der Priester, die mit einem heiligen Charakter bekleidet waren, grub man die Leiche dieser Frau aus, machte ihr Haus der Erde gleich, mit dem Verbot, es jemals wieder aufzubauen, und konfiszierte alle Güter, die sie hinterlassen hatte."[200]

„Verbrecher!" unterbrach ihn der Präsident. „Seid Ihr dessen gewiß, was Ihr vorbringt?"

„Die Inquisition übte ihr Recht", erwiderte Joseph mit spöttischem Ton, und dann fuhr er fort, ohne sich irremachen zu lassen. „Der Vater starb vor Schmerz während dieses abscheulichen Prozesses. Die Kinder, die ihre Mutter beweinten und es wagten, sich über die Schmach zu äußern, die der Asche derselben angetan worden war, warf man in das Gefängnis. Nur eine einzige Person dieser Familie wurde verschont. Das war die Waise, die Verlobte Fernands. Diese blieb mit der Frau, die einst ihre Amme gewesen war, allein zurück, um über die Ihrigen zu weinen, die sie nicht mehr wiedersehen sollte."

„Was wurde aus ihnen?" fragte der Richter, der von Schrecken und steigendem Mitleid ergriffen war.

„Was aus ihnen wurde, gnädigster Herr? Ihr könnt fragen, was aus ihnen unter den Händen eines Pedro Arbuez wurde? Man überlieferte sie ohne Barmherzigkeit den Flammen. Die beiden älteren Brüder, Augustin und Franz, angeklagt, auf eine Weise zu predigen, die dem Geist der katholischen Religion widerspräche, und ihre junge Schwester Beatrix, überführt, den Lehren ihrer Brüder zu folgen, wurden bei ein und demselben Autodafé[201] verbrannt. Augustin, erschreckt durch die Martern, nicht für sich selbst, sondern für seine junge Schwester, Augustin rief, als er dem Richtplatz gegenüber angekommen war, daß er um Gnade flehte und als guter Katholik leben wollte. ‚Er lügt!' sagte Pedro Arbuez. ‚Es ist die Todesfurcht, die ihn zur Reue bringt.' ‚Ich bereue! Ich bereue!' rief das arme Opfer abermals. ‚So erwürge man ihn denn, ehe man ihn den Flammen überliefert!' sagte der Inquisitor. Das war die einzige Gnade, die er erlangen konnte! ‚Du bist ein Feigling!' rief ihm sein

Bruder zu und bestieg den Scheiterhaufen mit einem Zeichen des Lebewohls an Beatrix, die mit der Ergebung einer Märtyrerin starb."

Joseph schwieg. Die Richter fühlten sich ungeachtet ihrer Gewohnheit, dergleichen fürchterliche Dramen zu vernehmen, unwillkürlich von Schrekken ergriffen.

„Fahrt fort", sagte der Präsident, „fahrt fort. Was wurde aus dem dritten Bruder?"

Joseph erbebte auf seiner Anklagebank und seine Zähne schlugen aufeinander, als ob Frost ihn schüttelte. Man lauschte mit der gespanntesten Aufmerksamkeit und wachsender Teilnahme auf seine Worte.

„Der dritte", nahm er nach einer Pause mit langsamer, scharfbetonender Stimme das Wort, „der dritte lebte noch. Er war so jung! Man hatte es nicht gewagt, ihn mit den anderen sterben zu lassen. Pedro Arbuez bewahrte ihn zu einem königlichen Autodafé auf. Paula, die Waise, die ihn liebte, faßte den Plan, ihn zu retten. Sie war zwanzig Jahre alt. Welches Mädchen verzweifelt mit zwanzig Jahren an der Barmherzigkeit eines Menschen, hieße dieser Mensch auch Pedro Arbuez und wäre er Groß-Inquisitor? – Es waren sechs Monate verflossen, seitdem man die unglückliche Familie den Flammen überliefert hatte.[202] Man sprach von einem neuen Autodafé, das zu dem Namenstag des Königs stattfinden sollte und durch das Tribunal einen Monat vorher verkündigt wurde."

„Angeklagter", unterbrach der Präsident den Sprechenden, „kommt zur Sache!"

„Ich bin dabei", erwiderte ruhig Joseph. – „Hört mich, ihr Herren. – Die Untersuchungen begannen, eigentümliche Prozesse, wahrlich finstere Verschwörungen, deren Fäden der Richter in der Hand hielt und nach seiner Laune lenkte, sie sämtlich demselben Ziel zuwendend – dem Tod. Paula, die von Besorgnissen für ihren Geliebten verzehrt wurde, faßte eines Tages einen großen Entschluß, einen verhängnisvollen, wie ihr sehen werdet, ihr Herren. – Sie waffnete sich mit erhabenem Mut, wog alle Möglichkeiten des Schrittes ab, den sie unternehmen wollte, und obgleich sie hoffte, den Inquisitor zu rühren und ihren Verlobten zu retten, sagte sie zu sich selbst: ‚Das schlimmste, was mir bevorsteht, ist, mit ihm zu sterben!' – Aber der Tod erschreckte sie nicht. Es war an einem finsteren Tag, wie man sie selten in Andalusien sieht; die Sonne war mit Wolken bedeckt, und ein großer, schwarzer Flor verhüllte zur Hälfte ihre Scheibe. Es herrschte eine beinahe totale Sonnenfinsternis. Es war gegen die Mitte des Tages und dennoch beinahe finstere Nacht in den Straßen. Paula entschlüpfte still und entschlossen der Aufsicht ihrer Amme, der einzigen Freundin, die ihr auf dieser Welt blieb. Eingehüllt in ihren Schleier, ging sie nach dem Inquisitionspalast. Ein finsterer Haufen von Familiaren bewachte die Zugänge. Als Paula auf die Tür zuschritt, vertrat man ihr den Weg, und ein Familiar fragte sie, was sie wollte.

‚Ich will Herrn Arbuez sprechen', entgegnete sie zitternd – denn den Palast des Inquisitors kann man nicht ohne Zittern betreten.

‚Wer seid Ihr?' fuhr der Familiar fort.

‚Ein junges Mädchen aus adeligem Geschlecht', erwiderte Paula stolz.

‚Wartet!' sagte er.

Er verschwand, und Paula wartete. Bald kehrte der Familiar zurück. Ein widerliches Lächeln verzerrte seine bleichen Lippen.

,Folgt mir, Señora', sagte er. ,Seine Eminenz willigen ein, Euch zu empfangen.'

Der Familiar ging voran, und das junge Mädchen folgte ihm. Sie schritt durch mehrere prachtvolle Säle, lange, mit Marmor gepflasterte Gänge, und überall herrschte in diesem Palast des Todes ein orientalischer Luxus. Endlich öffnete sich in dem äußersten Teil des Gebäudes eine Tür; Paula trat über die Schwelle; die Tür schloß sich hinter ihr; der Familiar verschwand. Paula stand dem Groß-Inquisitor gegenüber."

Die Erzählung Josephs erweckte eine stets wachsende Teilnahme.

„Pedro Arbuez", fuhr der junge Mönch fort, „saß auf einem breiten Diwan, dessen weiche Polster rings um das Gemach liefen. Der Groß-Inquisitor von Sevilla stand damals im ganzen Glanz der Jugend, und sein Gesicht war ausgezeichnet schön, ungeachtet der Ausdruck hochmütiger Grausamkeit aus den Zügen sprach. Sein Profil zeigte einen hohen Adel, und sein Wuchs war edel und stolz. Paula erbebte, als sie sich mit diesem Mann allein erblickte.

,Tretet näher, junges Mädchen', sagte der Inquisitor, ergriffen durch den schönen Wuchs Paulas, deren Züge er nur undeutlich erkennen konnte. Paula warf jetzt ihren Schleier zurück und trat furchtlos auf den Groß-Inquisitor zu. Pedro Arbuez betrachtete sie voll Bewunderung. Als sie ihm nahe war, sank sie nieder auf die Knie, erhob flehend die Hände und rief: ,Gnade, gnädigster Herr! Gnade für meinen Verlobten, der unschuldig ist! Ach, ich beschwöre Euch, gebt mir ihn zurück!'

Das Gesicht des Inquisitors nahm einen entschiedenen Ausdruck des Unwillens an, und er fragte mit kurzem Ton: ,Der Name deines Verlobten?'

,Fernand von Cazalla', erwiderte Paula mit erlöschender Stimme, denn der wilde Blick des Pedro Arbuez erschreckte sie.

Bei dem Namen Cazalla hatte die Physiognomie des Inquisitors sich plötzlich verfinstert. Er betrachtete aufmerksam das junge Mädchen, das mit solcher Kühnheit es wagte, bis zu den Füßen des Groß-Inquisitors zu kommen, um das Leben eines Menschen zu erflehen, welcher der Ketzerei angeklagt war. Paula war schön, ach, sehr schön, ihr Herren. Nachdem Pedro Arbuez langsam den Blick über das reizende Gesicht des jungen Mädchens, über dessen feinen und kräftigen Wuchs, der einer jagenden Diana zum Muster hätte dienen können, hatte gleiten lassen, wurde er allmählich ruhiger. Er reichte Paula, die noch immer vor ihm kniete, die Hand und sagte: ,Stehe auf und sprich ohne Furcht; die Gesetze der Inquisition sind schrecklich, aber ich fühle mich von Mitleid für dich ergriffen.'

,Ach, seid gesegnet, gnädigster Herr!' rief Paula, die einen Strahl der Hoffnung erblickte. ,Ihr werdet Fernand retten, nicht wahr?'

,Habe ich denn das gesagt, junges Mädchen?' entgegnete Pedro Arbuez mit dem Lächeln eines Tigers. – Er spielte mit seiner Beute.

,Ach, gnädigster Herr', flehte Paula, ,nehmt die Worte nicht zurück, die Ihr mir sagtet. Ihr empfandet Mitleid mit mir, und Ihr werdet meinen Verlobten retten, nicht wahr?'

,Und wenn ich es tue, was tust du dann für mich, junges Mädchen?'

‚Ach, gnädigster Herr, mein ganzes Leben soll Euch gehören; aber was kann ich für Euch tun, ich, ein armes Mädchen! Was kann ich für Euch tun, der Ihr allmächtig seid?'

‚Du bist schön!' rief Pedro Arbuez mit einem Blick, vor dem sie erbebte. Sie wagte indes nicht, ihre Furcht zu verraten.

Der Inquisitor gab ihr ein Zeichen, näherzukommen und sich an seine Seite zu setzen. Sie setzte sich zitternd auf den Rand des mit Seide überzogenen Diwans. Pedro Arbuez hatte sein strenges Gesicht wieder angenommen.

‚Don Fernand von Cazalla', murmelte er mit finsterem Ton – ‚weißt du, junges Mädchen, daß diese ganze Familie, des Luthertums überwiesen, für ewige Zeiten in ihren lebenden Mitgliedern sowohl als in den verstorbenen entehrt ist?'

‚Diese Familie ist die meinige, gnädigster Herr; ich bin die Verlobte Don Fernands durch den Willen seines Vaters und seinen eigenen. Ist er verurteilt, so bitte ich nur um eine Gnade, die, ihn nicht zu überleben.'

‚Das ist eine glühende Liebe', rief der Inquisitor aus, ‚was würde ich dafür geben, eine gleiche einzuflößen!'

Paula senkte die Augen vor diesem Priester, der so zu ihr sprach."

„Ihr verleumdet das Andenken eines Mannes, der mit einem heiligen Charakter bekleidet war", rief der Präsident.

„Ich verleumde nicht", entgegnete Joseph, „sondern ich erzähle nur, das ist alles. Eure Herrlichkeit möge die Gnade haben, mich bis zu Ende anzuhören."

„Das ist Euer Recht", sagte der Richter, voll Achtung für die Gebräuche des Landes, in Beobachtung der Gesetze, die verlangten, daß man dem Angeklagten alle Freiheit der Verteidigung ließ.

Joseph fuhr fort: „‚Weißt du', sagte Pedro Arbuez, ‚daß Don Fernand für das nächste Autodafé bestimmt ist und daß man ihn der Tortur unterwerfen wird?'

Ein lauter, schmerzhafter, herzzerreißender Schrei entriß sich der Brust der unglücklichen Paula. Die Tortur! Das war entsetzlicher als das Blutgerüst.

‚Was hast du denn, junges Mädchen?' fragte der Inquisitor.

‚Die Tortur, gnädigster Herr! Habt Ihr nicht gesagt, man würde Fernand der Tortur unterwerfen?'

‚Ich kann sie ihm ersparen', entgegnete Pedro Arbuez.

Paula atmete freier. ‚Gnädigster Herr', rief sie aus, ‚weshalb kann ich nicht für Euch sterben!'

‚Nicht sterben, sondern leben', erwiderte Pedro Arbuez, indem er die schwachen Hände Paulas in die seinigen nahm. ‚Weißt du', fuhr er dann fort, ‚daß nach der Aussage der Zeugen Don Fernand überführt ist, lutherischen Predigten beigewohnt und den lutherischen Glauben angenommen zu haben? Er ist daher im voraus zum Scheiterhaufen verurteilt.'

‚Aber Ihr könnt ihn freisprechen, gnädigster Herr!' rief Paula, die aufs neue von den Qualen der Ungewißheit ergriffen wurde. ‚Ihr könnt ihn retten! Fernand ist unschuldig und seine Seele so rein wie die eines Engels.'

‚Du allein kannst ihn retten', erwiderte Pedro Arbuez.

‚Ich, gnädigster Herr? Was kann ich dazu tun? Oh, mein Gott, sagt es und ich bin zu allem bereit. Soll ich an seiner Statt sterben?'

‚Törin! Wozu bedürfte ich deines Lebens? Du bist zu schön, um zu sterben‘, fuhr er mit Exaltation fort, und seine rauhe Hand riß schamlos den Schleier herab, der den Busen Paulas bedeckte.“

Die Richter erbebten auf ihren Sesseln.

„‚Ach, Gnade, gnädigster Herr!‘ rief das junge Mädchen, indem es aus den auf der Brust gekreuzten Armen einen Schutzwall machte. ‚Gnade für Fernand und auch Gnade für mich! Im Namen des Gottes, dessen Stellvertreter Ihr auf Erden seid, zeigt Euch barmherzig und verzeiht; habt Mitleid mit einem armen Mädchen, das auf der Welt nichts mehr besitzt als den Geliebten. – Ich habe keine Mutter mehr, gnädigster Herr, ich bin eine Waise, und Fernand ist mein einziger Schutz. – Gebt ihn mir zurück, ich beschwöre Euch. – Ach, gebt ihn mir zurück, gnädigster Herr, und ich werde Euch segnen; wir beide werden Euch unser ganzes Leben lang segnen.‘

Paula vergoß zahlreiche Tränen; ihr edles, stolzes Gesicht zeigte, so weinend und von Verzweiflung ergriffen, eine übermenschliche Schönheit. Weit entfernt jedoch davon, dadurch gerührt zu werden, fühlte Pedro Arbuez im Gegenteil seine rohen Leidenschaften sich regen und in seinem Busen toben wie ein wildes Meer. Er stürzte auf Paula zu wie ein Löwe, hob sie in seinen kräftigen Armen empor und warf sie halb ohnmächtig auf den Diwan. Das unglückliche Mädchen glitt vor diesem unbarmherzigen Menschen nieder auf die Knie und flehte mit erlöschender Stimme, indem sie ihre Brust gegen das Knie des Inquisitors preßte, das sie mit ihren Tränen benetzte: ‚Gnädigster Herr, seid barmherzig; gebt mir meinen Verlobten zurück.‘

‚Sei mein‘, sagte er mit finsterer Stimme, ‚und ich rette Don Fernand.‘

Paula wurde bleich und kalt wie Marmor, und ihre Augen bedeckten sich mit einem dunklen Schleier. Langsam stand sie auf, trat einige Schritte zurück, um sich zu entfernen, streckte dann ihre kalte, weiße Hand gegen den Inquisitor aus und rief: ‚Sei verflucht! Du kannst Fernand töten, und ich werde mit ihm sterben!‘

‚Fernand wird noch vor dem Autodafé sterben‘, sagte Pedro Arbuez; ‚er ist jung und schwach und wird der Frage des Wassers nicht widerstehen.‘[203]

Paula stieß aufs neue einen gellenden, fürchterlichen Schrei aus. Sie hätte diesen grausamen Menschen mit ihren Nägeln zerreißen mögen, aber der Gedanke an Fernand unterdrückte ihre Wut und ließ in ihrer Seele nur für die Furcht Raum. Der gräßliche Kampf hatte sie vernichtet. Da nahte Pedro Arbuez sich ihr, umschlang sie mit beiden Armen und führte sie zu seinem Sitz zurück. Sie ließ sich ohne Widerstand von ihm geleiten.

‚Nichts kann Fernand retten als nur mein Wille, und bei dem Christ, ich rette ihn nur unter einer Bedingung‘, sagte Pedro Arbuez.

Paula sah ihn mit verstörtem, mattem Auge an. Das Gesicht des Inquisitors war unerbittlich wie das Verhängnis.

‚Willst du sein Leben oder seinen Tod?‘ fragte er hastig. ‚Sprich oder gehe, und die Inquisition wird das übrige tun.‘

Paula hörte nichts mehr; ihre Vernunft hatte sie verlassen. – Sie streckte die Arme aus, wie jemand, der den letzten Todesseufzer aushaucht. Ihre Augen schlossen sich, ihr Herz stand still.

‚Fernand werde gerettet!‘ flüsterte sie mit ersterbender Stimme.“

Joseph schwieg. Seine Stimme war allmählich schwächer und schwächer geworden, und kalter Schweiß bedeckte seine marmorbleiche Stirn. Ungeachtet ihrer gewöhnlichen Teilnahmslosigkeit waren die Richter von Mitleid und Schrecken ergriffen. Sie dachten nicht mehr daran, die Schilderung des Angeklagten zu unterbrechen, und erwarteten voll Spannung das Ende des fürchterlichen Dramas.

Joseph sammelte sich allmählich und fuhr in seinem Bericht mit bebender Stimme fort: „Einen Monat später saß ein junges Weib, bleich, abgemagert, niedergedrückt durch das Gewicht eines unheilbaren Schmerzes, traurig an der Tür vor dem Gefängnis des heiligen Offiziums: Es war Paula. Man feierte an diesem Tag ein königliches Autodafé. Das blutige Programm, das einen Monat zuvor bekannt gemacht worden war, verkündete dreizehn Opfer. Pedro Arbuez hatte dem jungen Mädchen versprochen, daß es nur zwölf sein sollten und daß das dreizehnte, das man für tot ausgeben würde, ihr an dem Abend des Autodafés selbst zurückgegeben werden sollte. Paula wartete.

Eine zahllose Menge strömte dem Platz zu; lautes Stimmengemurmel rann durch die Straßen; die Blicke des Volkes sprachen Trauer und Entsetzen aus. Diese bleichen Gesichter schienen in ihren schwarzen Kleidern dem Leichenbegängnis Spaniens beizuwohnen.

Einige, die in der Umgebung des Gefängnisses standen, ließen ihre Blicke in die schwarzen Tiefen des Gewirrs von Gebäuden gleiten und erwarteten unter den verurteilten Opfern, die erscheinen sollten, irgendeine geliebte Person zu erkennen. Weiber, das Gesicht mit dem Schleier verhüllt, weinten mit unterdrücktem Schluchzen, weil sie gehört zu werden fürchteten. Diese waren wenigstens glücklicher als die Männer, denn sie konnten weinen; die Männer aber mußten mit unverhüllter Stirn den tiefen Schmerz der Seele tragen, der das Gesicht erbleichen macht, und ihre trübe Stirn, ein Vulkan, der so viele stürmische Gedanken des Unwillens und der Empörung barg, mußte sich ruhig und regungslos zeigen wie ein weißes Blatt Papier, auf dem nichts zu lesen ist, denn die Stadt war angefüllt von Familiaren, und die Inquisition klagte ebenso die Handlungen wie die Absichten und die Gedanken an.

Endlich öffnete sich die Tür des Gefängnisses wie der Schlund der Hölle, die Prozession des Autodafés verließ den Inquisitionspalast, und die Verurteilten traten ihre traurige Wanderung zum Tod an. Paula stand jetzt von dem Stein auf, näherte sich dem Schließer, der die Tür geöffnet hatte, und bat ihn, sie den Trauerzug näher betrachten zu lassen; der Schließer aber stieß sie rauh zurück. Die Unglücklichen pflegten die geringste Gefälligkeit so teuer zu bezahlen!

Paula kehrte also wieder an ihren Platz zurück und streckte den Hals vor, um zu sehen. Das erste Opfer, das erschien, war ein Erzbischof, ein heiliger Priester, verehrt von ganz Spanien; er ging langsam, den Kopf bedeckt mit der verhängnisvollen Coroza und bekleidet mit dem San Benito. Sein Gang war fest, seine Augen, voll Ergebung und Glauben, sprachen einen tiefen Schmerz aus. Er richtete einen langen Blick ringsumher und wandte ihn dann zum Himmel, als wollte er diesen zum Zeugen für die Ungerechtigkeit seiner Richter anrufen; dann sank sein Kopf herab auf die Brust, und seine beredten Lippen, die so oft die Worte Gottes hatten vernehmen lassen, trugen nur noch den Ausdruck eines bitteren, schmerzhaften Spottes.

Auf ihn folgten zwei Nonnen, zwei junge Mädchen, zu den Flammen verurteilt, weil sie die Lehre Luthers angenommen hatten. Diese beiden Frauen zeigten einen wahren Heldenmut; sie gingen zum Tod wie zu einem Fest. Paula warf ihnen einen Blick trüber Sympathie zu; sie antworteten ihr durch das Lächeln eines Engels, indem sie auf den Himmel deuteten, als wollten sie ihr zu verstehen geben, daß alle Opfer der Erde an den Richterstuhl Gottes appellierten.

Der vierte Verurteilte war ein junger Marano, überführt, heimlich der Religion seiner Vorfahren anzuhängen. Ein Exemplar des Korans, eine Erbschaft seiner Väter, war in seinem Haus gefunden worden und hatte genügt, ihn zu dem Flammentod zu verurteilen.[204] Er ging mit hohem und stolz erhobenem Kopf. Sein schwarzes, feuriges Auge glitt über die schöne Stadt Sevilla hin, in der die Araber geherrscht hatten, und schien in flüchtiger Übersicht die Zeit der Mauren mit der der Inquisition zu vergleichen. Mußte Spanien ihm nicht damals wie ein schönes, junges Mädchen erscheinen, dazu erzogen, in beständigen Festen zu leben, in Nächten voll Harmonie und Luft die Künste der Poesie und der Liebe pflegend, das dann aber plötzlich seinen Festschmuck gegen das Bußgewand vertauscht hatte, seine Nächte der Liebe gegen Nächte der Klagen und Tränen, und über dessen bleiches, erschlafftes Gesicht sich bereits das Leichentuch legte, das die Lebenden von dem Tod trennt?

Ha, wie mußte das Herz dieses Sohnes der Abenceragen klopfen! Wie mußte sein afrikanisches Blut in seinen Adern sieden, in den Adern dessen, der seine Väter herrschen sah! – Er hatte nicht nur die Sklaverei des Körpers, sondern auch die des Geistes zu erdulden. Seine Todesstunde mußte entsetzlich sein. – Er schritt vorüber."

„Das ist zuviel! Das ist zuviel!" riefen die beisitzenden Richter.

„Laßt ihn gewähren", sagte der Präsident. „Es ist die letzte Gunst, die man dem Angeklagten gestattet."

„Noch zwei andere gingen schweigend vorüber", fuhr der junge Dominikaner ohne Aufregung fort. „Paula zählte alle mit unaussprechlicher Angst. Sie gingen langsam wie Schatten, die aus dem Grab heraufkommen, denn die Tortur hatte ihre Glieder gebrochen, und kaum blieb ihnen noch soviel Kraft, um dem Tod entgegenzuschreiten. Paula zählte sie alle, blickte allen begierig ins Gesicht, atemlos und beklommen, denn sie wußte nicht, sollte sie fürchten oder sollte sie hoffen, ungeachtet des Versprechens, das Pedro Arbuez ihr gegeben hatte. Indes hatte er es versprochen.

Der Zug schritt weiter, und Paula zählte das zwölfte Opfer. Da entrang ein langer Seufzer sich ihrer Brust. Sie atmete die Luft mit mehr Begier ein; eine ungeheure Last war ihr vom Herzen genommen, und ihre laute Freude hätte sie beinahe verraten. – Plötzlich aber erschien einige Schritte hinter dem zwölften Verurteilten ein leichenblasses Gespenst, dessen Glieder durch die Tortur gebrochen und ausgerenkt waren. Zwei Priester und zwei Familiaren stützten es unter den Armen und standen ihm so bei, sich zu dem Ort der Hinrichtung zu schleppen. Dieser Mensch, der erst vierundzwanzig Jahre zählte, war auf eine solche Weise gemartert worden, daß die Muskeln seines Gesichtes matt und entstellt waren wie die eines Greises. Runzeln bedeckten seine Stirn, und seine Wangen und sein großes schwarzes Auge, fieberhaft glänzend in den tiefen Höhlen, welche die Leiden gegraben hatten, flammten in eigentümlichem Glanz, wie das Licht einer erlöschenden Kerze noch einzelne hellere Blitze schießt, ehe es für immer erstirbt.

Dieser junge Mensch war so entstellt, daß ihn Paula auf den ersten Blick nicht erkannte. Er streckte bei dem Anblick dieses jungen, von ihm so innig geliebten Mädchens seine beiden abgemagerten, zerquetschten Arme ihr entgegen, und seine Augen trugen dabei den unverkennbaren Ausdruck der innigsten und herzzerreißendsten Zärtlichkeit.

‚Paula! Paula!' murmelte der Unglückliche mit ersterbender Stimme.

Darauf sank er bewußtlos in die Arme des Familiars zurück, der ihn stützte.

Ein Schrei der Verzweiflung, kurz, rauh ausgestoßen, entrang sich der Brust Paulas. Sie wollte sich auf den Verurteilten zustürzen, aber die Sbirren drängten sich zwischen ihn und sie, und sie vermochte die lebende Scheidewand nicht zu durchbrechen.

Wie von einer unsichtbaren Leidenschaft fortgerissen, drängte sie sich hierauf mit der Gewalt und der Schnelligkeit einer verwundeten Löwin durch die Menge, erreichte das Haupttor des Inquisitionspalastes und schrie wie eine Wahnsinnige, daß sie den Groß-Inquisitor zu sehen verlangte. Man wagte nicht, ihr etwas zuleide zu tun, denn man hielt sie für wahnsinnig, und auf ihre wiederholten Bitten begnügte man sich, ihr die Antwort zu geben, der Inquisitor sei bereits bei der Prozession auf dem großen Platz. Nach einigen Minuten nutzloser Anstrengungen näherte sich Paula darauf einem Familiar, den sie erkannte. Es war ebender, der sie das erste Mal zu dem Groß-Inquisitor geführt hatte.

‚Entferne dich', sagte dieser Mann mit leiser Stimme, ‚oder ich lasse dich einsperren.'

Paula richtete zum Himmel einen Blick voll Wut und lief dann, ohne anzuhalten, bis nach dem großen Platz von Sevilla. Als sie denselben erreichte, stiegen zum Himmel Flammen auf, umgeben von dichten Rauchwolken. – Alles, alles war zu Ende!

Der Inquisitor saß ruhig auf seinem Sessel und betete für die Seelen derer, deren Henker er war.

Da erhob Paula händeringend, ergriffen von einer unermeßlichen Verzweiflung, ihre beiden Arme zum Himmel, und ohne umherzublicken, ohne an die zitternde Menge zu denken, die sie voll Staunen anblickte, erhob sie ihre Stimme furchtbar anklagend und rief: ‚Pedro Arbuez, sei verflucht! Pedro Arbuez, hüte dich vor meiner Rache!'

Doch die Stimme der Menge hatte die Paulas bedeckt; die, die ihr zunächst standen, wichen zurück, ihr Platz zu machen, denn sie hielten sie für eine Wahnsinnige."

Joseph schwieg. Seine Brust hob sich unter heftigen, raschen Atemzügen. Seine bisher so bleiche Stirn war von brennender Röte bedeckt, und große Schweißtropfen rannen ihm über das Gesicht. Er war in diesem Augenblick von erhabener Schönheit.

„Nun, was ist aus Paula geworden?" fragte der Präsident, ergriffen von einer unwiderstehlichen Neugier und einer lebhaften Teilnahme.

„Paula hat sich gerächt", erwiderte Joseph mit dumpfer Stimme. „Sie war es, die Pedro Arbuez tötete."

„Was soll das bedeuten?" fragte der Präsident. „Erklärt Euch. Was kann das junge Mädchen, dessen Geschichte Ihr uns erzählt, mit dem Dominikaner Joseph gemein haben?"

„Gnädigster Herr", fuhr Joseph fort, „sagte ich Euch nicht, daß Paula geschworen hatte, sich zu rächen?"

„Nun, und?" fragte der Richter.

„Sechs Monate darauf", fuhr Joseph fort, „erschien in dem Kloster der Dominikaner zu Sevilla ein junger Mensch. Er wollte Priester werden. Er zählte zwanzig Jahre und kannte kein Wort Latein, aber er besaß Verstand, einen unerschütterlichen Willen, und nach drei Jahren wußte er genug Latein, um in der Theologie unterrichtet werden zu können. Endlich erteilte man ihm die ersten Grade, und er trat in das Noviziat ein. Seitdem hat man ihn zum Priester des Ordens des heiligen Dominik geweiht. Pedro Arbuez, der Groß-Inquisitor von Sevilla, hatte inzwischen den Novizen bemerkt, und infolge einer jener Launen, die bei Männern von überspanntem, heftigem und grausamem Charakter so häufig sind, war es ihm zur Notwendigkeit geworden, diesen jungen Menschen beständig an seiner Seite zu haben. Er tat nichts, ohne ihn zu Rate zu ziehen, und der Novize wußte sich in seinem Verkehr mit dem Groß-Inquisitor mit so viel List und Gewandtheit zu benehmen, daß Pedro Arbuez, bezaubert und unterjocht, keinen anderen Willen zu haben wagte als den Josephs."

„Joseph", riefen die Richter im höchsten Grad erstaunt.

„Ja, Joseph", fuhr der Dominikaner fort, „Joseph, der sich zum Sklaven des Pedro Arbuez gemacht hatte, um sein Herr zu werden, der, ähnlich der Hand, die das Feuer schürt, beständig die schlechten Leidenschaften des Pedro Arbuez aufregte, um ihn zu seinem Verderben zu treiben; Joseph, der aus einem grausamen und ausschweifenden Menschen ein Ungeheuer machte, damit es für ihn weder auf Erden noch im Himmel Verzeihung geben sollte; Joseph, der den Namen des Pedro Arbuez in ganz Andalusien verhaßt machte und ihn dann auf den Tod traf so, daß er nicht die Zeit gewann, zu bereuen, und der ihn auf diese Weise für die Ewigkeit in das Verderben stürzte; – Joseph endlich, der Paula gerächt hat."

Indem der junge Mönch so sprach, nahm sein Stimme einen eigentümlichen Klang an, und sein zum Himmel gerichteter Blick trug den Ausdruck wilder Freude. Die Richter hielten ihn für wahnsinnig. Sie begriffen ihn noch immer nicht.

„Es ist also Joseph und nicht Paula, die den Inquisitor tötete?" richtete der Präsident eine letzte Fragen an ihn.

„Es ist Joseph und es ist Paula", erwiderte der Angeklagte, „denn Paula und Joseph sind eine und dieselbe Person. Begreift Ihr denn nicht, gnädigster Herr, daß ich mich zum Mann und zum Mönch gemacht habe, um mich zu rächen?"

„Gotteslästerung!" riefen wie mit einem Mund die Richter, die endlich das finstere Geheimnis erkannten, „doppelte Gotteslästerung durch die Profanierung des heiligen Priesternamens und durch den Mord eines Priesters!"

„Was ich tat, würde ich wieder tun,", erwiderte Paula mit finsterer Exaltation. „Hat nicht Pedro Arbuez das Amt eines Priesters entweiht? Sind nicht alle Inquisitoren ungerechte Henker, besudelt durch Üppigkeit und Mord, Entweiher und Gottlose? Ach, ihr Herren, es wäre Zeit, daß die königliche Gerechtigkeit Licht in diese tiefe Finsternis brächte, denn ich sage es euch in Wahrheit, und Gott ist mein Zeuge, daß es nicht geschieht, um mein Leben zu retten: Die Tribunale der Inquisition sind nichtswürdige Orte, die man niederbrennen sollte und die Inquisitoren Ungeheuer, welche die Galeeren verdienten."

„Genug! Genug!" rief der Präsident. „Angeklagter, unsere Geduld ist zu Ende. Seid Ihr ein Weib, so ist Euer Verbrechen um so größer. Mögt Ihr aber Weib oder Mann sein, so habt Ihr doch jedenfalls den Tod verdient."

„Und der Tod ist es, den ich will!" rief Paula, die des Weibes angenommen zu haben schien.

Die Richter zogen sich während einiger Minuten zurück, um sich zu beraten. Paula wartete ruhig und gefaßt auf den Erfolg dieser Beratung. Sie hatte das traurige Drama ihres Lebens entwickelt, das Leben selbst war ihr jetzt nur eine Last.

Als die Richter zurückkehrten, zeigte ihr Gesicht eine furchtbare Strenge, und dennoch war unwillkürlich Mitleid in den ernsten Zügen zu lesen. Der Präsident stand auf, und ohne den Angeklagten anzusehen, sprach er so das Urteil:

„In Erwägung, daß dieser Tod durch einen Mörder herbeigeführt wurde, und der Mörder sein Verbrechen gestanden hat, in Erwägung, daß eine gewisse Paula, fälschlich mit dem Namen Joseph, Dominikaner-Mönch und Beamter der Inquisition, bezeichnet, alles profaniert hat, um zu der Ausführung dieses Verbrechens zu gelangen; in Erwägung, daß die Angeklagte die Verbrechen, deren sie beschuldigt ist, zugegeben und eingestanden hat, hat der Gerichtshof, der an Gott den Vater, an Gott den Sohn und an Gott den heiligen Geist, drei heilige, besondere Personen, die nur einen wahren Gott bilden, glaubt, sich vor unserem Heiland gedemütigt und denselben um die Gnade angefleht, ihm den Urteilsspruch einzuflößen, den er zu fällen hat. Ein Gewissen ist deshalb beruhigt.

Aus diesen Gründen verurteilt das Tribunal die gewisse Paula, angeklagt und überführt des Verbrechens des Mordes und der Gotteslästerung an der geheiligten Person des Herrn Pedro Arbuez, Groß-Inquisitor von Sevilla, zum Tode.

Da nun bei der Vollziehung dieses Verbrechens lange voraus die oben genannte Paula, in Übereinstimmung mit den Gesetzen des Königreiches, dazu, lebendig gerädert und dann geviertteilt zu werden. Und zur Strafe des Priestermordes soll ihr die rechte Hand durch die Hand des Henkers abgeschlagen und verbrannt werden.

Nach Vollstreckung dieses Spruchs sollen die Glieder der Hingerichteten an den Landstraßen ausgestellt und den wilden Tieren zur Nahrung preisgegeben werden, mit dem Verbot, sie zu beerdigen.

Gegeben in Sevilla usw. usw."

Paula hatte den Urteilsspruch ohne Zittern angehört.

Bei den Worten aber ‚Sollen die Glieder der Hingerichteten an den Landstraßen ausgestellt und den wilden Tieren zur Nahrung preisgegeben werden, mit dem Verbot, sie zu beerdigen', bemächtigte sich ihrer ein Gefühl des
Widerwillens und der Schamhaftigkeit und flößte ihr einen instinktmäßigen
Abscheu davor ein, so nach ihrem Tod preisgegeben zu werden. Ihr Mut
schwand dadurch einen Augenblick. Sie legte die Hand auf die Augen, als
wollte sie das entsetzliche Schauspiel nicht sehen, das sich ihren Gedanken
bot, und als sie aufstand, um nach der Gefängniskapelle geführt zu werden,
wo sie die Nacht zubringen sollte, zitterte sie am ganzen Körper so heftig,
daß sie sich kaum auf den Beinen zu erhalten vermochte.

Als sie den Sitzungssaal verließ, erkannte sie unter der Menge eine alte,
große, sehr blasse Frau, die sie lange mit feuchten Augen ansah, als wollte
sie ihr sagen: „Du hast mich getäuscht, aber ich bin da."

„Ach", seufzte Paula, indem sie dieselben erblickte, „jetzt kann ich ruhig
sterben; lebend oder tot wird sie über mich wachen."

Diese Frau war Juana.

Nachdem sie Estevan und Dolores begleitet hatte, um Paula zu gehorchen,
war sie nach zwei Tagen, ihre Reisegefährten verlassend, nach Sevilla
zurückgekehrt, denn sie fühlte sich von Besorgnis ergriffen wegen des Kindes, das sie genährt und dem sie ihr ganzes Leben gewidmet hatte, so daß sie
demselben durch alle Windungen seiner unermüdlichen Rachgier folgte.
Juana hatte aber die Wege verfehlt und war deshalb erst nach der Verurteilung Paulas nach Sevilla gekommen.

XLVIII.

En Capilla

I<small>N</small> S<small>PANIEN HERRSCHT SCHON SEIT UNDENKLICHEN</small> Z<small>EITEN</small>, wie noch jetzt,
der fromme Gebrauch, einen zum Tode verurteilten Menschen, achtundvier-
zig Stunden vor seiner Hinrichtung in einem Kerker zubringen zu lassen, der
in eine Art von Kapelle verwandelt worden ist, die man die *Capilla* nennt.
Hier bietet die Religion unter allen ihren Formen dem, der sterben soll, ihren
frommen Beistand und ihren mächtigen Trost. Priester, die sich von Stunde
zu Stunde ablösen, versuchen den Verurteilten zu trösten und durch die
Hoffnung auf die Ewigkeit gegen die Marter der Hinrichtung zu stärken.

Die Brüderschaft des Friedens und der Barmherzigkeit, die zärtliche Mutter aller derer, die der Henker als sein Teil beansprucht, wacht darüber, ihre
letzten Stunden zu versüßen, indem sie ihnen die eifrigste Sorgfalt gewährt
und ihre geringsten Wünsche erfüllt; außerdem gestattet man diesen armen
Unglücklichen, sich mit ihren Verwandten und ihren Freunden zu unterhalten. Man gewährt ihnen, mit einem Wort, jeden Trost, welcher der Barmherzigkeit durch das unerbittliche Gesetz gestattet wird, die aber niemals die
Grenzen des Rechts überschreitet. In Spanien verurteilt das Gesetz zuweilen
vielleicht ungerecht, aber stets mischt es in seine notwendige Strenge die

Milderung der Barmherzigkeit; sie verurteilt zum Tod, aber nicht zur Todesqual.

Die Kapelle, in der Joseph eingeschlossen war, zeigte die leichten Säulen mit zartgeschnitzten Kapitellen, welche die Bildhauerei der Sarazenen verrieten, die anmutige Nachahmung der Natur Afrikas.

Auf dem schwarzbehangenen Altar brannten zu beiden Seiten des Kruzifixes Kerzen aus grünem Wachs, rechts neben dem Altar standen zwei Armsessel, der eine für den Verurteilten, der andere für den Geistlichen, der ihn zur Buße ermahnte. Am Boden erblickte man in einer Ecke ein großes Messer, eine Menge Stricke, ein gewaltiges Andreaskreuz aus Eichenholz und, auf diesem ruhend, einen schweren eisernen Hammer. – Das waren die Werkzeuge der Hinrichtung. – Paula achtete nicht darauf. In diesem äußersten Augenblick, in dem ihr Leben sich seinem Ende nahte, während sie noch so junge war, fühlte sie sich von einem grausamen Zweifel ergriffen. Sie war unter sehr frommen Gebräuchen erzogen worden. Ein Gefühl gerechtfertigen und unbezwinglichen Hasses, eine zügellose Rachgier hatten sie nach und nach zu der Profanierung einer Menge heiliger Dinge und endlich zu dem Mord geführt, dem Verbrechen, das von Gott verdammt wird. Sie hatte dieses Verbrechen mit größter Ausdauer verfolgt und ohne Zögern, ohne Reue verübt. Freilich traf sie ein mit Mordtaten, Raub und Missetaten aller Art besudeltes Ungeheuer, und gleichwohl fragte sie sich jetzt mit unaussprechlichem Schrecken, ob Gott, so groß und so barmherzig, Gott, der ohne Zweifel ihren geliebten Fernand, dem sie ihr Leben opferte, an seinem Busen empfangen hatte, sie selbst nicht als unwürdig seiner himmlischen Gnade zurückweisen würde.

Sie kniete auf den nackten Quadern der Kapelle nieder und stützte ihre brennende Stirn gegen den Marmor des Altares.

Diese von Todesangst ergriffene Seele empfand furchtbare Zweifel: Sie fürchtete, in jenem Leben den nicht wiederzusehen, für den sie hatte sterben wollen, und nach so vielen Tränen, so vielen Anstrengungen, so vielen Leiden, war dieser Gedanke für sie eine unerträgliche Marter.

In diesem Augenblick trat ein Mönch in die Kapelle. Paula warf sich zu seinen Füßen nieder und teilte ihm weinend ihre Besorgnisse mit. Dieser Mönch tröstete sie, indem er von der entsetzlichen Marter sprach, die sie zu erdulden haben würde, indem er sie ermahnte, ihre gotteslästerliche Liebe für einen Ketzer zu vergessen und die Barmherzigkeit Gottes und die des Märtyrers Arbuez zu erflehen, der von der Höhe des Himmels herab ihr ohne Zweifel verzeihen würde; dann sprach er lange von der Gnade, der Verzückung, der Seligkeit.

Paula erhob sich voll Verzweiflung. Sie hatte einen Stein angefleht, und nichts antwortete dem Schmerz ihrer Seele.

Die Stunde schlug; der Mönch entfernte sich wie ein Soldat, der von seiner Wache abgelöst wird. So verlieren die Überzeugungen der göttlichen Religion des Heilands, indem sie durch einfältige Hände gehen, die milde Poesie, ihren engelsgleichen Trost.

„Ach", sagte Paula voll Bitterkeit und Widerwillen, „ich hätte mich daran erinnern sollen, daß diese Mönche rohe, lebende Maschinen sind, die aus

Gewohnheit sprechen und nicht aus Überzeugung. Der Geist, der von oben kommt, lebt nicht in diesen Automaten, bei ihnen wirkt allein das Mysterium. – Herr, mein Gott", fuhr sie fort, „du bist der Märtyrer der schlechten Priester und der Heuchler gewesen; du wirst mir verzeihen, denn ich bin ihre Märtyrerin. – Du, der du in die Welt ein Gesetz der Liebe einführtest und nichts als Liebe lehrtest, du wirst auch mir verzeihen, mein Gott, denn ich bin strafbar geworden, weil ich liebte."

Indem Paula so sprach, vergoß sie heiße und bittere Tränen; ihr in sich selbst zusammengesunkener Körper zeigte eine schmerzvolle und unbeschreibliche Anmut. Sie hatte von ihrer Mönchskleidung nur ihre weiße wollene Kutte bewahrt, und da ihre seit acht Tagen nicht geschorenen Haare wieder gewachsen waren, zeigte ihr Gesicht sich sehr verändert.

Sah man sie so, schön und zart und dennoch imposant durch die Gewohnheit des Gebietens, so war man bei dem ersten Anblick ungewiß über ihr Geschlecht. Es war Paula und dennoch auch noch Joseph, ein eigentümliches Gemisch der Anmut und der Kraft, der Zärtlichkeit und der Entschlossenheit. Das arme, einfache Mädchen hatte so jung noch schon so viele Dinge des Lebens erfahren und dadurch einen schmerzhaft rührenden Zauber gewonnen. So auf den Stufen des Altares liegend, gegenüber den Werkzeugen der Marter, die am nächsten Tag ihre Glieder zerbrechen sollten, glich sie einer vergänglichen Blume, die sich über den Abgrund, der sie verschlingen soll, neigt, als wollte sie ihn rühren und anflehen.

Aber wie sie sich an alle die Dinge wandte, die sie umgaben, konnte doch keines derselben den Bedürfnissen ihrer Seele, weder für die Gegenwart noch für die Zukunft, antworten. Da wandte Paula den Blick zurück, wie der Reisende, der sich verirrt hat und auf den bereits durchlaufenen Weg zurückkehrt. Sie prüfte langsam ihr vergangenes Leben und schlug einzeln die Blätter um, keines derselben überspringend. Indem sie so das Buch ihrer Erinnerung durchlas, erblickte sie sich wieder als weißes, reines Kind spielend unter blühenden Orangenbäumen des Alhambra des maurischen Wunders, in ihrer glühenden Seele schon träumend von der Liebe eines edlen, tapferen Ritters, der auf ihre weiße Stirn den jungfräulichen Kranz drückte.

Dann erblickte sie die Kirchen Granadas, die prachtvollen Moscheen, durch die fromme Isabella verwandelt in katholische Tempel, Denkmäler der christlichen Poesie, eingeimpft auf die Poesie der Orientalen. Hier sah sie, wie in einem Traum, alle die Phantasmagorien des römischen Kultus vorüberziehen, die sie in jenen Zeiten in sanfte und heilige Regung gewiegt hatten. Die lange Reihe von Mönchen, ihre weißen Köpfe sich in den Wolken von Weihrauch verlierend, die strahlenden und die goldbestickten Gewänder, die weißen Überwürfe der Diakonen, die gestickten Meßgewänder des Archidiakonus und die mit Edelsteinen bedeckten Kelche, die großen goldenen Sonnen, in denen das heilige Sakrament ruhte, die Erzengel aus massivem Silber mit ausgebreiteten Flügeln, das Kästchen, mit Reliquien angefüllt, und die Bouquets aus edlen Steinen, die Kränze, welche die Königinnen Spaniens der Königin des Paradieses überreicht hatten.

Sie erkannte alle die Kirchen Granadas, den orientalischen Bazar, auf dem unter tausend verschiedenen Gestalten die Reichtümer Mexikos sich zeigten, und indem Paula ihre unbefangenen Gefühle von damals, ihre aufrichtige Bewunderung für alle diese irdischen Wunder mit ihrem bitteren Skeptizismus der Gegenwart verglich, sah sie ein, weshalb der Klerus danach strebte, die Unwissenheit des Volkes zu verlängern. Dann fragte sie sich, ob es nicht entsetzlich verbrecherisch sei, so irdische Mittel anzuwenden, um den König des Himmels geliebt und verehrt zu machen.

Allein Paula, die bis auf den Grund alle die Unwürdigkeiten dieser Priesterseelen zu erforschen vermocht hatte, wußte wohl, daß der Ruhm Gottes nur ein Vorwand und nicht das Ziel ihrer elenden Taschenspielerkünste war.

Dennoch empfand sie einen süßen und rührenden Zauber, indem sie sich an ihre Tage der Unwissenheit und der unbefangenen Hingebung an den Glauben, den man ihr einflößte, sowie an ihre Ausbrüche der Freude und des Entzückens erinnerte, wenn sie, vor einem Christusbild kniend, in den Zeiten ihrer Leidenschaft Tränen vergoß und es ihr dann schien, als weinte auch der Heiland selbst[205], dessen rührende und erhabene Geschichte man ihr erzählt hatte. Diese Zeiten hatten goldenen Schein gewonnen, der einen letzten hellen Strahl auf ihre Stirn warf, die schon von einem tödlichen Schatten verhüllt wurde.

Dann erblickte sie sich wieder als Waise, aufgenommen von der edlen Familie der Cazallas, die so heilig und so rein war; sie sah sich an der Seite ihres schönen Verlobten, ihres sanften, innig geliebten Fernands. – Aber mit diesem in der Ferne so ungetrübten Bild mischten sich bald finstere Farben der Verfolgung Toter, die Hinrichtung Lebender, ihr Fernand zu dem Martertod geschleppt, und sie selbst –

Ach, bei dieser fürchterlichen Erinnerung floß ihre Seele von Bitterkeit über, und sie zählte Stunde um Stunde, Minute um Minute die Tage, die sie so hingebracht hatte, ihre Sklavenkette schleppend, die Füße des Tigers küssend, den sie verabscheute, ihre tränenerfüllten Augen mit heuchlerischem Lächeln verhüllend, ihre niedergesenkte Stirn umgeben mit einem Heiligenschein der Freude, verzichtend auf das Gebet, aus Furcht, es zu entheiligen, in jeder Stunde eine neue List ersinnend; mit Entzücken in den Abgrund der Gemeinheit und der Üppigkeit die heuchlerischen Priester stürzend, ihren Lastern beifallzollend, und das alles nur, um die unbezwingliche Verzweiflung ihrer Seele zu betäuben, zu erlöschen. – Endlich waffnete sie, sanft, schüchtern und furchtsam, ihre schwache Hand mit dem Dolch, und an dem Fuß des Altares selbst stieß sie den nieder, der sie in das Verderben gestürzt hatte. – Sie sah ihn vor sich, wie er mit brechendem Blick, mit blutendem Hals im letzten Röcheln der Todesqual die Worte ausstieß: ‚Gott ist gerecht!'

„Ja, Gott ist gerecht!" rief Paula, indem sie mit einer kräftigen Bewegung aufsprang, „Gott ist gerecht – er wird mir verzeihen! Ach", fuhr sie dann mit unaussprechlicher Todesqual fort, „ist nicht das Märtyrertum eine Taufe, und werde ich das Meinige nicht auf diesem Kreuz hier vollbringen?"

Indem Paula sich umwandte, hatte sie die Werkzeuge ihrer Martern erblickt, und weit entfernt, sich darüber zu entsetzen, empfand sie einen unendlichen Genuß, daß sie die fürchterlichen Schmerzen zu ertragen haben würde. Denn, je entsetzlicher sie ihr erschienen, um so mehr flüsterte ein inniges Vertrauen zu Gott ihr zu, daß diese Todesqualen, den langen Martern ihres Lebens hinzugefügt, genügen würden, ihre Fehler zu büßen und ihr Verzeihung zu gewinnen.

Paula aber ersehnte nur noch eins: ihre Wiedervereinigung mit Fernand!

Die Tür der Kapelle wurde geöffnet, und zwei spanische Kavaliere, Mitglieder des Ordens des Friedens und der Barmherzigkeit, fragten mit aller möglichen Rücksichtnahme, ob die Verurteilte irgend etwas bedürfe.

„Nichts für dieses Leben, ihr Herren", erwiderte Paula mit engelsgleichem Lächeln, „aber für jenes –"

„Man wird dafür Sorge tragen", unterbrachen die Herren sie, indem sie sich Paula näherten. „Wir werden für das Heil Eurer Seele beten und Messen lesen lassen."

„Ihr Herren", sagte Paula, „ich beschwöre euch, keine Gebete der Priester. Die eurigen, die eurigen allein, die nicht käuflich und heuchlerisch sein würden, – und dann –"

„Junges Mädchen", unterbrach sie einer der Herren, „ich flehe Euch an, gemäßigter in Euren Worten zu sein. Die Priester sind die Führer unserer Seelen."

„Ich kenne sie besser als ihr", entgegnete Paula mit kurzem Ton, „aber der Glaube ist frei, ihr Herren, und da ihr den letzten Willen einer Sterbenden erfüllen wollt, so nehmt dies hier und gebt es dem ärmsten Mädchen Spaniens, um sie zu verheiraten."

Indem die Verurteilte des sprach, zog sie aus ihrem Busen ein Diamantkreuz, einen Schmuck von hohem Wert, den sie von ihrer Mutter hatte.

„Ihr werdet das tun, nicht wahr?" sagte sie.

„Ich verspreche es Euch", entgegnete der Edelmann.

„Ich danke Euch, gnädiger Herr, und rechne auf die Erfüllung Eures Wortes. Es ist das einzige Gut, das mir auf Erden bleibt; möge es wenigstens dazu beitragen, eine Glückliche zu machen."

„Ist das alles?" fragte der Bruder des Friedens und der Barmherzigkeit.

„Es gäbe wohl noch etwas anderes", sagte Paula zögernd.

„Sprecht; alles, was von uns abhängt, soll Euch gewährt werden."

„Als ihr hierherkamt, ihr Herren", entgegnete sie, „müßt ihr eine arme Frau bemerkt haben, die schwarz gekleidet war und unter ihrem Schleier weinte, indem sie das Gefängnis betrachtete. Diese Frau ist meine Mutter; sie hat mich an ihrem Busen genährt. Man verweigert den Verurteilten die Gnade nicht, zum letzten Mal die zu umarmen, die sie geliebt haben. Nun wohl, ihr Herren, laßt diese Frau kommen und bittet, daß man sie zu mir einlasse."

„Euer Wunsch soll erfüllt werden", erwiderte der fromme Herr, und sogleich entfernte er sich mit dem Bruder, der ihn begleitet hatte.

In diesem Augenblick trat ein zweiter Mönch an die Stelle des ersten, der die Beichte Paulas empfangen hatte. Er näherte sich dem jungen Mädchen und fuhr in den nichtssagenden Ermahnungen des ersten fort, als hätte er eine auswendig gelernte Rede hergesagt, ohne sich dabei etwas zu denken; und in den zerstreuten oder gelangweilten Gesichtern dieser Priester las man, während sie diese fromme Pflicht erfüllten, die ganze Leere und Dürre ihrer Seele.

Paula ließ ihn sprechen, ohne zu antworten; sie betete in ihrem Inneren und nicht mit den Lippen, um die Gnade des großen Erteilers aller Barmherzigkeit anzuflehen. Sie bedurfte nicht eines solchen Vermittlers; er hätte ihre Inbrunst erkaltet, statt sie zu erwärmen. Sie blieb daher stumm und gesammelt, wartend auf die Erfüllung des Versprechens, das die Edelleute ihr gegeben hatten, während der Mönch, sich bequem in den Armsessel zurücklegend, den Kopf auf die Brust herabsinken ließ und unter der Wiederholung seiner Litaneien einschlummerte.

Paula wandte die Augen gegen die Tür; ihre Seele konnte durch nichts von der Hoffnung abgebracht werden, ihre Amme noch ein letztes Mal zu sehen. Ihre Erwartung war nicht vergeblich. Der Edelmann kehrte bald darauf zurück, begleitet von der schwarzgekleideten Frau, die Paula ihm bezeichnet hatte und die er in der Tat in der Umgebung des Gefängnisses fand.

Indem Paula und ihre Amme sich wiedersahen, gewannen sie keine Worte; aber die Verurteilte warf sich an die Brust ihrer zweiten Mutter, und hier weinte sie zum ersten Mal seit vielen Jahren ohne allen Zwang. Aus Achtung für dieses letzte Wiedersehen hatten die Brüder des Friedens und der Barmherzigkeit sich zurückgezogen.

Es war der Gebrauch, daß der Priester den Verurteilten sich frei mit denen unterhalten ließ, deren Besuch ihm gestattet wurde. Der Mönch regte sich nicht, und nachdem er bei dem Eintritt Juanas die Augen halb geöffnet hatte, fuhr er fort, seine Gebete zu murmeln.

Als Paula an dem Busen ihrer Amme alle die seit so langer Zeit angehäuften Tränen vergossen hatte, erhob sie den Kopf, richtete ihre großen schwarzen Augen auf die ihrer alten Pflegerin und sagte mit unendlicher Zärtlichkeit: „Du wirst also auch sterben?"

„Nur nach dir", erwiderte Juana.

„Du hast recht", sagte Paula mit bitterer Verachtung des Lebens. „Was sollst du allein hier machen?"

„Nicht wahr?" sagte Juana streng, als ob für diese beiden Frauen, die nur durch Ergebung und Liebe gelebt hatten, das irdische Leben ohne das der Seele nichts sei und daß sie nur dazu geschaffen wären, um im Diesseits gleich den Erzengeln von Entzücken zu leben.

Oh die glücklichen Naturen, die, von Gott stammend, nur ihm leben und zu ihm zurückkehren, ohne sich jemals von ihm getrennt zu haben! Denn der, der nur in der Liebe lebt, lebt in Gott.

Dann blieben beide schweigend nebeneinander stehen, ihre Hände innig ineinander verschlungen und mit Wonne das Glück genießend, sich noch einmal vor ihrer Trennung während eines kurzen Tages in Liebe zu sehen.

Sie hatten sich nichts mehr zu sagen. Die Erde war für sie nicht mehr vorhanden, – sie sollten sterben – sich wiedersehen.

So brachten sie eine Stunde miteinander zu, ohne die Minuten zu zählen; ein Sbirre trat in die Kapelle, um sie zu benachrichtigen, daß es Zeit sei, sich zu trennen. Jetzt erst kehrte der Zweifel, der Paulas Herz bestürmt hatte, zurück, und als ihre Amme ihr beide Arme entgegenstreckte, um sie zu einem letzten Kuß an die Brust zu schließen, sagte sie mit dem Ausdruck der höchsten Angst: „Nicht wahr, Gott wird mich in seinen Schoß aufnehmen und hat mir verziehen?"

„Armes Opfer!" erwiderte Juana. „Beruhige dich; wir sehen uns wieder."

Ein Strahl himmlischer Freude beleuchtete bei diesen Worten das Gesicht Paulas.

Sie neigte ihr schönes Gesicht dem Kuß ihrer Adoptivmutter entgegen; Juana küßte sie zärtlich auf die Stirn und ging, indem sie ihr zurief:

„Auf baldiges Wiedersehen!"

Paula versank in eine himmlische Verzückung, die bis zu dem Anbruch des Tages dauerte.

XLIX.

Die Straße des Rades

Es war sechs Uhr morgens.

Ein Mann trat in die Kapelle, in der Paula sich befand; dieser Mann war der Henker.

Als Paula ihn erblickte, war der erste Eindruck der des Schreckens, der zweite der der Freude: Sie sollte sterben! Aber unwillkürlich hatte sie bei dem Anblick des Mannes, der dazu bestimmt war, sie zu martern, eine erste Regung des Abscheus nicht zu unterdrücken vermocht. Der Instinkt der physischen Natur, die nur nach der Überlegung dem Einfluß des moralischen Gefühls weicht.

„Ich bin bereit", sagte sie, indem sie aufstand.

Der Henker näherte sich ihr hierauf und setzte ihr auf den Kopf eine grüne Mütze mit einem weißen Kreuz. Dann entkleidete er Paula ihrer weißwollenen Tunika und warf ihr ein halb rotes und halb schwarzes Gewand über. Die schwarze Farbe war die der Vatermörder; das Rot bezeichnete die Gotteslästerer.

Paula ließ ihn gleichgültig gewähren; sie kümmerte wenig die Kleidung, in der sie das Leben verlassen sollte.

Als der Henker mit seiner Arbeit fertig war, fragte sie: „Ist das alles?"

„Für den Augenblick alles", erwiderte der Mann.

„Wann soll ich sterben?"

„Noch nicht!"

„Oh mein Gott!" sagte Paula ungeduldig.

Der Henker sah sie verwundert an; er begriff nicht, daß ein Verurteilter voll Ungeduld nach dem Tod verlange. Er verließ Paula, indem er sagte: „Verrichtet Eure letzte Andacht."

Paula warf sich nieder auf die Knie und wiederholte zu Gott ihr ewiges Gebet: „Vereinige mich mit Fernand!"

Ein Priester trat in die Kapelle, um die Verurteilte zum letzten Mal zu ermahnen, doch sie antwortete ihm nicht, sondern fuhr fort, aus dem Innersten ihrer Seele zu Gott zu flehen, und als er ungestüm in sie drang, antwortete sie ihm sanft: „Gott hat mir verziehen; meine Mutter gab mir die Versicherung."

Der Priester glaubte, die Furcht vor der Hinrichtung hätte ihren Verstand verwirrt.

In diesem Augenblick kam man, sie abzuholen.

Sie sprang mit einem Freudenruf empor und eilte der Tür zu; allein, als ob der Becher ihres Schmerzes noch nicht hinlänglich gefüllt sei, ergriff man sie und band ihr beide Hände mit Stricken, als ob es notwendig gewesen wäre, sie mit Gewalt dem Tod entgegenzuschleppen, den sie mit heißer Glut erflehte.

Doch die Ergebung Paulas war unbegrenzt; sie fühlte sich glücklich durch ihre Leiden.

Sie verließ die Kapelle. Nachdem sie die finsteren Gänge des Gefängnisses durchschritten hatte, betrat sie die Straße, und die Strahlen der Sonne fielen sengend nieder auf ihr blendendweißes Gesicht, und überrascht durch das Licht, schloß Paula für einen Moment die Augen.

Als sie sich an die blendende Helligkeit gewöhnt hatte, die Augen wieder öffnete und umhersah, erblickte sie sich umgeben von Soldaten, die jeder mit einer Kerze in der Hand, sie zu dem Ort der Hinrichtung begleiteten, sowie von Mönchen, die zu beiden Seiten eine Reihe bildeten und mit kläglicher Stimme die Sterbegebete hersagten.

Einer derselben hielt sich fortwährend an der Seite der Verurteilten und ermahnte sie zu einem erbaulichen Tod.

Unter die Mönche gemischt, begleitete die Bruderschaft des Friedens und der Barmherzigkeit, als letzte Freunde der Verurteilten, den Gegenstand ihrer Sorgfalt, man könnte beinahe sagen, ihres Kultus. Ein Gegensatz des menschlichen Gesetzes war die Bruderschaft des Friedens und der Barmherzigkeit, ein treuer Dolmetscher der Gnade des Heilands.

Das Volk, stets begierig nach entsetzlichen Schauspielen, eilte in Masse herbei, die Verurteilte auf ihrem Weg zu sehen. Viele schienen ergriffen zu sein durch den Anblick dieses jungen, schönen Gesichtes, das dem eines Weibes oder eines Erzengels glich. Doch da das bei verschlossenen Türen gefällte Urteil Paulas nicht bekanntgeworden war und kein Gerücht etwas anderes verkündete, als daß der Mörder zum Tode verurteilt worden sei, war dessen wirkliches Geschlecht unbekannt geblieben, und man hatte sich daher unter demselben einen fürchterlichen Mann von riesiger Gestalt vorgestellt. Der Mörder eines Groß-Inquisitors mußte ein ganz ungewöhnlicher Mensch sein, und jetzt erblickte man nur ein schwächliches, bleiches, sanftes und schönes Geschöpf, eine beinahe ideale Erscheinung.

Während dieser schmerzhaften Pilgerfahrt war Paula der Gegenstand der glühendsten Neugier, aber auch eines unglaublichen Mitleids. Das Volk, das sie noch immer für einen jungen Mönch hielt, fühlte sich unwillkürlich gerührt durch so viel Jugend, und die verhaßte Erinnerung an Pedro Arbuez steigerte noch die Neigung zur Nachsicht gegen dessen Mörder.

So gelangte der Zug zu der Plaza mayor.

Indem Paula den Ort wiedersah, an dem, als sie ihn das letzte Mal besuchte, am Tag des Autodafés, Pedro Arbuez so viele Opfer hinschlachten ließ, hob sich ihr Herz voll Unwillen. Sie wandte ihre Augen gegen den Quemadero, als wollte sie auf demselben die Märtyrer suchen, die auf dieser glühenden Arena gefallen waren.

Auch Fernand endete dort. Dies war der letzte Rückblick Paulas auf ihre jetzt beendete irdische Laufbahn. Sie ließ den Kopf auf die Brust herabsinken und erwartete, daß der Tod kommen würde, sie zu holen. Ohne zu erblassen, betrachtete sie die Werkzeuge ihrer Marter und bestieg mit festen Schritten das Blutgerüst. Ein Mönch bestieg es mit ihr. Als sie es betreten hatte, warf sie sich nieder auf die Knie, erhob die Augen gegen Himmel und flehte zum letzten Mal aus dem tiefsten Herzen dessen Gnade an. Darauf stand sie auf und wartete.

In diesem Augenblick glitten ihre Augen über die Menge, die das Blutgerüst umstand, und unter all den unbekannten Gesichtern sah sie ein bleiches, mildes Antlitz, das am Fuß ihres Kalvarien-Berges stand wie die Mutter Christi unter dem Kreuz des Heilands der Menschen.

Es war die sanfte, doch mutige Juana.

In diesem letzten Augenblick wollte sie durch ihre Gegenwart ihre geliebte Tochter ermutigen und hatte deshalb die Kraft gefunden, der Hinrichtung derselben beizuwohnen. Paula lächelte unmerklich und deutete dann mit dem Blick gegen den Himmel.

Juana schlug ihre Mantilla über das Gesicht, öffnete sie aber sogleich wieder, als wollte sie ihr in symbolischer Weise sagen: Unsere Trennung währt nur einen Tag.

Der Priester, welcher der Verurteilten Beistand leistete, bot ihr hierauf zum Kuß ein silbernes Kruzifix, das er in der Hand hielt. Paula drückte fromm ihre Lippen auf das heilige Bild. Währenddessen segnete der Priester sie, und das Volk, den der Anblick einer so rührenden Ergebung enthusiasmierte, sprach laut seine Teilnahme für den Verbrecher aus, der so heilig starb.

Der Henker sollte sein Werk beginnen. Auf dem Blutgerüst sah man ein Andreaskreuz, eine eiserne Keule, ein Beil und einen Block.

Der Henker band die Hände der Verurteilten los, nahm die rechte Hand bei dem Handgelenk, legte sie auf den Block und wollte sie auf demselben anbinden.

„Es ist nicht nötig", sagte Paula, „tut Euer Werk."

Der Henker erhob sein Beil. Paula folgte allen seinen Bewegungen, doch schneller als der Gedanke sank das Beil zischend nieder, und die weiße, durchsichtige Hand sprang auf dem Block in die Höhe, bespritzt von dem Blutstrahl, der den durchgehauenen Adern entquoll. Der Henker hatte sie mit einem einzigen Hieb vom Arm getrennt.

Ein lauter Schrei des Entsetzens erhob sich aus der Menge. Paula allein tat keinen Laut, nur wurde ihr Gesicht noch blässer, und ein krampfhaftes Zittern schüttelte ihren Körper.

Der Henker wollte das Blut, das ihrer Wunde entströmte, mit Leinen stillen, doch Paula sagte: „Laßt es rinnen; es wird um so schneller zu Ende sein."

Sie wurde sichtlich blässer, und ungeachtet ihres ungeheuren Mutes wurde sie durch den grausamen Schmerz, den sie empfand, und durch die große Menge des Blutes, das ihrem verstümmelten Arm entfloß, mit jeder Sekunde schwächer; sie konnte sich kaum noch aufrecht halten.

Sie wandte jetzt ihre Blicke auf das Kreuz, auf dem ihre Marter enden sollte, und in ihrer unaussprechlichen Sehnsucht nach Ruhe lächelte sie dem Schmerzenslager zu, das wenigstens ihren vernichteten Körper tragen sollte.

Sich zu dem Henker wendend, sagte sie mit bittender Stimme: „Macht ein Ende!"

Unterstützt von einem Knecht, hob der Henker sie mit seinen kräftigen Armen empor, legte sie auf das Kreuz, band jedes ihrer Glieder auf einen Arm des Kreuzes fest, so daß ihr Körper die Gestalt eines X annahm, und nachdem er dies alles vollbracht hatte, erhob er teilnahmslos seine eiserne Keule, als handelte es sich um ein mechanisches Bild.

Die Keule fiel mit dem ganzen Gewicht der herkulischen Kraft dieses Menschen auf den schwachen Arm nieder und zerschmetterte diesen wie Glas. Es war der Arm, der eben die Strafe der Vatermörder erduldet hatte. Ein dumpfer, langgedehnter, unwillkürlicher Seufzer erstarb auf den Lippen der Unglücklichen, ähnlich dem letzten Nachsummen des Hammers auf der Glocke, nachdem die Stunde geschlagen hat. Ein entsetzliches Frösteln rieselte durch das Mark der armen Paula. Es war gräßlich anzusehen. Stumm und finster wohnte die Menschenmenge bebend diesem Drama bei. Ungeachtet der Bande, mit denen Paula auf dem Kreuz befestigt war, zuckten ihre Glieder krampfhaft, und trotz der Hitze des Tages schlugen ihre Zähne wie im Fieberfrost aufeinander.

Noch immer rann ihr Blut, und sie wurde sichtlich schwächer.

Noch drei ähnliche Keulenschläge zerschmetterten den schönen Körper, der für alle Freuden des Lebens geschaffen zu sein schien, und bei jedem Schlag wurden Paulas Seufzer leiser, unverständlicher. Bei dem letzten Schlag verstummten ihre Klagen, die Augen des Opfers, bereits gebrochen und verschleiert, schlossen sich gänzlich; ihre Stirn nahm eine gelblichweiße Farbe an; ihr Mund verzerrte sich wie zu einem letzten Lächeln, und ein leiser Krampf hob noch einmal ihre Brust. – Das Blut hörte auf zu fließen. – Paula litt nicht mehr.

Der Henker legte die Hand auf das Herz der Hingerichteten; er fühlte keinen Pulsschlag mehr.

„Sie ist tot, mein Vater", sagte der Mann zu dem Mönch, der die Verurteilte bis auf das Blutgerüst begleitet hatte.

„Gott sei ihrer Seele gnädig!" erwiderte der Mönch, und indem er sich zu dem Volk wandte, rief er: „Betet, meine Brüder, für das Opfer, das soeben hier gestorben ist."

Bei diesen Worten stieß Juana, die während der ganzen Zeit dieser abscheulichen Hinrichtung am Fuß des Blutgerüstes stehengeblieben war und nur mühsam ihr Schluchzen unterdrückte, einen langgedehnten Seufzer aus, als wäre ihr eine große Last von der Brust genommen. Ihr Kind, das sie nicht zu retten vermocht hatte, litt wenigstens nicht mehr.

Es herrschte das tiefste Schweigen unter der Menge. Die fürchterliche Hinrichtung war so schnell vollzogen worden. Die Verurteilte, ein kräftiges und ergebungsvolles Opfer, hatte so wenig versucht, das Volk zu ihren Gunsten zu rühren, sie hatte einen solchen Heldenmut gezeigt, daß das spanische Volk, so eingenommen für jede Größe, sich für den vatermörderischen Mönch zu einer endlosen Bewunderung fortgerissen fühlte.

Hätte es gewußt, daß dieser Mönch ein Mädchen war, wieviel größer noch würde seine Bewunderung gewesen sein!

Aber durch eine schlaue Berechnung der Gerechtigkeit war dieses Geheimnis bewahrt worden. Man fürchtete, durch die Offenbarung desselben die wahre Ursache vom Tod des Pedro Arbuez erraten zu lassen. Die Inquisition aber wollte aus dem Inquisitor einen Heiligen und einen Märtyrer machen.

Der Henker und seine Gehilfen stiegen von dem Blutgerüst herab. Das Volk entfernte sich langsam nach verschiedenen Richtungen, indem es nach seinem gesunden Verstand über das außerordentliche Ereignis urteilte, daß ein Inquisitor hingerichtet worden war, weil er einen anderen Inquisitor getötet hatte. Denn für das Volk war Paula noch immer nur ein Beamter der Inquisition.

Bald blieben bei dem Blutgerüst nur noch die Schildwachen, die den Körper zu bewachen hatten, bis der Henker zurückkehren würde, um ihn zu vierteilen. Dies sollte an demselben Abend mit Einbruch der Nacht geschehen.

Juana verbarg sich unfern des Platzes in dem Portal einer benachbarten Kirche. Ihre Aufgabe war noch nicht erfüllt.

Von Zeit zu Zeit traten einige Neugierige zu dem Blutgerüst, richteten sich auf den Zehen in die Höhe und betrachteten den Körper des Verurteilten, der trotz der Verstümmelungen noch immer schön war; aber die Schildwachen wiesen die Neugierigen zurück, denn es war befohlen worden, niemanden zu nahe kommen zu lassen.

Endlich wurde es Nacht. Die Plaza mayor war verödet, nur einige Gardunnios überschritten den Platz von Zeit zu Zeit schweigend, die Füße nackt oder mit *Alpargatas* bekleidet und so leise auftretend, daß sie den Boden kaum zu berühren schienen. Sie gingen wie zufällig und absichtslos vorüber und versuchten nicht einmal, sich dem Blutgerüst zu nähern; in der Tat waren diese Menschen hier, um die Fortschaffung der Leiche Paulas, nachdem der Henker sie geviertteilt haben würde, zu beobachten.

Die, die während des Lebens über das unglückliche junge Mädchen gewacht hatte, die edle und treue Juana, wachte auch jetzt noch über den toten Körper. Mit dem Gold und den Schmucksachen, die ihr geblieben waren, hatte sie diese Menschen erkauft; diese Menschen, die der Köder des Gewinns zu verführen stets die Macht hatte, denen durch ihre engen Verbindungen mit der Inquisition beinahe immer Straflosigkeit gesichert war.

Als es zehn Uhr schlug, kehrte der Henker mit einigen Gehilfen zu dem Ort der Hinrichtung zurück. In der Hand hielt er ein scharfes Skalpiermesser, und seine Knechte trugen Pfähle mit eisernen Spitzen.

Auf dem Blutgerüst angelangt, machte der Henker den Anfang damit, die Leiche, die noch immer am Kreuz angebunden war, loszuschneiden; sie war noch warm, und die Glieder hatten von ihrer Biegsamkeit nur wenig verloren. Dann schnitt er die Tunika, mit der Paula bekleidet war, auf dem Rücken entzwei und entblößte den weißen und reinen Körper von entzückenden Formen. Bei dem Schein einer Harzfackel, deren flackerndes Licht das totenbleiche Fleisch mit lebhaftem Rot und dunklen, schwarzen Schatten überflog, zerschnitt der Henker darauf den Körper mit großer Geschicklichkeit. Er schnitt in die Muskeln und Nerven; trennte langsam die Sehnen, und nachdem er die Knochen geschickt gelöst hatte, schnitt er sie vollends, einen nach dem anderen ab und nahm die Glieder vom Rumpf. Als dies geschehen war, trennte er ebenso geschickt den Kopf vom Rumpf und legte ihn neben die übrigen Glieder.

Als er mit diesem Geschäft fertig war, erstieg ein Hermano mayor des Ordens des Friedens und der Barmherzigkeit das Blutgerüst und forderte den Rumpf der Leiche, um ihn beerdigen zu lassen. Dies war ein Recht der Brüderschaft, und dieselben beeilte sich, davon Gebrauch zu machen.

Dieser Rumpf wurde in einen Sarg aus Eichenholz gelegt, und die Brüder, die sich dieser Beute der Barmherzigkeit bemächtigten, warfen einen Blick des Bedauerns auf die von dem Körper getrennten Glieder, die als Beute des Henkers zurückblieben.

Die Leiche wurde indes der Brüderschaft des Friedens und der Barmherzigkeit nur gegen das eidliche Versprechen ausgeliefert, das Geschlecht Paulas nicht zu offenbaren.

Die Gerechtigkeit mußte indessen ihren Lauf haben. Der Henker hob daher die Glieder und den Kopf auf, warf sie in einen mit Kleie angefüllten Sack und ging der Straße nach Cadix zu, am anderen Ende des Barrio de Triana.

Die Gardunnios folgten ihm in einiger Entfernung.

Als der Henker und seine Gehilfen etwa eine halbe Meile von Sevilla entfernt waren, schlugen sie fünf spitze Pfähle fest in den Boden; darauf befestigte der Henker selbst an dem oberen Teil dieser Pfähle, der aus der Erde hervorstand, die Glieder und den Kopf Paulas, die hier dem Blick der Vorübergehenden und der Gefräßigkeit der wilden Tiere ausgesetzt blieben. Als dies geschehen war, entfernte sich der Strafrichter mit seinen Gehilfen; ihre Aufgabe war erfüllt.

Die Gardunnios hatten sich in einiger Entfernung versteckt gehalten.

„Jetzt ist die Reihe an uns", sagten sie, als sie die Henker in hinlänglich großer Entfernung sahen.

„Ja, und laßt uns eilen", fügte einer von ihnen hinzu, „damit der Rauch uns nicht bei einer solchen Entführung überrascht."

„Gott behüte uns davor! Lieber wollte ich dabei ergriffen werden, die Mitra eines Erzbischofs zu entführen."

Zugleich näherten sich die Söhne der Gardunnia den Pfählen, an denen die Glieder Paulas hingen. Einer der Gardunnios breitete auf den Boden ein großes Stück Leinwand aus, während die anderen die Glieder und den Kopf rasch herabnahmen und in dieses Tuch legten. Einige Minuten genügten zu dieser Arbeit. Beladen mit ihrer kostbaren Last, schlugen die Gardunnios hierauf den Weg nach ihrem Palast ein, der zum Glück nicht weit entfernt war.

Niemand begegnete ihnen auf der Straße, und ihre nächtliche Unternehmung blieb vollkommen unentdeckt.

Mandamiento erwartete sie im Ratssaal.

„Hier, Meister", sagten sie, „unser Auftrag ist erfüllt."

„Noch nicht", erwiderte Mandamiento. „Folgt mir." Damit führte er sie nach dem unterirdischen Gewölbe, in dem der Leichnam des ehemaligen Gouverneurs von Sevilla verbrannt worden war. Hier wartete Juana. Ein

Sarg, mit weißer Seide gefüttert, stand in der Mitte des Gewölbes, neben einer frisch aufgeworfenen Grube.

Als Juana die Gardunnios kommen sah, stand sie auf. Sie ging ihnen entgegen und nahm aus ihren Händen die verstümmelten Glieder ihres geliebten Kindes. Dann sagte sie zu Mandamiento. „Laßt mich einige Augenblicke allein; ich werde selbst mein Kind beerdigen."

Mandamiento und die Gardunnios entfernten sich; Juana breitete die Leinwand aus, welche die Reste Paulas, das heißt die, welche die Brüder des Friedens und der Barmherzigkeit nicht hatten beerdigen können, enthielt.

Bei dem Anblick des edlen Kopfes, den sie so innig geliebt hatte, schien der Mut die alte Frau einen Augenblick zu verlassen, sie neigte sich über die kalten, farblosen Lippen, die ihre Milch getrunken hatten, als Paula noch ein Kind war, und vergoß ihre letzten Tränen, die Tränen einer Mutter. Aber die kräftige und glaubensstarke Seele konnte sich nicht lange niederwerfen lassen. Sie betrachtete die erloschenen Augen, die der Sehkraft beraubt waren, und indem sie ihnen einen letzten Kuß aufdrückte, sagte sie: „Sterbliche Hülle der Seele meiner Paula, kehre zurück zur Erde, die allgemeine Auferstehung erwartend! Dies ist nicht mehr Paula; Paula ist im Himmel, und ich gehe zu ihr."

Sie trocknete hierauf ihre Tränen, legte die starren Glieder der Toten in den derselben wartenden Sarg, bedeckte sie mit einem großen Schleier und kniete nieder, um am Fuß des Sarges zu beten.

Nach Verlauf einer Stunde kehrte Mandamiento mit den Gardunnios zurück. Juana stand auf und ging ihm entgegen.

„Señor Mandamiento", sagte sie, „Ihr habt treu Eure Versprechungen erfüllt, wie ich die meinigen; aber das ist noch nicht genug, und ich will Euren Eifer belohnen."

Damit zog sie von ihrem Finger einen Ring von sehr hohem Wert und überreichte ihn dem Meister der Gardunnia

„Señora", sagte Mandamiento, geblendet durch ein so reiches Geschenk, „was soll die Brüderschaft tun, um Eure unvergleichliche Großmut zu vergelten?"

„Laßt mich bis morgen neben diesem Sarg beten", sagte Juana, „morgen senkt ihn in die Grube, die für ihn bestimmt ist."

„Eurer Herrlichkeit Wille soll geschehen", erwiderte Mandamiento.

„Man komme nicht vor morgen früh hierher", fügte Juana hinzu.

Mandamiento verneigte sich zum Zeichen des Versprechens.

Die Amme Paulas blieb allein. Sie brachte die ganze Nacht in Gebeten neben dem Sarg zu. Als am nächsten Morgen die Gardunnios zurückkehrten, um den Sarg einzusenken, fanden sie Juana über die sterblichen Reste ihrer Tochter gebeugt, die Hände gefaltet und den Kopf gesenkt. Sie redeten sie an, aber sie antwortete nicht.

Einer der Männer ergriff sie beim Arm, um sie zu erwecken, denn er glaubte, sie sei eingeschlafen, aber Juana erwachte nicht, und ihr Körper blieb regungslos und starr wie ein Stein.

Sie hatte ihr Paula gegebenes Versprechen gehalten.

Als Paula die Erde verlassen hatte, verließ auch Juana dieselbe, ohne Erschütterung, ohne Anstrengung, ohne strafbare Mittel, nur allein durch den Willen, zu sterben.

„Meister", sagten die Gardunnios zu Mandamiento, „die Frau ist tot; was sollen wir mit ihrer Leiche anfangen?"

„Der Sarg ist groß", erwiderte der Meister, „es war ohne Zweifel der letzte Wille dieser Dame, mit dem verstümmelten Körper zusammen beerdigt zu werden. Legt sie daher in den Sarg und senkt ihn in die Grube."

Zwei Weiber der Gardunnia wurden herbeigerufen, um Juana zu beerdigen, und nach Beendigung der Gebete und der eigentümliche Zeremonien, die wir schon einmal beschrieben haben, wurde der Sarg in die Gruft gesenkt und mit Erde bedeckt.

Die unterirdischen Gewölbe der Gardunnia würden für ewige Zeiten das Geheimnis dieses eigentümlichen Leichenbegängnisses bewahrt haben, wenn nicht der Meister nach dem unwandelbaren Gebrauch der Brüderschaft die Tatsache in die geheimnisvolle Register eingetragen hätte, die einige Jahrhunderte später aufgefunden wurden.

L.

Lebewohl

In einer jener zahlreichen Posadas, die längs des Molo liegen und in der die Seeleute essen, die aus allen Teilen der Welt in dem Hafen von Cadix zusammenströmen, saßen drei Personen in einem niedrigen Gemach. Ringsumher auf rohen Bänken lagen Gegenstände, wie man deren zu einer Seereise unerläßlich bedarf: zwei kleine Mantelsäcke und ein wollener Sack, durch Seile so zusammengeschnürt, daß er leicht in der Hand getragen und selbst im Fall einer Flucht gerettet werden konnte.

Die drei Personen waren der Graf von Vargas, die junge Gräfin und Johann von Avila.

Estevan und Dolores, die vor vierzehn Tagen, dank der Gnade der Gardunnia, gesund und wohlbehalten in Cadix angelangt waren, erwarteten hier die Erfüllung von Josephs Versprechen.

Der Apostel, dem sie nur um wenige Tage zuvorgekommen waren, wartete mit ihnen und half ihnen die letzten Augenblicke der peinlichen Angst ertragen, die der Vollbringung einer Handlung voranzugehen pflegen, die über das Leben entscheiden soll. Indes begannen sie ungeduldig zu werden; auch fürchtete Johann von Avila für sie die Verfolgungen der Inquisition, obgleich das junge Ehepaar sein Inkognito nicht abgelegt und die Kleidung des Volkes beibehalten hatte.

Die drei Freunde saßen seit einigen Minuten schweigend beieinander; sie schienen die Beute großer Unruhe zu sein.

„Mein Vater", sagte endlich der junge Graf, „wir haben nun seit beinahe drei Wochen Sevilla verlassen; das holländische Schiff, auf dem ich unsere Überfahrt bedungen habe, kann jeden Augenblick absegeln, und ich fürchte,

Dolores der Gefahr auszusetzen, wenn ich länger mit ihr in Spanien bleibe. Glaubt Ihr, daß Don Joseph zu uns kommen wird, wie er versprochen hat? Muß ich nicht vielmehr fürchten –"

„Ich weiß es nicht!" erwiderte der Geistliche. „Das Verschwinden Juanas kommt mir sonderbar vor. Die Flucht dieser Frau verbirgt gewiß ein Geheimnis; indes kann ich nicht glauben –"

„Oh nein, nein", rief Dolores voll Eifer. „Joseph hat das Herz eines Engels, er ist ein Märtyrer wie wir. Wer weiß", fügte sie mit tiefer Rührung hinzu, „wer weiß, welches Unglück vielleicht dieses junge Haupt getroffen hat. – Es schien in ihm etwas Verhängnisvolles zu liegen."

„Ich habe nie volles Vertrauen zu diesem Dominikaner haben können", erwiderte Estevan.

„Die Inquisition birgt so viele sonderbare und fürchterliche Geheimnisse!" bemerkte Johann von Avila.

„Gewiß, mein Vater", fuhr Estevan fort, „verlangt unsere Sicherheit, daß wir so schnell als möglich abreisen. Darf ich, um ein Wort zu erfüllen, das gegen ein ungewisses Versprechen gegeben wurde, die Sicherheit derjenigen gefährden, die mir teurer ist als das Leben?"

„Zwei Tage noch", sagte sanft die Gräfin, „nur zwei Tage noch, mein Estevan. Wenn in dieser Zeit Joseph nicht gekommen ist – nun wohl, dann reisen wir", fügte sie mit einem schmerzlichen Seufzer hinzu, als ob sie in dem Augenblick, wo sie ihr geliebtes Spanien verlassen sollte, von Zärtlichkeit für dasselbe ergriffen würde.

In diesem Augenblick meldete ihnen ein Mann des Fahrzeuges, an dessen Bord sie gehen wollten, daß das Schiff noch an ebendiesem Abend absegeln würde.

„Wie, so bald?" rief Dolores.

„Der Wind ist günstig, Señora", erwiderte der Matrose.

Dieses Wort beseitigte jede Widerrede. Der Wind! Er ist der König, er ist der Gott der Seeleute.

Dolores senkte traurig den Kopf und sprach nicht mehr.

„Ihr seht, mein Vater", sagte Estevan, „es ist unmöglich, länger zu warten; wir müssen noch heute fort."

„Das ist wahr", erwiderte Johann von Avila, gerührt durch Dolores' Traurigkeit. „Die gebieterische Notwendigkeit verlangt Gehorsam. – Übrigens", fügte er hinzu, „ist es so ohne Zweifel der Wille Gottes."

„Nun wohl", sagte Estevan zu dem Seemann, indem er auf die beiden kleinen Koffer deutete. „Nehmt dies mit an Bord. Am Abend kommen wir auf das Schiff."

Der Matrose gehorchte und ging.

Dolores nahm das kleine wollene Säckchen und steckte ihren Arm durch die Schnüre desselben. Es enthielt die Asche ihres Vaters.

Es war sehr heiß, und Estevan verließ für einige Augenblicke die Posada, um die frische Luft einzuatmen, die vom Meer herüberkam. Er ging dem Molo entlang an den Mauern hin, die den Hafen von Cadix einfassen. Die alte Zitadelle, von einem doppelten Gürtel aus Wasser und Steinen umgeben, gewährte einen trüben, finsteren Anblick. Die Sonne brannte senkrecht auf das erhitzte Steinpflaster herab, die Straßen waren verödet, und man vernahm kein anderes Geräusch als das der Wellen, die mit monotonem Klang gegen den Fuß der Mauern schlugen, oder die Schritte der Schildwachen an dem Seehafen.

„Diesen Abend also", sagte endlich Estevan zu sich selbst, „diesen Abend werde ich Spanien verlassen! Ach, möge der Himmel ihm gnädig sein!" rief er, indem er sich gegen Norden wandte, um noch einen letzten Blick der Liebe und unaussprechlichen Trauer auf das teure Land zu richten. „Gott möge von ihm die Geißel seines Fluches abwenden und ihm ein neues Leben verleihen." Seufzend fügte er dann hinzu: „Das letzte Opfer muß vollbracht werden. – Ich muß mein Vaterland fliehen, wie ich zu seinem Wohl nichts beizutragen vermag."

Als er diese Worte gesprochen hatte, sah er von dem Landweg her fünf Personen kommen, welche die Kleidung der Sevillaner trugen. Er kehrte daher um und trat klüglich in die Posada, denn er zitterte jeden Augenblick, man möchte seine Spur entdeckt haben und ihn an der Einschiffung verhindern.

Kaum aber hatte er die Tür des Gemaches, in dem Dolores und Johann von Avila sich befanden, hinter sich zugezogen, als heftig an dieselbe geklopft wurde.

Estevan erbebte und zögerte zu öffnen.

„Was gibt es denn?" fragte Dolores verwundert.

„Öffnet uns, Señor Don Estevan", rief drauf von außerhalb eine Stimme, welche die drei Freunde sogleich erkannten. Es war die Cocos.

„Joseph ist also gewiß gekommen!" rief Dolores.

Estevan öffnete etwas beruhigt die Tür. Doch es war nicht Joseph, sondern Coco mit seiner Schwester, Manofina und die Serena, die nach Cadix gekommen waren, geführt von einem der Gardunnios der Brüderschaft von Cadix, der Estevan und Dolores bei ihrer Ankunft empfangen und sie dem Wirt des Hauses empfohlen hatte, in dem sie wohnten.

Groß war die Überraschung, die Dolores, Estevan und Johann von Avila der Anblick dieser Leute bereitete.

„Was wollt ihr in Cadix, meine Kinder?" fragte der Apostel.

„Wir sind gekommen, um den Señor Don Estevan und die Señora Dolores aufzusuchen und ihnen überallhin als ihre Diener zu folgen", erwiderte die Serena.

„Ich danke euch für eure Anhänglichkeit", erwiderte die junge Gräfin gerührt. „Nicht zum ersten Mal empfange ich den Beweis davon; aber wißt ihr wohl, meine Freunde, daß ihr armen Verbannten folgen wollt, die kaum genug haben werden, euch den Lebensunterhalt zu gewähren?"

„Wir werden für euch arbeiten", antworteten zugleich die beiden Mädchen.

„Arbeiten wäre für uns keine große Mühe", fügte Coco hinzu, „aber dank dem Himmel bedürfen eure Herrlichkeiten unserer geringen Unterstützung nicht."

„Und Don Joseph! Was ist aus Don Joseph geworden?" rief Dolores voll Besorgnis. „Ihr habt noch nichts von ihm gesagt, Coco."

Bei dem Namen Josephs senkte der Alguazil traurig den Kopf; Manofina schien verlegen zu sein, und die beiden Mädchen weinten.

„Was ist denn mit ihm? Was ist ihm widerfahren?" fragte die Gräfin von Vargas.

Mit gerührter Stimme erzählte hierauf der treue Alguazil die furchtbare Entwicklung der Tragödie, die in Sevilla vorgegangen war.

Johann von Avila, Estevan und Dolores hörten wie betäubt die entsetzliche Schilderung an, und als Coco mit seiner lebhaften, bilderreichen Sprache die letzten Augenblicke Josephs erzählte, rief die Gräfin, in Tränen ausbrechend:

„Ach, ich wußte es ja wohl, daß Joseph ein Märtyrer war!"

„Das ist noch nicht alles, Señora", fügte Coco hinzu, indem er aus dem Busen die Brieftasche zog, die Paula an jenem Tag, an dem sie den Inquisitionspalast verließ, so sorgfältig versiegelt und dann an Coco übergeben hatte. „Hier ist ein Pfand, das Don Joseph mir für Euch anvertraute. Nehmt, Señora. Es ist Euer."

„Mein?" fragte Dolores verwundert.

„Euer, meine Tochter", sagte Johann von Avila, „denn es ist das Vermächtnis eines Sterbenden."

Dolores nahm die Brieftasche mit zitternder Hand, öffnete sie und gab sie dann an Estevan. Sie erkannte nicht den Wert der Menge Stückchen Papier, die, mit kaum leserlicher Schrift bedeckt, zwischen den Lederfalten der Brieftasche eingeschlossen waren.

Mit dergleichen Dingen besser bewandert, sagte Estevan, nachdem er einen flüchtigen Blick auf die Papiere geworfen hatte, zu seiner Frau:

„Der edle Joseph! Er wollte nicht, daß die, die er so sehr geliebt hatte, Not leiden sollten. Dies ist ein bedeutendes Vermögen, Dolores!"

„Armer Joseph!" rief die junge Frau, mehr gerührt über den fürchterlichen Tod ihres Freundes und die Liebe, die er ihnen noch sterbend bewiesen hatte, als über die Verbesserung ihrer Lage durch eine so beträchtliche Summe. Sie bemerkte jetzt in der Brieftasche auch noch ein anderes Papier, von größerem Umfang als die Wechsel, zusammengelegt und gesiegelt. Auf das Kuvert hatte Paula geschrieben: Der Gräfin Dolores von Vargas, wenn sie außerhalb ihres Vaterlandes in Sicherheit sein wird.

„Dies darf noch nicht gelesen werden", sagte Dolores und steckte das Papier wieder in die Brieftasche.

Der Tag war schnell verflossen; die Sonne sank am Horizont, Leben und Bewegung begannen in die Stadt zurückzukehren. Der Matrose, der die Reisenden in der Posada benachrichtigt hatte, erschien abermals und sagte zu Estevan: „Señor, ein Boot wartet Eurer am Seetor, um Euch an das Schiff zu bringen."

„Laßt uns gehen", sagte Estevan, „da es sein muß, ist es besser jetzt als später."

Dolores näherte sich hierauf Johann von Avila, und mit ihrer weichen, wohltönenden Stimme sagte sie: „Mein Vater, werdet Ihr uns nicht folgen?"

„Nein", erwiderte Johann von Avila. „Nein, meine Tochter, ich kann Euch nicht folgen; ich gehöre nicht mir selbst an, sondern Spanien. Meine Armen und meine Betrübten fordern meine Gegenwart, und zu ihnen muß ich zurückkehren."

„Sagt uns wenigstens, daß Ihr uns vermissen werdet", fügte die junge Gräfin hinzu.

„Dolores", entgegnete Johann von Avila, „laßt mir wenigstens das Verdienst eines Opfers; ich bin ein Mensch, und mein Herz ist dem Schmerz und der Teilnahme zugänglich; aber vor den Menschen bin ich Diener Jesu Christi und dieser ist es, der den Sieg erringen muß. Unglückliche bedürfen meiner, und ich gehöre diesen Unglücklichen."

„Das ist wahr", entgegnete Dolores. „Geht zu ihnen zurück, denn sie können Euer nicht entbehren. Ihr seid für sie der Stellvertreter Gottes, der das Böse in Gutes zu verwandeln versteht, während die Inquisition das vollkommenste Gute in Böses verwandelt."

„Deshalb kann ich Euch nicht folgen", erwiderte Johann von Avila.

„Mein Vater", sagte sie, „ich bin weit entfernt, Euch dieser erhabenen Aufopferung untreu machen zu wollen. – Gehorcht der Stimme von oben, aber aus der Ferne wache Euer Geist über uns; laßt uns in ewiger und heiliger Freundschaft verbunden bleiben."

„Ist das nicht die wahre Gemeinschaft der Geister, die der Gottmensch verkündete?" erwiderte der Apostel. „Ja meine Tochter, ich werde dadurch in Gedanken ewig mit Euch verbunden bleiben."

„Ach", sagte Dolores, „es wird mir scheinen, als stände ich selbst noch in der Ferne unter Eurem allmächtigen Schutz."

„Ihr werdet unter dem Augen und unter der Hand Gottes sein", entgegnete Johann von Avila. „Was braucht Ihr also zu fürchten?"

Die Reisenden verließen in diesem Augenblick die Posada. Johann von Avila wollte sie bis zu ihrem Schiff begleiten. Sie bestiegen zwei Boote, die ihrer an dem Ufer warteten; die Matrosen setzten ihre Ruder ein, und nach wenigen Minuten schon waren sie an der Seite des holländischen Schiffes, das sie aufnehmen sollte. Eine gewaltige, schwerfällige und langsame Masse, aber stark und kräftig und geeignet, dem Sturm zu trotzen.

Man warf ihnen die Leiter hinab, mit deren Hilfe sie das Schiff besteigen sollten. Coco und seine Schwester, Manofina und die Serena stiegen zuerst hinauf. Estevan und Dolores waren mit Johann von Avila in dem ersten Boot geblieben.

„Beeilt Euch Señor", rief der Pilot ihnen zu, „der Wind frischt auf, und man wird sogleich unter Segel gehen."

Estevan nahm Dolores an der Hand, um ihr hinaufzuhelfen. Johann von Avila stand auf.

„Lebt wohl, mein Vater", sagte die junge Gräfin, indem sie mit Mühe eine Träne unterdrückte, „lebt wohl, betet für uns."

„Lebt wohl, meine Tochter", erwiderte der heilige Mann mit gerührter Stimme. „Lebt wohl und vergeßt nicht, daß es auf Erden nur ein Glück gibt, das der reinen und gottergebenen Herzen."

„Mein Vater", erwiderte Dolores mit leiser Stimme, „es gibt kein Glück für die Verbrannten."

Leicht und gewandt erstieg sie die Leiter und erreichte das Deck.

„Lebt wohl, mein Vater", sagte nun auch Estevan, „und wenn Spanien jemals erwacht, erinnert Euch an eines seiner Kinder, das fern von ihm, untätig und verbannt, dahinschmachtete."

„Estevan", erwiderte Johann von Avila, „die wahren Kinder Gottes haben nur ein Vaterland, die Erde, und von welchem Punkt des Erdballs auch immer eine eifrige Stimme die ewige Hymne der Wahrheit ertönen läßt, trägt sie zum Bau des allgemeinen Glücks mit bei. Ich sagte Euch schon oft, daß ein Volk nicht durch das Schwert wiedergeboren wird, sondern durch das Wort, und dieses durchdringt unsichtbar alle Enden der Welt. Geht! Seid fest und unerschütterlich auf dem Pfad, den Ihr betreten habt und bedenkt, daß, um das Ansehen der Welt zu verändern, zwölf Apostel genügten, zwölf Männer einfältigen Herzens, doch beseelt von unerschütterlichem Glauben. So könnt auch Ihr aus der Ferne zur Wiedergeburt Spaniens beitragen."

Auch Estevan erreichte jetzt das Deck. Das Boot des Schiffes wurde aufgehißt, das Avlias ruderte nach der Küste zurück. Auf die Brüstung des Backbordes gestützt, gaben Estevan und Dolores ihrem heiligen Freund noch ein letztes Zeichen des Lebewohls; Johann von Avila hob die rechte Hand zum Himmel, als wollte er ihnen sagen: Dort oben sehen wir uns wieder!

Auf dem Schiff herrschte lebhafte Aufregung; die Segel wurden dem Wind entgegengebreitet und der phlegmatische Holländer setzte sich langsam in Bewegung. Der Koloß, die schwerfällige Masse, schien sich von selbst auf der regungslosen Woge hinzubewegen, als wäre er ungeduldig, sein Vaterland wiederzusehen; ein dumpfes Beben durchzitterte seine breiten Seiten, und er schien in dem Leben zu erwachen, das sich in seinem Inneren regte.

In dem Augenblick der Abfahrt beobachteten die Passagiere ein tiefes Schweigen.

Man hörte nur die Stimme der Offiziere ihre Befehle in kurz abgestoßenen und lauttönenden Silben erteilen sowie die eiligen Schritte der Matrosen, eifrig bei ihren Manövern und ungeduldig, das Land zu verlassen, das Land, auf dem der Seemann sich nur langweilte.

Manofina und die Serena, Coco und dessen Schwester hatten sich als echte Andalusier, treu ihren Sitten als Gitanos, auf dem Deck hingestreckt und blickten mit feuchten Augen auf den blauen, mit goldumrandeten Wölkchen bedeckten Horizont hinaus.

Estevan und Dolores standen neben dem Hauptmast und erfreuten sich an der Pracht des herrlichen Abends. Die Sonne sank, und bei ihrem farbenspielenden Schein glich sie einem großen Opal in der Mitte eines Schmuckes tausendfarbiger Steine; von dem Punkt, auf dem sie sich befanden, bewunderten die Verbannten Cadix, die uneinnehmbare Stadt Cadix mit ihren steinernen Domen, von dem Meer umgeben wie von einem grünen Gürtel und im Osten verlängert durch den Trocadero unsterblichen Andenkens.

Und darüber hinaus lag Spanien, Valencia, das schöne Granada, die geliebte Tochter der Mauren, Malaga mit seinen köstlichen Weinen und weiterhin endlich Sevilla, das Vaterland Estevans und Dolores'.

Während der ganzen Zeit, welche die Vorbereitungen zu der Abfahrt dauerten, blieben die beiden Verbannten schweigend und trübe, die Augen auf den fernen Horizont gerichtet, der für sie mit berauschenden Erinnerungen und köstlichen Bildern erfüllt war.

In diesem Augenblick verschwanden vor ihnen die Schmerzen, durch die sie geprüft worden waren; sie erinnerten sich nur noch ihrer Liebe für das schöne Spanien, das ihren Augen für immer verschwinden sollte. Sie zitterten, und Dolores mußte sich auf Estevans Arm stützen.

Man hat die Anker gelichtet.

Das Fahrzeug, fortgetragen durch sein ungeheures Gewicht, war schwerfällig auf das Wasser geschossen wie ein wilder Stier, und einige Minuten erbebte es in einer Erschütterung, die mehr und mehr abnahm; endlich glitt es dann sanft über das Meer dahin, indem es hinter sich eine weite Furche ließ.

Die leichten Wellen, die sich an seinen breiten Seiten abhoben, gingen und kamen, indem sie einen Schaumgürtel bildeten. Der Wind schwellte die Segel, die unter seinem Hauch ein leises und beinahe harmonisches Geflüster erhoben; der Kiel öffnete zischend den Busen des blauen und glänzenden Meeres, und nach und nach verlor Cadix sich in der Ferne wie ein schwarzer Punkt in den Augen der Passagiere, die regungslos auf dem Deck standen.

Die Sonne war in das Meer hinabgesunken; breite Streifen von Purpur und Gold dehnten sich wie flammende Bänder von einem Ende des Horizontes zum anderen, und die Nacht breitete allmählich ihren schwarzen Schleier über die Stirn der Erde.

Der Abendstern zeigte sich am Himmel. Da blickte Estevan seine Gattin an, regungslos und stumm die Augen fortwährend auf den unbemerkbaren Punkt gerichtet, der sich für sie Sevilla nannte. Dolores schien in eine religiöse Verzückung versunken zu sein. Ihre Stirn mit dem goldenen Widerschein, beleuchtet durch das letzte Purpurlicht der Sonne, glänzte in dem lebhaften Schimmer des Abends wie ein antikes, von Phidias gebildetes Erz. In vollen Zügen sog sie die belebende und reine Luft ein, die durch die Düfte der Orangen und Rosen, die vom Land herüberkamen, geschwängert war, und ihre bebenden Lippen glichen den Lippen der Sybille, die sich zu einem heiligen Gesang öffneten.

„Gegrüßt seihst du", sagte sie mit einer feierlichen Stimme, die eine beinahe übermenschliche Kraft anzunehmen schien, „gegrüßt seihst du, Mutter der Helden, Geliebte des poetischen Iberias und des wilden Goten, du von dem Himmel geliebte Erde. Gruß dir, die du den göttlichen Pelagius und Alphons den Großherzigen[206], den weisesten der Könige, trugst. – Königin, die du auf deine Stirn die reichsten Kronen der Welt setztest, du sahst auf deinem Purpurmantel die Diamanten Mexikos und die Palmen der Wüste glänzen. – Alles hat sich vereinigt zu deinem Ruhm; die Goten gaben dir ihre Kühnheit, ihren rauhen Mut, ihre unsterbliche Redlichkeit; die Mauren die berauschende Poesie, die Zivilisation, welche die Sitten mildert, und aus dem Gemisch dieser beiden widerstrebenden Dinge hat die göttliche Religion Christi Spanien ritterlich und christlich gemacht, weise, obgleich erobernd, zu einem Land des Glücks und des Ruhmes, das für alle seine Kinder nährende Brüste und ein Mutterherz hatte. Oh, erhabene Vereinigung der Religion mit der Philosophie, oder vielmehr glänzender Triumph einer trostreichen und mütterlichen Religion! Sahen wir nicht, wie die stolzen Abkömmlinge der Abenceragen, des Heldengeschlechts, dessen geringster königliches Blut in den Adern hatte, sich freiwillig unter die Gesetze einer sanften, frommen und toleranten Königin[207] fügten. War es nicht die Toleranz, war es nicht die Milde, welche die Mauren Granadas fallen machte, nachdem die Grausamkeit seiner Tyrannen sie erschüttert hatte?"

Die Nacht sank schneller herab; ein weißlicher Schleier breitete sich über die ungeheure Fläche des Ozeans, der Himmel bevölkerte sich mit glänzenden Sternen, und Cadix, im Nebel versunken, war gänzlich verschwunden!

In dem fernen Horizont zeigten sich noch unbestimmt die schwarzen Umrisse der Bäume oder der Berge, ungestaltete Bilder, die allmählich kleiner und kleiner wurden und sich zuletzt in der alles verschlingenden Dunkelheit verloren.

Dolores fuhr fort in ihrem begeisterten Gesang, und in dem Grad, wie sie sich von dem Geräusch der Erde entfernten, erhob sich die Stimme der jungen Frau wie die des Windes in dem Schweigen der Einsamkeit.

„Spanien! Spanien!" rief sie, „oh wie schön warst du in den Tagen deines unbefleckten Glanzes, damals als deine Kinder, ebenso frei wie mutig, das Recht besaßen, alles zu sagen, und der letzte der Spanier seinem König gleich durch die unvergängliche Liebe, welche die Könige mit dem Volk verband, sich über eine königliche Ungerechtigkeit zu beklagen wagte, und dem König sagte: Du hast Unrecht getan, dabei aber dennoch ein treuer Untertan, ein ergebungsvoller Sohn blieb.[208] Oh, damals war es schön, das heilige Wort Vaterland auszusprechen! Denn das Wort Vaterland war in der Tat der Hüter des Glücks aller, und das Leben in seinem Schoß war süß; damals hatte es Schutz für den schwachen Arm, gegen den starken, Gerechtigkeit für alle; damals durfte der Spanier, indem er jeden Tag den Busen dieses fruchtbaren Bodens öffnete, voll Stolz sagen: Für mich werden diese Ernten reifen, für mich diese Weinstöcke sich mit goldenen Trauben bedecken, für mich oder vielmehr für alle, denn Spanien bildete damals eine große Familie von Brüdern. Die Knechte Roms, die unersättlichen Vampire, waren noch nicht gekommen, in der Nacht das edle Blut deren auszusaugen, die schliefen, und so zu machen, daß man am nächsten Tag in ihnen nur noch eine kraftlose Leiche fand. Damals waren selbst die, die gegeneinander Krieg führten, edelmütig, und man konnte seines Feines ebenso sicher sein wie des zärtlichsten Freundes.[209] Ach", fuhr sie fort, und ein eiskaltes Frösteln rieselte durch alle Nerven der jungen Frau, „ach, weshalb gibt es auf diesem fruchtbaren Boden, der durch die verschwenderische Hand des Ewigen mit Reichtümern bedeckt ist, nur noch bleiche und finstere Gesichter? Welch ein schwarzes Leichentuch umhüllt das königliche Haupt, diese unterdrückte und gefangene Königin? Was sind das für gierige Hände mit Geierkrallen, die ihre Brüste zusammenpressen, um sie auszutrocknen und zu zerreißen? Ihre Blässe ist fürchterlich, ihre Hinfälligkeit vollständig, ihr Fleisch welk wie das einer Sterbenden; ihre so volle und kräftige Stimme ertönt nur noch in längeren Zwischenräumen unter dem Todesschrei, gemischt mit finsteren Gesängen, rauh wie das Kreischen der Feile am Eisen, betäubend wie der Klang des Hammers, der jenen Sarg zunagelt. Spanien! Spanien! Was ist aus dir geworden? Welch ein vernichtender Wurm hat dich so in das Herz gebissen, und deine mutige Tatkraft in eine tödliche Mattigkeit verwandelt? Mut! Hörst du nicht in der Ferne die Stimme deiner Triumphe ertönen? Du erstreckst deine Herrschaft zugleich über die vier Teile der Erdkugel. – Ein erobernder König sitzt auf deinem Thron, an dem fürchterliche Löwen wachen, und die Stimme des Ruhmes widerhallt überall die beiden Zauberworte: Spanien! Karl V.! Ja, aber ich höre eine klägliche Stimme mir antworten: Der König tut alles für seinen Ruhm, doch nichts für das Vaterland. Und während die Welt Karl V. krönt, bleiben wir Sklaven und unterdrückt, und meine Stimme verliert sich ohne Echo in der ungeheuren Wüste des königlichen Egoismus.[210] Wenn ich atemlos und gebrochen, begierig nach einem Augenblick der Ruhe ausrufe: Ruhm! Freiheit, Philosophie!, antwortet man mir: Eroberung! Reichtum! Despotismus! Die Unwissenheit hat in ihrem schwarzen Mantel meine Stirn mit Finsternis umhüllt, und das einzige Licht, das man bis zu mir gelangen läßt, ist das der Scheiterhaufen, die meine Eingeweide verzehren.[211]

Dennoch nennt man mich groß, weil ich in der Ferne Krieger habe, die in meinem Namen über ungeheure Provinzen herrschen, und weil meine Flagge auf den Meeren der beiden Welten schwimmt; man nennt mich stark, weil ich geduldig und ruhig bin und weil man dafür sorgt, täglich auf meine blutenden Wunden einen Mantel des Stolzes und der Lüge zu werfen, um sie zu verbergen – weil man meine langen Todesklagen hinter Schlössern und Riegeln erstickt.

Oh, zu leben, zu leben und einen einzigen Tag die reine Luft der Freiheit zu atmen! Zu leben und allein mit meiner Kraft der Zukunft entgegenzuschreiten!

So sprach das in einem Augenblick neu belebte Spanien, aber bei dem Ton seiner klagenden Stimme sehe ich Vampire in der Dunkelheit heranschleichen, es aufs neue in ein feuchtes Grab stürzen, sich gräulich auf seine ausgesogene Brust kauern und mit ihren gierigen Zähnen die Adern öffnen, in denen noch einige Tropfen Blut zurückgeblieben sind.

Oh, Barmherzigkeit! Barmherzigkeit! Erlöscht nicht seinen letzten Lebensfunken! Laßt es einen Augenblick zum Leben zurückkehren – laßt ihm die Zeit, um das Blut, das es verloren hat, zu ersetzen! Doch nein! Die Vampire haben kein Erbarmen! Ihr vernichtetes und sterbendes Opfer hat selbst den letzten Hauch verloren, den Schein des Lebens, den ihm die Siege Karls V. noch verliehen. Das Gespenst des Königs folgt auf den erobernden König. Dieses Gespenst herrscht in der Nacht und in dem Nichts. Die Vampire, seine treuen Satelliten, ordnen sich rings um dasselbe her, und mit ihren fleischlosen Händen stoßen sie den Leichnam Spaniens vollends ins Grab. Und Spanien, erschöpft durch den Kampf, sammelt sich dann in einer Ruhe, die dem Tod gleicht; man hat das Leichentuch, das es vom Leben trennt, über dasselbe geworfen, und auf seinen betäubten und beinahe fühllosen Körper legen sich, in der Schmach ihres Klosterlebens, alle Knechte Roms – auf diesen regungslosen Leichnam schüttet man Blut – Ströme von Blut, und jeden Tag vertilgen Tausende von Scheiterhaufen irgendeinen Teil dieses regungslosen Körpers. – Die Leiche wird zum Skelett!

Gleichwohl ist noch nicht alles zu Ende! Die Asche, fruchtbare Asche, kann sich noch wiederbeleben. – Welch ein wohltuendes und volles Licht scheint plötzlich auf sie nieder? – Der Staub erwacht und wird wieder zum Menschen. – Spanien war nur eingeschlafen! Aber leider wird dieser lange Schlaf vielleicht Jahrhunderte währen, und wir sehen die schönen Tage nicht, die dem Vaterland glänzen müssen. – Für uns ist es die Verbannung, die Verbannung mit dem bitteren Tod und der Kampf, der ewige Kampf – denn die, die dann nicht mehr sein werden, haben auch ihren Teil an diesem großen Werk gehabt – auch sie haben zu der Wiedergeburt der Welt beigetragen."

Dolores endete ihre begeisterte Rede; Schweiß rann von ihrer Stirn, und ihr ganzer Körper zitterte krampfhaft; sie schloß die Augen und sank Estevan in die Arme. Er legte sie sanft neben einen Ballen auf das Deck und stütze den schönen Kopf seiner Dolores auf seine Brust. Hier schlief die junge Begeisterte, erschöpft durch ihre Aufregung, ein an dem Busen dessen, den sie liebte.

In ebendiesem Augenblick erreichte das Schiff das hohe Meer; das Land war den Blicken gänzlich entschwunden; der frischere Wind blies in die gespannten Segel. Der Mond zeigte sein bleiches, silberfarbiges Gesicht an dem Himmel und beschien mit mildem Licht das schöne Gesicht der jungen Frau. Das Meer glich einer silberpolierten Fläche, die mit kleinen glänzenden Erhöhungen besät war.

Feierliches Schweigen herrschte in der Mitte der weiten Einsamkeit des Ozeans, und das Schiff, das rasch über die Fläche des Wassers glitt, trug die Verbannten dem fernen Land zu, in dem bereits die Morgenröte der Freiheit anbrach.

Vielleicht finden wir sie dort eines Tages wieder.

LI.

Aufhebung der Inquisition

Jetzt sei uns gestattet, die Leser zu fragen, ob es ein guter und weiser Gedanke war, der zu der Abfassung dieses Buches führte; ob es ein beleidigendes und boshaftes Pamphlet ist, das gegen die Inquisition geschleudert wurde, oder eine treue Schilderung, eine unparteiische Würdigung der Tatsachen, die in jener denkwürdigen und blutigen Zeit vollbracht wurde? Was für eine furchtbare Geschichte haben wir gelesen! Welche teilnahmsvollen Dramen, deren verschiedene Wechselfälle, streng der Wirklichkeit entsprechend, alle Träume der Einbildungskraft überbieten! Welche finsteren, entsetzlichen Geheimnisse! Wieviel Schmerz und Gotteslästerungen! Wieviel Schmach und Blut!

Der Verfasser hat uns vollkommen vertraut gemacht mit der schmachvollen Sitte und den gewaltigen Ausschweifungen der hohen Würdenträger des heiligen Offiziums, mit dem einfältigen und barbarischen Fanatismus der unteren Beamten, mit den gräßlichen Martern, die der unmenschliche Geist und die wilde Aszetik der Mönche zu erfinden verstand. Die Martern brachten zu gute Resultate für die unersättlichen Mönche hervor, als daß sie eingewilligt hätten, darauf zu verzichten. Wie viele Zugeständnisse wurden so den Leidenden entrissen! Wie viele Reichtümer, wieviel Macht gesetzlich geraubt! Wie viele eingebildete Geständnisse durch den Schrecken diktiert!

Wie viele lügenhafte Enthüllungen, die alle zum Nutzen der Politik und des Hasses der Inquisition führten! Wie viele Opfer geschlachtet zur Erbauung der christlichen Welt, zur Verbreitung des katholischen Glaubens und zum größeren Ruhm Gottes!

Sollte man es glauben, daß solche Abscheulichkeiten mehrere Jahrhunderte hindurch fortdauerten? Erst am 4. Dezember 1808 dekretierte Napoleon, Gebrauch machend von dem Recht des Eroberers, in Chamartin, einem Dorf bei Madrid, die Unterdrückung der Tribunale des heiligen Offiziums als seiner Souveränität widersprechend. Nachdem Joseph als König von Spanien anerkannt worden war, wurden alle diese Kriminalprozesse, mit Ausnahme derer, die durch ihre Wichtigkeit und ihre Berühmtheit oder durch die Stellung der Personen, der Geschichte angehören konnten, auf seinen Befehl verbrannt, aber man bewahrte unberührt die Register der Beschlüsse des Rates der königlichen Ordonnanzen, der Bullen und Breves Roms, der Angelegenheiten, die sich auf das Tribunal bezogen, und alle Nachrichten über die Genealogien der Beamten des heiligen Offiziums.

Beinahe alle Gebäude, die der Inquisition gehörten, wurden zu jener Zeit niedergerissen. Aber dies geschah nicht ohne Mühe und Blutvergießen.

Um nur ein Beispiel anzuführen, lassen wir den polnischen Obersten Lumanusk sprechen, der durch den Marschall Soult beauftragt wurde die Inquisition von Madrid aufzuheben:

„Als ich 1809 in Madrid war, richtete meine Aufmerksamkeit sich auf das Inquisitionsgebäude; Napoleon hatte schon ein Edikt zur Unterdrückung dieses Instituts überall, wohin seine siegreichen Waffen gelangen würden, erlassen. Ich erinnerte den Marschall Soult, der damals Gouverneur war, an dieses Dekret, und er befahl mir darauf, die Inquisition aufzuheben. Ich bemerkte ihm, daß mein Regiment – das 9. polnische Lancierregiment – zu einem solchen Dienst ungenügend sei. Aber ich sagte ihm, wenn er zwei andere Regimenter hinzufügte, würde ich es unternehmen. Er bewilligtes meine Forderung.

Eines dieser Regimenter, das 117., stand unter dem Befehl des Obersten von Lille. Mit diesen Truppen machte ich mich auf den Weg nach der Inquisition. Das Gebäude war von einer starken Mauer umgeben und mit ungefähr vierhundert Soldaten besetzt. Zu der Mauer gelangt, wandte ich mich an eine der Schildwachen und ließ die Väter auffordern, sich der kaiserlichen Armee zu ergeben und die Tore der Inquisition zu öffnen. Die Schildwache, die auf der Mauer stand, schien sich einige Augenblicke mit jemand im Inneren zu unterhalten, worauf sie Feuer auf uns gab und einen meiner Leute tötete. Das war das Signal zum Angriff, und ich gab meinen Truppen Befehl, Feuer auf alle die zu geben, die auf der Mauer erscheinen würden. Bald zeigte es sich, daß der Kampf ungleich sei.

Die Mauern der Inquisition waren mit Soldaten des heiligen Offiziums bedeckt; es gab auch auf der Mauer eine Brüstung, hinter der sie sich verbargen und hinter der sie nur zum Teil hervorkamen, um ihre Gewehre abzuschießen. Unsere Truppen standen in einer offenen Ebene und waren einem mörderischen Feuer ausgesetzt; wir hatten keine Artilleriegeschütze; wir konnten ebensowenig die Mauern ersteigen, und die Tore widerstanden allen unseren Bemühungen, sie zu sprengen. Ich sah, daß es notwendig sei, die Art des Angriffes zu ändern, und ließ deshalb Bäume fällen, die an den Ort selbst gebracht wurden und uns als Mauerbrecher dienen sollten.

Zwei dieser Maschinen wurden so vielen Leuten übergeben, als nötig waren, um mit Vorteil arbeiten zu können. Sie begannen gewaltige Stöße gegen die Mauern zu führen, ohne sich um den Kugelhagel zu kümmern, der auf sie niederfiel. Alsbald begannen die Mauern zu erzittern, und unter den Wirkungen der andauernden und gutgeleisteten Stöße des Mauerbrechers wurde eine Bresche gelegt, und die kaiserlichen Truppen drangen in das Inquisitionsgebäude.

Hier hatten wir eine Probe, wie weit die jesuitische Unverschämtheit gehen kann. Der General-Inquisitor und die Beichtväter kamen in ihren Priestergewändern aus ihren Verstecken hervor, als wir uns einen Weg in das Innere des Gebäudes bahnen wollten. Mit langen Gesichtern, die Arme gekreuzt auf der Brust und die Finger auf den Schultern ruhend, als ob sie nichts von dem Lärm des Angriffes und der Verteidigung gehört hätten, kamen sie, um sich zu erkundigen, was vorginge, und wandten sich mit dem Ton des Vorwurfes an ihre Soldaten, indem sie sagte: ‚Weshalb schlagt ihr euch mit unseren Freunden, den Franzosen?'

Ihre Absicht schien zu sein, uns glauben zu machen, daß sie die Verteidigung keineswegs befohlen hätten, indem sie hofften, dadurch, daß wir sie für unsere Freunde hielten, leichter die Verwirrung und die Plünderung der Inquisition zu benutzen, um zu entrinnen. Ihre Arglist war indes zu einfältig, um zu gelingen. Ich ließ sie streng bewachen, und alle Soldaten der Inquisition wurden zu Gefangenen gemacht. Wir begannen die Untersuchung dieses Gefängnisses der Hölle.

Wir gingen von Zimmer zu Zimmer; wir fanden eine Menge Altäre, Kruzifixe und Wachskerzen, aber wir konnten keine Spur der Ungerechtigkeiten entdecken, die an diesem Ort vollbracht worden sein mußten, nichts von den außerordentlichen Dingen, die wir in einem Inquisitionsgebäude zu finden erwarteten. Man sah hier die Schönheit, den Glanz, die vollkommenste Ordnung der Architektur, die Verhältnisse, alles war bewundernswert; die Decken und die Fußböden glänzten. Die marmornen Verzierungen verrieten einen ausgezeichneten Geschmack. Es gab hier alles, was dem Auge und dem gebildeten Geist gefallen kann. Aber wo waren jene Werkzeuge der Tortur, von denen man uns gesagt hatte? Wo waren jene Kerker, in denen menschliche Wesen eingeschlossen worden sein sollten? Wir suchten sie vergebens. Die heiligen Väter versicherten uns, man hätte sie verleumdet, wir hätten alles gesehen.

Ich wollte meine Nachsuchungen aufgeben und ließ mich überreden, daß diese Inquisition ein Schein von dem sei, was man uns gesagt hatte, allein der Oberst von Lille konnte nicht so leicht auf die Verfolgung verzichten und sagte: ‚Oberst, Sie sind heute Kommandant, und was Sie befehlen muß geschehen; aber wenn Sie meinem Rat folgen wollen, so lassen sie doch diese Marmorfußböden prüfen, Wasser darauf gießen, und wir werden dann vielleicht sehen, ob es nicht irgendeinen Ort gibt, wo es eindringt.'

Ich antwortete: ‚Oberst, tun Sie, was Sie wollen', und ließ Wasser holen.

Die Marmorplatten waren groß und prachtvoll poliert. Nachdem das Wasser zum großen Mißvergnügen der Inquisition daraufgegossen worden war, prüften wir genau alle Spalten, um zu sehen, ob die Feuchtigkeit in dieselben eindrang. Kurze Zeit darauf rief der Oberst, er hätte gefunden, was er suchte. Neben einer dieser Marmorplatten verlief das Wasser sich sehr schnell, als ob darunter ein leerer Raum wäre. Alle Hände machten sich jetzt ans Werk, um Entdeckungen herbeizuführen, die Offiziere mit ihren Degen, die Soldaten mit ihren Bajonetten, suchten die Platten aufzuheben; andere stießen mit den Kolben ihrer Musketen darauf und suchten sie zu zerbrechen, während die Priester über die Profanierung ihres heiligen Hauses eiferten. Plötzlich traf ein Soldat mit einem Kolbenstoß auf eine Feder, und die Platte hob sich. Jetzt wurden die Gesichter der Inquisitoren blaß, und diese bleichen Menschen zitterten an allen Gliedern.

Wir blickten um die verhängnisvolle Marmorplatte, die sich ein wenig erhoben hatte, und gewahrten eine Treppe. Ich näherte mich einem Tisch und nahm von einem Armleuchter eine brennende fußlange Wachskerze, um unsere Entdeckungsreise anzutreten. Als ich die Kerze ergriff, wurde ich durch einen der Inquisitoren zurückgezogen, der sanft seine Hand auf meinen Arm legte und mit frommem Ton sagte: ,Mein Sohn, Ihr dürft das nicht mit Euren blutigen Händen berühren, es ist geweiht.' ,Nun wohl', entgegnete ich ihm, ,ich bedarf einer geweihten Fackel, um die Inquisition zu beleuchten. Ich nehme die Verantwortlichkeit auf mich.' – Ich nahm die Kerze, stieg die Treppe hinab und entdeckte nun, weshalb das Wasser uns diesen Gang verraten hatte. Unter diesem Marmorfußboden lag eine feste Decke, ausgenommen da, wo sich die Klappe befand. Daher rührte der Erfolg von dem Mittel des Obersten von Lille.

Zum Fuß der Treppe gelangt, traten wir in ein großes, viereckiges Gemach, der Saal des Gerichts genannt. In der Mitte stand ein großer Block, ein Stuhl war daran befestigt. Auf diesen pflegte man den Angeklagten zu setzen, der an seinem Sitz festgebunden wurde. Auf einer Seite des Gemaches stand ein anderer erhöhter Sitz, der Thron des Gerichtes genannt. Diesen nahm der General-Inquisitor ein. Ringsumher standen minder erhöhte Sitze für die Väter, wenn es sich um die Angelegenheiten der heiligen Inquisition handelte. Aus diesem Gemach gingen wir rechts und fanden kleine Zellen, die sich durch die ganze Länge des Gebäudes erstreckten; doch welch ein Schauspiel bot sich hier unseren Augen! Wie war die wohltätige Religion des Heilands durch die Männer, die sich zu ihr bekannten, verhöhnt worden! Diese Zellen dienten zu einsamen Kerkern, in denen die unglücklichen Opfer eingesperrt wurden, bis der Tod sie von ihren Henkern befreite. Man ließ ihre Körper hier bis zur Verwesung liegen, und dann wurden die Kerker von anderen eingenommen. Damit die Inquisitoren nicht belästigt wurden, gab es große Röhren, um den ungesunden Leichendunst abzuführen.

In diesen Zellen fanden wir die Leichen einiger Menschen, die unlängst gestorben waren, während in anderen nur an den Fußboden angekettete Skelette lagen. In einigen fanden wir lebende Opfer jedes Alters und jedes Geschlechts, vom jungen Mann und dem Mädchen bis zu Greisen von siebzig Jahren, alle der Kleider so beraubt wie bei ihrer Geburt.

Unsere Soldaten beschäftigten sich augenblicklich damit, diese Gefangenen von ihren Kette zu befreien, und beraubten sich eines Teiles ihrer Kleider, um damit die unglücklichen Geschöpfe zu bedecken; sie wünschten lebhaft, sie an das Licht des Tages zu führen, allein da ich die Gefahr erkannte, die dies gehabt haben würde, widersetzte ich mich ihnen und bestand darauf, daß man ihnen zunächst gäbe, wessen sie bedurften, und daß man sie nur allmählich dem Tageslicht aussetze. Nachdem wir alle diese Zellen durchsucht und die Türen der Gefängnisse der noch Lebenden geöffnet hatten, durchsuchten wir ein anderes Gemach auf der linken Seite. Hier fanden wir alle Marterwerkzeuge, die Menschen oder Dämonen zu erfinden vermögen.

Bei diesem Anblick ließ die Wut unserer Soldaten sich nicht länger zügeln. Sie riefen aus, daß jeder der Inquisitoren, die Mönche und die Soldaten auf die Tortur geworfen zu werden verdienten. Wir versuchten es nicht, sie zurückzuhalten. Sie begannen augenblicklich das Werk der Tortur an der Person der Väter. Ich sah vier verschiedene anwenden und zog mich dann von dem entsetzlichen Schauspiel zurück, das so lange dauerte, als noch ein einziges Individuum dieser Vorhalle der Hölle übrig war, an dem die Soldaten ihre Rache üben konnten.

Sobald die armen Opfer, die wir aus den Zellen der Inquisition befreit hatten, ohne Gefahr aus ihrem Kerker ans Tageslicht geführt werden konnten (die Nachricht hatte sich verbreitet, daß eine große Anzahl Unglücklicher in dem Inquisitionsgebäude gerettet worden wären), sah man von allen Seiten die herbeieilen, deren Freunde das heiligen Offizium entrissen hatte; sie kamen, um zu sehen, ob es noch eine Hoffnung gäbe, sie am Leben zu finden. Ach, welch ein Wiedersehen war das! Ungefähr hundert Personen, die jahrelang eingekerkert gewesen waren, wurden jetzt der Gesellschaft ihrer Mitmenschen zurückgegeben, mehrere fanden hier einen Sohn, dort eine Tochter, hier eine Schwester, dort einen Bruder. Einige erkannten keine Freunde. Dieses Schauspiel läßt sich nicht beschreiben! Nachdem ich Zeuge desselben gewesen war, wollte ich ein begonnenes Werk beendigen, begab mich nach Madrid und empfing eine große Menge Pulver, das ich in dem Gebäude und in den unterirdischen Gewölben verteilte. Tausende von Zuschauern sahen uns das Feuer anzünden. Die Mauern und der feste Turm des stolzen Gebäudes flogen in Trümmern gegen den Himmel. Das Inquisitionsgebäude von Madrid war nicht mehr!"

Die Inquisitionstribunale waren am 15. Februar 1813 aufs neue durch die außerordentlichen General-Cortes von Spanien als unverträglich mit der politischen Konstitution der Monarchie erklärt worden. Allein am 21. Juli 1814 wurden sie durch eine Ordonnanz Ferdinands VII., der infolge des Vertrages von Valençay nach Spanien zurückgekehrt war, wieder eingesetzt. Es war Francisco Mieré Campillo, Bischof von Almeria, den der König zum 15. General-Inquisitor ernannte. In den Ordnungen dieses neuen Inquisitors findet man Grundsätze ausgesprochen, die den wahren Interessen des Staates ebensosehr widersprechen wie der Religion, und obgleich die Tortur zu jener Zeit durch die Gewalt der Umstände bei den Tribunalen der Inquisition aufgehoben werden mußte, sah man sie doch im Jahre 1815 durch ein Autodafé wegen Ketzerei wieder ins Leben treten. Joseph Maria Morillas war eines der letzten Opfer.

Die Inquisition wurde vollkommen in Spanien erst im Jahre 1821 aufgehoben. Gegenwärtig existiert sie nicht mehr. Und dank dem Fortschritt des menschlichen Geistes, würde man es vergebens versuchen, dieses blutige Gebäude der Vergangenheit wiederaufzubauen. Gleichwohl haben die Inquisitoren zahlreiche Nachfolger ihrer abscheulichen Lehre hinterlassen, fanatische Priester, die gleich ihnen begierig nach Reichtümern und Herrschaft sind; abenteuerliche Glückssoldaten, gewesene Familiaren des heiligen Stuhles, die alles im Namen der Religion leiten und beherrschen wollen, arglistige Menschen, die Entschuldigungen für alle Verbrechen ausfindig machen und sich zu dem verabscheuenswerten Grundsatz bekennen ‚Der Zweck heiligt das Mittel', und die, entschlossen alles zu wagen, ohne jemals zurückzuweichen, auf die Eroberung der unumschränktesten Macht eindringen werden: *per fas et nefas*.

Diese gefährliche Erben der Inquisition haben gleich dieser zahlreiche und einflußreiche Gehilfen; sie bilden auch eine große Gesellschaft, die über den ganzen Erdball verteilt ist, über ungeheure Hilfsmittel verfügt und wechselweise durch den Schrecken, durch die Verfolgung, durch die Gewalt, durch das Gold wirkt, dem Willen eines einzigen gehorcht, knechtisch und maschinenmäßig wie die Leiche; alle demselben Ziel zustrebend wie ein einziger Mensch. Diese Gesellschaft erhebt den Kopf voll Anmaßung, bereit, die Gewalt den schwachen Händen zu entreißen, die sie nicht zu bewahren verstehen; es ist jene gefährliche Gesellschaft, die so lange die Staaten in Verwirrung setzte, teilend, um zu herrschen, Uneinigkeit und Anarchie säend, um die Herrschaft zu ernten; ebenjene Gesellschaft, die gegenwärtig noch Italien zerreißt, Preußen bedroht, den Bürgerkrieg in Spanien nährt, Belgien in Knechtschaft stürzt, Ströme von Blut in Luzern vergoß und sich frei in Frankreich erhält, ungeachtet der Verbannungsgesetze, die zu ihren Füßen zertrümmern. Man hüte sich vor ihr und werde nicht müde, ihr zu widerstehen, denn diese fanatischen Sektierer werden nicht aufhören, zu kämpfen, und nach dem Sieg nur dann ruhen, wenn sie die geistige und weltliche Herrschaft unbedingt wiedererlangt haben, wie zur Zeit der Inquisition.

Aber wir treffen zum Glück auf Männer, die bereit sind, alles zu opfern, um sie zu entlarven. Wir hoffen, die Aufgabe gut begonnen zu haben, wenn wir nach der Art und Weise schließen, mit der das Publikum die Geheimnisse der Inquisition aufgenommen hat.

Anmerkungen

[1] Gregor IX. ließ durch verschiedene Konzilien erklären, daß kein Laie das Evangelium in gemeiner Sprache lesen dürfe, bei Vermeidung der Strafe der Exkommunizierung und der Verfolgung durch die Inquisition. Die Bulle, die dieses Verbot enthielt, wurde 1231 in Spanien verkündet.

[2] Innozenz III., im Jahre 1208

[3] *Signum Sacramentale.* Gleich den Freimaurern und anderen geheimen Gesellschaften, hatten auch die Familiaren der Inquisition gewisse Zeichen, Berührungen oder Worte, die nur ihnen allein bekannt waren und durch die sie sich untereinander erkannten.

[4] *El barrio de Triana,* oder das Quartier von Triana. Dieses Stadtviertel, wie eben erwähnt, von der Stadt Sevilla nur durch den Guadalquivir getrennt, war von jeher und ist noch jetzt die Vorstadt, in der Menschen von sittenlosem Lebenswandel, Schmuggler, freigelassene Galeerensträflinge und andere durch die Gerechtigkeit bestrafte Verbrecher ihren Wohnsitz aufschlagen.

[5] *Hito* ist eine Abkürzung von *chito!* (Schweigen!) und von *San Benito,* jenem Skapulier aus gelbem Tuch, mit dem die Inquisition die Personen bekleidete, die dazu verurteilt waren, bei einem Akt dafür eine Rolle zu spielen. Das Wort *hito* gehörte mit zu den Erkennungszeichen, die wir erwähnten. Das Skapulier heiß auch *zamarra.* Jeder, der das *San Benito* getragen hatte, blieb für alle Zeit entehrt und des bürgerlichen und politischen Rechts beraubt. Diese Schmach wurde auch auf alle Abkömmlinge des Bestraften ausgedehnt.

[6] *Coroza.* Die Coroza war eine hohe, spitze Mütze, ähnlich den Hauben, welche die Frauen im Mittelalter trugen. Auf diesen Mützen, mit denen man die auf den Scheiterhaufen Verurteilten bekleidete, waren Teufel, Flammen und tausend andere abscheuliche Dinge gemalt. Das Wort Coroza gehörte ebenfalls zu den geheimen Erkennungszeichen der Familiaren.

[7] Gott bedeutet in der mystischen Sprache der Inquisition den Namen des General-Inquisitors selbst, als Ganzes.

[8] *Chiton!* (Schweigen!). Der Schrecken, den die Inquisition den Spaniern einflößte, war so groß, daß es aus Furcht, von denen, mit welchen man sprach, denunziert zu werden, zum Sprichwort geworden war. Man sagt noch jetzt in Spanien: *„En cosas de Inquisition, chiton!"* (Über Angelegenheiten der Inquisition: Schweigen!), um dadurch die Gefahr zu bezeichnen, die es mit sich bringen kann, von Dingen zu sprechen, die geheim bleiben müssen.

[9] Tavernen der Art, wie der Verfasser sie hier beschreibt, sind gegenwärtig selbst im Barrio de Triana selten. Ich haben 1822 nur drei oder vier der Art gesehen. In Spanien sind, ebenso wie überall, die Tavernen, die das Entzücken unserer Vorfahren ausmachten, in prachtvolle Kaffeehäuser verwandelt worden, in denen man sich freilich auch berauscht, aber mit größeren Kosten und umgeben von Spiegeln und Vergoldungen, und wo man aus Kristallgläsern Liköre und Weine trinkt, die vielleicht schlechter sind als die

früheren, aber viel teurer, und die fremde Namen tragen. Die Tavernenwirte, ehedem Leute aus der Hefe des Volkes und oft bestrafte Verbrecher, sind gegenwärtig in ehrenwerte Bürger verwandelt, und aufgrund einer Konzession dürfen sie jetzt zugleich Kaufleute, Wucherer, Spitzbuben, Sakristane, Betbrüder und Wähler sein, oft wählbar und zuweilen sogar gewählt.

[10] *Chapa* ist ursprünglich eine glänzende Metallplatte und bedeutet ,funkelnd'; auf ein junges Mädchen angewandt, bedeutet das Wort aber ,lieblich, anmutig, begabt mit einem gewissen unbeschreiblichen Reiz', und vom Volk wird das Wort oft in diesem Sinn benutzt.

[11] Juan Perez von Saavedra, mit dem Beinamen *der falsche Nuntius*, war ein Abenteurer, der sich besonders durch seine große Geschicklichkeit berühmt gemacht hatte, alle Arten von Schriften nachzuahmen. Er war es, der mit der Unterstützung eines Jesuiten in Portugal die Inquisition und die Gesellschaft Jesu einführte, und zwar aufgrund falscher Bullen des Papstes und falscher Briefe Karls V. und des Prinzen Philipp, nachmals König Philipp II. Saavedra begnügte sich indes nicht damit, den Interessen der Inquisition und denen der Jesuiten zu dienen. Seine Gewandtheit, königliche Anweisungen und Schuldforderungen an den Staat sowie an Privatleute nachzumachen, verschaffte ihm beträchtliche Summen. Der Inquisitor Tavera ließ endlich diesen Elenden in ebendem Augenblick verhaften, als er in Malaga aus einer Kirche trat, und die Inquisition, die Tausende von rechtschaffenen Menschen wegen eines Wortes verbrennen ließ, begnügte sich damit, dieses Ungeheuer zu zehn Jahren Galeere zu verurteilen. Es ist freilich wahr, daß das heilige Offizium aus den Arbeiten des falschen Nuntius Vorteil zog; das durch ihn eingesetzte Inquisitionstribunal, und was noch mehr ist, alle Ämter und Würden, die Saavedra verliehen hatte, wurden durch den General-Inquisitor bestätigt.

Neunzehn Jahre später, im Jahre 1562, berief Philipp II. den falschen Nuntius an den Hof, um ihn zu beschäftigen. Dieser Schurke, der sich mit eigener Hand zum Bischof, Nuntius und Leganten *a latere* gemacht hatte, starb in Madrid 1575, über 400 000 Dukaten reich und sehr geachtet.

So wurden in Portugal die Gesellschaft Jesu und die Inquisition eingeführt, zwei Institute, einander würdig und dennoch sich feindlich gesinnt, ohne Zweifel, weil beide nach dem gleichen Ziel strebten, der Herrschaft (l'Lorente, *Geschichte der Inquisition*). Wer weiß, ob es nicht dem Pater Lacordaire durch die umfassenden Berechnungen seines Genies gelingen wird, Frankreich mit einer verbesserten Inquisition zu beschenken. Einstweilen besitzt Frankreich schon die Dominikaner – in den Departements der Meurthe und des Niederrheins!

[12] *Marrano* (Schwein). So nannte man in Spanien die Mauren und die Juden, die zu der christlichen Religion bekehrt waren.

[13] Oft söhnten sich die dem Scheiterhaufen bestimmten Opfer mit der Kirche aus, d. h. sie gestanden Verbrechen und Missetaten, die sie nie begangen hatten, und beichteten am Fuß des Blutgerüstes. In diesem Fall fühlte die Inquisition ihr Mutterherz gerührt und gewährte den Verurteilten die Gnade, bevor sie dieselben den Flammen überlieferte, erwürgt zu werden (*Annalen der Inquisition*).

[14] *Soldaten Christi*. So nannte man die Familiaren des heiligen Offiziums, seitdem unter Alexander VI. Torquemada im Jahre 1494 die jüngsten Familiaren bewaffnen ließ. „Diese eigentümliche Miliz", sagt l'Lorente in seiner *Geschichte der Inquisition*, „war sehr zahlreich." Torquemada hatte sich sehr grausam gezeigt; er hatte die Spionage und Denunziation so ermutigt, daß eine große Menge berühmter Edelleute es für klüger hielt, der Inquisition selbst anzugehören, als früher oder später für verdächtig erklärt zu werden, und sich deshalb freiwillig erboten, Familiaren des heiligen Offiziums zu werden. Das Beispiel der Edelleute im Verein mit den Privilegien, die Ferdinand von Aragon den Familiaren bewilligte, verlockte auch eine große Menge Leute aus dem Volk. Bald gab es so viele Familiaren wie Leute, die den städtischen Abgaben unterworfen waren, von denen jeder, welcher der Inquisition angehörte, frei war. Die bewaffneten Familiaren bildeten das, was man die *Miliz Christi* nannte; diese Miliz versah den Dienst der Leibwache, sowohl bei den General-Inquisitoren als bei den Provinzial-Inquisitoren.

Die Miliz Christi wurde in Frankreich durch Dominik von Guzman im Jahre 1208 errichtet, während der Regierung Philipps II., Königs von Frankreich und des Papstes Innozenz' III.

[15] *Jarro* ist eine Art irdener Krug, glasiert und ungefähr einen Liter enthaltend, inwendig ist er ausgepicht.

[16] Die Katholiken Spaniens achteten so wenig auf die schönen Denkmäler, welche die Mauren dem Land hinterlassen hatten, daß sie mit Ausnahme einiger der bemerkenswertesten, deren die Mönche sich bemächtigten, den Bettlern, den Zigeunern und den Missetätern überlassen wurden, die noch jetzt im Besitz derselben sind.

[17] Die Brüderschaft der Gardunnia oder Brüderschaft des Raubes. Unter diesem Titel gab es in Spanien seit 1417 eine geheime Gesellschaft, die aus Räubern und Spitzbuben aller Art bestand. Diese vollständig organisierte Gesellschaft hatte den Zweck, im großen alle Arten von Verbrechen zugunsten eines jeden auszubeuten, der eine Rache zu üben, eine Feindschaft zu befriedigen wünschte. Sie übernahmen es, um den genauesten Preis und unter Bürgschaft, Dolchstiche zu versetzen, die je nach dem Verlangen des Kunden tödlich waren oder nicht; Leute ins Wasser zu werfen oder zu ertränken, Prügel zu verteilen und selbst zu ermorden. Der Mord kam teuer zu stehen, und wer ihn bestellte, mußte schon einen gewissen Rang in der Welt einnehmen, um ihn zu erringen; war der Mord aber einmal versprochen, durfte man auch sicher darauf zählen, denn die Brüderschaft der Gardunnia befriedigte ihre Kunden, sobald sie sich einmal verpflichtet hatte, mit einer verzweifelten Genauigkeit.

Die Brüderschaft oder Gesellschaft der Gardunnia bestand aus einem Großmeister, *hermano mayor* genannt, einem obersten Bruder, der am Hof lebte und an demselben oft einen hohen Posten bekleidete. Dieser oberste Bruder sendete seine Befehle den *capatazes,* oder Meistern der Provinz, und diese ließen sie mit einer Genauigkeit und einem Eifer ausführen, der mehr als einem öffentlichen Beamten zur Ehre gereicht haben würde. Das sehr zahlreiche Personal bestand aus *Guapos*, einer Art von *Bravos*, die gewöhnlich große Klopffechter waren, kühne Mörder, abgefeimte Banditen und deren Mut die Probe der Tortur und selbst des Galgens bestand. In der Sprache der Gesellschaft wurden diese Guapos *Punteadores*, Stecher, Spitzengeber, genannt. Auf die Punteadores folgten die *Floreadores*, die Scharmützler; diese waren junge Leute, geschickte Spitzbuben und pfiffige Gauner, meistens den *Bagnos* in Sevilla, Malaga oder Melilla entsprungen; man nannte sie Brüder *Postulanten*. Dann kamen die *Fuelles*, Flüsterer, so genannt, weil ihr Geschäft in der Gesellschaft darin bestand, den Ohren des Ordensmeisters zuzuflüstern, was sie bei den Familien erlauscht hatten, in die sie sich durch ihr heuchlerisches Wesen einzuschleichen wußten. Die Fuelles waren sämtlich Greise von einem frommen, ehrwürdigen Aussehen, man fand sie beständig in der Kirche, einen Rosenkranz und ein Gebetbuch in der Hand, ausgenommen die Stunden des Dienstes, die sie bei dem Meister der Gardunnia oder dem Inquisitor zu versehen hatten, denn die meisten dieser Greise vereinigten die Geschäfte eines Familiars des heiligen Offiziums mit denen eines Spions der Gardunnia. Die Gardunnia hatte auch eine große Anzahl von Hehlern, die man *Coberteras* oder Decken nannte, von dem Verb *cubrir* (bedecken, verbergen), und ebenfalls eine große Menge junger Burschen von zehn bis fünfzehn Jahren, die sie mit dem Namen *Chivatos*, Rehe, bezeichneten. Die Chivatos waren die Novizen des Ordens. Man mußte wenigstens ein Jahr Chivato gewesen sein, um die Ehre zu erwerben, in der Eigenschaft eines Postulanten zu arbeiten. Ein Postulant, der sich um die Gesellschaft verdient gemacht hatte, wurde nach Verlauf von zwei Dienstjahren Guapo. Dies war nach dem Posten des Meisters und des Großmeisters die höchste Würde, welche die Gesellschaft verlieh. Außer den bereits aufgezählten Mitgliedern hatte die Gardunnia auch noch eine große Anzahl von *Serenas*, Sirenen. Dies waren junge und schöne Weiber, meistens Zigeunerinnen. Die Serenas waren die Odalisken der Würdenträger des Ordens. Sie waren es, welche die ihnen bezeichneten Personen an Orte lockten, die sich zu den Operationen der Gardunnia eigneten. Diesem ganzen Personal füge man noch *Alguazils*, *Escrivbanos*, *Procuratores*, Mönche, *Canonici*, selbst Bischöfe und Inquisitoren hinzu, die ebenso viele Werkzeuge oder Beschützer der Gardunnia waren, deren sie oft bedurften, die ihnen Geld gaben, und man kann sich einen Begriff von dieser Gesellschaft machen, die Spanien länger als vier Jahrhunderte in Schrecken setzte. Die Gardunnia, zu Anfang des 15. Jahrhunderts errichtet, wurde erst im Jahre 1821 durch die Bergjäger unter meinem Befehl vollständig vernichtet. Die Papiere dieser sonderbaren und fürchterlichen Gesellschaft, die in mehreren Registern bestanden, enthielten die Tagesbefehle, die Statuten der Brüderschaft und eine Menge von Briefen und wurden durch mich dem Kriminalgericht von Sevilla am 15. September 1821 überliefert. Dort befanden sie sich noch 1823. Francisco Cortina, der 1821 Meister dieser Gesellschaft war, wurde mit einigen zwanzig seiner Mitschuldigen verhaftet und nebst sechzehn der Mitgefangenen am 25. November 1822 auf dem Marktplatz von Sevilla gehängt.

Zu gehöriger Zeit und an gehöriger Stelle werde ich eine beinahe wörtliche Übersetzung von den Statuten der Gardunnia geben.

In diesem Kapitel schreibt der Verfasser beinahe Wort für Wort den Tagesbefehl vom 15. April 1534 ab.

[18] *Mandamiento*, soviel wie Befehlshaber

[19] *Floreo* ist ein Wort, das von *floreor* (scharmützeln) herkommt; in der spanischen Diebessprache heißt *floreor* ,Messerstiche versetzen'. *Floreo* muß daher mit ,Dolchstoßgeber' übersetzt werden.

[20] Eine Stange mit mehreren Widerhaken; eine Bezeichnung, der ähnlich, die man bei uns etwa einen jungen Taugenichts nennen könnte.

[21] Hängungen

[22] In Honig setzen (*puestas en dulce*). Frauenzimmer von leichtfertigem Lebenswandel, besonders die Personen, die das abscheuliche Geschäft trieben, die Jugend zu verderben, wurden in Spanien auf eine eigentümliche Weise bestraft. Noch vor nicht allzu langer Zeit wurde ein Weib, wenn es überführt war, sich prostituiert oder eine andere dazu verführt zu haben, dazu verurteilt, eingefedert zu werden. Die Vollziehung des Urteilsspruchs fand auf folgende Weise statt: Um elf Uhr morgens begab sich der Henker zu der Verurteilten, und unter dem Bestand seiner Knechte entkleidete er sie vollständig vom Gürtel bis zum Hals, dann bestrich er ihren Körper mit einer dicken Lage Honig. War dies geschehen, so setzte er ihr eine Coroza, d. h. eine spitze Mütze auf. So angetan, wurde die Verurteilte auf einen Esel gesetzt; hier befestigte man ihr den Hals an einer Eisenstange, deren äußerstes Ende sich auf den Hals des Esels stützte. Darauf führte man sie langsam zwischen zwei Reihen von Soldaten und Alguazils und in Begleitung von einer zahllosen Volksmenge durch die Straßen. Hinter der Verurteilten gingen zwei Knechte des Henkers, die einen großen Korb mit Hühnerfedern trugen, der öffentliche Ausrufer und der Henker selbst. Der Zug machte in den Hauptstraßen und auf den vorzüglichsten Plätzen der Stadt halt, und bei jedem solchen Haltepunkt las der öffentliche Ausrufer mit lauter Stimme den Spruch vor, der die Verurteilte dazu verdammte, eingefedert zu werden. Indem er dies tat, endete er jederzeit mit den Worten: „So muß der bezahlen, der das getan hat."

Sobald diese Worte gesprochen waren, nahm der Henker zwei Handvoll Federn aus dem Korb und warf sie auf den Honig, mit dem der Körper der Verurteilten bestrichen war, die Federn blieben daran kleben, und das Weib bekam dadurch nach kurzer Zeit ein ziemlich abschreckendes und komisches Aussehen, worüber die Volksmenge unbändig lachte. In der Volkssprache hieß dies *in Honig gesetzt* oder *eingemacht werden*.

[23] in die Hände der Justiz

[24] Der Guapo spielt hier auf gewisse Brüderschaften an, die selbst noch im Jahre 1820 die Straßen der Städte Spaniens durchzogen, um für die neuntägigen Fasten unserer lieben Frau vom Rosenkranz oder jeder anderen lieben Frau Lebensmittel zu erbetteln, die sie dann sehr heilig dazu verwandten, hübsche Mahlzeiten zu halten, nachdem sie auf solche Weise die Kosten dazu eingestrichen hatten. Diese Kosten aber bestanden in einem Dutzend Wachskerzen, die man in ebenso viele Laternen gesteckt hatte, die an einem Stock umhergetragen wurden, und aus der Bezahlung eines Lastträgers, der ein Banner mit dem Bildnis irgendeiner lieben Frau tragen mußte. Die Zahl dieser Brüderschaften belief sich in Madrid noch im Jahre 1820 auf 79. Noch um jene Zeit konnte man kaum durch die Straßen der großen Städte Spani-

ens gehen, ohne während des Abends mehreren *Rosarios* zu begegnen, d. h. Truppen von Heuchlern und Dummköpfen, die, in zwei Reihen aufgestellt, mit lauter Stimme und mehr als zerstreutem Wesen den Rosenkranz abbeteten, ohne andere Unterbrechung als die kreischende Stimme der *Demandaderos* (Bittsteller), die bei dem Ende jedes Ave Marias beteten: *„Maria santissima del Rosario, hermanos!"* (Gebet unserer lieben Frau vom Rosenkranz, Brüder!), und Geldstücke fielen dann in Mengen nieder, eingewickelt in brennendes Papier, damit der *Demandadero* es sehen konnte! Oh, ihr Mönche Spaniens, das ist so einer eurer Züge!

[25] Die Brüder der Gardunnia hatten drei Grade durchzumachen, wie die Freimaurer; zuerst wurden sie *Chivatos*, d. h. Lehrlinge oder Novizen, dann *Postulanten*, oder Gesellen, und endlich wurden sie *Guapos (Bravos)*, Meister; erst nachdem sie diesen dritten Rang empfangen hatten, konnten sie mit Tötungen und Ermordungen beauftragt werden, die man von der Brüderschaft verlangte.

[26] Die Gardunnia war keineswegs eine unregelmäßige Gesellschaft. Zum Beweis führen wir hier ihre Statuten auf:

Artikel 1. Jeder Ehrenmann *(hombre honorato)*, der ein gutes Auge, scharfes Ohr, leichte Füße und keine Zunge hat, kann Mitglied der Gardunnia werden. Es dürfen dies auch ehrenwerte Personen werden, wenn sie ein ungewöhnliches Alter erreicht haben und der Brüderschaft zu dienen wünschen, sei es, indem sie dieselbe von guten Unternehmungen, die zu machen sind, in Kenntnis setzten, sei es, indem sie die Mittel angeben, diese Unternehmungen auszuführen.

Artikel 2. Die Brüderschaft wird auch unter ihren Schutz jede Matrone nehmen, die durch die Justiz gelitten hat und die es übernehmen will, für die Erhaltung und den Verkauf der verschiedenen Gegenstände zu sorgen, welche die göttliche Vorsehung der Brüderschaft zuzuweisen für gut befinden wird; ebenso auch junge Frauen und Mädchen, die durch irgendeinen Bruder vorgeschlagen werden, diese letzteren unter der Bedingung, mit Leib und Seele dem Nutzen der Brüderschaft zu dienen.

Artikel 3. Die Mitglieder der Brüderschaft werden in Chivatos, Postulanten, Guapos und (man vergleiche die betreffenden Anmerkungen) Fuelles geteilt. Die Matronen werden Coberteras genannt und die jungen Weiber und Mädchen Serenas. Diese letzteren müssen jung, lebhaft, treu und lockend sein.

Artikel 4. Solange die Chivatos noch nicht gelernt haben, zu arbeiten, dürfen sie nichts für sich allein unternehmen und sich des *punzante* (Dolches) nie anders, als zu ihrer Selbstverteidigung bedienen. Sie werden auf Kosten der Brüderschaft ernährt, in Wohnung gebracht und unterhalten. Jeder derselben wird zu diesem Zweck als Legegeld 125 Maravedis erhalten. Hat er irgendeinen wichtigen Dienst geleistet, so kann er unmittelbar in die ehrenwerte Klasse der Postulanten erhoben werden.

Artikel 5. Die Postulanten leben von ihren Angriffen; diese Brüder werden ausschließlich mit Entfremdungen beauftragt, die mit leichter Hand auf Rechnung und zugunsten des Ordens zu vollführen sind. Von jeder Entfremdung erhält der arbeitende Bruder den dritten Bruttoteil, von dem er etwas für die armen Seelen im Fegefeuer abgibt. Von den beiden anderen Dritteln wird das eine in die gemeinschaftliche Kasse bezahlt, um die Kosten der Justiz zu bestreiten (um die Alguazils, die Schreiber und selbst die Richter, welche die Brüder beschützen, zu bestechen) und um Messen für die Seelen der dahingeschiedenen Brüder lesen zu lassen; das letzte Drittel wird zur Verfügung des Großmeisters des Ordens gestellt, der an dem Hof leben muß*, um für das Wohl und Gedeihen aller zu sorgen.

Artikel 6. Die Guapos haben für sich die *Verdunklungen*, die *Beerdigungen*, die *Reisen der Brüder* und die *Taufen*. (In Bezug auf die hier kursiv gedruckten Wörter verweisen wir auf die folgenden Anmerkungen.) Mit diesen beiden letzteren Operationen können sie einen Bruder Postulanten beauftragen, jedoch unter ihrer eigenen Verantwortlichkeit. Die Guapos empfangen den dritten Bruttoteil von dem Ertrag aller ihrer Operationen, und zahlen dreißig Prozent von ihren Einkünften für die Ernährung und Unterhaltung der Chivatos und für die Seelen im Fegefeuer soviel sie wollen. Der Überschuß des Ertrages ihrer Operationen wird ebenso verteilt wie in Art. 5 gesagt ist.

Artikel 7. Die Coberteras erhalten zehn Prozent von allen Summen, die sie eintreiben, und die Sirenen sechs Maravedis für jede Peseta (ungefähr ein halber Gulden), die durch die Guapos in die Kasse der Brüderschaft geliefert wird. Alle Geschenke, die sie von den edlen Herren, den Mönchen und anderen Mitgliedern der Geistlichkeit erhalten, gehören ihnen als freies Eigentum.

Artikel 8. Der Capataz, oder das Oberhaupt der Provinz, wird aus den Guapos ernannt, die wenigstens sechs Dienstjahre zählen und sich um die Brüderschaft verdient gemacht haben.

Artikel 9. Alle Brüder müssen eher den Märtyrertod sterben, als daß sie beichten, unter der Strafe degradiert, aus der Brüderschaft ausgestoßen, und nach Bedürfnis von dieser verfolgt zu werden.

Gegeben zu Toledo, im Jahre der Gnade 1420 und im dritten nach der Begründung unserer ehrenwerten Brüderschaft.

Unterzeichnet: El Colmilludo (der Zahnige).

*Im Jahre 1534 hielt der Großmeister der Gardunnia sich noch in Toledo auf. Erst viel später, unter der Regierung Philippos III., ließ er sich in Madrid nieder, wo er Sekretär des Königs wurde, und zwar unter dem Namen Don Rodrigo Calderòn, dank der Schwäche des Herzogs von Lerma und des mächtigen Schutzes des Jesuiten Francisco Luis de Aliaga, des Beichtvaters des Königs und General-Inquisitors von Spanien von 1618–1621.

[27] Jeder Gardunnio hatte die Gewohnheit, von dem empfangenen Honorar einige Maravedis in eine Büchse zu werfen, die unter dem Bild der heiligen Jungfrau an der Mauer befestigt war.

[28] ermordet

[29] Ertränkungen

[30] Straßenräubereien

[31] königliche Postkutsche

[32] Ermordung

[33] Kriminalgerichtshof

[34] Mandamiento hatte recht. Unter den Papieren, die 1821 bei der Verhaftung des Francisco Cortina und der Aufhebung der Gardunnia in Beschlag

genommen wurden, befand sich ein Register, in dem die Aufträge verzeichnet waren, die verschiedene Mitglieder der Inquisition der Brüderschaft in der Zeit von 147 Jahren erteilt hatten, d. h. von 1520–1667. Sie betrugen die bedeutende Zahl von 1986 einzelnen Bestellungen und hatten im Ganzen 198 670 Frs. eingebracht, d. h. ungefähr 100 Frs. für jede Bestellung. Unter diesen Aufträgen, welche die Beförderer des Glaubens erteilt hatten, kam ungefähr ein Drittel auf Entführung von Frauen und Mädchen. Ermordungen bildeten so ziemlich ein zweites Drittel, Korrektionen, d. h. Werfen ins Wasser, Dolchstöße, falsche Anklagen, falsche Zeugnisse, bildeten den Rest dieses Registers, das beim Kriminalgerichtshof von Sevilla niedergelegt ist, eines der beschwerendsten Aktenstücke gegen Francesco Cortina und dessen Genossen. Um der Wahrheit die Ehre zu geben, müssen wir bemerken, daß kein Auftrag von einem Mitglied der Inquisition darin nach 1797 vorkam.

[35] Isabella von Kastilien, die Gemahlin Ferdinands von Aragon, hegte stets Abscheu vor den Grausamkeiten des heiligen Offiziums und widersetzte sich lange Zeit der Einführung der modernen Inquisition in Kastilien. Torquemada, Beichtvater Ferdinands, ein ebenso verschlagener wie fanatischer Mönch, erzwang unter dem Vorwand, der geizigen Politik des Königs zu dienen, mehr die Zustimmung der frommen Isabella, als er sie erhielt, sooft er in seiner Eigenschaft als General-Inquisitor die königliche Gewalt mißbrauchen wollte. Die edle Königin antwortete einst auf einen neuen Anspruch des Inquisitors, den er mit Drohungen zu begleiten wagte: „Mönch, vergiß nicht, daß ein königlicher Befehl die Inquisition einführte und daß ein königlicher Befehl sie auch wieder aufheben kann."

[36] Man weiß, daß gegen ebendiese Zeit Karl V. die spanische Inquisition in den Niederlanden unter dem Namen des geistigen Tribunals einführte. Später unter Philipp II. veranlaßte dieses Tribunal in dem Zeitraum von drei Jahren den Tod von mehr als 1800 Menschen (Meiner, *Geschichte der Reformation*). Amerika und alle überseeischen Besitzungen Spaniens und Italiens schmachteten ebenfalls unter dem Joch der Inquisition.

[37] Die Chivatos, oder Lehrlinge der Gardunnia, dienten vorzugsweise dazu, während der Unternehmungen der Gardunnios auf der Lauer oder Wache zu stehen. Im Fall der Gefahr oder einer Beunruhigung ahmten sie bis zur Täuschung den Ruf oder das Geschrei irgendeines Tieres oder den Gesang eines Vogels nach. Während der Nacht war es das Zirpen der Grille, das Kreischen des Käuzchens oder des Uhus, das Quaken der Frösche oder das Miauen der Katzen, je nach der Jahreszeit oder der Weisung, die sie empfangen hatte. Am Tag war es das Gebell des Hundes oder das Geschrei irgendeines Tieres, welches das Leben und die Gewohnheiten des Menschen teilt.

[38] Der *Sereno* ist der Wächter der Nacht. In allen großen Städten Spaniens gehen Leute, die damit beauftragt sind, über die öffentliche Sicherheit zu wachen und im Falle eines Feuers Lärm zu machen, in dem ihnen angewiesenen Quartier umher. Bewaffnet sind sie mit einer Lanze, die *chupo* heißt, einer Laterne und einer kupfernen Pfeife. Die Lanze dient ihnen dazu, sich zu verteidigen und selbst im Falle der Not anzugreifen, die Laterne, sich selbst zu leuchten und den *rondos* (bürgerlichen Patrouillen), wenn nötig, Licht zu

geben, und die Pfeife, sich einander zur Hilfe zu rufen, wenn sie von irgendeinem Missetäter angegriffen werden. Die Serenos sind verpflichtet, alle fünf Minuten die Stunde abzurufen, um zu beweisen, daß sie wachen. Die nützliche Einrichtung der Serenos geht bis zum 15. Jahrhundert zurück. Es war Isabella von Kastilien, die sie im Jahre 1495 in Granada schuf, um über die Mauren der Stadt zu wachen, deren Empörung man jeden Augenblick fürchtete. Die Serenos bestehen noch jetzt in dem größten Teil der bedeutenderen Städte Spaniens. Es wäre zu wünschen, daß die Pariser Polizei, die Anspruch darauf macht, gut über die öffentliche Sicherheit zu wachen, etwas Ähnliches in die Nähe der Brücken und an den Ufern des Kanals einführte, wo aus Mangel an Licht und an Polizeileuten die Wachsamkeit der Serenos vielleicht die Zahl der Leichen vermindern würde, die man täglich in der Morgue ausgesetzt sieht.

[39] Die Spanier, und besonders die Andalusier, besitzen eine wunderbare Geschicklichkeit in der Handhabung dieser mörderischen Waffe, die *el nudo escurridizo* heißt. Die Familiaren des heiligen Offiziums, besonders die Sbirren, ziehen nie zu einer Expedition aus, ohne in ihrer Tasche die ‚laufende Schleife' zu führen. Diese Seidenschnur dient ihnen nur selten dazu, einen Feind zu erwürgen, der Widerstand leistet. Wer hätte es gewagt, sich gegen die Inquisition aufzulehnen? *El nudo escurridizo* wurde besonders dazu verwendet, die Hunde zu erwürgen, die, indem sie bellten, Aufmerksamkeit erregen konnten, und nach Bedürfnis auch, um das Geschrei der Gefangenen zu ersticken, bis man Zeit gewonnen hatte, ihnen einen Knebel in den Mund zu stecken. Man sieht, wie kalt und geschickt die Grausamkeit der Inquisition berechnet war.

[40] Der Verfasser macht sich hier eines freiwilligen Anachronismus schuldig. Die Inquisition wurde in Portugal erst 1551 oder 1552 durch den falschen Nuntius Juan Perez von Saavedra eingeführt, den ich in einer Anmerkung erwähnte.

[41] Diese Szene einer Orgie, die der Verfasser beschreibt, wird einigen unserer Leser vielleicht übertrieben und böswillig erscheinen; gleichwohl fanden ähnliche Auftritte häufig bei den Großwürdenträgern der Kirche in Spanien statt. Man liest bei dem berühmten Historiker Mariana, daß, während der Haushofmeister König Heinrichs III. gezwungen war, den Mantel seines Gebieters zu versetzen, um etwas zum Mittagessen zu kaufen, die Herren des Hofes sich beim Erzbischof von Toledo, der in Burgos residierte, allen Ausschweifungen der Tafel in Gesellschaft mit mehreren Bischöfen und anderen hohen Prälaten Kastiliens überließen.

[42] Man glaubt allgemein, daß Spanien geduldig und feig das Joch des Despotismus und der Inquisition ertragen habe, doch das ist ein Irrtum. Die Spanier hörten nie auf, für ihre politische und religiöse Freiheit zu kämpfen. Seit dem Anfang des 15. Jahrhunderts haben die Communes und die Cortes stets mit Entschlossenheit gegen den heuchlerischen oder einfältigen Despotismus der Könige und gegen den unersättlichen Geiz der Mönche und Roms protestiert. Padilla Polier, der große Justitiar von Aragon, und tausend andere mutige Verteidiger der Rechte der Menschheit, haben mit ihrem Blut die Anstrengungen bezahlt, die sie machten, um Spanien von dem königli-

chen Despotismus zu befreien. Johanna Bohorques, Maria von Burgund, mit dem Beinamen Mutter der Armen, Rodriquez von Valero und viele andere Christen nach dem Willen Jesu Christi sind die Märtyrer gewesen, deren Blut die Religion des Evangeliums befeuchtete, und die stolzen Henker, die sich die Priester eines Gottes des Friedens zu nennen wagten, auf der Stirn mit dem Brandmahl der Nichtswürdigkeit zeichneten.

Man sage nicht, daß alle die, die von der Inquisition verfolgt wurden, Ketzer waren. Johann von Avila, der hl. Johannes von Gott, die hl. Therese, der hl. Johann vom Kreuze, Bruder Luis von Leon, Bruder Luis von Granada, Mariana, d. h. Menschen, die Rom selbst für heilig zu erklären sich gezwungen sah, und deren Talent ganz Europa mit ihrem Ruf erfüllte, haben ebenfalls die Verfolgungen dieses abscheulichen Tribunals zu erdulden gehabt, das man die Vorhalle der Hölle hätte nennen können, und kämpften beständig mit ihrem beredten Wort gegen die ungerechte Macht, die allen Gesetzen Gottes und der Menschen widerstritt (Mariana, *Protokoll der Inquisition und allgemeine Geschichte Spaniens*).

[43] Wenn eines der Opfer der Inquisition alles, was man verlangte, gestand und sich allen Büßungen und allen Demütigungen unterwarf, die man von ihm forderte, war das Tribunal wohl gezwungen, es zu entlassen und sich mit einer großen Strafsumme zu begnügen, wie die Gesetze der Inquisition selbst es nannten. Das vernichtende und habgierige Genie Dezas und Buceros machte das Mittel ausfindig, sich nicht mit sowenig zu begnügen, indem es die, die ihnen so entgingen, beschuldigte, ihr Geständnis ohne Aufrichtigkeit abgelegt zu haben und sie deshalb für falsche Büßer erklärte. Die falschen Büßer wurden verbrannt oder zu ewiger Gefangenschaft verurteilt und alle ihre Güter konfisziert (*Geschichte der Inquisition, Regierungszeit Dezas*).

[44] Einige Zeit vor der Eroberung Granadas durch Ferdinand von Aragon und Isabella von Kastilien, d. h. gegen das Jahr der Gnade 1493, verließen eine große Anzahl Ritter, von den Stämmen der Abenceragen, Gomolen und Gazuls, außer sich gebracht durch die Grausamkeit Mulei Hassans und die Schwäche Boabdils, die maurische Stadt, suchten die katholischen Herrscher auf und nahmen die christliche Religion an. Die katholischen Könige sicherten durch besondere Gesetze diesen Rittern große Privilegien und gewährten ihnen große Gunstbezeigungen. Die neuen Christen leisteten dafür der Krone Kastiliens außerordentliche Dienste, indem sie tapfer für die Sache Spaniens und für die des Katholizismus kämpften, den sie mit voller Aufrichtigkeit angenommen hatten (Gines de Hita, *Geschichte der Bürgerkriege in Granada*). Unter Deza und nach ihm wurden die Nachkömmlinge dieser Ritter, d. h. die Blüte der andalusischen Ritterschaft, durch den Spitznamen *marranos* (Schweine) bezeichnet und als Ketzer und Rebellen verfolgt. Einige Worte werden diese Verfolgung erklären: Die Nachkömmlinge der maurischen Ritter, die zu den Zeiten der katholischen Könige bekehrt wurden, waren sämtlich sehr reich, und die Inquisition hat von jeher die Reichtümer außerordentlich geliebt.

[45] Während der Regierung des General-Inquisitors Deza und seines Schützlings des Inquisitors von Cordova, Lucero, erbitterten die Grausam-

keiten, oder um es richtiger zu bezeichnen, die Ungerechtigkeiten des heiligen Offiziums, die Spanier so sehr, daß sich auf allen Seiten beredte Stimmen gegen diese Männer erhoben, die unter dem Namen der Verteidiger des Glaubens, an dem Glauben der Apostel selbst hätten Zweifel erwecken können. Nachdem Deza von seinen Funktionen durch Philipp I. entbunden worden war, übernahm er seinen Posten wieder bei dem Tod dieses Fürsten, der 1506 im vierten Monat seiner Regierung erfolgte. Sogleich kassierte er alles, was der oberste Rat verordnet hatte, und setzte auch Lucero in seine Funktionen wieder ein. Und nun begann eine grausame Verfolgung gegen den heiligen Bischof von Granada, Ferdinand von Talavera, und gegen den weisen Antonio von Xebrija. Dieser letztere war bei dem heiligen Offizium angeklagt, mehrere Fehler, die sich in den lateinischen Text der Vulgata eingeschlichen hatten, entdeckt und verbessert zu haben. Diese Verfolgungen sowie die Grausamkeiten Luceros erbitterten die Andalusier, die sich empörten, die Gefängnisse des heiligen Offiziums erstürmten und die Gefangenen befreiten, deren Zahl unberechenbar war. Der Fiskal, die Grieffier des Inquisitionstribunals und mehrere Unterbeamte wurden in Cordova verhaftet, Lucero selbst verdankte sein Heil nur einer schnellen Flucht, diese Ereignisse sowie die Ankunft Ferdinands V., des Regenten von Spanien, flößten Deza einen solchen Schrecken ein, daß er freiwillig auf seinen Posten verzichtete, nachdem er 2592 Menschen lebendig und 824 *in effigie* hatte verbrennen lassen, während zu lebenslänglichem Gefängnis oder zu den Galeeren mit Konfiskation ihrer Güter 32952 Angeklagte verurteilt worden waren. Um die Prozesse der zahlreichen Personen kennenzulernen, die bei Gelegenheit dieser Unruhen verhaftet worden waren, erbat und erhielt der Inquisitor Eisneros, der Nachfolger Dezas, politischer, aber nicht weniger grausam als sein Vorgänger, von dem König die Erlaubnis, eine Junta aus 22 der hervorragendsten Persönlichkeiten des Königreiches bilden zu dürfen, um auf eine geziemende Weise die Prozesse beendigen zu lassen, die der Inquisitor Lucero gegen die Bewohner von Cordova begonnen hatte. Diese Junta, die den Namen der *Katholischen Kongregation* annahm, hielt ihre erste Versammlung in Burgos 1508. Nach einer Arbeit von mehreren Monaten erklärte die Junta: 1. daß die Zeugen, die Lucero in der Angelegenheit Cordovas vernommen hatte, nicht glaubwürdig wären; 2. daß alle Angeklagten, die sich in den Gefängnissen befanden, unschuldig wären und unverzüglich in Freiheit gesetzt werden müßten; 3. daß das Andenken an die, die verbrannt worden waren, rehabilitiert werden sollte; endlich 4. daß die auf Befehl Luceros und Dezas niedergerissene Häuser auf Kosten des Staatsschatzes wieder aufzuführen seinen. – Diese Bestimmungen der Katholischen Kongregation wurden vollständig vollzogen, nachdem sie feierlich in Valladolid unter dem Beifallsjubel des Volkes, das endlich die Inquisition gebrochen glaubte, verkündet worden waren. Armes Volk! In seinem ehrlichen Glauben wußte es nicht, daß die Inquisition, indem sie einen trügerischen Waffenstillstand gewährte, sich vorbehielt, es in Zukunft besser zu treffen, nachdem es dasselbe in das ungeheure Netz der namenlosen Arglisten versteckt hatte, welche die Geistlichkeit stets anzuwenden wußte, um ihre weltliche Macht zu vergrößern (*Geschichte der Inquisition*).

[46] Lucero hatte von den Spaniern den Spottnamen *der Nebelige* erhalten. *Lucero* bedeutet im Spanischen ‚glänzender Stern'.

[47] Ein Hospital, das durch Johann von Gott gegen die Mitte des 16. Jahrhunderts zur Pflege Aussätziger gegründet wurde sowie zur Heilung jener grausamen Krankheiten, welche die Gefährten des Christoph Columbus nach Europa gebracht hatten.

[48] Briefe des heiligen Johann von Avila an den heiligen Johann von Gott, seinen Schüler.

[49] Der heilige Johann von Gott widmete 60 Jahre seines Lebens der Erleichterung der leidenden Menschheit. Er und sein Schüler haben die meisten der spezifischen Mittel entdeckt, die noch heutzutage bei der Behandlung der Krankheiten angewandt werden, deren Heilung sie sich angelegen sein ließen. Ehe St. Johann von Gott starb, beschenkte er Spanien mit mehr als 60 Hospitälern, in denen sämtlich die Geistlichen seines Ordens den Dienst versahen. Weshalb haben nicht alle Mönche die Segnungen der Völker so zu erringen verstanden wie die Hospitaliter.

[50] *Melopia.* So nennt man in Spanien die Suppe, oder richtiger gesagt, das ekelhafte Ragout, das die Mönche den zahlreichen Bettlern austeilen, mit denen das Land, dank dem Fanatismus und der Grausamkeit der Inquisition, überfüllt war. Das Wort Melopia ist eine Abwertung des Wortes *mezclopia* (Gemisch); es ist abgeleitet von dem Verb *mezclar* (mischen, vermengen). In dem 16. Kapitel wird der Verfasser nähere und leider nur allzu wahre Umstände von dieser mönchischen Barmherzigkeit angeben.

[51] Man würde sich nur schwer einen richtigen Begriff von dem Fanatismus machen können, mit dem die spanischen Missetäter ihre Versprechungen erfüllen. Sie würden sich sehr straffällig zu machen glauben und in dem Wahn stehen, sich für immer zu entehren, wenn sie ihrer Verpflichtung ungetreu würden, nachdem sie Geld angenommen hätten, um den Mord zu begehen. Sie besitzen, wenn man sich so ausdrücken darf, die Rechtschaffenheit des Verbrechens, und tief ist die Worttreue in das Herz dieses Volkes eingegraben, das durch ein schlechtes politisches System so furchtbar entartet, durch die unersättlichen Anforderungen Roms und die unglaubliche Grausamkeit der Inquisition so arg geknechtet wurde.

[52] „Was werden die Dominikaner sagen, die unsere Kassen gefüllt haben?" Um die ganze Tragweite zu begreifen, die dieser Ausruf des Oberhauptes der Gardunnia hatte, lese man die Anmerkung Nr. 51 wieder nach.

[53] *El Colmilludo* (der Zahnige). Es gab in der Tat um jene Zeit am Hof einen Beamten, dessen Funktionen die Mitte hielten zwischen denen eines Augendieners des Königs und besonders der großen Herren des Hofes und denen eines Spaßmachers, oder er verband vielmehr diese beiden Posten miteinander. Die Sevillaner behaupten noch gegenwärtig, daß der Zahnige das Oberhaupt der Gardunnia war, und wenn sie die Gewandtheit oder die Abscheulichkeit eines Banditen schildern wollen, sagen sie: *„Es mas ladron y mas malo que el Colmilludo"* (Er ist ein größerer Spitzbube und boshafter als der Zahnige).

[54] Gerechtigkeit

[55] Henker

[56] junger Schelm, Räuberlehrling
[57] Quaken. Die Missetäter und alle Leute ohne bestimmtes Obdach, die von Spitzbübereien und Betrügereien leben, bewegen sich in geschlossenen Banden und werden umgeben von jungen Lehrlingen, die während ihrer Operationen Wache stehen. Diese jungen Menschen, die sehr geschickt sind, das Zirpen der Grille, das Bellen des Hundes, das Miauen der Katze und das Quaken der Frösche nachzuahmen, benachrichtigen durch eines dieser Geschreie diejenigen, die mit irgendeinem verbotenen Unternehmen beschäftigt sind. Oft geschieht es in Spanien, daß am hellen Tag mitten auf einer Promenade man plötzlich ein Konzert von Fröschen oder ein Gezänk der Katzen vernimmt und man dann plötzlich eine Bande von Spitzbuben entfliehen sieht, die damit beschäftigt waren, bei Karten oder Würfelspiel einfache Leute des Volkes und oft selbst Kinder auszubeuten.
[58] Ein Alguazil oder ein anderer Beamter der Justiz, der sich nähert.
[59] Lange, sehr spitze Messer von unvergleichlicher Arbeit, deren sich die Messerkämpfer in Spanien bedienen.
[60] *Baratero.* So nennt man in Spanien gewisse Schelme, die kein anderes Besitztum haben als ein Spiel schmutziger Karten und die damit die Märkte, die Messen und die Umgebungen der *presidios* (Zuchtgaleeren) besuchen, indem sie ihre Karten denen, die spielen wollen, anbieten oder vielmehr aufzwingen. Die Barateros sind so eifersüchtig aufeinander, daß sie oft durch einen Zweikampf auf das Messer darüber entscheiden, welcher von ihnen seine Karten vermieten soll. Das Wort Baratero stammt von *barato* ab; so nennt man die wenigen Maravedis, welche die Schelme sich von den Spielern bezahlen lassen, wenn diese sich nicht der Gefahr eines Zweikampfes auf das Messer aussetzen wollen.
[61] Ein Messerkämpfer fand seinen Feind schlafend am Fuß eines Baumes. Er weckte ihn auf und bot ihm höflich einen Kampf an, den der andere mit gleicher Artigkeit annahm. Als der Zweikampf beendigt war, stand der am wenigsten Verwundete seinem Gegner bei, das nächste Wachlokal zu erreichen, und unterstützte ihn dabei wie ein zärtlicher und treuer Freund. Angekommen auf dem Posten, den ich selbst kommandierte, überlieferten sich beide meinen Händen. Der eine wurde in das Hospital geschickt, der andere in das Krankenhaus des Stadtgefängnisses; denn sehr strenge Gesetze verbieten in Spanien den Zweikampf auf das Messer, den gefährlichsten von allen Arten des Zweikampfes. Der eine dieser Menschen erlag seinen Wunden, der andere wurde gehängt. Er zog es vor, sich selbst der Gerechtigkeit zu überliefern, statt seinen Gegner sterbend und ohne Beistand im Wald zu verlassen, was für ihn ein unvertilgbarer Schandfleck gewesen sein würde. Er hätte sich dadurch für immer in den Augen aller Barateros entehrt und ebenso in denen aller *Majas* (leichtlebige Mädchen), in den Augen der ganzen Gesellschaft freigelassener oder entsprungener Galeerensträflinge. Dieses Verlassen seines Feindes würde als eine Handlung der Feigheit betrachtet worden sein, entwürdigender als das rote Eisen des Henkers, schändender als das Bagno. Einen Tapferen zu verlassen, der sich freiwillig den Gefahren des Zweikampfes auf das Messer ausgesetzt hatte, und dies aus Furcht vor dem Galgen zu tun, das wäre unmöglich gewesen!

[62] Der Brasero ist ein kupfernes Becken, angefüllt mit glühenden Kohlen, das man in die spanischen Salons setzte, um sie während des Winters zu erwärmen. Der französische Kamin und der Ofen der nordischen Gegenden wurden in Spanien erst nach dem Unabhängigkeitskrieg eingeführt.

[63] Die Manga ist eine Art von rundem Banner, das die Gestalt eines Turmes hat, in einer Spitze endigt und von einem Kreuz überragt wird; sie ist aus schwarzem Samt, verziert mit einer goldenen Tresse für verheiratete und verwitwete Personen und mit einer silbernen Tresse für unverheiratete junge Leute und Kinder. Bei spanischen Beerdigungen ist die Manga die unzertrennliche Gefährtin des Kreuzes.

[64] Die Höhle des Heiles war bei den Mönchen das, was bei den Freimaurern die Kammer des Nachdenkens ist. In dieser Höhle war alles darauf berechnet, auf die Einbildungskraft des Neophyten zu wirken, die bereits durch drei Tage beinahe unbedingten Fastens erregt war und auf eine unbeschreibliche Weise wirkte. Ich hörte den Pater Antonio, einen rechtschaffenen Mönch, wenn es jemals einen gab, der so sehr ein Lebemann wie ein Mann von Welt war, sagen, daß er am Tag nach seiner Wahl zum Prior der Hieronimiten von Madrid, obgleich er viel lieber Prior seines Klosters wurde, als Grand von Spanien erster Klasse auf diese Würde verzichtet hätte, wäre er gezwungen gewesen, noch einmal die Zeremonie des Professes durchzumachen und eine Stunde allein in der Höhle des Heiles zu bleiben. „Ich glaube", sagte er, „daß man sie die Hölle des Satans nennen sollte, denn wenn ich an den Teufel glaubte, würde ich nicht daran zweifeln, ihn mit seinem ganzen Gefolge von Dämonen, Teufeln und Kobolden gesehen zu haben. Nachdem ich die Ermahnungen des Novizenmeisters gehört hatte, nachdem ich drei Tage fastend und beinahe ohne zu trinken zubrachte und dann eine halbe Stunde in der Höhle des Heiles blieb, begriff ich die Versuchungen, denen der heilige Antonius ausgesetzt war, und glaube an dieselben."

Beweisen diese Äußerungen eines Mönchs nicht, daß die Mönche an der Stelle der ernsten und einfach feierlichen Zeremonie des christlichen Kultus eine zugleich lächerliche und gottlose Phantasmagorie eingeführt haben, die mehr dazu geeignet ist, die Sinne zu verwirren, als die Seele zu erheben?

[65] Alle Geschichtsschreiber, die über die Inquisition geschrieben haben, stimmen darin überein, daß man, sobald eine Person verhaftet und in die Kerker des heiligen Offiziums gebracht war, niemand mit derselben verkehren ließ, selbst nicht die nächsten Verwandten. Was noch mehr ist: Wenn sich irgend jemand zugunsten des Gefangenen zu verwenden wagte oder den Versuch machte, ihn als unschuldig darzustellen, wurde er augenblicklich, unter derselben Anklage wie der, den er verteidigen wollte, ebenfalls verhaftet.

[66] Nach einer maurischen Tradition, die sich bis auf unsere Tage erhalten hat, glaubt man allgemein im Volk, daß die Giralda von Geistern erbaut wurde, die dieselbe noch jetzt zu ihrer Wohnung machen.

[67] Die Lehren Luthers und Calvins regten nicht nur Deutschland, England, die Schweiz, die Republik Genua und den Süden Frankreichs auf, sondern hatten auch in Spanien und besonders in den Klöstern zahlreiche Anhänger,

und es scheint gewiß, daß eine große Anzahl von Spaniern, unter denen man Geistliche zählte, die Mittel gefunden hatten, sich die in Deutschland durch die Protestanten von Speyer herausgegebenen Bücher zu verschaffen (l'Lorente, *Geschichte der Inquisition*).

[68] 1559 verbrannte man bei einem allgemeinen Autodafé, das in Valladolid stattfand, unter den Augen des Prinzen Don Carlos und der Prinzessin Johanna die Gebeine und die Statue einer Dame namens Eleonore von Vibero y Cazalla, die als gute Katholikin gestorben war, nach ihrem Tod aber durch Zeugen, denen man durch die Tortur Geständnisse entriß, angeklagt und überführt wurde, ihr Haus den Lutheranern von Valladolid geliehen zu haben, um daselbst die Zeremonien des protestantischen Kultus zu üben. Diese Dame wurde als in der Ketzerei gestorben erklärt und ihr Andenken bis in ihre Nachkommenschaft zur ewigen Schande verurteilt; ihre Güter wurden konfisziert und ihr Haus unter dem Verbot, es jemals wieder aufzubauen, der Erde gleichgemacht. An den Trümmern dieses Hauses errichtete man ein Monument, mit einer Inschrift, die sich auf dieses Ereignis bezog *(Geschichte der Inquisition)*.

[69] *El Rastro*. Das Wort Rastro bedeutet soviel wie Spur. Die Spanier nennen in ihrer so bildreichen Sprache *el rastro* den Ort, an dem zum Verkauf alle alten oder gestohlenen Gegenstände zusammengebracht werden. In jeder Stadt Spaniens ist ein öffentlicher Platz zu diesem Handel bestimmt. Hinsichtlich der Sitten, der Gebräuche und der Physiognomie ist dieser Platz dem Temple in Paris ziemlich ähnlich. Sobald ein Spanier bemerkt, daß ihm irgend etwas fehlt, und vermutet, daß man es ihm gestohlen hat, sagt er es dem Richter seines Viertels, und nachdem dieser die Beschreibung des verschwundenen Gegenstandes aufgenommen hat, schickt er einen Alguazil nach diesem Markt, indem er ihm sagt: *„Sigu el rastro"* (Folgt der Spur). Die Beschreibung dieses Ortes, wie der Verfasser sie gibt, ist sehr getreu.

[70] Eine Frau des Volkes

[71] Einige fromme Mönche jener Zeit durchzogen Spanien, bettelten bei den Reichen, gaben den Armen, predigten allen die heiligen Lehren des Evangeliums und trösteten die, die Schmerzen hatten. Dieses wahrhaft apostolische Benehmen stand zu sehr im Widerspruch mit dem der gewöhnlichen Mönche und Inquisitoren; Mönchspack und Inquisition verfolgten daher auch diese mildtätigen Mönche mit größter Erbitterung.

[72] Im 13. Jahrhundert betrugen die Mönche und die Mitglieder der Geistlichkeit ein Zehntel der Bevölkerung Spaniens, die damals 30 Millionen Seelen zählte; die Regierungsbeamten, die Truppen einbegriffen, stiegen bis auf ungefähr eine Million; man konnte etwa zwei Millionen große und kleine Grundbesitzer zählen. Der ganze Rest der Bevölkerung bestand aus Proletariern und Bettlern. Die Mönche und die Geistlichkeit besaßen ein gutes Drittel von ganz Spanien *(Statistique de Belmonte et Baldiveo)*. Die Mönche und die Geistlichkeit Spaniens haben durch ihre Intoleranz und ihre unersättliche Habgier die Bevölkerung Spaniens bis auf etwa elf Millionen herabgebracht. Die Ungerechtigkeit und die Grausamkeit der Regierenden würde Spanien bald in eine Wüste verwandeln, wenn Gott sich dieses unglücklichen Landes nicht erbarmte.

[73] Diese beiden Bischöfe waren die Söhne getaufter Juden, aber sie genossen die allgemeine Achtung. Der Inquisitor Torquemada stellt diese vor sein Gericht, obgleich nach der apostolischen Bulle die Bischöfe der Inquisition nicht verantwortlich waren. Die beiden Prälaten begaben sich nach Rom, um beim Papst zu appellieren. Der Oberherr der Kirche verwies die Angelegenheit vor andere Bischöfe, deren Entscheidung den Angeklagten günstig war. Als Entschädigung der Verfolgungen, die sie zu erdulden gehabt hatten, ernannte der Papst den Bischof von Segovia für die Gesandtschaft in Neapel und den von Callohorra für die Gesandtschaft in Venedig. Der Inquisitor ließ sich dadurch nicht abschrecken; Torquemada fand doch Mittel, einen neuen Prozeß anhängig zu machen, durch den es ihm gelang, den Beweis zu führen, daß diese Bischöfe in die Ketzerei verfallen wären, worauf sie in einem Schloß eingesperrt wurden, in dem sie starben, nachdem sie ihrer Güter beraubt und der bischöflichen Würde entkleidet worden waren (l'Lorente, *Geschichte der Inquisition*).

[74] Zu allen Zeiten haben die Spanier die Inquisition und die anderen Beamten des heiligen Offiziums beschuldigt, die Frauen, die in den Kerkern der Inquisition eingesperrt waren, zu Opfern ihrer Lüste gemacht zu haben. Diese Anklage ist nicht so ungerecht, wie die Verteidiger dieses abscheulichen Tribunals es behaupten. Nach der Empörung von Cordova und der Flucht des Inquisitors Deza dekretierte der Nachfolger dieses letzteren, Ximenes Cisneros, daß nach diesen ärgerlichen Ausschweifungen, die mit den in den Gefängnissen befindlichen Frauenzimmern vorgefallen wären, nach der Bestimmung des hohen Rates alle Personen, die dem heiligen Offizium angehörten und sich solcher Exzesse schuldig machten, mit dem Tod bestraft werden sollten. An Gelegenheiten zur Anwendung dieses Gesetzes hat es in der Folge nicht gefehlt, gleichwohl ist es stets wirkungslos geblieben (l'Lorente, *Geschichte der Inquisition*).

[75] Der Fanatismus Torquemadas kam seiner Grausamkeit gleich, oder richtiger gesagt, seine Grausamkeit war nur das Resultat seines Fanatismus. Sooft der Beichtvater Ferdinand von Aragons sich gezwungen sah, gegen irgendeinen Ketzer einzuschreiten, bereitete er sich darauf durch Fasten und Bußübungen vor. Diese letzteren bestanden darin, daß er sich geißelte bis sein Fleisch zerrissen war und sein Blut reichlich floß (Ponce de Leon, *Leben Torquemadas*)

[76] Der Puchero ist ein Gericht, das aus mehreren Sorten Fleisch, Gemüse und getrockneten Bohnen besteht. Reiche fügen denselben noch *Chorizo* und *Morcillas* (schwarzen Pudding) hinzu. Dann wird der Puchero mit dem bekannten Namen olla podrida bezeichnet.

[77] *el rancho*, das Zimmer

[78] Die *Abuela*. So nannten die Zigeuner ihr Oberhaupt, das stets ein altes Weib war.

[79] Die Gitanos bekennen sich zu keiner Religion; sie erheucheln stets die des Landes, in dem sie sich befinden. Indes sind sie die abergläubigsten Menschen auf der ganzen Erde. So wird z. B. ein Gitano, der gewöhnt ist, von Raub und Betrügereien aller Art zu leben, nie an dem Tag stehlen oder betrügen, an dem er in der Nacht zuvor das Geschrei eines Käuzchens

gehört hat. Denn nach dem Aberglauben seiner Kaste bedeutet dies Geschrei stets eine gerichtliche Verhaftung oder wenigstens Zwistigkeiten mit der Justiz. Der Gitano wird nie eine Flüssigkeit trinken, in die eine Fliege gefallen ist; denn jeder Mensch, der von einer Flüssigkeit genießt, in der ein Geschöpf ertrank, wird ebenfalls ertrinken. Endlich muß der Gitano, der während der Totenwache von einem Leichnam berührt wurde, die Nacht mit dem Toten zubringen und den Mut besitzen, die Teufel kommen und den Leichnam des Verstorbenen mit sich tragen zu sehen, nachdem sie ihn umtanzt haben; tut er dies nicht, so muß er in dem laufenden Jahr sterben. Es ist daher auch ein großes Unglück, wenn der Tote während des Tanzes fällt, den seinen Verwandten und Freunde an dem Tag vor seiner Beerdigung bei ihm aufführen, um ihn gegen den Besuch der Dämonen zu schützen.

[80] Die Gitanos, wie viele andere Menschen des niederen Volkes in Andalusien, lieben es, Geldstücke zu Knöpfen zu benützen. Die Armen durchbohren die Ochavos und Wohlhabenden die Realstücke, eine kleine Silbermünze; reiche Maultiertreiber und Schmuggler durchbohren auf gleiche Weise mehrere hundert Goldstücke von 5, 10 und 20 Francs, um sie zu Knöpfen einer einzigen Samtjacke zu verwenden.

[81] Franziska von Lerma ist keine historische Person, sondern nur ein Typus, eine Personifizierung der Äbtissinnen jener Zeit sowie der, einiger unserer Tage.

[82] Dieses ganz christliche Zeremoniell hat sich noch bis auf unsere Tage unter den Dienerinnen Jesu erhalten. Ein Knie zur Erde gebeugt, eine silberne oder Vermeilplatte in den Händen, bieten die Nonnen der Rue Saint Dominique der demütigen Vorsteherin der Jesuitinnen die an sie gerichteten Botschaften dar.

[83] Ich werde zu seiner Zeit und an seinem Ort von Johann von Avila sprechen, einem Mann von edler, ergebungsvoller Seele, dessen Name in Spanien so volkstümlich und so beliebt ist.

[84] Nicht bloß im 16. Jahrhundert und nicht bloß die Inquisitoren sagten zu ihren Beichtkindern: „Gott erlaubt die Bedürfnisse der Sinne zu befriedigen, wenn es nur mit einem seiner Diener und ohne Ärgernis zu erregen geschieht." Diese gotteslästerlichen Worte wurden in Toulouse vor noch nicht fünf Jahren zu einer Nonne des Klosters des heiligen Antonius von ihrem geistlichen Hirten gesprochen, gegen den sie sich später zu einer Klage der Schadloshaltung vor dem Zivilgericht von Agen und dem königlichen Gerichtshof von Toulouse gezwungen sah. Dieser ärgerliche Prozeß bewies, daß, wenn auch die Zivilgesetze außer Gebrauch gekommen oder verändert worden sind, wenn auch die weltlichen Gebräuche sich läuterten, sowohl die geistlichen Gesetze als auch die Sitten gewisser Mitglieder der Geistlichkeit fortwährend heilige Dinge zur Befriedigung ihrer irdischen Leidenschaften benutzen. Beeilen wir uns hinzuzufügen, daß im allgemeinen die niedere Geistlichkeit diese Ausschweifungen beklagt. Steht es so mit unseren kirchlichen Würdenträgern?

[85] Die barmherzigen Brüder folgten, gleich den Dominikanern, der Regel des heiligen Augustin. Ursprünglich war dieser Orden sehr nützlich. Die Brüder desselben verbreiteten sich in der ganzen Christenheit, erbaten und

erlangten zahlreiche Almosen, die gewissenhaft dazu verwendet wurden, Christen aus der Gefangenschaft in der Barbarei loszukaufen. Einige Mönche dieses Ordens, die nach Algier geschickt worden waren, um Gefangene loszukaufen, sind selbst an der Stelle derer zurückgeblieben, für die sie kein Lösegeld bezahlen konnten. Es gibt unter ihnen selbst solche, die das Märtyrertum erduldeten; allein diese erhabene Selbstverleugnung währte nicht lange. Während des 18. Jahrhunderts erbaten die barmherzigen Brüder noch immer zahlreiche Almosen und erhielten dieselben auch. Statt sie indes zu der Befreiung Gefangener zu verwenden, benutzten sie dieselben, ebenso wie die übrigen Mönche die ungeheuren Summen, die sie der öffentlichen Leichtgläubigkeit erpreßten, nur dazu, ihre Macht zu vergrößern und ihre Herrschaft auszudehnen.

[86] in die Reihe

[87] Das Kloster der Kapuziner in Madrid war zu meiner Zeit das berühmteste hinsichtlich der inneren Melopia. Ein Gericht besonders, *Chanfaïna* genannt, ein Ragout aus Gänsefleisch und Kalbslunge und Lammherzen mit Knoblauch, war von den Feinschmeckern der Hauptstadt sehr gesucht. Ich habe oft von diesem Gericht in zahlreicher und guter Gesellschaft gegessen. Männer und Frauen, große Herren und vornehme Damen, aßen die Chaufaïna bei den Kapuzinern in buntem Gemisch mit guten Bürgern und verschämten Armen, die einen aus Frömmigkeit, die anderen aus Wohlgeschmack, einige aus Notwendigkeit; da diese letzteren aber in geringer Zahl vorhanden waren und die anderen nicht das Kloster verließen, ohne wenigstes zwei gute Messen zu bestellen, das heißt, ohne fünf oder sechs Francs in der Hand des Bruders Almosenier zurückzulassen, wurde dieses mildtätige Refektorium eine wahre *tabel d'hôte*, an der man für das Platz nehmen konnte, was man über fünf Francs zahlte.

1816 erblickte ein schöner Toreador namens Zapata sich zwischen den Hörnern eines Stieres; es geschah ihm kein Unglück, und dies rührte daher, weil eine junge und schöne Herzogin in demselben Augenblick das Gelübde tat, acht Tage lang, bei den Kapuzinern die Melopia zu essen, wenn Gott den schönen Zapata schützen wollte. Die Exzellenz aß in der Tat die Chanfaïna der Kapuziner acht Tage lang, und der Bruder Almosenier empfing dafür eine Summe, die rund genug war, um eine Rente von 1800 Francs zu begründen oder zwei Messen zu zwei ein halb Francs täglich.

Die Hieronimiten machten es noch besser. Außer ihrer inneren Melopia, die mit allen Melopias des ganzen Königreiches rivalisieren konnte, hatten diese guten Väter eine Taverne errichtet, in der man vortrefflichen Valdepeñas-Wein schenkte und sehr guten gepfefferten Fettdarm bereitete. Jeden Sonntag begaben sich die Arbeiter und die Bürger von Madrid zu Tausenden nach einem großen grünen Platz, der sich zwischen dem Prado und dem Buen Retiro vor der Anstalt der Mönche ausbreitete. Dieses Wirtshaus, in dem Laienbrüder in Tunika, Skapulier und Schürze den Dienst versahen, machte während des Winters nur wenig Geschäfte, dagegen aber sehr gute während der neun Monate, die man in Madrid die Sommermonate nennen kann.

1824, bei der Rückkehr Ferdinands VII. von Cadix, hat die Taverne der Hieronimiten 65 798 Realen reinen Gewinn getragen. Ich erfuhr diese Zahl durch den Bruder Wirt jener Zeit. Dieser gute Bruder, der 1832 auswanderte, setzte sein Geschäft als Garkoch in Rouen auf dem Pariser Quai fort, wo er die gepfefferten Fettdärme unter dem Namen Kaldaunen à la mode de Caen verkaufte.

[88] Von alle Bewohnern Spaniens ist nach dem Galizier der genügsamste der Andalusier. Dieser lebt sozusagen von Sonnenschein und Wohlgerüchen; man kann nicht begreifen, wieviel Poesie und Sorglosigkeit gegen die Dinge dieser Welt bei ihm herrschen. Ein Stück Brot, eine Zigarette und viel Nachdenken oder vielmehr Träumerei ist alles, dessen der Andalusier bedarf, um sich vollkommen glücklich zu fühlen.

[89] Die Zeit ist für Spanien gekommen, dieses neue Gebäude aufzuführen. Seit länger als einem halben Jahrhundert kämpfen die Spanier und arbeiten daran, ein neues Spanien auf den Trümmern des mönchischen Fanatismus und des königlichen Despotismus zu erbauen. Wird es ihnen gelingen, vorwärts zu kommen? Werden sie endlich alle die Hindernisse überwinden, welche die macchiavellistische Politik Englands und die Schwäche des französischen Kabinetts der Wiedergeburt Spaniens entgegengestellt haben? Die Spanier werden noch viel Blut vergießen, noch viel Elend ertragen müssen, aber sie werden deshalb nicht zurückweichen. Ein Volk, das acht Jahrhunderte lang gegen die Mauren kämpfte und das endlich seine Unabhängigkeit erlangte, ist nicht so bald zu entmutigen. Es ist freilich wahr, daß bei dem Kampf gegen die Mauren die Religion den Spaniern Kräfte verlieh und ihren Mut aufstachelte. Ist aber nicht die Freiheit die Religion der Völker? Ist sie nicht die Erbschaft, die Christus der Welt hinterließ?

[90] Es gibt keinen Spanier, und wenn er auch ungelehrt wäre, der nicht die Fähigkeit besitzt, die Couplets, scherzhaft-satirische Strophengedichte mit Kehrreim zu improvisieren, die man *Seguidillas* nennt. Diese poetische Gabe ist eine Erbschaft der Mauren.

[91] Alhambra ist ein Wort, das aus zwei arabischen Wörtern zusammengesetzt wurde, die rotes Schloß oder roter Palast bedeuten. In der Tat ist auch die Alhambra aus roten Ziegelsteinen erbaut.

[92] Seit Deza nannten die Spanier den General-Inquisitor den König der Henker.

[93] Die, die ehemals der jüdischen Religion anhingen.

[94] Man kennt den ewigen Streit der Franziskaner und der Dominikaner über die unbefleckte Empfängnis der heiligen Jungfrau; die Dominikaner haben stets behauptet, daß sie in der Sünde empfangen hätte; und um dies zu beweisen, hätten sie alle Söhne des heiligen Franziskus verbrannt, welche die Mutter Gottes für unbefleckt erklärten. Diese ernsten Streitigkeiten, welche die Gelehrten des Konzils von Trient so lebhaft beschäftigten, sind noch immer nicht beendigt. In Italien, besonders in Rom, bieten sie noch gegenwärtig den Text zu den Predigten der beiden miteinander rivalisierenden Orden; aber da es in jedem Krieg einen Waffenstillstand gibt, endigen diese theologischen Deklamationen von beiden Seiten am zweiten Weihnachtsfeiertag.

An diesem Tag vereinigten sich beide feindlichen Lager zu einem prachtvollen Mahl und vergaßen bei den Ausschweifungen der Tafel ihre Feindseligkeiten des ganzen Jahres. Während der Mahlzeit, welche die ganze Nacht hindurch dauert, sind die stolzen Söhne des heiligen Dominik die besten Freunde der demütigen Söhne des heiligen Franziskus, um am nächsten Tag ihre Schmähungen und ihre unversiegbaren Argumentationen über die fromme Kleinlichkeit zu erneuern, die den Gegenstand ihres ewigen Streites bildet. Sie waren im allgemeinen grausame Feinde, und ungeachtet seiner Heiligkeit konnte Johann von Avila sich vielleicht nicht ganz eines unwillkürlichen Gefühles der Abneigung und des Widerwillens bei dem Anblick des jungen Dominikaners erwehren.

[95] Der Inquisitor Torquemada besaß in der Tat das Horn eines Einhorns und glaubte wirklich, daß es die Eigenschaft besäße, die Gifte zu entdecken und unschädlich zu machen (l'Lorente, *Geschichte der Inquisition*). Die Inquisitoren Spaniens hatten dieses Vorurteil von den Mauren geerbt.

[96] „Nichts kann unseren heiligen Charakter verwischen; unsere geistliche Macht ist so ausgedehnt, daß ein Büßender nicht sündigen kann, indem er uns gehorcht, was wir ihm auch zu tun befehlen mögen." – Diese Art, ihre Macht auszulegen, ist jederzeit mit günstigem Erfolg von den schlechten Priestern angewandt worden, wenn sie ein Weib verführen wollten. Wir werden später eine merkwürdige Geschichte zur Unterstützung dieser Behauptung anführen.

[97] Wenn die Angeklagten vor dem Tribunal der Inquisition erschienen, durften sie sich nicht auf eine Bank setzen, sondern auf die schneidende Kante eines dreieckigen Stockes, der auf zwei X X ruhte, der *Potro* genannt wurde. Oft, wenn ein Angeklagter sich weigerte, die Geständnisse abzulegen, die man von ihm forderte, hielt man ihn sitzend, oder selbst auf den Knien, zwei bis drei Stunden auf der schneidenden Kante des Potro. War das nicht vorbereitende Tortur? Ich sage ‚vorbereitende', weil die Inquisitoren noch Besseres hatten.

[98] Jede Person, die auf Befehl des heiligen Offiziums verhaftet wurde, verlor durch diese Tatsache schon allein alle ihre Titel und Würden sowie ihre Zivilrechte und empfing sie erst wieder, nachdem sie die definitive Absolution erhalten hatte; dies geschah indes sehr selten. Die erste Wirkung der Verfolgungen durch die Inquisition war daher das Verderben und die Schmach der Familie! – Und die Inquisitoren nannten sich die Verteidiger des katholischen Glaubens!

[99] Don Estevan von Vargas stammte in der Tat aus einer maurischen Familie, die dem Stamm der Venegas angehörte, ein Wort, aus dem man Vargas gebildet hatte. Der Vater des Don Estevan wurde 1506 durch Philipp I. zum Mitglied des Rates von Kastilien ernannt. Don Estevan hatte einen Bruder, der Inquisitor war und Don Pedro de Vargas de la Santa Cruz hieß und sein grausamster Verfolger war. Don Estevan entging der Inquisition nur dadurch, daß er Spanien verließ.

[100] Die Inquisition nannte niemals ihre Zeugen, und dadurch ermutigte sie zur Denunziation (*Annalen des heiligen Offiziums*).

[101] Die Beschreibung der Marterkammer ist nach der entworfen, die man in der *Geschichte der Inquisition* lesen kann.

[102] Ich entlehne wieder dem Herrn Quinet: „Nachdem man den Angeklagten hatte aufhängen lassen, befragte man ihn unter der Tortur nur über die

erwähnte Tatsache und hielt ihn längere oder kürzere Zeit *ad arbitrio* (hängend), je nach der Eigenschaft der Sache, der Wichtigkeit der Anzeigen, der Lage der gemarterten Person und anderer ähnlicher Umstände, die der Richter in Erwägung zu ziehen hatte (und die er nicht immer berücksichtigte, wenigstens in Spanien), damit die Justiz ihre Wirkung hatte, ohne daß jemand ungerechtfertigt verletzt wurde" *(Art, die Frage des Seiles anzuwenden,* S. 286-287). Wenn während der Tortur der Angeklagte bei der Verneinung bleibt, wird man das Verhör (die Tortur) auf die folgende Weise beendigen: „Die Herren Inquisitoren, die von ihm (dem Angeklagten) nichts weiter erfahren können, befehlen, daß der Beschuldigte leise von dem Seil herabgenommen werde, an dem er hängt, daß man ihn losbinde, man die Gelenke des Armes wieder einrenke, daß man ihn bekleide und an seinen Ort zurückführe, nachdem man ihn in der Tortur eine halbe Stunde lang nach der Sanduhr aufgehangen gehalten hat. und der Notar hat das Protokoll zu unterzeichnen."

Diese Marter, die in Rom nur eine halbe Stunde dauerte, wurde nach l'Lorente in Spanien bis auf eine Stunde ausgedehnt *(Von den Strafen, welche die Inquisition auferlegt).*

[103] Annalen der Inquisition

[104] Die Gefängnisse der Inquisition waren tiefe Keller, wahre Gräber, etwas mehr als 30 Fuß unter der Erde. In jedem Kerker, der ungefähr zwölf Fuß lang und acht Fuß breit war, befand sich ein Feldbett, vier Fuß breit und zwölf Fuß lang. Jeder Kerker enthielt gewöhnlich sechs und oft sogar acht Personen, von denen drei oder vier, die stärksten, auf dem feuchten Boden schliefen und die anderen auf der Pritsche. Ein Gefäß, zu den natürlichen Bedürfnissen bestimmt und das nur alle acht Tage, oft sogar nur alle 14 Tage geleert wurde, stand in einer Ecke und verdarb vollends die Luft, die schon zum Teil durch den Atem der Unglücklichen, die zu der Bewohnung dieses Ortes verdammt waren, der Kohlensäure beraubt wurde *(Geschichte der Inquisition).*

[105] Das Haus Medina-Cöli, eines der berühmtesten Spaniens, genoß noch 1820 das hohe Privileg, die Fahne des Glaubens aufzubewahren und sie bei den großen Festen der Autodafés und anderen Feierlichkeiten der Inquisition zu tragen.

[106] 1530, am 28. Dezember, versammelten die deutschen Fürsten, welche die Lehren Luthers angenommen hatten, da sie erfuhren, daß die katholischen Fürsten des Kaiserreiches sich verbündeten, um die bestehende Religion zu verteidigen und an deren Spitze sich der Kaiser selbst befand, sich in aller Eile in Schmalkalden und schlossen dort ein Offensiv- und Defensivbündnis gegen jeden Angriff. Nach den Bestimmungen dieser Liga sollten alle protestantischen Staaten des Kaiserreiches nur ein Ganzes bilden (W. Meiner, *Geschichte der Reformation,* Kap. 4).

[107] Der erste in Spanien eingeführte Tabak wurde von Tabasco durch Ferdinand Cortez im Jahre 1519 an Karl V. gesendet.

[108] Das sicherste Mittel, um die Ehre zu erlangen, zu den Familiaren des heiligen Offiziums gezählt zu werden, war, irgendeine hervorstechende Persönlichkeit zu denunzieren, denn die Armen, die nichts zu verlieren hatten,

durften auch von der Inquisition nichts fürchten. Diese Tatsache, die durch alle Werke, die über die Inquisition geschrieben wurden, bestätigt wird, beweist, daß es nicht der Ruhm Gottes noch der Triumph des Glaubens war, auf den die Inquisitoren hielten, sondern daß diese nach nichts anderem trachteten, als sich durch die Beraubung ihrer Opfer zu bereichern und Macht zu erwerben, indem sie Reichtümer anhäuften.

[109] Durch eine ziemlich richtige Berechnung hielt die Inquisition darauf, zu ihren Familiaren Männer von edlem Blut und alte Christen zu gewinnen; durch dieses Mittel sicherte sie sich die Ehrfurcht des Volkes, das in jenen Zeiten geneigt genug war, das für edel und groß zu halten, was die edlen Herren taten, und nicht zu begreifen, daß ein Edelmann eine niedrige oder nichtswürdige Handlung begehen könnte. Um zu der Ehre zugelassen zu werden, zu der Miliz Christi zu gehören, mußte man wenigstens die Reinheit des Blutes beweisen, d. h. dartun, daß man weder von einem Juden noch von einem Mauren noch von Eltern abstammte, die durch die allerhöchste Inquisition verurteilt oder bestraft worden waren *(Heiliges Reglement über die wesentlichen Bedingungen, um an der Miliz Christi teilnehmen zu können)*. Ebendieses Reglement entband auch die Frauen, die der Inquisition dienen wollten, die Reinheit des Blutes darzutun, „in Betracht der großen Dienste, die sie der Sache Gottes leisten konnten."

[110] Wenn die Inquisition eine Anwerbung von Familiaren vornahm, was beinahe alle Jahre einige Tage vor dem feierlichen Autodafé geschah, so ermahnte der Groß-Inquisitor, in sein großes Staatsgewand gekleidet und nachdem eine Messe gelesen und eine lange Rede gehalten worden war, die Bewerber dazu, dem heiligen Offizium gut zu dienen, und empfing von ihnen den abscheulichen Eid, den der Verfasser in diesem Kapitel erwähnt. Jeder neue Familiar erhielt ein Pergamentblatt, das die heiligen Worte enthielt, sowie die genaue Beschreibung der Zeichen und Berührungen, mittels derer er die Agenten des heiligen Offiziums erkennen und von ihnen erkannt werden konnte. Diese Zeichen, diese Worte und diese Berührungen bildeten zusammen den Santo, oder das Feldgeschrei der Miliz Christi.

[111] Bei allen Feierlichkeiten, bei denen ein Inquisitor sich zugleich mit dem König oder Gott befand, hatte er den Vortritt. Bei den großen Autodafés stand der Thron der Inquisitoren stets höher als der des Königs; in der Kirche erhob sich der inquisitorische Thron zu der Rechten des Hauptaltares und zu viel größerer Höhe. Der Inquisitor Tabera ließ zwei Jahre lang in den Kerkern des heiligen Offiziums den Erzpriester der Kathedrale von Malaga schmachten, welcher der Verletzung der Ehrerbietung gegen das heilige Offizium angeklagt worden war, weil dieser Geistliche, der zu einem Sterbenden das heilige Viaticum trug, nicht stehengeblieben war, um ihn, den Inquisitor vorübergehen zu lassen *(Von den Rechten der Inquisitoren gegen die anderen Mitglieder der Geistlichkeit)*.

[112] *Tio* (Onkel). So nennen sich die Leute des niederen Volkes untereinander.

[113] Mutter Maria von der Empfängnis

[114] *Zocato.* Linkhand

[115] Mellila ist ein kleiner Hafen in Afrika, der den Spaniern gehört; dort ist

das Bagno, in dem die zu mehr als zehn Jahren Strafe Verurteilten diese abbüßen.

[116] Obgleich der allgemeinen Regel nach alle Welt der Jurisdiktion der Inquisition unterworfen war, fand doch eine Ausnahme für die Päpste, deren Legaten und Nuntien, die Beamten und die Familiaren des heiligen Offiziums statt, so daß, selbst wenn sie förmlich als Ketzer angeklagt waren, die Inquisition doch kein anderes Recht hatte, als ihre geheimen Aussagen zu empfangen und sie dann an den Papst zu schicken. Dieselbe Ausnahme fand auch bei den Bischöfen statt; allein die Könige und die Prinzen waren der Jurisdiktion der Inquisitoren unterworfen (*Geschichte der Inquisition*, Kap. 2, II. Teil, *Von den Gebrechen, von denen die alte Inquisition Kenntnis nahm*).

[117] Den Gefangenen der Inquisition war jede Klage verboten. Wenn ein Unglücklicher einen Seufzer hören ließ, steckte man ihm mehrere Stunden lang eine Knebel in den Mund, und wenn dies nicht genügte, peitschte man ihn grausam die Gänge entlang. Die Strafe der Peitsche wurde auch denen zuteil, die in den Gefängnissen Lärm machten oder sich untereinander zankten. In einem solchen Fall wurde das ganze Gefängnis solidarisch bestraft, und man peitschte alle die, die sich darin befanden, ohne Unterschied des Alters oder des Geschlechts, so daß junge Mädchen, Nonnen und Damen der höheren Stände, oft ihrer Kleider entledigt und zugleich mit jungen Männern und Greisen, unbarmherzig gepeitscht wurden (*Geschichte der Inquisition*, Kap. 5, III. Teil, *Von den Strafen*).

[118] Die Frage des Wassers wurde unter den entsetzlichen Umständen, die der Verfasser beschreibt, unter Philipp II. bei der Donna Johanna Bohorquez angewandt. Das Andenken an diese Märtyrerin wurde bei dem allgemeinen Autodafé, das in Valladolid 1554 gefeiert wurde, wieder zu Ehren gebracht.

[119] Die Grausamkeit der Inquisition wurde so weit getrieben, daß der oberste Gerichtshof (der königliche Rat der Inquisition, den Ferdinand von Aragon begründet hatte) sich gezwungen sah, das Verbot zu erlassen, die Tortur öfter als einmal an derselben Person auszuüben; aber diese kalt-grausamen Mönche fanden bald einen Ausweg, um sich diesem Verbot zu entziehen. Wenn sie einen Unglücklichen längere Zeit gemartert hatten, schickten sie ihn in den Kerker zurück, indem sie erklärten, die Tortur sei unterbrochen, bis sie es für zweckmäßig erachten würden, dieselbe fortzusetzen (*Geschichte der Inquisition*, Kap. 5, III. Teil).

[120] Indem die Inquisitoren zugaben, daß durch die Tortur ebenso viele Unschuldige als Schuldige getötet werden könnten, behaupteten sie dennoch, daß man sie anwenden müßte, indem, wenn einige vorwurfsfreie Katholiken durch dieselbe umkämen, sie geradewegs in das Paradies gingen. Das ist ein Urteil, das der Priester eines Gottes des Friedens würdig ist (*Führer des Inquisitors von Ximenes Cisneros*).

[121] Maria von Burgund war 85 Jahre alt, als sie durch einen Knecht denunziert wurde, der behauptet hatte, sie sagen gehört zu haben: „Die Christen haben weder Treue noch Glauben." Sie wurde, als des Judaismus verdächtig, verhaftet. In Ermangelung der Beweise behielten die Inquisitoren sie fünf Jahre im Gefängnis, indem sie hofften, hinlängliche Beweise zu finden, um sie zu verurteilen und sich der großen Reichtümer zu bemächtigen, die

sie besaß. Des Wartens überdrüssig, unterwarfen die Richter des heiligen Offiziums diese unglückliche, 90jährige Frau mehrmals der Tortur, ungeachtet der hohe Rat ausdrücklich verboten hatte, die Tortur bei Personen anzuwenden, die über 60 Jahre alt wären. Maria ertrug ohne Klage alle Torturen, denen man sie unterwarf, und erklärte beständig, daß sie katholisch-apostolisch und römisch sei. Sie starb in ihrem Gefängnis unter der Beteuerung ihrer Unschuld. Gleichwohl setzten die Inquisitoren ihren Prozeß fort und verurteilten sie zum Feuertod; ihre Gebeine und ihr Bild wurden ins Feuer geworfen! Ihre sehr beträchtlichen Güter wurden die Beute der Inquisition und des Fiskus, und ihre Kinder sowie die Kinder ihrer Kinder verfielen einer ewigen Schande! – Dieser gotteslästerliche Mord wurde durch die Inquisitoren von Murcia vollzogen, in ebendem Jahr, in dem Kaiser Karl V. abdankte, und unter der Regierung des Inquisitors Valdez. Maria von Burgund wurde wegen ihrer großen Wohltätigkeit die Mutter der Armen genannt. Sie erduldete die drei Fragen des Seiles, des Wassers und des Feuers *(Geschichte der Inquisition)*.

[122] Die Tortur darf unter keinem Vorwand weder an Kindern unter zehn Jahren noch an Personen über 60 Jahren vollzogen werden *(Vorschriften des Verfahrens*, Artikel 7, *Von den Fällen, in denen die Tortur bei den Angeklagten angewandt werden darf)*.

[123] Johanna Sanchez, aus der Klasse jener Frauen, die man Beaten nennt, wurde als Lutheranerin zum Tode verurteilt. Als sie ihre Verurteilung erfuhr, schnitt sie sich mit einer Schere die Kehle ab und starb unbußfertig in ihrem Gefängnis. Ihre Leiche wurde im Jahre 1559 zu Valladolid verbrannt.

[124] Das Recht der Bitte. Dies war in der Tat alles, was die Inquisition den Königen und sogar dem Papst gelassen hatte. Die Päpste und die Könige besaßen wohl das Recht, die Bestimmungen der Inquisition zu kassieren, allein die Inquisition besaß die Gewandtheit, ihre Verfolgungen wieder zu beginnen und aufs neue Prozesse anzufangen, so daß sie stets damit endigte, sich der Opfer zu bemächtigen, welche die Gerechtigkeit des Papstes oder die des Königs ihr für einige Zeit entzogen hatte. Ein Beweis sind die Bischöfe von Segovia und von Callohorra, von denen weiter oben gesprochen wurde, und selbst diese Bitten der Könige waren in den meisten Fällen ohnmächtig. Die Inquisition leistete ihnen offenen Widerstand, unter dem Vorwand, die Interessen der Religion zu verteidigen und die Ketzerei zu vernichten (Mariana, *Geschichte der Inquisition und Geschichte Spaniens*, S. 717)

[125] Man liest in der *Geschichte der Inquisition*, Kap. 6, IV. Teil: „Der heilige Johannes von Gott, der Begründer eines Ordens der Hospitaliter, der sich der Pflege und dem Beistand armer Kranker widmete, wurde zugleich mit dem gelehrten Bischof von Toledo, Bartholomäus Caranza, gegen den der Inquisitor Valdez seine Erbitterung zeigte, die mehr aus Eifersucht als Eifer für die Religion entsprang, verhaftet, als der Ketzerei und der Nekromantie verdächtig, und seine fromme Philanthropie wäre vielleicht Ursache gewesen, daß er lange in den Kerkern der Inquisition schmachten mußte, wenn sich der Papst dem nicht lebhaft widersetzt hätte."

[126] Die Einsiedelei des heiligen Isidor liegt auf einer Höhe, im Westen der Hauptstadt. Diese Einsiedelei ist der ehemalige Pachthof, auf dem der Heili-

ge als Knecht beschäftigt war und den die Geistlichkeit auf Kosten der öffentlichen Frömmigkeit in eine prachtvolle Kapelle verwandelte. Der heilige Isidor muß jährlich eine große Menge von Wundern vollbringen, auf die Gefahr hin, sonst seinen Ruf zu verlieren, der ungeheuer groß ist und der dem Kollegial-Kapitel von Madrid, das ihn ausbeutet, gewaltige Summen einträgt. Aber diese Wunder lassen sich leicht ausführen und sind auf den beschränkten Verstand eines Bauern berechnet. Der heilige Isidor, der jetzt Schutzpatron von Madrid ist, war nichts als ein sehr roher Bauer, der zuweilen seine Frau, die heilige Maria de al Cabeza, aus bloßer Eifersucht schlug. Die Wunder, die der heilige Isidor bewirkt, beschränken sich darauf, entzweite Freunde und Liebende zu versöhnen, eine Versöhnung, die sie erlangen, indem sie Wasser aus dem Brunnen trinken, aus dem der Heilige seine Tiere tränkte, während er Knecht auf dem Pachthof war. Das Wasser dieses Brunnens, der jetzt in einen Springbrunnen verwandelt ist, heilt auch die Migräne, das heißt, wenn man sich, nachdem man es getrunken hat, gut unterhält; man unterhält sich aber stets gut in der Einsiedelei des heiligen Isidor am 15. Mai, dem Festtag dieses Schutzheiligen. An diesem Tag begeben sich mehr als 200 000 Seelen, von 20 Stunden in der Runde, an diesen Ort, um das Versöhnungswasser zu trinken, auf dem Rasen gute Mahlzeiten zu halten, Kuchen zu essen und mit den hübschesten Mädchen des Landes zu tanzen. An diesem Tag sind die Freiheiten der Freude groß in der Umgebung der Einsiedelei.

Es versteht sich von selbst, daß das Wasser des Springbrunnens nur dann die Feinde miteinander versöhnt, wenn sie dasselbe gemeinschaftlich trinken, was sehr leicht ist, wenn man im voraus die Stunde bestimmt hat, zu der man sich zu dem Wunderbrunnen begeben will. Ebenso ist es selbstverständlich, daß zur Verwirkung dieser Wunder der Glaube gehört besitzt man diesen, so tritt man in der Einsiedelei ein, küßt die Reliquie des Heiligen, bringt einige Maravedis zum Geschenk und geht, um zu trinken. Das Wunder wird dann nicht auf sich warten lassen. Die Kapelle des heiligen Isidor hat noch nichts von ihrem Ruf eingebüßt; das Wasser des Springbrunnens ist kräftiger als je.

[127] Sollte man nicht glauben, einen ungeheuren Gottesacker zu sehen, der zahllose Gebeine aus seinem Schoß wirft? Um die Richtigkeit und die Schönheit dieses Vergleichs zu begreifen, den der Verfasser aufstellt, indem er von den Feldern spricht, die Madrid umgeben, muß man diesen trockenen, zerrissenen Boden gesehen haben, der fast jedes Grün entbehrt und mit Steinen besät ist, die durch die Strahlen der Sonne verkalkt sind.

[128] „Der Tod da, wo das Leben atmen sollte!" Unter allen Völkern ist das spanische mehr als jedes andere allem Anschein nach zu großen, edlen Handlugen geschaffen. Begabt mit einem seltenen Verstand, mit einem großen Scharfsinn und richtigen Urteil, besitzt der Spanier die Fähigkeit für alle Wissenschaften, für alle Künste. Und gleichwohl kennen die Spanier im allgemeinen nur wenig von der Wissenschaft, und seit langer Zeit schon werden die Künste in Spanien kaum gepflegt. Indem man die Geschichte dieses Volkes liest, sieht man sich gezwungen, die Inquisition anzuklagen, oder richtiger gesagt, Rom, das die Inquisition erschuf und sie noch 1844 er-

hielt. Rom ist schuld an der Trägheit und der Nullität, die aus Spanien einen ungeheuren Leichnam gemacht haben.

[129] Die plaça de la Cebada ist auch der Ort der Hinrichtungen; auf diesem Platz wurde der Verteidiger der Freiheit, der unsterbliche Riego, im Jahre 1813 schmerzvoll gehängt, nachdem er unter dem lauten Jubel des Pöbels, der durch die Hetzereien der Mönche aufgeregt war, auf einer Schleife, an dem Schwanz eines Esels befestigt, nach dem Richtplatz geschleppt worden war. Ehe der edle Riego starb, wurde er noch durch den Henker selbst beschimpft. „Ich habe dich, Freimaurer, Teufelssohn! Diesmal sollst du mir alles bezahlen, was du getan hast!" – Dies waren die Worte, die der, dessen die Gerechtigkeit sich als eines Schwertes bedient, an den Mann richtete, den 1820 ganz Europa als den Befreier Spaniens begrüßt hatte.

[130] *Gancho* (Haken). So nannten die Gardunnios ihre Diebe.

[131] Die Wagen des Königs von Spanien werden nur an Sonn- und Feiertagen von Pferden gezogen.

[132] „Welche den Mönch von St. Just tötete, weil er aufgehört hatte, König sein zu wollen." Man weiß, daß der Kaiser Karl V. dem Thron entsagte, um sich in eine Zelle des Klosters St. Just einzuschließen; was indessen nur wenige Personen wissen, ist, daß nach seinem Tod die Inquisition Kastiliens es wagte, gegen das Andenken des Vaters Philipps II. einen Prozeß zu führen. Nach den Angaben von Thou, d'Aubigné und Labouceur wurde Karl V. nach seinem Tod angeschuldet und überführt, in einem beständigen Verkehr mit den Protestanten Deutschlands gestanden und sich nur deshalb nach St. Just zurückgezogen zu haben, um in dieser Einsamkeit die Freiheit zu genießen, seine Tage in den Übungen der Frömmigkeit zu beschließen, die mit seinen geheimen Neigungen übereinstimmte, und Buße zu tun, um die schlechte Behandlung zu sühnen, der er die Fürsten der protestantischen Partei unterworfen hatte.

Zur Unterstützung dieser Anklage machte man geltend, daß er den Dr. Cazalla, Kanonikus in Salamanca, zu seinem Prediger gewählt hatte und Constantin Ponce, Bischof von Dresden, zu seinem Beichtvater, zwei Personen, die der Ketzerei verdächtig waren. Ein anderer Beweis, dessen sich die Inquisition bediente, um das Andenken Karls V. zu besudeln, waren die zahlreichen Inschriften, die man in seiner Zelle zu St. Just fand, Inschriften, die von der Hand des Monarchen selbst herrührten und über die Rechtfertigung und die Gnade im Sinn der neuen Doktrinen sprachen. Endlich diente noch das Testament Karls V. der Inquisition dazu, sein Andenken zu beschimpfen; dieses Testament enthielt fast gar keine frommen Vermächtnisse noch Stiftungen zur Abhaltung von Gebeten. Es war in einer Art geschrieben, die so sehr von der abwich, die bei eifrigen Katholiken üblich war, daß die Inquisition das Recht zu haben glaubte, daran Anstoß zu nehmen. Sobald die Inquisition glaubte, sich streng zeigen zu dürfen, ohne Philipp II. zu sehr zu verletzen, begann sie daher Cazalla, Prediger des Kaisers, und Constantin Ponce, seinen Beichtvater, anzugreifen, die Philipp II. einkerkern ließ. Diese zwei Personen wurden, ebenso wie das Testament des Kaisers, zum Scheiterhaufen verurteilt. König Philipp II., der durch das Aufsehen, das dieser ärgerliche Prozeß in Spanien machte, aufgerüttelt wurde, freute sich anfangs über den Gedanken, den Ruhm seines Vaters herabgesetzt zu sehen; bald aber empfand er Furcht vor den Konsequenzen eines so entsetzlichen Attentats, und durch Niedrigkeiten und Zugeständnisse erlangte er es von der Inquisition, daß Karl V. aus dieser Angelegenheit fortgelassen wurde. Die Inquisition wagte es nicht, dem König alles zu verweigern. Allein, da sie ihre Opfer verlangte, ließ sie im Jahre 1559 den Dr. Cazalla lebendig verbrennen und mit ihm das Bild Constantin Ponces, der einige Tage zuvor in dem Kerker des heiligen Offiziums gestorben war. Der Erzbischof von Toledo appellierte nach Rom, wo er infolge guter Freunde, besonders aber des Geldes wegen für einen guten Katholiken erklärt wurde. Um diesen Preis willigte die Inquisition von Kastilien ein, das Andenken Karls V. unangetastet zu lassen!

[133] Man weiß, daß in Spanien das Mönchsgewand alle Türen öffnete und dem, der es trug, den Zutritt zu den ersten Würdenträgern des Königreiches erleichterte. Hatte dieses Gewand nicht in dem schönen Königreich Frankreich beinahe noch ganz dasselbe Privilegium?

[134] Die Audienzen, die der König gewährt, sind jetzt nicht schwerer zu erlangen als zu der Zeit Karls V. Wer den König von Spanien sprechen will, braucht sich nur um zehn Uhr nach dem Palast zu begeben und in dem königlichen Vorzimmer zu warten, bis die Reihe an ihn kommt. Diese Leichtigkeit, mit dem Monarchen zu sprechen, hat selbst während der Zeit der Revolution oder an den Tagen der Aufstände nicht aufgehört. Die Könige von Spanien würden ebensowenig wie die Spanier, an die Möglichkeit eines Königsmordes zu denken.

[135] Alfonso Viruez war ein Benediktiner, der die orientalischen Sprachen gründlich kannte, Verfasser mehrerer Werke und ein ausgezeichneter Prediger. Karl V. hörte ihn mit so vielem Vergnügen, daß er sich von ihm bei einer seiner Unternehmungen in Deutschland begleiten ließ und bei seiner Rückkehr nach Spanien nie einen anderen Prediger hören wollte. Der Ketzerei verdächtig, wurde Viruez 1534 durch das heilige Offizium verhaftet und in den Gefängnissen der Inquisition von Sevilla eingesperrt. Der Kaiser bezweifelte nicht, daß Viruez das Opfer irgendeines eifersüchtigen Mönches sei und befahl, ihn in Freiheit zu setzen, allein er fand kein Gehorsam. Vergebens verbannte Karl V. Alfonso Manriquez, der damals Inquisitor des Königreiches war; Viruez blieb dessen ungeachtet vier Jahre als Gefangener in strenger Haft in den Kerkern der Inquisition (*Geschichte der Inquisition*, Kap. 4, IV. Teil).

[136] Im 16. Jahrhundert trotzte die Inquisition der Gewalt Roms, so daß mehrere Kardinäle in Rom selbst eingekerkert und zu verschiedenen Strafen verurteilt wurden, obgleich die Person eines Kardinals selbst für die Könige geheiligt war. Man weiß, daß Heinrich III. durch Sixtus V. exkommuniziert wurde, weil er es gewagt hatte, den Kardinal von Guise zu bestrafen, der des Aufruhrs und des Hochverrats gegen den Staat überführt war. War indes nicht die Inquisition König der Könige und ein Schrecken selbst für die Päpste?

[137] Adrian Florencio, der dritte General-Inquisitor von Spanien, war, wie man sagte, weniger grausam als seine Vorgänger und seine Nachfolger.

Adrian Florencio war vielleicht der schwächste der Inquisitoren, vielleicht aber auch der gewandteste derselben. Während seiner Regierung, die beinahe fünf Jahre dauerte, verurteilte die Inquisition 2400 Personen, von denen 1620 lebendig und 560 *in effigie* verbrannt wurden. Adrian Florencio war es, der das zweite Inquisitionstribunal in Amerika begründete und seine Jurisdiktion über Indien und den Ozean erstreckte. Ebenso war er es, der Karl V. hinderte, die Inquisition zu reformieren, wie der Kaiser es den Kastilianern, den Aragoniern und den Katalanen 1518 versprochen hatte. Er tat dies, indem er den Kaiser über das Betragen der Inquisitoren täuschte *(Geschichte der Inquisition,* Kap. 3, IV. Teil).

Ungeachtet des Bösen, das er den Spaniern zugefügt hatte, und vielleicht sogar eben wegen diesem Bösen, wurde Adrian am 9. Januar 1522 zum Papst erwählt *(Geschichte der Päpste).*

[138] Bei seiner Ankunft in Spanien war Kaiser Karl V. nach den Ratschlägen seines Lehrers Wilhelm von Croy und seines Großkanzlers Selvagio sehr geneigt, die Inquisition aufzuheben oder wenigstens das Verfahren des heiligen Offiziums nach den Regeln des natürlichen Rechts und nach dem Muster aller anderen Tribunale zu organisieren. Die Cortes von Kastilien, die glaubten, daß der Augenblick, Spanien von dem Joch der Inquisition zu befreien, gekommen sei, versammelten sich gleich denen Aragons und Kataloniens zu Anfang des Jahres 1518, um vom König die Aufhebung des heiligen Offiziums oder wenigstens die Reformen zu verlangen, die das Betragen der Inquisitoren unerläßlich gemacht hatte. Karl V. ließ einen neuen Kodex durch Selvagio im Verein mit den Deputierten entwerfen und versprach den Cortes, den Inquisitoren die Ausführung desselben zu befehlen. Aber in dem Augenblick, in dem die Gerechtigkeit triumphieren sollte, starb der Kanzler Selvagio, und Adrian Florencio wußte die Ansichten des Königs durch Lügen so umzuwandeln, daß er ihn unmerklich zum leidenschaftlichen Beschützer der Inquisition machte. Gleichwohl versprach Karl V. den Cortes feierlich, daß er die Inquisition zwingen würde, die Privilegien und Gebräuche Kastiliens, Aragons und Kataloniens zu ehren und deren heilige Kanons zu beachten. Die Cortes glaubten an die Aufrichtigkeit Karls V. und bewiesen ihm ihre Dankbarkeit durch ein Geldgeschenk. Aber die Kastilianer, die Aragonier und die Katalanen erkannten bald, daß die Versprechungen Karls V. ebenso trügerisch waren wie die aller seiner Vorgänger *(Geschichte der Inquisition,* Kap. 3, IV. Teil; *Annalen Aragons, Sitzungen der Cortes* 1518; *Geschichte des Fürstentums Katalonien und der von den Cortes ausgesprochenen Wünsche 1518;* Fernando de Higuera, *Geschichte Spaniens,* 1. Teil).

[139] Dieser Brief ist erfunden in Beziehung auf den Text, das Datum und den Gegenstand, aber ist getreu als Typus und als Tatsache. Karl V. hat mehrere in gleichem Sinn geschrieben; diese Briefe wurden mehrmals von den Inquisitoren als nicht erlassen betrachtet. Dafür ist ein Zeuge Alfonso Viruez, der trotz der Ermahnungen des Kaisers und selbst seiner Befehle, vier Jahre lang in den Kerkern des heiligen Offiziums von Sevilla schmachtete. Dann müssen wir auch noch hinzufügen, daß sehr oft die Briefe, die der Kaiser zugunsten einiger Opfer der Inquisition schrieb, durch andere Briefe wieder aufgehoben wurden, die der Kaiser ihnen folgen ließ. Übrigens ist die Doppel-

züngigkeit Karls V. hinlänglich bekannt. Wer kennt nicht den Streich, den er Kaiser Franz I. spielte, während dieser Monarch in Madrid gefangen war? Franz I. fühlte sich sehr krank über den Kummer, den der Verlust seiner Freiheit ihm verursachte, und Karl V. besuchte ihn. – „Kommt Ihr, um zu sehen, ob der Tod Euch bald von Eurem Gefangenen befreien wird?" fragte ihn der König von Frankreich. – „Ihr seid nicht mein Gefangener", entgegnete Karl, „sondern mein Bruder und mein Freund; ich habe keine andere Absicht, als Euch die Freiheit zurückzugeben und Euch die ganze Genugtuung zu geben, die Ihr von mir erwarten dürft." Darauf umarmte er ihn!

Die Versprechungen des Kaisers brachten eine heilsame Wirkung hervor, und Franz I. wurde nach einer langen Genesung wieder gesund. Als der Kaiser erfuhr, daß sein Gefangener hergestellt sei, wurde er gegen ihn wieder kalt und streng. Vergebens rief Franz I. Karl V. das Versprechen zurück, das er ihm während seiner Krankheit gegeben hatte. Karl V. ließ seine Beute nicht eher los, als bis er am 15. Januar 1520 den Vertrag erlangt hatte, der dem König von Frankreich gegen einen für die Nation so kostspieligen Preis die Freiheit gewährte.

[140] Die *acucarillos* sind kleine, sehr feine und sehr lockere Zuckerbrote, die auf verschiedene Weise aromatisiert werden. In Spanien, besonders in Andalusien, wird das Wasser nie anders als durch acucarillos gezuckert.

[141] Auf dem Kai, an den Ufern des Guadalquivir, liegen alle Spaziergänge Sevillas, die bis neun Uhr abends im Sommer am häufigsten besucht werden; nach dieser Stunde begeben sich die Spaziergänger nach der Alameda; die Kais bleiben dann verödet.

[142] Dieses Wort, das man durch ‚Gemurmel' übersetzen kann, ist viel bedeutungsvoller.

[143] Während die Inquisition das ungerechteste aller Tribunale war und nicht nach den Regeln der Gerechtigkeit und des gemeinen Rechts verfuhr, sondern nur nach ihrer Laune, wollte sie gleichwohl für unparteiisch und besonders für barmherzig gelten. Man weiß, was man von ihrer Barmherzigkeit zu halten hat. Was ihre Unparteilichkeit betrifft, so ist dieselbe in Spanien sprichwörtlich geworden, indem man noch heute, wenn man von einem Untersuchungsrichter spricht, sagt: Er ist gerecht und unparteiisch wie ein Inquisitor. – Indes stand in allen inquisitorischen Verhörsälen eine Bank für die Entlastungszeugen. Wenn aber ein Zeuge es wagte, sich darauf niederzulassen, fand die Inquisition stets ein Mittel, ihn zu beschuldigen und ihn an den Strafen teilnehmen zu lassen, die sie dem Angeklagten selbst auferlegte. – Die Belastungszeugen machte die Inquisition niemals bekannt; was hätten sie also auf der Zeugenbank zu tun gehabt.

[144] Selten urteilte die Inquisition über die Angeklagten bei verschlossenen Türen. Um den Verhandlungen einen Schein der Öffentlichkeit zu geben, war der Saal des Tribunals für alle die geöffnet, die eine Einladung empfangen hatten; nur wurden diese Einladungen bloß den Familiaren der Inquisition erteilt, sehr selten und in sehr geringer Anzahl den geprüften Katholiken, d.h. den einfältigen Seelen, die an die Reinheit des Eifers bei den Inquisitoren sowie an die Notwendigkeit glaubten, die Ketzer zum größeren Ruhm Gottes zu vernichten.

[145] Die Namen Herrezuelo und Franco sind historisch. Ich werde von dem ersteren zu seiner Zeit und am gehörigen Ort reden. Was den zweiten betrifft, so erzählt l'Lorente seine Geschichte, die er aus den Akten der Inquisition entnahm, wie folgt: „Wilhelm Franco, Bürger in Sevilla, lebte in dieser Stadt unter der Regierung des Inquisitors Valdez und besaß einen heiteren Charakter, große Rechtschaffenheit und richtigen Verstand. Ein Priester verführte seine Frau und störte sein häusliches Glück. Franco, der diese Intrige nicht verhindern konnte, beklagte sich über sein Unglück gegen seine Freunde in einer Gesellschaft. Man sprach von dem Fegefeuer, und Franco rief aus: ‚Ich habe genug von dem Fegefeuer in der Gesellschaft meiner Frau; ich bedarf keines anderen!' Diese Äußerung wurde der Inquisition hinterbracht, die Franco in den Kerkern des heiligen Offiziums, als des Luthertums verdächtig, einsperren ließ und ihm wegen dieser Worte allein zu ewigem Gefängnis verurteilte. So beschützte die heilige Inquisition das schöne Geschlecht, so purifizierte sie die Sitten des katholischen Klerus!"

[146] Während das heilige Offizium den rechtschaffenen Franco der Sinnlichkeit eines Priesters opferte, um das zu wahren, was der Klerus die Ehre der Religion nannte, als ob die Religion irgend etwas mit den ausschweifenden und mit allen Arten von Ungerechtigkeiten besudelten Priestern gemein hätte; während man, sage ich, Franco in den Kerker warf, weil er sich darüber beklagt hatte, daß seine Frau ihn mit einem unwürdigen Diener der Religion Christi entehrte, empfand die Inquisition Mitleid mit dem Schicksal eines Elenden, der es gewagt hatte, seinen Vater fälschlich anzuklagen, ein Kind beschnitten zu haben. Dieser Unglückliche, der Antonio Sanchez hieß, gestand, seinen Vater in der Absicht angeklagt zu haben, daß er verbrannt werde! Die Inquisition begnügte sich damit, diesem Nichtswürdigen als einzige Strafe 100 Peitschenhiebe zuzuerkennen! Das kam daher, weil die Inquisition zu Erreichung ihrer Zwecke nötig hatte, die Denunziation zu ermutigen.

[147] Dieser Priester hieß Franz Dominik von Boxas; er war Dominikaner, aber er hatte nie der Inquisition angehören wollen. Dominik von Boxas erschien zum ersten Mal am 13. Mai 1558 vor dem Inquisitionstribunal von Valladolid und erklärte, daß er sich zu den Lehren Luthers bekenne. Darauf nahm er seine Erklärung zurück. Er wurde mehreren Verhören unterworfen und widerrief stets in dem einen das, was er in den vorhergehenden ausge sagt hatte. Aber bei allen seinen Erklärungen suchte er den Katechismus und die verschiedenen Predigten, die er gehalten hatte, zu verteidigen. Wegen seiner Widerrufungen der Tortur unterworfen, bat Dominik von Boxas, man möchte ihm diese Marter ersparen, die er mehr fürchte als den Tod, und diese Gnade wurde ihm unter der Bedingung gewährt, daß er nichts mehr verhehlen wollte. Dominik von Boxas erklärte und bestätigte alles, was man von ihm verlangte und forderte danach, freigesprochen zu werden. Ungeachtet der Gesetze der Inquisition, die denen das Leben gewährte, die gestanden, teilte man Dominik mit, daß er sich für den nächsten Tag auf den Tod vorzubereiten hätte. Am Tag der Hinrichtung weigerte sich Boxas zu beichten, und als er von dem Blutgerüst herabstieg, auf das er geführt worden war, um die Vorlesung des Urteilsspruchs anzuhören, der ihn dazu ver-

dammte, lebendig verbrannt zu werden, wandte er sich gegen den König und rief: „Ich soll für die Verteidigung des wahren Glaubens des Evangeliums sterben!" – Philipp II. befahl, ihm einen Knebel in den Mund zu stecken. In dem Augenblick, als der Scheiterhaufen angezündet werden sollte, gebrach Dominik der Mut; er verlangte zu beichten, erhielt die Absolution und wurde erwürgt (l'Lorente, *Geschichte der Inquisition*, Kap. 1, V. Teil).

[148] Als wir 1820 die Pforten der Inquisition zum letzten Mal geöffnet hatten, war die Zahl der Gefangenen in den Gefängnissen desselben noch sehr beträchtlich: In Madrid allein zählte man über 200 Personen. Allein ich beeile mich, hinzuzufügen, daß im Jahre 1820 das Inquisitionsgefängnis nicht mehr einem religiösen Tribunal angehörte, sondern daß es ein Staatsgefängnis war. Seit 1801 wurde niemand mehr in Spanien verbrannt. Gleichwohl war das Verfahren der Inquisition noch immer dasselbe; fortwährend umhüllte das größte Geheimnis ihre geringsten Handlungen; noch immer diktierte dieselbe Willkür die Urteilssprüche der Inquisition, Sprüche, die übrigens durch Ferdinand VII. diktiert oder befohlen wurden und die einige Tage darauf zur Verkündigung gelangten, nicht gegen Ketzer, Mauren oder Juden, sondern gegen alle die, die an der Befreiung des Landes arbeiteten. Man sieht hieraus, daß die Inquisition, die ohnmächtig geworden war und sich durch Grausamkeit und Ungerechtigkeit, besonders aber durch die Fortschritte der Aufklärung abgenützt hatte sowie durch den unablässigen Kampf, den sie gegen das spanische Volk bestehen mußte, daß die Inquisition, sagen wir, welche nicht mehr Richter zu sein vermochte, sich zum Henker im Dienst der Könige gemacht hatte; da sie Spanien nicht mehr fanatisieren konnte, wollte sie dasselbe wenigstens in der Sklaverei erhalten, denn, geknechtet oder fanatisiert, gehörte Spanien den Priestern oder den Königen. Das aber war es, was Rom wollte: herrschen! Wie hätte es sich um die Mittel zu diesem Zweck gekümmert?

Jetzt hat Rom in Spanien keine Inquisition mehr, aber es besitzt die Königin Mutter, Marie Christine, die Muñoz geheiratet hat, den Herzog irgendeines fabelhaften Landes. Und man bedenke es wohl, dieser Muñoz, dieser Gemahl der Königin Mutter, der so gut verstand, während mehrerer Jahre zu verschwinden, dieser treuergebene Mann, der nur die geliebte Frau in der Witwe Ferdinands VII. erblickte, hatte einen Bruder, der ein sehr hübscher Mensch war und noch vor gar nicht langer Zeit die Salons von Paris besuchte; dieser Bruder gehört, wie man sagt, dem Orden der Jesuiten an und ist vor 18 Monaten oder zwei Jahren von Freiburg, auf Kosten und unter den Befehlen der Kongregation, mit einem geheimen Auftrag nach Paris gereist. Wenn alle diese Dinge wahr sind, und wir haben gute Gründe dies zu glauben, so erklären sie die Reaktion, die in diesem Augenblick in Spanien stattgefunden hat, die Güte des Papstes für die neuen Regierenden der Halbinsel und die dringenden Vorstellungen gewisser Kabinette, welche die unschuldige Isabella II. mit dem Grafen von Trapani vermählen wollten, dem Zögling der Jesuiten und dessen Beichtvater und geistlicher Leiter ein Mitglied der Gesellschaft Jesu ist.

[149] Wann hat Rom je Angesicht in Angesicht kämpfen wollen? Der Tag, an dem Rom wagen würde, das zu sagen, was es will, der Tag, an dem der

römische Klerus die Larve abnähme und sich so sehen ließe, wie er ist, das heißt als Profanator und Plünderer der göttlichen Religion Christi, der Tag würde das Volk sich in Massen erheben sehen, um aus der Kirche die falschen Apostel zu vertreiben, wie einst Jesus die Verkäufer aus dem Tempel trieb. An diesem Tag müßte man zu den römischen Priestern sagen: „Wehe euch, ihr heuchlerischen Schreiber und Pharisäer, denn ihr verschlingt die Häuser der Witwen, selbst unter dem Vorwand langer Gebete. Deshalb werdet ihr eine um so längere Strafe zu erdulden haben." (Mt. 23, 14)

[150] Wenn ein Angeklagter durch zwölf Zeugen von reinem katholischen Blut für unschuldig erklärt wurde, sah die Inquisition sich nach ihren Statuten gezwungen, ihn augenblicklich in Freiheit zu setzen. Diese Entlassung aus dem Kerker, die durch die Erklärung von zwölf Zeugen erlangt wurde, hieß entscheidende Absolution. Aber nur selten geschah es, daß zwölf Personen von reinem katholischen Blut zu erscheinen wagten, um einen Angeklagten zu verteidigen. Denn wie ich dies in einer anderen Anmerkung sagte, wurde jeder, der es wagte, einen Angeklagten zu verteidigen, selbst durch das heilige Offizium verfolgt und des gleichen Verbrechens schuldig erachtet wie das, dessen der von ihm Verteidigte angeklagt worden war. Wozu hätte es auch einem Angeklagten genützt, die entscheidende Absolution zu erlangen, wenn die Inquisition sich seiner einmal bemächtigt hatte? Zu nichts! Denn die Inquisition verstand es wohl, neue Gründe aufzufinden, um ihn abermals zu verfolgen, und es gelang ihr stets, ihn zu vernichten oder wenigstens seine Existenz zugrunde zu richten.

[151] Man sehe den Brief Karls V., dessen wir weiter oben erwähnten und die Anmerkung Nr. 139.

[152] Rodriguez von Valero ist eine historische Person, deren wirklichen Charakter der Verfasser bewahrt hat. Nur lebte dieser Mann nicht in Sevilla. Rodriguez von Valero war ein aragonischer Edelmann, ein Zeitgenosse Karls V. und Johann von Avilas. Während seiner Jugend war seine Aufführung sehr ungeregelt, aber plötzlich verwandelte sie sich und Rodriguez von Valero überließ sich mit Eifer dem Studium der heiligen Schrift. Aus einem Wüstling, der er gewesen war, wurde er einer der eifrigsten Apostel des Luthertums und trieb die Verwegenheit so weit, daß er überall, wo er Mönche oder Priester fand, sie anredete und ihnen Vorwürfe darüber machte, sich von den reinen Lehren des Evangeliums entfernt zu haben. Zum Glück hielt die Inquisition ihn für verrückt und verfolgte ihn nicht. Längere Zeit benützte er diesen Glauben der Inquisition, um auf den Straßen und den öffentlichen Plätzen zu predigen, wo das Volk ihm mit Vergnügen zuhörte und sich um ihn sammelte, um seine Worte zu vernehmen. Aber die Inquisition wurde endlich seiner Predigten überdrüssig, ließ ihn verhaften und verurteilte ihn als Ketzer, Apostaten und falschen Apostel zu immerwährendem Gefängnis und zur Konfiszierung seiner Güter. Valero war sehr elend und ziemlich unsauber gekleidet, allein er bildete zahlreiche Schüler, unter denen der bemerkenswerteste Doktor Egidius war, ein Mann von musterhaftem Betragen und sehr reinen Sitten, ein beredter Prediger und gelehrter Theologe. Egidius wurde durch die Inquisition verhaftet und verurteilt, als des Lutheranismus verdächtig, Buße zu tun. Einige Zeit darauf ernannte Kaiser Karl V. ihn zum

Bischof von Tortosa, eine Ernennung, die ihm die Verfolgungen der Mönche und den Haß des heiligen Offiziums eintrug. Dieser letztere kerkerte Egidius aufs neue in seine Gefängnisse ein. Der Kaiser, der ihn sehr lieb hatte, ergriff seine Verteidigung und schrieb mehrmals zu seinen Gunsten an den Inquisitor Valdez, der ihn endlich in Freiheit setzte. Egidius starb beinahe unmittelbar nach seiner Entlassung (*Geschichte der Inquisition*).

[153] Lampenball. So nannte man in Spanien die Bälle des niederen Volkes, Bälle, auf denen qualmende Lampen die einzige Beleuchtung bildeten und auf denen zwei oder drei kreischende und mißgestimmte Gitarren, mit der Stimme der Sänger oder Sängerinnen der Seguidillas im Verein, das ganze Orchester bildeten.

[154] *Pandero.* Man denke sich einen viereckigen Rahmen, über den ein Pergament straff gezogen und festgekerbt ist und um den zahlreiche kupferne Glöckchen und eine Menge Bänder von grellen Farben herabhängen, und man hat einen ziemlich genauen Begriff von dem Pandero, diesem Instrument, das man so bezeichnen könnte: ein baskisches Tamburin mit zwei Seiten und von viereckiger Gestalt. Der Pandero ist das Lieblingsinstrument auf den meisten Lampenbällen und ersetzt die Gitarre. Dieses Instrument wird nur von weiblichen Händen gespielt und ist ein schönes Geschenk, das man einer Frau des spanischen Volkes bieten kann. Ein solcher Pandero hat als Geschenk um so größeren Wert, wenn man auf der einen Seite des Pergaments ein brennendes Herz, von Pfeilen durchbohrt, malen ließ und auf der anderen das ähnliche Bild eines schönen Schmugglers oder eines berühmten Banditen.

[155] *Majos.* Das Wort Majo hat keinen gleichbedeutenden Ausdruck in unserer Sprache, wenn es in der Ausdehnung gebraucht wird, welche die Spanier ihm geben. Der spanische Majo ist ein Typus, den man nur in Spanien, besonders in Andalusien, findet, wo er noch in seinem ursprünglichen Glanz existiert. Das Wort Majo bezeichnet nicht nur einen bis zum Übermaß geputzten Mann, der sehr sorglos in Beziehung auf seine Ausgaben ist, sondern auch eine Art von Stand. Um den Namen Majo zu verdienen, genügt es nicht, die Tracht eines Figaro anzunehmen, die charakteristisch bei den spanischen Majos ist, ausgenommen das Netz und die Schöße der mit Borten besetzten Jacke, eine alberne Erfindung der Opernschneider. Ein junger Mann, der nach dem Titel Majo strebt, muß eine Menge guter Eigenschaften und die dazugehörigen Fehler besitzen. Er muß zum Beispiel tapfer und prahlerisch sein, ein guter Reiter, ein guter Schütze und sehr gewandt in der Führung des *cuchillo* (eines Messers), des *puñal* (eines Dolches) und des *albacete* (eines langen, sehr spitzen Messers mit einer Feder). Er muß mit Anmut den Fandango, die *Cachucha*, die *Mutruca*, die *Jerezona* tanzen. Er muß ein tüchtiger Gitarrenspieler sein und alle Volkslieder, die in der Mode sind, singen können, besonders aber imstand sein, einhundert Seguidillas oder eine Liebesromanze zu improvisieren. Endlich muß er, ohne Torero zu sein, es doch verstehen, zu *capear* (den Stier zu reizen), *panderillar* (die Banderillas auf den Hals des Stiers zu werfen) und *matar* (zu töten) einen Stier nach allen Regeln der Kunst, d. h. mit Anmut und Kaltblütigkeit, indem er den Degen ihm zwischen die Schulterblätter stößt. Wenn aber auch ein junger Spanier

alle diese Dinge verstände, so würde er doch nicht den Titel Majo verdienen, wenn er nicht beständig wahnsinnig verliebt in ein einziges Weib wäre, und dabei galant gegen das ganze schöne Geschlecht im allgemeinen, denn Unbeständigkeit und Gleichgültigkeit sind ihm gleich sehr verboten. Der Majo ist freigiebig bis zur Verschwendung; handelt es sich darum, seiner Geliebten zu gefallen, so opfert er alles deren geringsten Launen. Für sich selbst aber ist er nüchtern und abgehärtet gegen alle Anstrengungen, gewöhnt, alle Schmerzen zu ertragen, denn der spanische Majo hat nichts von jener sentimentalen, weibischen, verächtlichen und oft egoistischen Selbstgenügsamkeit unserer Lions. Der spanische Majo verabscheut die Orgie und alle Arten der Ausschweifung; er kennt die Exzesse nur in Beziehung auf die Liebe, den Mut oder den Luxus. Der Geiz ist eine Sünde, deren kein Majo fähig wäre; ein geiziger Majo würde sich entehren. Ebenso ist es mit der Trunkenheit; auf einen betrunkenen Majo würde in Spanien mit Fingern gezeigt, und man würde ihn noch mehr verachten als den bettelnden oder diebischen Gitano. In seinem Verkehr mit den Männern zeigt der Majo eine Art geringschätziger Würde, die ihm köstlich steht. Er muß gegen Männer die höchste Reizbarkeit zeigen und stets bereit sein, bei der geringsten Beleidigung den Dolch spielen zu lassen, den größten Gefahren dabei trotzen, denn für ihn ist jeder Zweikampf, jeder Mord, ein Titel des Ruhmes bei dem schönen Geschlecht im allgemeinen und bei seiner Geliebten insbesondere, angenommen jedenfalls, daß er niemanden *perfidamente* (auf tückische Weise) getötet hat.

Nach dem, was ich von dem Majo sagte, wird man leicht begreifen, daß die Majos beinahe beständig mit der Gerechtigkeit entzweit sind. Einige derselben haben mehrere Jahre in den *presidios* (Bagnos) von Afrika zugebracht, was ebenfalls ein Ehrentitel für alle Vollblut-Majos ist, wenn diese Jahre des Bagno nicht die Strafe für einen Raub oder einen Mord waren.

Die *Maja* ist in dem weiblichen Geschlecht das, was der Majo unter den Männern ist; sie handhabt den Dolch ebenso gewandt wie ein Baratero, und mehr als ein ungetreuer Liebhaber und mehr als eine Nebenbuhlerin haben schon ihre kleine, spitze Klinge gefühlt. Die Majas sind stets Weiber aus dem Volk; meistens zweideutiger Lage, während mehr als ein spanischer Edelmann Majo geworden ist. Um sich zum Majo zu machen, ist es unerläßlich, ein hübscher Bursche zu sein und nicht über 25 Jahre alt; nach diesem Alter fängt ein Majo an, abgenutzt zu sein und ist nur noch gut dazu, Seguedillas zu improvisieren oder den *chulo* zu machen, d. h. die jüngeren Majos bei ihren Liebschaften zu unterstützen.

[156] Der *Gazpacho* ist ein in Andalusien sehr beliebtes Gericht, nicht nur bei dem Volk, sondern auch bei den Leuten von Welt. Der Gazpacho besteht aus einigen Stücken Brot, die man in Wasser getaucht und dann mit rotem Paprika, Öl, Weinessig und Salz benetzt hat. Darauf fügt man wieder Wasser hinzu. So ist der Gazpacho des Volkes beschaffen. Wohlhabendere fügen marinierte und in kleine Stücke geschnittene Würstchen aus Estremadura hinzu und oft auch Scheiben von gesalzenem und geräuchertem Rindfleisch. Der Gazpacho gilt als ein sehr erfrischendes Gericht. Die Soldaten, die in den verschiedenen Städten von Süd-Spanien in Garnison stehen, erhalten davon

täglich, vom 1. April bis zum 30. September, eine Portion. Der Gazpacho ist, wie man behauptet, das beste Schutzmittel gegen die hitzigen Fieber, die in den vier Königreichen Andalusiens oft epidemisch werden, d. h. in den Provinzen Sevilla, Malaga, Cordova und Granada.

[157] *El guisado*, wörtlich übersetzt ‚das Ragout', ist in Spanien ein Gemisch aus Rind- und Hammelfleisch, in kleine Stücke geschnitten, die stark gewürzt werden. Der Guisado ist ein klassisches Gericht, das man bei jedem wahrhaft spanischen Abendessen aufträgt.

[158] Von allen Mitteln, die der Klerus und die Mönche Spaniens während des Unabhängigkeitskrieges gegen die Franzosen angewandt haben, ist die Beichte stets das sicherste gewesen. Der Beichtstuhl ist jederzeit für die Priester und die Mönche eine tückische Waffe, ein Mittel, die Leidenschaften des Volkes aufzuregen. Noch in unseren Tagen sind die Beichtstühle das, was sich am meisten den Fortschritten der Vernunft und der Aufklärung widersetzt. Auf eine Predigt, auf eine Schrift, auf eine Rede, kann man durch eine andere Predigt, eine andere Schrift, eine andere Rede antworten. Aber womit sollte man auf alle die finsteren Unterstellungen antworten, die so reichlich in den 500 000 Beichtstühlen Spaniens ausgearbeitet und verbreitet wurden?

[159] Ich sagte in einer früheren Anmerkung, daß die Gardunnia einen Chef hatte, dem alle anderen Führer der Gardunnia gehorchten. Die Oberhäupter der Provinz selbst waren wieder dem Distrikt-Oberhaupt zum Gehorsam verpflichtet. Noch einmal sei es gesagt, die Gardunnia war viel besser organisiert als irgendeine Verwaltungsbehörde jener Zeit, und zwar so gut organisiert, daß sie, in Spanien 1822 vernichtet, sich in Süd-Amerika, wo sie in diesem Augenblick noch existiert, wieder neuorganisierte. In Kolumbien, in der argentinischen Republik, in Peru, in Havanna und in Mexiko kann man einen Menschen für einige Dollars ermorden lassen, nur sind die Helden der Gardunnia jenseits des Meeres Mulatten und freigelassene Neger und nicht, wie in Spanien, Gitanos oder Mauren.

[160] Grundsätze der Mönche während der Streitigkeiten zwischen dem Katholizismus und dem Protestantismus (Meiner, *Geschichte der Reformation*).

[161] Die Kohlenbrenner eröffneten den Marsch. Die Kohlenbrenner der Städte, in denen sich ein Inquisitionstribunal befand, hatten das Recht teil an dem Zug zu nehmen, den die Prozession bei den Autodafés bildete. Aber dieses Recht legte ihnen auch eine Pflicht auf, oder um dies richtiger zu bezeichnen, war dies nur eine ganz inquisitorische Art, die Rechnungen für das Holz zu bezahlen, dessen das heilige Offizium bedurfte, um die Ketzer zu verbrennen. Die Kohlenbrenner aller der Städte, in denen die Inquisition ihre Scheiterhaufen errichtete, mußten gratis das Holz für alle Scheiterhaufen der Autodafés liefern. Man sieht, daß die Inquisition ihre Interessen sehr wohl verstand.

[162] Die Tracht der Dominikaner, die vielfach mit der der Karmeliter und der Trinitarier verwechselt worden ist, bestand gleich der dieser Orden in einer weißen Tunika, in einem schwarzen Skapulier und Mantel und in einer runden, schwarzen, weißgefütterten Kapuze. Die Dominikaner zeichneten sich gleichwohl durch das Kreuz aus, das mehrere dieser Orden auf ihren Skapu-

lieren tragen. Dieses Kreuz war aus weißem und rotem Tuch für die Trinitarier, rot und weiß, d. h. der Stamm rot und die Arme weiß, für die Merceniarier und weiß für die Dominikaner; die Karmeliter tragen kein Kreuz.

[163] Es war für die Inquisition nicht genug, das Volk zu verdummen, es zu der Bettelei herabzubringen, aus ihm eine Herde von Sklaven zu machen; sie begnügte sich nicht mit so wenigem, sondern tat alles, um es nichtswürdig zu machen. Um dies zu erreichen, begann die Inquisition damit, im Namen Gottes zu sprechen und zu handeln; dann verlangte sie, daß jeder Bürger ein Spion werde. Aber die Spanier weigerten sich der Entwürdigung bis zu diesem Punkt; sie ließen sich lieber als Ketzer verbrennen, als daß sie die schmachvolle Rolle der Denunzianten übernahmen. Die Inquisition, die stets furchtbar in der Erfindung von Mitteln war, wenn es sich darum handelte, Böses zu tun, machte nun auch das Mittel ausfindig, die Denunziation zu adeln und zu heiligen: Sie ließ durch die Päpste eine Masse von Ablässen denen bewilligen, die sich der Tugend teilhaftig machten, dem heiligen Offizium die Feinde des Glaubens anzuzeigen; voller Ablaß, und selbst der Himmel wurde jedem geboten, der im eintretenden Fall ein so guter Christ war, seine Verwandten, seinen eigenen Sohn, seinen eigenen Bruder und sogar seinen Vater und seine Mutter zu denunzieren. Außerdem erlangte, forderte sie auch noch von den Königen, die ihr nichts zu verweigern wagten, Privilegien und Ehren für ihre Familiaren. So befreite Karl V. von jeder Munizipalabgabe, von jedem Frondienst und zuletzt sogar von jeder Auflage jeden, der zehn Ketzer, Mauren, Protestanten oder Judaisten angeklagt hatte oder der sich in die Miliz Christi eintragen ließ, d. h. Familiar wurde. So erschien endlich eine Zeit, in der ein großer Herr als verdächtig erschienen sein würde, hätte er nicht mittelbar oder unmittelbar der Inquisition angehört; der Inquisition anzugehören war aber das sicherste Mittel, sein Vermögen zu bewahren. Die Inquisition trieb ihre Verwegenheit so weit, daß sie für das Haus Medina-Cöli von dem Papst Adrian, dem Ex-General-Inquisitor Spaniens, den Ehrentitel eines Fahnenträgers des Glaubens forderte und erlangte sowie das Privilegium, diese finstere Fahne bei allen feierlichen Autodafés zu tragen, d. h. bei denen der König sich die Ehre gab, ihnen beizuwohnen. Das Haus Medina-Cöli war und ist noch gegenwärtig das, das dem Thron am nächsten steht; in Ermangelung der Prinzen von Geblüt würde dem Ältesten des Hauses Medina-Cöli die Krone zufallen.

[164] Die Gerichtsfamiliaren waren für die Inquisition das, was gegenwärtig die Stadtsergeanten für die Polizei-Präfektur sind; die nicht rechtskundigen Familiaren, deren Zahl unendlich war, entsprachen in Beziehung auf ihre Funktionen so ziemlich unseren gegenwärtigen geheimen Polizei-Agenten; die Soldaten Christi, die Bogenschützen der heiligen Hermandad und einige große Herren, die aus Fanatismus oder aus Furcht sich der Inquisition gewidmet hatten, bildeten die von dem Verfasser so genannten Gerichtsfamiliaren. Dann folgten die Sbirren, eine Art von Alguazils. Die Sbirren beschäftigten sich wenig damit, die Leute zu denunzieren, allein sie verhafteten ohne Barmherzigkeit alle die, welche die Inquisition ihnen bezeichnete. Die Sbirren waren, wie man sieht, die rechtschaffensten Leute der ganzen inquisitorischen Zucht.

[165] Der Leser weiß bereits, daß jeder, der dazu verurteilt war, das San Benito zu tragen, für alle Zeit unfähig wurde, irgendein bürgerliches Amt oder einen öffentlichen Posten zu bekleiden, und daß diese Unfähigkeit sich sogar auf dessen ganze Nachkommenschaft erstreckte.

[166] Die, welche die Inquisition mit leichten Strafen belegte und zur Tragung des San Benito verurteilte, wurden nach dem Autodafé nach einem Haus oder einem Kloster geführt, in dem man den Schein annahm, sie zu unterrichten, um sie in ihrem Glauben zu kräftigen; einige Monate darauf gab man ihnen dann die Freiheit, nachdem man sie auf das Evangelium hatte schwören lassen, nie, weder durch Schrift noch durch Wort noch durch Zeichen zu verraten, was sie in dem Inneren der Inquisition gesehen und erfahren hatten. Dies fand aber nicht bei den Unglücklichen statt, die zur Auspeitschung oder zu den Galeeren verurteilt wurden. Die ersteren blieben oft bis zum Tod in den Gefängnissen des heiligen Offiziums; die letzteren wurden gewöhnlich in den Presidios oder in den Bagnos vergessen, und selbst noch in den letzteren machte der San Benito, den sie tragen mußten, sie zu einem Gegenstand der Verachtung für ihre Unglücksgenossen, denn kein Mörder, kein Fälscher, keiner von all den Elenden, die den Strick verdient hatten und die, dank der Bestechlichkeit eines Escribanos, auf die Galeeren gekommen waren, würde sich mit einem *ensambenitado* (einem, mit den San Benito Bekleideten) haben zusammenschmieden lassen wollen.

[167] Die Inquisition ließ die Gebeine derer verbrennen, die in ihren Kerkern gestorben waren.

[168] Spanische Mönche, die 1821 die Prozession des Gottesfestes bildeten, warfen Kreuz und Banner von sich und entflohen, als sie den Ruf vernahmen: „Rette sich wer kann! – Ein wütender Stier!", den einige Straßenbuben ausstießen.

[169] Dieses Verfahren des Guapo war dasselbe, das die Andalusier während des Unabhängigkeitskrieges anwandten, um die französischen Kürassiere zu töten.

[170] Arbuez ist eine durchaus historische Person, von der wir zu seiner Zeit und an der gehörigen Stelle ausführlicher sprechen werden. Seine Grausamkeiten haben mehrfach das Volk gegen ihn in Aufstand gebracht. Da er fürchtete, ermordet zu werden, trug er in der Tat ein Panzerhemd unter seinem Gewand und eine Art von eisernem Helm unter seinem Barett (*Geschichte der Inquisition*, Kap. 12, III. Teil).

[171] Am Tag vor einem Autodafé zog eine Prozession von Kohlenbrennern, Dominikanern und Familiaren von der Inquisitionskirche aus und begab sich nach dem Platz, auf dem am nächsten Tag die Feierlichkeit stattfinden sollte. Hier angelangt, näherten sie sich einem Altar, der errichtet worden war, damit die Mönche hier Messen für die Seelen derer lesen konnten, die den Flammen überliefert werden sollten. Links von diesem Altar wurde dann ein grünes Kreuz, umwunden mit einem schwarzen Krepp, aufgepflanzt. Dieses Kreuz war ein Zeichen, das den Vorübergehenden die Trauer verkündete, welche die Kirche über den Verlust der Seelen der hartnäckigen Ketzer empfand, die sie verbrennen würde. War das Kreuz aufgepflanzt, so kehrte die Prozession, ohne die Dominikaner jedoch, nach ihrem Ausgangs-

punkt zurück. Die Mönche brachten die Nacht auf dem Platz unter dem Absingen von Psalmen und dem Lesen von Messen zu.

[172] Einige Geschichtsschreiber, und unter diesen Edgar Quinet, behaupten, die Inquisitoren wären mehr fanatisch als verworfen gewesen. Dieses Urteil ist ein Lobspruch für das Herz derer, die es fällten; für mich indes, der ich in Spanien geboren bin und der ich dadurch imstand war, die Mönche und die Inquisitoren nach ihrem wahren Wert zu würdigen, für mich, der ich mich mit der Geschichte meines Vaterlandes vertraut machte und der ich die alten Chroniken durchforschte, die jetzt niemand mehr liest, ist das Mitleid, das die Inquisitoren für ihre Opfer heuchelten und die Sorgfalt, die sie für das Heil der Seelen derer zu hegen schienen, die sie dem Ehrgeiz und der unersättlichen Habgier opferten, nichts als eine schmachvolle Berechnung, grausamer noch als die verübten Grausamkeiten selbst. Indem die Inquisitoren so handelten, verblendeten sie die Menge des Volkes und hielten es ab, Mitleid für die Unglücklichen zu empfinden, die sie zu Tausenden hinopferten. Die Inquisitoren und die spanischen Mönche sind schändliche und grausame Heuchler gewesen und keineswegs Fanatiker. Fanatiker haben im allgemeinen reine Sitten; man sage mir indes, ob es jemals in der Welt ausschweifendere und wollüstigere, verderbtere Menschen gab als die Inquisitoren, die spanischen Mönche und der römische Klerus?

[173] Der Verfasser spielt hier auf Boabdil el Chico an, den letzten maurischen König Granadas, in dem Augenblick, als dieser auf einem Hügel der Stadt gegenüber anhielt und Tränen vergoß, eine Handlung, die seine Mutter ihm mit den Worten zum Vorwurf machte: „Beweine wie ein Weib das Gut, das du nicht wie ein Mann zu verteidigen wußtest!" – Der Ort, an dem Boabdil weinte, heißt noch jetzt *El ultimo suspiro del Moro* (Der letzte Seufzer des Mauren). Von diesem Punkt aus ist die Ansicht der Alhambra und Granadas aufgenommen, welche die große Vignette unter dem Titel ‚Alhambra', zeigt.

[174] Die Predigt, oder das Bruchstück einer Predigt, das hier der Verfasser dem Dominikanermönch bei Gelegenheit des Autodafés in den Mund legt, wird den Lesern unglaublich erscheinen, so komisch und unpassend ist es. Indessen sagten die Mönche noch viel komischere und unpassendere Dinge bei sehr feierlichen Gelegenheiten, wo Ernst, Wissenschaft und besonders gesunder Verstand hätten stattfinden sollen. So führte 1546 in der Eröffnungssitzung des Konzils von Trient der Bischof von Bitonto, um die Notwendigkeit der Konzilien zu beweisen, an, daß mehrere derselben Könige und Kaiser abgesetzt hätten. „In der Aeneide", sagte der Bischof, „hat Jupiter das Konzil der Götter versammelt; im Augenblick der Schöpfung des Menschen und der Erbauung des Turms von Babel hat Gott sich darin der Form des Konzils bedient." Daraus zog der Hochwürdige den folgenden Schluß: „Daß alle Prälaten sich nach Trient begeben sollten, wie in das Pferd von Troja." – Endlich in Gestalt einer Ermahnung fügte der Bischof hinzu: „Daß die Pforte des Konzils und die des Paradieses eine und dieselben wären; daß das Lebenswasser derselben entströmte; daß die Väter ihre Herzen damit begießen sollten, wie ausgetrockneten Boden, sonst würde der heilige Geist ihnen den Mund nicht öffnen, wie Balaam und Kaiphas." Dieser Bischof von Bitonto, namens Fra Cornelia Muße, war ein Mönch aus dem

Mailändischen, dessen komische Rede, wie man sieht, keineswegs das Wiedererwachen der Wissenschaft verriet (Meiner, *Geschichte der Reformation*).

[175] Sergeanten der Inquisition nannte man die Vorsteher der Marterknechte.

[176] Die Augsburger Konfession ist ein Glaubensbekenntnis, das die deutlichen Protestanten auf dem Reichstag von Augsburg am 15. Juni 1530 ablegten. Diese Konfession wurde durch Melanchton, Zeitgenossen und Schüler Martin Luthers entworfen.

[177] Bei dem Autodafé, das 1636 in Valladolid stattfand, boten die Inquisitoren Philipp IV., der demselben mit seiner ganzen Familie beiwohnte, eine bis dahin ganz neue Art der Hinrichtung als Schauspiel. Diese Strafe, der die Henker von Rom zehn unglückliche Israeliten unterwarfen, bestand darin, ihnen die Hand auf ein großes Andreaskreuz festzunageln und sie während der Vorlesung des Urteils, das sie verdammte, in dieser Stellung zu lassen.

[178] Die Inquisition verfolgte nicht bloß die Weltlichen. Jeder Geistliche, der ihre Handlungen der Ungerechtigkeit nicht unterstützte oder der sich weigerte, die Lehren der Inquisition zu verbreiten, die dahin strebten, das Menschengeschlecht zu verdummen und die Völker zum Vorteil Roms auszuplündern, mit einem Wort, jeder rechtschaffenen Geistliche wurde durch diese Tatsache allein Gegenstand der Verfolgung des heiligen Offiziums. Die Inquisition hat Hunderte von Priestern und Nonnen lebendig verbrennen lassen. Man kann sich von der Wahrheit unserer Versicherungen überzeugen, wenn man liest, was über die Inquisition geschrieben worden ist.

[179] Adrian Florencio, von dem wir bereits gesprochen haben, und nach ihm Alfonso Manriquez haben Karl V. in Beziehung auf die Inquisition auffallend mißbraucht; übrigens läßt sich annehmen, daß die Inquisitoren die Könige in dieser Beziehung betrogen haben. Wie sollte man sonst die Herrscher nennen, die auf solche Weise Spanien, Italien, Portugal, Indien und Amerika dezimieren ließen und die, weit entfernt, sich dem zu widersetzen, wie sie es gekonnt hätten, im Gegenteil das heilige Offizium mit ihrer ganzen Macht unterstützten? Nero wäre im Vergleich mit diesen katholischen Herrschern ein sehr gutmütiger König gewesen.

[180] Alfonso Manriquez wurde 1535 durch Karl V. verbannt, da der Kaiser dem Groß-Inquisitor die Einkerkerung Viruez', seines Lieblingspredigers, nicht verzeihen wollte.

[181] Absolution. Bei dem Autodafé sprach der General-Inquisitor der Provinz, in der das Autodafé stattfand, die Absolution aller der Verurteilten aus, die gestanden hatten und in den Schoß der Kirche zurückgekehrt waren. Aber diese Absolution zog nicht die Begnadigung nach sich; sie diente nur dazu, die Exkommunikation aufzuheben, die jeden Ketzer oder der Ketzerei Angeklagten traf, und die Pforten des Himmels denen zu öffnen, die als gute Katholiken starben, allen denen die man erwürgte ehe man sie den Flammen überlieferte.

[182] Wir erwähnten bereits, daß eine jener Frauen, die man Beaten nannte, sich in den Kerkern des heiligen Offiziums umbrachte, indem sie sich die Kehle mit ihrer Schere durchschnitt. Dieser Selbstmord ist nicht der einzige, der in den Gefängnissen der Inquisition stattfand. Viele Unglückliche zerschmetterten sich den Schädel an der Wand, um der Schmach des San Benito

oder den Torturen zu entgehen; andere erstickten sich, indem sie mit langen Zügen das mephistische Gas einhauchten, das die Gefäße mit den Exkrementen, die in jedem Gefängnis standen und die man acht Tage darin ließ, ausströmten. 1819 befanden sich sechs Angeklagte in den Kerkern der Inquisition von Valencia. Ein Aufseher, der abgeschickt wurde, einen derselben zu prüfen, d. h. zu versuchen, von ihm eine Enthüllung zu erlangen, sagte ihm unter anderen Dingen, wenn er nicht gestände und seine Mitschuldigen angäbe, würde man ihn der Tortur unterwerfen. Der Angeklagte gestand nichts; aber am nächsten Tag waren die sechs Gefangenen tot; sie hatten sich einer den anderen erwürgt und der letzte hatte sich durch das weiter oben angegebene Mittel erstickt. Die sechs Gefangenen waren der Freimaurerei beschuldigt.

[183] „In ihren Statuen". Hier, was man bei l'Lorente liest: „Die große Menge der Verurteilten, die man durch das Feuer tötete, war Ursache, daß der Präfekt von Sevilla sich genötigt sah, außerhalb der Stadt ein permanentes steinernes Schafott erbauen zu lassen, auf dem man vier große Gipsfiguren aufstellte; diese Statuen waren im Inneren hohl; in diese Höhlung schloß man lebend die neuen rückfälligen Ketzer ein, um sie hier langsam auf eine fürchterliche Weise verbrennen zu lassen. Dieses Schafott, das *Quemadero* (Brander) genannt wurde, existierte unlängst noch. Was konnte man von einem Tribunal erwarten, das so begann?" *(Geschichte der Inquisition*, Kap. 1, III. Teil)

Der Quemadero von Sevilla wurde zu Anfang des 15. Jahrhunderts erbaut. Die Trümmer desselben existierten noch 1823!

[184] Nach l'Lorente war Don Carlos von Seso ein Edelmann aus Verona, Sohn des Bischofs von Piacenza in Italien. Einer der ersten Familien des Landes entsprossen, war Carlos nach jenem Geschichtsschreiber ein gewandter und gelehrter Mann; er hatte Karl V. große Dienste geleistet. Er wurde in Logroño verhaftet und in die geheimen Kerker der Inquisition von Valladolid gebracht, wo man ihm ein Jahr darauf sagte, daß er sich auf den Tod vorbereiten sollte. Don Carlos, der wußte, daß er sterben müsse, verlangte Feder und Papier und schrieb seine Beichte, die ganz lutherisch war. Er behauptete darin, daß die Lehre Luthers und nicht die, welche die katholische Religion bekennt, der wirkliche Glaube des Evangeliums sei. Die Mönche ermahnten vergeblich Don Carlos während der ganzen Nacht vor dem Autodafé; man steckte ihm einen Knebel in den Mund, den man ihm ließ, auch während er sich an den Ort der Hinrichtung begab, damit er seine Lehre nicht predigen möchte. Der Knebel wurde ihm abgenommen, als man ihn an den Pfahl auf dem Scheiterhaufen befestigt hatte, und die Mönche ermahnten ihn aufs neue, zu beichten. Allein weit entfernt, den Ermahnungen der Mönche zu folgen, verlangte er mit lautem Ruf, daß man das Holz, das ihn verzehren sollte, anzünde. Don Carlos wurde in Valladolid im Oktober 1559 unter der Regierung Philipps II. verbrannt.

[185] Der Lizenziat Antonio Herrezuelo, Advokat der Stadt Toro in Alt-Kastilien, wurde als Lutheraner verurteilt und starb auf dem Scheiterhaufen, ohne die geringste Reue zu zeigen. Während man ihn zur Hinrichtung führte, richtete der Doktor Cazalla, ein anderer Verurteilter, an ihn einige Ermahnungen, die er am Fuß des Schafotts verdoppelte, aber es war vergeblich.

Antonio verspottete die Worte des Doktors, selbst nachdem er an den Pfahl, umgeben von dem Holz, das zu brennen begann, befestigt worden war. Einer der Diener der Inquisition, der wütend über so viel Mut war, stieß Herrezuelo seine Lanze in den Leib, dem das Blut noch entrann, als er von den Flammen erreicht wurde *(Geschichte der Inquisition)*.

Don Antonio Herrezuelo starb, ohne eine einzige Klage auszustoßen, bei dem Autodafé, das 1559 in Valladolid unter den Augen des Infanten Don Carlos und der Infantin Johanna stattfand. Eine bedeutende Anzahl Granden Spaniens, Herren jeden Standes und Damen der höheren Klassen hatten die ersten Plätze in dem ganzen Glanz des Luxus inne, während diese fürchterliche Zeremonie stattfand, fügt unser Geschichtsschreiber hinzu. Bei ebendiesem Autodafé starb auch der Doktor Augustin Cazalla von Vibero, Priester und Kanonikus von Salamanca, Almosenier und Prediger Karls V., der vor dem Verbrennen erwürgt wurde. Franz Cazalla, der Bruder des vorigen, Pfarrer des Dorfes Lorengo, wurde lebendig verbrannt, Donna Beatrix von Vibero y Cazalla, Schwester der beiden vorhergehenden Opfer, erwürgt, ehe sie verbrannt wurde, Alfonso Perez, Priester aus Valencia, Doktor der Theologie, degradiert und erwürgt vor der Verbrennung und neun andere Personen, unter denen sich keine falschen Religionslehren verbreitet hatten und von denen mehrere sich bekehrten und nichts verlangten, wie als gute Katholiken leben zu können. Die Inquisition nahm aber lieber an, ihre Reue hätte nur die Todesfurcht verursacht; außer den zum Scheiterhaufen verurteilten Opfern gab es noch mehrere, die ausgeführt wurden, d. h. dazu verurteilt, ihre Güter und ihre Freiheit zu verlieren (das wenigste, was die Inquisition ihnen nahm). Unter diesen letzteren befanden sich zwei Mitglieder der Familie Cazalla, Johann Vibero Cazalla, als Ketzer verurteilt, fortwährend den San Benito zu tragen und Donna Constanze Vibero y Cazalla, zu derselben Strafe verdammt, diese letztere ließ vierzehn Kinder als Waisen zurück!!!

[186] Man weiß, daß die Wechselbriefe von den Juden erfunden worden sind, aber was man vielleicht nicht weiß, ist, daß dies in Spanien geschah, um ihr Vermögen gegen den Geiz Ferdinands von Aragon und die Habgier der Inquisition zu sichern; die Israeliten erfanden den Wechselbrief, mittels dessen sie und die Mauren ihre Kapitalien ins Ausland schickten und sich selbst exilierten. So war dieses Papier, heute eines der Dinge, die am meisten zum Gedeihen des Handels beitragen, indem sie die Unternehmungen desselben erleichtern, im 16. Jahrhundert ein Werkzeug des Untergangs für Spanien, das, dank der unersättlichen Habgier Roms und der Grausamkeit, mit der die Inquisition dasselbe unterstützte, den größten Teil seiner Reichtümer nach Frankreich, Deutschland und Holland wandern sah.

[187] Johann von Avila ist in der Tat fünf Jahre in den Kerkern der Inquisition geblieben, wie wir dies sehen werden, wenn es an der Zeit ist.

[188] Die *cruciatos* waren nach der Angabe eines Geschichtsschreibers der Inquisition, der es nicht für zweckmäßig gehalten hat, seinen Namen zu nennen, eine Art von Kreuzbrüdern, deren Zweck die Vernichtung der Ketzer war, wo man ihrer habhaft werden konnte. Nach demselben Verfasser bildeten diese Kreuzbrüder eine Brüderschaft, zu der Leute aller Stände gehörten:

Mönche und Priester, Bischöfe, Bogenschützen und Kardinäle, große Herren und Bettler, rechtschaffene Leute, von Fanatismus erfüllt, und Räuber ohne Treue und Glauben. Das italienische Wort *cruciato* läßt mich glauben, daß diese Gesellschaft ebenfalls italienisch war.

[189] Die Inquisition hatte nicht bloß die Tortur und die schmeichelnden Worte, um denen, die sie vor der ewigen Strafe bewahren wollte, Geständnisse zu entreißen; gleich der Polizei unserer Tage hatte sie auch ihre versuchenden Dämonen, die unter dem Vorwand, die Gefangenen zu trösten, sie besuchten und von ihnen Geheimnisse zu erforschen trachteten, die sie dann sogleich der Inquisition mitteilten. Diese Agenten des heiligen Offiziums nannten sich *probadores* (Prüfer).

[190] Das Volk hatte begriffen, was das sagen wollte. Wenn bei seltenen Gelegenheiten die Inquisition die Kühnheit besaß, ihre Urteilssprüche öffentlich zu fällen, so geschah es zuweilen, daß ein Angeklagter den Mut hatte, sich voll Kraft und ohne Schonung zu verteidigen; in solchen Fällen schickte die stets gewandte Inquisition den Angeklagten in das Gefängnis unter dem Vorwand zurück, das Tribunal müsse sich aufklären, um Gerechtigkeit üben zu können. Diese Rücksendung war nur ein Recht eines Nero würdig; der Angeklagte, der so wagte, der Inquisition zu trotzen, entging zuweilen den Flammen; allein er wurde allen Arten der Tortur unterworfen und starb zuletzt in den Kerkern, die Glieder zerbrochen und die Seele erfüllt von Verzweiflung. Einige Tage nach seinem Tod wurde dann sein Prozeß beendigt; der Angeklagte wurde der Ketzerei für schuldig erklärt, und da man ihn als unbußfertig gestorben betrachtete, grub man seine Gebeine aus und verbrannte sie bei dem nächsten Autodafé; sein Andenken war beschimpft bis in seine Nachkommenschaft, und seine Güter wurden die Beute der Inquisition. L'Lorente erzählt mehr als ein Beispiel von dieser willkürlichen Art zu verfahren; beinahe alle die, deren Bilder oder Gebeine man verbrannte, waren Opfer dieses ganz inquisitorischen Verfahrens gewesen.

[191] Es war in der Tat eine Handlung geschickter Politik, Johann von Avila zu befreien. Indem der oberste Rat so handelte, kompromittierte er zwar die Autorität des Inquisitors, aber er ließ zu gleicher Zeit das Volk an die Redlichkeit und Gerechtigkeit der Inquisition glauben, und durch dieses Mittel befestigte er neu die Gewalt des verhaßten Tribunals, das Spanien so viel Böses zugefügt hat, und daß die Religion selbst in das Verderben gestürzt haben würde, könnte die Religion Jesu Christi so untergehen.

[192] Der heilige Johann von Avila wurde geboren 1504 in Almodorear del Campo, einer kleinen Stadt der Diözese von Toledo, von reichen und im Land geachteten Eltern. Er studierte zunächst das bürgerliche und kanonische Recht an der Universität Salamanca nach dem Wunsch seiner Eltern, die ihn zu dem Richterstand bestimmten, aber seine Berufung für den Priesterstand war unwiderstehlich. Seine Eltern wollten seinen Neigungen nicht widersprechen, da sie in ihm einen tugendhaften Menschen sich entwickeln sahen, einen Diener Gottes nach dem Evangelium, und schickten ihn nach Alcala d'Hernarez, wo er mit allem Eifer die Theologie studierte. Sobald er die heiligen Weihen empfangen hatte, wollte Johann von Avila nach Westindien gehen, wo, wie er sagte, eine reiche Ernte zu halten war. In dieser Ab-

sicht begab er sich nach Sevilla, wo er, ehe er seine Reise unternahm, sich mit Don Alfonso Manriquez beriet, der damals Erzbischof dieser Stadt war und später General-Inquisitor wurde. Dieser Prälat riet Johann, auf seinen Plan zu verzichten und sich der Predigt zu widmen. Der heilige Johann befolgte diesen Rat, nachdem er längere Zeit gegen seine eigene Bescheidenheit gekämpft hatte; allein kaum hatte er zu predigen begonnen, als auch schon Sevilla und bald darauf ganz Spanien ihn mit dem Namen des Apostels von Andalusien begrüßte, so erhaben waren seine Reden, so evangelisch seine Predigten, so beredt seine Sprache, so heilig sein Leben.

Aber weder die Heiligkeit seines Lebens noch die Beredsamkeit seiner Sprache noch die Reinheit seiner Lehren konnten ihn gegen den Neid der anderen Mönche schützen, die ihn bei der Inquisition anklagten. Dieses Tribunal beschuldigte Johann von Avila der Ketzerei, der Toleranz. Ungeachtet des Schutzes, den Alfonso Manriquez ihm gewährte, wurde Johann von Avila 1528 in die Kerker des heiligen Offiziums geworfen und blieb hier fünf Jahre lang, bis 1534, wo, dank eines Formfehlers in seinem Prozeß, er freigesprochen und in Freiheit gesetzt wurde. Indem die Inquisition Johann von Avila anklagte, hatte sie es vernachlässigt, den höchsten Rat davon in Kenntnis zu setzen. Der heilige Johann von Avila starb in Montilla 1569, 65 Jahre alt. Er hat eine Menge Briefe hinterlassen, die an den heiligen Johann von Gott, an Fray Luis von Granada und viele andere seiner Schüler gerichtet waren. Diese Briefe sind ebenso viele apostolische Episteln.

[193] Wenn ein Bürger, der Ketzerei angeklagt oder auch nur verdächtigt, Spanien verließ, wurden alle seine Güter augenblicklich zugunsten des Königs und der Inquisition mit Beschlag belegt; da aber die Inquisition dem König vorging, so erhielt der letztere nur den vierten Teil der konfiszierten Güter. Freilich gewann bei diesen richterlichen Diebstählen die Inquisition ihren Anteil, indem sie einen Prozeß gegen den Ausgewanderten anstiftete, ihn im Bild verbrennen ließ und alle seine Verwandten und sogar seine Freunde verfolgte.

[194] *Espolista* (Sporner). Dieses Wort kommt von *espuela* (Sporen); die Spanier nannten espolistas gewisse Leute, deren Beschäftigung darin bestand, zu Fuß vor den Maultieren der Reisenden herzugehen, und besonders vor denen der Mönche. Der espolista ist zu gleicher Zeit der Diener, der Führer, der Beschützer der Personen, die ihn verwenden; die spanischen espolistas sind unermüdliche Fußgänger, ihren Reisenden treu ergeben und besitzen einen geprüften Mut. Man nennt sie espolistas, weil man behauptet, daß sie die Maultiere, indem sie vor ihnen herschreiten, antreiben. Ein guter espolista und das Maultier eines Mönches müssen 18 bis 20 spanische Lieues (ungefähr 120 Kilometer) täglich zurücklegen können.

[195] Die Gardunnios, und nach ihrer Vernichtung die berüchtigten Banditen Spaniens, hatten und haben noch jetzt in beinahe allen Städten und in der Mehrzahl der Ventas oder einsamen an den Landstraßen gelegenen Wirtshäuser befugte Versicherer, die von ihnen dazu beauftragt sind, den Reisenden eine gewisse Kontribution abzunehmen und dafür denselben ein Paßwort mitzuteilen, das sie im Umkreis von so und soviel Stunden gegen jedes Attentat schützt. 1823 brauchte jeder Reisende, der von Madrid bis Cadix

nicht beunruhigt werden wollte, nur auf einer der *Galeros* (Rüstwagen mit Rohr und einer großen Leinwand bedeckt) von Pedro Ruiz zu reisen; nur werden die Reisen auf den Galeros dreimal teurer bezahlt als auf den Eil-postwagen, und außerdem hatten sie fünf Prozent für alles Geld, das sie bei sich trugen, zu entrichten. Nach einem solchen Abkommen konnte man ru-hig reisen, denn die Räuber griffen niemals die Galeros des Pedro Ruiz an. In Estremadura, in Merida, erhielt man von dem Wirt des ‚Posado de las Pres Curces' für zwei Dublonen (zehn Taler Gold) ein Paßwort. Wenn man zu dem Konzessional gekommen war, einem Ort, den man kaum zu betreten wagte, und an dem man getötet werden konnte, ohne den Mörder zu sehen, und dann Banditen sich zeigten, mit der Büchse an der Backe, Börse oder Le-ben fordernd, in der Absicht, das eine oder das andere zu nehmen, so brauchte man nichts zu fürchten, wenn man das Paßwort hatte; sobald man es aussprach, sah man alle diese Schufte ihre *Trobonos* absetzen, ihren Hut vom Kopf nehmen, und sie sagten dabei auf die artigste Weise von der Welt: *„Vaya su Merced con Dios"* (Ew. Gnaden mögen mit Gott reisen). 1822 habe ich selbst 70 Francs an tio Alejo, an den Vater Alexis, gezahlt, der mir dafür zwei lateinische Worte mitteilte: *„Vade retro."* Diese beiden Worte verwan-delten vier Schufte, die mir in dem Konfessional entgegentraten, in vier Lümmel, die harmloser waren als Lämmer.

[196] Pedro Arbuez ist eine historische Person, und der Charakter, den der Verfasser ihm beilegt, ist keineswegs übertrieben. Nur hat der Verfasser mit der Freiheit, die diese Art von Werk gestattet, einen Anachronismus began-gen, indem er Pedro Arbuez unter Karl V. leben läßt und ihn zum Zeitgenos-sen von Alfonso Manriquez und dem heiligen Johann von Avila, des Souve-dra und mehrerer anderer Personen dieser Geschichte macht. Pedro Arbuez hat nicht in Sevilla regiert. Joseph ist eine Erfindung. Er ist die Personifizie-rung des spanischen Volkes, das die Inquisition mehrere Jahrhunderte lang stützte, sie aber immer haßte und mit Geduld den Augenblick erwartete, sie tödlich zu treffen. Dieser Augenblick kam endlich 1820.

Pedro Arbuez ist, ebenso wie er eine historische Person ist, die Personifi-zierung der Inquisition und besonders der größten Menge der Inquisitoren. Seine Ausschweifungen, seine Grausamkeit, seine Schwächen, seine Unge-rechtigkeiten und seine Heuchelei sind das treue Bild der Ausschweifungen, der Grausamkeiten, der Schwächen, der Ungerechtigkeit und der Heuchelei der meisten Inquisitoren und einer großen Menge anderer Priester.

Pedro Arbuez, Kanonikus der Kathedrale von Saragossa und General-Inquisitor des Königreiches Aragon, hat 1485 unter Ferdinand von Aragon und Isabella der Katholischen gelebt und unter dem ersten General-Inquisi-tor von Spanien, Thomas Torquemada. 1485 fürchteten die Aragonier, deren Privilegium fortwährend durch die Inquisition in Aragon, die unter der Lei-tung des Pedro Arbuez stand, unter die Füße getreten wurden – die Arago-nier, sagten wir, fürchteten, bei ihnen sich die Auftritte erneuern zu sehen, die täglich in Kastilien und in den anderen Provinzen Spaniens vorfielen, wo das heilige Offizium, erst seit drei Jahren errichtet, geleitet durch fanatische und ausschweifende Mönche und Priester, schon Tausende von Opfern ge-schlachtet hatte. Bei dieser Lage der Dinge und weil die Schritte, die sie bei dem Papst und dem König getan hatten, zu keinem Resultat führten, verbanden sich eine große Menge der ersten Herren von Saragossa gegen die Inquisition und beschlossen, den Inquisitor Arbuez zu opfern, der sich schon durch seine Grausamkeit und durch seine schlechte Aufführung verhaßt gemacht hatte, und so die anderen Mitglieder der Inquisition von Aragon zu zwingen, auf ihr Amt zu verzichten. Aber Pedro Arbuez wurde von der Absicht der Verschworenen unterrichtet, ohne daß man sie ihm nannte. Da er nicht gegen seine Feinde wirken konnte, wollte Pedro Arbuez sich wenigstens gegen die Angriffe der Verschworenen schützen; zu diesem Zweck legte er eine Art von Panzerhemd an und trug unter seiner Kappe eine Art von eisernem Helm. Dank dieser Vorsichtsmaßregeln mißlangen mehrmals die Angriffe der Verschworenen auf ihn; eines Tages indes näherte einer derselben sich Pedro Arbuez in dem Augenblick, als er am Fuß des Hochaltares der Kathedrale von Saragossa betete, und versetzte ihm einen Degenstoß in den Hals; die Wunde des Pedro Arbuez war so tief, daß er, ungeachtet allen Beistandes, zwei Tage darauf starb, d. h. am 17. September 1485. Infolge der Ermordung des Groß-Inquisitors erhoben sich die alten Christen, aufgeregt durch die Mönche, wie ein einziger Mann, und heftige Auftritte fanden in Saragossa statt; die Folgen dieser Aufstände wären furchtbarer gewesen, sagt l'Lorente, wenn die fanatische Menge nicht durch das ihr erteilte Versprechen beschwichtigt worden wäre, die dieses Attentates Schuldigen mit der äußersten Strafe zu belegen. In Erwartung dessen ehrte man das Andenken des Pedro Arbuez mit einer Art von Feierlichkeit, die viel dazu beitrug, ihn als einen Heiligen erscheinen zu lassen. Arbuez wurde der Gegenstand eines besonderen Kultes in den Kirchen, und es fehlte wenig, so wäre dieser Dominikaner-Kanonikus als Patron der Inquisition anerkannt worden. Indes begnügte man sich damit, ihn Wunder verrichten zu lassen und so seine Heiligsprechung vorzubereiten, die in der Tat 1664 unter dem Pontifikat Alexanders VII. stattfand. Vor noch gar nicht langer Zeit konnte man in der Kathedrale von Saragossa eine Grabschrift in lateinischer Sprache auf dem Denkmal des Pedro Arbuez sehen, das die katholischen Könige, Don Ferdinand von Aragon und Isabella von Kastilien, errichten ließen.

[197] In der Zeit als der Ruf Jesu Christi sich in Judäa zu verbreiten begann, schrieb Publius Lentulus, der damals Statthalter dieser Provinz war, an den römischen Senat: „Es lebt hier gegenwärtig ein Mensch von eigentümlicher Tugend, den man Messias nennt; die Barbaren halten ihn für einen Propheten, aber seine Anhänger beten ihn an, als stamme er von den unsterblichen Göttern. Er erweckt Tote und heilt nur durch das Wort und die Berührung; er ist groß und wohlgebaut; sein Aussehen ist sanft und ehrwürdig. Seine Haare haben eine unbeschreibliche Farbe, fallen in Locken über seine Ohren herab und verbreiten sich mit unendlicher Anmut über seine Schultern. Er trägt sie auf dem Wirbel gescheitelt, nach Art der Nazarener. Er hat eine hohe, glatte Stirn; seine Wangen haben eine freundliche Röte; seine Nase und sein Mund sind von bewundernswürdiger Regelmäßigkeit und sein dichter Bart, von der seltenen Farbe wie seine Haare, fällt einen Zoll unter seinem Kinn herab, ist in der Mitte geteilt und zeigt die Gestalt einer Gabel. Seine Augen sind schön, glänzend hell und ernst. Er tadelt voll Majestät,

und seine Ermahnungen sind voll Sanftmut; mag er sprechen oder handeln, so tut er es mit Zierlichkeit und Ernst. Nie sah man ihn lachen, oft aber weinen. Er ist sehr gemäßigt, sehr bescheiden und sehr weise. Kurz, er ist ein Mensch, der durch seine große Schönheit und seine göttlichen Vorzüge die Kinder der Menschen übertrifft."

[198] *La carcel de la corona*. Das System der spanischen Gesetzgebung ist eine Folge des politischen Systems. Vor der Konstitution von 1812, die alle Spanier vor dem Gesetz gleichmachte, hatte jede Kaste ihre Privilegien, ihre Richter, ihre Tribunale und selbst ihre Gefängnisse. Es gab selbst welche, die dem Gesetz entgingen. So war ein *Caballero* (Edelmann) keinem Tribunal unterworfen; er müßte denn einen Mord an einem anderen Edelmann, das Verbrechen der Majestätsbeleidigung oder der Gotteslästerung begangen haben. In dem ersten Fall wurde er vor die Gerichtsbarkeit der gewöhnlichen Tribunale gestellt; in dem zweiten verurteilten die *consejos*, die königlichen Ratskollegien, ihn dazu, geköpft oder erwürgt zu werden und zum Verlust seiner Güter; wenn ein Edelmann eine Gotteslästerung beging, bemächtigte die Inquisition sich seiner, und wie diese verfuhr, weiß man. Nicht ebenso war es auch mit den übrigen Bürgern. Das Volk ohne *fueros*, d. h. ohne Privilegien und Freiheiten, wie die Bewohner der beiden Kastilien, de la Mancha, de l'Alcoria, der vier Königreiche Andalusiens und Estremaduras sowie Galiziens und Leons besaßen, wurden durch die gewöhnlichen Strafrichter gerichtet. Die Bewohner Aragons, der baskischen Provinzen, die des Fürstentums Katalonien und Navarra wurden nach den Privilegien dieser Provinzen durch ihresgleichen gerichtet. Aber in ganz Spanien, selbst in den privilegierten Provinzen, gab es außer dem Tribunal der Inquisition und dem gewöhnlichen Tribunal noch zwei andere, das eine genannt *justicia del bureo*, Justizamt der Privilegierten, und das andere, genannt *tribunal ecclesiastico*, geistliches Tribunal.

Das Tribunal del bureo sprach über alle Vergehen, die von den Dienern des Königs sowie von den Regierungsbeamten begangen wurden. Das kirchliche Tribunal sprach über die Vergehen der Priester, der Mönche, wenn diese keine Färbung der Ketzerei hatten, denn sonst waren sie Sache der Inquisition. Im Fall des Raubes mit bewaffneter Hand oder des Mordes, verfielen alle Spanier der Gewalt der gewöhnlichen Gerichtsbarkeit, d. h. dem Strafrichtern und den beiden Beisitzern, die ihn je nach der Eingabe ihres Gewissens, allzu oft aber auch je nach dem der Strafbare die Straflosigkeit erkauft hatte, verurteilten oder freisprachen. Selbst im Fall eines Mordes oder eines Raubes mit bewaffneter Hand wurde jeder Bürger in das seiner Kaste bestimmte Gefängnis gebracht. War er ein Mann des Volkes, so erwartete er sein Urteil im *carcel de ville* (im Stadtgefängnis), war es ein Edelmann, erwartete er es im *carcel de corte* (im Gefängnis des Hofes). Die Geistlichen endlich, Priester oder Mönche, wurden ins *carcel de la corona* (Gefängnis der Krone) gebracht, d. h. in das Gefängnis der Tonsur, denn im Spanischen bedeutet corona ebenso ‚Krone' wie ‚Tonsur'. Ich halte es für überflüssig hinzuzufügen, daß die Militärs durch Kriegsgerichte verurteilt wurden. Gegenwärtig bestehen alle diese verschiedenen Tribunale und alle diese verschiedenen Gefängnisse, die es ehemals in allen Städten Spaniens gab, nur noch dem Namen nach, denn sie nehmen gleichmäßig Leute aller Stände auf.

Indes seit Spanien so glücklich ist, zum Minister Herrn Martinez de la Rosa zu haben, den eifrigen Schüler des Herrn Guizot, empfängt das Gefängnis de corte nur noch adelige Mörder oder Spitzbuben und das tribunal del bureo wird bald wiederhergestellt werden, wenn es nicht bereits geschehen ist. Man weiß, wie Herr Martinez de la Rosa, indem er den Cortes die Reformen an der Konstitution von 1834 vorgeschlagen hat, unter anderen sehr würdigen Dingen auch den Antrag zur Wiederherstellung der fueros, oder Privilegien, für die stellte, die derselben vor Verkündigung der Konstitution von 1812 genossen. Man weiß auch, daß die Cortes bewilligten, was der Minister gefordert hat. Wie man sieht, ist, dank der Eingebungen des Herrn Guizot und dem Patriotismus des Herrn Martinez de la Rosa, Spanien um vierzig Jahre zurückgegangen.

[199] In Spanien leisten die Angeklagten auf das Evangelium den Eid, die Wahrheit zu sagen, selbst gegen sich; erst 1812 verordnete ein Artikel der durch die Cortes ausgearbeiteten Konstitution, nicht gegen sich selbst die Angeklagten schwören zu lassen.

[200] Hier, was man in dem ersten Kapitel in dem fünften Abschnitt der *Geschichte der Inquisition* von l'Lorente liest: „Donna Eleonore Vibero y Cazalla, die Gemahlin Pedro Cazallas, Vorstand der Rechnungskammer der Finanzen des Königs, war die Besitzerin der Grabkapelle in der Kirche San Benito el Real in Valladolid. Sie war hier als Katholikin beigesetzt worden, ohne daß sich jemals der geringste Zweifel gegen ihre Orthodoxie erhoben hatte; indes wurde sie später durch den *tiscal* (General-Advokat) der Inquisition angeklagt, sich zu dem Luthertum bekannt zu haben und in der Ketzerei gestorben zu sein, obgleich sie vor ihrem Tod alle Sakramente empfangen hatte. Der Fiskal stütze seine Anklage auf die Aussagen von Zeugen, die Gefangene der Inquisition waren und die man zu diesem Zweck der Tortur unterworfen hatte. Aus den Aussagen dieser Zeugen ging hervor, daß das Haus der Donna Eleonore von Vibero den Lutheranern von Valladolid zum Tempel gedient hatte. Donna Eleonore wurde als in der Ketzerei gestorben erklärt, ihr Andenken der Schande bis in ihre Nachkommenschaft überliefert und alle ihre Güter konfisziert. Die Inquisition befahl außerdem, daß ihre Leiche ausgegraben und den Flammen überliefert werden sollte, daß ihr Haus mit dem Verbot der Wiederaufbauung zu schleifen sei und daß kein Denkmal auf dem Platzaufgeführt werden dürfte, auf dem das Haus gestanden hatte. Alle diese Bestimmungen wurden ausgeführt."

[201] Bei dem allgemeinen Autodafé, das im April 1559 in Valladolid, in Gegenwart des Prinzen Don Carlos und der Prinzessin Johanna gefeiert wurde.

[202] im Oktober 1559

[203] Der Leser hat bereits die näheren Umstände dieser Tortur im Kapitel 29 gelesen. Diese Angaben sind leider allzu wahr. Wenn jemand daran zweifelt, so könnte er sie noch ausführlicher und entsetzlicher in der *Geschichte der Inquisition* lesen. – Sollte man es glauben, daß diese Tortur noch jetzt bei der Inquisition in Rom besteht?

[204] Die Inquisition verurteilte nicht nur die Judaisten und die Ketzer; denn der Besitz eines verbotenen Buches, einer Bibel, eines Exemplars des Evangeliums in gewöhnlicher Sprache und selbst eines englischen Buches genüg-

te, um eine ganze Familie auf den Scheiterhaufen zu bringen, besonders wenn diese Bücher einer reichen Person gehörten, denn die Proletarier hatten von der Inquisition nichts zu fürchten. – Das kam daher, weil die Sendung der Inquisition nicht wirklich war, die Ketzerei zu vertilgen, sondern die christliche Welt zum Vorteil Roms und zum Vorteil der Könige, die es beschützte, sowie zum Vorteil der Inquisitoren so vielen Goldes als möglich zu berauben. Deshalb war die Inquisition unbarmherzig!

[205] Gegen die Mitte des letzten Jahrhunderts gab es in Acrillac, in dem französischen Departement du Cantal, ein Karmeliterkloster, das eine Bildsäule der heiligen Magdalena besaß, die an den Tagen des Festes dieser Heiligen weinte. Dieses Kloster besaß einen Christus, der während der Karwoche reichliche Tränen vergoß. Das Geheimnis dieser beiden Wunder wurde durch einen Laienbruder, der Sakristan dieses Klosters war, einem Jesuiten-Zögling enthüllt, der es uns erzählte. Hier, auf welche Weise diese Wunder vollbracht wurden: Die Bildsäule der heiligen Magdalena war von Halbporzellan, hohl und enthielt einen Herd, auf dem die Mönche, nachdem ein Feuer darauf angezündet worden war, ein Gerät in Form eines Destillierkolbens stellten, dessen Verlängerung bis zum Kopf der Heiligen ging. Dieses Gerät enthielt Wasser, das, durch die Hitze in Dampf verwandelt, sich in dem Kopf der Bildsäule sammelte und hier durch zwei kleine Röhren auf einen Schwamm fiel, der hinter den Augen angebracht war, die an ihrem unteren Teil mit mehreren kleinen Löchern durchbohrt waren. Einmal gut durchdrungen, ließ dieser Schwamm das überflüssige Wasser in reicher Menge durch die kleinen Löcher der Augen der Statue träufeln, die dann so aussah, als vergösse sie natürliche Tränen. Was das Christusbild betrifft, so war es ganz einfach an die Mauer gelehnt, hinter der sich ein Weingitter befand. Alle Welt weiß, daß der Weinstock am Anfang des Frühlings, das heißt gegen das Ende der Fastenzeit, weint. Diese Beobachtung benutzend, hatten die Mönche hinter dem Christusbild, durch die Mauer, zwei frisch beschnittene Weinreben geleitet, die zu den beiden inneren Augenwinkeln des Christusbildes führten und so jene wunderbaren Tränen verursachten, die das gläubige Volk mit großer Verehrung fließen sah und wofür es nie ermangelte, seine Gaben in die silberne Schüssel zu legen, die am Fuß der Christusstatue stand.

[206] Es ist Alphons de Moguaniene, oder Alphons der Weise, der Spanien zuerst mit dem regelmäßigen Gesetzbuch beschenkte, das den Titel hatte: *Las Siete partieles*. Dieses Gesetzbuch, von dem ein großer Teil noch jetzt in Spanien in Kraft ist, darf als Denkmal der Weisheit dieses Königs und der Rechtschaffenheit seiner Räte betrachtet werden; es ehrt den spanischen Charakter.

[207] Isabella von Kastilien ist die Gemahlin Ferdinands von Aragon.

[208] Es ist gut, hier zu bemerken, daß zu allen Zeiten und unter allen Regierungen, selbst unter dem vereinigten Despotismus der Könige und der Grausamkeit der Inquisition, sich oft Nationalversammlungen in Spanien frei berieten, daß es Männer gab, welche die Hemmnisse, mit denen man ihren gesunden Verstand und ihre natürliche Philosophie umgab, abwarfen und sich über ihr Jahrhundert erhoben, indem sie mit kühner Hand den Schleier zerrissen, der die Irrtümer und die Vorurteile verbarg und den stau-

nenden Völkern und selbst den Königen und den Inquisitoren die Stimme der Vernunft und die edle Stimme der Wahrheit hören ließen.

Die Cortes von Aragon, Kastilien und Katalonien versammelten sich in den Jahren 1510–1512, um von dem Regenten Ferdinand und dem Papst Reformen der Inquisition zu verlangen, die katholische Junta, 1508 nach Burgos berufen, um über die Gefangenen der Inquisition von Cordova bei dem Regierungsantritt des Groß-Inquisitors Ximenes Cisneros zu richten, die große Junta, die unter Karl II. während der Herrschaft des Inquisitors Rocaberti von 1695–1699 gebildet wurde, um den Zwistigkeiten ein Ende zu machen, die täglich zwischen den Inquisitoren und den königlichen Richtern stattfanden, Zwistigkeiten, aus denen ernste Übelstände erwuchsen und welche oft die Anwendung der Gerechtigkeit hemmten. Diese drei Versammlungen haben in langen Zwischenräumen und unter dem Einfluß verschiedener Ereignisse die Handlung der Inquisition und des Despotismus verdammt. In diesen drei Versammlungen fanden sich Männer, deren philosophische Grundsätze und humanitäre Gedanken den fortgeschrittenen Philosophen unseres Jahrhunderts Ehre gemacht haben würden. Was muß man aus alledem schließen? Daß Gott in die Herzen der Menschen Gedanken der Freiheit und des Fortschrittes pflanzte, daß diese Gedanken, geboren mit dem Menschengeschlecht, in dem Heiligtum des Gewissens der Völker erstickt oder zurückgehalten werden konnten, daß aber kein Despotismus und keine Tortur sie unwiederbringlich zu vernichten imstand war.

[209] Man hat oft die Spanier Verräter genannt; das ist vielleicht die ungerechteste aller Beschuldigungen, welche die Fremden gegen sie ausgesprochen haben. Die Spanier sind so weit davon entfernt, Verräter zu sein, daß das einzige Verbrechen, das sie nie einem Feind verzeihen und das sie hindert, sich jemals mit ihm zu versöhnen, der Verrat ist. Wenn es in Spanien jemals Verräter gegeben hat, so waren es nur Mönche, Priester, die an Rom oder an die Inquisition verkauft waren, oder Familiaren des heiligen Offiziums.

[210] Die spanischen Geschichtsschreiber stimmen sämtlich in dem Egoismus und dem Ehrgeiz Karls V. überein. Dieser Egoismus und dieser Ehrgeiz werden bewiesen durch die Unredlichkeit, die er den Cortes von Kastilien, Aragon und Katalonien gegenüber zeigte, als diese Körperschaften 1510 und 1512 von ihm im Namen des unterdrückten Spaniens die Reform der Inquisition verlangten, die er freilich versprach, aber niemals gewährte.

[211] Spanien konnte wohl sagen, daß die Scheiterhaufen seine Eingeweide verzehrten, da in dem Zeitraum von 339 Jahren durch die Inquisition 34658 Spanier lebendig und 18049 *in effigie* verbrannt wurden, ungerechnet noch 228214, die zu den Galeeren oder lebenslänglichem Gefängnis verurteilt wurden, und über 200000, die zu Bußen und zur Tragung des San Benito für einige Zeit oder für immer verurteilet und bis in ihre Nachkommenschaft entehrt wurden.

Diese Zahlen, die allzu beredten Ankläger der Inquisition, sind historisch! Hier eine Übersicht, die wir buchstäblich der *Geschichte der Inquisition* von l'Lorente entnehmen und die auch in der *Geschichte der Revolution Spaniens im Jahre 1820* enthalten ist, die von Ch. L. 1820 in Paris erschien:

Allgemeine Übersicht der Opfer, welche die Inquisition in Spanien von 1481–1820, unter der Regierung von 45 General-Inquisitoren, vertilgt hat.		
	Lebendig verbrannt	*In effigie* verbrannt	Verurteilt zu den Galeeren oder zum Gefängnis
Von 1481–1498 unter der Regierung des Thomas von Torquemada, erstem General-Inquisitor	10220	6840	97371
Von 1498–1508 unter der Herrschaft Dezas, zweitem General-Inquisitor	2592	892	32952
Von 1507–1517 unter der Herrschaft des Ximenes Cisneros, drittem General-Inquisitor	3564	2232	48059
Von 1517–1521 unter Adrian Florencio, viertem General-Inquisitor und später Papst	1620	560	21835
Von 1521–1523 Interregnum	324	112	4481
Von 1523–1545 unter Alfonso Manriquez, fünftem General-Inquisitor	2250	1125	11250
Von 1545–1546 unter Tabéra, sechstem General-Inquisitor	840	420	6520
Unter Loxisa, siebtem General-Inquisitor und während der Regierung Karls V.	1320	660	6600
Von 1550–1597 unter der Regierung Philipps II.	3990	1845	18450
Von 1597–1621 unter der Regierung Philipps III.	1840	692	10716
Von 1621–1665 unter Philipp IV.	2852	1428	14080
Von 1665–1700 unter Karl II.	1630	540	6812
Von 1700–1746 unter Philipp V.	1600	760	9112
Von 1746–1759 unter Ferdinand VI.	10	5	170
Von 1759–1788 unter Karl III.	4	–	56
Von 1788–1808 unter Karl IV.	–	1	42

In dieser Übersicht ist die Regierung Ferdinands VII. nicht mit inbegriffen, während der über 100000 Personen Einkerkerung, Galeeren oder Verbannung erduldeten. Man muß auch noch die unberechenbare Zahl der Opfer hinzufügen, welche die spanische Inquisition Roms Ehrgeiz in Sizilien, in Sardinien, in Flandern, in Amerika und in Indien gebracht hat, um das Gewicht der Worte begreifen zu können, die der Verfasser das verzweifelnde Spanien aussprechen läßt. Ein Wort noch: Außer den Opfern, welche die Inquisition zu erreichen vermochte, haben fünf Millionen Einwohner den schönen Boden Spaniens verlassen, um sich durch freiwillige Verbannung der Grausamkeit des heiligen Offiziums zu entziehen. So wurde dieses schöne Land, das zu den Zeiten der Mauren 35 Millionen Seelen zählte, auf zehn

Millionen herabgebracht. Ist das die Sendung, die Christus seinen Jüngern und diese den Aposteln der römischen Kirche übertrugen? Befolgten so die Nachfolger der Apostel die erhabene Lehre des Heilands: wachset und gedeihet? – und die Christi: liebet euch untereinander? Nun wohl, man höre auf die römischen Priester; sie werden sagen, daß die Religion nicht mehr geachtet ist, daß man sie unter die Füße trete, daß man die Diener Gottes verleumde! Ach, antwortet denen, die so sprechen, wie Christus den Schreibern und Pharisäern antwortete: „Wehe euch, ihr heuchlerischen Schreiber und Pharisäer, denn ihr verschlingt die Häuser der Witwen unter dem Vorwand, lange Gebete zu halten! Wehe euch, ihr heuchlerischen Schreiber und Pharisäer, denn ihr säubert den Becher und die Schüssel von außen, aber im Inneren sind sie voll Raub und Unmäßigkeit." (Mt. 23, 14-25)

Wahr ist es freilich, daß nach dem Ärgernis, das die Mönche und einige Priester des spanischen Klerus im 16. Jahrhundert erregten, der Papst den Inquisitoren Spaniens befahl, alle Priester und alle Mönche zu verfolgen, welche die öffentliche Stimme anklagen würde.

Allein um jene Zeit war es etwas Gefährliches, dergleichen Angelegenheiten in einem Land anzuregen, das begann, einen tiefen Haß und eine Verachtung, die niemand verbarg, für die Mönche und für jene Art unwissender und lasterhafter Priester zu empfinden, die in Spanien von jeher in überreichlicher Menge vorhanden waren; dann hätten auch die Lutheraner nicht ermangelt, aus allen diesen Prozessen, die man gegen zwei Drittel des römischen Klerus in Spanien und gegen die Mehrzahl der Mönche hätte anstrengen müssen, furchtbare Waffen gegen die Ohrenbeichte zu ziehen. Die Inquisition, die stets gewandt war, wenn es galt, ihren Willen selbst gegen den der Könige und den der Päpste durchzusetzen, machte daher das Mittel ausfindig, nichts zu wissen; sie, die alles wußte und überall Augen und Ohren hatte, fand das Mittel, nichts zu wissen, was im Inneren der zahlreichen Nonnenklöster vorging, die das Land erfüllten.